中国语言资源保护工程

中国语言资源集·黑龙江　编委会

主　任

刘　涛

语音卷

主　编

吴媛媛

副主编

安红岩　胡宗华　王　磊

编委（音序）

程亚恒　崔嘉琦　黄　昱　金洪臣　梁晓玲
刘丽丽　刘　宇　苏天运　孙英杰　王　崇
吴立红　闫晶淼　张　颖　周晓燕

教育部语言文字信息管理司
黑　龙　江　省　教　育　厅　指导
中国语言资源保护研究中心　统筹

国家出版基金项目　中国语言资源保护工程
NATIONAL PUBLICATION FOUNDATION

中国语言资源集

吴媛媛　主编

黑龙江

语音卷

黑龙江大学出版社
HEILONGJIANG UNIVERSITY PRESS

图书在版编目（CIP）数据

中国语言资源集．黑龙江．语音卷 / 吴媛媛主编
．-- 哈尔滨 ：黑龙江大学出版社，2023.12（2024.3 重印）
ISBN 978-7-5686-0930-2

Ⅰ．①中… Ⅱ．①吴… Ⅲ．①北方方言－语音－方言
研究－黑龙江省 Ⅳ．① H17

中国国家版本馆 CIP 数据核字（2023）第 013184 号

中国语言资源集　黑龙江　语音卷
ZHONGGUO YUYAN ZIYUAN JI HEILONGJIANG YUYIN JUAN
吴媛媛　主编

出版策划	刘剑刚　魏翕然　魏　玲
责任编辑	杨琳琳　宋丽丽
出版发行	黑龙江大学出版社
地　　址	哈尔滨市南岗区学府三道街 36 号
印　　刷	哈尔滨市石桥印务有限公司
开　　本	787 毫米 ×1092 毫米　1/16
印　　张	25.5
字　　数	542 千
版　　次	2023 年 12 月第 1 版
印　　次	2024 年 3 月第 2 次印刷
审 图 号	GS 黑（2022）26 号
书　　号	ISBN 978-7-5686-0930-2
定　　价	138.00 元

本书如有印装错误请与本社联系更换，联系电话：0451-86608666。

内容简介

本套书是国家语言文字工作委员会"中国语言资源保护工程·黑龙江汉语方言调查"系列项目的标志性成果之一,涵盖了黑龙江省东北官话四个方言小片 20 个方言点的语言材料。全套书共分三册四卷,分别为语音卷,词汇、语法卷(两卷合并为一册),口头文化卷。语音卷主要是对各地音系及各调查点 1000 个单字字音的汇总,词汇卷收录了各调查点 1200 个词的发音情况,语法卷整理汇编了各调查点 50 个句子的发音情况,口头文化卷汇集了各调查点的歌谣、故事、民谚等。本套书由黑龙江省 8 所高校 40 余位教师历经 5 年田野调查编写而成,可为黑龙江汉语方言研究和语言资源挖掘与保护提供参考,以更好地传承黑龙江语言文化。

总　　序

教育部、国家语言文字工作委员会于 2015 年 5 月发布《教育部　国家语委关于启动中国语言资源保护工程的通知》(教语信〔2015〕2 号),启动中国语言资源保护工程(以下简称语保工程),在全国范围开展以语言资源调查、保存、展示和开发利用等为核心的各项工作。

在教育部、国家语委统一领导下,经各地行政主管部门、专业机构、专家学者和社会各界人士共同努力,至 2019 年底,语保工程超额完成总体规划的调查任务。调查范围涵盖包括港澳台在内的全国所有省份(自治区、直辖市)、123 个语种及其主要方言。汇集语言和方言原始语料文件数据 1000 多万条,其中音视频数据各 500 多万条,总物理容量达 100 TB,建成世界上规模最大的语言资源库和展示平台。

语保工程所获得的第一手原始语料具有原创性、抢救性、可比性和唯一性,是无价之宝,亟待开展科学系统的整理加工和开发应用,使之发挥应有的重要作用。编写"中国语言资源集(分省)"(以下简称资源集)是其中的一项重要工作。

早在 2016 年,教育部语言文字信息管理司(以下简称语信司)就委托中国语言资源保护研究中心(以下简称语保中心)编写了《中国语言资源集(分省)编写出版规范(试行)》。2017 年 1 月,语信司印发《关于推进中国语言资源集编写出版工作的通知》(教语信司函〔2017〕6 号),要求"各地按照工程总体要求和本地区进展情况,在资金筹措、成果设计等方面早设计、早谋划、早实施,积极推进分省资源集编写出版工作","努力在第一个'百年'到来之际,打造标志性的精品成果"。2018 年 5 月,又印发了《关于启动中国语言资源集(分省)编写出版试点工作的通知》(教语信司函〔2018〕27 号),部署在北京、上海、山西等地率先开展资源集编写出版试点工作,并明确"中国语言资源集(分省)编写出版工作将于 2019 年在全国范围内全面铺开"。2019 年 3 月,教育部办公厅印发《关于部署中国语言资源保护工程 2019 年度汉语方言调查及中国语言资源集编制工作的通知》(教语信厅函〔2019〕2 号),要求"在试点基础上,在全国范围内开展资源集编制工作"。

为科学有效开展资源集编写工作,语信司和语保中心通过试点、工作会、研讨会等形式,广泛收集意见建议,不断完善工作方案和编写规范。语信司于2019年7月印发了《中国语言资源集(分省)实施方案(2019年修订)》和《中国语言资源集(分省)编写出版规范(2019年修订)》。按规定,资源集收入本地区所有调查点的全部字词句语料,并列表对照排列。该方案和规范既对全国作出统一要求,保证了一致性和可比性,又兼顾了各地的具体情况,保持了一定的灵活性。

各省(区、市)语言文字管理部门高度重视本地区资源集的编写出版工作,在组织领导、管理监督和经费保障等方面做了大量工作,给予大力支持。各位主编认真负责,严格要求,专家团队团结合作,协同作战,保证了资源集的高水准和高质量。我们有信心期待《中国语言资源集》将成为继《中国语言文化典藏》《中国濒危语言志》之后语保工程的又一重大标志性成果。

语保工程最重要的成果就是语言资源数据。各省(区、市)的语言资源按照国家统一规划规范汇集出版,这在我国历史上尚属首次。而资源集所收调查点数之多,材料之全面丰富,编排之统一规范,在全世界范围内亦未见出其右者。从历史的眼光来看,本系列资源集的出版无疑具有重大意义和宝贵价值。我本人作为语保工程首席专家,在此谨向多年来奋战在语保工作战线上的各位领导和专家学者致以崇高的敬意!

曹志耘

2020年10月5日

序

本书是国家语言文字工作委员会"中国语言资源保护工程·黑龙江汉语方言调查"系列项目基础性调研成果之一。

2015年,教育部、国家语委印发了《关于启动中国语言资源保护工程的通知》,决定在全国范围开展以语言资源调查、保存、展示和开发利用等为核心的重大语言文化工程,这标志着我国开始从国家层面以更大范围、更大力度、更加科学有效的方式开展语言资源保护工作。中国语言资源保护工程建设使命光荣、任务艰巨、责任重大,是推进国家语言文字事业科学发展的重要举措,功在当代,利在千秋。黑龙江省教育厅、黑龙江省语言文字工作委员会高度重视语言资源保护工作,于2013年委托牡丹江师范学院语言学团队对全省方言岛、世居少数民族语言进行了语音采集和先期调研工作。2016年3月,黑龙江省教育厅、黑龙江省语言文字工作委员会决定由牡丹江师范学院作为秘书处单位负责牵头组织省内8所高校(黑龙江大学、哈尔滨工程大学、哈尔滨师范大学、齐齐哈尔大学、牡丹江师范学院、哈尔滨学院、绥化学院、黑河学院)组建调研团队,得到黑龙江大学戴昭铭、马彪、殷树林,哈尔滨师范大学刘小南、陈一、梁晓玲,牡丹江师范学院王磊等专家学者的大力支持。

黑龙江方言是汉藏语系汉语族东北官话中的一个语支,也是黑龙江省大部分地区使用的主要方言。在黑龙江方言区内,虽然方言的总体特征基本一致,但内部仍然存在着若干差异。刘勋宁先生在《再论汉语北方话的分区》中写道:"在近年的研究中,大家不满足于一下子摆出好多方言,希望建立层级系统。这种要求的实质是要说明方言间的亲缘关系。"①所以,我们将方言区按层级关系结构大致分为片-小片-方言点,这样便于寻找小片的相同点,以及小片与小片之间的不同点。

所采用的层级系统架构的标准不同,得到的层级系统自然也就不同。丁邦新先生提出:"以汉语语音史为根据,用早期历史性的条件区别大方言;用晚期历史性的条件区别次方言;用现在平面性的条件区别小方言。早期、晚期是相对的名词,不一定能确

---

① 刘勋宁:《再论汉语北方话的分区》,载《中国语文》1995年第6期。

指其时间。条件之轻重以相对之先后为序，最早期的条件最重要，最晚期的条件也就是平面性的语音差异了。"[①]在给黑龙江方言进行分片的操作中，采用中古音韵标准划分片乃至小片比较好。根据影疑两母开口一二等字的今读所体现的语言特征及其通行范围，《中国语言地图集》将东北官话分成吉沈片、哈阜片、黑松片，即吉沈片常读成零声母 Ø，哈阜片常读成声母 n，黑松片有些字的声母常读成 n，有些字的声母常读成零声母 Ø。在划分片的基础上，根据古知庄章组字的声母部位和古精组字是否相同，把各方言片又划分成方言小片：属于黑松片的黑龙江方言有佳富小片、嫩克小片和站话小片，属于哈阜片的黑龙江方言有肇扶小片，属于吉沈片的黑龙江方言有蛟宁小片。各小片又涵盖数量不等的方言点。这是用共同特征做标准对黑龙江汉语方言进行的多层次划分。

中国语言资源保护工程在黑龙江省选取了具有代表性的 20 个方言点，即勃利、集贤、佳木斯、林口、同江、黑河、嘉荫、兰西、漠河、嫩江、泰来、哈尔滨、肇东、肇州、东宁、鸡西、密山、穆棱、宁安、尚志，全省 8 所高校 40 余位专家历时 5 年进行了深入的调查。在田野调查的基础上，各方言点系统梳理了收集整理的语料，归纳了各方言点的语音系统。

在田野调查、语料整理、资源集编撰过程中得到中国语言资源保护工程核心专家的专业支持和悉心指导，得到黑龙江省教育厅、黑龙江省语言文字工作委员会及各地语言文字干部的大力支持，在此表示感谢！感谢各地合作发音人的热心参与、全力配合！感谢主持与参与课题研究的专家学者努力认真完成各项任务！

吴媛媛

2022 年 7 月 22 日

---

① 丁邦新：《丁邦新语言学论文集》，商务印书馆 1998 年版，第 168 页。

中国语言资源保护工程·黑龙江汉语方言调查点分布图

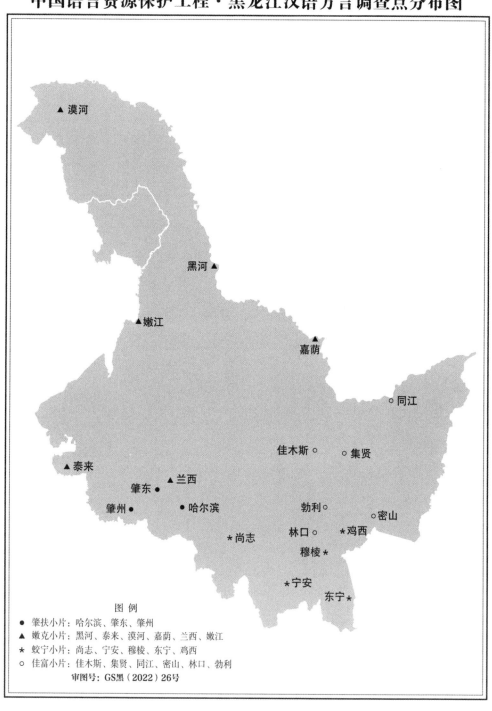

▲ 漠河

黑河 ▲

▲ 嫩江

嘉荫 ▲

同江 ○

佳木斯 ○　　○ 集贤

▲ 泰来

肇东 ●　　▲ 兰西

肇州 ●　　● 哈尔滨　　　　勃利 ○

　　　　　　　　　　　　　　　　密山 ○

　　　　　　　　　　林口 ○　　★ 鸡西

★ 尚志

穆棱 ★

★ 宁安

东宁 ★

图 例

● 肇扶小片：哈尔滨、肇东、肇州
▲ 嫩克小片：黑河、泰来、漠河、嘉荫、兰西、嫩江
★ 蛟宁小片：尚志、宁安、穆棱、东宁、鸡西
○ 佳富小片：佳木斯、集贤、同江、密山、林口、勃利
审图号：GS黑（2022）26号

总目录

语 音 卷

词 汇 卷

语 法 卷

口头文化卷

目　　录

语音卷

概　　述

一、黑龙江概况

黑龙江省,简称"黑",省会哈尔滨。黑龙江省地处中国东北部,东、北部与俄罗斯隔江相望,西邻内蒙古自治区,南与吉林省接壤,是中国最北端及最东端的省级行政区,位于东经 121°11′至 135°05′,北纬 43°26′至 53°33′,东西跨 14 个经度,南北跨 10 个纬度。全省土地总面积 47.3 万平方千米,居全国第 6 位,边境线长 2981.26 千米。黑龙江省位于东北亚区域腹地,是亚洲与太平洋地区陆路通往俄罗斯远东地区和欧洲大陆的重要通道,是中国沿边开放的重要窗口。

黑龙江省地貌特征为"五山一水一草三分田"。地势大致是西北、北部和东南部高,东北、西南部低,主要由山地、台地、平原和水面构成。西北部为东北—西南走向的大兴安岭山地,北部为西北—东南走向的小兴安岭山地,东南部为东北—西南走向的张广才岭、老爷岭、完达山脉。黑龙江省境内江河湖泊众多,有黑龙江、乌苏里江、松花江、绥芬河四大水系,有兴凯湖、镜泊湖、五大连池等众多湖泊。黑龙江省属于寒温带与温带大陆性季风气候。全省气候的主要特征是春季低温干旱,夏季温热多雨,秋季易涝早霜,冬季寒冷漫长,无霜期短,气候地域性差异大。

黑龙江省历史悠久。黑龙江作为行政区域名称始于清代。而之前的漫长岁月里,这片土地上生活的东胡(山戎)、濊貊、肃慎(息慎)等民族先民已经与中原民族产生了广泛交流,相互影响。早在帝舜时代,即有"息慎氏来朝,贡弓矢"的记载。周景王时宣布"肃慎……吾北土也"。辽代黑龙江地区西部和东部分属上京道和东京道管辖。金代,今黑龙江省行政区域的绝大部分属金上京路统辖。元朝时,东北地区属辽阳行中书省管辖。明朝时期,今黑龙江地区初为辽东都指挥使司管辖,后由奴儿干都指挥使司管辖。清末设置行省,黑龙江地区在宁古塔将军辖区之内。1683 年清廷划出宁古塔将军所辖之西北地区,归黑龙江将军统辖,这是黑龙江自成一个军事、行政区域并以"黑龙江"命名的开端。

截至 2022 年 10 月,黑龙江省共辖 1 个副省级市(哈尔滨)、11 个地级市(齐齐哈尔、鸡西、鹤岗、双鸭山、大庆、伊春、佳木斯、七台河、牡丹江、黑河、绥化)、1 个地区行署(大兴安岭地区),共有 67 个县(市),其中县级市 21 个,有 891 个乡镇,其中乡 345

个、镇 546 个,有 314 个街道办事处。黑龙江省人民政府驻哈尔滨市南岗区中山路 202 号。截至 2022 年末,黑龙江省常住总人口 3099 万人。

黑龙江省是语言资源较为丰富的省份。历史上从辽金开始就有大量移民从内地移居东北,辽金时期是北徙黑龙江地区的一次高潮。清代后期解除封禁政策之后,大量移民北来。新中国成立后,为开垦北大荒,很多人移居到黑龙江省。现在的黑龙江人主要来自山东和河北,少数是来自河南、辽宁等省的移民,所以黑龙江方言是在本地方言、山东话、河北话、辽宁话的基础上形成的。从方言分区来看,黑龙江方言可分成蛟宁小片、肇扶小片、嫩克小片和佳富小片。其中蛟宁小片、肇扶小片、嫩克小片分布于黑龙江西部嫩江流域、南部和中部的松花江流域以及北部的黑龙江流域上游地区,佳富小片分布于牡丹江流域、乌苏里江流域、黑龙江下游和松花江中下游地区。另外还有四个主要的方言岛。

黑龙江省流行的主要曲艺形式有二人转、大秧歌、京剧、评剧、拉场戏、快板儿、宁安东北大鼓等,这些艺术形式是汉语方言口头文化的重要组成部分。

二、本卷内容

本卷主要介绍了勃利、集贤、佳木斯、林口、同江、黑河、嘉荫、兰西、漠河、嫩江、泰来、哈尔滨、肇东、肇州、东宁、鸡西、密山、穆棱、宁安、尚志 20 个调查点的概况、音系与字音对照。

（一）概况

概况部分主要介绍调查点的地理、人口与民族、方言种类及系属、地方曲艺等情况。

这部分内容主要来自"中国语言资源保护工程·黑龙江汉语方言调查"采集的材料。需要说明的是,所有发音人都是严格按照"中国语言资源保护工程"规范标准遴选出来的,其信息经过简化处理,我们只介绍姓名、出生年月、出生地、文化程度、职业等主要信息。这部分信息以附录形式呈现。

（二）音系及音变

各调查点的音系、音变主要包括声韵调、连读变调、异读、儿化、其他主要音变等。本卷主要描写各调查点方言的音系概况、音变情况、内部差异(即新老异读、文白异读)等。

（三）字音对照

列表呈现 20 个调查点 1000 个单字音情况。

三、编排方式

我们遵照《中国语言资源集（分省）编写规范（2018 年修订）》的要求，制定了《中国语言资源集·黑龙江省编写要求》。本卷照此安排了各章节，详见"目录"。

（一）调查点排列顺序

按照中国语言资源保护工程的相关规定，本卷第一章各节根据"方言大区—方言区—方言片—方言小片"进行排序。方言大区（区、片、小片）按在当地的重要性进行排列。地位相同或属于同一小片的，则按音序进行排列。结合黑龙江方言分区情况，按照佳富小片、嫩克小片、肇扶小片、蛟宁小片排序，各小片内部的方言点再按照音序排序。顺序如下：勃利方音、集贤方音、佳木斯方音、林口方音、同江方音、黑河方音、嘉荫方音、兰西方音、漠河方音、嫩江方音、泰来方音、哈尔滨方音、肇东方音、肇州方音、东宁方音、鸡西方音、密山方音、穆棱方音、宁安方音、尚志方音。

（二）音系、音变的处理

1. 声韵调

本卷用无线表的方式列出声母、韵母和声调，并说明声母、韵母、声调的数量。其中，声母部分说明是否"包括零声母"；韵母部分说明是否"包括自成音节的 m、n、ŋ 在内（如有）"。声母、韵母、声调的例字根据各调查点情况进行增删。声调表内列出《中国语言资源调查手册·汉语方言》"语音"部分声调调查表中的所有例字。

2. 连读变调

对于连读变调复杂的调查点，本卷一般以列表的方式进行说明。对于两字组连读变调的举例，本卷先列调类组合和调值，后列例子，例子只记声母、韵母，不再记调值。

3. 异读

在异读部分，本卷一般按"新老异读""文白异读""其他异读"进行分类描述。其中，"新老异读"部分必不可少。

4. 儿化

本卷以儿化韵为纲，列举本韵和儿化韵的对应关系，并举例（所用例词全部选自"词汇"部分），说明附在表后。

（三）字音对照排列

1. 只列方言老男的 1000 个单字音。各调查点的语料以表格形式进行排列。体例基本仿照北京大学中国语言文学系语言学教研室编的《汉语方音字汇（第二版）》（1989 年）。

2. 每页横排字目,竖排调查点。字目以《中国语言资源调查手册·汉语方言》中"第二编 调查表"语音部分的"二 单字(方言老男)"为序。调查点以第一章各地音系的先后为序。

3. 每页可根据实际情况排 1 个或数个表格;每个表格均排 8 个字目。

4. 字目列出中古音,如"多"字下列出"果开一平歌端"("果开一"和"平歌端"分行)。

5. 关于释例,若读音不超过两个,且释例较简单,则直接以小字列在音标之后;若读音超过两个或释例较复杂,则以备注形式列在当页表下。

四、凡例

1. 调值一律采用上标的形式。

2. 送气符号一律采用 ʰ。

3. 零声母符号一律不标。

4. 同音符号" = "一律采用上标。

5. 词汇、语法语料只标实际调值,不标本调,轻声标"0"。

6. 为行文简洁,国际音标一般不加"[ ]"。

7. 一律使用现行规范汉字。来源不同的简体字,仍写作简体字,不恢复繁体字写法。如有必要,可夹注词例或用小字进行说明,如"干~燥""干~活"。避免使用异体字。

8. 使用本字。对于有本字可写者,一律写本字。

9. 选用同音字。对于无本字可写,又不能使用俗字、表音字者,写同音字。同音字是指与本方言里完全同音的字。有时找不到完全同音的,可适当放宽标准,并加注说明。选用同音字的原则是尽量选常用字,尽量使各方言的用字具有一致性。同音字在字后右上角加等号" = "表示,如无同音字,就用方框"□"表示。

10. 标点、符号。释义与例子之间用冒号" : "隔开。对于一字两读或一词两说的情况,用"~"(全角宋体)表示。汉字之间的连接符使用宋体字符"—"表示,如"牡丹江—哈尔滨"。并列的括号、引号、书名号之间不加顿号。

11. 按中国语言资源保护研究中心出版规范要求,语音卷排印各卷总目录,其他各卷只印本卷目录。

第一章　黑龙江各调查点音系

第一节　勃利方音

壹　概况

（一）地理

勃利县地处黑龙江省东部，是七台河市唯一一个管辖县，与宝清、鸡东、林口、依兰、桦南接壤。勃利县东、南、西三面环山，西部山区属老爷岭山系，东部山区属完达山系，中部丘陵区为完达山向三江平原倾斜的过渡型地貌，西北部平原是松花江水系倭肯河的冲积平原。勃利县地处东经 130°6′ 至 131°44′，北纬 45°16′ 至 46°37′。全县总面积 2390 平方千米，辖 5 个镇（勃利镇、大四站镇、双河镇、倭肯镇、小五站镇）、5 个乡（永恒乡、吉兴朝鲜族满族乡、杏树朝鲜族乡、抢垦乡、青山乡），共 133 个行政村。[①]

（二）人口与民族

根据第七次人口普查数据，截至 2020 年 11 月 1 日零时，勃利县常住人口为199583 人。除汉族外，还有回族、朝鲜族、满族等 14 个少数民族。

（三）方言种类及系属

勃利县方言以勃利方言为主，勃利方言属于东北官话区黑松片的佳富小片，使用者主要居住于城乡各街道。勃利方言存在新老异读和城乡异读等现象。随着城镇的变化与发展，普通话的使用越来越广泛。

除勃利方言外，在勃利县，有一部分人仍说胶辽官话，这部分人主要是从山东、辽宁过来并且年龄在 60 岁以上的老年人，散居于勃利县各村庄。

---

① 来源于七台河市勃利县人民政府网（http://www.hljboli.gov.cn）。

（四）地方曲艺

勃利县的地方曲艺有二人转和大秧歌。这两种曲艺的参与人员多为老年人，年轻人基本上不参与。二人转基本上只有县城有，秧歌在县城和乡村都有。

贰　声韵调

（一）声母

在勃利方言中，声母共有 20 个（含零声母）。其中，双唇音有 3 个，即 p、pʰ、m；唇齿音有 1 个，即 f；舌尖前音有 3 个，即 ts、tsʰ、s；舌尖中音有 4 个，即 t、tʰ、n、l；舌尖后音有 1 个，即 ʐ；舌面前音有 4 个，即 tɕ、tɕʰ、ȵ、ɕ；舌面后音有 3 个，即 k、kʰ、x；另有 1 个零声母 ø。

舌尖前音 ts、tsʰ、s 与舌尖后音 tʂ、tʂʰ、ʂ（实际读时舌位稍靠前）自由变读，不区分意义，但以读舌尖前音 ts、tsʰ、s 为常，为此，声母系统将 ts、tsʰ、s 和 tʂ、tʂʰ、ʂ 处理为一套音位，统一记作 ts、tsʰ、s。

声母 tɕ、tɕʰ、ɕ 偶尔略带舌尖色彩。

声母 ʐ 有时自由变读为 z，统一记作 ʐ。

表 1-1-1　勃利方言声母

p 八兵病	pʰ 派片爬	m 麦明	f 飞凤副蜂肥饭
t 多东毒	tʰ 讨天甜	n 脑南熬₁ 安₁	l 老蓝连路
ts 资早租字贼坐 张竹柱争装纸主	tsʰ 刺草寸祠抽拆 茶抄初床车春船城		s 丝三酸事山双顺 手书十
			ʐ 热₂ 软₂
tɕ 酒九	tɕʰ 清全轻权	ȵ 年泥	ɕ 想谢响县
k 高共	kʰ 开		x 好灰活
ø 味问热₁ 软₁ 熬₂ 月安₂ 温王云用药			

（二）韵母

在勃利方言中，韵母共有 36 个。其中，单元音韵母共有 8 个，即 ɿ、ʅ、a、ɤ、i、u、y、ɚ，复合韵母共有 28 个。在复合韵母中，复元音韵母有 13 个，即 ai、ei、au、ou、ia、iɛ、iau、iou、ua、uɤ、uai、uei、yɛ；带鼻音韵母有 15 个，即 an、ən、ian、in、uan、uən、yan、yn、aŋ、 əŋ、iaŋ、iŋ、uaŋ、uŋ、yŋ。

因为声母 ts、tsʰ、s 有 tʂ、tʂʰ、ʂ 的变体形式，所以 ɿ 也有相应的变体形式 ʅ，统一处理为 ɿ。

元音 a 在 a、ia、ua 中的实际音值为 ʌ；在 ian 中，实际音值为 ɛ；在 au、iau 和 aŋ、iaŋ、uaŋ 中，实际音值为 ɑ。

uŋ 在零声母音节中的实际读音是 uəŋ。

ɚ 在零声母去声音节中的实际音值为 ɐʴ。

ou 中的 o 略有不圆唇倾向。

表 1-1-2　勃利方言韵母

ɿ 师丝试十直尺	i 米戏急七一锡	u 苦五猪骨出谷绿_{鸭~江}	y 雨橘绿_{~色}局
ʅ 日			
ɚ 二			
a 茶塔法辣八	ia 牙鸭	ua 瓦刮	
	iɛ 写鞋接贴热₁节		yɛ 靴月学₂
ɤ 歌盒热₂壳₂色₂		uɤ 坐过活托郭国	
ai 开排色₁白		uai 快	
ei 赔飞北		uei 对鬼	
au 宝饱	iau 笑桥药壳₁学₁		
ou 豆走	iou 油六		
an 南山半	ian 盐年	uan 短官	yan 权
ən 深根	in 心新	uən 寸滚春	yn 云
aŋ 糖	iaŋ 响讲	uaŋ 床王双	
əŋ 灯升争横	iŋ 硬病星		
		uŋ 东	yŋ 兄用

（三）声调

在勃利方言中，声调共有 4 个调类，即阴平、阳平、上声和去声。其中，阴平的调值为 44，有时略低，接近 33；阳平的调值为 24，有时略高，接近 35，有时是 224，有点曲折；上声的调值为 213，有时是 211 或 212，有时是低平调，近似 22，发音较快时，听感上接近升调，曲折不明显；去声的调值为 53，尾音略低，接近 52。

表 1-1-3　勃利方言声调

调类	调值	例字	备注
阴平	44	东该灯风通₁ 开天春搭急₁ 哭拍切刻₁	通₁：~过 急₁：~眼 刻₁：又读
阳平	24	铜皮糖红门龙牛油急₂ 节₁ 刻₂ 毒白盒罚	急₂：着~ 节₁：又读 刻₂：又读
上声	213	懂古鬼九统苦讨草买老五有谷百节₂ 塔	节₂：又读
去声	53	冻怪半四痛快寸去洞地饭树卖路硬乱通₂ 动罪近后六麦叶月刻₃	通₂：被说了一~ 刻₃：又读

叁　连读变调

(一)两字组连读变调规律

表 1-1-4　勃利方言连读变调

前字声调	后字声调				
	阴平 44	阳平 24	上声 213	去声 53	轻声 0
阴平 44	44+44	44+24 24+24	44+213	44+53 24+53	44+0 24+0
阳平 24	24+44	24+24	24+213	24+53	24+0
上声 213	21+44	21+24	24+213	21+53	21+0 24+0
去声 53	53+44	53+24	53+213	53+53 24+53	53+0

两字组连读变调举例：

阴平+阴平 44-44　　44①	黑天 xei tʰian	花生 xua səŋ	公鸡 kuŋ tɕi
阴平+阳平 44-44　24	甘蔗 kan tsɤ	锅台 kuɤ tʰai	荤油 xuən iou
阴平+阳平 44-24　24	出门 tsʰu mən	出国 tsʰu kuɤ	—
阴平+上声 44-44　213	开水 kʰai suei	猪血 tsu ɕiɛ	丢脸 tiou lian
阴平+去声 44-44　53	冬至 tuŋ tsɿ	山药 san iau	蜂蜜 fəŋ mi
阴平+去声 44-24　53	多大 tuɤ ta	多累 tuɤ lei	知道 tsɿ tau
阴平+轻声 44-44　0	窟窿 kʰu luŋ	高粱 kau liaŋ	芝麻 tsɿ ma
阴平+轻声 44-24　0	东西 tuŋ ɕi	收拾 sou sɿ	出去 tsʰu tɕʰy
阳平+阴平 24-24　44	洋灰 iaŋ xuei	圆葱 yan tsʰuŋ	毛衣 mau i
阳平+阳平 24-24　24	煤油 mei iou	咸盐 ɕian ian	祠堂 tsʰɿ tʰaŋ
阳平+上声 24-24　213	着火 tsau xuɤ	牙狗 ia kou	棉袄 mian au
阳平+去声 24-24　53	蚕豆 tsʰan tou	洋蜡 iaŋ la	白饭 pai fan
阳平+轻声 24-24　0	云彩 yn tsʰai	雹子 pau tsɿ	核桃 xɤ tʰau
上声+阴平 213-21　44	整天 tsəŋ tʰian	乳猫 y mau	打针 ta tsən
上声+阳平 213-21　24	卷舌 tɕyan sɤ	乳牛 y ȵiou	保媒 pau mei
上声+上声 213-24　213	母狗 mu kou	米酒 mi tɕiou	—
上声+去声 213-21　53	扫地 sau ti	米饭 mi fan	炒菜 tsʰau tsʰai
上声+轻声 213-21　0	李子 li tsɿ	谷子 ku tsɿ	韭菜 tɕiou tsʰai
上声+轻声 213-24　0	蚂蚁 ma i	—	—
去声+阴平 53-53　44	麦秸 mai tɕiɛ	辣椒 la tɕiau	地瓜 ti kua
去声+阳平 53-53　24	大田 ta tʰian	放牛 faŋ ȵiou	大门 ta mən
去声+上声 53-53　213	下雨 ɕia y	热水 iɛ suei	木耳 mu ɚ
去声+去声 53-53　53	稻地 tau ti	地震 ti tsən	半夜 pan iɛ
去声+去声 53-24　53	害怕 xai pʰa	再去 tsai tɕʰy	在那儿 tsai nar
去声+轻声 53-53　0	月亮 yɛ liaŋ	露水 lu suei	腊月 la yɛ

说明：

1. 两个阴平相连，前一个阴平的实际调值略低，近似33，如"花生"，记音时仍记作44。

2. 两个阳平相连，前一个阳平的实际调值略低，近似23，如"咸盐"，记音时仍记作24。

3. 两个上声相连，前一个上声的调值为24，上声在阴平、阳平、去声前，调值为21。在原为上声后变为轻声的字音前，上声有两种不同的变调：一种是21+0，如"李子、谷子"；另一种是24+0，如"蚂蚁"。上声处于词语末尾时，实际调值近似212或211。

---

① 44-44表示的是前字调值的变化，单列的44表示的是后字的调值。

4. 两个去声相连,前一个去声的实际调值略低,近似 42,记音时仍记作 53。

5. 轻声音节因受前一个声调的影响,在音高上不固定。上声字后面的轻声调值最高,调值近似 4,阴平字、阳平字后面的轻声调值偏低,阴平字后面的轻声调值近似 2,阳平字后面的轻声调值近似 3,去声字后面的轻声音高最低,调值近似 1。对于以上情况,记音时轻声统一记作 0。

(二)数词"一、三、七、八"的变调

1. 在去声前,"一"的调值变为 24。在非去声(阴平、阳平、上声)前,"一"的调值变为 53。

2. 在去声前,"三"的调值变为 24。在非去声(阴平、阳平、上声)前,"三"的调值不变,为 44。

3. 在去声前,"七、八"的调值常变为 24,也可不变。在非去声(阴平、阳平、上声)前,"七、八"的调值不变,为 44。

表 1-1-5　勃利方言中"一、三、七、八"的变调

前字及声调	后字及声调			
	阴平 44	阳平 24	上声 213	去声 53
一 44	53+44 一天	53+24 一年	53+213 一两	24+53 一样
三 44	44+44 三只	44+24 三条	44+213 三本	24+53 三块
七 44	44+44 七张	44+24 七年	44+213 七百	44+53 七万 24+53 七万
八 44	44+44 八分	44+24 八人	44+213 八本	44+53 八次 24+53 八次

(三)副词"不、还、别、没"的变调

"不、还、别、没"在去声前,调值一律变为 24,在非去声(阴平、阳平、上声)前,调值为 53。勃利方言中还存在"没没没"(询问东西是否丢失)这样的语言现象,中间的

"没"为副词,三个"没"的调值依次为 24、53、24。

表 1-1-6　勃利方言中"不、还、别、没"的变调

前字及声调	后字及声调			
	阴平 44	阳平 24	上声 213	去声 53
不 53	53+44 不说	53+24 不行	53+213 不走	24+53 不动
还 24	53+44 还说	53+24 还行	53+213 还走	24+53 还动
别 24	53+44 别说	53+24 别来	53+213 别想	24+53 别去
没 24	53+44 没说	53+24 没来	53+213 没有	24+53 没用

肆　异读

(一)新老异读

1. 声母

在勃利方言中,对于韵母今读为 ɤ、an、au、ən 的古影疑母开口一等字,老男将其声母读为 n、零声母,青男则将其声母读为零声母。例如,老男将"鹅"读为 nɤ²⁴、ɤ²⁴,青男将"鹅"读为 ɤ²⁴;老男将"熬"读为 nau⁴⁴、au⁴⁴,青男将"熬"读为 au⁴⁴;老男将"安"读为 nan⁴⁴、an⁴⁴,青男将"安"读为 an⁴⁴;老男将"恩"读为 nən⁴⁴、ən⁴⁴,青男将"恩"读为 ən⁴⁴。

在勃利方言中,古日母字的新老异读情况较为复杂。第一种情况有 5 例,老男将声母读为零声母或 l、ʐ,青男将声母读为 ʐ。例如,老男将"如"读为 lu²⁴、ʐu²⁴,青男将"如"读为 ʐu²⁴;老男将"人"读为 y⁵³、ʐu⁵³,青男将"人"读为 ʐu⁵³;老男将"热"读为 iɛ⁵³、ʐɤ⁵³,青男将"热"读为 ʐɤ⁵³;老男将"日"读为 i⁵³、ʐʅ⁵³,青男将"日"读为 ʐʅ⁵³;老男将"弱"读为 iau⁵³、yɛ⁵³,青男将"弱"读为 ʐuɤ⁵³。第二种情况有 4 例,老男只将声母读为零声母,青男将声母读为零声母和 ʐ。例如,老男将"绕"读为 iau⁵³,青男将"绕"

读为 iau⁵³、z̞au⁵³；老男将"染"读为 ian²¹³，青男将"染"读为 ian²¹³、z̞an²¹³；老男将"任"读为 in⁵³，青男将"任"读为 in⁵³、z̞ən⁵³；老男将"认"读为 in⁵³，青男将"认"读为 in⁵³、z̞ən⁵³。第三种情况有 1 例，老男将声母读为零声母，青男将声母读为 z̞。例如，老男将"闰"读为 in⁵³，青男将"闰"读为 z̞uən⁵³。

对于古云母字，老男将其声母读为零声母，青男将其声母读为 z̞。例如，老男将"荣"读为 yŋ²⁴，青男将"荣"读为 z̞uŋ²⁴。

对于古明母字，老男将其声母读为 ȵ 或 m，青男将其声母读为 m。例如，对于"棉"，老男读为 ȵiau²⁴、mian²⁴，青男读为 mian²⁴。

2. 韵母

对于前面提到的存在新老异读情况的古日母字，其韵母往往也不同。老男将"入"的韵母读为 y、u，青男将"入"的韵母读为 u；老男将"热"的韵母读为 iɛ、ɤ，青男将"热"的韵母读为 ɤ；老男将"日"的韵母读为 i、ʅ，青男将"日"的韵母读为 ʅ；老男将"弱"的韵母读为 iau、yɛ，青男将"弱"的韵母读为 uɤ。

对于泥母钟韵、精母东韵，老男读为合口呼、开口呼，青男读为合口呼。例如，老男将"粽"读为 tsən⁵³、tsuŋ⁵³，青男将"粽"读为 tsuŋ⁵³；老男将"浓"读为 nən²⁴、nuŋ²⁴，青男将"浓"读为 nuŋ²⁴。

3. 文白

老男和青男在文白异读方面存在差异，青男多用文读形式，老男有时只用白读形式，如"认 in⁵³"。老男文读、白读兼用的情况达 40 多例，如"如 lu²⁴/z̞u²⁴""热 iɛ⁵³/z̞ɤ⁵³"。青男文读、白读兼用的情况也有，但数量较少。

(二)文白异读

1. 声母

部分蟹摄开口二等见母字的声母白读为 k，文读为 tɕ。例如，"解"白读为 kai²¹³，文读为 tɕiɛ²¹³；"街"白读为 kai⁴⁴，文读为 tɕiɛ⁴⁴。

梗摄、江摄开口二等见母、溪母字的声母白读为 tɕ 或 tɕʰ，文读为 k 或 kʰ。例如，"壳"白读为 tɕʰiau⁵³，文读为 kʰɤ²⁴；"更"白读为 tɕiŋ⁴⁴，文读为 kəŋ⁴⁴；"客"白读为 tɕʰiɛ²¹³，文读为 kʰɤ⁵³。

部分臻摄合口三等精母字的声母白读为 ts，文读为 tɕ。例如，"俊"白读为 tsuən⁵³，文读为 tɕyn⁵³。

古泥母字的声母白读为 l，文读为 n。例如，"嫩"白读为 lən⁵³，文读为 nən⁵³。

古心母字的声母白读为 ɕ，文读为 s。例如，"宿"白读为 ɕy²¹³，文读为 su⁵³。

2. 韵母

韵母文白异读的现象常见于宕江曾梗通五摄入声字中。

宕江摄入声字的韵母白读为 au、iau，文读为 ɤ、yɛ。例如，"薄"白读为 pau²⁴，文读为 pɤ²⁴；"约"白读为 iau⁴⁴，文读为 yɛ⁴⁴；"削"白读为 ɕiau⁴⁴，文读为 ɕyɛ²¹³；"雀"白读为 tɕʰiau²¹³，文读为 tɕʰyɛ⁵³；"学"白读为 ɕiau²⁴，文读为 ɕyɛ²⁴。

曾开三入白读为 ai，文读为 ɤ。例如，"色"白读为 sai²¹³，文读为 sɤ⁵³。

曾开一入白读为 ei 或 i，文读为 ɤ 或 ai。例如，"塞"白读为 sei⁴⁴，文读为 sɤ⁵³、sai⁴⁴；"得"白读为 tei²¹³，文读为 tɤ²¹³、tɤ²⁴；"墨"白读为 mi⁵³，文读为 mɤ⁵³。

梗开二入白读为 ai 或 iɛ，文读为 ɤ。例如，"择"白读为 tsai²⁴，文读为 tsɤ²⁴；"客"白读为 tɕʰiɛ²¹³，文读为 kʰɤ⁵³。

通合三入白读为 ou，文读为 u。例如，"熟"白读为 sou²⁴，文读为 su²⁴。

其他入声字也存在文白异读现象。例如，山摄合口四等字"血"白读为 ɕiɛ²¹³，文读为 ɕyɛ²¹³；通摄合口三等字"肉"白读为 iou⁵³，文读为 ʐ̩ou⁵³。

此外，一些舒声字同样也存在文白异读情况。例如，"取"白读为 tɕʰiou²¹³，文读为 tɕʰy²¹³；"更"白读为 tɕiŋ⁴⁴，文读为 kəŋ⁴⁴；"尾"白读为 i²¹³，文读为 uei²¹³。

3. 声调

声调异读主要见于入声字，例如"国 kuɤ²¹³/kuɤ²⁴""劈 pʰi²¹³/pʰi⁴⁴""缩 suɤ²⁴/suɤ⁵³""刮 kua²¹³/kua⁴⁴"。有的还伴有韵母异读，例如"割 ka²¹³/ka⁴⁴/kɤ⁴⁴""鹤 xau²⁴/xɤ⁵³"。有的是声母、韵母、声调均异读，例如"客 tɕʰiɛ²¹³/kʰɤ⁵³"。

舒声字同样也存在文白异读现象，例如"剑 tɕian²¹³/tɕian⁵³""汗 xan²⁴/xan⁵³""还 xai⁵³/xai²⁴"。

(三)其他异读

有些异读现象既不属于新老异读，又不能归入文白异读。

一是声母异读，如"撞 tsʰuaŋ⁵³/tsuaŋ⁵³"；二是声母、声调异读，如"糙 tsau⁵³/tsʰau⁴⁴"；三是韵母异读，如"寻 ɕyn²⁴/ɕin²⁴""暖～和 nau²¹³/nuan²¹³"；四是声调异读，如"沉 tsʰən²⁴/tsʰən⁵³""卫 uei²¹³/uei⁵³"。

伍　儿化

勃利方言的儿化音变与普通话的儿化音变基本相同。具体情况见表 1-1-7。

表 1-1-7 勃利方言儿化情况

儿化韵		来源	例词
1	ər	ʅ	年三十儿 ȵian²⁴san⁴⁴sər²⁴、刺儿 tsʰər⁵³
		ei	傍黑儿 paŋ⁵³xər⁴⁴、姊妹儿 tsʅ²¹mər⁰
		ən	脑瓜门儿 nau²¹kua⁴⁴mər²⁴、脸盆儿 lian²¹pʰər²⁴
		u	娶媳妇儿 tɕʰy²¹ɕi²⁴fər⁰
2	iər	i	过小礼儿 kuɤ⁵³ɕiau²⁴liər²¹³
		in	背心儿 pei⁵³ɕiər⁴⁴、得劲儿 tei²¹tɕiər⁵³
3	ur	u	蛛蛛儿 tsu²⁴tsur⁰
4	uər	uei	亲嘴儿 tɕʰin⁴⁴tsuər²¹³
		uən	冰棍儿 piŋ⁴⁴kuər⁵³、打盹儿 ta²⁴tuər²¹³
5	yər	y	蛐蛐儿 tɕʰy⁴⁴tɕʰyər⁰
		yn	连衣裙儿 lian²⁴i⁴⁴tɕʰyər²⁴
6	ar	a	把儿 par⁵³
7	iar	ia	抽匣儿 tsʰou⁴⁴ɕiar²⁴
8	uar	ua	猪爪儿 tsu⁴⁴tsuar²¹³
9	iɛr	iɛ	蝴蝶儿 xu²⁴tiɛr²¹³
10	yɛr	yɛ	正月儿 tsəŋ⁴⁴yɛr⁰
11	ɤr	ɤ	对个儿 tuei⁵³kɤr⁵³、毛嗑儿向日葵 mau²⁴kʰɤr⁵³
12	uɤr	uɤ	对过儿 tuei⁵³kuɤr⁵³、水果儿 suei²⁴kuɤr²¹³
13	ɐr	ai	手指盖儿 sou²¹tsʅ²⁴kɐr⁵³、小孩儿 ɕiau²¹xɐr²⁴
		an	门槛儿 mən²⁴kʰɐr²¹³
14	iɐr	ian	天儿 tʰiɐr⁴⁴、河边儿 xɤ²⁴piɐr⁴⁴、礼拜天儿 li²¹pai⁵³tʰiɐr⁴⁴
15	uɐr	uai	一块儿 i²⁴kʰuɐr⁵³
		uan	新郎官儿 ɕin⁴⁴laŋ²⁴kuɐr⁴⁴
16	yɐr	yan	手绢儿 sou²¹tɕyɐr⁵³、旋儿 ɕyɐr⁵³
17	aur	au	放哨儿 faŋ⁵³saur⁵³、枣儿 tsaur²¹³、羊羔儿 iaŋ²⁴kaur⁴⁴
18	iaur	iau	家雀儿 tɕia⁴⁴tɕʰiaur²¹³、口条儿 kʰou²¹tʰiaur²⁴
19	our	ou	小河沟儿 ɕiau²¹xɤ²⁴kour⁴⁴、土豆儿 tʰu²¹tour⁵³
20	iour	iou	石榴儿 sʅ²⁴liour⁰
21	ãr	aŋ	开膛儿 kʰai⁴⁴tʰãr²⁴、电棒儿手电筒 tian⁵³pãr⁵³

续表

	儿化韵	来源	例词
22	iãr	iaŋ	咋样儿 tsa²¹iãr⁵³
23	uãr	uaŋ	鸡蛋黄儿 tɕi⁴⁴tan⁵³xuãr²⁴
24	ə̃r	əŋ	水坑儿 suei²¹kʰə̃r⁴⁴、缝儿 fə̃r⁵³、钢镚儿硬币 kaŋ⁴⁴pə̃r⁵³
25	iə̃r	iŋ	星星儿 ɕiŋ⁴⁴ɕiə̃r⁰
26	uə̃r	uŋ	胡同儿 xu²⁴tʰuə̃r⁵³、徒工儿 tʰu²⁴kuə̃r⁴⁴
27	yə̃r	yŋ	小熊儿 ɕiau²¹ɕyə̃r²⁴

说明：

1. 韵母 ɤ 处于轻声音节中，其儿化韵为 ər，例如"今儿个儿""昨儿个儿"中"个儿"的实际读音应为 kər⁰，统一记作 kɤr⁰。

2. 有些音节在儿化时，声调会发生变化。如"跟前儿"中的"前 tɕʰian²⁴"儿化后读为 tɕʰiə̃r²¹³，"自个儿"中的"个 kɤ⁵³"儿化后读为 kɤr²¹³。

3. 有些音节在儿化时，会出现韵腹脱落的现象，如"花骨朵儿"中的"朵 tuɤ²¹³"读轻声且儿化时读作 tur⁰。

陆　其他主要音变

词尾"子"读轻声时，韵腹存在 ɿ 和 ə 两读现象，词尾"子"有时读成 tə⁰，一并记作 tsɿ⁰。

第二节　集贤方音

壹　概况

（一）地理

集贤方音的调查点为集贤镇。集贤镇归黑龙江省双鸭山市集贤县管辖。集贤县隶属于黑龙江省双鸭山市，位于黑龙江省东北部，地处东经130°39′30″至132°14′50″，北纬46°29′5″至47°4′3″。集贤县辖 5 个镇、3 个乡，共 155 个行政村（含 5 个农工贸公司),有 2 个农场,区划面积 2227.5 平方千米。① 集贤镇位于县境中部,距离县城 17 千米,辖 20 个村委会和 9 个居委会。

(二)人口与民族

根据第七次全国人口普查数据,截至 2020 年 11 月 1 日零时,集贤县常住人口为 243945 人。集贤县共有 25 个民族,除汉族外,还有满族、回族、朝鲜族、蒙古族、赫哲族、苗族、维吾尔族、壮族、土家族、锡伯族、黎族、达斡尔族、鄂伦春族、鄂温克族等。②

(三)方言种类及系属

集贤方言属于东北官话区黑松片的佳富小片。集贤县绝大多数人使用集贤方言,方言内部存在使用人群的差异,这种差异在村屯表现得较为明显。城镇人口近来变化较快,普通话的使用越来越广泛。

(四)地方曲艺

集贤县的地方曲艺以二人转、拉场戏为主。

贰 声韵调

(一)声母

在集贤方言中,声母共有 20 个(含零声母)。其中,双唇音有 3 个,即 p、pʰ、m;唇齿音有 1 个,即 f;舌尖前音有 3 个,即 ts、tsʰ、s;舌尖中音有 4 个,即 t、tʰ、n、l;舌尖后音有 1 个,即 ʐ;舌面前音有 3 个,即 tɕ、tɕʰ、ɕ;舌面后音有 3 个,即 k、kʰ、x;龈腭鼻音有 1 个,即 ȵ;另有 1 个零声母 ø。

舌尖前音 ts、tsʰ、s 与舌尖后音 tʂ、tʂʰ、ʂ(实际读时舌位稍靠前)自由变读,不区分意义,但以读舌尖前音 ts、tsʰ、s 为常,为此,声母系统将 ts、tsʰ、s 和 tʂ、tʂʰ、ʂ 处理为一套音位,统一记作 ts、tsʰ、s。

声母 ȵ 有时略带舌尖前音色彩。

---

① 来源于集贤县人民政府网(http://www.jixian.gov.cn)。
② 由集贤县人民政府提供。

表 1-2-1　集贤方言声母

p 八兵病	pʰ 派片爬	m 麦明	f 飞风副蜂肥饭
t 多东毒	tʰ 讨天甜	n 脑南	l 老蓝连路
ts 资早租字贼坐张 竹柱争装纸主	tsʰ 刺草寸祠抽拆 茶抄初床车春船城		s 丝三酸事山双顺 手书十
			ʐ 热₂ 软₂
tɕ 酒九	tɕʰ 清全轻权	ȵ 年泥	ɕ 想谢响县
k 高共	kʰ 开		x 好灰活
ø 热₁ 软₁ 熬月安温 王云用药			

（二）韵母

在集贤方言中,韵母共有 36 个。其中,单元音韵母共有 8 个,即 a、ɤ、i、u、y、ɿ、ʅ、ɚ,复合韵母共有 28 个。在复合韵母中,复元音韵母有 13 个,即 ai、ei、au、ɚu、ia、iɛ、iau、iəu、ua、uɤ、uai、uei、yɛ;带鼻音韵母有 15 个,即 an、ən、ian、in、uan、uən、yan、yn、aŋ、əŋ、iaŋ、iŋ、uaŋ、uŋ、yŋ。

在韵母 a、ia、ua 中,元音 a 的实际音值为 ʌ。在韵母 ian 中,元音 a 的实际音值为 ɛ。在韵母 au、iau 和 aŋ、iaŋ、uaŋ 中,元音 a 的实际音值为 ɑ。

元音 ɤ 做单韵母时,舌位略靠前。在韵母 uɤ 中,元音 ɤ 的实际读音略带圆唇色彩。

韵母 uŋ 在零声母音节中的实际读音是 uəŋ。

韵母 ɚ 在去声音节中,舌位较低,实际读音是 ɐr。

在合口呼零声母音节中,介音 u 的实际音值为 v,如"歪""危"。

表 1-2-2　集贤方言韵母

ɿ 师丝试十直尺	i 米戏急七一锡	u 苦五猪骨出谷绿_鸭~江	y 雨橘绿~色局
ʅ 日			
ɚ 二			
a 茶塔法辣八	ia 牙鸭	ua 瓦刮	

iɛ 写鞋接贴热₁节　　　　　　　　　　　yɛ 靴月学₂

ɤ 歌盒热₂壳₂色₂　　　　　　uɤ 坐过活托郭国

ai 开排色₁白　　　　　　　　uai 快

ei 赔飞北　　　　　　　　　　uei 对鬼

au 宝饱　　　　iau 笑桥药壳₁学₁

əu 豆走　　　　iəu 油六

an 南山半　　　ian 盐年　　　　uan 短官　　　yan 权

ən 深根　　　　in 心新　　　　uən 寸滚春　　yn 云

aŋ 糖　　　　　iaŋ 响讲　　　　uaŋ 床王双

əŋ 灯升争横　　iŋ 硬病星

　　　　　　　　　　　　　　　uŋ 东　　　　　yŋ 兄用

(三)声调

在集贤方言中,声调共有 4 个调类,即阴平、阳平、上声和去声。其中,阴平的调值为 44,有时结尾略降;阳平的调值为 35;上声的调值为 213,有时发音时前段降幅较小,曲折不明显,近似前平后升;去声的调值为 53,有时收音比较低,调值近似 52。具体情况见表 1-2-3。

表 1-2-3　集贤方言声调

调类	调值	例字	备注
阴平	44	东该灯风通开天春搭急₁哭拍切刻₁	急₁:又读 刻₁:白读
阳平	35	铜皮糖红门龙牛油急₂节₂毒白盒罚	急₂:又读 节₂:文读
上声	213	懂古鬼九统苦讨草买老五有谷百节₁塔	节₁:白读
去声	53	冻怪半四痛快寸去动罪近后洞地饭树卖路硬乱刻₂六麦叶月	刻₂:文读

叁 连读变调

（一）两字组连读变调规律

表 1-2-4 集贤方言连读变调

前字声调	后字声调				
	阴平 44	阳平 35	上声 213	去声 53	轻声 0
阴平 44	44+44 公鸡 香菇 花生 书包	44+35 锅台 出灵 荤油 牤牛	44+213 猪血 开水 铅笔 烟火	44+53 黑菜 松树 豇豆 阴历	44+0 星星 蚂螂 沙子
	35+44 溜须	35+35 出门	53+213 一盏	44+35 甘蔗	35+0 出来 出去 知道
	53+44 一天	53+35 一年		35+53 三次 一定 七月 八卦	
阳平 35	35+44 洋灰 毛葱 台风 农村	35+35 洋油 咸盐 祠堂 茅楼	35+213 凉水 苹果 尘土 牙狗	35+53 毛道 农历 蚕豆 蚊帐	35+0 雹子 核桃 云彩 泥巴
	53+44 别吃 没吃 还喝	35+44 年级	53+213 别走 还跑		
		53+35 别来 没学 还行			
上声 213	21+44 小灰 母鸡 乳猫 宰猪	21+35 往年 乳牛 鬼节 保媒	35+213 母狗 老虎 水笔 可以	21+53 水稻 瓦片 炒菜 小道	21+0 尾巴 谷子 李子
					35+0 水果
去声 53	53+44 麦秸 辣椒 大街 地瓜	53+35 炕席 稻田 日食 放牛	53+213 下雨 热水 木耳 大米	53+53 大地 地震 半夜 大豆	53+0 地方 日头 腊月 上去
				35+53 害怕 宁愿 再去 不用	

说明：

1. 两个上声相连，前一个上声的调值变为 35；上声在非上声前，上声的调值变为 21。在原为上声后变为轻声的字音前，上声有两种不同的变调：一种是 21+0，如"晚上""尾巴"；另一种是 35+0，如"小姐""把手"。

2. 两个去声相连，后一个去声的起音比前一个去声的起音低，其调值近似 42，但记音时仍记作 53。

3. 去声字做前字时，有的变读为阳平，如"害怕 xai^{35} p^{h}a^{53}""出去 tʂ^{h}u^{35} tɕ^{h}y^{53}"。

4. 轻声音节因受前一个字调的影响，在音高上不固定。阴平字后面的轻声音高偏高，调值近似 3，有中降调倾向，实际音值近似 31，但"子"在阴平字后面时，实际音值近似 2；阳平字后面的轻声调值偏高，调值近似 3，总体上有中降调的倾向；上声字后面的轻声调值多为 2；去声字后面的轻声音高最低，调值近似 1，有时音高会稍高，有低降调倾向，实际音值近似 21。对于以上情况，记音时轻声统一记作 0。

5. 集贤方言中读阴平、阳平、去声的儿化音节的声调有时会统一读为上声，如"觉惊儿 tɕiau^{35} tɕiə̃r^{213}""蝴蝶儿 xu^{35} tiɛr^{213}""净意儿 tɕiŋ^{53} iər^{213}"。

（二）"一、三、七、八"的变调

表 1-2-5　集贤方言中"一、三、七、八"的变调

前字及声调	后字及声调			
	阴平 44	阳平 35	上声 213	去声 53
一 44	53+44 一天	53+35 一年	53+213 一盏	35+53 一定
三 44	44+44 三张	44+35 三头	44+213 三口	35+53 三次
七 44	44+44 七千	44+35 七回	44+213 七百	35+53 七月
八 44	44+44 八斤	44+35 八年	44+213 八朵	35+53 八卦

（三）"别、没、还、再、不"的变调

表 1-2-6　集贤方言中"别、没、还、再、不"的变调

前字及声调	后字及声调			
	阴平 44	阳平 35	上声 213	去声 53
别 35	53+44 别吃	53+35 别来	53+213 别走	35+53 别去
没 35	53+44 没吃	53+35 没学	35+213 没有	35+53 没看
还 35	53+44 还喝	53+35 还行	53+213 还跑	35+53 还按
再 53	53+44 再拉	53+35 再来	53+213 再走	35+53 再去
不 53	53+44 不吃	53+35 不来	53+213 不好	35+53 不用

肆　异读

（一）新老异读

1. 声母

在集贤方言中,古日母字的新老异读较为复杂,在 1000 个单字中共有 12 例。一是老男两读。情况分为两种。一种情况是老男将声母读为零声母、$z_{ʅ}$,青男将声母读为 $z_{ʅ}$。例如,老男将"弱"读为 iau^{53}、$z_{ʅ}uɤ^{53}$,青男将"弱"读为 $z_{ʅ}uɤ^{53}$。另一种情况是老男将声母读为零声母、l,青男将声母读为 $z_{ʅ}$ 或 l。例如,老男将"褥"读为 y^{53}、lu^{53},青男将"褥"读为 $z_{ʅ}u^{53}$;老男将"如"读为 y^{35}、lu^{35},青男将"如"读为 lu^{35};老男将"入"读为 y^{53}、lu^{53},青男将"入"读为 $z_{ʅ}u^{53}$。二是老男只将声母读为零声母,青男将声母读为零声母和 $z_{ʅ}$。例如,老男将"绕"读为 iau^{53},青男将"绕"读为 iau^{53}、$z_{ʅ}au^{53}$;老男将"染"读为 ian^{213},青男将"染"读为 ian^{213}、$z_{ʅ}an^{213}$;老男将"任"读为 in^{53},青男将"任"读为 in^{53}、 z̥ən⁵³；老男将"人"读为in³⁵，青男将"人"读为in³⁵、z̥ən³⁵；老男将"认"读为in⁵³，青男将"认"读为in⁵³、z̥ən⁵³；老男将"肉"读为iəu⁵³，青男将"肉"读为iəu⁵³、z̥əu⁵³。三是老男将声母读为零声母，青男将声母读为z̥。例如，老男将"闰"读为yn⁵³，青男将"闰"读为z̥uən⁵³；老男将"让"读为iaŋ⁵³，青男将"让"读为z̥aŋ⁵³。

对于古以母字，老男将其声母读为零声母，青男将其声母读为z̥。例如，老男将"容"读为yŋ³⁵，青男将"容"读为z̥uŋ³⁵。

2. 韵母

对于古日母字，不仅声母的新老异读复杂，这些字的韵母也往往不同。老男将"弱"的韵母读为iau、uɤ，青男将"弱"的韵母读为uɤ。老男将"褥、如、入"的韵母读为y、u，青男将"褥、如、入"的韵母读为u。老男将"绕"的韵母读为iau，青男将"绕"的韵母读为iau、au。老男将"染"的韵母读为ian，青男将"染"的韵母读为ian、an。老男将"任、人、认"的韵母读为in，青男将"任、人、认"的韵母读为in、ən。老男将"肉"的韵母读为iəu，青男将"肉"的韵母读为iəu、u。老男将"闰"的韵母读为yn，青男将"闰"的韵母读为uən。老男将"让"的韵母读为iaŋ，青男将"让"的韵母读为aŋ。

对于精母字、来母东韵字，老男将其韵母读为开口呼，青男有的将其韵母读为合口呼，有的将其韵母读为合口呼、开口呼。例如，老男将"粽"读为tsəŋ⁵³，青男将"粽"读为tsuŋ⁵³；老男将"弄"读为nəŋ⁵³，青男将"弄"读为nəŋ⁵³、nuŋ⁵³。对于泥母钟韵、冬韵字，老男是开口呼、合口呼异读，青男是统读。例如，老男将"浓"读为nəŋ³⁵、nuŋ³⁵，青男将"浓"读为nuŋ³⁵；老男将"脓"读为nəŋ³⁵、nuŋ³⁵，青男将"脓"读为nuŋ³⁵。

对于个别古入声字，老男将其韵母读为合口呼，青男是合口呼、开口呼异读。例如，老男将"血"读为çyɛ²¹³，青男将"血"读为çiɛ²¹³、çyɛ²¹³。

3. 文白

老男和青男在文白异读方面存在差异。在数量上，青男文白异读有48例，老男文白异读有60例，但青男文读的情况远多于老男文读的情况，老男只用白读的情况多于青男。以古日母字为例，老男文白异读仅有"如、入、热、弱、褥"5例，青男文白异读则有"绕、染、任、人、认、热、软、肉"8例。但老男只有白读的情况远多于青男，有"绕、染、任、人、认、闰、让"7例。老男还有两种白读的情况，如"褥y⁵³/lu⁵³""入y⁵³/lu⁵³""如y³⁵/lu³⁵"。青男白读的情况仅有"如lu³⁵"1例。

(二)文白异读

1. 声母

蟹摄开口二等见母字的声母白读为k，文读为tç。例如，"解"白读为kai²¹³，文读为 tɕiɛ²¹³；"街"白读为 kai⁴⁴，文读为 tɕiɛ⁴⁴。

梗摄、江摄开口二等见母、溪母字的声母白读为 tɕ 或 tɕʰ，文读为 k 或 kʰ。例如，"壳"白读为 tɕʰiau⁵³，文读为 kɤ³⁵；"更"白读为 tɕiŋ⁴⁴，文读为 kəŋ⁴⁴；"客"白读为 tɕʰiɛ²¹³，文读为 kʰɤ⁵³。

古泥母字的声母白读为 l，文读为 n。例如，"嫩"白读为 lən⁵³，文读为 nən⁵³。

通合三心母字的声母白读为 ɕ，文读为 s。例如，"宿"白读为 ɕy²¹³，文读为 su⁵³。

2. 韵母

韵母文白异读的现象常见于宕江曾梗通五摄入声字中。

宕江摄入声字的韵母白读为 au、iau，文读为 ɤ、yɛ。例如，"薄"白读为 pau³⁵，文读为 pɤ³⁵；"弱"白读为 iau⁵³，文读为 yɛ⁵³；"约"白读为 iau⁴⁴，文读为 yɛ⁴⁴；"削"白读为 ɕiau⁴⁴，文读为 ɕyɛ²¹³；"雀"白读为 tɕʰiau²¹³，文读为 tɕʰyɛ⁵³；"学"白读为 ɕiau³⁵，文读为 ɕyɛ³⁵；"壳"白读为 tɕʰiau⁵³，文读为 kʰɤ³⁵。

曾开三入白读为 ai，文读为 ɤ。例如，"色"白读为 sai²¹³，文读为 sɤ⁵³。

曾开一入白读为 i，文读为 ɤ。例如，"墨"白读为 mi⁵³，文读为 mɤ⁵³。

梗开二入白读为 ai 或 iɛ，文读为 ɤ。例如，"择"白读为 tsai³⁵，文读为 tsɤ³⁵；"客"白读为 tɕʰiɛ²¹³，文读为 kʰɤ⁵³。

通合三入白读为 əu，文读为 u。例如，"熟"白读为 səu³⁵，文读为 su³⁵。

此外，一些舒声字同样也存在文白异读情况。例如，"浓"白读为 nəŋ³⁵，文读为 nuŋ³⁵；"脓"白读为 nəŋ³⁵，文读为 nuŋ³⁵；"取"白读为 tɕʰiəu²¹³，文读为 tɕʰy²¹³；"更"白读为 tɕiŋ⁴⁴，文读为 kəŋ⁴⁴；"含"白读为 xən³⁵，文读为 xan³⁵。

古泥母字存在异读现象。例如，"暖"白读为 nau²¹³、nan²¹³，文读为 nuan²¹³。

古来母字存在异读现象。例如，"乱"白读为 lan⁵³，文读为 luan⁵³。

3. 声调

声调异读主要见于入声字，例如"劈 pʰi²¹³/pʰi⁴⁴""国 kuɤ²¹³/kuɤ³⁵""插 tsʰa²¹³/tsʰa⁴⁴""节 tɕiɛ²¹³/tɕiɛ³⁵""福 fu²¹³/fu³⁵"。有的还伴有韵母异读，如"雀 tɕʰiau²¹³/tɕʰyɛ⁵³"。有的是声母、韵母、声调均异读，如"客 tɕʰiɛ²¹³/kʰɤ⁵³"。

舒声字也有声调文白异读现象，例如"还 xai⁵³/xai³⁵""剑 tɕian²¹³/tɕian⁵³""卫 uei²¹³/uei⁵³"。

（三）其他异读

有些异读现象既不属于新老异读，又不能归入文白异读，例如"寻 ɕyn³⁵/ɕin³⁵""糙 tsau⁵³/tsʰau⁴⁴""拉 la³⁵/la⁴⁴"。

伍 儿化

集贤方言的儿化音变与普通话的儿化音变基本相同。具体情况见表 1-2-7。

表 1-2-7 集贤方言儿化情况

儿化韵		来源	例词
1	ər	ɿ	羹匙儿 kəŋ⁴⁴tsʰər³⁵、分字儿 fən⁴⁴tsər⁵³
		u	儿媳妇儿 ɚ³⁵ɕi³⁵fər⁰
		ei	姊妹儿 tsɿ²¹mər⁵³
		ən	年根儿 ȵian³⁵kər⁴⁴、串门儿 tsʰuan⁵³mər³⁵
2	iər	i	粒儿 liər⁵³、净意儿故意地 tɕiŋ⁵³iər⁵³
		in	胡琴儿 xu³⁵tɕʰiər³⁵、背心儿 pei⁵³ɕiər⁴⁴
3	uər	uei	亲嘴儿 tɕʰin⁴⁴tsuər²¹³、味儿 uər⁵³
		uən	光棍儿 kuaŋ⁴⁴kuər⁵³、打盹儿 ta³⁵tuər²¹³
4	yər	y	鱼儿 yər³⁵
		yn	连衣裙儿 lian³⁵i⁴⁴tɕʰyər³⁵
5	ar	a	把儿 par⁵³
6	iar	ia	抽匣儿 tsʰəu⁴⁴ɕiar³⁵
7	uar	ua	猪爪儿 tsu⁴⁴tsuar²¹³
8	iɛr	iɛ	蝴蝶儿 xu³⁵tiɛr³⁵
9	yɛr	yɛ	正月儿 tsəŋ⁴⁴yɛr⁰
10	ɣr	ɣ	大拇哥儿 ta⁵³mu²¹kɣr⁴⁴
11	uɣr	uɣ	洋火儿 iaŋ³⁵xuɣr²¹³、窝儿 uɣr⁴⁴
12	ɐr	ai	盖儿 kɐr⁵³、小孩儿 ɕiau²¹xɐr³⁵
		an	汗衫儿 xan⁵³sɐr⁴⁴、门槛儿 mən³⁵kʰɐr²¹³
13	iɐr	ian	辫儿 piɐr⁵³、天儿 tʰiɐr⁴⁴
14	uɐr	uai	块儿 kʰuɐr⁵³
		uan	新郎官儿 ɕin⁴⁴laŋ³⁵kuɐr⁴⁴、玩儿 uɐr³⁵
15	yɐr	yan	手绢儿 səu²¹tɕyɐr⁵³、旋儿 ɕyɐr⁵³
16	aur	au	桃儿 tʰaur³⁵、枣儿 tsaur²¹³
17	iaur	iau	角儿 tɕiaur²¹³、家雀儿 tɕia⁴⁴tɕʰiaur²¹³
18	əur	əu	小偷儿 ɕiau²¹tʰəur⁴⁴、茅楼儿厕所 mau³⁵ləur³⁵

续表

儿化韵	来源	例词
19　iəur	iəu	石榴儿 sʅ³⁵liəur⁰、原子油儿① yan³⁵tsʅ²¹iəur³⁵
20　ur	u	里屋儿 li²¹ur⁴⁴
21　ãr	aŋ	电棒儿 tian⁵³pãr⁵³、流氓儿 liəu³⁵mãr³⁵
22　iãr	iaŋ	插秧儿 tsʰa²¹iãr⁴⁴
23　uãr	uaŋ	鸡蛋黄儿 tɕi⁴⁴tan⁵³xuãr³⁵
24　ə̃r	əŋ	跳绳儿 tʰiau⁵³sə̃r³⁵、钢镚儿硬币 kaŋ⁴⁴pə̃r⁵³
25　iə̃r	iŋ	打鸣儿 ta²¹miə̃r³⁵、杏儿 ɕiə̃r⁵³
26　yə̃r	yŋ	小熊儿 ɕiau²¹ɕyə̃r³⁵
27　uə̃r	uŋ	胡同儿 xu³⁵tʰuə̃r⁵³

陆　其他主要音变

（一）韵母的其他音变

1. 少数山摄合口一等字没有介音 u，如"乱 lan⁵³"。
2. 东韵泥母字的韵母在口语中常读作 əŋ，如"浓 nəŋ³⁵"。
3. 韵腹为 ɤ，没有韵尾，且读作轻声时，弱化为 ə，在词汇、语法中根据实际读音记作 ə。

（二）声调的其他音变

很多古入声字仍保留上声调类，如"国 kuɤ²¹³""福 fu²¹³"，在新派、老派中都读作上声。

---

① "原子油儿"的意思是圆珠笔。

第三节　佳木斯方音

壹　概况

（一）地理

佳木斯市位于黑龙江省东北部，南起北纬 45°56′至 48°28′，西起东经 129°29′至 135°5′。佳木斯地处松花江、黑龙江、乌苏里江汇流而成的三江平原腹地，北隔黑龙江、东隔乌苏里江分别与俄罗斯哈巴罗夫斯克市（伯力）和犹太自治州相望。佳木斯市东邻双鸭山市，西依哈尔滨市、伊春市，南接牡丹江市、七台河市、鸡西市，北邻鹤岗市。全市总面积 3.246 万平方千米。①

（二）人口与民族

据公安部门户籍统计，2022 年年末全市户籍总人口为 225.6 万人。佳木斯市共有 42 个民族，41 个少数民族，少数民族人口 67228 人。其中，蒙古族、回族、朝鲜族、满族、赫哲族人口分别为 2431 人、4143 人、24874 人、32508 人、4407 人，其余 36 个少数民族人口均在千人以下。②

（三）方言种类及系属

佳木斯方言属于东北官话区黑松片的佳富小片。佳木斯市绝大多数人使用佳木斯方言。方言内部的使用人群存在差异，这种差异在乡镇、村屯表现得较为明显。近年来，市区人口变化较快，普通话的使用越来越广泛。

（四）地方曲艺

佳木斯市在 20 世纪初尚有用二人转曲调演唱的汉族民间小戏——拉场戏。

---

① 来源于佳木斯市人民政府网（http//：www.jms.gov.cn）。
② 来源于佳木斯市人民政府网（http//：www.jms.gov.cn）。

贰 声韵调

(一)声母

在佳木斯方言中,声母共有 23 个(含零声母)。其中,双唇音有 3 个,即 p、pʰ、m;唇齿音有 1 个,即 f;舌尖前音有 3 个,即 ts、tʂ、s;舌尖中音有 4 个,即 t、tʰ、n、l;舌尖后音有 4 个,即 tʂ、tʂʰ、ʂ、ʐ;舌面前音有 4 个,即 tɕ、tɕʰ、ɕ、ȵ;舌面后音有 3 个,即 k、kʰ、x;另有 1 个零声母 ø。

声母 ʐ 有轻微摩擦,实际为半元音 ɹ。

声母 ts、tsʰ、s 和 tʂ、tʂʰ、ʂ 在听感上区分明显,且能区分意义,故分为两组。

零声母与合口呼韵母相拼时有轻微的唇齿擦音色彩,个别韵母的摩擦比较明显,如"卫、危"等。

表 1-3-1 佳木斯方言声母

p 八兵病	pʰ 派片爬	m 麦明名	f 飞风副	
t 多夺毒	tʰ 讨天甜	n 脑南		l 老蓝连
k 高共怪	kʰ 开空哭		x 好灰活	
tɕ 酒九经	tɕʰ 清全轻	ȵ 鸟女	ɕ 想谢响	
tʂ 张竹纸	tʂʰ 抽拆茶		ʂ 事山十	ʐ 热日任
ts 租贼坐	tsʰ 草寸祠		s 酸丝三	
ø 味问温王				

(二)韵母

在佳木斯方言中,韵母共有 36 个。其中,单元音韵母有 8 个,即 ɿ、ʅ、a、ɣ、ɚ、i、u、y。复合韵母有 28 个。其中,复元音韵母有 13 个,即 ai、ei、au、əu、ia、iɛ、iau、iəu、ua、uɣ、uai、uei、yɛ。带鼻音韵母有 15 个,即 an、ən、ian、in、uan、uən、yan、yn、aŋ、əŋ、iaŋ、iŋ、uaŋ、uŋ、yŋ。

在韵母 a、ia、ua 中,元音 a 的实际音值为 ᴀ。在韵母 ian 中,元音 a 的实际音值为 ɛ。在韵母 au、iau 和 aŋ、iaŋ、uaŋ 中,元音 a 的实际音值为 a。

i、u、y 在零声母后有轻微摩擦。

韵母 ɚ 读去声时,实际音值是 ɐr。

uɤ 的主要元音比 ɤ 略低一些;ue 和 uei 的韵腹 ə 受到韵尾 u 的同化影响,略有圆唇的倾向。

uŋ 与零声母相拼时,实际发音是 uəŋ。

表 1-3-2　佳木斯方言韵母

ɿ 师丝ʸ十ʸ	i 戏七锡	u 苦骨出	y 橘绿局
ʅ 丝ʸ十ʸ尺			
a 茶法八			
ɤ 热ʸ壳色ʸ			
ɚ 二儿			
	ia 牙鸭哑	ua 瓦刮刷	
		uɤ 缩国或	
	iɛ 帖热白节		yɛ 靴月学ʸ
ai 开色白白		uai 快拐坏	
ei 赔飞北		uei 对鬼水	
au 宝饱勺	iau 笑学白		
əu 豆走瘦	iəu 油六牛		
an 南山半	ian 盐年铅	uan 短官晚	yan 权冤远
ən 深根肯	in 心新筋	uən 寸滚春	yn 云熏运
aŋ 糖汤放	iaŋ 响讲枪	uaŋ 床王双	
əŋ 灯升争横	iŋ 硬病星	uŋ 东宫终	yŋ 兄用雄

（三）声调

在佳木斯方言中,声调共有 4 个调类,即阴平、阳平、上声和去声。其中,阴平的调值为 33,有时听感上接近 44;阳平的调值为 24,发音时有时略高,接近 35;上声的调值为 212,有时尾音略低,调值接近 211,发音较快时,曲折度不明显,听感上接近升调;去声的调值为 53,有时略低,接近 42。具体情况见表 1-3-3。

表 1-3-3 佳木斯方言声调

调类	调值	例字	备注
阴平	33	东该灯风通开天春搭急₁ 哭拍切刻₁	急₁：又读 刻₁：白读
阳平	24	铜皮糖红门龙牛油急₂ 节₂ 毒白盒罚	急₂：又读 节₂：文读
上声	212	懂古鬼九统苦讨草买老五有谷百节₁ 塔	节₁：白读
去声	53	冻怪半四痛快寸去动罪近后洞地饭树卖路硬乱刻₂六麦叶月	刻₂：文读

叁 连读变调

（一）两字组连读变调规律

音节与音节在语流中连读时必然发生音变,佳木斯方言中两字组连读变调主要是前字变调。

1. 阴平的连读变调

①阴平+阴平
②阴平+去声
③阴平+轻声
前一个音节的声调为阴平,在语流中有时异化为阳平。

2. 上声的连读变调

①上声+上声
上声与上声组合后,发生异化,前一个上声读阳平。
②上声+非上声
上声在非上声前时,为了音律协调,上声的调值被同化为21。

表 1-3-4　佳木斯方言中两字组连读变调

前字声调	后字声调				
	阴平 33	阳平 24	上声 212	去声 53	轻声 0
阴平 33	33+33	33+24	33+212	33+53	33+0
				24+53	24+0
阳平 24	24+33	24+24	24+212	24+53	24+0
上声 212	21+33	21+24	24+212	21+53	21+0
去声 53	53+33	53+24	53+212	53+53	53+0

（二）两字组连读变调举例

阴平+阴平 33-33　33	开心 kʰai ɕin	相亲 ɕiaŋ tɕʰin	溜须 liəu ɕy
阴平+阳平 33-33　24	灰尘 xuei tsʰən	荤油 xuən iəu	甘甜 kan tʰian
阴平+上声 33-33　212	山谷 san ku	街里 kai li	中指 tsuŋ tsʅ
阴平+去声 33-33　53	冬至 tuŋ tsʅ	菠菜 pɤ tsʰai	清静 tɕʰiŋ tɕiŋ
阴平+去声 33-24　53	干净 kan tɕiŋ	姑父 ku fu	发送 fa suŋ
阴平+轻声 33-33　0	衣裳 i saŋ	镏子 liəu tsʅ	出来 tsʰu lai
阴平+轻声 33-24　0	三个 san kɤ	收拾 səu sʅ	多少 tuɤ sau
阳平+阴平 24-24　33	洋灰 iaŋ xuei	农村 nəŋ tsʰuən	年初 nian tsʰu
阳平+阳平 24-24　24	咸盐 ɕian ian	茅楼 mau ləu	围脖 uei pɤ
阳平+上声 24-24　212	磁铁 tsʰʅ tʰiɛ	田埂 tʰian kəŋ	着火 tsau xuɤ
阳平+去声 24-24　53	贼热 tsei iɛ	阳历 iaŋ li	前面 tsʰian mian
阳平+轻声 24-24　0	埋汰 mai tʰai	胰子 i tsʅ	长虫 tsʰaŋ tsʰuŋ
上声+阴平 212-21　33	母猫 mu mau	里屋 li u	整天 tsəŋ tʰian
上声+阳平 212-21　24	乳牛 y niəu	火油 xuɤ iəu	口条 kʰəu tʰiau
上声+上声 212-24　212	母狗 mu kəu	老虎 lau xu	有喜 iəu ɕi
上声+去声 212-21　53	里面 li mian	早上 tsau saŋ	扫地 sau ti
上声+轻声 212-21　0	敞亮 tsʰaŋ liaŋ	尾巴 i pa	姥姥 lau lau
去声+阴平 53-53　33	大堤 ta ti	面瓜 mian kua	右边 iəu pian

续表

去声+阳平 53-53　24	渐强 tɕian tɕʰiaŋ	剃头 tʰi tʰəu	上坟 saŋ fən
去声+上声 53-53　212	在理 tsai li	大水 ta suei	过晌 kuɤ saŋ
去声+去声 53-53　53	稻地 tau ti	尿罐 niau kuan	地面 ti mian
去声+轻声 53-53　0	棒子 paŋ tsʅ	后头 xəu tʰəu	进去 tɕin tɕʰy

（三）表频率的副词"还、再"和否定副词"没、别、不"的变调

表频率的副词"还、再"和否定副词"没、别、不"在去声前，调值一律变为 24，在非去声（阴平、阳平、上声）前，调值为 53。具体见表 1-3-5。

表 1-3-5　表频率的副词"还、再"和否定副词"没、别、不"的变调

前字及声调	后字及声调			
	阴平 33	阳平 24	上声 212	去声 53
还 24	53+33 还喝	53+24 还行	53+212 还跑	24+53 还按
再 53	53+33 再拉	53+24 再来	53+212 再走	24+53 再去
没 24	53+33 没吃	53+24 没学	53+212 没走	24+53 没事
别 24	53+33 别吃	53+24 别来	53+212 别走	24+53 别放
不 53	53+33 不吃	53+24 不行	53+212 不取	24+53 不去

（四）"一、三、七、八"的变调

在佳木斯方言中，"一、三、七、八"在去声前，调值一律变为 24，而"三、七、八"在非去声前，调值为 33，"一"在非去声前，调值变为 53。具体见表 1-3-6。

表 1-3-6　佳木斯方言中"一、三、七、八"的变调

前字及声调	后字及声调			
	阴平 33	阳平 24	上声 212	去声 53
一 33	53+33 一斤	53+24 一年	53+212 一起	24+53 一定
三 33	33+33 三天	33+24 三头	33+212 三口	24+53 三次
七 33	33+33 七哥	33+24 七行	33+212 七垧	24+53 七个
八 33	33+33 八天	33+24 八年	33+212 八场	24+53 八路

肆　异读

在佳木斯方言中,异读主要体现为新老异读、文白异读。

(一)新老异读

1. 声母

在佳木斯方言中,新老异读主要体现在古知庄章组字的读音上。

对于古知庄章组字,大部分老男将声母读为古精组字声母 ts、tsʰ、s,青男将声母统读为 tʂ、tʂʰ、ʂ。例如,老男将"沙"读为 sa³³,青男将"沙"读为 ʂa³³;老男将"蛇"读为 sɤ²⁴,青男将"蛇"读为 ʂɤ²⁴;老男将"输"读为 su³³,青男将"输"读为 ʂu³³;老男将"抄"读为 tsʰau³³,青男将"抄"读为 tʂʰau³³;老男将"参"读为 sən³³,青男将"参"读为 ʂən³³;老男将"染"读为 ian²¹²,青男将"染"读为 ʐan²¹²;老男将"争"读为 tsəŋ³³,青男将"争"读为 tʂəŋ³³。

在《中国语言资源调查手册·汉语方言》中的 1000 个单字中,老男将 148 个古知庄章组字读为古精组字,有时还将古精组字读为古知庄章组字,如将"紫"读为 tʂʅ²¹²,将"刺"读为 tʂʰʅ⁵³,将"祠"读为 tʂʰʅ²⁴,将"子"读为 tʂʅ²¹²,将"字"读为 tʂʅ⁵³,将"丝"读为 ʂʅ³³。这属于不对立的自由变读。青男将古知庄章组字的声母读为 tʂ、tʂʰ、ʂ。

对于韵母今读为 ɤ、an、au、ən、ai 的古影疑母开口一等字,老男将声母读为 n 或零声母,青男将声母读为零声母。例如,老男将"鹅"读为 nɤ²⁴ 或 ɤ²⁴,青男将"鹅"读为 ɤ²⁴;老男将"熬"读为 nau²⁴ 或 au²⁴,青男将"熬"读为 au²⁴;老男将"安"读为 nan³³ 或

an³³，青男将"安"读为 an³³；老男将"恩"读为 nən³³ 或 ən³³，青男将"恩"读为 ən³³；老男将"爱"读为 nai⁵³ 或 ai⁵³，青男将"爱"读为 ai⁵³。个别影母二等字也有此类现象。例如，老男将"矮"读为 nai²¹² 或 ai²¹²，青男读为 ai²¹²。

古日母字的新老异读有 11 例。对于古日母字，青男将声母读为 ʐ。老男的情况则分为两种。老男将声母读为零声母的字有 6 例。例如，老男将"绕"读为 iau⁵³，青男将"绕"读为 ʐau⁵³；老男将"染"读为 ian²¹²，青男将"染"读为 ʐan²¹²；老男将"软"读为 yan²¹²，青男将"软"读为 ʐuan²¹²；老男将"人"读为 in²⁴，青男将"人"读为 ʐən²⁴；老男将"闰"读为 yn⁵³，青男将"闰"读为 ʐuən⁵³；老男将"让"读为 iaŋ⁵³，青男将"让"读为 ʐaŋ⁵³。老男将声母既读为零声母又读为 ʐ 的字有 5 例。例如，老男将"弱"读为 iau⁵³、yɛ⁵³、ʐuɤ⁵³，青男将"弱"读为 ʐuɤ⁵³；老男将"肉"读为 iəu⁵³、ʐəu⁵³，青男将"肉"读为 ʐəu⁵³；老男将"褥"读为 y⁵³、ʐu⁵³，青男将"褥"读为 ʐu⁵³；老男将"如"读为 y²⁴、ʐu²⁴，青男将"如"读为 ʐu²⁴；老男将"热"读为 iɛ⁵³、ʐɤ⁵³，青男将"热"读为 ʐɤ⁵³。

对于古明母字，老男将声母读为 ȵ，青男将声母读为 m。例如，老男将"棉"读为 ȵiau²⁴，青男将"棉"读为 mian²⁴。

对于古泥母字，老男将声母读为 l，青男将声母读为 n。例如，老男将"嫩"读为 lən⁵³，青男将"嫩"读为 nən⁵³。

2. 韵母

对于古日母字，青男将声母读为 ʐ，这些字的韵母往往也不同。老男将"如、人"的韵母读为 y、u，青男将"如、人"的韵母读为 u。老男将"热"的韵母读为 iɛ、ɤ，青男将"热"的韵母读为 ɤ。老男将"软"的韵母读为 yan，青男将"软"的韵母读为 uan。老男将"日"的韵母读为 i，青男将"日"的韵母读为 ɿ。老男将"弱"的韵母读为 iau、yɛ、uɤ，青男将"弱"的韵母读为 uɤ。

对于泥母钟韵字、精母东韵字，老男是合口呼、开口呼异读，青男是合口呼统读。例如，老男将"粽"读为 tsəŋ⁵³、tsuŋ⁵³，青男将"粽"读为 tsuŋ⁵³；老男将"浓"读为 nəŋ²⁴、nuŋ²⁴，青男将"浓"读为 nuŋ²⁴。

3. 文白

老男和青男在文白异读方面存在差异，年轻人多用文读形式。在 1000 个单字中，文白异读的仅有"浸、节、结、刮、匹、薄、削、角、得、息、色、更、福、宿、熟"等字。老男文白异读的数量多，情况也较为复杂。老男有时只用白读，如"人 in²⁴"。老男文读、白读兼用的情况较多，如"热 iɛ⁵³/ʐɤ⁵³""剥 pa³³/pɤ³³"。对于老男来说，个别字白读的数量达到两个，如"弱"白读为 iau⁵³、yɛ⁵³。

（二）文白异读

1. 声母

部分蟹摄开口二等见母字的声母白读为 k，文读为 tɕ。例如，"解"白读为 kai²¹²，文读为 tɕiɛ²¹²；"街"白读为 kai³³，文读为 tɕiɛ³³。

梗摄开口二等见母、溪母字的声母白读为 tɕ 或 tɕʰ，文读为 k 或 kʰ。例如，"更"白读为 tɕiŋ³³，文读为 kəŋ³³；"客"白读为 tɕʰiɛ²¹²，文读为 kʰɤ⁵³。

2. 韵母

韵母文白异读的现象常见于宕江曾梗通五摄入声字中。

宕江摄入声字的韵母白读为 a、au、iau，文读为 ɤ、uɤ、yɛ。例如，"剥"白读为 pa³³，文读为 pɤ³³；"薄"白读为 pau²⁴，文读为 pɤ²⁴；"弱"白读为 iau⁵³，文读为 yɛ⁵³、ʐuɤ⁵³；"落"白读为 lau⁵³，文读为 luɤ⁵³；"雀"白读为 tɕʰiau²¹²，文读为 tɕʰyɛ⁵³；"学"白读为 ɕiau²⁴，文读为 ɕyɛ²⁴。

曾开三入白读为 ai，文读为 ɤ。例如，"色"白读为 sai²¹²，文读为 sɤ⁵³。

曾开一入白读为 ei 或 i，文读为 ɤ。例如，"得"白读为 tei²¹²，文读为 tɤ²¹²；"墨"白读为 mi⁵³，文读为 mɤ⁵³。

梗开二入白读为 iɛ，文读为 ɤ。例如，"客"白读为 tɕʰiɛ²¹²，文读为 kʰɤ⁵³。

通合三入白读为 əu，文读为 u。例如，"熟"白读为 səu²⁴，文读为 su²⁴。

其他入声字也存在文白异读现象。例如，"血"白读为 ɕiɛ²¹²，文读为 ɕyɛ²¹²；"宿"白读为 ɕy²¹²，文读为 su⁵³。

此外，一些舒声字同样也存在文白异读情况。例如，"耕"白读为 tɕiŋ³³，文读为 kəŋ³³；"取"白读为 tɕʰiəu²¹²，文读为 tɕʰy²¹²；"含"白读为 xən²⁴，文读为 xan²⁴。

古泥母字存在异读现象。例如，"暖"白读为 nau²¹²，文读为 nuan²¹²。

古来母字存在异读现象。例如，"乱"白读为 lan⁵³，文读为 luan⁵³。

3. 声调

在《中国语言资源调查手册·汉语方言》的 1000 个单字中，佳木斯方言共有 18 个入声字存在文白异读情况。其中，入声白读为上声的有 13 个，即"国 kuɤ²¹²/kuɤ²⁴""匹 pʰi²¹²/pʰi³³""节 tɕiɛ²¹²/tɕiɛ²⁴""结 tɕiɛ²¹²/tɕiɛ²⁴""惜 ɕi²¹²/ɕi³³""削 ɕyɛ²¹²/ɕiau³³""福 fu²¹²/fu²⁴""插 tsʰa²¹²/tsʰa³³""血 ɕyɛ²¹²/ɕyɛ⁵³""息 ɕi²¹²/ɕi³³""色 sai²¹²/sɤ⁵³""客 tɕʰiɛ²¹²/kʰɤ⁵³""宿 ɕy²¹²/su⁵³"。入声白读为阳平的有 3 个，即"叔 su²⁴/su³³""鹤 xau²⁴/xɤ⁵³""逼 pi²⁴/pi³³"。入声白读为阴平的有 2 个，即"橘 tɕy³³/tɕy²⁴""侧 tsai³³/tsʰɤ⁵³"。

舒声字同样也有文白异读现象，例如"还 xai⁵³/xai²⁴""借 tɕiɛ³³/tɕiɛ⁵³"。

（三）其他异读

有些异读现象既不属于新老异读，又不能归入文白异读，例如"酵 ɕiau⁵³/tɕiau⁵³"。

伍　儿化

儿化是指一个音节中韵母带上卷舌色彩的一种特殊音变现象。它具有区别词义、区分词性和表示细小、喜爱等感情色彩的作用。佳木斯方言儿化情况见表1-3-7。

表 1-3-7　佳木斯方言儿化情况

儿化韵		来源	例词
1	ər	ɿ	年三十儿 ȵian²⁴san³³sər²⁴
		ʅ	刺儿 tʂʰər⁵³、侄儿 tʂər²⁴
		ei	下晚黑儿 ɕia⁵³uan²¹xər³³、傍黑儿 paŋ⁵³xər³³
		ən	婶儿 sər²¹²、一本儿 i⁵³pər²¹²
2	iər	i	底儿钱 tiər²¹tɕʰian²⁴、粒儿 liər⁵³
		in	今儿个儿 tɕiər³³kɤr⁰
3	uər	u	娶媳妇儿 tɕʰy²¹ɕi²⁴fuər⁰
		uei	牌位儿 pʰai²⁴uər⁵³、亲嘴儿 tɕʰin³³tsuər²¹²
		uən	嘴唇儿 tsuei²¹tsʰuər²⁴、冰棍儿 piŋ³³kuər⁵³
4	yər	y	小鱼儿 ɕiau²¹yər²⁴
		yn	连衣裙儿 lian²⁴i³³tɕʰyər²⁴
5	ar	a	把儿 par⁵³、那儿 nar⁵³
6	iar	ia	抽匣儿 tsʰəu³³ɕiar²⁴
7	uar	ua	花儿 xuar³³
8	iɛr	iɛ	蝴蝶儿 xu²⁴tiɛr²¹²、客儿 tɕʰiɛr²¹²
9	yɛr	yɛ	正月儿 tsəŋ³³yɛr⁰
10	ɤr	ɤ	小河儿 ɕiau²¹xɤr²⁴、唱歌儿 tsʰaŋ⁵³kɤr³³
11	uɤr	uɤ	窝儿 uɤr³³、扛活儿 kʰaŋ²⁴xuɤr²⁴
12	ɐr	ai	小孩儿 ɕiau²¹xɐr²⁴、指甲盖儿 tsʅ²¹tɕia⁰kɐr⁵³
		an	丫蛋儿 ia³³tɐr⁵³、一半儿 i²⁴pɐr⁵³
13	iɐr	ian	零钱儿 liŋ²⁴tɕʰiɐr²⁴、点儿 tiɐr²¹²

续表

儿化韵		来源	例词
14	uɐr	uai	块儿 kʰuɐr⁵³
		uan	新郎官儿 ɕin³³laŋ²⁴kuɐr³³、串儿门儿 tsʰuɐr⁵³mɚr²⁴
15	yɐr	yan	手绢儿 sɚu²¹tɕyɐr⁵³、烟卷儿 ian³³tɕyɐr²¹²
16	aur	au	枣儿 tsaur²¹²、小勺儿 ɕiau²¹saur²⁴
17	iaur	iau	猪口条儿 tsu³³kʰɚu²¹tʰiaur²⁴、家雀儿 tɕia³³tɕʰiaur²¹²
18	ɚur	ɚu	山沟儿 san³³kɚur³³、土豆儿 tʰu²¹taur⁵³
19	iɚur	iɚu	麻溜儿 ma²⁴liɚur⁰
20	ãr	aŋ	过晌儿 kuɣ⁵³ʂãr²¹²
21	iãr	iaŋ	豆浆儿 tɚu⁵³tɕiãr³³
22	uãr	uaŋ	鸡蛋黄儿 tɕi³³tan⁵³xuãr²⁴
23	ə̃r	əŋ	水坑儿 suei²¹kʰə̃r³³、跳绳儿 tʰiau⁵³ʂə̃r²⁴
24	iə̃r	iŋ	打鸣儿 ta²¹miə̃r²⁴
25	uə̃r	uŋ	空儿 kʰuə̃r⁵³
26	yə̃r	yŋ	小熊儿 ɕiau²¹çyə̃r²⁴

陆　其他主要音变

1. 少数山摄合口一等字没有介音 u,例如"乱 lan⁵³""暖 nan²¹²"。
2. 通摄合口一等字的韵母在口语中常读成 əŋ,例如"浓 nəŋ²⁴"。
3. 山开口二等字中的 an 读成 ən,如"含 xən²⁴"。
4. əŋ 有时读成 iŋ,如"更"读成 tɕiŋ³³。
5. "子"做词尾时,多数读为 tsɿ⁰,少数读为 tʂʅ⁰。

第四节　林口方音

壹　概况

(一)地理

林口县位于黑龙江省东南部、牡丹江市北部,因地处张广才岭、老爷岭森林峡口处而得名。林口县隶属于黑龙江省牡丹江市,地处北纬 44°40′至 45°58′,东经 129°17′至 130°45′。林口县东毗鸡西、鸡东,西连方正、海林,南交牡丹江、穆棱,北接依兰、勃利,地域面积 6688 平方千米。林口县辖 11 个镇,共 176 个行政村。[①]

（二）人口与民族

2022 年全县户籍总人口 318785 人。除了汉族以外,林口县还有满族、朝鲜族、蒙古族、回族等 18 个少数民族。[②]

（三）方言种类及系属

林口方言属于东北官话区黑松片的佳富小片。林口县绝大多数人使用林口方言。方言内部存在差异,特别是乡镇和村屯有明显差别。

（四）地方曲艺

林口县的地方曲艺主要是评剧和话剧。各专业剧团和业余剧团演出了评剧《分家》《小气象员》《春播曲》和话剧《月儿湾》《西望长安》《兵临城下》等剧目。

贰　声韵调

（一）声母

林口方言的声母共有 19 个(包括零声母)。其中,双唇音有 3 个,即 p、pʰ、m;唇齿音有 1 个,即 f;舌尖前音有 3 个,即 ts、tsʰ、s;舌尖中音有 4 个,即 t、tʰ、n、l;舌面前音有 4 个,即 tɕ、tɕʰ、ɕ、ɲ;舌面后音有 3 个,即 k、kʰ、x;另有 1 个零声母 ø。

声母 ts、tsʰ、s 在发音时有时比较靠后,舌尖位于下齿背,舌面前与上齿龈形成阻碍,部分字在听感上较为含混。因不区别意义,故将 ts、tsʰ、s 与 tʂ、tʂʰ、ʂ 归纳为一套音位,即 ts、tsʰ、s。

表 1-4-1　林口方言声母

p 八兵	pʰ 派片爬	m 麦明	f 飞风副峰肥饭	
t 多东毒	tʰ 讨天	n 脑南年泥		l 老蓝连路
k 高共	kʰ 开		x 好灰活	
tɕ 酒九	tɕʰ 清全轻权		ɕ 想县	ɲ 棉

---

① 来源于林口县人民政府网(http://www.linkou.gov.cn)。
② 来源于林口县人民政府网(http://www.linkou.gov.cn)。

ts 坐贼　　　　　　tsʰ 刺草寸祠抽茶　　　　　s 丝三酸顺手
　　　　　　　　　　春船　　　　　　　　　　　书十

ø 安温王云用药
热_白软_白

（二）韵母

在林口方言中，韵母共有 35 个。其中，单元音韵母有 7 个，即 ɿ、a、ɤ、i、u、y、ɚ。复合韵母有 28 个。复元音韵母有 13 个，即 ai、ei、au、ou、ia、iɛ、yɛ、iau、iou、ua、uo、uai、uei。带鼻音韵母有 15 个，即 an、ən、ian、in、uan、uən、yan、yn、aŋ、əŋ、iaŋ、iŋ、uaŋ、uŋ、yŋ。

在韵母 a、ia、ua 中，元音 a 的实际音值为 ʌ。在韵母 ian 中，元音 a 的实际音值为 ɛ。在韵母 au、iau 和 aŋ、iaŋ、uaŋ 中，元音 a 的实际音值为 ɑ。

uo 的韵腹 o 圆唇度明显不足，有时在听感上接近 ɤ。

uŋ 在零声母音节中的实际读音是 uəŋ。

表 1-4-2　林口方言韵母

ɿ 师丝试十直尺	i 戏米急七一锡	u 苦五猪骨出	y 雨橘绿局
a 茶塔法辣八			
ɤ 歌盒壳色_文			
ɚ 二			
	ia 牙鸭	ua 刮瓦	
		uo 坐活郭国	
	iɛ 写鞋接贴热_白节		yɛ 靴月
ai 开排白色_白		uai 快	
ei 赔北		uei 对鬼	
ao 宝饱	iau 笑桥药		
ou 豆走	iou 油六		
an 南山半	ian 盐年	uan 短官	yan 权
ən 深根	in 心新	uən 寸滚春	yn 云
aŋ 糖	iaŋ 响讲	uaŋ 床王双	
əŋ 灯升争横	iŋ 硬病星		
		uŋ 东	yŋ 兄用

（三）声调

林口方言有阴平、阳平、上声、去声 4 个调类。其中,阴平的调值为 33,有时在听感上接近 44,而且调尾略降;阳平的调值为 24,实际发音时有时略高,调值接近 35;上声的调值为 213,实际发音时有时起调稍高,调值接近 313;去声的调值为 53,实际发音时有时略低,接近 42。

表 1-4-3　林口方言声调

调类	调值	例字	备注
阴平	33	东该灯风通开天春哭拍切刻₁	刻₁:白读
阳平	24	门龙牛油铜皮糖红急毒白盒罚	
上声	213	懂古鬼九统苦讨草买老五有谷百塔	
去声	53	动罪近后冻怪半四痛快寸去卖路硬乱洞地饭树六麦叶刻₂	刻₂:文读

叁　连读变调

（一）两字组连读变调规律

在林口方言中,两字组连读时主要是前字发生音变,其规律如下。

1. 阴平的变调

①阴平+阴平
②阴平+去声
③阴平+轻声
前一个音节为阴平调,处在两字组中有时异化为阳平调。

2. 上声的两字组连读变调

①上声+上声
上声与上声组合后,发生异化,前一个上声的调值变为 24。
②上声+非上声
上声在非上声前时,为了音律协调,上声的调值被同化为 21。

表1-4-4　林口方言两字组连读变调

前字声调	后字声调				
	阴平 33	阳平 24	上声 213	去声 53	轻声 0
阴平 33	33+33	33+24	33+213	33+53 24+53	33+0 24+0
阳平 24	24+33	24+24	24+213	24+53	24+0
上声 213	21+33	21+24	24+213	21+53	21+0
去声 53	53+33	53+24	53+213	53+53	53+0

（二）两字组连读变调举例

阴平+阴平 33-33　33	拉稀 la çi	相亲 çiaŋ tɕʰin	扎针 tsa tsən
阴平+阳平 33-33　24	锅台 kuo tʰai	抽匣 tsʰou çia	荤油 xuən iou
阴平+上声 33-33　213	街里 kai li	铅笔 tɕʰian pi	苞米 pau mi
阴平+去声 33-33　53	黑菜 xei tsʰai	豌豆 uan tou	家具 tɕia tɕy
阴平+去声 33-24　53	干净 kan tɕiŋ	姑父 ku fu	发送 fa suŋ
阴平+轻声 33-33　0	沙子 sa tsʅ	高粱 kau liaŋ	风筝 fəŋ tsəŋ
阴平+轻声 33-24　0	鸭子 ia tsʅ	多少 tuo sau	收拾 sou sʅ
阳平+阴平 24-24　33	洋灰 iaŋ xuei	郎猫 laŋ mau	年糕 ɲian kau
阳平+阳平 24-24　24	咸盐 çian ian	茅楼 mau lou	围脖 uei pɤ
阳平+上声 24-24　213	牙狗 ia kou	棉袄 mian nau	蝴蝶 xu tʰiɛ
阳平+去声 24-24　53	贼热 tsei iɛ	洋蜡 iaŋ la	银杏 in çiŋ
阳平+轻声 24-24　0	石头 sʅ tʰou	胰子 i tsʅ	长虫 tsʰaŋ tsʰuŋ
上声+阴平 213-21　33	母猫 mu mau	里屋 li u	打针 ta tsən
上声+阳平 213-21　24	乳牛 y ɲiou	火油 xuo iou	暖壶 nuan xu
上声+上声 213-24　213	打闪 ta san	老虎 lau xu	有喜 iou çi
上声+去声 213-21　53	火炕 xuo kʰaŋ	早上 tsau saŋ	炒菜 tsʰau tsʰai
上声+轻声 213-21　0	嫂子 sau tsʅ	哑巴 ia pa	暖和 ɲau xuo
去声+阴平 53-53　33	辣椒 la tɕiau	亮天 liaŋ tʰian	大街 ta kai
去声+阳平 53-53　24	拜堂 pai tʰaŋ	剃头 tʰi tʰou	炕席 kʰaŋ çi
去声+上声 53-53　213	在早 tsai tsau	大水 ta suei	后尾儿 xou iər

续表

| 去声+去声 53-53　53 | 稻地 tau ti | 半夜 pan iɛ | 电棒 tian paŋ |
| 去声+轻声 53-53　0 | 棒子 paŋ tsʅ | 月亮 yɛ liaŋ | 叶子 iɛ tsʅ |

说明:

上声位于词语末尾时,其调值有时是 212 或 211。

(三)"一、不"的变调

"一、不"在去声前,调值一律变为 24;在非去声前,调值为 53。

表 1-4-5　林口方言中"一、不"的变调

前字声调	后字声调			
	阴平 33	阳平 24	上声 213	去声 53
一 33	53+33 一天	53+24 一年	53+213 一米	24+53 一定
不 53	53+33 不吃	53+24 不行	53+213 不跑	24+53 不去

(四)数词"三、七、八"的变调

"三、七、八"在去声前,调值变为 24;在其他声调前,调值仍为 33。

表 1-4-6　林口方言中"三、七、八"的变调

前字声调	后字声调			
	阴平 33	阳平 24	上声 213	去声 53
三 33	33+33 三天	33+24 三头	33+213 三口	24+53 三次
七 33	33+33 七千	33+24 七回	33+213 七百	24+53 七线
八 33	33+33 八斤	33+24 八年	33+213 八朵	24+53 八路

肆　异读

(一)新老异读

1. 声母

对于古知庄章组字,老男将声母读为古精组字声母 ts、tsʰ、s,青男将声母读为 tʂ、tʂʰ、ʂ。例如,老男将"茶"读为 tsʰa²⁴,青男将"茶"读为 tʂʰa²⁴;老男将"书"读为 su³³,青男将"书"读为 ʂu³³;老男将"柴"读为 tsʰai²⁴,青男将"柴"读为 tʂʰai²⁴;老男将"抄"读为 tsʰau³³,青男将"抄"读为 tʂʰau³³;老男将"鼠"读为 su²¹³,青男将"鼠"读为 ʂu²¹³;老男将"世"读为 sɿ⁵³,青男将"世"读为 ʂɿ⁵³;老男将"罩"读为 tsau⁵³,青男将"罩"读为 tʂau⁵³;老男将"沉"读为 tsʰən²⁴,青男将"沉"读为 tʂʰən²⁴;老男将"产"读为 tsʰan²¹³,青男将"产"读为 tʂʰan²¹³;老男将"叔"读为 su²⁴,青男将"叔"读为 ʂu³³。

在《中国语言资源调查手册·汉语方言》的 1000 个单字中,老男将古知庄章组字全部读为古精组字,青男将 75 个古知庄章组字读为古精组字。青男有时出现古精组字与古知庄章组字自由变读的情况,例如将"租"读为 tʂu³³,将"人参"的"参"读为 sən³³,将"伞"读为 ʂan²¹³,将"所"读为 ʂuo²¹³。

对于韵母今读为 ɤ、an 的古影疑母开口一等字,老男将声母读为 n 或零声母,青男则将声母读为零声母。例如,老男将"鹅"读为 nɤ²⁴ 或 ɤ²⁴,青男将"鹅"读为 ɤ²⁴;老男将"饿"读为 nɤ⁵³ 或 ɤ⁵³,青男将"饿"读为 ɤ⁵³;老男将"安"读为 nan³³ 或 an³³,青男将"安"读为 an³³。

在林口方言古日母字中,新老异读有 14 个,青男将声母读为 ʐ,老男的情况分为两种。老男将声母读为零声母的字有 12 个,例如"弱 iau⁵³""认 in⁵³""热 iɛ⁵³""任 in⁵³""人 y⁵³""绕 iau⁵³""染 ian²¹³""软 yan²¹³""人 in²⁴""日 i⁵³""闰 yn⁵³""让 iaŋ⁵³"。老男将声母既读为零声母又读为 ʐ 的字有 2 个,即"褥 y⁵³/ʐu⁵³""如 y²⁴/ʐu²⁴"。

对于古泥母字,老男将声母读为 l,青男将声母读为 n 或 l。例如,老男将"嫩"读为 lən⁵³,青男将"嫩"读为 nən⁵³ 或 lən⁵³。

2. 韵母

对于古日母字,青男将声母读为 ʐ,这些字的韵母往往也不同。例如,老男将"入"的韵母读为 y,青男将"入"的韵母读为 u;老男将"热"的韵母读为 iɛ,青男将"热"的韵母读为 ɤ;老男将"软"的韵母读为 yan,青男将"软"的韵母读为 uan;老男将"日"的韵母读为 i,青男将"日"的韵母读为 ʅ;老男将"弱"的韵母读为 iau,青男将"弱"的韵母读为 uo。

对于泥母钟韵字,老男是合口呼、开口呼异读,青男是合口呼统读。例如,老男将

"浓"读为 nəŋ²⁴、nuŋ²⁴，青男将"浓"读为 nuŋ²⁴。对于精母东韵字，老男是合口呼统读，青男是合口呼、开口呼异读。例如，老男将"粽"读为 tsuŋ⁵³，青男将"粽"读为 tsəŋ⁵³、tsuŋ⁵³。

3. 文白

老男和青男在文白异读方面存在差异，年轻人多用文读形式。在《中国语言资源调查手册·汉语方言》的 1000 个单字中，文白异读的仅有"取、解、割、节、结、落、削、角、塞、色、国、更、客、劈、弄、粽、脓、福、宿、熟"等字。老男文白异读的数量多，情况也较为复杂。老男有时只用白读，如"人 in²⁴"；有时兼用文读、白读，如"褥 y⁵³/ʐu⁵³"。

（二）文白异读

1. 声母

部分蟹摄开口二等见母字的声母白读为 k，文读为 tɕ。例如，"解"白读为 kai²¹³，文读为 tɕiɛ²¹³；"街"白读为 kai³³，文读为 tɕiɛ³³。

梗摄开口二等见母、溪母字的声母白读为 tɕ 或 tɕʰ，文读为 k 或 kʰ。例如，"更"白读为 tɕiŋ³³，文读为 kəŋ³³；"客"白读为 tɕʰiɛ²¹³，文读为 kʰɤ⁵³。

2. 韵母

韵母文白异读的现象常见于宕江曾梗通五摄入声字中。

宕江摄入声字的韵母白读为 a、iau，文读为 uo、yɛ。例如，"约"白读为 iau³³，文读为 yɛ³³；"落"白读为 la⁵³，文读为 luo⁵³；"削"白读为 ɕiau³³，文读为 ɕyɛ³³；"学"白读为 ɕiau²⁴，文读为 ɕyɛ²⁴。

曾开三入白读为 ai，文读为 ɤ。例如，"色"白读为 sai²¹³，文读为 sɤ⁵³。

曾开一入白读为 ei 或 i，文读为 ɤ。例如，"得"白读为 tei²¹³，文读为 tɤ²⁴；"墨"白读为 mi⁵³，文读为 mɤ⁵³。

梗开二入白读为 ai、iɛ，文读为 ɤ。例如，"客"白读为 tɕʰiɛ²¹³，文读为 kʰɤ⁵³；"择"白读为 tsai²⁴，文读为 tsɤ²⁴。

通合三入白读为 ou，文读为 u。例如，"熟"白读为 ʂou²⁴，文读为 ʂu²⁴。

此外，一些舒声字同样也存在文白异读情况。例如，"更"白读为 tɕiŋ³³，文读为 kəŋ³³；"取"白读为 tɕʰiou²¹³，文读为 tɕʰy²¹³。

古泥母字、来母字存在异读现象。例如，"暖"白读为 nan²¹³，文读为 nuan²¹³；"乱"白读为 lan⁵³，文读为 luan⁵³。

3. 声调

在《中国语言资源调查手册·汉语方言》的 1000 个单字中，声调文白异读的字有

17 个。其中,入声文白异读的字有 13 个。

入声白读为上声的有 9 个,分别是"惜 ɕi²¹³/ɕi³³""福 fu²¹³/fu²⁴""削 ɕyɛ²¹³/ɕiau³³""国 kuo²¹³/kuo²⁴""节 tɕiɛ²¹³/tɕiɛ²⁴""刮 kua²¹³/kua³³""劈 pʰi²¹³/pʰi³³""色 sai²¹³/sɤ⁵³""客 tɕʰiɛ²¹³/kʰɤ⁵³"。入声白读为阳平的有 3 个,分别是"畜 tsʰu²⁴/tsʰu⁵³""急 tɕi²⁴/tɕi³³""叔 su²⁴/su³³"。入声白读为阴平的有 1 个,即"橘 tɕy³³/tɕy²⁴"。入声白读为去声的有 1 个,即"缩 suo⁵³/suo³³"。

舒声字同样也有文白异读现象,例如"还 xai⁵³/xai²⁴""防 faŋ²¹³/faŋ²⁴""寄 tɕi²⁴/tɕi⁵³"。

(三)其他异读

有些异读现象既不属于新老异读,又不能归入文白异读,例如"撞 tʂuaŋ⁵³/tʂʰuaŋ⁵³""说 suei⁵³/suo³³""纪 tɕi⁵³/tɕi²¹³""校 ɕiau⁵³/tɕiau⁵³"。

伍 儿化

儿化具有区别词义、区分词性和表示感情色彩的作用。林口方言中的儿化情况比较多,具体见表 1-4-7。

表 1-4-7 林口方言儿化情况

	儿化韵	来源	例词
1	ar	a	把儿 par⁵³、哪儿 nar²¹³
2	ɐr	ai	阳历牌儿 iaŋ²⁴li⁵³pʰɐr²⁴、盖儿 kɐr⁵³
		an	床单儿 tsʰuaŋ²⁴tɐr³³、衬衫儿 tsʰən⁵³sɐr³³
3	ɤr	ɤ	毛嗑儿 mau²⁴kʰɤr⁵³
4	ər	ʅ	刺儿 tsʰər⁵³、羹匙儿 kəŋ³³tsʰər²⁴
		ei	姊妹儿 tsʅ²¹mər⁰
		ən	脸盆儿 lian²¹pʰər²⁴、年根儿 ȵian²⁴kər³³
5	iar	ia	抽匣儿 tsʰou³³ɕiar²⁴
6	iɐr	ian	河边儿 xɤ²⁴piɐr³³、随便儿 suei²⁴piɐr⁵³
7	iɛr	iɛ	客儿 tɕiɛr²¹³
8	iər	i	拜天地儿 pai⁵³tʰian³³tiər³³、咽气儿 ian⁵³tɕʰiər⁵³
		in	今儿个 tɕiər³³kə⁰
9	uar	ua	花儿 xuar³³

续表

儿化韵		来源	例词
10	uɐr	uai	块儿 kuɐr⁵³
		uan	玩儿 uɐr²⁴、尿罐儿 ȵiau⁵³kuɐr⁵³
11	uor	uo	窝儿 uor³³、干活儿 kan⁵³xuor²⁴
12	uər	uei	裤腿儿 kʰu⁵³tʰuər²¹³、味儿 uər⁵³
		uən	屯儿 tʰuər²⁴、冰棍儿 piŋ³³kuər⁵³
13	ur	u	弹珠儿 tan⁵³tsur³³
14	yɐr	yan	手绢儿 sou²¹tɕyɐr⁵³、旋儿 ɕyɐr⁵³
15	yɛr	yɛ	口诀儿 kʰou²¹tɕyɛr²⁴
16	yər	y	仙女儿 ɕian³³ȵyər²¹³
		yn	连衣裙儿 lian²⁴i³³tɕʰyər²⁴
17	aur	au	道儿 taur⁵³
18	our	ou	水沟儿 suei²¹kour³³、茅楼儿 mau³³lour²⁴
19	ãr	aŋ	傍儿黑 pãr³³xei³³
20	ə̃r	əŋ	缝儿 fə̃r⁵³、钢镚儿 kaŋ³³pə̃r⁵³
21	uə̃r	uŋ	空儿 kʰuə̃r⁵³
22	iaur	iau	连桥儿 lian²⁴tɕʰiaur²⁴、面条儿 mian⁵³tʰiaur²⁴
23	iour	iou	小河流儿 ɕiau²¹xɤ²⁴liour⁵³
24	iãr	iaŋ	豆浆儿 tou⁵³tɕiãr³³
25	iə̃r	iŋ	打鸣儿 ta²¹miə̃r²⁴
26	yə̃r	yŋ	小熊儿 ɕiau²¹ɕyə̃r²⁴
27	uãr	uaŋ	鸡蛋黄儿 tɕi³³tan⁵³xuãr²⁴

陆　其他主要音变

1. 山摄合口一等字"乱 lan⁵³""暖 nan²¹³"没有韵头 u。

2. 东韵泥母字的韵母在口语中常被读成 əŋ，如"弄 nəŋ⁵³""脓 nəŋ²⁴"。

3. 古清入字读上声的较多，如"国 kuo²¹³""结 tɕiɛ²¹³""曲 tɕʰy²¹³""鲫 tɕi²¹³"。

4. "子""个"等做词尾时，一般读轻声，韵母变为 ə。"子"做后缀时读轻声，如"竹子、猴子"中的"子"读作 tsʅ⁰，"厨子"中的"子"读作 tsə⁰，其他都读作 tə⁰，如"桌子 tsuo³³tə⁰""新娘子 ɕin³³ȵiaŋ²⁴tə⁰"。

5. 轻声音节中的"的"有时变读为 ti⁰，如"掌柜的"中的"的"读作 ti⁰。

第五节　同江方音

壹　概况

(一)地理

同江市位于黑龙江省东北部,地处松花江与黑龙江交汇处南岸。辖区总面积约6300平方千米。地理坐标为东经 132°18′32″ 至 134°7′15″,北纬 47°25′47″ 至48°17′20″。下辖同江镇、乐业镇、三村镇、临江镇、向阳镇、青河镇、街津口赫哲族乡、八岔赫哲族乡、金川乡、银川乡 6 镇 4 乡,以及 6 个农场。①

(二)人口与民族

截至 2021 年年末,同江市户籍人口为 173788 人,其中,城镇人口 117451 人,乡村人口 56337 人。同江市是我国赫哲族的发祥地和主要聚居区。境内现有赫哲族人口1500 余人。全国仅有三个赫哲族乡,同江有两个。同江市赫哲族人口约占全国赫哲族人口的三分之一。同江市的少数民族语言主要有两种:赫哲语和朝鲜语。赫哲族多集居于八岔赫哲族乡、街津口赫哲族乡,少数散居于各乡、村、屯、农场。②

(三)方言种类及系属

同江方言属于东北官话区黑松片的佳富小片。同江有同江本地的东北方言(即同江方言)和胶辽官话。同江方言遍布于同江市各镇、乡、村。胶辽官话是指从山东和辽宁移民过来的人所说的方言,这些人多居住于三村镇、乐业镇、向阳镇等地。

(四)地方曲艺

同江市的地方曲艺以二人转为主,多为老年人喜爱。

贰　声韵调

(一)声母

在同江方言中,声母共有 20 个(含零声母)。其中,双唇音有 3 个,即 p、pʰ、m;唇

---

① 来源于同江市人民政府网(http://www.tongjiang.gov.cn)。
② 来源于同江市人民政府网(http://www.tongjiang.gov.cn)。

齿音有 1 个,即 f;舌尖前音有 3 个,即 ts、tsʰ、s;舌尖中音有 4 个,即 t、tʰ、n、l;舌尖后音有 1 个,即 ʐ;舌面前音有 3 个,即 tɕ、tɕʰ、ɕ;舌面后音有 3 个,即 k、kʰ、x;龈腭鼻音有 1 个,即 ȵ;另有 1 个零声母 ø。

声母 tɕ、tɕʰ、ɕ 偶尔略有舌尖色彩。

声母 ȵ 与细音相拼时,舌位比较靠前,如"牛、年、泥"等。在词汇中,有的比较靠后,如"年初"等。

表 1-5-1 同江方言声母

p 八兵病	pʰ 派片爬	m 麦明泥₁	f 飞风副蜂肥饭
t 多东毒	tʰ 讨天甜	n 脑南熬₁ 安₁	l 老蓝连路
ts 资早租字贼坐 张竹柱争装纸主	tsʰ 刺草寸祠抽拆 茶抄初床车春船城		s 丝三酸事山双顺 手书十
			ʐ 热₂ 软₂
tɕ 酒九	tɕʰ 清全轻权	ȵ 年泥₂	ɕ 想谢响县
k 高共	kʰ 开		x 好灰活
ø 味问热₁ 软₁ 熬₂ 月安₂ 温王云用药			

（二）韵母

在同江方言中,韵母共有 35 个。其中,单元音韵母有 7 个,即 a、ɤ、i、u、y、ɿ、ɚ,复合韵母有 28 个。在复合韵母中,复元音韵母有 13 个,即 ai、ei、au、ou、ia、iɛ、iau、iou、ua、uɤ、uai、uei、yɛ;带鼻音韵母有 15 个,即 an、ən、ian、in、uan、uən、yan、yn、aŋ、əŋ、iaŋ、iŋ、uaŋ、uŋ、yŋ。

在韵母 a、ia、ua 中,元音 a 的实际音值为 A。在韵母 ian 中,元音 a 的实际音值为 ɛ。在韵母 au、iau 和 aŋ、iaŋ、uaŋ 中,元音 a 的实际音值为 a。

ɤ 的舌位略靠前。

uɤ 中的 ɤ 略有圆唇色彩。

uŋ 为零声母音节时,实际读音是 uəŋ。

表1-5-2　同江方言韵母

ʅ 师丝试十直尺　　　i 米戏急七一锡　　　　u 苦五猪骨出谷绿₁　　y 雨橘绿₂ 局

ɚ 二

a 茶塔法辣八　　　　ia 牙鸭　　　　　　　ua 瓦刮

　　　　　　　　　　iɛ 写鞋接贴热₁ 节　　　　　　　　　　　　　yɛ 靴月学₂

ɤ 歌盒热₁ 壳₂ 色₂　　　　　　　　　　　　uɤ 坐过活托郭国

ai 开排色₁ 白　　　　　　　　　　　　　　uai 快

ei 赔飞北　　　　　　　　　　　　　　　　uei 对鬼

au 宝饱　　　　　　　iau 笑桥药壳₁ 学₁

ou 豆走　　　　　　　iou 油六

an 南山半　　　　　　ian 盐年　　　　　　uan 短官　　　　　　yan 权

ən 深根　　　　　　　in 心新　　　　　　　uən 寸滚春　　　　　　yn 云

aŋ 糖　　　　　　　　iaŋ 响讲　　　　　　uaŋ 床王双

əŋ 灯升争横　　　　　iŋ 硬病星　　　　　　uŋ 东　　　　　　　　yŋ 兄用

(三)声调

在同江方言中,声调共有4个调类,即阴平、阳平、上声和去声。其中,阴平的调值为44,有时略低,接近33;阳平的调值为24,实际发音时有时略高,接近35;上声的调值为213;去声的调值为53。

表1-5-3　同江方言声调

调类	调值	例字	备注
			通₁:~过
			急₁:~眼
阴平	44	东该灯风通₁ 开天春搭急₁ 哭拍切₁ 刻₁	切₁:又读
			刻₁:又读
			节₁:又读
			急₂:着~
阳平	24	门龙牛油铜皮糖红节₁ 急₂ 切₂ 刻₂ 毒白盒罚	切₂:又读
			刻₂:又读
			节₂:又读
上声	213	懂古鬼九统苦讨草买老五有谷百节₂ 塔	刻₃:又读
去声	53	动罪近后冻怪半四痛快寸去卖路硬乱洞地饭树刻₃ 六麦叶 月通₂	通₂:打了一~

叁　连读变调

（一）两字组连读变调规律

表 1-5-4　同江方言两字组连读变调

前字及声调	后字及声调				
	阴平 44	阳平 24	上声 213	去声 53	轻声 0
阴平 44	44+44 公鸡 扎针 书包 应该	44+24 锅台 梳头 荤油 丢人	44+213 猪血 中指 铅笔 兴许	44+53 冬至 松树 豇豆 家具	44+0 星星 泡子 沙子
阳平 24	24+44 洋灰 梅花 圆葱	24+24 煤油 咸盐 祠堂 出棵	24+213 凉水 苹果 黄酒 洋火	24+53 蚕豆 洋蜡 划算 责怪	24+0 雹子 核桃 蘑菇 骡子
上声 213	21+44 整天 乳猫 打针 牡丹	21+24 小蛇 草房 暖壶 保媒	24+213 老虎 母狗 米酒	21+53 柳树 扫地 炒菜 老道	21+0 埂子 早晨 晌午 李子
去声 53	53+44 麦秸 辣椒 大街 地瓜	53+24 炕席 化脓 上坟 放学	53+213 下雨 热水 木耳 右手	53+53 稻地 大坝 半夜 孕妇	53+0 月亮 露水 木头 叶子

（二）其他音变规律

1. "一、不"的变调

"一、不"在去声前,调值一律变为 24。在非去声(阴平、阳平、上声)前,"一"的调值变为 53,"不"的调值仍为 53。"一、不"嵌在相同的动词中间,读轻声。"不"在可能补语中读轻声。

2. "七、八"的变调

"七、八"在去声前,调值常变为 24,也可不变,在其他情况下,调值仍为 44。

肆　异读

在同江方言中,异读主要体现为新老异读和文白异读两方面。

(一)新老异读

1.声母

对于韵母今读为 ɤ、an、au、ən 的古影疑母开口一等字,老男将声母读为 n,青男则将声母读为零声母。例如,老男将"鹅"读为 nɤ^{24},青男将"鹅"读为 ɤ^{24};老男将"熬"读为 nau^{44},青男将"熬"读为 au^{24};老男将"安"读为 nan^{44},青男将"安"读为 an^{44};老男将"恩"读为 nən^{44},青男将"恩"读为 ən^{44}。

对于古日母字,在《中国语言资源调查手册·汉语方言》的 1000 个单字中,新老异读共有 15 例。老男将声母读为零声母、青男将声母读为 ʐ 的共有 8 例。例如,老男将"绕"读为 iau^{53},青男将"绕"读为 ʐau^{53};老男将"染"读为 ian^{213},青男将"染"读为 ʐan^{213};老男将"任"读为 in^{53},青男将"任"读为 ʐən^{53};老男将"人"读为 in^{24},青男将"人"读为 ʐən^{24};老男将"认"读为 in^{53},青男将"认"读为 ʐən^{53};老男将"闰"读为 in^{53},青男将"闰"读为 ʐuən^{53};老男将"让"读为 iaŋ^{53},青男将"让"读为 ʐaŋ^{53};老男将"肉"读为 iou^{53},青男将"肉"读为 ʐou^{53}。老男将声母读为零声母、青男文白异读的仅有 1 例,即"褥 y^{53}—y^{53}/ʐu^{53}"。老男将声母读为零声母、l、ʐ,青男将声母读为 ʐ 的,有 6 例,即"如 y^{24}/lu^{24}/ʐu^{24}—ʐu^{24}""入 y^{53}/ʐu^{53}—ʐu^{53}""热 iɛ^{53}/ʐɤ^{53}—ʐɤ^{53}""软 yan^{213}/ʐuan^{213}—ʐuan^{213}""日 i^{53}/ʐʅ^{53}—ʐʅ^{53}""弱 iau^{53}/yɛ^{53}—ʐuo^{53}"。

对于声母 ts、tsʰ、s 与 tʂ、tʂʰ、ʂ,老男、青男均不能区分。ts、tsʰ、s 与 tʂ、tʂʰ、ʂ 自由变读。

对于古泥母字,老男将声母读为 m,青男将声母读为 ȵ。例如,老男将"泥"读为 mi^{24},青男将"泥"读为 ȵi^{24}。

对于古明母字,老男将声母读为 ȵ,青男将声母读为 m。例如,老男将"棉"读为 ȵiau^{24},青男将"棉"读为 mian^{24}。

对于古微母字,老男将声母文读为零声母,青男将声母文读为 v。例如,老男将"尾"文读为 uei^{213},青男将"尾"文读为 vei^{213}。

2.韵母

对于古日母字,青男将声母读为 ʐ,这些字的韵母往往也不同。例如,老男将"如、入"的韵母读为 y、u,青男将"如、入"的韵母读为 u;老男将"热"的韵母读为 iɛ、ɤ,青男将"热"的韵母读为ɤ；老男将"软"的韵母读为yan、uan，青男将"软"的韵母读为uan；老男将"日"的韵母读为i、ɻ，青男将"日"的韵母读为ɻ；老男将"弱"的韵母读为iau、yɛ，青男将"弱"的韵母读为uo。

对于泥母钟韵字、精母东韵字，老男是合口呼、开口呼异读，青男是合口呼统读。例如，老男将"粽"读为tsəŋ⁵³、tsuŋ⁵³，青男将"粽"读为tsuŋ⁵³；老男将"浓"读为nəŋ²⁴、nuŋ²⁴，青男将"浓"读为nuŋ²⁴。

3. 文白

老男和青男在文白异读方面存在差异，年轻人多用文读形式。老男有时只用白读，并且老男文白异读的情况远多于青男，达到110例，青男文白异读的情况有40例。

（二）文白异读

1. 声母

部分蟹摄开口二等见母字的声母白读为k，文读为tɕ。例如，"解"白读为kai²¹³，文读为tɕiɛ²¹³；"街"白读为kai⁴⁴，文读为tɕiɛ⁴⁴。

梗摄开口二等见母、溪母字的声母白读为tɕ或tɕʰ，文读为k或kʰ。例如，"壳"白读为tɕʰiau⁵³，文读为kʰɤ²⁴；"更"白读为tɕiŋ⁴⁴，文读为kəŋ⁴⁴；"客"白读为tɕʰiɛ²¹³，文读为kʰɤ⁵³。

部分臻摄合口三等精母字的声母白读为ts，文读为tɕ。例如，"俊"白读为tsuən⁵³，文读为tɕyn⁵³。

古泥母字的声母白读为l，文读为n。例如，"嫩"白读为lən⁵³，文读为nən⁵³。

2. 韵母

韵母文白异读的现象常见于宕江曾梗通五摄入声字中。

宕江摄入声字的韵母白读为au、iau，文读为ɤ、uɤ、yɛ。例如，"剥"白读为pau⁴⁴，文读为pɤ⁴⁴；"薄"白读为pau²⁴，文读为pɤ²⁴；"弱"白读为iau⁵³，文读为ʐuɤ⁵³；"落"白读为lau⁵³，文读为luɤ⁵³；"雀"白读为tɕʰiau²¹³，文读为tɕʰyɛ⁵³；"学"白读为ɕiau²⁴，文读为ɕyɛ²⁴；"壳"白读为tɕʰiau⁵³，文读为kʰɤ²⁴。

曾开三入白读为ai，文读为ɤ。例如，"色"白读为sai²¹³，文读为sɤ⁵³。

曾开一入白读为ei或i，文读为ɤ或ai。例如，"得"白读为tei²¹³，文读为tɤ²¹³、tɤ²⁴；"塞"白读为sei⁴⁴，文读为sai⁴⁴、sɤ⁵³；"墨"白读为mi⁵³，文读为mɤ⁵³。

梗开二入白读为ai或iɛ，文读为ɤ。例如，"择"白读为tsai²⁴，文读为tsɤ²⁴；"客"

白读为 tɕʰiɛ²¹³,文读为 kʰɤ⁵³。

通合三入白读为 ou,文读为 u。例如,"熟"白读为 sou²⁴,文读为 su²⁴。

其他入声字也存在文白异读现象,如"血"白读为 ɕiɛ²¹³,文读为 ɕyɛ²¹³。

此外,一些舒声字同样也存在文白异读情况。例如,"取"白读为 tɕʰiou²¹³,文读为 tɕʰy²¹³;"更"白读为 tɕiŋ⁴⁴,文读为 kən⁴⁴;"含"白读为 xən²⁴,文读为 xan²⁴。

3. 声调

声调异读主要见于入声字,例如"国 kuɤ²¹³/kuɤ²⁴""劈 pʰi²¹³/pʰi⁴⁴""缩 suɤ²⁴/suɤ⁴⁴""鸭 ia²⁴/ia⁴⁴""惜 ɕi²¹³/ɕi⁴⁴""刮 kua²¹³/kua²⁴/kua⁴⁴"。有的还伴有韵母异读,如"割 ka²¹³/ka⁴⁴/kɤ⁴⁴""鹤 xau²⁴/xɤ⁵³"。有的是声母、韵母、声调均异读,如"客 tɕʰiɛ²¹³/kʰɤ⁵³"。

舒声字同样也有声调文白异读现象,例如"剑 tɕian²¹³/tɕian⁵³""浸 tɕʰin²¹³/tɕin⁵³""汗 xan²⁴/xan⁵³"。

(三)其他异读

有些异读现象既不属于新老异读,又不能归入文白异读。一是声母异读,如"浸 tɕʰin²¹³/tɕin⁵³"。二是韵母异读,如"埋 mei²⁴/mai²⁴""摸 ma⁴⁴/mɤ⁴⁴"。三是声调异读,如"切 tɕʰiɛ⁴⁴/tɕʰiɛ²⁴""糙 tsau⁵³/tsʰau⁴⁴""抓 tsua²⁴/tsua⁴⁴""卫 uei²¹³/uei⁵³"。

伍　儿化

同江方言的儿化音变与普通话的儿化音变基本相同,具体见表1-5-5。

表1-5-5　同江方言儿化情况

儿化韵		来源	例词
1	ər	ʅ	年三十儿 ŋian²⁴san⁴⁴sər²⁴、刺儿 tsʰər⁵³
		u	媳妇儿 tɕʰy²¹ɕi²⁴fər⁰
		ei	傍黑儿 paŋ⁵³xər⁴⁴、姊妹儿 tsʅ²¹mər⁰
		ən	年根儿 ŋian²⁴kər⁴⁴、脸盆儿 lian²¹pʰər²⁴
2	iər	i	地儿 tiər⁵³
		in	小人儿书 ɕiau²¹iər²⁴su⁴⁴、得劲儿 tei²¹tɕiər⁵³
3	ur	u	里屋儿 li²¹ur⁴⁴

续表

儿化韵		来源	例词
4	uər	uei	牌位儿 pʰai²⁴uər⁵³、做嘴儿亲嘴 tsuɤ⁵³tsuər²¹³
		uən	屯儿村庄 tʰuər²⁴、冰棍儿 piŋ⁴⁴kuər⁵³
5	yər	y	小鱼儿 ɕiau²¹yər²⁴
		yn	连衣裙儿 lian²⁴i⁴⁴tɕʰyər²⁴
6	ar	a	汗褟儿背心 xan⁵³tʰar⁴⁴、把儿 par⁵³
7	iar	ia	抽匣儿 tsʰou⁴⁴ɕiar²⁴
8	uar	ua	花儿 xuar⁴⁴、猪爪儿 tsu⁴⁴tsuar²¹³
9	iɛr	iɛ	蝴蝶儿 xu²⁴tiɛr²¹³
10	yɛr	yɛ	正月儿 tsəŋ⁴⁴yɛr⁰
11	ɤr	ɤ	小河儿 ɕiau²¹xɤr²⁴、毛嗑儿向日葵 mau²⁴kʰɤr⁵³
12	uɤr	uɤ	对过儿 tuei⁵³kuɤr⁵³、水果儿 suei²⁴kuɤr²¹³
13	ɐr	ai	小孩儿 ɕiau²¹xɐr²⁴
		an	阳历牌儿 iaŋ²⁴li⁰pʰɐr²⁴、门槛儿 mən²⁴kʰɐr²¹³
14	iɐr	ian	天儿 tʰiɐr⁴⁴、啥前儿什么时候 sa²⁴tɕʰiɐr²⁴
15	uɐr	uai	一块儿 i²⁴kʰuɐr⁵³
		uan	新郎官儿 ɕin⁴⁴laŋ²⁴kuɐr⁴⁴
16	yɐr	yan	手绢儿 sou²¹tɕyɐr⁵³、旋儿 ɕyɐr⁵³
17	aur	au	桃儿 tʰaur²⁴、枣儿 tsaur²¹³
18	iaur	iau	角儿 tɕiaur²¹³、家雀儿 tɕia⁴⁴tɕʰiaur²¹³
19	our	ou	豌豆儿 uan⁴⁴tour⁵³
20	iour	iou	石榴儿 sʅ²⁴liour⁰
21	ãr	aŋ	电棒儿手电筒 tian⁵³pãr⁵³、流氓儿 liou²⁴mãr²⁴
22	iãr	iaŋ	茄子秧儿 tɕʰiɛ²⁴tsʅ⁰iãr⁴⁴
23	uãr	uaŋ	鸡蛋黄儿 tɕi⁴⁴tan⁵³xuãr²⁴
24	ə̃r	əŋ	缝儿 fə̃r⁵³、钢镚儿硬币 kaŋ⁴⁴pə̃r⁵³
25	iə̃r	iŋ	打鸣儿 ta²¹miə̃r²⁴、觉景儿 tɕiau²⁴tɕiə̃r²¹³
26	uə̃r	uŋ	胡同儿 xu²⁴tʰuə̃r⁵³
27	yə̃r	yŋ	小熊儿 ɕiau²¹ɕyə̃r²⁴

陆 其他主要音变

1. "子"读轻声时,韵腹存在 ʅ 和 ə 两读现象,读 ə 的居多,故统一记为 ə。

2. 单韵母 ɤ 在轻声音节中记作 ə。

第六节 黑河方音

壹 概况

(一)地理

黑河市是黑龙江省北部的一个边境市。黑河市位于北纬 47°42′ 至 51°03′,东经 124°45′ 至 129°18′,东南与伊春市、绥化市接壤,西南与齐齐哈尔市毗邻,西部与内蒙古自治区隔嫩江相望,北部与大兴安岭地区相连,东北与俄罗斯阿穆尔州隔黑龙江相望。全市总面积 68726 平方千米。黑河市辖 1 个区、3 个市、2 个县,有 31 个镇、34 个乡,其中有 7 个少数民族乡。①

(二)人口与民族

截至 2022 年年末,黑河市常住人口 125.1 万人,其中,城镇人口 82.2 万人,农村人口 42.9 万人。黑河市有汉族、满族、达斡尔族、鄂伦春族、鄂温克族等 44 个民族。少数民族人口近 4 万。少数民族主要分布在嫩江、逊克、孙吴 3 个县(市)和爱辉区。②

(三)方言种类及系属

黑河方言属于东北官话区黑松片的嫩克小片,为当地普遍通用的方言。黑河市有汉语、鄂伦春语、满语、达斡尔语等语言,少数民族语言的使用人口较少,一般只有 70 多岁的老人会说。近年来,城镇变化较快,普通话的使用越来越广泛。

(四)地方曲艺

黑河市的地方曲艺主要是二人转、评剧、京剧等。

---

① 来源于黑河市人民政府网(http://www.heihe.gov.cn)。
② 来源于黑河市人民政府网(http://www.heihe.gov.cn)。

贰 声韵调

(一)声母

在黑河方言中,声母共有23个(含零声母)。其中,双唇音有3个,即 p、pʰ、m;唇齿音有1个,即 f;舌尖前音有3个,即 ts、tsʰ、s;舌尖中音有4个,即 t、tʰ、n、l;舌尖后音有4个,即 tʂ、tʂʰ、ʂ、ʐ;舌面前音有3个,即 tɕ、tɕʰ、ɕ;舌面后音有3个,即 k、kʰ、x;龈腭鼻音有1个,即 ȵ;另有1个零声母 ø。

在实际发音时,声母 tʂ、tʂʰ、ʂ 的舌位略靠前,个别古知庄章组字流入古精组字,如蟹摄开口二等字"柴 tsʰai²⁴""晒 sai⁵²",止摄合口三等字"吹 tsʰuei⁴⁴""垂 tsʰuei²⁴""追 tsuei⁴⁴""锤 tsʰuei²⁴""水 suei²¹³",流摄开口三等字"瘦 səu⁵²",山摄合口字"闩 suan⁴⁴""砖 tsuan⁴⁴",臻摄合口三等字"唇 tsʰuən²⁴""纯 tsʰuən²⁴",江摄开口二等字"桌 tsuɤ⁴⁴",梗摄开口二等字"拆 tsʰai⁴⁴""窄 tsai²¹³""摘 tsai⁴⁴",通摄合口三等字"充 tsʰuŋ⁴⁴""竹 tsu²⁴"等。

表 1-6-1 黑河方言声母

p 八兵病	pʰ 派片爬	m 麦明	f 飞风副蜂肥饭
t 多东毒	tʰ 讨天甜	n 脑南	l 老蓝连路
ts 资早租字贼坐	tsʰ 刺草寸祠		s 丝三酸
tʂ 张柱争装纸主	tʂʰ 抽茶抄初床车春船城		ʂ 事山双顺手书十　ʐ 热₂ 软₂
tɕ 酒九	tɕʰ 清全轻权	ȵ 年泥	ɕ 想谢响县
k 高共	kʰ 开		x 好灰活
ø 味问热₁ 软₁ 熬月安温王云用药			

(二)韵母

在黑河方言中,韵母共有36个。其中,单元音韵母共有8个,即 a、ɤ、i、u、y、ʅ、ɿ、ɚ,复合韵母共有28个。在复合韵母中,复元音韵母有13个,即 ai、ei、au、əu、ia、iɛ、iau、iəu、ua、uɤ、uai、uei、yɛ;带鼻音韵母有15个,即 an、ən、ian、in、uan、uən、yan、yn、aŋ、əŋ、iaŋ、iŋ、uaŋ、uŋ、yŋ。

　　元音 a 在韵母 a、ia、ua 中,实际音值为 ʌ;在韵母 ian 中,实际音值为 ɛ;在韵母 au、iau 和 aŋ、iaŋ、uaŋ 中,实际音值是 ɑ。

　　元音 ɤ 在轻声音节中,实际音值为 ə,记作 ɤ。

　　在合口呼零声母音节中,介音 u 的实际音值接近 v。

　　iɛ、yɛ 中主要元音 ɛ 的舌位稍高。

　　an、ian、uan、yan、ən、in、uən、yn 中的主要元音有鼻化现象。

　　iŋ 在发音时在 i 和 ŋ 中间有过渡音 ə。

　　uŋ 为零声母音节时读作 uəŋ。

表 1-6-2　黑河方言韵母

ɿ 丝	i 米戏急七₁锡	u 苦五猪骨出谷绿₁	y 雨橘绿₂局
ʅ 师试十直尺			
ɚ 二			
a 茶塔法辣八	ia 牙鸭	ua 瓦刮	
	iɛ 写鞋接贴热₁节		yɛ 靴月学₂
ɤ 歌盒热₂壳₂色₂		uɤ 坐过活托郭国	
ai 开排色₁白		uai 快	
ei 赔飞北		uei 对鬼	
au 宝饱	iau 笑桥药壳₁学₁		
əu 豆走	iəu 油六		
an 南山半	ian 盐年	uan 短官	yan 权
ən 深根	in 心新	uən 寸滚春	yn 云
aŋ 糖	iaŋ 响讲	uaŋ 床王双	
əŋ 灯升争横	iŋ 硬病星		
		uŋ 东	yŋ 兄用

（三）声调

　　在黑河方言中,声调共有 4 个调类,即阴平、阳平、上声和去声。其中,阴平的调值为 44,偶尔接近 33;阳平的调值为 24,实际发音时略有曲折;上声的调值为 213,有时起点略高,偶尔接近 313;去声的调值为 52,实际发音时偶尔接近 53。具体情况参看表 1-6-3。

表 1-6-3 黑河方言声调

调类	调值	例字	备注
阴平	44	东该灯风通开天春搭急₁哭拍切刻₁	急₁：又读 刻₁：又读
阳平	24	铜皮糖红门龙牛油急₂节₂毒白盒罚	急₂：又读 节₂：文读
上声	213	懂古鬼九统苦讨草买老五有谷百节₁塔	节₁：白读
去声	52	冻怪半四痛快寸去动罪近后洞地饭树卖路硬乱刻₂六麦叶月	刻₂：又读

叁 连读变调

（一）两字组连读变调规律

表 1-6-4 黑河方言连读变调

前字及声调	后字及声调				
	阴平 44	阳平 24	上声 213	去声 52	轻声 0
阴平 44	44+44 公鸡 香菇 花生 书包	44+24 蜻蜓 吹牛 荤油 牤牛	44+213 苞米 猪血 开水 铅笔	44+52 冬至 蜂蜜 豇豆 猪圈	44+0 星星 窟窿 沙子
阳平 24	24+44 年糕 尼姑 台风 农村	24+24 煤油 厨房 祠堂 茅楼	24+213 凉水 磁铁 棉袄 牙狗	24+52 螃蟹 农历 蚕豆 蚊帐	24+0 電子 石头 云彩 时候
上声 213	21+44 老公 母鸡 打工 舞狮	21+24 往年 水泥 小蛇 彩虹	24+213 蚂蚁 老虎 母狗 雨伞	21+52 水稻 米饭 炒菜 保佑	21+0 早上 尾巴 牡丹 李子
去声 52	52+44 饭锅 辣椒 豆浆 地瓜	52+24 炕席 稻田 日食 化脓	52+213 下雨 热水 木耳 厕所	52+52 现在 地震 寺庙 大豆	52+0 地方 太阳 月亮 露水

说明：

1. 两个上声相连,前一个上声的调值变为24;上声在非上声前,上声的调值变为21。上声处于词语末尾时,实际调值接近212或211。

2. "一、不"在去声前,调值为24,在非去声前,调值为52。"一、不"嵌在相同的动词中间,读轻声。"不"在可能补语中读轻声。

3. 一些双音节词中第一个音节的调值有时变为24,如"答应""出来""出去""姑父""害怕""知道""多少""发送"等。

(二)"别、没、还、再"的变调

表1-6-5 黑河方言中"别、没、还、再"的变调

前字及声调	后字及声调			
	阴平44	阳平24	上声213	去声52
别24	52+44 别吃	52+24 别来	52+213 别走	24+52 别去
没24	52+44 没吃	52+24 没学	24+213 没有	24+52 没看
还24	52+44 还喝	52+24 还行	52+213 还跑	24+52 还是
再52	52+44 再拉	52+24 再来	52+213 再走	24+52 再去

(三)"三、七、八"的变调

表1-6-6 黑河方言中"三、七、八"的变调

前字及声调	后字及声调			
	阴平44	阳平24	上声213	去声52
三44	44+44 三张	44+24 三头	44+213 三口	24+52 三个
七44	44+44 七千	44+24 七回	44+213 七百	24+52 七月
八44	44+44 八斤	44+24 八年	44+213 八朵	24+52 八月

肆　异读

（一）新老异读

在黑河方言中,新老异读的情况不明显,声母、韵母只存在较小的差别。

1. 声母

古精母字可见差异,老男将声母读为 ts 或 tɕ,青男将声母读为 tɕ。例如,老男将"俊"读为 tsuən^{52} 或 tɕyn^{52},青男将"俊"读为 tɕyn^{52}。

2. 韵母

对于精母东韵字,老男是合口呼、开口呼异读,青男是合口呼统读。例如,老男将"粽"读为 tsəŋ^{52} 或 tsuŋ^{52},青男将"粽"读为 tsuŋ^{52}。

3. 文白

在文白异读方面,新老差别不大。但与其他调查点不同的是,在黑河方言中,青男文白异读的情况多于老男。例如,对于"壳、角、曲、逼、摘"等字,青男存在异读情况,老男却只有统读。例如,老男将"壳"读为 kʰɤ^{24},青男将"壳"读为 kʰɤ^{24} 或 tɕʰiau^{52}。

（二）文白异读

在黑河方言的文白异读中,声母异读不明显。

1. 声母

部分臻摄合口三等精母字的声母白读为 ts,文读为 tɕ。例如,"俊"白读为 tsuən^{52},文读为 tɕyn^{52}。

其他声母的文白异读均与韵母结合起来呈现。如平声梗开二见母庚韵字"更"的声母白读为 tɕ,文读为 k,韵母白读为 iŋ,文读为 əŋ。再如入声梗开二溪母陌韵字"客"的声母白读为 tɕʰ,文读为 kʰ,韵母白读为 iɛ,文读为 ɤ。

2. 韵母

韵母文白异读的现象常见于宕江曾梗通五摄入声字中。

宕江摄入声字的韵母白读为 au、iau,文读为 ɤ、yɛ、uɤ。例如,"薄"白读为 pau^{24},文读为 pɤ^{24};"剥"白读为 pau^{44},文读为 pɤ^{44};"约"白读为 iau^{44},文读为 yɛ^{44};"落"白读

为 lau^{52}，文读为 luɤ^{52}；"雀"白读为 tɕʰiau^{213}，文读为 tɕʰyɛ^{52}；"学"白读为 ɕiau^{24}，文读为 ɕyɛ^{24}；"削"白读为 ɕiau^{44}，文读为 ɕyɛ^{44}。

曾开三入白读为 ai，文读为 ɤ。例如，"色"白读为 sai^{213}，文读为 sɤ^{52}。

曾开一入白读为 ei，文读为 ɤ 或 ai。例如，"得"白读为 tei^{213}，文读为 tɤ^{213} 或 tɤ^{24}；"塞"白读为 sei^{44}，文读为 sai^{44} 或 sai^{52}。

梗开二入白读为 ai 或 iɛ，文读为 ɤ。例如，"择"白读为 tsai^{24}，文读为 tsɤ^{24}；"客"白读为 tɕʰiɛ^{213}，文读为 kʰɤ^{52}。

通合三入白读为 əu，文读为 u。例如，"熟"白读为 ʂəu^{24}，文读为 ʂu^{24}。

其他入声字也存在文白异读现象，如"血 ɕyɛ^{213}/ɕiɛ^{213}/ɕyɛ^{52}"。

有的舒声字同样也存在文白异读情况。例如，"取"白读为 tɕʰiəu^{213}，文读为 tɕʰy^{213}。

古泥母字存在异读现象，如"暖 nau^{213}/nan^{213}/nuan^{213}"。

3. 声调

声调异读主要见于入声字，例如"国 kuɤ^{213}/kuɤ^{24}""插 tʂʰa^{213}/tʂʰa^{44}""节 tɕiɛ^{213}/tɕiɛ^{24}""惜 ɕi^{213}/ɕi^{44}"。有的还伴有韵母异读，如"割 ka^{44}/ka^{24}/kɤ^{44}"。有的是声母、韵母、声调均异读，如"客 tɕʰiɛ^{213}/kʰɤ^{52}"。

(三)其他异读

有些异读现象既不属于新老异读，又不能归入文白异读。

有的是声母异读，如"撞 tʂʰuaŋ^{52}/tʂuaŋ^{52}"。有的是声母、韵母、声调均异读，如"宿 ɕy^{213}/su^{52}"。有的是声调异读，如"经 tɕiŋ^{44}/tɕiŋ^{213}""刻 kʰɤ^{44}/kʰɤ^{52}""卫 uei^{213}/uei^{52}"。

伍　儿化

黑河方言的儿化音变与普通话的儿化音变基本相同。具体情况见表 1-6-7。

表 1-6-7　黑河方言儿化情况

儿化韵		来源	例词
1	ər	ɿ	刺儿 tsʰər^{52}、瓜子儿 kua^{44}tsər^{213}
		ʅ	年三十儿 ȵian^{24}san^{44}ʂər^{24}、戒指儿 tɕiɛ^{52}tʂər^{0}
		ei	姐妹儿 tɕiɛ^{21}mər^{52}
		ən	脑门儿 nau^{21}mər^{24}、脸盆儿 lian^{21}pʰər^{24}

续表

儿化韵		来源	例词
2	iɚr	i	隔壁儿 tɕiɛ⁵²piɚr²¹³、咽气儿 ian⁵²tɕʰiɚr⁵²
		in	背心儿 pei⁵²ɕiɚr⁴⁴
3	uɚr	uei	味儿 uɚr⁵²、裤腿儿 kʰu⁵²tʰuɚr²¹³
		uən	孙儿 suɚr⁴⁴、冰棍儿 piŋ⁴⁴kuɚr⁵²
4	yɚr	y	小鱼儿 ɕiau²¹yɚr²⁴
		yn	连衣裙儿 lian²⁴i⁴⁴tɕʰyɚr²⁴
5	ar	a	把儿 par⁵²
6	iar	ia	抽匣儿 tʂʰəu⁴⁴ɕiar²⁴
7	uar	ua	花儿 xuar⁴⁴、猪爪儿 tʂu⁴⁴tʂuar²¹³
8	iɛr	iɛ	蝴蝶儿 xu²⁴tiɛr²¹³、灶王爷儿 tsau⁵²uaŋ²⁴iɛr²⁴
9	yɛr	yɛ	正月儿 tʂəŋ⁴⁴yɛr⁰
10	ɤr	ɤ	自行车儿 tsɿ⁵²ɕiŋ²⁴tʂʰɤr⁴⁴、媒婆儿 mei²⁴pʰɤr²⁴
11	uɤr	uɤ	窝儿 uɤr⁴⁴、干活儿 kan⁵²xuɤr²⁴
12	ɐr	ai	盖儿 kɐr⁵²、小孩儿 ɕiau²¹xɐr²⁴
		an	门槛儿 mən²⁴kʰɐr²¹³、衬衫儿 tʂʰən⁵²ʂɐr⁴⁴
13	iɐr	ian	聊天儿 liau²⁴tʰiɐr⁴⁴
14	uɐr	uai	一块儿 i²⁴kʰuɐr⁵²
		uan	饭馆儿 fan⁵²kuɐr²¹³
15	yɐr	yan	手绢儿 ʂəu²¹tɕyɐr⁵²、烟卷儿 ian⁴⁴tɕyɐr²¹³
16	aur	au	道儿 taur⁵²、桃儿 tʰaur²⁴
17	iaur	iau	角儿 tɕiaur²¹³、连桥儿 lian²⁴tɕʰiaur²⁴
18	əur	əu	土豆儿 tʰu²¹təur⁵²、山沟儿 ʂan⁴⁴kəur⁴⁴
19	iəur	iəu	油儿笔 iəur²⁴pi²¹³、石榴儿 ʂɿ²⁴liəur⁰
20	ãr	aŋ	肩膀儿 tɕian⁴⁴pãr²¹³、地方儿 ti⁵²fãr⁰
21	iãr	iaŋ	长相儿 tʂaŋ²¹ɕiãr⁰
22	uãr	uaŋ	鸡蛋黄儿 tɕi⁴⁴tan⁵²xuãr²⁴
23	ə̃r	əŋ	缝儿 fə̃r⁵²、板凳儿 pan²¹tə̃r⁵²
24	iə̃r	iŋ	杏儿 ɕiə̃r⁵²

续表

儿化韵	来源	例词
25	uər	uŋ	胡同儿 xu²⁴tʰuər⁵²
26	yər	yŋ	小熊儿 ɕiau²¹ɕyər²⁴

陆　其他主要音变

1. 一些轻声音节中后一个音节的韵母有变化,如"核桃"的"桃 tʰau⁰"读为 tʰou⁰,"进去"的"去 tɕʰy⁰"读为 tɕʰi⁰,"鼻涕"的"涕 tʰi⁰"变为 tʰiŋ⁰ 等。"子"单念时是 tsʅ²¹³,在做轻声音节时多数读作 tsʅ⁰,少数读作 tsə⁰,也有的比较含混,接近 zə⁰,记音时统一记作 tsʅ⁰。"去"在轻声音节中,韵母有改变,如"进去"的"去 tɕʰy⁰"读为 tɕʰi⁰,"出去"的"去 tɕʰy⁰"读为 tɕʰiɛ⁰,统一记作 tɕʰy⁰。

2. 通摄开口一等字"脓、农"等的韵母读作 əŋ。

第七节　嘉荫方音

壹　概况

(一)地理

嘉荫县隶属于黑龙江省伊春市,位于黑龙江中游右岸、小兴安岭北麓东段。地理坐标为东经 129°9′45″至 130°50′,北纬 48°8′30″至 49°26′5″。总面积 6739 平方千米。县境东南接萝北县,南与鹤岗市接壤,西南与伊春丰林县、汤旺县相邻,西连逊克县。嘉荫县辖 4 个镇、5 个乡,共 73 个行政村。①

(二)人口与民族

根据第七次全国人口普查数据,截至 2020 年 11 月 1 日零时,嘉荫县常住人口为56523 人。嘉荫县有汉族、满族、回族、朝鲜族、鄂伦春族、蒙古族等民族。

_____
①　来源于嘉荫县人民政府网(http://www.jyx.gov.cn)。

（三）方言种类及系属

嘉荫方言属于东北官话区黑松片的嫩克小片。嘉荫县人主要说嘉荫方言,但该县境内有一个方言岛,即太平屯方言岛。太平屯方言岛位于嘉荫县红光乡太平村,该方言岛居民主要是20世纪20、30年代从山东曹县、泰安迁来的,少数人来自河北东光等县市。

贰 声韵调

（一）声母

在嘉荫方言中,声母共有23个(包括零声母)。其中,双唇音有3个,即p、pʰ、m;唇齿音有1个,即f;舌尖前音有3个,即ts、tsʰ、s;舌尖中音有4个,即t、tʰ、n、l;舌尖后音有4个,即tʂ、tʂʰ、ʂ、ʐ;舌面前音有4个,即tɕ、tɕʰ、ɕ、ȵ;舌面后音有3个,即k、kʰ、x;零声母有1个,即ø。

声母ts、tsʰ、s和tʂ、tʂʰ、ʂ在听感上区分明显,且能区分意义,故分为两组。

表1-7-1 嘉荫方言声母

p 八兵病	pʰ 派片爬	m 麦明名	f 飞风副	
t 多夺毒	tʰ 讨天甜	n 脑南		l 老蓝连
k 高共怪	kʰ 开空哭		x 好灰活	
tɕ 酒九经	tɕʰ 清全轻	ȵ 年泥	ɕ 想谢响	
tʂ 张竹柱	tʂʰ 抽茶抄		ʂ 事山十	ʐ 热日任
ts 资早租	tsʰ 草寸祠		s 酸丝三	
ø 月云用约				

（二）韵母

在嘉荫方言中,韵母共有36个。其中,单元音韵母有8个,即ɿ、ʅ、a、ɤ、ɚ、i、u、y。复合韵母有28个。其中,复元音韵母有13个,即ai、ei、au、ou、ia、iɛ、iau、iou、ua、uɤ、uai、uei、yɛ。带鼻音韵母有15个,即an、ən、ian、in、uan、uən、yan、yn、aŋ、əŋ、iaŋ、iŋ、 uaŋ、uŋ、yŋ。

a 在 a、ia、ua 中的实际读音是 ʌ。a 在 ian 中的实际读音是 ɛ。a 在 au、iau、aŋ、iaŋ、uaŋ 中的实际读音是 ɑ。

uɤ 的主要元音比 ɤ 略低一些。

uŋ 与零声母相拼时,实际发音是 uəŋ。

表 1-7-2　嘉荫方言韵母

ʅ 师丝ₓ十ₓ	i 戏七锡	u 苦骨出	y 橘绿局
ɿ 丝ₓ十ₓ尺			
a 茶法八			
ɤ 热₂ 壳色₂			
ɚ 二儿			
	ia 牙鸭哑	ua 瓦刮刷	
		uɤ 缩国或	
	iɛ 帖热₁节		yɛ 靴月学₂
ai 开色₁		uai 快拐坏	
ei 赔飞北		uei 对鬼水	
au 宝饱勺	iau 笑学₁		
ou 豆走瘦	iou 油六牛		
an 南山半	ian 盐年铅	uan 短官晚	yan 权冤远
ən 深根肯	in 心新筋	uən 寸滚春	yn 云熏运
aŋ 糖汤放	iaŋ 响讲枪	uaŋ 床王双	
əŋ 灯升争横	iŋ 硬病星	uŋ 东宫终	yŋ 兄用雄

(三)声调

在嘉荫方言中,声调共有 4 个调类,即阴平、阳平、上声和去声。其中,阴平的调值为 33,有时在听感上接近 44;阳平的调值为 35,有时起点低,调值接近 24;上声的调值为 213;去声的调值为 51,有时略低,接近 42。具体情况参见表 1-7-3。

表 1-7-3 嘉荫方言声调

调类	调值	例字	备注
阴平	33	东该灯风通开天春搭拍切哭刻₁急₁	刻₁：又读 急₁：又读
阳平	35	门龙牛油铜皮糖红急₂毒白盒罚节₂	急₂：又读 节₂：文读
上声	213	懂古鬼九统苦讨草买老五有谷百塔节₁	节₁：白读
去声	51	动罪近后冻怪半四痛快寸去卖路硬乱洞地饭树六麦叶月刻₂	刻₂：又读

叁 连读变调

(一)两字组连读变调规律

嘉荫方言的两字组连读变调一般体现在前字的变调上,但也有个别情况是第二个字变调。

1. 阴平的连读变调

(1)前字变调

①阴平+阴平

②阴平+阳平

③阴平+去声

④阴平+轻声

前一个音节的调类为阴平,两字组连读时异化为阳平。

⑤阳平+阴平

前一个音节的调类为阳平,后一个音节的调类为阴平时,前一个音节的调值变为21。

(2)后字变调

阴平+阴平:第二个音节读上声。

2. 上声的两字组连读变调

上声+上声:第一个音节的调类异化为阳平。

上声+非上声：上声的调值被同化为21。

表1-7-4 嘉荫方言两字组连读变调

前字声调	后字声调				
	阴平33	阳平35	上声213	去声51	轻声0
阴平33	33+33	33+35	33+213	33+51	33+0
	33+213	35+35		35+51	35+0
阳平35	35+33	35+35	35+213	35+51	35+0
	21+33				
上声213	21+33	21+35	35+213	21+51	21+0
				35+51	35+0
去声51	51+33	51+35	51+213	51+51	51+0
				35+51	

说明：

轻声在阴平后，实际调值接近4或3。轻声在阳平后，实际调值接近3。轻声在上声后，实际调值接近2或3。轻声在去声后，实际调值接近1。轻声统一记作0。

（二）两字组连读变调举例

阴平+阴平33-33　33	香菇 ɕiaŋ ku	青蛙 tɕʰiŋ ua	公鸡 kuŋ tɕi
阴平+阴平33-213　33	支撑 tsʅ tʂʰəŋ	休息 ɕiou ɕi	—
阴平+阳平33-33　35	清明 tɕʰiŋ miŋ	婴儿 iŋ ɚ	荤油 xuən iou
阴平+阳平33-35　35	虽然 suei ʐan	—	—
阴平+上声33-33　213	苞米 pau mi	糕点 kau tian	撒谎 sa xuaŋ
阴平+去声33-33　51	松树 suŋ su	猪圈 tsu tɕyan	香菜 ɕiaŋ tsʰai
阴平+去声33-35　51	冬至 tuŋ tʂʅ	菠菜 pɤ tsʰai	清酱 tɕʰiŋ tɕiaŋ
阴平+轻声33-33　0	衣裳 i saŋ	高粱 kau liaŋ	苍蝇 tsʰaŋ iŋ
阴平+轻声33-35　0	知道 tʂʅ tau	干净 kan tɕiŋ	姑父 ku fu

续表

阳平+阴平 35-35　33	郎猫 laŋ mau	毛衣 mau i	镰刀 lian tau
阳平+阴平 35-21　33	鹁鸽 pɣ kɣ	—	—
阳平+阳平 35-35　35	洋油 iaŋ iou	咸盐 ɕian ian	来年 lai n̠ian
阳平+上声 35-35　213	牙狗 ia kou	白酒 pai tɕiou	直爽 tʂʅ suaŋ
阳平+去声 35-35　51	洋蜡 iaŋ la	芹菜 tɕʰin tsʰai	学校 ɕyɛ ɕiau
阳平+轻声 35-35　0	云彩 yn tsʰai	石头 ʂʅ tʰou	核桃 xɣ tʰau
上声+阴平 213-21　33	乳猫 y mau	母鸡 mu tɕi	里屋 li u
上声+阳平 213-21　35	乳牛 y n̠iou	小蛇 ɕiau ʂɣ	暖壶 nuan xu
上声+上声 213-35　213	晌午 saŋ u	左手 tsuɣ sou	蚂蚁 ma i
上声+去声 213-21　51	满月 man yɛ	眼泪 ian lei	打仗 ta tsaŋ
上声+去声 213-35　51	享受 ɕiaŋ sou	—	—
上声+轻声 213-21　0	李子 li tsʅ	暖和 nan xuɣ	耳朵 ɚ tuɣ
上声+轻声 213-35　0	小姐 ɕiau tɕiɛ	—	—
去声+阴平 51-51　33	大葱 ta tsʰuŋ	辣椒 la tɕiau	地瓜 ti kua
去声+阳平 51-51　35	稻田 tau tʰian	化脓 xua nəŋ	剃头 tʰi tʰou
去声+上声 51-51　213	后悔 xou xuei	认可 z̩ən kʰɣ	忌奶 tɕi nai
去声+去声 51-51　51	大豆 ta tou	再见 tsai tɕian	绿豆 ly tou
去声+去声 51-35　51	害怕 xai pʰa	害臊 xai sau	—
去声+轻声 51-51　0	月亮 yɛ liaŋ	木头 mu tʰou	露水 lu suei

（三）"一、别、没、不"的变调

　　"一、不"在去声前,调值一律变为35。"别、没"在去声前,调值仍为35。在非去声（阴平、阳平、上声）前,"一、别、没"的调值变为51,"不"的调值仍为51。

表 1-7-5　嘉荫方言中"一、别、没、不"的变调

前字及声调	后字及声调			
	阴平 33	阳平 35	上声 213	去声 51
一 33	51+33 一天　一些 一般　一边	51+35 一连 一旁　一条	51+213 一把　一点 一起　一晃	35+51 一块儿　一个 一半儿　一概

续表

前字及声调	后字及声调			
	阴平 33	阳平 35	上声 213	去声 51
别 35	51+33 别推 别喝 别抽 别说	51+35 别拿 别提 别来 别还	51+213 别想 别找 别写 别打	35+51 别去 别看 别录 别挂
没 35	51+33 没推 没喝 没抽 没说	51+35 没拿 没提 没来 没还	51+213 没想 没找 没写 没打	35+51 没去 没看 没录 没挂
不 51	51+33 不推 不喝 不抽 不说	51+35 不拿 不提 不来 不还	51+213 不想 不找 不写 不打	35+51 不去 不看 不录 不挂

（四）"三、七、八"的变调

"三、七、八"单念时或在非去声前，调值为 33，在去声前，调值变为 35。

表 1-7-6　嘉荫方言中"三、七、八"的变调

前字及声调	后字及声调			
	阴平 33	阳平 35	上声 213	去声 51
三 33	33+33 三天 三堆 三只 三张	33+35 三年 三条 三头 三名	33+213 三两 三种 三匹 三口	35+51 三次 三块 三个 三辆
七 33	33+33 七天 七堆 七只 七张	33+35 七年 七条 七头 七名	33+213 七两 七种 七匹 七口	35+51 七次 七块 七个 七辆
八 33	33+33 八天 八堆 八只 八张	33+35 八年 八条 八头 八名	33+213 八两 八种 八匹 八口	35+51 八次 八块 八个 八辆

肆　异读

（一）新老异读

1. 声母

在嘉荫方言中,新老异读主要体现为老男在发音时存在古知庄章组字和古精组字混淆的情况。部分字存在自由变读的情况。老男将古知庄章组字混入古精组字,将其声母读为 ts、tsʰ、s。在《中国语言资源调查手册·汉语方言》的 1000 个单字中,古知庄章组字今读成古精组字的有 44 个,如"水""睡""中""准""春""珠""住""山""闪""拴"等。青男将 5 个古知庄章组字读成古精组字,即"扎""准""重""肿""冲";将 1 个古精组字读成古知庄章组字,即"择"。

在嘉荫方言中,对于古日母字,青男将声母统读为浊擦音 ʐ,而老男将声母既白读为零声母又文读为 ʐ 的有 9 例。青男有 2 例与老男相同,既将声母白读为零声母,又将声母文读为 ʐ,即"肉""绕"。老男、青男存在异读的有 7 例。老男将"让"读为 iaŋ⁵¹,青男将"让"读为 ʐaŋ⁵¹;老男将"人"读为 in³⁵、ʐən³⁵,青男将"人"读为 ʐən³⁵;老男将"软"读为 yan²¹³,青男将"软"读为 ʐuən²¹³;老男将"热"读为 iɛ⁵¹、ʐɤ⁵¹,青男将"热"读为 ʐɤ⁵¹;老男将"染"读为 ian²¹³、ʐan²¹³,青男将"染"读为 ʐan²¹³;老男将"任"读为 in⁵¹、ʐən⁵¹,青男将"任"读为 ʐən⁵¹;老男将"认"读为 in⁵¹、ʐən⁵¹,青男将"认"读为 ʐən⁵¹。其余字的声母没有差别,老男、青男都读为 ʐ。

对于古云母、以母字,老男将声母读为零声母、ʐ,青男将声母读为 ʐ。例如,老男将"荣"读为 yŋ³⁵、ʐuŋ³⁵,青男将"荣"读为 ʐuŋ³⁵;老男将"容"读为 yŋ³⁵、ʐuŋ³⁵,青男将"容"读为 ʐuŋ³⁵。

2. 韵母

对于古日母字,存在声母新老异读的字的韵母也往往不同。老男将"人、任、认"的韵母读为 in、ən,青男将"人、任、认"的韵母读为 ən。其他韵母也存在新老异读的情况。老男的白读音有韵头,青男没有。例如,老男将"让"的韵母读为 iaŋ,青男将"让"的韵母读为 aŋ;老男将"软"的韵母读为 an,青男将"软"的韵母读为 uan。

3. 文白

老男和青男在文白异读方面存在差异,年轻人多用文读形式。但在《中国语言资源调查手册·汉语方言》的 1000 个单字中,嘉荫方言中文白异读的字较多,有 41 个。老男白读的数量多,文读、白读兼用的情况较多,例字达到 71 个,如"热 iɛ⁵¹/ʐɤ⁵¹""刮 kua²¹³/kua³³"。对于老男来说,个别字白读的数量达到两个,如"暖"白读为

nau²¹³、nan²¹³。

（二）文白异读

1. 声母

部分蟹摄开口二等见母字的声母白读为 k，文读为 tɕ。例如，"解"白读为 kai²¹³，文读为 tɕiɛ²¹³；"街"白读为 kai³³，文读为 tɕiɛ³³。

梗摄开口二等见母、溪母字的声母白读为 tɕ 或 tɕʰ，文读为 k 或 kʰ。例如，"更"白读为 tɕiŋ³³，文读为 kəŋ³³；"客"白读为 tɕʰiɛ²¹³，文读为 kʰɤ⁵¹。

部分臻摄合口三等精母字的声母白读为 ts，文读为 tɕ。例如，"俊"白读为 tsuən⁵¹，文读为 tɕyn⁵¹。

古泥母字的声母白读为 l，文读为 n。例如，"嫩"白读为 lən⁵¹，文读为 nən⁵¹。

古心母字的声母白读为 ɕ，文读为 s。例如，"宿"白读为 ɕy²¹³，文读为 su⁵¹。

2. 韵母

韵母文白异读的现象常见于宕江曾梗通五摄入声字中。

宕江摄入声字的韵母白读为 au、iau，文读为 uɤ、yɛ。例如，"学"白读为 ɕiau³⁵，文读为 ɕyɛ³⁵；"雀"白读为 tɕʰiau²¹³，文读为 tɕʰyɛ⁵¹；"削"白读为 ɕiau³³，文读为 ɕyɛ²¹³；"落"白读为 lau⁵¹，文读为 luɤ⁵¹；"约"白读为 iau³³，文读为 yɛ³³。

曾开三入白读为 ai，文读为 ɤ。例如，"侧"白读为 tsai³³，文读为 tsʰɤ⁵¹；"色"白读为 sai²¹³，文读为 sɤ⁵¹。

曾开一入白读为 ei 或 i，文读为 ɤ 或 ai。例如，"得"白读为 tei²¹³，文读为 tɤ³⁵；"塞"白读为 sei³³，文读为 sai³³；"墨"白读为 mi⁵¹，文读为 mɤ⁵¹。

梗开二入白读为 ai 或 iɛ，文读为 ɤ。例如，"择"白读为 tsai³⁵，文读为 tsɤ³⁵；"客"白读为 tɕʰiɛ²¹³，文读为 kʰɤ⁵¹。

通合三入白读为 ou，文读为 u。例如，"熟"白读为 ʂou³⁵，文读为 ʂu³⁵。

其他入声字的韵母也存在文白异读现象，如"血 ɕiɛ²¹³/ɕyɛ²¹³"。

此外，一些舒声字同样也存在文白异读情况。例如，"取"白读为 tɕʰiou²¹³，文读为 tɕʰy²¹³；"寻"白读为 ɕin³⁵，文读为 ɕyn³⁵；"更"白读为 tɕiŋ³³，文读为 kəŋ³³；"含"白读为 xən³⁵，文读为 xan³⁵。

3. 声调

声调异读主要见于入声字，例如"国 kuɤ²¹³/kuɤ³⁵""劈 pʰi²¹³/pʰi³³""缩 suɤ³⁵/suɤ³³""惜 ɕi²¹³/ɕi³³""插 tʂʰa²¹³/tʂʰa³³"。有的还伴有韵母异读，如"割 ka³⁵/kɤ³³""鹤

xau^{35}/xɤ^{51}"。有的是声母、韵母、声调均异读,如"客 tɕʰiɛ^{213}/kʰɤ^{51}"。

舒声字同样也有文白异读现象,例如"磨 mɤ^{35}/mɤ^{51}""浸 tɕʰin^{213}/tɕin^{51}""卫 uei^{213}/uei^{51}"。

（三）其他异读

有些异读现象既不属于新老异读,又不能归入文白异读,例如"比 pʰi^{213}/pi^{213}""危 uei^{33}/uei^{35}""叔 ʂu^{35}/ʂu^{33}"等。

伍　儿化

嘉荫方言的儿化音变与普通话的儿化音变基本相同。具体见表1-7-7。

表 1-7-7　嘉荫方言儿化情况

儿化韵		来源	例词
1	ər	ɿ	三十儿 san^{33} ʂər^{35}
		ʅ	铜字儿 tʰuŋ^{35} tsər^{51}
		ei	姐妹儿 tɕiɛ^{21} mər^{51}
		ən	婶儿 ʂər^{213}
2	iər	i	粒儿 liər^{51}
		in	得劲儿 tei^{21} tɕiər^{51}
3	uər	uei	一会儿 i^{35} xuər^{51}
		uən	嘴唇儿 tsuei^{21} tsuər^{35}
4	yər	y	仙女儿 ɕian^{33} ȵyər^{213}
		yn	连衣裙儿 lian^{35} i^{33} tɕʰyər^{35}
5	ar	a	把儿 par^{51}
6	iar	ia	抽匣儿 tʂʰou^{33} ɕiar^{35}
7	uar	ua	荷花儿 xɤ^{35} xuar^{33}
8	iɛr	iɛ	蝴蝶儿 xu^{35} tiɛr^{213}
9	yɛr	yɛ	头穴儿 tʰou^{35} ɕyɛr^{51}
10	ɤr	ɤ	唱歌儿 tʂʰaŋ^{51} kɤr^{33}
11	uɤr	uɤ	鸟窝儿 ȵiau^{21} uɤr^{33}
12	ɐr	ai	小孩儿 ɕiau^{21} xɐr^{35}
		an	床单儿 tʂʰuaŋ^{35} tɐr^{33}
13	iɐr	ian	点儿 tiɐr^{213}

续表

儿化韵		来源	例词
14	uɐr	uai	块儿 kʰuɐr⁵¹
		uan	新郎官儿 ɕin³³laŋ³⁵kuɐr³³
15	yɐr	yan	烟卷儿 ian³³tɕyɐr²¹³
16	ur	u	二胡儿 ɚ⁵¹xur³⁵
17	aur	au	豆腐脑儿 tou⁵¹fu⁰naur²¹³
18	iaur	iau	家雀儿 tɕia³³tɕʰiaur²¹³
19	our	ou	抠儿 kʰour³³
20	iour	iou	石榴儿 ʂʅ³⁵liour⁰
21	ãr	aŋ	流氓儿 liou³⁵mãr³⁵
22	iãr	iaŋ	剃头匠儿 tʰi⁵¹tʰou³⁵tɕiãr⁵¹
23	uãr	uaŋ	一对儿双儿 i³⁵tuɐr⁵¹ʂuãr⁵¹
24	ə̃r	əŋ	钢镚儿 kaŋ³³pə̃r⁵¹
25	iə̃r	iŋ	打鸣儿 ta²¹miə̃r³⁵
26	uə̃r	uŋ	胡同儿 xu³⁵tʰuə̃r⁵¹
27	yə̃r	yŋ	小熊儿 ɕiau²¹ɕyə̃r³⁵

第八节　兰西方音

壹　概况

(一)地理

兰西县隶属于黑龙江省绥化市,地处松嫩平原腹地,南邻哈尔滨市,东接绥化市,西连肇东市、安达市,北与青冈、望奎相连。地理坐标为东经125°42′10″至126°38′10″,北纬46°02′05″至46°38′20″。全县辖区面积2499平方千米。兰西县下辖4个街道办事处、9个镇、6个乡,共105个行政村。①

---

① 来源于兰西县人民政府网(https://www.hljlanxi.gov.cn)。

（二）人口与民族

根据第七次全国人口普查数据,截至 2020 年 11 月 1 日零时,兰西县常住人口为 308684 人。兰西县有汉族、蒙古族、回族、满族、苗族、壮族、白族、藏族、朝鲜族、锡伯族、维吾尔族、俄罗斯族、鄂伦春族、鄂温克族、达斡尔族等民族。

（三）方言种类及系属

兰西方言属于东北官话区黑松片的嫩克小片。随着文化教育事业的发展和普通话的大力推广,兰西方言与普通话的差异逐渐缩小,尤其是近年来,变化较快,普通话的使用越来越广泛。

（四）地方曲艺

兰西县的地方曲艺以二人转为主。

贰 声韵调

（一）声母

在兰西方言中,声母共有 24 个(含零声母)。其中,双唇音有 3 个,即 p、p^h、m;唇齿音有 2 个,即 f、v;舌尖前音有 3 个,即 ts、ts^h、s;舌尖中音有 4 个,即 t、t^h、n、l;舌尖后音有 4 个,即 tʂ、$tʂ^h$、ʂ、ʐ;舌面前音有 3 个,即 tɕ、$tɕ^h$、ɕ;舌面后音有 3 个,即 k、k^h、x;龈腭鼻音有 1 个,即 ŋ;另有 1 个零声母 ø。

声母 v 摩擦较为轻微,实际读音为 ʋ,统一记为 v。

表 1-8-1　兰西方言声母

p 八兵病	p^h 派片爬	m 麦明	f 飞风副蜂肥饭	v 味问王
t 多东毒	t^h 讨天甜	n 脑南熬₁ 安₁		l 老蓝连路
ts 资早租字贼坐	ts^h 刺草寸祠		s 丝三酸	
tʂ 张竹柱争装纸主	$tʂ^h$ 抽茶抄初床车春船城		ʂ 事山双顺手书十	ʐ 热₂ 软₂
tɕ 酒九	$tɕ^h$ 清全轻权	ȵ 年泥	ɕ 想谢响县	
k 高共	k^h 开		x 好灰活	
ø 热₁ 软₁ 熬₂ 月安₂ 云用药				

（二）韵母

在兰西方言中，韵母共有 36 个。其中，单元音韵母共有 8 个，即 a、ɤ、i、u、y、ʅ、ɿ、ɚ，复合韵母共有 28 个。在复合韵母中，复元音韵母有 13 个，即 ai、ei、au、ou、ia、iɛ、iau、iou、ua、uɤ、uai、uei、yɛ；带鼻音韵母有 15 个，即 an、ən、ian、in、uan、uən、yan、yn、aŋ、əŋ、iaŋ、iŋ、uaŋ、uŋ、yŋ。

元音 a，在韵母 a、ia、ua 中，实际音值为 A；在韵母 ian 中，实际音值为 ɛ；在韵母 au、iau、aŋ、iaŋ、uaŋ 中，实际音值为 ɑ。

uɤ 中 ɤ 的实际音值接近 ə。

ai 动程略短，韵尾 i 的实际音值接近 ɪ。

uŋ 在零声母音节中的实际读音是 uəŋ。

au、iau 动程略短，实际音值为 ɔʊ、iɔʊ。

ɚ 与零声母相拼且读去声时，舌位较低，实际读音为 ɐr。

表 1-8-2　兰西方言韵母

ɿ 丝	i 米戏急七一锡	u 苦五猪骨出谷绿₂	y 雨橘绿₁局
ʅ 师试十直尺			
ɚ 二			
a 茶瓦塔法辣八	ia 牙鸭	ua 刮	
	iɛ 写鞋接贴热₁节		yɛ 靴月学₂
ɤ 歌盒热₂壳₂色₂		uɤ 坐过活托郭国	
ai 开排色₁白		uai 快	
ei 赔飞北		uei 对鬼	
au 宝饱	iau 笑桥药壳₁学₁		
ou 豆走	iou 油六		
an 南山半	ian 盐年	uan 短官	yan 权
ən 深根	in 心新	uən 寸滚春	yn 云
aŋ 糖王	iaŋ 响讲	uaŋ 床双	
əŋ 灯升争横	iŋ 硬病星	uŋ 东	yŋ 兄用

（三）声调

在兰西方言中，声调共有4个调类，即阴平、阳平、上声和去声。其中，阴平的调值为33；阳平的调值为24；上声的调值为213；去声的调值为53，实际发音时有时略低，动程略短，调值接近42。

表 1-8-3　兰西方言声调

调类	调值	例字	备注
阴平	33	东该灯风通₁ 开天春搭急₁ 哭拍切刻₁	通₁:~过 急₁:又读 刻₁:白读
阳平	24	门龙牛油铜皮糖红急₂ 节₂ 毒白盒罚	急₂:又读 节₂:又读
上声	213	懂古鬼九统苦讨草买老五有谷百节₁ 塔	节₁:又读
去声	53	动罪近后冻怪半四痛快寸去卖路硬乱洞地饭树刻₂ 六麦叶月通₂	刻₂:文读 通₂:~红

叁　连读变调

（一）两字组连读变调规律

表 1-8-4　兰西方言连读变调

前字声调	后字声调				
	阴平33	阳平24	上声213	去声53	轻声0
阴平33	33+33 香菇 花生 公鸡 杀猪 扎针 扒瞎	33+24 锅台 梳头 香油 丢人 荤油 出桹	33+213 街里 苞米 烧酒 莴笋 铅笔 猪血	33+53 天亮 山涧 冬至 身后 松树 蜂蜜	33+0 高粱 亲戚 芝麻 蜂子 24+0 出来 东西 干净 收拾 姑父 滴答

续表

前字声调	后字声调				
	阴平 33	阳平 24	上声 213	去声 53	轻声 0
阳平 24	24+33 台风 洋钉 年初 毛衣 年糕 郎猫	24+24 灵牌 咸盐 祠堂 媒婆 洋油 扛活	24+213 着火 凉水 苹果 黄酒 洋火 如果	24+53 合适 学校 蚕豆 洋蜡 划算 白面	24+0 石头 屯子 胰子 时候 肥实 寻思
上声 213	21+33 小灰 整天 牡丹 乳猫 老丁 早先	21+24 乳牛 暖壶 小蛇 保媒 赶集 眼红	24+213 水果 水笔 左手 蚂蚁 米酒 舍奶	21+53 以后 打仗 扫地 火炕 保佑 考试	21+0 锁头 手巾 晌午 脑袋 姥爷 李子
去声 53	53+33 麦秸 菜刀 辣椒 地瓜 衬衣	53+24 化脓 炕席 剃头 上学 去年 犯愁	53+213 下雨 过礼 热水 柱脚 右手 认可	53+53 大地 做饭 地震 现在 唱戏 做梦	53+0 日头 地场 露水 木头 刺挠 柿子

说明：

1. 阴平字做前字且接轻声字时，有时出现变调。阴平的调值常由 33 变为 24。

2. 上声字做前字时会发生变调。上声在非上声前，调值变为 21。上声在上声前，前一个上声的调值变为 24。

3. 轻声音节在阴平、阳平、上声、去声前，音高不固定。兰西方言中阳平字、上声字后面轻声字的音高稍高，阴平字后面轻声字的音高稍低，去声字后面轻声字的音高最低。轻声字在阴平字、阳平字、上声字、去声字后的调值分别为 2、3、3、1，统一记作 0。

(二)其他音变规律

1.“一、三、七、八”的变调

“一、三、七、八”在去声和轻声前，调值变为 24。

表 1-8-5　兰西方言中“一、三、七、八”的变调

前字及声调	后字及声调			
	阴平 33	阳平 24	上声 213	去声 53
一 33	53+33 一斤	53+24 一行	53+213 一两	24+53 一次

续表

前字及声调	后字及声调			
	阴平 33	阳平 24	上声 213	去声 53
三 33	33+33 三千	33+24 三年	33+213 三把	24+53 三万
七 33	33+33 七只	33+24 七条	33+213 七匹	24+53 七个
八 33	33+33 八天	33+24 八台	33+213 八种	24+53 八辆

2．"别、没、还、不、在"的变调

"不""别""没"在去声和轻声前，调值为 24，在阴平、阳平和上声前，调值为 53。"还"在兰西方言中可读作去声。"在"在阳平和去声前读作去声，在阴平和上声前，调值变为 21。

表 1-8-6　兰西方言中"别、没、还、不、在"的变调

前字及声调	后字及声调			
	阴平 33	阳平 24	上声 213	去声 53
别 24	53+33 别扔	53+24 别来	53+213 别跑	24+53 别动
没 24	53+33 没喝	53+24 没提	53+213 没有	24+53 没看
还 24	53+33 还说	53+24 还行	53+213 还得	53+53 还去
不 53	53+33 不吃	53+24 不学	53+213 不考	24+53 不用
在 53	21+33 在家	53+24 在职	21+213 在哪	53+53 在世

3."都"的变调

在兰西方言中,"都"在与四个声调中任意声调的字组词时,调值变为24。

表1-8-7　兰西方言中"都"的变调

前字及声调	后字及声调			
	阴平33	阳平24	上声213	去声53
都33	24+33 都吃	24+24 都玩儿	24+213 都有	24+53 都是

肆　异读

兰西方言存在异读现象。异读包括新老异读、文白异读等。

(一)新老异读

1.声母

在兰西方言中,老男将大部分古知庄章组字的声母读为 tʂ、tʂʰ、ʂ,将少部分字的声母读为 ts、tsʰ、s。古知庄章组字存在新老异读的情况。当老男把古知庄章组字的声母读为 ts、tsʰ、s 时,青男仍然将声母读为 tʂ、tʂʰ、ʂ。在《中国语言资源调查手册·汉语方言》的 1000 个单字中,这种情况共有 9 例,即"桌 tsuɤ³³—tʂuɤ³³""摘 tsai²⁴/tsai³³—tʂai³³""拆 tsʰai²⁴— tʂʰai³³""晒 sai⁵³—ʂai⁵³""砖 tsuan³³—tʂuan³³""准 tsuən²¹³—tʂuən²¹³""追 tsuei³³—tʂuei³³""唇 tsʰuən²⁴—tʂʰuən²⁴""顺 suən⁵³—ʂuən⁵³"。

对于古日母字,老男将声母读为零声母和 ʐ,青男将声母读为 ʐ。例如,老男将"如"读为 y²⁴、ʐu²⁴,青男将"如"读为 ʐu²⁴;老男将"热"读为 iɛ⁵³、ʐɤ⁵³,青男将"热"读为 ʐɤ⁵³;老男将"软"读为 yan²¹³、ʐuan²¹³,青男将"软"读为 ʐuan²¹³;老男将"日"读为 i⁵³、ʐʅ⁵³,青男将"日"读为 ʐʅ⁵³;老男将"弱"读为 iau⁵³、ʐuɤ⁵³,青男将"弱"读为 ʐuɤ⁵³;老男将"褥"读为 y⁵³、ʐu⁵³,青男将"褥"读为 ʐu⁵³。老男将声母读为零声母,青男将声母读为零声母和 ʐ。例如,老男将"肉"读为 iou⁵³,青男将"肉"读为 iou⁵³、ʐou⁵³;老男将"绕"读为 iau⁵³,青男将"绕"读为 ʐau⁵³;老男将"染"读为 ian²¹³,青男将"染"读为 ʐan²¹³;老男将"任"读为 in⁵³,青男将"任"读为 ʐən⁵³;老男将"闰"读为 yn⁵³,青男将"闰"读为 ʐuən⁵³;老男将"让"读为 iaŋ⁵³,青男将"让"读为 ʐaŋ⁵³。

对于古以母字,老男将声母读为零声母,青男将声母读为 ʐ。例如,老男将"容"读为 yŋ²⁴,青男将"容"读为 ʐuŋ²⁴。

对于个别臻摄合口三等精母字,老男将声母读为 tʂ,青男将声母读为 tɕ。例如,老男将"俊"读为 tʂuən⁵³,青男将"俊"读为 tɕyn⁵³。

2. 韵母

对于古日母字,老男、青男在声母方面存在异读现象,这些字的韵母也存在异读现象。例如,老男将"如、褥"的韵母读为 y 或 u,青男将"如、褥"的韵母读为 u;老男将"热"的韵母读为 iɛ 或 ɤ,青男将"热"的韵母读为 ɤ;老男将"软"的韵母读为 yan 或 uan,青男将"软"的韵母读为 uan;老男将"日"的韵母读为 i 或 ʅ,青男将"日"的韵母读为 ʅ;老男将"弱"的韵母读为 iau 或 uɤ,青男将"弱"的韵母读为 uɤ;老男将"肉"的韵母读为 iou,青男将"肉"的韵母读为 iou 或 ou;老男将"绕"的韵母读为 iau,青男将"绕"的韵母读为 au;老男将"染"的韵母读为 ian,青男将"染"的韵母读为 an;老男将"闰"的韵母读为 yn,青男将"闰"的韵母读为 uən;老男将"让"的韵母读为 iaŋ,青男将"让"的韵母读为 aŋ。

对于个别精母东韵字,老男是合口呼、开口呼异读,青男将韵母读为合口呼。例如,老男将"粽"读为 tsəŋ⁵³ 或 tsuŋ⁵³,青男将"粽"读为 tsuŋ⁵³。

3. 文白

老男和青男在文白异读方面存在差异,年轻人多用文读形式。青男文白异读在总数上较多,有 48 例,但远少于老男,老男有 97 例。其中仅有 3 例是青男有文白异读,而老男没有,即"薄 pau²⁴—pau²⁴/pɤ²⁴""福 fu²¹³—fu²¹³/fu²⁴""肉 iou⁵³—iou⁵³/ʐou⁵³"。青男其他的文白异读与老男基本一致。

(二)文白异读

1. 声母

部分蟹摄开口二等见母字的声母白读为 k,文读为 tɕ。例如,"街"白读为 kai³³,文读为 tɕiɛ³³;"解"白读为 kai²¹³,文读为 tɕiɛ²¹³。

梗摄开口二等见母、溪母字的声母白读为 tɕ 或 tɕʰ,文读为 k 或 kʰ。例如,"更"白读为 tɕiŋ³³,文读为 kəŋ³³;"客"白读为 tɕʰiɛ²¹³,文读为 kʰɤ⁵³。

古泥母字的声母白读为 l,文读为 n。例如,"嫩"白读为 lən⁵³,文读为 nən⁵³。

古帮母字的声母白读为 pʰ,文读为 p。例如,"比"白读为 pʰi²¹³,文读为 pi²¹³。

对于韵母今读为 ɤ 的古影疑母开口一等字,其声母白读为 n,文读为零声母。例如,"恶"白读为 nɤ⁵³,文读为 ɤ²¹³;"鹅"白读为 nɤ²⁴,文读为 ɤ²⁴;"饿"白读为 nɤ⁵³,文读

为 ɤ⁵³；"熬"白读为 nau²⁴ 或 nau³³，文读为 au²⁴；"安"白读为 nan³³，文读为 an³³。

古明母字的声母白读为 ŋ，文读为 m。例如，"棉"白读为 ŋiau²⁴，文读为 mian²⁴。

2. 韵母

韵母文白异读的现象常见于宕江曾梗通五摄入声字中。

宕江摄入声字的韵母白读为 a、au、iau，文读为 ɤ、uɤ、yɛ。例如，"鹤"白读为 xau²⁴，文读为 xɤ⁵³；"落"白读为 la⁵³ 或 lau⁵³，文读为 luɤ⁵³；"雀"白读为 tɕʰiau²¹³，文读为 tɕʰyɛ⁵³；"削"白读为 ɕiau³³，文读为 ɕyɛ²¹³；"弱"白读为 iau⁵³，文读为 ʐuɤ⁵³；"约"白读为 iau³³，文读为 yɛ³³；"角"白读为 tɕiau²¹³，文读为 tɕyɛ²⁴；"壳"白读为 tɕʰiau⁵³，文读为 kʰɤ²⁴。

曾开三入白读为 ai，文读为 ɤ。例如，"侧"白读为 tsai³³，文读为 tsʰɤ⁵³；"色"白读为 sai²¹³，文读为 sɤ⁵³。

曾开一入白读为 ei 或 i，文读为 ɤ 或 ai。例如，"得"白读为 tei²¹³，文读为 tɤ²¹³ 或 tɤ²⁴；"墨"白读为 mi⁵³，文读为 mɤ⁵³。

梗开二入白读为 ai 或 iɛ，文读为 ɤ。例如，"客"白读为 tɕʰiɛ²¹³，文读为 kʰɤ⁵³；"择"白读为 tsai²⁴，文读为 tsɤ²⁴。

通合三入白读为 ou，文读为 u。例如，"熟"白读为 ʂou²⁴，文读为 ʂu²⁴。

其他入声字的韵母也存在文白异读现象。例如，"割"白读为 ka³³，文读为 kɤ³³。

古来母东韵字、泥母冬韵字的韵母白读为 əŋ，文读为 uŋ。例如，"弄"白读为 ləŋ⁵³ 或 nəŋ⁵³，文读为 nuŋ⁵³；"脓"白读为 nəŋ²⁴，文读为 nuŋ²⁴。

此外，一些舒声字也存在文白异读情况。例如，"荣"白读为 yŋ²⁴，文读为 ʐuŋ²⁴；"取"白读为 tɕʰiou²¹³，文读为 tɕʰy²¹³；"尾"白读为 i²¹³，文读为 vei²¹³；"含"白读为 xən²⁴，文读为 xan²⁴。

古泥母字、古来母桓韵字的韵母白读为 au、an，文读为 uan。例如，"暖"白读为 nau²¹³ 或 nan²¹³，文读为 nuan²¹³；"乱"白读为 lan⁵³，文读为 luan⁵³。

3. 声调

声调异读主要见于入声字，例如"拉 la²¹³/la²⁴/la³³""节 tɕiɛ²¹³/tɕiɛ²⁴""结 tɕiɛ²¹³/tɕiɛ²⁴""刮 kua²¹³/kʰua³³/kua³³""息 ɕi²¹³/ɕi³³""国 kuɤ²¹³/kuɤ²⁴""劈 pʰi²¹³/pʰi³³""缩 suɤ³³/suɤ⁵³"。有的还伴有韵母异读，如"色 sai²¹³/sɤ⁵³"。有的是声母、韵母、声调均异读，如"客 tɕʰiɛ²¹³/kʰɤ⁵³"。

舒声字同样也有声调文白异读现象。例如，"卫"白读为 vei²¹³，文读为 vei⁵³；"冲"白读为 tsʰuŋ⁵³，文读为 tʂʰuŋ³³；"鲜"白读为 ɕian²¹³，文读为 ɕian³³。

（三）其他异读

有些异读现象既不属于新老异读，又不能简单地归入文白异读，例如"浸 tɕʰin²¹³/tɕin⁵³""沉 tʂʰən⁵³/tʂʰən²⁴""防 faŋ²⁴/faŋ²¹³"。

伍　儿化

兰西方言的儿化韵丰富，除韵母 ɚ 外，其他韵母均有儿化韵。具体见表1-8-8。

表1-8-8　兰西方言儿化情况

儿化韵		来源	例词
1	ər	ɿ	字儿 tsər⁵³、刺儿 tsʰər⁵³
		ʅ	大年三十儿 ta⁵³ȵian²⁴san³³ʂər²⁴、事儿 ʂər⁵³
		u	儿媳妇儿 ɚ²⁴ɕi²¹fər⁰
		ei	眼擦黑儿 ian²¹tsʰa³³xər³³、姊妹儿 tsɿ²¹mər⁰
		ən	脸盆儿 lian²¹pʰər²⁴、破闷儿 pʰɤ⁵³mər⁵³
2	iər	i	净意儿 tɕiŋ⁵³iər²¹³、表兄弟儿 piau²¹ɕyŋ³³tiər⁵³
		in	得劲儿 tei²¹tɕiər⁵³、背心儿 pei⁵³ɕiər³³
3	uər	uei	亲嘴儿 tɕʰin³³tsuər²¹³、一块儿堆儿 i²⁴kʰuər⁵³tuər³³
		uən	冰棍儿 piŋ³³kuər⁵³、外孙儿 vai⁵³suər³³
4	yər	y	毛驴儿 mau²⁴lyər²⁴
		yn	连衣裙儿 lian²⁴i³³tɕʰyər²⁴
5	ar	a	上边儿拉儿 ʂaŋ⁵³piɐr³³lar²¹³、把儿 par⁵³
6	iar	ia	抽匣儿 tʂʰou³³ɕiar²⁴
7	uar	ua	梅花儿 mei²⁴xuar³³、猪爪儿 tʂu³³tʂuar²¹³
8	iɛr	iɛ	夜儿个儿 iɛr⁵³kɤr⁰、姑爷儿 ku³³iɛr⁰
9	yɛr	yɛ	正月儿 tʂəŋ³³yɛr⁰
10	ɤr	ɤ	小河儿 ɕiau²¹xɤr²⁴、今儿个儿 tɕiər³³kɤr⁰
11	uɤr	uɤ	对过儿 tuei⁵³kuɤr⁵³、干活儿 kan²¹xuɤr²⁴
12	ɐr	ai	手指盖儿 ʂou²¹tʂɿ²¹kɐr⁵³、小孩儿 ɕiau²¹xɐr²⁴
		an	门槛儿 mən²⁴kʰɐr²¹³、墨盘儿 mi⁵³pʰɐr²⁴
13	iɐr	ian	河沿儿 xɤ²⁴iɐr⁵³、啥前儿 ʂa²⁴tɕʰiɐr²⁴
14	uɐr	uai	一块儿 i²⁴kʰuɐr⁵³
		uan	新郎官儿 ɕin³³laŋ²⁴kuɐr³³、饭馆儿 fan⁵³kuɐr²¹³

续表

儿化韵		来源	例词
15	yɐr	yan	手绢儿 ʂou²¹tɕyɐr⁵³、烟卷儿 ian³³tɕyɐr²¹³
16	aur	au	小勺儿 ɕiau²¹ʂaur²⁴、豆腐脑儿 tou⁵³fu⁰naur²¹³
17	iaur	iau	当腰儿 taŋ³³iaur³³、豆角儿 tou⁵³tɕiaur²¹³
18	our	ou	山豆儿 ʂan³³tour⁵³、茅楼儿 mau²⁴lour²⁴
19	iour	iou	石榴儿 ʂʅ²⁴liour⁰、左右儿 tsuɣ²¹iour⁵³
20	ur	u	蛛蛛儿 tʂu²⁴tʂur⁰、黏糊儿 ȵian²⁴xur⁰
21	ãr	aŋ	电棒儿 tian⁵³pãr⁵³、流氓儿 liou²⁴mãr²⁴
22	iãr	iaŋ	看对象儿 kʰan⁵³tuei⁵³ɕiãr⁵³、剃头匠儿 tʰi⁵³tʰou²⁴tɕiãr⁵³
23	uãr	uaŋ	一对儿双儿 i²⁴tuər⁵³ʂuãr⁵³
24	ə̃r	əŋ	跳绳儿 tʰiau⁵³ʂə̃r²⁴
25	iə̃r	iŋ	打鸣儿 ta²¹miə̃r²⁴、闹小病儿 nau⁵³ɕiau²¹piə̃r⁵³
26	yə̃r	yŋ	小熊儿 ɕiau²¹ɕyə̃r²⁴
27	uə̃r	uŋ	胡同儿 xu²⁴tʰuə̃r⁵³

说明：

1. 韵母 u 的儿化有两种形式，如"儿媳妇儿 ɚ²⁴ɕi²¹fɚr⁰""蛛蛛儿 tʂu²⁴tʂur⁰"。

2. 韵母 aŋ、iaŋ、uaŋ 儿化之后的实际读音为 ãr、iãr、uãr。

陆　其他主要音变

（一）"子"的音变

"子"作为词缀出现时，大部分读作 tsə，统一记为 tsɣ，如"雹子 pau²⁴tsɣ⁰""沙子 ʂa³³tsɣ⁰""屯子 tʰuən²⁴tsɣ⁰"等。

（二）"的""去"的音变

"的""去"作为末尾音节出现时，韵母 ɣ、y 多变为 iɛ，如"灶厨的 tsau⁵³tʂʰu²⁴tiɛ⁰""掌柜的 tʂaŋ²¹kuei⁵³tiɛ⁰""进去 tɕin⁵³tɕʰiɛ⁰""出去 tʂʰu²⁴tɕʰiɛ⁰"。

（三）其他词尾轻声音节的音变

韵母出现增音。如词尾音节的韵母为 u 且读轻声时，韵母有时变为 uɣ 或 uən，如"晌午 ʂaŋ²¹xuɣ⁰""棉花 ȵiau²⁴xuən⁰"；词尾音节的韵母为 i 且读轻声时，韵母有时变为

iɛ、in 或 iŋ，如"亲戚 tɕʰin³³tɕʰin⁰""鼻涕 pi²⁴tʰiŋ⁰"。

在口语和语流中，一些词尾的轻声音节的韵母中还常出现一些其他音变。如韵母 uɤ、au 音变为 ou，如"耳朵 ɚ²¹tou⁰""核桃 xɤ²⁴tʰou⁰""热闹 iɛ⁵³nou⁰""刺挠 tsʰ1⁵³nou⁰"等。韵母 a、ɤ 音变为 ei，如"萝卜 luɤ²⁴pei⁰""疙瘩 ka³³tei⁰"等。

第九节　漠河方音

壹　概况

(一)地理

漠河市位于黑龙江省西北部，地处大兴安岭山脉北麓，是中国最北、纬度最高的市。漠河市地处东经 121°12′至 127°00′，北纬 50°11′至 53°33′。漠河市西与内蒙古自治区额尔古纳市为邻，南与内蒙古自治区根河市和大兴安岭地区所属呼中区交界，东与塔河县接壤，北隔黑龙江与俄罗斯外贝加尔边疆区(原赤塔州)和阿穆尔州相望。①

(二)人口与民族

根据第七次全国人口普查数据，漠河市常住人口 54036 人。其中，西林吉镇 29614 人，图强镇 10402 人，阿木尔镇 9115 人，兴安镇 992 人，北极镇 2373 人，古莲镇 1540 人。漠河市有汉族、满族、蒙古族、朝鲜族、锡伯族、鄂伦春族、鄂温克族等 18 个民族。②

(三)方言种类及系属

漠河方言属于东北官话区黑松片的嫩克小片。漠河市绝大多数人使用漠河方言，方言内部存在使用人群的差异。这种差异在村屯表现得较为明显。西林吉镇的外地人口所占比重较大，绝大多数外地人使用黑龙江方言。

(四)地方曲艺

漠河市设有二人转协会，地方曲艺以二人转为主。民间团体有时组织二人转、拉场戏在乡镇演出。

---

① 来源于漠河市人民政府网(https://www.mohe.gov.cn)。
② 来源于漠河市人民政府网(https://www.mohe.gov.cn)。

贰　声韵调

(一)声母

在漠河方言中,声母共有 23 个(含零声母)。其中,双唇音有 3 个,即 p、pʰ、m;唇齿音有 1 个,即 f;舌尖前音有 3 个,即 ts、tsʰ、s;舌尖中音有 4 个,即 t、tʰ、n、l;舌尖后音有 4 个,即 tʂ、tʂʰ、ʂ、ʐ;舌面前音有 3 个,即 tɕ、tɕʰ、ɕ;舌面后音有 3 个,即 k、kʰ、x;龈腭鼻音有 1 个,即 ŋ;另有 1 个零声母 ø。

声母 ts、tsʰ、s 与 tʂ、tʂʰ、ʂ 基本能够区分清楚,能够区别意义。古精组字的声母一般只读作 ts、tsʰ、s,大部分古知庄章组字的声母都读作 tʂ、tʂʰ、ʂ,个别字有两读的情况。因此,在音系中将它们分开,按实际读音记录。

表 1-9-1　漠河方言声母

p 八兵病	pʰ 派片爬	m 麦明	f 飞风副蜂肥饭
t 多东毒	tʰ 讨天甜	n 脑南	l 老蓝连路
ts 资早租字贼坐	tsʰ 刺草寸祠		s 丝三酸
tʂ 张 竹 柱 争 装 纸主	tʂʰ 抽拆茶抄初床 车春船城		ʂ 事 山 双 顺 手　ʐ 热₂ 软₂ 书十
tɕ 酒九	tɕʰ 清全轻权	ŋ 年泥	ɕ 想谢响县
k 高共	kʰ 开		x 好灰活
ø 味问热₁ 软₁ 熬 月安温王云用药			

(二)韵母

在漠河方言中,韵母共有 36 个。其中,单元音韵母共有 8 个,即 a、ɤ、i、u、y、ɿ、ʅ、ɚ,复合韵母共有 28 个。在复合韵母中,复元音韵母有 13 个,即 ai、ei、au、əu、ia、iɛ、iau、iəu、ua、uɤ、uai、uei、yɛ;带鼻音韵母有 15 个,即 an、ən、ian、in、uan、uən、yan、yn、əŋ、iəŋ、iŋ、uaŋ、uŋ、uŋ、yŋ。

元音 a,在韵母 a、ia、ua 中,实际音值为 ʌ;在韵母 ian 中,实际音值为 ɛ;在韵母 au、iau 和 aŋ、iaŋ、uaŋ 中,实际音值为 ɑ。

合口呼零声母音节中的 u 在实际发音时有轻微的唇齿浊擦音色彩,实际音值接近 v。

iŋ 在发音时在 i 和 ŋ 中间有过渡音 ə。

uŋ 与零声母相拼时,实际读音为 uəŋ。因韵母 uəŋ 辖字太少,故将其归入韵母 uŋ 中。

表 1-9-2　漠河方言韵母

ʅ 丝	i 米戏急七一锡	u 苦五猪骨出谷	y 雨橘绿局
ɿ 师试十直尺			
ɚ 二			
a 茶塔法辣八	ia 牙鸭	ua 瓦刮	
	iɛ 写鞋接贴热₁节		yɛ 靴月学
ɤ 歌盒热₂壳₂色₂		uɤ 坐过活托郭国	
ai 开排色₁白		uai 快	
ei 赔飞北		uei 对鬼	
au 宝饱	iau 笑桥药壳₁		
əu 豆走	iəu 油六		
an 南山半	ian 盐年	uan 短官	yan 权
ən 深根	in 心新	uən 寸滚春	yn 云
aŋ 糖	iaŋ 响讲	uaŋ 床王双	
əŋ 灯升争横	iŋ 硬病星		
		uŋ 东	yŋ 兄用

(三)声调

在漠河方言中,声调共有 4 个调类,即阴平、阳平、上声和去声。其中,阴平的调值为 55,实际发音时有时略低,接近 44 或 33;阳平的调值为 35,实际发音时有时略带曲折;上声的调值为 213,实际发音时有时是 212,有时实际起音稍高,未降到底,调值接近 323,有时曲折度不明显,在听感上接近升调;去声的调值为 52,实际发音时有时为全降调 51。具体情况见表 1-9-3。

表 1-9-3　漠河方言声调

调类	调值	例字	备注
阴平	55	东该灯风通开天春搭急$_1$ 哭拍切	急$_1$：又读
阳平	35	铜皮糖红门龙牛油急$_2$ 节$_1$ 毒白盒罚	急$_2$：又读 节$_1$：又读
上声	213	懂古鬼九统苦讨草买老五有谷百节$_2$ 塔	节$_2$：又读
去声	52	冻怪半四痛快寸去动罪近后洞地饭树卖路硬乱刻六麦叶月	

叁　连读变调

（一）两字组连读变调规律

表 1-9-4　漠河方言两字组连读变调

前字及声调	后字及声调				
	阴平 55	阳平 35	上声 213	去声 52	轻声 0
阴平 55	55+55 香菇 拉稀 扎针 切糕 观音	55+35 清明 鸭梨 香油 梳头	55+213 山谷 糕点 开水 苞米 铅笔	55+52 正月 冬至 杉树 松树 豌豆 菠菜	55+0 沙子 星星 疙瘩 高粱 芝麻 倭瓜
阳平 35	35+55 白天 前天 镰刀 床单 圆葱	35+35 煤油 前年	35+213 着火 凉水 苹果 棉袄	35+52 蚕豆 螃蟹 胡同 银杏 合适 学校	35+0 雹子 云彩 石头 屯子 时候 棉花
上声 213	21+55 早先 母鸡 乳猫 里屋 插秧 小心	21+35 水泥 以前 乳牛 草房 赶集 眼眉	35+213 水果 水笔 老虎 蚂蚁 米酒 母狗	21+52 柏树 柳树 扫地 满月 火炕 炒菜	21+0 李子 膀子 韭菜 耳朵 晌午 暖和
去声 52	52+55 亮天 麦秸 辣椒 地瓜 大葱 饭锅	52+35 日食 月食 稻田 后年 化脓 去年	52+213 下雨 大水 木耳 柱脚 忌奶	52+52 腊月 地震 半夜 绿豆	52+0 月亮 日头 露水 木头 叶子 柿子

说明：

　　两个上声相连,前一个上声的调值变为35;上声在非上声前,上声的调值变为21。在原为上声后变为轻声的字音前,上声的调值变为21,如"耳朵"。

（二）"别、没、还、再、不"的变调

表 1-9-5　漠河方言中"别、没、还、再、不"的变调

前字及声调	后字及声调			
	阴平 55	阳平 35	上声 213	去声 52
别 35	35+55 别吃	35+35 别来	35+213 别走	35+52 别去
没 35	35+55 没吃	35+35 没学	35+213 没有	35+52 没看
还 35	35+55 还喝	35+35 还行	35+213 还跑	35+52 还按
再 52	52+55 再拉	52+35 再来	52+213 再走	52+52 再去
不 52	52+55 不吃	52+35 不来	52+213 不好	35+52 不用

（三）"一、三、七、八"的变调

表 1-9-6　漠河方言中"一、三、七、八"的变调

前字及声调	后字及声调			
	阴平 55	阳平 35	上声 213	去声 52
一 55	52+55 一天	52+35 一年	52+213 一盏	35+52 一定
三 55	55+55 三张	55+35 三头	55+213 三口	35+52 三次
七 55	55+55 七千	55+35 七回	55+213 七百	35+52 七月
八 55	55+55 八斤	55+35 八年	55+213 八朵	35+52 八卦

肆　异读

（一）新老异读

1. 声母

在《中国语言资源调查手册·汉语方言》的 1000 个单字中，存在新老异读的古日母字共有 6 个。其中，对于"日"，老男将其声母读为零声母，将其读为 i^{52}；青男将其声母读为 ʐ，将其读为 ʐʅ^{52}。对于其余 5 字，老男将声母读为零声母、ʐ，青男将声母读为 ʐ。例如，老男将"染"读为 ian^{213} 或 ʐan^{213}，青男读为 ʐan^{213}；老男将"热"读为 iɛ^{52} 或 ʐɤ^{52}，青男读为 ʐɤ^{52}；老男将"软"读为 yan^{213} 或 ʐuan^{213}，青男读为 ʐuan^{213}；老男将"闰"读为 in^{52} 或 ʐən^{52} 或 ʐuən^{52}，青男读为 ʐuən^{52}；老男将"让"读为 iaŋ^{52} 或 ʐaŋ^{52}，青男读为 ʐaŋ^{52}。

对于古泥母字，老男将声母读为 l，青男将声母读为 n。例如，老男将"嫩"读为 lən^{52}，青男将"嫩"读为 nən^{52}。

对于古知庄章组字，老男多将声母读为 tʂ、tʂʰ、ʂ。但老男将 13 个字的声母读为 ts、tsʰ、s，即"晒 sai^{52}/ʂai^{52}""锤 tsʰuei^{35}/tʂʰuei^{35}""水 suei^{213}/ʂuei^{213}""准 tsuən^{213}/tʂuən^{213}""春 tsʰuən^{55}/tʂʰuən^{55}""纯 tsʰuən^{35}/tʂʰuən^{35}""顺 suən^{52}/ʂuən^{52}""桌 tsuɤ^{55}/tʂuɤ^{55}""镯 tsuɤ^{35}/tʂuɤ^{35}""窄 tsai^{213}/tʂai^{213}""摘 tsai^{35}/tʂai^{55}""充 tsʰuŋ^{55}/tʂʰuŋ^{55}""竹 tsu^{35}/tʂu^{35}"。对于这种情况，青男只有 3 例。对于"窄""摘"，与老男相同，青男将其声母读为 ts、tsʰ、s。对于其他 10 例，青男只将声母读为 tʂ、tʂʰ、ʂ。青男有 1 例自由变读与老男不同，即"择 tʂai^{35}、tsɤ^{35}"，老男将"择"读为 tsai^{35}、tsɤ^{35}。

青男有时将古知组字读为古精组字，但这比较少见。例如，青男将"晒"读为 sai^{52}。老男将古精母字的声母自由变读为 tʂ 的有 2 例，即"粽 tʂəŋ^{52}/tsuŋ^{52}""足 tʂu^{35}/tsu^{35}"。

2. 韵母

对于古日母字，老男、青男存在异读现象，这些字的韵母也同样存在异读。例如，老男将"日"的韵母读为 i，青男将"日"的韵母读为 ʅ。对于"染 ian/an—an""热 iɛ/ɤ—ɤ""软 yan/uan—uan""闰 in/ən/uən—uən""让 iaŋ/aŋ—aŋ"，老男是两读，青男是统读。

对于精母、来母东韵字，老男是合口呼、开口呼异读，青男是合口呼统读。例如，老男将"粽"读为 tʂəŋ^{52}/tsuŋ^{52}，青男将"粽"读为 tsuŋ^{52}；老男将"弄"读为 nəŋ^{52}、nuŋ^{52}，青男将"弄"读为 nuŋ^52。

对于古微母字,老男是开口呼、合口呼自由变读,青男将其韵母读为合口呼。例如,老男将"尾"读为 i^213 或 uei^213,青男读为 uei^213。

对于古泥母字、来母桓韵字,老男是开口呼、合口呼自由变读,青男将其韵母读为合口呼。例如,老男将"暖"读为 nan^213 或 nuan^213,青男将"暖"读为 nuan^213;老男将"乱"读为 lan^52 或 luan^52,青男将"乱"读为 luan^52。

3. 文白

老男和青男在文白异读方面存在差异,在漠河方言中青男多用文读形式。青男文白异读的情况远少于老男,有 27 例。除"打 ta^213/ta^35"外,其余 26 例均与老男的文白异读重合。老男文白异读的情况较多,达 83 例。

(二)文白异读

1. 声母

部分蟹摄开口二等见母字的声母白读为 k,文读为 tɕ。例如,"解"白读为 kai^213,文读为 tɕiɛ^213;"街"白读为 kai^55,文读为 tɕiɛ^55。

梗摄、江摄开口二等见母、溪母字的声母白读为 tɕ 或 tɕʰ,文读为 k 或 kʰ。例如,"壳"白读为 tɕʰiau^52,文读为 kʰɤ^35;"更"白读为 tɕiŋ^55,文读为 kəŋ^55;"客"白读为 tɕʰiɛ^213,文读为 kʰɤ^52。

部分臻摄合口三等精母字的声母白读为 ts,文读为 tɕ。例如,"俊"白读为 tsuən^52,文读为 tɕyn^52。

古泥母字的声母白读为 l,文读为 n。例如,"嫩"白读为 lən^52,文读为 nən^52。

古帮滂母字存在异读现象。例如,帮母字"比"的声母白读为 pʰ,文读为 p;滂母字"泼"的声母白读为 p,文读为 pʰ。

2. 韵母

韵母文白异读的现象常见于宕江曾梗通五摄入声字中。

宕江摄入声字的韵母白读为 a、au、iau,文读为 ɤ、uɤ、yɛ。例如,"剥"白读为 pa^55,文读为 pɤ^55;"落"白读为 la^52 或 lau^52,文读为 luɤ^52;"雀"白读为 tɕʰiau^213,文读为 tɕʰyɛ^52;"约"白读为 iau^55,文读为 yɛ^55;"角"白读为 tɕiau^213,文读为 tɕyɛ^35;"壳"白读为 tɕʰiau^52,文读为 kʰɤ^35;"削"白读为 ɕiau^55,文读为 ɕyɛ^213 或 ɕyɛ^55。

曾开三入白读为 ai,文读为 ɤ。例如,"侧"白读为 tsai^55,文读为 tsʰɤ^52;"色"白读为 sai^213,文读为 sɤ^52。

曾开一入白读为 ei 或 i,文读为 ɤ 或 ai。例如,"得"白读为 tei^213,文读为 tɤ^213 或

tɤ³⁵；"塞"白读为 sei⁵⁵，文读为 sai⁵⁵；"墨"白读为 mi⁵²，文读为 mɤ⁵²。

梗开二入白读为 ai 或 iɛ，文读为 ɤ。例如，"择"白读为 tsai³⁵，文读为 tsɤ³⁵；"客"白读为 tɕʰiɛ²¹³，文读为 kʰɤ⁵²。

通合三入白读为 əu，文读为 u。例如，"熟"白读为 ʂəu³⁵，文读为 ʂu³⁵。

其他入声字也存在文白异读现象。例如，山摄合口呼四等字"血"白读为 ɕiɛ²¹³，文读为 ɕyɛ²¹³；山摄开口呼一等字"割"白读为 ka⁵⁵，文读为 kɤ⁵⁵。

此外，一些舒声字同样也存在文白异读情况。例如，"取"白读为 tɕʰiəu²¹³，文读为 tɕʰy²¹³；"戒"白读为 tɕi⁵²，文读为 tɕiɛ⁵²；"更"白读为 tɕiŋ⁵⁵，文读为 kəŋ⁵⁵；"含"白读为 xən³⁵，文读为 xan³⁵。

3. 声调

声调异读主要见于入声字，例如"国 kuɤ²¹³/kuɤ³⁵""劈 pʰi²¹³/pʰi⁵⁵""缩 suɤ⁵²/suɤ⁵⁵""福 fu²¹³/fu³⁵""匹 pʰi²¹³/pʰi⁵⁵""刮 kua²¹³/kua⁵⁵"。有的还伴有韵母异读，如"色 sai²¹³/sɤ⁵²""剥 pa⁵⁵/pɤ⁵⁵"。有的是声母、韵母、声调均异读，如"宿 ɕy²¹³/su⁵²""客 tɕʰiɛ²¹³/kʰɤ⁵²"。

舒声字同样也有文白异读现象，例如"卫 uei²¹³/uei⁵²""危 uei³⁵/uei⁵⁵"。

（三）其他异读

有些异读现象既不属于新老异读，又不能归入文白异读。一是声母异读，如"撞 tʂuaŋ⁵²/tʂʰuaŋ⁵²"。二是韵母异读，如"寻 ɕin³⁵/ɕyn³⁵"。

伍　儿化

漠河方言的儿化音变与普通话的儿化音变基本相同。具体情况见表 1-9-7。

表 1-9-7　漠河方言儿化情况

	儿化韵	来源	例词
1	ar	a	哪儿 nar²¹³
2	iar	ia	抽匣儿 tʂʰəu⁵⁵ɕiar³⁵
3	uar	ua	花儿 xuar⁵⁵
4	ɐr	ai	牌儿 pʰɐr³⁵
		an	门槛儿 mən³⁵kʰɐr²¹³
5	iɐr	ian	雨点儿 y³⁵tiɐr²¹³

续表

儿化韵		来源	例词
6	uɐr	uai	一块儿 i³⁵kʰuɐr⁵²
		uan	下晚儿 ɕia⁵²uɐr²¹³
7	yɐr	yan	烟卷儿 ian⁵⁵tɕyɐr²¹³
8	ər	ɿ	刺儿 tsʰər⁵²
		ʅ	事儿 ʂər⁵²
		ei	姊妹儿 tʂʅ²¹mər⁵²
		ən	脸盆儿 lian²¹pʰər³⁵
9	iər	i	年底儿 ȵian³⁵tiər²¹³
		in	今儿 tɕiər⁵⁵
10	uər	uei	一对儿 i³⁵tuər⁵²
		uən	开春儿 kʰai⁵⁵tsʰuər⁵⁵
11	yər	y	毛驴儿 mau³⁵lyər³⁵
		yn	连衣裙儿 lian³⁵i⁵⁵tɕʰyər³⁵
12	ɣr	ɣ	毛嗑儿 mau³⁵kʰɣr⁵²
13	uɣr	uɣ	昨儿个儿 tsuɣr³⁵kɣr⁰
14	ur	u	眼珠儿 ian²¹tʂur⁵⁵
15	iɛr	iɛ	蝴蝶儿 xu³⁵tiɛr²¹³
16	yɛr	yɛ	正月儿 tʂəŋ⁵⁵yɛr⁰
17	aur	au	道儿 taur⁵²
18	iaur	iau	连桥儿 lian³⁵tɕʰiaur³⁵
19	əur	əu	土豆儿 tʰu²¹təur⁵²
20	iəur	iəu	石榴儿 ʂʅ³⁵liəur⁰
21	ãr	aŋ	头半晌儿 tʰəu³⁵pan⁵²ʂãr²¹³
22	iãr	iaŋ	剃头匠儿 tʰi⁵²tʰəu³⁵tɕiãr⁵²
23	uãr	uaŋ	一对儿双儿 i³⁵tuər⁵²ʂuãr⁵²
24	ə̃r	əŋ	缝儿 fə̃r⁵²
25	iə̃r	iŋ	杏儿 ɕiə̃r⁵²
26	uə̃r	uŋ	空儿 kʰuə̃r⁵²
27	yə̃r	yŋ	小熊儿 ɕiau²¹ɕyə̃r³⁵

陆　其他主要音变

1. 在口语中，通摄合口一等字"脓、弄"等的韵母常读作 əŋ。

2. 在口语中，山摄合口一等字"乱、暖"等无韵头 u。

3. "子"单念时是 tsɿ²¹³，做轻声音节时多读作 tsə⁰，少数读作 tsɿ⁰，也有的比较含混，接近 tə⁰，记音时统一记作 tsə⁰。轻声音节"的"多读作 ti⁰，如"掌柜的、上灶儿的、掌勺的"等。

4. 一些韵母在轻声音节中有变化，如"花骨朵"的"朵 tuɤ⁰"读作 təu⁰，"核桃"的"桃 tʰau⁰"读作 tʰəu⁰，"鼻涕"的"涕 tʰi⁰"读作 tʰiŋ⁰ 等。

5. 韵母 ɤ 在轻声音节中的实际读音为 ə，在词汇、语法中记作 ə。

第十节　嫩江方音

壹　概况

（一）地理

嫩江市隶属于黑龙江省黑河市，位于黑龙江省西北部，北依伊勒呼里山，东接小兴安岭，西邻嫩江，南连松嫩平原。嫩江市地处东经 124°44′30″ 至 126°49′30″，北纬 48°42′35″ 至 51°00′05″。嫩江市共辖 14 个乡镇，共 148 个行政村。①

（二）人口与民族

根据第七次全国人口普查数据，截至 2020 年 11 月 1 日零时，嫩江市常住人口为 355528 人。嫩江市有 26 个民族，少数民族 25 个，主要人口是汉族。少数民族主要有满族、达斡尔族、鄂伦春族、鄂温克族、回族、朝鲜族等。

（三）方言种类及系属

嫩江方言属于东北官话区黑松片的嫩克小片。嫩江市绝大多数人使用嫩江方言。近年来，普通话的使用越来越广泛。

---

① 来源于嫩江市人民政府网（http://www.nenjiang.gov.cn）。

（四）地方曲艺

嫩江市的地方曲艺以二人转为主。二人转是东北地区普遍存在的一种曲艺形式，深受老年人喜爱，是老年人业余生活的主要娱乐项目。

贰 声韵调

（一）声母

在嫩江方言中，声母共有 20 个（含零声母）。其中，双唇音有 3 个，即 p、pʰ、m；唇齿音有 1 个，即 f；舌尖前音有 3 个，即 ts、tsʰ、s；舌尖中音有 4 个，即 t、tʰ、n、l；舌尖后音有 1 个，即 ʐ；舌面前音有 3 个，即 tɕ、tɕʰ、ɕ；舌面后音有 3 个，即 k、kʰ、x；龈腭鼻音有 1 个，即 ȵ；另有 1 个零声母 ø。

在实际发音中，嫩江方言中存在声母 tʂ、tʂʰ、ʂ，但 tʂ、tʂʰ、ʂ 与 ts、tsʰ、s 自由变读，不区分意义，并且嫩江方言以读 ts、tsʰ、s 为常。因此，将 ts、tsʰ、s 和 tʂ、tʂʰ、ʂ 处理为一套音位，统一记作 ts、tsʰ、s。

声母 ȵ 舌位偏靠前，有时略带舌尖前音色彩，如"牛 ȵiou²⁴""年 ȵian²⁴""泥 ȵi²⁴"等。

表 1-10-1 嫩江方言声母

p 八兵病	pʰ 派片爬	m 麦明	f 飞风副蜂肥饭
t 多东毒	tʰ 讨天甜	n 脑南	l 老蓝连路
ts 资早租字贼坐 张竹柱争装纸主	tsʰ 刺草寸祠抽拆 茶抄初床车春船城		s 丝三酸事山双 顺手书十
			ʐ 热₂ 软₂
tɕ 酒九	tɕʰ 清全轻权	ȵ 年泥	ɕ 想谢响县
k 高共	kʰ 开		x 好灰活
ø 味问热₁ 软₁ 熬 月安温王云用药			

（二）韵母

在嫩江方言中,韵母共有 35 个。其中,单元音韵母共有 7 个,即 a、ɤ、i、u、y、ɿ、ɚ,复合韵母共有 28 个。在复合韵母中,复元音韵母有 13 个,即 ai、ei、au、ou、ia、iɛ、iau、iou、ua、uɤ、uai、uei、yɛ;带鼻音韵母有 15 个,即 an、ən、ian、in、uan、uən、yan、yn、aŋ、əŋ、iaŋ、iŋ、uaŋ、uŋ、yŋ。

元音 a,在韵母 a、ia、ua 中,实际音值为 ᴀ;在韵母 ian 中,实际音值为 ɛ;在韵母 au、iau 和 aŋ、iaŋ、uaŋ 中,实际音值为 ɑ。

uŋ 在零声母音节中的实际读音是 uəŋ。

ɚ 在去声音节中,舌位较低,实际读音是 ɐr。

介音 u 在合口呼零声母音节中的实际音值为 ʋ,如"歪""危"。

表 1-10-2　嫩江方言韵母

ɿ 师丝试十直尺	i 米戏急七一锡	u 苦五猪骨出谷绿₂	y 雨橘绿₁ 局
ɚ 二			
a 茶塔法辣八	ia 牙鸭	ua 瓦刮	
	iɛ 写鞋接贴热₁ 节		yɛ 靴月学₂
ɤ 歌盒热₂ 壳₂ 色₂		uɤ 坐过活托郭国	
ai 开排色₁ 白		uai 快	
ei 赔飞北		uei 对鬼	
au 宝饱	iau 笑桥药壳₁ 学₁		
ou 豆走	iou 油六		
an 南山半	ian 盐年	uan 短官	yan 权
ən 深根	in 心新	uən 寸滚春	yn 云
aŋ 糖	iaŋ 响讲	uaŋ 床王双	
əŋ 灯升争横	iŋ 硬病星		
		uŋ 东	yŋ 兄用

（三）声调

在嫩江方言中,声调共有4个调类,即阴平、阳平、上声和去声。其中,阴平的调值为44,有时结尾略降;阳平的调值为24;上声的调值为213,有时发音时前段降幅较小,曲折不明显;去声的调值为53,有时收音比较低,调值近似52。具体情况参看表1-10-3。

表 1-10-3　嫩江方言声调

调类	调值	例字	备注
阴平	44	东该灯风通开天春搭急₁哭拍切刻₁	急₁:又读 刻₁:白读
阳平	24	铜皮糖红门龙牛油急₂节₂毒白盒罚	急₂:又读 节₂:文读
上声	213	懂古鬼九统苦讨草买老五有谷百节₁塔	节₁:白读
去声	53	冻怪半四痛快寸去动罪近后洞地饭树卖路硬乱刻₂六麦叶月	刻₂:文读

叁　连读变调

（一）两字组连读变调规律

表 1-10-4　嫩江方言连读变调

前字声调	后字声调				
	阴平 44	阳平 24	上声 213	去声 53	轻声 0
阴平 44	44+44 公鸡 香菇 花生 书包	44+24 锅台 出门 荤油 牤牛	44+213 猪血 开水 铅笔 烟火	44+53 黑菜 松树 豇豆 阴历	44+0 星星 蚂螂 沙子
	53+44 一天	53+24 一年	53+213 一盏	44+24 甘蔗 24+53 三次 一定 七月 八卦	24+0 出来 出去 知道

续表

前字声调	后字声调				
	阴平 44	阳平 24	上声 213	去声 53	轻声 0
阳平 24	24+44 洋灰 毛葱 台风 农村	24+24 洋油 咸盐 祠堂 茅楼	24+213 凉水 苹果 尘土 牙狗	24+53 毛道 农历 蚕豆 蚊帐	24+0 电子 核桃 云彩 泥巴
	53+44 别吃 没吃 还喝	24+44 年级 53+24 别来 没学 还行	53+213 别走 还跑		
上声 213	21+44 小灰 母鸡 乳猫 宰猪	21+24 往年 乳牛 鬼节 保媒	24+213 母狗 老虎 水笔 可以	21+53 水稻 瓦片 炒菜 小道	21+0 尾巴 谷子 李子 24+0 把手
去声 53	53+44 麦秸 辣椒 大街 地瓜	53+24 炕席 稻田 日食 放牛	53+213 下雨 热水 木耳 大米	53+53 大地 地震 半夜 大豆 24+53 害怕 宁愿 再去 不用	53+0 地方 日头 腊月 上去

说明:

1. 两个上声相连,前一个上声的调值变为 24;上声在非上声前,上声的调值变为 21。在原为上声后变为轻声的字音前,上声有两种不同的变调:一种是 21+0,如"谷子""李子";另一种是 24+0,如"小姐""把手"。

2. 两个去声相连,后一个去声的起音较前一个去声的起音低,调值近似 42,但记音时仍记作 53。

3. 去声字做前字时,有的变读为阳平,例如"害怕 xai²⁴ pʰa⁵³""出去 tsʰu²⁴tɕy⁵³"。

4. 轻声音节因受前一个字调的影响,在音高上不固定。阴平字后面的轻声音高偏高,调值近似 3,有中降调倾向,实际音值近似 31,但"子"在阴平字后面时,实际音值近似 2;阳平字后面的轻声调值偏高,调值近似 3,总体上有中降调的倾向;上声字后面的轻声调值多为 2;去声字后面的轻声音高最低,调值近似 1,有时音高会稍高,有低降调倾向,实际音值近似 21。对于以上情况,记音时轻声统一记作 0。

（二）"别、没、还、再、不"的变调

表 1-10-5　嫩江方言中"别、没、还、再、不"的变调

前字及声调	后字及声调			
	阴平 44	阳平 24	上声 213	去声 53
别 24	53+44 别吃	53+24 别来	53+213 别走	24+53 别去
没 24	53+44 没吃	53+24 没学	24+213 没有	24+53 没看
还 24	53+44 还喝	53+24 还行	53+213 还跑	24+53 还按
再 53	53+44 再拉	53+24 再来	53+213 再走	24+53 再去
不 53	53+44 不吃	53+24 不来	53+213 不好	24+53 不用

（三）"一、三、七、八"的变调

表 1-10-6　嫩江方言中"一、三、七、八"的变调

前字及声调	后字及声调			
	阴平 44	阳平 24	上声 213	去声 53
一 44	53+44 一天	53+24 一年	53+213 一盏	24+53 一定
三 44	44+44 三张	44+24 三头	44+213 三口	24+53 三次
七 44	44+44 七千	44+24 七回	44+213 七百	24+53 七月
八 44	44+44 八斤	44+24 八年	44+213 八朵	24+53 八卦

肆　异读

嫩江方言存在异读现象，包括新老异读、文白异读等。

（一）新老异读

1. 声母

嫩江方言的新老异读主要体现在声母方面，即古精组字和古知庄章组字的声母今读为舌尖前音 ts、tsʰ、s 还是舌尖后音 tʂ、tʂʰ、ʂ。老男多将古知庄章组字混入古精组字，将绝大多数古知庄章组字的声母读为 ts、tsʰ、s。在《中国语言资源调查手册·汉语方言》的 1000 个单字中，除了将"茶、车、猪、绸、折、沉、扎、战、撤、陈、张、章、厂、唱、尝、桩、证、秤、窄、争、摘、贞、程、粥、冲、赎、择"27 个字的声母读为舌尖后音之外，老男将其余古知庄章组字的声母均读为舌尖前音。而对于青男来说，古精组字和古知庄章组字混读的情况较少，除"吹、追、锤、准、拆、窄、摘"7 个字外，青男将其余古知庄章组字的声母均读为舌尖后音。另外，老男很少将古精组字的声母读为舌尖后音，而青男将古精组字的声母读为舌尖后音的情况较多，如"租、资、早、灶、草、糙、造、走、凑、村、寸"等字。

对于韵母今读为 ɤ、ai、an、au 的古影疑母开口一等字，老男将声母读为 n 或零声母，青男则将声母读为零声母。例如，老男将"鹅"读为 nɤ²⁴ 或 ɤ²⁴，青男将"鹅"读为 ɤ²⁴；老男将"矮"读为 nai²¹³ 或 ai²¹³，青男将"矮"读为 ai²¹³；老男将"安"读为 nan⁴⁴ 或 an⁴⁴，青男将"安"读为 an⁴⁴；老男将"暗"读为 nan⁵³ 或 an⁵³，青男将"暗"读为 an⁵³；老男将"熬"读为 nau²⁴ 或 au²⁴，青男将"熬"读为 au²⁴。

对于古日母字，老男将声母读为零声母或 ʐ，青男将声母读为 ʐ，这种情况有 9 例。例如，老男将"绕"读为 iau⁵³ 或 ʐau⁵³，青男将"绕"读为 ʐau⁵³；老男将"染"读为 ian²¹³ 或 ʐan²¹³，青男将"染"读为 ʐan²¹³；老男将"任"读为 in⁵³ 或 ʐən⁵³，青男将"任"读为 ʐən⁵³；老男将"热"读为 iɛ⁵³ 或 ʐɤ⁵³，青男将"热"读为 ʐɤ⁵³；老男将"软"读为 yan²¹³ 或 ʐuan²¹³，青男将"软"读为 ʐuan²¹³；老男将"人"读为 in²⁴ 或 ʐən²⁴，青男将"人"读为 ʐən²⁴；老男将"认"读为 in⁵³ 或 ʐən⁵³，青男将"认"读为 ʐən⁵³；老男将"让"读为 iaŋ⁵³ 或 ʐaŋ⁵³，青男将"让"读为 ʐaŋ⁵³；老男将"肉"读为 iou⁵³ 或 ʐou⁵³，青男将"肉"读为 ʐou⁵³。

对于古云母字、古以母字，老男将声母读为零声母或 ʐ，青男将声母读为 ʐ。例如，老男将"荣"读为 yŋ²⁴ 或 ʐuŋ²⁴，青男将"荣"读为 ʐuŋ²⁴；老男将"容"读为 yŋ²⁴ 或 ʐuŋ²⁴，青男将"容"读为 ʐuŋ²⁴。

对于古明母字，老男将声母读为 ȵ 或 m，青男将声母读为 m。例如，老男将"棉"读为 ȵiau²⁴ 或 mian²⁴，青男将"棉"读为 mian²⁴。

2. 韵母

对于古日母字，老男、青男在声母方面存在异读现象，在韵母方面也存在异读现象。例如,老男将"绕"的韵母读为 iau 或 au,青男将"绕"的韵母读为 au;老男将"染"的韵母读为 ian 或 an,青男将"染"的韵母读为 an;老男将"任"的韵母读为 in 或 ən,青男将"任"的韵母读为 ən;老男将"热"的韵母读为 iɛ 或 ɤ,青男将"热"的韵母读为 ɤ;老男将"软"的韵母读为 yan 或 uan,青男将"软"的韵母读为 uan;老男将"人"的韵母读为 in 或 ən,青男将"人"的韵母读为 ən;老男将"认"的韵母读为 in 或 ən,青男将"认"的韵母读为 ən;老男将"让"的韵母读为 iaŋ 或 aŋ,青男将"让"的韵母读为 aŋ;老男将"肉"的韵母读为 iou 或 ou,青男将"肉"的韵母读为 ou。

对于古泥母字、来母桓韵字,老男是开口呼、合口呼自由变读,青男将其声母读为合口呼。例如,老男将"暖"读为 nau²¹³ 或 nan²¹³ 或 nuan²¹³,青男将"暖"读为 nuan²¹³;老男将"乱"读为 lan⁵³ 或 luan⁵³,青男将"乱"读为 luan⁵³。

3. 文白

在嫩江方言中,老男和青男在文白异读方面存在较小的差异。青男文白异读的情况少于老男,有 43 例。其中,除 4 例与老男不同外,其他 39 例与老男基本一致。老男文白异读的情况较多,有 73 例。

(二)文白异读

1. 声母

个别臻摄合口三等精母字的声母白读为 ts,文读为 tɕ。例如,"俊"白读为 tsuən⁵³,文读为 tɕyn⁵³。

部分蟹摄开口二等见母字的声母白读为 k,文读为 tɕ。例如,"街"白读为 kai⁴⁴,文读为 tɕiɛ⁴⁴;"解"白读为 kai²¹³,文读为 tɕiɛ²¹³。

梗摄开口二等见母、溪母字的声母白读为 tɕ、tɕʰ,文读为 k、kʰ。例如,"更"白读为 tɕiŋ⁴⁴,文读为 kəŋ⁴⁴;"客"白读为 tɕʰiɛ²¹³,文读为 kʰɤ⁵³。

古泥母字的声母白读为 l,文读为 n。例如,"嫩"白读为 lən⁵³,文读为 nən⁵³。

古帮母字存在异读现象。例如,帮母字"比"的声母白读为 pʰ,文读为 p。

2. 韵母

韵母文白异读的现象常见于宕江曾梗通五摄入声字中。

宕江摄入声字的韵母白读为 a、au、iau,文读为 ɤ、uɤ、yɛ。例如,"鹤"白读为 xau²⁴,文读为 xɤ⁵³;"落"白读为 la⁵³ 或 lau⁵³,文读为 luɤ⁵³;"雀"白读为 tɕʰiau²¹³,文读为 tɕʰyɛ⁵³;"削"白读为 ɕiau⁴⁴,文读为 ɕyɛ²¹³ 或 ɕyɛ⁴⁴;"约"白读为 iau⁴⁴,文读为 yɛ⁴⁴。

曾开三入白读为 ai,文读为 ɤ。例如,"侧"白读为 tsai⁴⁴,文读为 tsʰɤ⁵³;"色"白读为 sai²¹³,文读为 sɤ⁵³。

曾开一入白读为 ei 或 i，文读为 ɤ 或 ai。例如，"得"白读为 tei²¹³，文读为 tɤ²¹³；"塞"白读为 sei⁴⁴，文读为 sai⁴⁴ 或 sai⁵³；"墨"白读为 mi⁵³，文读为 mɤ⁵³。

梗开二入白读为 ai 或 iɛ，文读为 ɤ。例如，"客"白读为 tɕʰiɛ²¹³，文读为 kʰɤ⁵³。

通合三入白读为 ou、y，文读为 u。例如，"熟"白读为 sou²⁴，文读为 su²⁴；"宿"白读为 ɕy²¹³，文读为 su⁵³。

其他入声字也存在文白异读现象。例如，"割"白读为 ka⁴⁴，文读为 kɤ⁴⁴；"血"白读为 ɕiɛ²¹³，文读为 ɕyɛ²¹³。

此外，一些舒声字同样也存在文白异读情况。例如，"做"白读为 tsou⁵³，文读为 tsuɤ⁵³；"取"白读为 tɕʰiou²¹³，文读为 tɕʰy²¹³；"埋"白读为 man²⁴，文读为 mai²⁴；"含"白读为 xən²⁴，文读为 xan²⁴；"更"白读为 tɕiŋ⁴⁴，文读为 kəŋ⁴⁴；"尾"白读为 i²¹³，文读为 uei²¹³。

3. 声调

声调异读主要见于入声字，例如 "拉 la²¹³/la²⁴/la⁴⁴" "插 tsʰa²¹³/tsʰa⁴⁴" "吸 ɕi⁴⁴/ɕi⁵³" "节 tɕiɛ²¹³/tɕiɛ²⁴" "结 tɕiɛ²¹³/tɕiɛ⁴⁴" "刮 kua²¹³/kua⁴⁴" "息 ɕi²¹³/ɕi⁴⁴" "国 kuɤ²¹³/kuɤ²⁴" "壁 pi²¹³/pi⁵³" "劈 pʰi²¹³/pʰi⁴⁴" "缩 suɤ⁵³/suɤ⁴⁴" "福 fu²¹³/fu²⁴" "匹 pʰi²¹³/pʰi⁴⁴"。有的还伴有韵母异读，如"色 sai²¹³/sɤ⁵³""剥 pa⁴⁴/pɤ⁴⁴"。有的是声母、韵母、声调均异读，如"宿 ɕy²¹³/su⁵³""客 tɕʰiɛ²¹³/kʰɤ⁵³"。

舒声字同样也有文白异读现象，例如"卫 uei²¹³/uei⁵³"。

（三）其他异读

有些异读现象既不属于新老异读，又不能归入文白异读。一是声母异读，如"撞 tʂuaŋ⁵³/tʂʰuaŋ⁵³"。二是韵母异读，如"寻 ɕin²⁴/ɕyn²⁴""角 tɕia²¹³/tɕiau²¹³"。三是声调异读，如"磨 mɤ⁵³/mɤ²⁴""浸 tɕʰin²¹³/tɕʰin⁵³""沉 tsʰən⁵³/tsʰən²⁴"。

伍　儿化

嫩江方言的儿化音变与普通话的儿化音变基本相同。具体情况见表 1-10-7。

表 1-10-7　嫩江方言儿化情况

儿化韵	来源	例词
ɚ	ʅ	羹匙儿 kəŋ⁴⁴tsʰɚ²⁴、分字儿 fən⁴⁴tsɚ⁵³
	u	儿媳妇儿 ɚ²⁴ɕi²⁴fɚ⁰
	ei	姊妹儿 tsʅ²¹mɚ⁰
	ən	年根儿 ȵian²⁴kɚ⁴⁴、串门儿 tsʰuan⁵³mɚ²⁴

续表

儿化韵		来源	例词
2	iər	i	粒儿 liər⁵³、净意儿故意地 tɕiŋ⁵³iər²¹³
		in	胡琴儿 xu²⁴tɕʰiər²⁴、背心儿 pei⁵³ɕiər⁴⁴
3	uər	uei	亲嘴儿 tɕʰin⁴⁴tsuər²¹³、味儿 uər⁵³
		uən	光棍儿 kuaŋ⁴⁴kuər⁵³、打盹儿 ta²⁴tuər²¹³
4	yər	y	鱼儿 yər²⁴
		yn	连衣裙儿 lian²⁴i⁴⁴tɕʰyər²⁴
5	ar	a	把儿 par⁵³
6	iar	ia	抽匣儿 tsʰou⁴⁴ɕiar²⁴
7	uar	ua	猪爪儿 tsu⁴⁴tsuar²¹³
8	iɛr	iɛ	蝴蝶儿 xu²⁴tiɛr²¹³
9	yɤr	yɤ	正月儿 tsəŋ⁴⁴yɤr⁰
10	ɤr	ɤ	大拇哥儿 ta⁵³mu²¹kɤr⁴⁴
11	uɤr	uɤ	洋火儿 iaŋ²⁴xuɤr²¹³、窝儿 uɤr⁴⁴
12	ɐr	ai	盖儿 kɐr⁵³、小孩儿 ɕiau²¹xɐr²⁴
		an	汗衫儿 xan⁵³sɐr⁴⁴、门槛儿 mən²⁴kʰɐr²¹³
13	iɐr	ian	辫儿 piɐr⁵³、天儿 tʰiɐr⁴⁴
14	uɐr	uai	块儿 kʰuɐr⁵³
		uan	新郎官儿 ɕin⁴⁴laŋ²⁴kuɐr⁴⁴、玩儿 uɐr²⁴
15	yɐr	yan	手绢儿 sou²¹tɕyɐr⁵³、旋儿 ɕyɐr⁵³
16	aur	au	桃儿 tʰaur²⁴、枣儿 tsaur²¹³
17	iaur	iau	角儿 tɕiaur²¹³、家雀儿 tɕia⁴⁴tɕʰiaur²¹³
18	our	ou	小偷儿 ɕiau²¹tʰour⁴⁴、茅楼儿 mau²⁴lour²⁴
19	iour	iou	石榴儿 sʅ²⁴liour⁰、原子油儿 yan²⁴tsʅ²¹iour²⁴
20	ur	u	里屋儿 li²¹ur⁴⁴
21	ãr	aŋ	电棒儿 tian⁵³pãr⁵³、流氓儿 liou²⁴mãr²⁴
22	iãr	iaŋ	插秧儿 tsʰa²¹iãr⁴⁴
23	uãr	uaŋ	鸡蛋黄儿 tɕi⁴⁴tan⁵³xuãr²⁴
24	ə̃r	əŋ	跳绳儿 tʰiau⁵³sə̃r²⁴、钢镚儿硬币 kaŋ⁴⁴pə̃r⁵³
25	iə̃r	iŋ	打鸣儿 ta²¹miə̃r²⁴、杏儿 ɕiə̃r⁵³
26	yə̃r	yŋ	小熊儿 ɕiau²¹ɕyə̃r²⁴
27	uə̃r	uŋ	胡同儿 xu²⁴tʰuə̃r⁵³

陆　其他主要音变

1. 冬韵泥母字的韵母在口语中常读作 əŋ,如"浓 nəŋ²⁴"。

2. 韵腹为 ɤ,没有韵尾,且读作轻声时,弱化为 ə,在词汇、语法中根据实际读音记作 ə。

第十一节　泰来方音

壹　概况

（一）地理

泰来县位于黑龙江省西南部,地处黑龙江、吉林、内蒙古交界处,北与齐齐哈尔市毗连,西与内蒙古扎赉特旗接壤,南与吉林省镇赉县为邻,东与大庆市杜尔伯特蒙古族自治县隔嫩江相望。泰来县地处东经 122°58′至 124°,北纬 46°13′至 47°10′。泰来县辖 8 个镇、2 个乡,共 83 个行政村,面积为 3996 平方千米。[①]

（二）人口与民族

根据第七次全国人口普查数据,截至 2020 年 11 月 1 日零时,泰来县常住人口为 249153 人。泰来县有 20 个民族,少数民族有蒙古族、满族、朝鲜族、达斡尔族等。

（三）方言种类及系属

泰来方言属于东北官话区黑松片的嫩克小片。泰来县的主要方言为泰来方言。泰来方言是当地普遍通用的方言。方言内部存在使用人群的差异。这种差异在乡镇和农村表现得较为明显。新派和老派也存在差异。近年来,方言变化较快,普通话的使用越来越广泛。

（四）地方曲艺

泰来县的地方曲艺主要是二人转、评剧。泰来县成立了二人转协会,二人转在民间流传较广。

[①]　来源于泰来县人民政府网(http://www.tailai.gov.cn)。

贰　声韵调

（一）声母

在泰来方言中，声母共有 20 个(含零声母)。其中，双唇音有 3 个,即 p、p^h、m;唇齿音有 1 个,即 f;舌尖中音有 4 个,即 t、t^h、n、l;舌尖后音有 4 个,即 tʂ、tʂ^h、ʂ、ʐ;舌面前音有 3 个,即 tɕ、tɕ^h、ɕ;舌面后音有 3 个,即 k、k^h、x;龈腭鼻音有 1 个,即 ȵ;另有 1 个零声母 ø。

因声母 ts、tʂ、s 和 tʂ、tʂ^h、ʂ 多混读,相较而言,读成舌尖后音的情况较多,故统一记作 tʂ、tʂ^h、ʂ。

声母 ȵ 舌位偏靠前,有时略带舌尖前音色彩,如"牛 ȵiou^{24}""年 ȵian^{24}""泥 ȵi^{24}"等。

表 1-11-1　泰来方言声母

p 八兵病	p^h 派片爬	m 麦明	f 飞风副蜂肥饭
t 多东毒	t^h 讨天甜	n 脑南安₁	l 老蓝连路
tʂ 资早租字贼坐张竹柱争装纸主	tʂ^h 刺草寸祠抽拆茶抄初床车春船城		ʂ 丝三酸事山双顺手书十　ʐ 热₂
tɕ 酒九	tɕ^h 清全轻权	ȵ 年泥	ɕ 想谢响县
k 高共	k^h 开		x 好灰活
ø 味问热₁ 软月安₂ 温王云用药			

（二）韵母

在泰来方言中,韵母共有 36 个。其中,单元音韵母共有 7 个,即 a、ɤ、i、u、y、ɿ、ɚ,复合韵母共有 29 个。在复合韵母中,复元音韵母有 13 个,即 ai、ei、au、ou、ia、iɛ、iau、iou、ua、uɤ、uai、uei、yɛ;带鼻音韵母有 16 个,即 an、ən、ian、in、uan、uən、yan、yn、aŋ、əŋ、iaŋ、iŋ、uaŋ、uəŋ、uŋ、yŋ。

元音 a 在韵母 a、ia、ua 中的实际音值为 ʌ,在韵母 ian 中的实际音值为 ɛ,在韵母

au、iau 和 aŋ、iaŋ、uaŋ 中的实际音值为 ɑ。

介音 u 在合口呼零声母音节中的实际音值为 v。

受到声母 ts、tsʰ、s 和 tʂ、tʂʰ、ʂ 音位归纳结果的影响，韵母 ʅ 的实际音值有两个，即 ʅ 和 ɿ。

韵母 ɚ 在去声音节中，舌位较低，实际读音是 ɐr。

韵母 iŋ 在发音时在 i 和 ŋ 中间有过渡音 ə。

表 1-11-2 泰来方言韵母

ʅ 师丝试十直尺	i 米戏急七一锡	u 苦五猪骨出谷	y 雨橘绿局
ɚ 二			
a 茶塔法辣八	ia 牙鸭	ua 瓦刮	
	iɛ 写鞋接贴热₁节		yɛ 靴月学₂
ɤ 歌盒热₂壳色₂		uɤ 坐过活托郭国	
ai 开排色₁白		uai 快	
ei 赔飞北		uei 对鬼	
au 宝饱	iau 笑桥药学₁		
ou 豆走	iou 油六		
an 南山半	ian 盐年	uan 短官	yan 权
ən 深根	in 心新	uən 寸滚春	yn 云
aŋ 糖	iaŋ 响讲	uaŋ 床王双	
əŋ 灯升争横	iŋ 硬病星	uəŋ 翁	
		uŋ 东	yŋ 兄用

（三）声调

在泰来方言中，声调共有 4 个调类，即阴平、阳平、上声和去声。其中，阴平的调值为 33，有时结尾略降；阳平的调值为 24，有时发音略高，调值近似 35；上声的调值为 213，有时曲折不明显，调值近似 212；去声的调值为 53，有时起音和收音比较低，调值近似 42。具体情况参看表 1-11-3。

表 1-11-3 泰来方言声调

调类	调值	例字	备注
			通₁：~过
			节₃：~骨眼
阴平	33	东该灯风通₁ 开天春搭节₃ 急₂ 哭拍切₁ 刻₁	急₂：又读
			切₁：~菜
			刻₁：白读
			急₁：又读
阳平	24	门龙牛油铜皮糖红急₁ 节₂ 毒白盒罚	节₂：文读
上声	213	懂古鬼九统苦讨草买老五有谷百节₁ 塔	节₁：白读
			通₂：~红
去声	53	冻怪半四痛快寸去动罪近后洞地饭树卖路硬乱通₂ 切₂ 刻₂ 六麦叶月	切₂：一~
			刻₂：文读

叁 连读变调

（一）两字组连读变调规律

表 1-11-4 泰来方言连读变调

前字声调	后字声调				
	阴平 33	阳平 24	上声 213	去声 53	轻声 0
阴平 33	33+33 香菇 扎针 切糕 观音	33+24 清明 鸭梨 香油 梳头	33+213 山谷 糕点 开水 苞米	33+53 正月 冬至 杉树 松树	33+0 沙子 星星 疙瘩 高粱
	21+33 插秧	33+33 班级		33+24 甘蔗	
	53+33 一千	53+24 一年	53+213 一百	24+53 三次 一万 七月 八个	24+0 出来 干净 知道 收拾 滴答 姑父

续表

前字声调	后字声调				
	阴平 33	阳平 24	上声 213	去声 53	轻声 0
阳平 24	24+33 白天 前天 镰刀 床单	24+24 煤油 前年	24+213 着火 凉水 苹果 棉袄	24+53 蚕豆 螃蟹 胡同 银杏 合适 学校	24+0 雹子 云彩 石头 屯子 时候 棉花
	53+33 别吃 没吃 还喝	53+24 别来 没学 还行	53+213 别走 还想		33+0 橘子
上声 213	21+33 早先 母鸡 乳猫 里屋 小心	21+24 水泥 以前 乳牛 草房 赶集 眼眉	24+213 老虎 蚂蚁 米酒 母狗 水果	21+53 柏树 柳树 扫地 满月 火炕 炒菜	21+0 李子 膀子 韭菜 耳朵 晌午 暖和
	21+24 老叔	24+213 鬼节			24+0 把手
去声 53	53+33 亮天 麦秸 辣椒 地瓜 大葱 饭锅	53+24 日食 月食 稻田 后年 化脓 去年	53+213 下雨 大水 木耳 柱脚 忌奶	53+53 腊月 地震 半夜 绿豆	53+0 月亮 日头 露水 木头 叶子 柿子
				24+53 不去	

说明：

1. 两个上声相连，前一个上声的调值变为 24；上声在非上声前，上声的调值变为 21。在原为上声后变为轻声的字音前，上声有两种不同的变调：一种是 21+0，如"李子、耳朵"；另一种是 24+0，如"把手"。上声处于词语末尾时，实际调值近似 212 或 211。

2. 两个去声相连，后一个去声的起音较前一个去声的起音低，调值近似 42，但记音时仍记作 53。

3. 轻声音节因受前一个字调的影响，在音高上不固定。阴平字后面的轻声调值近似 2，有中降调倾向，实际音值近似 21；阳平字后面的轻声调值偏高，调值近似 3，总体上有中降调倾向；上声字后面的轻声调值多为 2；去声字后面的轻声音高最低，调值近似 1，有时音高会稍高，有低降调倾向，实际音值近似 21。对于以上情况，记音时轻声统一记作 0。

（二）"别、没、还、再、不"的变调

表 1-11-5　泰来方言中"别、没、还、再、不"的变调

前字声调	后字声调			
	阴平 33	阳平 24	上声 213	去声 53
别 24	53+33 别吃	53+24 别来	53+213 别走	24+53 别去
没 24	53+33 没吃	53+24 没学	24+213 没有 53+213 没有	24+53 没看
还 24	53+33 还喝	53+24 还行	53+213 还走	24+53 还去
再 53	53+33 再拉	53+24 再来	53+213 再走	24+53 再去
不 53	53+33 不吃	53+24 不来	53+213 不好	24+53 不用

（三）"一、三、七、八"的变调

表 1-11-6　泰来方言中"一、三、七、八"的变调

前字声调	后字声调			
	阴平 33	阳平 24	上声 213	去声 53
一 33	53+33 一千	53+24 一年	53+213 一起	24+53 一定
三 33	33+33 三张	33+24 三头	33+213 三口	24+53 三次

续表

前字声调	后字声调			
	阴平 33	阳平 24	上声 213	去声 53
七 33	33+33 七千	33+24 七回	33+213 七百	24+53 七月
八 33	33+33 八斤	33+24 八年	33+213 八朵	24+53 八个

肆　异读

泰来方言存在异读现象,包括新老异读、文白异读等。

(一)新老异读

1. 声母

对于古知庄章组字的声母,老男的实际发音有两组,即 tʂ、tʂʰ、ʂ 和 ts、tsʰ、s。因为舌尖前音和舌尖后音多混读,相较而言,读舌尖后音的情况较多,所以统一记作 tʂ、tʂʰ、ʂ。但青男将古精组字和古知庄章组字混读的情况较少,如将"刺"读为 tʂʰ ʅ⁵³。

老男将古精组字的声母读成 tʂ、tʂʰ、ʂ,青男一般读为 ts、tsʰ、s。例如,老男将"草"读为 tʂʰau²¹³,青男将"草"读为 tsʰau²¹³;老男将"寸"读为 tʂʰuən⁵³,青男将"寸"读为 tsʰuən⁵³;老男将"字"读为 tʂʅ⁵³,青男将"字"读为 tsʅ⁵³;老男将"贼"读为 tʂei²⁴,青男将"贼"读为 tsei²⁴;老男将"坐"读为 tʂuɤ⁵³,青男将"坐"读为 tsuɤ⁵³;老男将"丝"读为 ʂʅ³³,青男将"丝"读为 sʅ³³;老男将"三"读为 ʂan³³,青男将"三"读为 san³³;老男将"酸"读为 ʂuan³³,青男将"酸"读为 suan³³。

对于古日母字,新老异读有三种情况。第一种情况是老男将声母读为零声母和 ʐ,青男将声母读为 ʐ。例如,老男将"任"读为 in⁵³、ʐən⁵³,青男将"任"读为 ʐən⁵³;老男将"热"读为 iɛ⁵³、ʐɤ⁵³,青男将"热"读为 ʐɤ⁵³;老男将"人"读为 in²⁴、ʐən²⁴,青男将"人"读为 ʐən²⁴;老男将"认"读为 in⁵³、ʐən⁵³,青男将"认"读为 ʐən⁵³;老男将"让"读为 iaŋ⁵³、ʐaŋ⁵³,青男将"让"读为 ʐaŋ⁵³;老男将"闰"读为 in⁵³、ʐuən⁵³,青男将"闰"读为 ʐuən⁵³。第二种情况是老男将声母读为零声母,青男将声母读为零声母和 ʐ。例如,老男将"染"读为 ian²¹³,青男将"染"读为 ian²¹³、ʐan²¹³;老男将"软"读为 yan²¹³,青男将

"软"读为 yan²¹³、ʐuan²¹³。第三种情况是老男将声母读为零声母,青男将声母读为 ʐ。例如,老男将"绕"读为 iau⁵³,青男将"绕"读为 ʐau⁵³;老男将"肉"读为 iou⁵³,青男将"肉"读为 ʐou⁵³。

对于古以母字,老男将声母读为零声母和 ʐ,青男将声母读为 ʐ。例如,老男将"容"读为 yŋ²⁴、ʐuŋ²⁴,青男将"容"读为 ʐuŋ²⁴。

对于韵母今读 ɤ 的古影疑母开口一等字,老男将声母读为 n,青男将个别字的声母读为 n 或零声母。例如,老男将"鹅"读为 nɤ²⁴,青男将"鹅"读为 nɤ²⁴ 或 ɤ²⁴。

对于臻摄合口三等精母字,老男将声母读为 tʂ,青男将声母读为 tɕ。例如,老男将"俊"读为 tʂuən⁵³,青男将"俊"读为 tɕyn⁵³。

2. 韵母

对于古日母字,老男、青男在声母方面存在异读现象,在韵母方面也存在异读现象。例如,老男将"热"的韵母读为 iɛ、ɤ,青男将"热"的韵母读为 ɤ;老男将"任、人、认"的韵母读为 in、uən,青男将"任、人、认"的韵母读为 ən;老男将"让"的韵母读为 iaŋ、aŋ,青男将"让"的韵母读为 aŋ;老男将"闰"的韵母读为 in、uən,青男将"闰"的韵母读为 uən;老男将"染"的韵母读为 ian,青男将"染"的韵母读为 ian、an;老男将"软"的韵母读为 yan,青男将"软"的韵母读为 yan、uan;老男将"绕"的韵母读为 iau,青男将"绕"的韵母读为 au;老男将"肉"的韵母读为 iou,青男将"肉"的韵母读为 ou。

3. 文白

在泰来方言中,老男和青男在文白异读方面存在较小的差异。青男文白异读的情况少于老男,有 53 例,除 9 例与老男不同外,其他与老男基本一致。老男文白异读的情况较多,有 69 例。

（二）文白异读

1. 声母

部分蟹摄开口二等见母字的声母白读为 k,文读为 tɕ。例如,"街"白读为 kai³³,文读为 tɕiɛ³³;"解"白读为 kai²¹³,文读为 tɕiɛ²¹³。

梗摄开口二等见母、溪母字的声母白读为 tɕ 或 tɕʰ,文读为 k 或 kʰ。例如,"更"白读为 tɕiŋ³³,文读为 kəŋ³³;"客"白读为 tɕʰiɛ²¹³,文读为 kʰɤ⁵³。

古泥母字的声母白读为 l,文读为 n。例如,"嫩"白读为 lən⁵³,文读为 nən⁵³。

古帮母字存在异读现象。例如，"比"的声母白读为 p^h，文读为 p。

古明母字的声母白读为 ɳ，文读为 m。例如，"棉"白读为 ɳiau^{24}，文读为 mian^{24}。

2. 韵母

韵母文白异读的现象常见于宕江曾梗通五摄入声字中。

宕江摄入声字的韵母白读为 a、au、iau，文读为 ɤ、uɤ、yɛ。例如，"落"白读为 la^{53}、lau^{53}，文读为 luɤ^{53}；"雀"白读为 tɕ^{h}iau^{213}，文读为 tɕ^{h}yɛ^{53}；"削"白读为 ɕiau^{33}，文读为 ɕyɛ^{213}、ɕyɛ^{33}；"约"白读为 iau^{33}，文读为 yɛ^{33}；"学"白读为 ɕiau^{24}，文读为 ɕyɛ^{24}。

曾开三入白读为 ai，文读为 ɤ。例如，"侧"白读为 tʂai^{33}，文读为 tʂ^{h}ɤ^{53}；"色"白读为 ʂai^{213}，文读为 ʂɤ^{53}。

曾开一入白读为 ei 或 i，文读为 ɤ 或 ai。例如，"得"白读为 tei^{213}，文读为 tɤ^{213}；"塞"白读为 ʂei^{33}，文读为 ʂai^{33} 或 ʂai^{53}；"墨"白读为 mi^{53}，文读为 mɤ^{53}。

梗开二入白读为 ai 或 iɛ，文读为 ɤ。例如，"客"白读为 tɕ^{h}iɛ^{213}，文读为 k^{h}ɤ^{53}；"择"白读为 tʂai^{24}，文读为 tʂɤ^{24}。

其他入声字也存在文白异读现象。例如，"割"白读为 ka^{213}，文读为 kɤ^{33}；"血"白读为 ɕiɛ^{213}，文读为 ɕyɛ^{213}。

此外，一些舒声字同样也存在文白异读情况。例如，"做"白读为 tʂou^{53}，文读为 tʂuɤ^{53}；"取"白读为 tɕ^{h}iou^{213}，文读为 tɕ^{h}y^{213}；"尾"白读为 i^{213}，文读为 uei^{213}；"戒"白读为 tɕi^{53}，文读为 tɕiɛ^{53}。

3. 声调

声调异读主要见于入声字，例如"拉 la^{213}/la^{24}/la^{33}""节 tɕiɛ^{213}/tɕiɛ^{24}/tɕiɛ^{33}""结 tɕiɛ^{213}/tɕiɛ^{24}/tɕiɛ^{33}""刮 kua^{213}/k^{h}ua^{33}/kua^{33}""息 ɕi^{213}/ɕi^{33}""国 kuɤ^{213}/kuɤ^{24}""劈 p^{h}i^{213}/p^{h}i^{33}""缩 ʂuɤ^{33}/ʂuɤ^{53}"。有的还伴有韵母异读，如"色 ʂai^{213}/ʂɤ^{53}"。有的是声母、韵母、声调均异读，如"客 tɕ^{h}iɛ^{213}/k^{h}ɤ^{53}"。

舒声字同样也有文白异读现象。例如，"卫"白读为 uei^{213}，文读为 uei^{53}；"通"白读为 t^{h}uŋ^{53}，文读为 t^{h}uŋ^{33}；"鲜"白读为 ɕian^{213}，文读为 ɕian^{33}。

(三) 其他异读

有些异读现象既不属于新老异读，又不能简单地归入文白异读，例如"撞 tʂuaŋ^{53}/tʂ^{h}uaŋ^{53}""浸 tɕ^{h}in^{213}/tɕ^{h}in^{53}/tɕin^{53}""沉 tʂ^{h}ən^{53}/tʂ^{h}ən^{24}""缩 ʂuɤ^{33}/ʂuɤ^{53}""还 xai^{53}/xai^{24}"。

伍　儿化

泰来方言的儿化音变与普通话的儿化音变基本相同。具体情况见表 1-11-7。

表 1-11-7　泰来方言儿化情况

儿化韵		来源	例词
1	ər	ʅ	刺儿 tsʰər⁵³
		ɿ	集市儿 tɕi²⁴ ʂər⁵³
		i	破谜儿 pʰɤ⁵³mər²⁴
		u	媳妇儿 ɕi²⁴fər⁰
		ei	姊妹儿 tʂʅ²¹mər⁵³
		ən	院门儿 yan⁵³mər²⁴
2	iər	i	年底儿 ȵian²⁴tiər²¹³
		in	背心儿 pei⁵³ɕiər³³
3	uər	uei	一对儿 i²⁴tuər⁵³
		uən	开春儿 kʰai³³tsʰuər³³
4	yər	i	最后尾儿 tʂuei⁵³xou⁵³yər²¹³
		y	仙女儿 ɕian³³ȵyər²¹³
		yn	连衣裙儿 lian²⁴i³³tɕʰyər²⁴
5	ar	a	把儿 par⁵³
6	iar	ia	抽匣儿 tʂʰou³³ɕiar²⁴
7	uar	ua	花儿 xuar³³
8	iɛr	iɛ	蝴蝶儿 xu²⁴tiɛr²¹³
9	yɛr	yɛ	正月儿 tʂəŋ³³yɛr⁰
10	ɤr	ɤ	毛嗑儿 mau²⁴kʰɤr⁵³
11	uɤr	uɤ	昨儿个儿 tʂuɤr²⁴kɤr⁰
12	ɐr	ai	盖儿 kɐr⁵³
		an	算盘儿 suan⁵³pʰɐr⁰
13	iɐr	ian	雨点儿 y²⁴tiɐr²¹³
14	uɐr	uai	一块儿 i²⁴kʰuɐr⁵³
		uan	下晚儿 ɕia⁵³uɐr²¹³

续表

儿化韵		来源	例词
15	yɐr	yan	手绢儿 ʂou²¹tɕyɐr⁵³
16	aur	au	道儿 taur⁵³
17	iaur	iau	连桥儿 lian²⁴tɕʰiaur²⁴
18	our	ou	小河沟儿 ɕiau²¹xɤ²⁴kour⁴⁴
19	iour	iou	油儿笔 iour²⁴pi²¹³
20	ur	u	里屋儿 li²¹ur³³
21	ãr	aŋ	下晌儿 ɕia⁵³ʂãr²¹³
22	iãr	iaŋ	剃头匠儿 tʰi⁵³tʰou²⁴tɕiãr⁵³
23	uãr	uaŋ	一对儿双儿 i²⁴tuər⁵³ʂuãr⁵³
24	ə̃r	əŋ	缝儿 fə̃r⁵³
25	iə̃r	iŋ	杏儿 ɕiə̃r⁵³
26	uə̃r	uəŋ	瓮儿 uə̃r⁵³
27	yə̃r	yŋ	小熊儿 ɕiau²¹ɕyə̃r²⁴
28	ũr	uŋ	空儿 kʰũr⁵³

陆　其他主要音变

(一)声母的其他音变

个别字的声母存在送气与不送气的差异,如老男将"浸"的声母读作 tɕ 和 tɕʰ,青男只将"浸"的声母读作 tɕ;"泼"在表示"活泼义"时,老男将"泼"的声母读作 p,而青男将"泼"的声母读作 pʰ;老男将"刮"的声母读作 k 和 kʰ,青男将"刮"的声母读作 k。

(二)韵母的其他音变

1. 对于通摄合口一等字"弄、粽、脓"等,老男在口语中常将它们的韵母读作 əŋ,青男将它们的韵母读作 uŋ。

2. 对于山摄合口一等字"乱、卵、暖"等,老男在发音时常丢失这些字的韵头 u,青男则不出现这种情况。

3. 对于曾摄开口一等字"墨",老男将其韵母白读为 i,青男将其韵母读作 ɤ。对于遇摄合口一等字"做",老男在口语中常将其韵母读作 ou,青男将其韵母读作 uɤ。

4. 韵腹为 ɤ,没有韵尾,且读作轻声时,多弱化为 ə,在词汇、语法中根据实际读音记作 ə。"子"在轻声音节末尾时多变为 tsə⁰ 或 tsa⁰,有的比较含混,接近 tə⁰。记音时统一记作 tsə⁰。

5. 轻声音节为"的"时,"的"常音变为 ti⁰,如"掌柜的、上灶儿的、掌勺的"等。

6. 一些轻声音节的韵母有变化,如"花骨朵"的"朵 tuɤ⁰"读作 tou⁰;"核桃"的"桃 tʰau⁰"读作 tʰou⁰;"萝卜"的"卜 pɤ⁰"读作 pei⁰;"胳膊"的"膊 pɤ⁰"读作 pei⁰;"鼻涕"的"涕 tʰi⁰"读作 tʰiŋ⁰;"出去"的"去 tɕʰy⁰"读作 tɕʰi⁰ 等。

(三)声调的其他音变

1. 老男将"集"和"及"读作 tɕi⁵³,青男将"集"和"及"读作 tɕi²⁴。老男将"缩"读作 suɤ⁵³ 或 suɤ³³,青男将"缩"读作 suɤ³³。

2. 在语流中,许多双音节词中第一个音节的调值变为 24,如"滴答、出来、出去、姑父、收拾、害怕、知道、干净、多少、蛛儿蛛儿、发送"等。

3. 泰来方言中有一种特殊变调情况,读阴平、阳平、去声的儿化音节的声调有时会统一读为上声,如"蝴蝶儿 xu²⁴tiɛr²¹³""净意儿 tɕiŋ⁵³iər²¹³"。

第十二节　哈尔滨方音

壹　概况

(一)地理

哈尔滨方音调查点为哈尔滨市道外区,道外区地处哈尔滨市区中东部,是历史悠久的老城区,地域广阔,位置适中,与呼兰、松北两个行政区隔江相望,与道里、南岗、香坊、阿城四个行政区接壤。道外区位于东经 126°15′至 127°30′,北纬 45°20′至 46°20′。道外区土地总面积 618.6 平方千米,其中,市区面积 40.62 平方千米,郊区面积 577.98 平方千米。全区辖 22 个街道办事处、4 个镇,共 38 个行政村。①

---

① 来源于哈尔滨市道外区人民政府网(http://www.hrbdw.gov.cn)。

（二）人口与民族

根据第七次全国人口普查数据,截至 2020 年 11 月 1 日零时,哈尔滨市道外区常住人口为 811178 人。哈尔滨市道外区有汉族、满族、回族、朝鲜族、蒙古族、鄂温克族、鄂伦春族、赫哲族等。[①]

（三）方言种类及系属

哈尔滨方言属于东北官话区哈阜片的肇扶小片。道外区绝大多数人使用哈尔滨方言,哈尔滨方言分布在道外区各街道,为通用方言。近年来,普通话的使用越来越广泛。

（四）地方曲艺

道外区有着深厚的曲艺历史积淀。现今,包括相声、评书、京剧、二人转、龙江皮影戏在内的不同种类的曲艺节目仍旧活跃。2017 年 12 月,黑龙江省曲艺家协会正式命名哈尔滨市道外区为“黑龙江省曲艺之乡”。

贰　声韵调

（一）声母

在哈尔滨方言中,声母共有 23 个,包括 22 个辅音声母和 1 个零声母。

表 1-12-1　哈尔滨方言声母

p 八兵病	pʰ 派片爬	m 麦明	f 飞肥饭风蜂
t 多东毒	tʰ 讨甜天	n 脑南	l 路老蓝连
ts 坐租资字早贼	tsʰ 刺祠草寸	s 丝三酸	
tʂ 柱 主 纸 张 装 争竹	tʂʰ 茶车初抄抽船 春床拆城	ʂ 书事手十山 顺双	ʐ 热软
tɕ 酒九	tɕʰ 全权清轻	ŋ 泥年	ɕ 谢县想响

---

① 来源于哈尔滨市道外区人民政府网(http://www.hrbdw.gov.cn)。

k 高共　　　　　　kʰ 开　　　　　　　　　　　　x 灰好活
ø 熬安月温云药
王用

（二）韵母

在哈尔滨方言中，韵母共有 37 个。

韵母 ɤ 与唇音 b、p、m、f 相拼时，唇形略圆。

韵母 iɛ、yɛ 中主要元音 ɛ 的舌位稍高。

韵母 ɚ 在去声音节中读 ɐr。

合口呼零声母音节，如 uo、uai、uei、uan、uən、uaŋ、uəŋ，在发音时多有上齿触碰下唇的现象，但没有明显的摩擦，因此不将 u 处理为 v。

在韵母 uo 中，o 的唇形略展，实际音值接近 ɤ。

韵母 iŋ 在零声母音节中的实际音值为 iəŋ。

a、ia、ua 中 a 的实际音值为 ʌ，ian 中 a 的实际音值为 ɛ，au、iau、aŋ、iaŋ、uaŋ 中 a 的实际音值为 ɑ，统一处理为 a。

表 1-12-2　哈尔滨方言韵母

ɿ 丝	i 米戏急七一锡	u 苦五猪骨出谷	y 雨橘绿局
ʅ 师试十直尺			
ɚ 二			
a 茶塔法辣八	ia 牙鸭	ua 瓦刮	
	iɛ 写鞋接贴节		yɛ 靴月学
ɤ 歌盒热壳₂色₂			
		uo 坐过活托郭国	
ai 开排色₁白		uai 快	
ei 赔飞北		uei 对鬼	
au 宝饱	iau 笑桥药壳₁		
ou 豆走	iou 油六		
an 南山半	ian 盐年	uan 短官	yan 权
ən 深根	in 心新	uən 寸滚春	yn 云
aŋ 糖	iaŋ 响讲	uaŋ 床王双	
əŋ 灯升争横	iŋ 硬病星	uəŋ 翁	
		uŋ 东	yŋ 兄用

（三）声调

在哈尔滨方言中,声调共有 4 个调类,即阴平、阳平、上声和去声。其中,阴平的调值为 44;阳平的调值为 24,实际发音时有时略高,接近 35;上声的调值为 213;去声的调值为 51,实际发音时接近 52 或 53。具体情况见表 1-12-3。

表 1-12-3　哈尔滨方言声调

调类	调值	例字	备注
阴平	44	东该灯风通开天春搭急₁ 哭拍切刻₁	急₁:又读 刻₁:白读
阳平	24	铜皮糖红门龙牛油急₂ 节₂ 毒白盒罚	急₂:又读 节₂:文读
上声	213	懂古鬼九统苦讨草买老五有百节₁ 塔	节₁:白读
去声	51	冻怪半四痛快寸去洞地饭树卖路硬乱切刻₂ 六麦叶月	刻₂:文读

叁　连读变调

（一）两字组连读变调规律

表 1-12-4　哈尔滨方言连读变调

前字及声调	后字及声调				
	阴平 44	阳平 24	上声 213	去声 51	轻声 0
阴平 44	44+44 香菇 丝瓜 扎针 相亲	44+24 抽屉 梳头 荤油 出门	44+213 开水 家里 蚯蚓 铅笔	44+51 冬至 杉树 松树 豌豆	44+0 星星 沙子 亲戚 高粱
阳平 24	24+44 洋灰 梅花 洋葱 镰刀	24+24 煤油 咸盐 围脖 蝴蝶	24+213 着火 凉水 苹果	24+51 茶叶 白面 合适 学校	24+0 云彩 石头 时候 便宜

续表

前字及声调	后字及声调				
	阴平 44	阳平 24	上声 213	去声 51	轻声 0
上声 213	21+44 每天 牡丹 整天 养猪	21+24 彩虹 以前 鲫鱼 甲鱼	24+213 水果 老鼠 老虎 蚂蚁	21+51 柏树 柳树 以后 炒菜	21+0 李子 早晨 韭菜 耳朵
去声 51	51+44 亮天 地瓜 大街 菜刀	51+24 日食 月食 大勺 剃头	51+213 下雨 案板 后悔 下午	51+51 号脉 大地 地震 做梦	51+0 月亮 瓦匠 腊月 地方

说明:

哈尔滨方言两字组连读变调表现比较明显的是上声的变调:当两个上声音节连读时,前一个上声的调值由 213 变为 24;当上声音节在非上声音节前面时,上声的调值由 213 变为 21;上声音节位于词语末尾时,调值有时为 212 或 211。

(二)"别、没、还、都、和、在"的变调

表 1-12-5　哈尔滨方言中"别、没、还、都、和、在"的变调

前字及声调	后字及声调			
	阴平 44	阳平 24	上声 213	去声 51
别 24	51+44 别说	51+24 别来	51+213 别走	24+51 别去
没 24	51+44 没吃	51+24 没学	51+213 没有	24+51 没看
还 24	51+44 还喝	51+24 还行	51+213 还跑	51+51 还按
都 44	24+44 都说	24+24 都来	24+213 都走	24+51 都去
和 24	51+44 和他	51+24 和谁	51+213 和我	51+51 和大家

续表

前字及声调	后字及声调			
	阴平 44	阳平 24	上声 213	去声 51
在 51	21+44 在家	21+24 在学	24+213 在哪	21+51 在这

(三)"一、三、七、八、不"的变调

表 1-12-6 哈尔滨方言中"一、三、七、八、不"的变调

前字及声调	后字及声调			
	阴平 44	阳平 24	上声 213	去声 51
一 44	51+44 一天	51+24 一年	51+213 一盏	24+51 一万
三 44	44+44 三只	44+24 三人	44+213 三口	24+51 三次
七 44	44+44 七天	44+24 七回	44+213 七百	24+51 七月
八 44	44+44 八张	44+24 八十	44+213 八朵	24+51 八卦
不 51	51+44 不说	51+24 不来	51+213 不走	24+51 不去

肆 异读

在哈尔滨方言中,新老异读的情况较少,文白异读的情况较为典型。

(一)新老异读

1. 声母

对于臻摄合口三等精母字,老男将声母读为 ts,青男将声母读为 tɕ。例如,老男将

"俊"读为 tsuən⁵¹,青男将"俊"读为 tɕyn⁵¹。

对于古泥母字,老男将声母读为 l、n,青男将声母读为 n。例如,老男将"嫩"读为 lən⁵¹、nən⁵¹,青男将"嫩"读为 nən⁵¹。

2. 韵母

对于通摄合口一等精母东韵字,老男将韵母读为 əŋ、uŋ,青男将韵母读为 uŋ。例如,老男将"粽"读为 tsəŋ⁵¹、tsuŋ⁵¹,青男将"粽"读为 tsuŋ⁵¹。

3. 文白

在哈尔滨方言中,老男和青男在文白异读方面存在较小的差异。从整体上来看,老男白读的情况多于青男。青男文白异读的情况少于老男,有 57 例。老男文白异读的情况有 72 例。青男文白异读与老男保持一致。

(二)文白异读

1. 声母

部分蟹摄开口二等见母字的声母白读为 k,文读为 tɕ。例如,"街"白读为 kai⁴⁴,文读为 tɕiɛ⁴⁴。

梗摄开口二等见母、溪母字的声母白读为 tɕ 或 tɕʰ,文读为 k 或 kʰ。例如,"更"白读为 tɕiŋ⁴⁴,文读为 kəŋ⁴⁴;"客"白读为 tɕʰiɛ²¹³,文读为 kʰɤ⁵¹。

古帮母字存在异读现象。例如,"比"白读为 pʰi²¹³,文读为 pi²¹³。

通摄合口三等心母字存在异读现象。例如,"宿"白读为 ɕy²¹³,文读为 su⁵¹。

2. 韵母

韵母文白异读的现象常见于宕江曾梗通五摄入声字中。

宕江摄入声字的韵母白读为 a、au、iau,文读为 uɤ、yɛ。例如,"落"白读为 la⁵¹、lau⁵¹,文读为 luɤ⁵¹;"约"白读为 iau⁴⁴,文读为 yɛ⁴⁴;"角"白读为 tɕiau²¹³,文读为 tɕyɛ²⁴;"壳"白读为 tɕʰiau⁵¹,文读为 kʰɤ²⁴。

曾开三入白读为 ai,文读为 ɤ。例如,"侧"白读为 tsai⁴⁴,文读为 tsʰɤ⁵¹;"色"白读为 ʂai²¹³,文读为 ʂɤ⁵¹。

曾开一入白读为 ei 或 i,文读为 ɤ 或 ai。例如,"得"白读为 tei²¹³,文读为 tɤ²¹³;"塞"白读为 sei⁴⁴,文读为 sai⁴⁴ 或 sai⁵¹;"墨"白读为 mi⁵¹,文读为 mɤ⁵¹。

梗开二入白读为 ai 或 iɛ，文读为 ɤ。例如，"客"白读为 tɕʰiɛ²¹³，文读为 kʰɤ⁵¹；"择"白读为 tʂai²⁴，文读为 tsɤ²⁴。

通合三入白读为 ou，文读为 u。例如，"熟"白读为 sou²⁴，文读为 su²⁴。

其他入声字也存在文白异读现象。例如，"割"白读为 ka²¹³，文读为 kɤ⁴⁴。

古来母东韵、泥母冬韵白读为 əŋ，文读为 uŋ。例如，"弄"白读为 nəŋ⁵¹，文读为 nuŋ⁵¹；"脓"白读为 nəŋ²⁴，文读为 nuŋ²⁴。

此外，一些舒声字同样也存在文白异读情况。例如，"取"白读为 tɕʰiou²¹³，文读为 tɕʰy²¹³；"尾"白读为 i²¹³，文读为 uei²¹³。

3. 声调

声调异读主要见于入声字，例如"拉 la²¹³/la²⁴/la⁴⁴""节 tɕiɛ²¹³/tɕiɛ²⁴""结 tɕiɛ²¹³/tɕiɛ²⁴""刮 kua²¹³/kʰua⁴⁴/kua⁴⁴""国 kuɤ²¹³/kuɤ²⁴""劈 pʰi²¹³/pʰi⁴⁴"。有的还伴有韵母异读，如"色 ʂai²¹³/ʂɤ⁵¹"。有的是声母、韵母、声调均异读，如"客 tɕʰiɛ²¹³/kʰɤ⁵¹"。

舒声字同样也有文白异读现象。例如，"卫"白读为 uei²¹³，文读为 uei⁵¹；"通"白读为 tʰuŋ⁵¹，文读为 tʰuŋ⁴⁴；"鲜"白读为 ɕian²¹³，文读为 ɕian⁴⁴。

（三）其他异读

有些异读现象既不属于新老异读，又不能简单地归入文白异读，例如"撞 tʂuaŋ⁵¹/tʂʰuaŋ⁵¹""浸 tɕʰin²¹³/tɕʰin⁵¹/tɕin⁵¹""沉 tʂʰən⁵¹/tʂʰən²⁴""延 ian²⁴/ian⁵¹"。

伍　儿化

哈尔滨方言中共有 28 个儿化韵，哈尔滨方言的儿化音变与普通话的儿化音变基本相同。具体情况见表 1-12-7。

表 1-12-7　哈尔滨方言儿化情况

儿化韵		来源	例词
1	ar	a	那儿 nar⁵¹
2	ɐr	ai	盖儿 kɐr⁵¹、小孩儿 ɕiau²¹xɐr²⁴
		an	门槛儿 mən²⁴kʰɐr²¹³、算盘儿 suan⁵¹pʰɐr²⁴
3	ɤr	ɤ	围脖儿 uei²⁴pɤr²⁴、打折儿 ta²¹tʂɤr²⁴

续表

儿化韵		来源	例词
4	ər	ʅ	刺儿 tsʰər⁵¹
		ɭ	侄儿 tʂər²⁴、事儿 ʂər⁵¹
		ei	姊妹儿 tsʅ²¹mər⁰
		ən	大门儿 ta⁵¹mər²⁴、脸盆儿 lian²¹pʰər²⁴
5	iar	ia	抽屉儿 tʂʰou⁴⁴ɕiar²⁴
6	iɐr	ian	河沿儿 xɤ²⁴iɐr⁵¹、面儿 miɐr⁵¹
7	iɛr	iɛ	麦秸儿 mai⁵¹tɕiɛr⁴⁴、蝴蝶儿 xu²⁴tiɛr²⁴
8	iər	i	粒儿 liər⁵¹、咽气儿 ian⁵¹tɕʰiər⁵¹
		in	背心儿 pei⁵¹ɕiər⁴⁴、得劲儿 tei²¹tɕiər⁵¹
9	uar	ua	花儿 xuar⁴⁴
10	uɐr	uai	一块儿 i²⁴kʰuɐr⁵¹
		uan	玩儿 uɐr²⁴
11	uor	uo	水果儿 ʂuei²¹kuor²¹³、窝儿 uor⁴⁴
12	uər	uei	灰儿 xuər⁴⁴、裤腿儿 kʰu⁵¹tʰuər²¹³
		uən	冰棍儿 piŋ⁴⁴kuər⁵¹、嘴唇儿 tsuei²¹tʂʰuər²⁴
13	ur	u	蜘蛛儿 tʂʅ⁴⁴tʂur⁴⁴、屋儿 ur⁴⁴
14	yɐr	yan	手绢儿 ʂou²¹tɕyɐr⁵¹、旋儿 ɕyɐr⁵¹
15	yɛr	yɛ	口诀儿 kʰou²¹tɕyɛr²⁴
16	yər	y	毛驴儿 mau²⁴lyər²⁴、金鱼儿 tɕin⁴⁴yər²⁴
		yn	围裙儿 uei²⁴tɕʰyər⁰
17	aur	au	道儿 taur⁵¹、桃儿 tʰaur²⁴
18	our	ou	水沟儿 ʂuei²¹kour⁴⁴、扣儿 kʰour⁵¹
19	iaur	iau	角儿 tɕiaur²¹³、面条儿 mian⁵¹tʰiaur²⁴
20	iour	iou	袖儿 ɕiour⁵¹、油儿笔 iour²⁴pi²¹³
21	ãr	aŋ	肩膀儿 tɕian⁴⁴pãr²¹³
22	ə̃r	əŋ	田埂儿 tʰian²⁴kə̃r²¹³、绳儿 ʂə̃r²⁴
23	ũr	uŋ	胡同儿 xu²⁴tʰũr⁵¹、空儿 kʰũr⁵¹
24	iãr	iaŋ	长相儿 tʂaŋ²¹ɕiãr⁰、清亮儿 tɕʰiŋ⁴⁴liãr⁰
25	iə̃r	iŋ	杏儿 ɕiə̃r⁵¹、打鸣儿 ta²¹miə̃r²⁴
26	yə̃r	yŋ	小熊儿 ɕiau²¹ɕyə̃r²⁴

续表

儿化韵		来源	例词
27	uar̃	uaŋ	蛋黄儿 tan^{51}xuar̃^{24}
28	uə̃r	uəŋ	瓮儿 uə̃r^{51}

陆　其他主要音变

单韵母 ɤ 在轻声音节中发生央化现象,变为 ə,如"这个 tʂɤ^{51}kə^{0}""有了 iou^{21}lə^{0}"。

第十三节　肇东方音

壹　概况

(一)地理

肇东市隶属于黑龙江省绥化市,位于黑龙江省西南部。肇东市地处东经 125°22′ 至 126°22′,北纬 45°10′ 至 46°20′。肇东市辖 4 个城区、33 个社区、22 个乡镇,共 186 个行政村。面积 4332 平方千米。①

(二)人口与民族

根据第七次全国人口普查数据,截至 2020 年 11 月 1 日零时,肇东市常住人口为 666532 人。肇东市有汉族、满族、回族、蒙古族、朝鲜族、达斡尔族、锡伯族、鄂伦春族、鄂温克族等民族。主要人口是汉族人。

(三)方言种类及系属

肇东方言属于东北官话区哈阜片的肇扶小片。肇东市绝大多数人使用肇东方言,方言内部存在使用人群的差异。这种差异在村屯表现得较为明显。近年来,城镇人口变化较快,普通话的使用越来越广泛。

---

① 来源于肇东市人民政府网(http://www.hljzhaodong.gov.cn)。

（四）地方曲艺

地方曲艺主要是二人转。二人转是东北地区普遍存在的一种曲艺形式，深受老年人喜爱，是老年人业余生活的主要娱乐项目。

贰　声韵调

（一）声母

在肇东方言中，声母共有 24 个（含零声母）。其中，双唇音有 3 个，即 p、pʰ、m；唇齿音有 2 个，即 f、v；舌尖前音有 3 个，即 ts、tsʰ、s；舌尖中音有 4 个，即 t、tʰ、n、l；舌尖后音有 4 个，即 tʂ、tʂʰ、ʂ、ʐ；舌面前音有 3 个，即 tɕ、tɕʰ、ɕ；舌面后音有 3 个，即 k、kʰ、x；龈腭鼻音有 1 个，即 ȵ；另有 1 个零声母 ø。

声母 ȵ 舌位偏靠前，有时略带舌尖前音色彩，如"牛 ȵiou²⁴""年 ȵian²⁴""泥 ȵi²⁴"等。

表 1-13-1　肇东方言声母

p 八兵病	pʰ 派片爬	m 麦明	f 飞风副蜂肥饭	v 味温问王
t 多东毒	tʰ 讨天甜	n 脑南		l 老蓝连路
ts 资早租字贼坐	tsʰ 刺草寸祠		s 丝三酸	
tʂ 张竹柱争装纸主	tʂʰ 抽拆茶抄初床车春船城		ʂ 事山双顺手书十	ʐ 热₂ 软₂
tɕ 酒九	tɕʰ 清全轻权	ȵ 年泥	ɕ 想谢响县	
k 高共	kʰ 开		x 好灰活	
ø 热₁ 软₁ 月云用药				

（二）韵母

在肇东方言中，韵母共有 36 个。其中，单元音韵母共有 8 个，即 a、ɤ、i、u、y、ɿ、ʅ、ɚ，复合韵母共有 28 个。在复合韵母中，复元音韵母有 13 个，即 ai、ei、au、ou、ia、iɛ、iau、iou、ua、uo、uai、uei、yɛ；带鼻音韵母有 15 个，即 an、ən、ian、in、uan、uən、yan、yn、aŋ、əŋ、iaŋ、iŋ、uaŋ、uŋ、yŋ。

元音 a 在韵母 a、ia、ua 中，实际音值为 ᴀ；在韵母 ian 中，实际音值为 ɛ；在韵母 au、

iau 和 aŋ、iaŋ、uaŋ 中，实际音值为 ɑ。

韵母 uŋ 在零声母音节中，实际读音是 uəŋ。

韵母 ɚ 在去声音节中，舌位较低，实际读音是 ɐr。

表 1-13-2　肇东方言韵母

ɿ 师丝试十直尺	i 米戏急七一锡	u 苦五猪骨出谷绿₁	y 雨橘绿₂ 局
ʅ 日			
ɚ 二			
a 茶塔法辣八	ia 牙鸭	ua 瓦刮	
	iɛ 写鞋接贴热₁ 节		yɛ 靴月学₂
ɤ 歌盒热₂ 壳₂ 色₂		uo 坐过活托郭国	
ai 开排色₁ 白		uai 快	
ei 赔飞北		uei 对鬼	
au 宝饱	iau 笑桥药壳₁ 学₁		
ou 豆走	iou 油六		
an 南山半	ian 盐年	uan 短官	yan 权
ən 深根	in 心新	uən 寸滚春	yn 云
aŋ 糖	iaŋ 响讲	uaŋ 床王双	
əŋ 灯升争横	iŋ 硬病星		
		uŋ 东	yŋ 兄用

（三）声调

在肇东方言中，声调共有 4 个调类，即阴平、阳平、上声和去声。其中，阴平的调值为 44，有时结尾略降；阳平的调值为 24；上声的调值为 213，有时发音时前段降幅较小，曲折不明显；去声的调值为 53，有时收音比较低，调值接近 52。具体情况见表 1-13-3。

表 1-13-3　肇东方言声调

调类	调值	例字	备注
阴平	44	东该灯风通开天春搭急₁ 哭拍切刻₁	急₁：又读 刻₁：白读

阳平	24	铜皮糖红门龙牛油急₂节₂毒白盒罚	急₂：又读

急₂：又读

节₂：文读

上声	213	懂古鬼九统苦讨草买老五有谷百节₁塔

节₁：白读

去声	53	冻怪半四痛快寸去动罪近后洞地饭树卖路硬乱刻₂六麦叶月	刻₂：文读

叁　连读变调

（一）两字组连读变调规律

表 1-13-4　肇东方言两字组连读变调

前字及声调	后字及声调				
	阴平 44	阳平 24	上声 213	去声 53	轻声 0
阴平 44	44+44 公鸡 香菇 花生 书包	44+24 锅台 出灵 荤油 牤牛	44+213 猪血 开水 铅笔 烟火	44+53 黑菜 松树 豇豆 阴历	44+0 星星 蚂螂 沙子 街坊
	24+44 溜须	24+24 出门		44+24 甘蔗	
	53+44 一天	53+24 一年	53+213 一盏	24+53 三次 一定 七月 八卦	24+0 出来 出去 知道
阳平 24	24+44 洋灰 毛葱 台风 农村	24+24 洋油 咸盐 祠堂 茅楼	24+213 凉水 苹果 尘土 牙狗	24+53 毛道 农历 蚕豆 蚊帐	24+0 電子 核桃 云彩 泥巴
		24+44 年级			
	53+44 别吃 没吃 还喝	53+24 别来 没学 还行	53+213 别走 还跑		

续表

前字及声调	后字及声调				
	阴平 44	阳平 24	上声 213	去声 53	轻声 0
上声 213	21+44 小灰 母鸡 乳猫 宰猪	21+24 往年 乳牛 鬼节 保媒	24+213 母狗 老虎 水笔 可以	21+53 水稻 瓦片 炒菜 小道	21+0 尾巴 谷子 李子 24+0 水果
去声 53	53+44 麦秸 辣椒 大街 地瓜	53+24 炕席 稻田 日食 放牛	53+213 下雨 热水 木耳 大米	53+53 大地 地震 半夜 大豆 24+53 害怕 宁愿 再去 不用	53+0 地方 日头 腊月 上去

说明：

1. 两个上声相连,前一个上声的调值变为 24;上声在非上声前,上声的调值变为 21。在原为上声后变为轻声的字音前,上声有两种不同的变调:一种是 21+0,如"谷子""李子";另一种是 24+0,如"小姐""把手"。

2. 两个去声相连,后一个去声的起音较前一个去声的起音低,调值近似 42,但记音时仍记作 53。

3. 去声字做前字时,有的变读为阳平,例如"害怕 $xai^{24}p^ha^{53}$""出去 $tʂ^hu^{24}tɕ^hy^{53}$"。

4. 轻声音节因受前一个字调的影响,在音高上不固定。阴平字后面的轻声音高偏高,调值近似 3,有中降调倾向,实际音值近似 31,但"子"在阴平字后面时,实际音值近似 2;阳平字后面的轻声调值偏高,调值近似 3,总体上有中降调的倾向;上声字后面的轻声调值多为 2;去声字后面的轻声音高最低,调值近似 1,有时音高会稍高,有低降调倾向,实际音值近似 21。对于以上情况,记音时轻声统一记作 0。

5. 肇东方言中读阴平、阳平、去声的儿化音节的声调有时会统一读为上声,如"觉惊儿 $tɕiau^{24}$ $tɕiə̃r^{213}$""蝴蝶儿 $xu^{24}tiɛr^{213}$""净意儿 $tɕiŋ^{53}iər^{213}$"。

（二）"别、没、还、再、不"的变调

表 1-13-5　肇东方言中"别、没、还、再、不"的变调

前字及声调	后字及声调			
	阴平 44	阳平 24	上声 213	去声 53
别 24	53+44 别吃	53+24 别来	53+213 别走	24+53 别去

续表

前字及声调	后字及声调			
	阴平 44	阳平 24	上声 213	去声 53
没 24	53+44 没吃	53+24 没学	24+213 没有	24+53 没看
还 24	53+44 还喝	53+24 还行	53+213 还跑	24+53 还按
再 53	53+44 再拉	53+24 再来	53+213 再走	24+53 再去
不 53	53+44 不吃	53+24 不来	53+213 不好	24+53 不用

（三）"一、三、七、八"的变调

表 1-13-6　肇东方言中"一、三、七、八"的变调

前字及声调	后字及声调			
	阴平 44	阳平 24	上声 213	去声 53
一 44	53+44 一天	53+24 一年	53+213 一盏	24+53 一定
三 44	44+44 三张	44+24 三头	44+213 三口	24+53 三次
七 44	44+44 七千	44+24 七回	44+213 七百	24+53 七月
八 44	44+44 八斤	44+24 八年	44+213 八朵	24+53 八卦

肆　异读

肇东方言存在异读现象。异读包括新老异读、文白异读等。

（一）新老异读

1. 声母

对于古影疑母开口一等字，老男一般将声母读为 n，青男将声母读为零声母。例

如，老男将"恶"读为 nɤ⁵³，青男将"恶"读为 ɤ⁵³；老男将"鹅"读为 nɤ²⁴，青男将"鹅"读为 ɤ²⁴；老男将"饿"读为 nɤ⁵³，青男将"饿"读为 ɤ⁵³；老男将"安"读为 nan⁴⁴，青男将"安"读为 an⁴⁴；老男将"岸"读为 nan⁵³，青男将"岸"读为 an⁵³。对于个别字，老男将声母读为 n、零声母，青男将声母读为零声母。例如，老男将"恩"读为 nən⁴⁴、ən⁴⁴，青男将"恩"读为 ən⁴⁴。

古日母字声母的新老异读有 6 例，可分为 4 种情况。第一种情况是老男将声母读为零声母和 ʐ，青男将声母读为 ʐ。这种情况有 3 例：老男将"人"读为 in²⁴、ʐən²⁴，青男将"人"读为 ʐən²⁴；老男将"日"读为 i⁵³、ʐʅ⁵³，青男将"日"读为 ʐʅ⁵³；老男将"褥"读为 y⁵³、ʐu⁵³，青男将"褥"读为 ʐu⁵³。第二种情况是老男将声母读为零声母和 ʐ，青男将声母读为零声母。这种情况有 1 例：老男将"认"读为 in⁵³、ʐən⁵³，青男将"认"读为 in⁵³。第三种情况是老男将声母读为零声母，青男将声母读为 ʐ。这种情况有 1 例：老男将"软"读为 yan²¹³，青男将"软"读为 ʐuan²¹³。第四种情况是老男将声母读为 l，青男将声母读为 ʐ。例如，老男将"闰"读为 lin⁵³，青男将"闰"读为 ʐuən⁵³。

对于古明母字，老男将声母读为 ȵ 和 m，青男将声母读为 m。例如，老男将山摄开口三等平声仙韵的"棉"读为 ȵiau²⁴、ȵian²⁴、mian²⁴，青男读为 mian²⁴。

2. 韵母

对于古日母字，老男、青男在声母方面存在异读现象，在韵母方面也存在异读现象。例如，老男将"人、认"的韵母读为 in、ən，青男将"人、认"的韵母读为 ən；老男将"日"的韵母读为 i、ʅ，青男将"日"的韵母读为 ʅ；老男将"软"的韵母读为 yan，青男将"软"的韵母读为 uan；老男将"闰"的韵母读为 in，青男将"闰"的韵母读为 uən。

对于精母东韵字，老男将韵母读为开口呼，青男将韵母读为合口呼。例如，老男将"粽"读为 tsəŋ⁵³，青男将"粽"读为 tsuŋ⁵³。

对于心母屋韵字，老男将韵母读为 y，青男将韵母读为 u。例如，老男将"宿"读为 çy²¹³，青男将"宿"读为 su⁵³。

3. 文白

老男和青男在文白异读方面存在差异，年轻人多用文读形式。在《中国语言资源调查手册·汉语方言》的 1000 个单字中，文白异读的仅有"做、如、埋、寻、沉、热、结、熟、冲"等字。老男文白异读的数量多，情况较为复杂。老男有时只用白读，如将"恶"读为 nɤ⁵³。老男文读、白读兼用的情况较多，如"褥 y⁵³/ʐu⁵³""人 in²⁴/ʐən²⁴"。对于个别字，老男白读的数量达到两个，如"棉"白读为 ȵiau²⁴、ȵian²⁴。

(二)文白异读

1. 声母

部分蟹摄开口二等见母字的声母白读为 k,文读为 tɕ。例如,"街"白读为 kai⁴⁴,文读为 tɕiɛ⁴⁴;"解"白读为 kai²¹³,文读为 tɕiɛ²¹³。

梗摄开口二等溪母、见母字的声母白读为 tɕʰ,文读为 kʰ。例如,"客"白读为 tɕʰiɛ²¹³,文读为 kʰɤ⁵³;"耕"白读为 tɕiŋ⁴⁴,文读为 kəŋ⁴⁴。

古帮母字的声母白读为 pʰ,文读为 p。例如,"比"白读为 pʰi²¹³,文读为 pi²¹³。

止摄合口三等上声微母字的声母白读为零声母,文读为 v。例如,"尾"白读为 i²¹³,文读为 vei²¹³。

山摄合口二等入声见母字的声母白读为 kʰ,文读为 k。例如,"刮"白读为 kʰua⁴⁴,文读为 kua²¹³。

曾摄开口三等入声职韵字的声母白读为 tʂ 或 ʂ,文读为 tsʰ 或 s。例如,"侧"白读为 tʂai⁴⁴,文读为 tsʰɤ⁵³;"色"白读为 ʂai²¹³,文读为 sɤ⁵³。

2. 韵母

韵母文白异读的现象常见于宕江曾梗通五摄入声字中。

宕江摄入声字的韵母白读为 a、au、iau,文读为 ɤ、uɤ、yɛ。例如,"落"白读为 la⁵³、lau⁵³,文读为 luɤ⁵³;"削"白读为 ɕiau⁴⁴,文读为 ɕyɛ²¹³;"学"白读为 ɕiau²⁴,文读为 ɕyɛ²⁴。

曾开三入韵母白读为 ai,文读为 ɤ。例如,"侧"白读为 tʂai⁴⁴,文读为 tsʰɤ⁵³;"色"白读为 ʂai²¹³,文读为 sɤ⁵³。

曾开一入白读为 ei 或 i,文读为 ɤ 或 ai。例如,"得"白读为 tei²¹³,文读为 tɤ²¹³;"墨"白读为 mi⁵³,文读为 mɤ⁵³。

梗开二入白读为 iɛ,文读为 ɤ。例如,"客"白读为 tɕʰiɛ²¹³,文读为 kʰɤ⁵³。

通合三入白读为 y 或 ou,文读为 u。例如,"褥"白读为 y⁵³,文读为 ʐu⁵³;"熟"白读为 ʂou²⁴,文读为 ʂu²⁴。

此外,一些舒声字同样也存在文白异读情况。例如,"取"白读为 tɕʰiou²¹³,文读为 tɕʰy²¹³;"埋"白读为 mai²⁴,文读为 man²⁴;"戒"白读为 tɕi⁵³,文读为 tɕiɛ⁵³。

3. 声调

声调异读主要见于入声字,例如"拉 la²¹³/la²⁴/la⁴⁴""结 tɕiɛ²¹³/tɕiɛ⁴⁴""息 ɕi²¹³/ɕi⁴⁴""劈 pʰi²¹³/pʰi⁴⁴""缩 suo⁴⁴/suo⁵³"。有的伴有声母异读,如"刮

kua²¹³/kʰua⁴⁴"。有的是声母、韵母、声调均异读,如"客 tɕʰiɛ²¹³/kʰɤ⁵³"。

舒声字同样也有文白异读现象。例如,"冲"白读为 tʂʰuŋ⁵³,文读为 tʂʰuŋ⁴⁴;"鲜"白读为 ɕian²¹³,文读为 ɕian⁴⁴。

(三)其他异读

有些异读现象既不属于新老异读,又不能简单地归入文白异读,例如"沉 tʂʰən⁵³/tʂʰən²⁴""做 tsou⁵³/tsuo⁵³""还 xai⁵³/xai²⁴"。

伍　儿化

肇东方言的儿化音变与普通话的儿化音变基本相同。具体情况见表 1-13-7。

表 1-13-7　肇东方言儿化情况

儿化韵		来源	例词
1	ər	ɿ	羹匙儿 kəŋ⁴⁴tsʰər²⁴、分字儿 fən⁴⁴tsər⁵³
		u	儿媳妇儿 ɚ²⁴ɕi²⁴fər⁰
		ei	姊妹儿 tsɿ²¹mər⁵³
		ən	年根儿 ȵian²⁴kər⁴⁴、串门儿 tʂʰuan⁵³mər²⁴
2	iər	i	粒儿 liər⁵³、净意儿（故意地） tɕiŋ⁵³iər²¹³
		in	胡琴儿 xu²⁴tɕʰiər²⁴、背心儿 pei⁵³ɕiər⁴⁴
3	uər	uei	亲嘴儿 tɕʰin⁴⁴tsuər²¹³、味儿 uər⁵³
		uən	光棍儿 kuaŋ⁴⁴kuər⁵³、打盹儿 ta²⁴tuər²¹³
4	yər	y	鱼儿 yər²⁴
		yn	连衣裙儿 lian²⁴i:⁴⁴tɕʰyər²⁴
5	ar	a	把儿 par⁵³
6	iar	ia	抽匣儿 tsʰou⁴⁴ɕiar²⁴
7	uar	ua	猪爪儿 tʂu⁴⁴tʂuar²¹³
8	iɛr	iɛ	蝴蝶儿 xu²⁴tiɛr²¹³
9	yɛr	yɛ	正月儿 tsəŋ⁴⁴yɛr⁰
10	ɤr	ɤ	大拇哥儿 ta⁵³mu²¹kɤr⁴⁴
11	uor	uo	洋火儿 iaŋ²⁴xuor²¹³、窝儿 uor⁴⁴
12	ɐr	ai	盖儿 kɐr⁵³、小孩儿 ɕiau²¹xɐr²⁴
		an	汗衫儿 xan⁵³ʂɐr⁴⁴、门槛儿 mən²⁴kʰɐr²¹³
13	iɐr	ian	辫儿 piɐr⁵³、天儿 tʰiɐr⁴⁴

续表

儿化韵		来源	例词
14	uɐr	uai	块儿 kʰuɐr⁵³
		uan	新郎官儿 ɕin⁴⁴laŋ²⁴kuɐr⁴⁴、玩儿 uɐr²⁴
15	yɐr	yan	手绢儿 ʂou²¹tɕyɐr⁵³、旋儿 ɕyɐr⁵³
16	aur	au	桃儿 tʰaur²⁴、枣儿 tsaur²¹³
17	iaur	iau	角儿 tɕiaur²¹³、家雀儿 tɕia⁴⁴tɕʰiaur²¹³
18	our	ou	小偷儿 ɕiau²¹tʰour⁴⁴、茅楼儿厕所 mau²⁴lour²⁴
19	iour	iou	石榴儿 ʂʅ²⁴liour⁰、原子油儿 yan²⁴tsʅ²¹iour²⁴
20	ur	u	里屋儿 li²¹ur⁴⁴
21	ãr	aŋ	电棒儿 tian⁵³pãr⁵³、流氓儿 liou²⁴mãr²⁴
22	iãr	iaŋ	插秧儿 tsʰa²¹iãr⁴⁴
23	uãr	uaŋ	鸡蛋黄儿 tɕi⁴⁴tan⁵³xuãr²⁴
24	ə̃r	əŋ	跳绳儿 tʰiau⁵³sə̃r²⁴、钢镚儿硬币 kaŋ⁴⁴pə̃r⁵³
25	iə̃r	iŋ	打鸣儿 ta²¹miə̃r²⁴、杏儿 ɕiə̃r⁵³
26	yə̃r	yŋ	小熊儿 ɕiau²¹ɕyə̃r²⁴
27	uə̃r	uŋ	胡同儿 xu²⁴tʰuə̃r⁵³

陆　其他主要音变

1. 少数山摄合口一等字没有介音 u,如"乱 lan⁵³"。

2. 韵腹为 ɤ,没有韵尾,且读作轻声时,弱化为 ə,在词汇、语法中根据实际读音记作 ə。

第十四节　肇州方音

壹　概况

(一)地理

肇州县位于黑龙江省西南部、松花江之北、松嫩平原腹地,属于低山丘陵平原区。

肇州县地处东经 124°48′12″至 125°48′03″,北纬 45°35′02″至 46°16′08″。肇州县辖 14 个乡镇(场),共 104 个行政村,面积 2445 平方千米。[①]

(二)人口与民族

根据第七次全国人口普查数据,截至 2020 年 11 月 1 日零时,肇州县常住人口为 306036 人。肇州县主要有汉族、满族、回族、蒙古族、朝鲜族、达斡尔族、黎族、锡伯族、壮族、鄂温克族、彝族、白族、苗族、藏族、赫哲族、布依族、土家族等民族。其中,蒙古族主要分布在托古乡、朝阳乡、肇州镇,朝鲜族主要分布在肇州镇,达斡尔族主要分布在肇州镇。

(三)方言种类及系属

肇州方言属于东北官话区哈阜片的肇扶小片。肇州县绝大多数人使用肇州方言。肇州方言为当地普遍通用的方言。肇州方言的使用存在着新老差异、城乡差异。近年来,城镇变化较快,普通话的使用越来越广泛。

(四)地方曲艺

地方曲艺主要是二人转,当地有剧团,经常有演出。民间也有自发组织的小团体,进行二人转的表演。

贰 声韵调

(一)声母

在肇州方言中,声母共有 24 个(含零声母)。其中,双唇音有 3 个,即 p、pʰ、m;唇齿音有 2 个,即 f、v;舌尖前音有 3 个,即 ts、tsʰ、s;舌尖中音有 4 个,即 t、tʰ、n、l;舌尖后音有 4 个,即 tʂ、tʂʰ、ʂ、ʐ;舌面前音有 3 个,即 tɕ、tɕʰ、ɕ;舌面后音有 3 个,即 k、kʰ、x;龈腭鼻音有 1 个,即 ȵ;另有 1 个零声母 ø。

声母 ȵ 舌位偏靠前,有时略带舌尖前音色彩,如"牛 ȵiou²⁴""年 ȵian²⁴""泥 ȵi²⁴"等。

声母 ts、tsʰ、s 与 tʂ、tʂʰ、ʂ 的发音有明显的对立。古精组字声母多读作 ts、tsʰ、s,个别字的声母也读作 tʂ、tʂʰ、ʂ,如"资"。古知庄章组字的声母多读作 tʂ、tʂʰ、ʂ,少部分读作 ts、tsʰ、s,如"拆""春""顺"。

---

① 来源于肇州县人民政府网(http://www.zhaozhou.gov.cn)。

表 1-14-1 肇州方言声母

p 八兵病	pʰ 派片爬	m 麦明	f 飞风副蜂 肥饭	v 味问温王
t 多东毒	tʰ 讨天甜	n 脑南熬安₁		l 老蓝连路
ts 资₂早字贼坐	tsʰ 刺草寸祠 拆春船		s 丝三酸事顺	
tʂ 资₁租张竹 柱争装纸主	tʂʰ 抽茶抄初 床车城		ʂ 山双手书十	ʐ 热₂
tɕ 酒九	tɕʰ 清全轻权	ȵ 年泥	ɕ 想谢响县	
k 高共	kʰ 开		x 好灰活	
ø 热₁软月安₂ 云用药				

（二）韵母

在肇州方言中，韵母共有 36 个。其中，单元音韵母共有 8 个，即 a、ɤ、i、u、y、ɿ、ʅ、ɚ，复合韵母共有 28 个。在复合韵母中，复元音韵母有 13 个，即 ai、ei、au、ou、ia、iɛ、iau、iou、ua、uɤ、uai、uei、yɛ；带鼻音韵母有 15 个，即 an、ən、ian、in、uan、uən、yan、yn、aŋ、əŋ、iaŋ、iŋ、uaŋ、uŋ、yŋ。

韵母 a、ia、ua 中 a 的实际音值为 ʌ，ian 中 a 的实际音值为 ɛ，au、iau、aŋ、iaŋ、uaŋ 中 a 的实际音值为 ɑ，统一记为 a。

韵母 ɤ 的实际音值为 ə。

韵母 iɛ、yɛ 中主要元音 ɛ 的舌位稍高。

韵母 ei、au、ou 的动程较短。

韵母 ai、uai 的实际音值为 aɪ、uaɪ，ei、uei 的实际音值为 eɪ、ueɪ，au、iau 的实际音值为 ɔʊ、iɔʊ，ou、iou 的实际音值为 oʊ、ioʊ。

韵母 iŋ 在零声母音节中，实际音值为 iəŋ。

韵母 ɚ 与零声母相拼且读去声时，实际音值为 ɐr。

表 1-14-2 肇州方言韵母

ɿ 丝	i 米戏急七一锡	u 苦五猪骨出谷绿₁	y 雨橘绿₂局
ʅ 师试十直尺			

ɚ 二

a 茶塔法辣八	ia 牙鸭	ua 刮
ɤ 歌盒热₂壳色₂		uɤ 坐过活托郭国
	iɛ 写鞋接贴热₁节	yɛ 靴月学₂
ai 开排色₁白		uai 快
ei 赔飞北		uei 对鬼
au 宝饱	iau 笑桥药学₁	
ou 豆走	iou 油六	
an 南山半	ian 盐年	uan 短官 · yan 权
ən 深根	in 心新	uən 寸滚春 · yn 云
aŋ 糖	iaŋ 响讲	uaŋ 床王双
əŋ 灯升争横	iŋ 硬病星	uŋ 东 · yŋ 兄用

(三)声调

在肇州方言中,声调共有4个调类,即阴平、阳平、上声和去声。其中,阴平的调值为33,尾音略低;阳平的调值为24,起点略高,尾音略降;上声的调值为213,有时曲折不明显,尾音略低,调值接近212;去声的调值为53。具体情况见表1-14-3。

表1-14-3 肇州方言声调

调类	调值	例字	备注
阴平	33	东该灯风通₂开天春搭节₃急₁哭拍切刻₁	通₂:~过 节₃:~骨眼 急₁:~眼 刻₁:又读
阳平	24	门龙牛油铜皮糖红急₂节₂毒白盒罚	急₂:着~ 节₂:又读
上声	213	懂古鬼九统苦讨草买老五有谷百节₁塔	节₁:又读
去声	53	冻怪半四痛快寸去动罪近后洞地饭树卖路硬乱通₁刻₂六麦叶月	通₁:~红 刻₂:又读

叁 连读变调

(一)两字组连读变调规律

表 1-14-4 肇州方言连读变调

前字及声调	后字及声调				
	阴平 33	阳平 24	上声 213	去声 53	轻声 0
阴平 33	33+33 香菇 切糕 公鸡 发烧 书包 观音	33+24 清明 婴儿 梳头 荤油 香油 丢人	33+213 糕点 开水 苞米 撒谎 铅笔 山谷	33+53 松树 山药 天亮 清酱 猪圈 豌豆	33+0 沙子 芝麻 高粱 苍蝇 衣裳 东西
	53+33 一千	53+24 一年	53+213 一百	33+24 甘蔗	24+0 出来 出去 收拾 姑父 家伙
	24+53 知道		33+33 针灸	24+53 三次 一万	
阳平 24	24+33 台风 洋葱 白猫 毛衣 黄瓜 洋灰	24+24 咸盐 农民 零钱 茅房 洋油 厨房	24+213 着火 凉水 苹果 白酒 竹笋 洪水	24+53 蚕豆 油菜 容易 学校 阳历	24+0 云彩 石头 围裙 镯子 拳头 眉毛
	53+33 别吃 没吃 还喝	53+24 别来 没学 还行	53+213 别走 还想		33+0 橘子
	33+33 结婚				
上声 213	21+33 乳猫 母鸡 打针 小心 宰猪 早先	21+24 乳牛 小蛇 暖壶 保媒 赶集 水田	24+213 雨伞 小姐 老虎 蚂蚁 左手 舍奶	21+53 柏树 柳树 扫地 米饭 眼泪 满月	21+0 李子 暖和 锁头 耳朵 傻子 哑巴
	21+24 老叔			53+53 瓦匠	24+0 把手

续表

前字及声调	后字及声调				
	阴平 33	阳平 24	上声 213	去声 53	轻声 0
去声 53	53+33 辣椒 麦秸 地瓜 饭锅 菜刀 豆浆 53+0 舅妈	53+24 犯愁 化脓 面前 月食 炕席 放牛	53+213 下雨 后悔 认可 木耳 二两 柱脚	53+53 再见 绿豆 地震 半夜 大便 放屁 24+53 不去	53+0 日头 月亮 裤子 豆腐 木匠 下水

说明:

1. 两个上声相连,前一个上声的调值变为24;上声在非上声前,上声的调值变为21。在原为上声后变为轻声的字音前,上声有两种不同的变调:一种是21+0,如"李子、耳朵";另一种是24+0,如"把手"。上声处于词语末尾时,实际调值近似212或211。

2. 两个去声相连,后一个去声的起音较前一个去声的起音低,调值近似42,但记音时仍记作53。

3. 轻声音节因受前一个字调的影响,在音高上不固定。阴平字后面的轻声调值近似2,有中降调倾向;阳平字后面的轻声调值偏高,近似3,总体上有中降调的倾向;上声字后面的轻声调值最高,多为4;去声字后面的轻声音高最低,调值近似1。对于以上情况,记音时轻声统一记作0。

(二)"别、没、还、不"的变调

表 1-14-5　肇州方言中"别、没、还、不"的变调

前字及声调	后字及声调			
	阴平 33	阳平 24	上声 213	去声 53
别 24	53+33 别开	53+24 别来	53+213 别想	24+53 别去
没 24	53+33 没帮	53+24 没成	24+213 没有 53+213 没想	24+53 没看
还 24	53+33 还开	53+24 还行	53+213 还走	24+53 还去
不 53	53+33 不吃	53+24 不来	53+213 不好	24+53 不用

（三）"一、三、七、八"的变调

表 1-14-6 肇州方言中"一、三、七、八"的变调

前字及声调	后字及声调			
	阴平 33	阳平 24	上声 213	去声 53
一 33	53+33 一千	53+24 一年	53+213 一起	24+53 一定
三 33	33+33 三张	33+24 三头	33+213 三口	24+53 三次
七 33	33+33 七千	33+24 七回	33+213 七百	24+53 七月
八 33	33+33 八斤	33+24 八年	33+213 八朵	24+53 八项

肆 异读

肇州方言存在异读现象。异读包括新老异读、文白异读等。

（一）新老异读

1. 声母

在肇州方言中，对于古知庄章组字，老男多将声母读为 tʂ、tʂʰ、ʂ，将少部分字的声母读为 ts、tsʰ、s。古知庄章组字存在新老异读的情况。当老男将声母读为 ts、tsʰ、s 时，青男仍然将声母读为 tʂ、tʂʰ、ʂ。在《中国语言资源调查手册·汉语方言》的 1000 个单字中，这种情况共有 32 例。例如，老男将"追"读为 tsuei^{33}，青男将"追"读为 tʂuei^{33}；老男将"拆"读为 tsʰai^{33}，青男将"拆"读为 tʂʰai^{33}；老男将"虫"读为 tsʰuŋ^{24}，青男将"虫"读为 tʂʰuŋ^{24}；老男将"窄"读为 tsai^{213}，青男将"窄"读为 tʂai^{213}；老男将"晒"读为 sai^{53}，青男将"晒"读为 ʂai^{53}；老男将"砖"读为 tsuan^{33}，青男将"砖"读为 tʂuan^{33}；老男将"唇"读为 tsʰuən^{24}，青男将"唇"读为 tʂʰuən^{24}；老男将"垂"读为 tsʰuei^{24}，青男将"垂"读为 tʂʰuei^{24}。对于古精组字，老男多将声母读为 ts、tsʰ、s，将个别字的声母读为 tʂ、tʂʰ、ʂ，青男将声母读为 ts、tsʰ、s。例如，老男将"卒"读为 tʂu^{24}，青男将"卒"读为 tsu^{24}；老男将"足"读为 tʂu^{24}，青男将"足"读为 tsu^{24}。

对于古疑母开口一等字,老男一般将声母读为 n,青男将声母读为零声母。例如,老男将"鹅"读为 nɤ²⁴,青男将"鹅"读为 ɤ²⁴;老男将"饿"读为 nɤ⁵³,青男将"饿"读为 ɤ⁵³;老男将"熬"读为 nau²⁴、nau³³,青男将"熬"读为 au²⁴。

古日母字声母的新老异读有两种情况。第一种情况是老男将声母读为零声母和 z̩,青男将声母读为 z̩。这种情况共有 2 例:老男将"热"读为 iɛ⁵³、z̩ɤ⁵³,青男将"热"读为 z̩ɤ⁵³;老男将"让"读为 iaŋ⁵³、z̩aŋ⁵³,青男将"让"读为 z̩aŋ⁵³。第二种情况是老男将声母读为零声母,青男将声母读为 z̩。这种情况共有 8 例:老男将"绕"读为 iau⁵³,青男将"绕"读为 z̩au⁵³;老男将"人"读为 in²⁴,青男将"人"读为 z̩ən²⁴;老男将"染"读为 ian²¹³,青男将"染"读为 z̩an²¹³;老男将"任"读为 in⁵³,青男将"任"读为 z̩ən⁵³;老男将"软"读为 yan²¹³,青男将"软"读为 z̩uan²¹³;老男将"认"读为 in⁵³,青男将"认"读为 z̩ən⁵³;老男将"闰"读为 yn⁵³,青男将"闰"读为 z̩uən⁵³;老男将"肉"读为 iou⁵³,青男将"肉"读为 z̩ou⁵³。

对于古明母字,老男将声母读为 n̠ 和 m,青男将声母读为 m。例如,老男将山摄开口三等平声仙韵的"棉"读为 n̠iau²⁴、mian²⁴,青男读为 mian²⁴。

对于臻摄合口三等精母字,老男将声母读为 tʂ,青男将声母读为 tɕ。例如,老男将"俊"读为 tʂuən⁵³,青男将"俊"读为 tɕyn⁵³。

对于云母庚韵字、以母钟韵字,老男将声母读为零声母,青男将声母读为 z̩。例如,老男将"荣、容"读为 yŋ²⁴,青男将"荣、容"读为 z̩uŋ²⁴。

2. 韵母

对于古日母字,老男、青男在声母方面存在异读现象,在韵母方面也存在异读现象。例如,老男将"热"的韵母读为 iɛ、ɤ,青男将"热"的韵母读为 ɤ;老男将"让"的韵母读为 iaŋ、aŋ,青男将"让"的韵母读为 aŋ;老男将"绕"的韵母读为 iau,青男将"绕"的韵母读为 au;老男将"人、认、任"的韵母读为 in,青男将"人、认、任"的韵母读为 ən;老男将"染"的韵母读为 ian,青男将"染"的韵母读为 an;老男将"软"的韵母读为 yan,青男将"软"的韵母读为 uan;老男将"闰"的韵母读为 yn,青男将"闰"的韵母读为 uən;老男将"肉"的韵母读为 iou,青男将"肉"的韵母读为 ou。

对于精母东韵字,老男将韵母读为开口呼,青男将韵母读为合口呼。例如,老男将"粽"读为 tsəŋ⁵³,青男将"粽"读为 tsuŋ⁵³。

对于山摄开口四等入声屑韵明母字"篾",老男将其韵母读为 i,青男将其韵母读为 iɛ。

3. 文白

老男和青男在文白异读方面存在差异,年轻人多用文读形式。在《中国语言资源调查手册·汉语方言》的 1000 个单字中,肇州方言中文白异读的有 42 例。老男文白异读的有 62 例。青男仅有 3 例文白异读与老男不同,其中老男只有白读,青男是文白异读,即"嫩""福""宿"。老男将"嫩"读为 lən⁵³,青男将"嫩"读为 lən⁵³、nən⁵³;老男将"福"读为 fu²¹³,青男将"福"读为 fu²¹³、fu²⁴;老男将"宿"读为 ɕy²¹³,青男将"宿"读为 ɕy²¹³、su⁵³。对于其他文白异读,青男与老男基本一致。

(二)文白异读

1.声母

部分蟹摄开口二等见母字的声母白读为 k,文读为 tɕ。例如,"街"白读为 kai³³,文读为 tɕiɛ³³;"解"白读为 kai²¹³,文读为 tɕiɛ²¹³。

梗摄开口二等溪母字的声母白读为 tɕʰ,文读为 kʰ。例如,"客"白读为 tɕʰiɛ²¹³,文读为 kʰɤ⁵³;"更"白读为 tɕiŋ³³,文读为 kəŋ³³。

止摄合口三等上声微母字的声母白读为零声母,文读为 v。例如,"尾"白读为 i²¹³,文读为 vei²¹³。

山摄合口二等入声见母字的声母白读为 kʰ,文读为 k。例如,"刮"白读为 kʰua³³,文读为 kua²¹³、kua³³。

古影开口一等字的声母白读为 n,文读为零声母。例如,"恶"白读为 nɤ³³,文读为 ɤ⁵³;"安"白读为 nan³³,文读为 an³³;"矮"白读为 nai²¹³,文读为 ai²¹³。

2.韵母

韵母文白异读的现象常见于宕江曾梗通五摄入声字中。

宕江摄入声字的韵母白读为 a、au、iau,文读为 uɤ、yɛ。例如,"落"白读为 la⁵³、lau⁵³,文读为 luɤ⁵³;"削"白读为 ɕiau³³,文读为 ɕyɛ²¹³;"学"白读为 ɕiau²⁴,文读为 ɕyɛ²⁴。

曾开三入白读为 ai,文读为 ɤ。例如,"侧"白读为 tsai³³,文读为 tʂʰɤ⁵³;"色"白读为 sai²¹³,文读为 sɤ⁵³。

曾开一入白读为 ei 或 i,文读为 ɤ 或 ai。例如,"得"白读为 tei²¹³,文读为 tɤ²¹³、tɤ²⁴;"墨"白读为 mi⁵³,文读为 mɤ⁵³。

梗开二入白读为 iɛ,文读为 ɤ。例如,"择"白读为 tsai²⁴,文读为 tsɤ²⁴;"客"白读为 tɕʰiɛ²¹³,文读为 kʰɤ⁵³。

通合三入白读为 ou,文读为 u。例如,"熟"白读为 ʂou²⁴,文读为 ʂu²⁴。

来母东韵、泥母冬韵白读为 əŋ,文读为 uŋ。例如,"弄"白读为 nəŋ⁵³,文读为 nuŋ⁵³;"脓"白读为 nəŋ²⁴,文读为 nuŋ²⁴。

此外,一些舒声字同样也存在文白异读情况。例如,"取"白读为 tɕʰiou²¹³,文读为

tɕʰy²¹³；"埋"白读为 mai²⁴，文读为 man²⁴；"暖"白读为 nan²¹³，文读为 nuan²¹³。

3. 声调

声调异读主要见于入声字，例如"拉 la²¹³/la²⁴/la³³""结 tɕiɛ²¹³/tɕiɛ³³""劈 pʰi²¹³/pʰi³³""匹 pʰi²¹³/pʰi³³"。有的还伴有韵母异读，如"雀 tɕʰiau²¹³/tɕʰyɛ⁵³"。有的还伴有声母异读，如"刮 kʰua³³/kua²¹³/kua³³"。有的是声母、韵母、声调均异读，如"客 tɕʰiɛ²¹³/kʰɤ⁵³"。

舒声字同样也有文白异读现象。例如，"冲"白读为 tʂʰuŋ⁵³，文读为 tʂʰuŋ³³；"卫"白读为 vei²¹³，文读为 vei⁵³。

(三)其他异读

有些异读现象既不属于新老异读，又不能简单地归入文白异读，例如"沉 tʂʰən⁵³/tʂʰən²⁴""还 xai⁵³/xai²⁴""橘 tɕy²⁴/tɕy³³""营 yŋ²⁴/iŋ²⁴"。

伍 儿化

肇州方言的儿化音变与普通话的儿化音变基本相同。具体情况见表1-14-7。

表1-14-7 肇州方言儿化情况

儿化韵		来源	例词
1	ər	ʅ	刺儿 tsʰər⁵³
		ɿ	羹匙儿 kəŋ³³tʂʰ ər²⁴
		i	破谜儿 pʰɤ⁵³mər⁵³
		u	媳妇儿 ɕi²¹fər⁰
		ei	姊妹儿 tsʅ²¹mər⁵³
		ən	哥们儿 kɤ³³mər⁰
2	iər	i	猪蹄儿 tʂu³³tʰiər²⁴
		ian	打哈欠儿 ta²¹xa³³tɕʰiər⁰
		in	得劲儿 tei²¹tɕiər⁵³
3	uər	uei	亲嘴儿 tɕʰin³³tsuər²¹³
		uən	外孙儿 vai⁵³suər³³
4	yər	i	末后尾儿 mɤ⁵³xou⁵³yər²¹³
		y	毛驴儿 mau²⁴lyər²⁴
		yn	连衣裙儿 lian²⁴i³³tɕʰyər²⁴

续表

儿化韵		来源	例词
5	ar	a	把儿 par⁵³
6	iar	ia	抽匣儿 tʂʰou³³ɕiar²⁴
7	uar	ua	花儿 xuar³³
8	iɛr	iɛ	姑爷儿 ku³³iɛr⁰
9	yɛr	yɛ	腊月儿 la⁵³yɛr⁰
10	ɤr	ɤ	毛嗑儿 mau²⁴kʰɤr⁵³
11	uɤr	uɤ	罗锅儿 luɤ²⁴kuɤr³³
12	ɐr	ai	盖儿 kɐr⁵³
		an	算盘儿 suan⁵³pʰɐr²⁴
13	iɐr	ian	面儿 miɐr⁵³
14	uɐr	uai	一块儿 i²⁴kʰuɐr⁵³
		uan	新郎官儿 ɕin³³laŋ²⁴kuɐr³³
15	yɐr	yan	手绢儿 ʂou²¹tɕyɐr⁵³
16	aur	au	道儿 taur⁵³
17	iaur	iau	连桥儿 lian²⁴tɕʰiaur²⁴
18	our	u	打呼噜儿 ta²¹xu³³lour⁰
		ou	茅楼儿 mau²⁴lour²⁴
		au	核桃儿 xɤ²⁴tʰour⁰
		uɤ	花儿骨朵儿 xuar³³ku³³tour⁰
19	iour	iou	石榴儿 ʂʅ²⁴liour⁰
20	ur	u	二胡儿 ɚ⁵³xur²⁴
21	ãr	aŋ	草房儿 tsʰau²¹fãr²⁴
22	iãr	iaŋ	剃头匠儿 tʰi⁵³tʰou²⁴tɕiãr⁵³
23	uãr	uaŋ	一对双儿 i²⁴tuei⁵³ʂuãr⁵³
24	ə̃r	əŋ	缝儿 fə̃r⁵³
25	iə̃r	iŋ	杏儿 ɕiə̃r⁵³

续表

	儿化韵	来源	例词
26	yə̃r	yŋ	小熊儿 ɕiau²¹ ɕyə̃r²⁴
27	uər	uŋ	胡同儿 xu²⁴tʰuər⁵³

说明：

有的轻声音节儿化后，韵母发生改变。如"花儿骨朵儿"中的"朵 tuɤ⁰"儿化后变为 tour⁰，"轱儿辘儿"中的"辘 lu⁰"儿化后变为 lour⁰，"媳妇儿"中的"妇 fu⁰"儿化后变为 fər⁰。

肇州方言中原来读阴平、阳平、去声的儿化音节，有时会统一读为上声。如"净意儿"中的"意 i⁵³"儿化后变为 iər²¹³，"年跟前儿"中的"前 tɕʰian²⁴"儿化后变为 tɕʰiər²¹³，"自个儿"中的"个 kɤ⁵³"儿化后变为 kɤr²¹³，再如"一会儿 i⁵³xuər²¹³""一堆儿 i⁵³tuər²¹³"。

陆 其他主要音变

（一）声母的其他音变

老男将古云母字"荣"和古以母字"容"的声母读作零声母，青男读作 ʐ。老男将古见母字"解"的声母读作 k 和 tɕ，青男只读作 tɕ。古明母字"棉"在与"花"构成词时，老男常将"棉"的声母读作 ŋ，青男将"棉"的声母读作 m。老男将古泥母字"嫩"读作 lən⁵³，青男则将古泥母字"嫩"读作 lən⁵³ 或 nən⁵³。老男将古心母字"宿"的声母读作 ɕ，青男则读作 ɕ 或 s。老男将古精母字"浸"的声母读作 tɕʰ，青男则读作 tɕ。古滂母字"泼"表示活泼意义时，老男将"泼"的声母读作 p，而青男将"泼"的声母读作 pʰ。老男将古见母字"刮"的声母读作 k 和 kʰ，青男只读作 k。

（二）韵母的其他音变

在一些词中，末尾的轻声音节存在韵母脱落、弱化、改变或加音的现象，如"姥娘"中的"娘"由 n̠iaŋ⁰ 变为 n̠iŋ⁰，"豆腐"中的"腐"由 fu⁰ 变为 fɤ⁰，"舅妈"中的"妈"由 ma⁰ 变为 mɤ⁰，"柴火"中的"火"由 xuɤ⁰ 变为 xu⁰，"拾掇"中的"掇"由 tuɤ⁰ 变为 tou⁰，"亲戚"中的"戚"由 tɕʰi⁰ 变为 tɕʰin⁰。"棉花"中的"花"则是韵母脱落、央化，再加上鼻音，变为 xuən⁰。"晌午"中的"午"是声母发生改变，由 u⁰ 变为 xu⁰。

"子"单念时是 tsʅ²¹³。"子"做轻声音节时多变为 tsə⁰，个别读成 tə⁰，如"肚子""重孙子"中的"子"，统一记作 tsɤ⁰。

"姑娘""老姑娘""小姑娘"等轻声音节的尾字"娘"韵母弱化，由 n̠iaŋ²⁴ 变为 n̠iɛŋ⁰，统一记作 n̠iaŋ⁰。

（三）声调的其他音变

1.“都”在语流中的调值常为24，如“都飞、都来、都等、都去”。

2.在语流中，许多双音节词的第一个音节的调值变为24，如“出来、出去、姑父、收拾、干净、家伙、多少、蛛儿蛛儿”等。

3.在声调方面，肇州方言中老男和青男存在的差异很明显，老男的阴平调值为33，青男的阴平调值为44；老男的阳平调值为24，青男的阳平调值为35。除此以外，老男和青男在一些字的声调上存在差异，如老男将“浸”读作 tɕʰin²¹³，青男将“浸”读作 tɕin⁵³。

第十五节　东宁方音

壹　概况

（一）地理

东宁市地处黑龙江省东南部，东面与俄罗斯接壤，南面与吉林省珲春市为邻，西南与吉林省汪清县相接，西面和北面与穆棱毗连。总面积 7139 平方千米。东宁市地处东经 129°53′至 131°18′，北纬 43°25′至 44°35′。东宁市的地形为南北狭长，地貌呈“九山半水半分田”特征。北、西、南三面都是平均海拔 500 米以上的山地。境内山峦起伏，沟壑纵横，地貌、土壤、水热等都有明显的地域差异和过渡性变化。既有海拔千米以上的通沟岭，又有不足百米的东宁盆地。①

（二）人口与民族

根据第七次全国人口普查数据，截至 2020 年 11 月 1 日零时，东宁市常住人口为195489 人。除汉族外，还有朝鲜族、满族、回族、蒙古族、彝族、壮族、藏族、苗族、锡伯族、土家族、达斡尔族、维吾尔族、布依族、哈尼族、鄂伦春族等少数民族。②

（三）方言种类及系属

东宁方言属于东北官话区吉沈片的蛟宁小片。东宁方言为东宁市普遍使用的方

---

① 来源于东宁市人民政府网（http://www.dongning.gov.cn）。
② 来源于东宁市人民政府网（http://www.dongning.gov.cn）。

言。随着改革开放和普通话推广的不断深入,东宁方言变化较快,特别是年轻人较多地失去了东宁方言在语音、词汇、语法方面的特点,普通话的使用越来越广泛。

(四)地方曲艺

地方曲艺有评剧。东宁人喜欢用当地方言唱评剧,评剧在百姓中流传较广。20世纪80年代东宁有评剧团,评剧团每周上演传统剧目和自编剧目,深受百姓欢迎。评剧团解体后,当地人自发组织的民间文艺团体也经常演唱评剧,传承经典,丰富当地文化生活。

贰 声韵调

(一)声母

在东宁方言中,声母共有20个(含零声母)。其中,双唇音有3个,即p、p^h、m;唇齿音有1个,即f;舌尖前音有3个,即ts、ts^h、s;舌尖中音有4个,即t、t^h、n、l;舌尖后音有1个,即ʐ;舌面前音有4个,即tɕ、tɕ^h、ɕ、ȵ;舌面后音有3个,即k、k^h、x;零声母有1个,即ø。

ts、ts^h、s与tʂ、tʂ^h、ʂ两组声母自由变读,不区分意义,且以读ts、ts^h、s为常。单字音中ts、ts^h、s与tʂ、tʂ^h、ʂ的比例约为2.4∶1,两组声母的单字音在词汇、语法例句中发生自由变读的比例共约63%,两组声母在实际说话中自由变读的情况更为普遍,因此将两组声母归纳为一套音位,统一记为ts、ts^h、s。

零声母与合口呼韵母相拼的音节在实际发音时存在因上齿和下唇内缘接触而形成的轻微摩擦,但不是很明显,统一处理为零声母。

表1-15-1 东宁方言声母

p 八兵病	p^h 派片爬	m 麦明	f 飞风副蜂肥饭
t 多东毒	t^h 讨天甜	n 脑南	l 老蓝连路
ts 资早租字贼坐 张竹柱争装纸主	ts^h 刺草寸祠抽拆 茶抄初床车春船城		s 丝三酸事山双顺 手书十
			ʐ 热又软又
tɕ 酒九	tɕ^h 清全轻权	ȵ 年泥	ɕ 想谢响县
k 高共	k^h 开		x 好灰活

ø 味问热ㄡ软ㄡ熬
月安温王云用药

（二）韵母

在东宁方言中，韵母共有 36 个。其中，单元音韵母有 8 个，即 ʅ、ɿ、ɚ、a、ɣ、i、u、y。复合韵母有 28 个，其中，复元音韵母有 13 个，即 ai、ei、au、əu、ia、iɛ、iau、iəu、ua、uɣ、uai、uei、yɛ；带鼻音韵母有 15 个，即 an、ən、ian、in、uan、uən、yan、yn、aŋ、əŋ、iaŋ、iŋ、uaŋ、uŋ、yŋ。具体见表 1-15-2。

a、ia、ua 中 a 的实际音值为 ʌ，ian 中 a 的实际音值为 ɛ，au、iau、aŋ、iaŋ、uaŋ 中 a 的实际音值为 ɑ。

韵母 ɚ 读去声时，其舌位较低，实际音值是 ɐr。

复元音韵母，如 ai、uai 等，有时动程不明显，实际音值是 ɛɪ、uɛɪ，如"带、菜、开"等，个别韵母有单音化倾向。

带鼻音韵母 in、yn 的实际音值为 iən、yən。uŋ 与零声母相拼时，实际发音是 uəŋ。

表 1-15-2　东宁方言韵母

ʅ 师丝试十直尺	i 米戏急七一锡	u 苦五猪骨出谷	y 雨橘绿局
ɿ 日			
ɚ 二			
a 茶塔法辣八	ia 牙鸭	ua 瓦刮	
	iɛ 写鞋接贴热ㄡ节		yɛ 靴月学ㄨ
ɣ 歌盒热ㄡ壳ㄨ色ㄨ		uɣ 坐过活托郭国	
ai 开排色白白		uai 快	
ei 赔飞北		uei 对鬼	
au 宝饱	iau 笑桥药壳白学白		
əu 豆走	iəu 油六		
an 南山半	ian 盐年	uan 短官	yan 权
ən 深根	in 心新	uən 寸滚春	yn 云

aŋ 糖　　　　　　　　iaŋ 响讲　　　　　　　　uaŋ 床王双

əŋ 灯升争横ʮŋ　　　　iŋ 硬病星　　　　　　　uŋ 东　　　　　　　　yŋ 兄用

（三）声调

在东宁方言中，声调共有 4 个调类，即阴平、阳平、上声和去声。其中，阴平的调值为 33，有时略高，接近 44；阳平的调值为 24，有时略高，接近 35；上声的调值为 213，有时收尾较低，调值接近 212，有时收尾较高，调值接近 214，有时起音略高，相应地，低音段也略高；去声的调值为 53，有时略低，接近 42。具体情况见表 1-15-3。

表 1-15-3　东宁方言声调

调类	调值	例字	备注
阴平	33	东该灯风通开天春搭节 ~骨 急~ ~眼 哭拍切刻 ~字	
阳平	24	铜皮糖红门龙牛油节 ~又 急~着 ~毒白盒罚	节：又读
上声	213	懂古鬼九统苦讨草买老五有谷百节 ~又 塔	节：又读
去声	53	冻怪半四痛快寸去动罪近后洞地饭树卖路硬乱刻六麦叶月	

叁　连读变调

（一）两字组连读变调一般规律

东宁方言的两字组连读变调主要是前字变调。

表 1-15-4　东宁方言两字组连读变调

前字声调	后字声调				
	阴平 33	阳平 24	上声 213	去声 53	轻声 0
阴平 33	33+33	33+24	33+213	33+53	33+0
					24+0
阳平 24	24+33	24+24	24+213	24+53	24+0

续表

前字声调	后字声调				
	阴平 33	阳平 24	上声 213	去声 53	轻声 0
上声 213	21+33	21+24	24+213	21+53	21+0
					24+0
去声 53	53+33	53+24	53+213	53+53	53+0

（二）两字组连读变调举例

阴平+阴平 33-33　33	拉稀 la ɕi	花筐 xua kʰuaŋ	书兜 su təu
阴平+阳平 33-33　24	灯油 təŋ iəu	荤油 xuən iəu	猜拳 tsʰai tɕʰyan
阴平+上声 33-33　213	生水 səŋ suei	苞米 pau mi	家雀 tɕia tɕʰiau
阴平+去声 33-33　53	发热 fa iɛ	高兴 kau ɕiŋ	黑菜 xei tsʰai
阴平+轻声 33-33　0	牤子 maŋ tsʅ	三个 san kɤ	滴答 ti ta
阳平+阴平 24-24　33	洋灰 iaŋ xuei	肥猪 fei tsu	白猫 pai mau
阳平+阳平 24-24　24	咸盐 ɕian ian	洋油 iaŋ iəu	熊人 ɕyŋ in
阳平+上声 24-24　213	锣鼓 luɤ ku	洋伞 iaŋ san	着火 tsau xuɤ
阳平+去声 24-24　53	陪送 pʰei suŋ	皇历 xuaŋ li	红色 xuŋ sɤ
阳平+轻声 24-24　0	长虫 tsʰaŋ tsʰuŋ	埋汰 mai tʰai	胰子 i tsʅ
上声+阴平 213-21　33	里屋 li u	整天 tsəŋ tʰian	小偷 ɕiau tʰəu
上声+阳平 213-21　24	铰头 tɕiau tʰəu	淌脓 tʰaŋ nəŋ	乳牛 y niəu
上声+上声 213-24　213	母狗 mu kəu	小产 ɕiau tsʰan	洗澡 ɕi tsau
上声+去声 213-21　53	老道 lau tau	小铺 ɕiau pʰu	把脉 pa mai
上声+轻声 213-21　0	谷子 ku tsʅ	晌午 saŋ u	尾巴 i pa
上声+轻声 213-24　0	哪里 na li	想想 ɕiaŋ ɕiaŋ	捧起 pʰəŋ tɕʰi
去声+阴平 53-53　33	稻秧 tau iaŋ	外屋 uai u	唠嗑 lau kʰɤ
去声+阳平 53-53　24	稻田 tau tʰian	墨盘 mi pʰan	炕席 kʰaŋ ɕi

续表

去声+上声 53-53　213	忌奶 tɕi nai	大水 ta suei	拌嘴 pan tsuei
去声+去声 53-53　53	算卦 suan kua	害臊 xai sau	唱戏 tsʰaŋ ɕi
去声+轻声 53-53　0	刺挠 tsʰʅ nau	膈应 kɤ iŋ	热乎 ʐɤ xu

说明：

1. 两个上声相连，前一个上声的调值变为 24，上声在非上声前，调值变为 21。在实际语流中，在原为上声后改读轻声的字音前面，上声有两种不同的变调：一种是 21+0，如"晌午、耳朵"；另一种是 24+0，如"哪里、想想、捧起"。

2. 两个去声相连，后一个去声的起音较前一个去声的起音低，调值近似 42，但仍记作 53。

3. 轻声音节因受前一个字调的影响，在音高上不固定。一般阴平字后面的轻声音高偏低，调值近似 2，有低降调倾向，实际音值近似 21；阳平字后面的轻声调值多为 3，有时能达到 4，且总体上有中降调的倾向；上声字后面的轻声调值多为 3，有时低于 3，接近 2；去声字后面的轻声音高最低，调值近似 1，有时音高会稍高，有中降调倾向，实际音值近似 31。对于以上情况，记音时轻声统一记作 0。

（三）两字组连读变调特殊规律

1. "一、不"在去声前，调值为 24，在非去声前，调值为 53。"一、不"嵌在相同的动词中间，读轻声。"不"在可能补语中读轻声。

2. "三、七、八"在去声前，有时调值变为 24，如"三岁、七个、八月"，有时调值不变；在其他声调前读本调。

肆　异读

东宁方言的异读主要有新老异读、文白异读。

（一）新老异读

1. 声母

在《中国语言资源调查手册·汉语方言》的 1000 个单字中，老男将古知庄章组字的声母均读为 ts、tsʰ、s。青男将古知庄章组字的声母读为 tʂ、tʂʰ、ʂ。例如，老男将"沙"读为 sa³³，青男将"沙"读为 ʂa³³；老男将"车"读为 tsɤ³³，青男将"车"读为 tʂɤ³³；老男将"蛇"读为 sɤ²⁴，青男将"蛇"读为 ʂɤ²⁴；老男将"猪"读为 tsu³³，青男将"猪"读为

tʂu³³；老男将"初"读为 tsʰu³³，青男将"初"读为 tʂʰu³³；老男将"鼠"读为 su²¹³，青男将"鼠"读为 ʂu²¹³；老男将"柱"读为 tsu⁵³，青男将"柱"读为 tʂu⁵³；老男将"树"读为 su⁵³，青男将"树"读为 ʂu⁵³；老男将"晒"读为 sai⁵³，青男将"晒"读为 ʂai⁵³ 等。

在东宁方言古日母字中，新老异读有 10 例，青男将声母均读为 ʐ。老男的情况分为两种。一种情况是老男既将声母读为零声母，又将声母读为 ʐ。这种情况共有 6 例：老男将"染"读为 ian²¹³、ʐan²¹³，青男将"染"读为 ʐan²¹³；老男将"热"读为 iɛ⁵³、ʐɤ⁵³，青男将"热"读为 ʐɤ⁵³；老男将"软"读为 yan²¹³、ʐuan²¹³，青男将"软"读为 ʐuan²¹³；老男将"人"读为 in²⁴、ʐən²⁴，青男将"人"读为 ʐən²⁴；老男将"认"读为 in⁵³、ʐən⁵³，青男将"认"读为 ʐən⁵³；老男将"让"读为 iaŋ⁵³、ʐaŋ⁵³，青男将"让"读为 ʐaŋ⁵³。另一种情况是老男将声母读为零声母。这种情况共有 4 例：老男将"肉"读为 iəu⁵³，青男将"肉"读为 ʐəu⁵³；老男将"绕"读为 iau⁵³，青男将"绕"读为 ʐau⁵³；老男将"任"读为 in⁵³，青男将"任"读为 ʐən⁵³；老男将"闰"读为 yn⁵³，青男将"闰"读为 ʐuən⁵³。

对于古明母字，老男将声母读为 ŋ 和 m，青男将声母读为 m。例如，老男将"棉"读为 ŋiau²⁴、mian²⁴，青男读为 mian²⁴。

对于古泥母字，老男将声母读为 l，青男将声母读为 n 或 l。例如，老男将"嫩"读为 lən⁵³，青男将"嫩"读为 nən⁵³ 或 lən⁵³。

2. 韵母

在东宁方言古日母字中，韵母也存在异读。例如，老男将"染"的韵母读为 ian、an，青男将"染"的韵母读为 an；老男将"热"的韵母读为 iɛ、ɤ，青男将"热"的韵母读为 ɤ；老男将"软"的韵母读为 yan、uan，青男将"软"的韵母读为 uan；老男将"人、认、任"的韵母读为 in、ən，青男将"人、认、任"的韵母读为 ən；老男将"让"的韵母读为 iaŋ、aŋ，青男将"让"的韵母读为 aŋ；老男将"肉"的韵母读为 iəu，青男将"肉"的韵母读为 əu；老男将"绕"的韵母读为 iau，青男将"绕"的韵母读为 au。

对于精母东韵字，老男将韵母读为开口呼，青男是合口呼、开口呼异读。例如，老男将"粽"读为 tsəŋ⁵³，青男将"粽"读为 tsəŋ⁵³、tsuŋ⁵³。

对于泥母冬韵字，老男将韵母读为 əŋ，青男将韵母读为 uŋ。例如，老男将"脓"读为 nəŋ²⁴，青男将"脓"读为 nuŋ²⁴。

3. 文白

老男和青男在文白异读方面存在差异，老男白读的情况远多于青男。青男多用文读形式。在《中国语言资源调查手册·汉语方言》的 1000 个单字中，青男文白异读有

34 例。老男文白异读达 60 例。青男文白异读中有 8 例与老男文白异读不同,其他与老男趋同。对于老男来说,在这 8 例中,除 1 例是文读外,其余均是白读。例如,老男将"闻"读为 yn⁵³,青男将"闻"读为 yn⁵³、ʐuən⁵³;老男将"比"读为 pi²¹³,青男将"比"读为 pʰi²¹³、pi²¹³;老男将"插"读为 tsʰa²¹³,青男将"插"读为 tʂʰa³³、tʂʰa²¹³;老男将"国"读为 kuɣ²¹³,青男将"国"读为 kuɣ²¹³、kuɣ²⁴。

(二)文白异读

1. 声母

部分蟹摄开口二等见母字的声母白读为 k,文读为 tɕ。例如,"解"白读为 kai²¹³,文读为 tɕiɛ²¹³;"街"白读为 kai³³,文读为 tɕiɛ³³。

梗摄开口二等见母、溪母字的声母白读为 tɕ 或 tɕʰ,文读为 k 或 kʰ。例如,"更"白读为 tɕiŋ³³,文读为 kəŋ³³;"客"白读为 tɕʰiɛ²¹³,文读为 kʰɣ⁵³。

2. 韵母

韵母文白异读的现象常见于宕江曾梗通五摄入声字中。

宕江摄入声字的韵母白读为 a、au、iau,文读为 ɣ、uɣ、yɛ。例如,"薄"白读为 pau²⁴,文读为 pɣ²⁴;"落"白读为 la⁵³,文读为 luɣ⁵³;"雀"白读为 tɕʰiau²¹³,文读为 tɕʰyɛ⁵³;"削"白读为 ɕiau³³,文读为 ɕyɛ²¹³;"约"白读为 iau³³,文读为 yɛ³³;"壳"白读为 tɕʰiau⁵³,文读为 kʰɣ²⁴;"学"白读为 ɕiau²⁴,文读为 ɕyɛ²⁴。

曾开三入白读为 ai,文读为 ɣ。例如,"色"白读为 sai²¹³,文读为 sɣ⁵³。

曾开一入白读为 ei 或 i,文读为 ɣ。例如,"得"白读为 tei²¹³,文读为 tɣ²¹³;"墨"白读为 mi⁵³,文读为 mɣ⁵³。

梗开二入白读为 ai、iɛ,文读为 ɣ。例如,"择"白读为 tsai²⁴,文读为 tsɣ²⁴;"客"白读为 tɕʰiɛ²¹³,文读为 kʰɣ⁵³。

通合三入白读为 əu,文读为 u。例如,"熟"白读为 səu²⁴,文读为 su²⁴。

此外,一些舒声字同样也存在文白异读情况。例如,"弄"白读为 nəŋ⁵³,文读为 nuŋ⁵³;"更"白读为 tɕiŋ³³,文读为 kəŋ³³;"取"白读为 tɕʰiəu²¹³,文读为 tɕʰy²¹³;"戒"白读为 tɕi⁵³,文读为 tɕiɛ⁵³;"乱"白读为 lan⁵³,文读为 luan⁵³。

3. 声调

声调异读主要见于入声字,共有 23 例,例如"结 tɕiɛ²¹³/tɕiɛ²⁴""刮 kua²¹³/kua³³"

"惜 $\varphi i^{213}/\varphi i^{33}$" "福 fu^{213}/fu^{24}"。有的还伴有韵母异读，如"雀 $t\varphi^h iau^{213}/t\varphi^h y\varepsilon^{53}$" "色 $sai^{213}/s\gamma^{53}$"。有的是声母、韵母、声调均异读，如"客 $t\varphi^h i\varepsilon^{213}/k^h\gamma^{53}$" "壳 $t\varphi^h iau^{53}/k^h\gamma^{24}$"。

舒声字同样也有文白异读现象。例如，"延"白读为 ian^{53}，文读为 ian^{24}；"卫"白读为 uei^{213}，文读为 uei^{53}；"撞"白读为 $ts^h uan^{53}$，文读为 $tsuan^{53}$；"浸"白读为 $t\varphi^h in^{213}$，文读为 $t\varphi in^{53}$。

(三)其他异读

有些异读现象既不属于新老异读，又不能归入文白异读，如"巷 $\varphi ian^{53}/xan^{53}$" "畸 $t\varphi^h i^{24}/t\varphi i^{33}$"。

伍　儿化

东宁方言的儿化音变与普通话的儿化音变差别不大。东宁方言共有 27 个儿化韵。具体情况见表 1-15-5。

表 1-15-5　东宁方言儿化情况

儿化韵		来源	例词
1	ər	ɿ	刺儿 $ts^h ər^{53}$、大年三十儿 $ta^{53}\underset{\cdot}{n}ian^{24}san^{33}sər^{24}$、事儿 $sər^{53}$
		ei	傍黑儿 $pan^{33}xər^{33}$
		ən	洗脸盆儿 $\varphi i^{24}lian^{21}p^h ər^{24}$、老爷们儿 $lau^{21}i\varepsilon^{24}mər^0$
		u	媳妇儿 $\varphi i^{21}fər^0$
2	iər	i	后尾儿 $xou^{53}iər^{213}$、隔壁儿 $t\varphi i\varepsilon^{53}piər^{213}$
		in	今儿 $t\varphi iər^{33}$、背心儿 $pei^{53}\varphi iər^{33}$
3	ur	u	糊儿 xur^{24}、蝙蝠儿 $pian^{33}fur^{24}$
4	uər	uei	跑腿儿 $p^h au^{24}t^h uər^{213}$、凑嘴儿 $ts^h ou^{53}tsuər^{213}$
		uən	嘴唇儿 $tsuei^{21}ts^h uər^{24}$、外孙儿 $uai^{53}suər^{33}$
5	yər	y	小鱼儿 $\varphi iau^{21}yər^{24}$
		yn	连衣裙儿 $lian^{24}i^{33}t\varphi^h yər^{24}$
6	ar	a	把儿 par^{53}
7	iar	ia	角儿 $t\varphi iar^{213}$、抽匣儿 $tsou^{33}\varphi iar^{24}$
8	uar	ua	猪爪儿 $tsu^{33}tsuar^{213}$

续表

儿化韵		来源	例词
9	iɛr	iɛ	客儿 tɕʰiɛr²¹³、叶儿 iɛr⁵³
10	yɛr	yɛ	腊月儿 la⁵³yɛr⁵³、正月儿 tsəŋ³³yɛr⁰
11	ɣr	ɣ	围脖儿 uei³⁵pɣr³⁵、唠嗑儿 lau⁵³kʰɣr³³、鹁鸽儿 pu²¹kɣr³³
12	uɣr	uɣ	干活儿 kan⁵³xuɣr²⁴、烟火儿 ian³³xuɣr²¹³
13	ɐr	ai	手指盖儿 sou²⁴tsʅ²¹kɐr⁵³、月科儿孩儿 yɛ⁵³kʰɣr³³xɐr²⁴
		an	衬衫儿 tsʰən⁵³sɐr³³
14	iɐr	ian	跟前儿 kən³³tɕʰiɐr²⁴、旁边儿 pʰaŋ²⁴piɐr³³
15	uɐr	uai	一块儿 i²⁴kʰuɐr⁵³
		uan	弯儿 uɐr³³、玩儿扑克儿 uɐr²⁴pʰu²⁴kɣr⁰
16	yɐr	yan	烟卷儿 ian³³tɕyɐr²¹³、手绢儿 sou²¹tɕyɐr⁵³
17	aur	au	豆腐脑儿 tou⁵³fu⁰naur²¹³、枣儿 tsaur²¹³
18	iaur	iau	口条儿 kʰou²¹tʰiaur³⁵、家雀儿 tɕia³³tɕʰiaur²¹³
19	our	ou	水沟儿 suei²¹kour³³、油儿笔 iour²⁴pi²¹³
20	iour	iou	老丢儿 lau²¹tiour³³、提溜儿 ti³³liour⁰
21	ãr	aŋ	地场儿 ti⁵³tsʰãr⁰
22	iãr	iaŋ	成衣匠儿 tsʰəŋ²⁴i³³tɕiãr⁵³、小样儿 ɕiau²¹iãr⁵³
23	uãr	uaŋ	蛋黄儿 tan⁵³xuãr²⁴
24	ə̃r	əŋ	水坑儿 suei²¹kʰə̃r³³、钢镚儿 kaŋ³³pə̃r⁵³
25	iə̃r	iŋ	打鸣儿 ta²¹miə̃r²⁴、杏儿 ɕiə̃r⁵³
26	uə̃r	uŋ	胡同儿 xu²⁴tʰuə̃r⁵³
27	yə̃r	yŋ	小熊儿 ɕiau²¹ɕyə̃r²⁴

说明：

韵母 u 的儿化音变有两种情况：一种是音变为 ur，即直接加卷舌动作，如"蝙蝠儿 pian³³fur²⁴"；另一种是 u 在某些轻声音节中脱落后加 ə 再卷舌，如"媳妇儿 ɕi²¹fər⁰"。

陆　其他主要音变

1. 通摄合口一等字"脓、弄"的韵母读作 əŋ。

2. 单韵母 ɤ 做轻声音节的韵腹时,往往弱化为 ə,统一记为 ɤ。

3. "子"单念时是 tsʅ²¹³,做词尾时一般读轻声 tsʅ⁰,但有时变读为 tsə⁰(记为 tsɤ⁰),如"蚊子、鲤子"等;有时变读为 tsa⁰,如"瞎子、孙子"等;有时变读为 zʅ⁰(记为 tsʅ⁰),如"兔子、剪子、酒坛子"等;有时变读为 za⁰(记为 tsa⁰),如"筛子、锤子、棍子、小银子"等;有时变读为 lə⁰(记为 lɤ⁰),如"竹子"等。

第十六节　鸡西方音

壹　概况

(一)地理

鸡西市位于黑龙江省东南部,因市区地处鸡冠山西麓而得名。东、东南以乌苏里江和松阿察河为界与俄罗斯隔水相望,边境线长 641 千米,西、南与牡丹江市接壤,北与七台河市相连。鸡西市地处东经 130°23′24″至 131°05′30″,北纬 44°57′12″至 45°28′55″。鸡西市属寒温带大陆性季风气候,地势起伏,地形以山地、丘陵、平原为主,地貌特征为"四山一水一草四分田"。总面积 2.25 万平方千米。鸡西市下辖密山市、虎林市、鸡东县 3 个县(市)和鸡冠区、恒山区、滴道区、城子河区、梨树区、麻山区 6 个区,有 48 个乡镇、459 个村。[①]

(二)人口与民族

根据第七次全国人口普查数据,截至 2020 年 11 月 1 日零时,鸡西市常住人口为 1502060 人。鸡西是多民族聚居的地区,有汉族、满族、朝鲜族、回族、蒙古族等民族,其中,汉族人口所占比重近 95%。[②]

(三)方言种类及系属

鸡西方言属于东北官话区吉沈片的蛟宁小片。鸡西市主要使用鸡西方言,有少部

---

① 来源于鸡西市人民政府网(http://www.jixi.gov.cn)。

② 资料由鸡西市政府提供。

分人使用胶辽官话,这两种方言的使用者散居于鸡冠区各街道,以及红星乡、西郊乡。方言内部的使用人群存在差异,这种差异在乡镇、村屯表现得较为明显。

(四)地方曲艺

地方曲艺以二人转为主。二人转有固定的演出地点,规模不大,演出地点可以容纳 100 人。

贰　声韵调

(一)声母

在鸡西方言中,声母有 20 个(含零声母)。其中,双唇音有 3 个,即 p、p^h、m;唇齿音有 1 个,即 f;舌尖前音有 3 个,即 ts、ts^h、s;舌尖中音有 4 个,即 t、t^h、n、l;舌尖后音有 1 个,即 ʐ;舌面前音有 4 个,即 tɕ、tɕ^h、ɕ、ȵ;舌面后音有 3 个,即 k、k^h、x;零声母有 1 个,即 ø。具体见表 1-16-1。

表 1-16-1　鸡西方言声母

p 八兵病	p^h 派片爬	m 麦明泥_白	f 飞风副蜂肥饭
t 多东毒	t^h 讨天甜	n 脑南	l 老蓝连路
k 高共	k^h 开		x 好灰活
tɕ 酒九	tɕ^h 清全轻权	ȵ 年泥_文	ɕ 想谢响县
			ʐ 热_文软_文
ts 租早资贼竹生张 柱争装纸主	ts^h 草刺祠抽拆茶 抄初床春船城		s 酸丝三事双顺 手书十
ø 味问热_白熬_文月安_文 温王云用药软_白			

(二)韵母

在鸡西方言中,韵母共有 35 个。单元音韵母有 7 个,即 ʅ、a、ɤ、ɚ、i、u、y。复合韵母有 28 个。其中,复元音韵母有 13 个,带鼻音韵母有 15 个。

在韵母 a、ia、ua 中,元音 a 的实际音值为 ᴀ。在韵母 ian 中,元音 a 的实际音值为

ɛ。在韵母 au、iau 和 aŋ、iaŋ、uaŋ 中,元音 a 的实际音值为 a。

u 在零声母后做介音时,有轻微摩擦。

uɤ 的主要元音比 ɤ 略低一些。

ian 读去声时,鼻尾较弱。

uŋ 为零声母音节时,实际读音是 uəŋ。

表 1-16-2　鸡西方言韵母

ɿ 师丝十试直尺	i 戏七锡米一急	u 苦骨出谷猪五	y 橘绿局雨
ɚ 二			
a 茶法八辣塔	ia 牙鸭	ua 瓦刮	
ɤ 歌盒壳文热色文	iɛ 写鞋接贴节	uɤ 缩国或	yɛ 靴月学文
ai 开排色白		uai 快	
ei 赔飞北		uei 对鬼	
au 宝饱	iau 笑桥药壳白学白		
ou 豆走	iou 油六		
an 南山半	ian 盐年	uan 短官	yan 权
ən 深根	in 心新	uən 寸滚春	yn 云
aŋ 糖	iaŋ 响讲	uaŋ 床王双	
əŋ 灯升争横	iŋ 硬病星	uŋ 东	yŋ 兄用

(三)声调

鸡西方言的声调共有 4 个调类,即阴平、阳平、上声和去声。其中,阴平的调值为 44,有时终点略低,听感上接近 33;阳平的调值为 24,起音略平;上声的调值为 213,有时起点略高,收尾略低,曲折不明显;去声的调值为 53,有时略低,接近 42。具体情况见表 1-16-3。

表 1-16-3　鸡西方言声调

调类	调值	例字	备注
阴平	44	东该灯风通开天春搭急₁哭拍切刻₁	急₁:又读 刻₁:白读

阳平 24	铜皮糖红门龙牛油急₂节₂毒白盒罚	急₂：又读 节₂：文读
上声 213	懂古鬼九统苦讨草买老五有谷百节₁塔	节₁：白读
去声 53	冻怪半四痛快寸去动罪近后洞地饭树卖路硬乱刻₂六麦叶月	刻₂：文读

说明：

古入声清声母字归入了阴平、阳平、上声和去声。但是，鸡西方言中古入声字读上声的较多，例如"节 tɕiɛ²¹³""结 tɕiɛ²¹³""血 ɕyɛ²¹³""削 ɕyɛ²¹³""得 tɤ²¹³""息 ɕi²¹³""客 tɕʰiɛ²¹³""宿 ɕy²¹³""刮 kua²¹³"等。

叁　连读变调

(一)两字组连读变调规律

音节与音节组合后在语流中必然发生音变,鸡西方言中两字组连读时的变调主要是前字变调。

1. 阴平的连读变调

有的单字调为阴平,但是,处在两字组中有时异化为阳平。

2. 上声的两字组连读变调

(1)上声+上声
上声与上声组合后,发生异化,前一个上声读阳平。
(2)上声+非上声
上声在非上声前,为了音律协调,上声的调值被同化为 21。

表 1-16-4　鸡西方言中两字组连读变调

前字声调	后字声调				
	阴平 44	阳平 24	上声 213	去声 53	轻声 0
阴平 44	44+44	44+24	44+213	44+53	44+0 24+0

续表

前字声调	后字声调				
	阴平 44	阳平 24	上声 213	去声 53	轻声 0
阳平 24	24+44	24+24	24+213	24+53	24+0
上声 213	21+44	21+24	24+213	21+53	21+0
去声 53	53+44	53+24	53+213	53+53	53+0

（二）两字组连读变调举例

阴平+阴平 44-44　44	公鸡 kuŋ tɕi	书包 su pau	扎针 tsa tsən
阴平+阳平 44-44　24	锅台 kuɤ tʰai	荤油 xuən iou	梳头 su tʰou
阴平+上声 44-44　213	猪血 tsu ɕyɛ	兴许 ɕiŋ ɕy	中指 tsuŋ tsʐ
阴平+去声 44-44　53	冬至 tuŋ tsʐ	松树 suŋ su	正月 tsəŋ yɛ
阴平+轻声 44-44　0	星星 ɕiŋ ɕiŋ	收拾 sou sʐ	街里 kai li
阳平+阴平 24-24　44	洋灰 iaŋ xuei	圆葱 yan tsʰuŋ	白猫 pai mau
阳平+阳平 24-24　24	咸盐 ɕian ian	煤油 mei iou	年前 ȵian tɕian
阳平+上声 24-24　213	凉水 liaŋ suei	洋火 iaŋ xuɤ	苹果 pʰiŋ kuɤ
阳平+去声 24-24　53	洋蜡 iaŋ la	划算 xua suan	责怪 tsɤ kuai
阳平+轻声 24-24　0	雹子 pau tsʐ	骡子 luɤ tsʐ	蘑菇 mɤ ku
上声+阴平 213-21　44	乳猫 y mau	打针 ta tsən	整天 tsəŋ tʰian
上声+阳平 213-21　24	小蛇 ɕiau sɤ	草房 tsʰau faŋ	保媒 pau mei
上声+上声 213-24　213	母狗 mu kou	老虎 lau xu	棉袄 mian au
上声+去声 213-21　53	柳树 liou su	老道 lau tau	扫地 sau ti
上声+轻声 213-21　0	梗子 kəŋ tsʐ	晌午 saŋ u	李子 li tsʐ
去声+阴平 53-53　44	大街 ta tɕiɛ	麦秸 mai kai	后天 xou tʰian
去声+阳平 53-53　24	炕席 kʰaŋ ɕi	化脓 xua nəŋ	上坟 saŋ fən
去声+上声 53-53　213	下雨 ɕia y	热水 iɛ suei	木耳 mu ɚ
去声+去声 53-53　53	稻地 tau ti	大坝 ta pa	半夜 pan iɛ
去声+轻声 53-53　0	月亮 yɛ liaŋ	叶子 iɛ tsʐ	木头 mu tʰou

(三)"一、不"的变调

"一、不"在去声前,调值一律变为24。在非去声(阴平、阳平、上声)前,"一"的调值变为53,"不"的调值仍为53。"一、不"嵌在相同的动词中间,读轻声。"不"在可能补语中读轻声。见表1-16-5。

表 1-16-5　鸡西方言中"一、不"的变调

前字及声调	后字及声调			
	阴平 44	阳平 24	上声 213	去声 53
一 44	53+44 一斤	53+24 一年	53+213 一起	24+53 一定
不 53	53+44 不吃	53+24 不行	53+213 不走	24+53 不去

(四)"三、七、八"的变调

"三、七、八"在去声前,调值变为24,在其他调类前,原调值不变,具体情况见表1-16-6。

表 1-16-6　鸡西方言中"三、七、八"的变调

前字及声调	后字及声调			
	阴平 44	阳平 24	上声 213	去声 53
三 44	44+44 三哥	44+24 三年	44+213 三讲	24+53 三路
七 44	44+44 七哥	44+24 七行	44+213 七垧	24+53 七个
八 44	44+44 八天	44+24 八年	44+213 八场	24+53 八路

肆　异读

鸡西方言存在异读现象,包括新老异读、文白异读等。

（一）新老异读

1. 声母

对于古影疑母开口一等字，老男一般将声母读为 n 和零声母，青男将声母读为零声母。例如，老男将"鹅"读为 nɤ²⁴、ɤ²⁴，青男将"鹅"读为 ɤ²⁴；老男将"饿"读为 nɤ⁵³、ɤ⁵³，青男将"饿"读为 ɤ⁵³；老男将"熬"读为 nau²⁴、au²⁴，青男将"熬"读为 au²⁴；老男将"恩"读为 nən⁴⁴、ən⁴⁴，青男将"恩"读为 ən⁴⁴；老男将"安"读为 nan⁴⁴、an⁴⁴，青男将"安"读为 an⁴⁴。

古日母字声母的新老异读共有 14 例，青男将声母均读为 ʐ，老男有两种情况。一种情况是老男将声母读为零声母。这种情况有 5 例：老男将"绕"读为 iau⁵³，青男将"绕"读为 ʐau⁵³；老男将"染"读为 ian²¹³，青男将"染"读为 ʐan²¹³；老男将"任"读为 in⁵³，青男将"任"读为 ʐən⁵³；老男将"闰"读为 in⁵³、yn⁵³，青男将"闰"读为 ʐuən⁵³；老男将"弱"读为 iau⁵³、yɛ⁵³，青男将"弱"读为 ʐuɤ⁵³。第二种情况是老男将声母读为零声母和 ʐ。这种情况有 9 例：老男将"入"读为 y⁵³、ʐu⁵³，青男将"入"读为 ʐu⁵³；老男将"热"读为 iɛ⁵³、ʐɤ⁵³，青男将"热"读为 ʐɤ⁵³；老男将"软"读为 yan²¹³、ʐuan²¹³，青男将"软"读为 ʐuan²¹³；老男将"人"读为 in²⁴、ʐən²⁴，青男将"人"读为 ʐən²⁴；老男将"认"读为 in⁵³、ʐən⁵³，青男将"认"读为 ʐən⁵³；老男将"日"读为 i⁵³、ʐʅ⁵³，青男将"日"读为 ʐʅ⁵³；老男将"让"读为 iaŋ⁵³、ʐaŋ⁵³，青男将"让"读为 ʐaŋ⁵³；老男将"肉"读为 iou⁵³、ʐou⁵³，青男将"肉"读为 ʐou⁵³；老男将"褥"读为 y⁵³、ʐu⁵³，青男将"褥"读为 ʐu⁵³。

对于云母庚韵字、以母钟韵字，老男将声母读为零声母，青男将声母读为 ʐ。例如，老男将"容"读为 yŋ²⁴，青男将"容"读为 ʐuŋ²⁴；老男将"荣"读为 yŋ²⁴，青男将"荣"读为 ʐuŋ²⁴。

对于古泥母字，老男将声母读为 m、ȵ，青男将声母读为 ȵ。例如，老男将蟹摄开口四等平声齐韵的"泥"读为 mi²⁴、ȵi²⁴，青男读为 ȵi²⁴。

对于古明母字，老男将声母读为 ȵ、m，青男将声母读为 m。例如，老男将山摄开口三等平声仙韵的"棉"读为 ȵiau²⁴、mian²⁴，青男读为 mian²⁴。

对于臻摄合口三等精母字，老男将声母读为 ts、tɕ，青男将声母读为 tɕ。例如，老男将"俊"读为 tsuən⁵³、tɕyn⁵³，青男将"俊"读为 tɕyn⁵³。

2. 韵母

对于古日母字，老男、青男在韵母方面也存在异读。例如，老男将"绕"的韵母读为 iau，青男将"绕"的韵母读为 au；老男将"染"的韵母读为 ian，青男将"染"的韵母读为 an；老男将"任"的韵母读为 in，青男将"任"的韵母读为 ən；老男将"闰"的韵母读为 in、yn，青男将"闰"的韵母读为 uən；老男将"弱"的韵母读为 iau、yɛ，青男将"弱"的韵母读为 uɤ;老男将"入"的韵母读为 y、u,青男将"入"的韵母读为 u;老男将"热"的韵母读为 iɛ、ɤ,青男将"热"的韵母读为 ɤ;老男将"软"的韵母读为 yan、uan,青男将"软"的韵母读为 uan;老男将"人、认"的韵母读为 in、ən,青男将"人、认"的韵母读为 ən;老男将"日"的韵母读为 i、ɿ,青男将"日"的韵母读为 ɿ;老男将"让"的韵母读为 iaŋ、aŋ,青男将"让"的韵母读为 aŋ;老男将"肉"的韵母读为 iou、ou,青男将"肉"的韵母读为 ou;老男将"褥"的韵母读为 y、u,青男将"褥"的韵母读为 u。

对于通摄合口东、钟、冬韵字,有时,老男将韵母读为 əŋ、uŋ,青男将韵母读为 uŋ。例如,老男将"粽"读为 tsəŋ⁵³,青男将"粽"读为 tsuŋ⁵³;老男将"浓"读为 nəŋ²⁴、nuŋ²⁴,青男将"浓"读为 nuŋ²⁴。有时,老男将韵母读为 əŋ 或 uŋ,青男将韵母读为 əŋ 或 uŋ。例如,老男将"弄"读为 nuŋ⁵³,青男将"弄"读为 nəŋ⁵³ 或 nuŋ⁵³;老男将"脓"读为 nəŋ²⁴,青男将"脓"读为 nəŋ²⁴ 或 nuŋ²⁴。

3. 文白

老男和青男在文白异读方面存在差异,年轻人多用文读形式。在《中国语言资源调查手册·汉语方言》的 1000 个单字中,青男文白异读的有 41 例(取、卫、尾、毛、拉、插、急、割、鲜、节、结、暖、乱、刮、血、嫩、橘、薄、落、恶、雀、削、防、撞、角、壳、得、塞、刻、息、色、国、更、择、客、弄、脓、福、宿、叔、熟)。老男文白异读的有 101 例。

(二)文白异读

1. 声母

部分蟹摄开口二等见母字的声母白读为 k,文读为 tɕ。例如,"街"白读为 kai⁴⁴,文读为 tɕiɛ⁴⁴;"解"白读为 kai²¹³,文读为 tɕiɛ²¹³。

梗摄开口二等溪母、见母字的声母白读为 tɕ、tɕʰ,文读为 k、kʰ。例如,"耕"白读为 tɕiŋ⁴⁴,文读为 kəŋ⁴⁴;"客"白读为 tɕʰiɛ²¹³,文读为 kʰɤ⁵³;"更"白读为 tɕiŋ⁴⁴,文读为 kəŋ⁴⁴。

2. 韵母

韵母文白异读的现象常见于宕江曾梗通五摄入声字中。

宕江摄入声字的韵母白读为 a、au、iau,文读为 ɤ、uɤ、yɛ。例如,"薄"白读为 pau²⁴,文读为 pɤ²⁴;"鹤"白读为 xau²⁴,文读为 xɤ⁵³;"落"白读为 la⁵³、lau⁵³,文读为 luɤ⁵³;"雀"白读为 tɕʰiau²¹³,文读为 tɕʰyɛ⁵³;"削"白读为 ɕiau⁴⁴,文读为 ɕyɛ²¹³;"弱"白读为 iau⁵³,文读为 ʐuɤ⁵³;"剥"白读为 pau⁴⁴,文读为 pɤ⁴⁴;"学"白读为 ɕiau²⁴,文读为 ɕyɛ²⁴。

曾开三入白读为 ai,文读为 ɤ。例如,"色"白读为 sai²¹³,文读为 sɤ⁵³。

曾开一入白读为 ei，文读为 ɤ 或 ai。例如，“得”白读为 tei²¹³，文读为 tɤ²¹³、tɤ²⁴；“塞”白读为 sei⁴⁴，文读为 sai⁴⁴、sɤ⁵³。

梗开二入白读为 iɛ，文读为 ɤ。例如，“择”白读为 tsai²⁴，文读为 tsɤ²⁴；“客”白读为 tɕʰiɛ²¹³，文读为 kʰɤ⁵³。

通合三入白读为 y、ou，文读为 u。例如，“宿”白读为 ɕy²¹³，文读为 su⁵³；“熟”白读为 sou²⁴，文读为 su²⁴。

山摄合口一等字桓韵白读为 au、an，文读为 uan。例如，“暖”白读为 nau²¹³，文读为 nuan²¹³；“乱”白读为 lan⁵³，文读为 luan⁵³。

此外，一些舒声字同样也存在文白异读情况。例如，“取”白读为 tɕʰiou²¹³，文读为 tɕʰy²¹³；“尾”白读为 i²¹³，文读为 uei²¹³；“寻”白读为 ɕin²⁴，文读为 ɕyn²⁴。

3. 声调

声调异读主要见于入声字，例如“插 tsʰa²¹³/tsʰa⁴⁴”“鸭 ia²⁴/ia⁴⁴”“法 fa²⁴/fa²¹³”“匹 pʰi²¹³/pʰi⁴⁴”“失 sʅ²⁴/sʅ⁴⁴”“骨 ku²¹³/ku⁴⁴”“劈 pʰi²¹³/pʰi⁴⁴”。有的还伴有韵母异读，如“割 ka²¹³/kɤ⁴⁴”“色 sai²¹³/sɤ⁵³”。有的还伴有声母异读。有的是声母、韵母、声调均异读，如“客 tɕʰiɛ²¹³/kʰɤ⁵³”“宿 ɕy²¹³/su⁵³”。

舒声字同样也有文白异读现象，例如“瓦 ua²¹³/ua⁵³”“糙 tsau⁵³/tsʰau⁴⁴”。

（三）其他异读

有些异读现象既不属于新老异读，又不能简单地归入文白异读，例如“酵 ɕiau⁵³/tɕiau⁵³”“鲜 ɕian⁴⁴/ɕian²¹³”“剑 tɕian²¹³/tɕian⁵³”“延 ian⁵³/ian²⁴”等。

伍　儿化

儿化是指一个音节中韵母带上卷舌色彩的一种特殊音变现象。它具有区别词义、区分词性和表示细小、喜爱等感情色彩的作用。鸡西方言的儿化音变与普通话的儿化音变基本相同，见表 1-16-7。

表 1-16-7　鸡西方言儿化情况

儿化韵		来源	例词
1	ər	ʅ	年三十儿 ȵian²⁴san⁴⁴sər²⁴、侄儿 tsər²⁴
		ei	傍黑儿 paŋ⁴⁴xər⁴⁴
		ən	年根儿 ȵian²⁴kər⁴⁴、脸盆儿 lian²¹pʰər²⁴
2	iər	i	肚脐儿 tu⁵³tɕʰiər²⁴、咽气儿 ian⁵³tɕʰiər⁵³
		in	背心儿 pei⁵³ɕiər⁴⁴、得劲儿 tei²¹tɕiər⁵³

续表

儿化韵		来源	例词
3	uər	uei	裤腿儿 kʰu⁵³tʰuər²¹³
		uən	屯儿 tʰuər²⁴、光棍儿 kuaŋ⁴⁴kuər⁵³
4	yər	y	小鱼儿 ɕiau²¹yər²⁴
		yn	连衣裙儿 lian²⁴i⁴⁴tɕʰyər²⁴
5	ar	a	把儿 par⁵³
6	iar	ia	抽匣儿 tsʰou⁴⁴ɕiar²⁴
7	uar	ua	猪爪儿 tsu⁴⁴tsuar²¹³
8	iɛr	iɛ	蝴蝶儿 xu²⁴tiɛr²¹³
9	yɛr	yɛ	正月儿 tsəŋ⁴⁴yɛr⁰
10	ɣr	ɣ	毛嗑儿 mau²⁴kʰɣr⁵³、围脖儿 uei²⁴pɣr²⁴
11	uɣr	uɣ	水果儿 suei²⁴kuɣr²¹³、窝儿 uɣr⁴⁴
12	ɐr	ai	小孩儿 ɕiau²¹xɐr²⁴
		an	门槛儿 mən²⁴kʰɐr²¹³
13	iɐr	ian	天儿 tʰiɐr⁴⁴、河沿儿 xɣ²⁴iɐr⁵³
14	uɐr	uai	一块儿 i²⁴kʰuɐr⁵³
		uan	尿罐儿 ȵiau⁵³kuɐr⁵³、新郎官儿 ɕin⁴⁴laŋ²⁴kuɐr⁴⁴
15	yɐr	yan	手绢儿 sou²¹tɕyɐr⁵³、旋儿 ɕyɐr⁵³
16	aur	au	桃儿 tʰaur²⁴、枣儿 tsaur²¹³
17	iaur	iau	家雀儿 tɕia⁴⁴tɕʰiaur²¹³、口条儿 kʰou²¹tʰiaur²⁴
18	our	ou	水沟儿 suei²¹kour⁴⁴、兜儿 tour⁴⁴
19	iour	iou	石榴儿 sʅ²⁴liour⁰
20	ur	u	里屋儿 li²¹ur⁴⁴
21	ãr	aŋ	草房儿 tsʰau²¹fãr²⁴、电棒儿 tian⁵³pãr⁵³
22	iãr	iaŋ	插秧儿 tsʰa⁴⁴iãr⁴⁴、象儿 ɕiãr⁵³
23	uãr	uaŋ	一对儿双儿 i²⁴tuər⁵³suãr⁵³
24	ə̃r	əŋ	水坑儿 suei²¹kʰə̃r⁴⁴、缝儿 fə̃r⁵³
25	iə̃r	iŋ	杏儿 ɕiə̃r⁵³、打鸣儿 ta²¹miə̃r²⁴、瓶儿 pʰiə̃r²⁴
26	yə̃r	yŋ	苞米绒儿 pau⁴⁴mi²¹yə̃r²⁴
27	uə̃r	uŋ	胡同儿 xu²⁴tʰuə̃r⁵³

陆　其他主要音变

1. 词尾"子"的韵腹存在 ɿ 和 ə 两读现象,统一记作 ɿ。
2. 词尾"子"偶尔读成 tə⁰。

第十七节　密山方音

壹　概况

（一）地理

密山系隶属于黑龙江省鸡西市的县级市,位于黑龙江省东南部兴凯湖畔,因境内蜂蜜山而得名。密山市下辖 16 个乡镇,共 154 个行政村,总面积 7728 平方千米。密山方言调查点设在当壁镇。当壁镇位于密山市西南部,地理坐标为东经 131°48′、北纬 42°23′。当壁镇辖 8 个行政村、18 个自然屯、54 个村民小组,区域面积 340 平方千米。[①]

（二）人口与民族

根据第七次全国人口普查数据,截至 2020 年 11 月 1 日零时,密山市常住人口为 339103 人。密山有汉族、朝鲜族、满族、回族等民族,汉族人口占 95% 以上。[②]

（三）方言种类及系属

密山方言属于东北官话区黑松片的佳富小片。密山主要使用密山方言,不同职业的人群使用的密山方言稍有不同。

（四）地方曲艺

二人转是大众比较喜欢的地方曲艺。

---

① 来源于密山市人民政府网（http://www.hljms.gov.cn）。
② 来源于密山市人民政府网（http://www.hljms.gov.cn）。

贰 声韵调

（一）声母

在密山方言中，声母共有 20 个（含零声母）。其中，双唇音有 3 个，即 p、pʰ、m；唇齿音有 1 个，即 f；舌尖前音有 3 个，即 ts、tsʰ、s；舌尖中音有 4 个，即 t、tʰ、n、l；舌尖后音有 1 个，即 z̩；舌面前音有 3 个，即 tɕ、tɕʰ、ɕ；舌面后音有 3 个，即 k、kʰ、x；龈腭鼻音有 1 个，即 ȵ；另有 1 个零声母 ø。

有些字的声母 ts、tsʰ、s 在发音时舌位稍靠后，舌尖轻抵下齿背。部分字的声母 ts、tsʰ、s 有卷舌色彩，接近 tʂ、tʂʰ、ʂ，但舌位稍靠前，因此统一处理为 ts、tsʰ、s。

在有的音节中，声母 z̩ 的舌位稍靠前，位于舌尖前和舌尖后之间，实际发音时介于 z 和 z̩ 之间，统一记作 z̩。密山方言声母见表 1-17-1。

表 1-17-1 密山方言声母

p 八兵病	pʰ 派片爬	m 麦明	f 飞风副蜂肥饭
t 多东毒	tʰ 讨天甜	n 脑南熬₁	l 蓝连路
ts 资早租字贼坐 张竹柱争装纸主	tsʰ 刺草寸抽拆茶 抄初床车春船城		s 丝三酸事山双 顺手书十
			z̩ 日
tɕ 酒九	tɕʰ 清全轻权	ȵ 年泥	ɕ 想谢响县
k 高共	kʰ 开		x 好灰活
ø 味问熬₂ 月安 温王云用药			

（二）韵母

在密山方言中，韵母共有 35 个。其中，单元音韵母共有 7 个，即 a、ɤ、i、u、y、ɿ、ɚ，复合韵母共有 28 个。在复合韵母中，复元音韵母有 13 个，即 ai、ei、au、ou、ia、iɛ、iau、iou、ua、uɤ、uai、uei、yɛ；带鼻音韵母有 15 个，即 an、ən、ian、in、uan、uən、yan、yn、aŋ、əŋ、iaŋ、iŋ、uaŋ、uŋ、yŋ。

韵母 ɚ 在去声音节中读 ɐr。

元音 a 在 a、ia、ua 中的实际音值为 ᴀ，ian、yan 中 a 的实际音值为 ɛ，au、iau、aŋ、iaŋ、 uaŋ 中 a 的实际音值为 ɑ,统一处理为 a。

韵母 ou 和 iou 的韵腹 o 的实际音值比 o 靠前,唇形略展,记作 o。在韵母 uɤ 中,ɤ 的唇形稍圆,实际音值介于 ɤ 和 o 之间。

在实际发音时,合口呼零声母音节有轻微的唇齿擦音色彩,但摩擦不明显,在个别韵母(如 ei)前,摩擦比较明显,如"卫、危"等。

大部分 uŋ 的实际音值接近 uoŋ,有个别音为 uəŋ,因 uəŋ 辖字太少,故将 uəŋ 归入 uŋ。密山方言韵母见表 1-17-2。

表 1-17-2　密山方言韵母

ʅ 师丝试十直尺	i 米戏急七一锡	u 苦五猪骨出谷	y 雨橘绿局
ɚ 二			
a 茶塔法辣八	ia 牙鸭	ua 瓦刮	
	iɛ 写鞋接贴节		yɛ 靴月学₂
ɤ 歌盒壳₁ 色₂		uɤ 坐过活托郭国	
ai 开排色₁ 白		uai 快	
ei 赔飞北		uei 对鬼	
au 宝饱	iau 笑桥药壳₂ 学₁		
ou 豆走	iou 油六		
an 南山半	ian 盐年	uan 短官	yan 权
ən 深根	in 心新	uən 寸春滚	yn 云
aŋ 糖	iaŋ 响讲	uaŋ 床王双	
əŋ 灯升争横	iŋ 硬病星		
		uŋ 东翁	yŋ 兄用

(三)声调

在密山方言中,声调共有 4 个调类,即阴平、阳平、上声和去声。其中,阴平的调值为 44,有时在听感上接近 33;阳平的调值为 24,有时开头稍平,实际调值为 224,有时实际调值为 35,统一记作 24;上声的调值为 213,上声前降幅度普遍不大,有些前降不明显,还有些前部稍平,统一记作 213;去声的调值为 52,有时在听感上接近 51。具体情况见表 1-17-3。

表 1-17-3　密山方言声调

调类	调值	例字	备注
阴平	44	东该灯风通开天春搭急₂哭拍切刻₁	急₂：又读 刻₁：白读
阳平	24	铜皮糖红门龙牛油急₁节₂毒白盒罚	急₁：又读 节₂：文读
上声	213	懂古鬼九统苦讨草买老五有谷百节₁塔	节₁：白读
去声	52	冻怪半四痛快寸去动罪近后洞地饭树卖路硬乱刻₂六麦叶月	刻₂：文读

叁　连读变调

(一)两字组连读变调规律

两字组连读,一般都是前字变调,后字不变调。变调规律见表1-17-4。

表 1-17-4　密山方言两字组连读变调

前字声调	后字声调				
	阴平 44	阳平 24	上声 213	去声 52	轻声 0
阴平 44	44+44	44+24	44+213	44+52	44+0
	24+44	24+24	52+213	44+24	24+0
	52+44	52+24		24+52	
阳平 24	24+44	24+24	24+213	24+52	24+0
		24+44			
	52+44	52+24	52+213		
上声 213	21+44	21+24	24+213	21+52	21+0
去声 52	52+44	52+24	52+213	—	—

(二)两字组连读变调举例

阴平+阴平 44-44　44	扎针 tsa tsən	花生 xua səŋ	天天 tʰian tʰian
阴平+阳平 44-44　24	甘蔗 kan tsɤ	梳头 su tʰou	锅台 kuɤ tʰai

续表

阴平+上声 44-44　213	开水 kʰai suei	苞米 pau mi	钢笔 kaŋ pi
阴平+去声 44-44　52	蜂蜜 fəŋ mi	菠菜 pɤ tsʰai	香菜 ɕiaŋ tsʰai
阴平+轻声 44-44　0	桌子 tsuɤ tsɿ	高粱 kau liaŋ	牤子 maŋ tsɿ
阳平+阴平 24-24　44	白天 pai tʰian	洋灰 iaŋ xuei	年糕 ȵian kau
阳平+阳平 24-24　24	年前 ȵian tɕʰian	啥前儿 sa tɕʰiɐr	围脖儿 uei pɤr
阳平+上声 24-24　213	白酒 pai tɕiou	头午 tʰou u	凉水 liaŋ suei
阳平+去声 24-24　52	白菜 pai tsʰai	芹菜 tɕʰin tsʰai	十月 sɿ yɛ
阳平+轻声 24-24　0	桃子 tʰau tsɿ	核桃 xɤ tʰau	棉花 mian xua
上声+阴平 213-21　44	整天 tsəŋ tʰian	简单 tɕian tan	里屋 li u
上声+阳平 213-21　24	保媒 pau mei	以前 i tɕʰian	往年 uaŋ ȵian
上声+上声 213-24　213	左手 tsuɤ sou	晌午 saŋ u	老虎 lau xu
上声+去声 213-21　52	喜鹊 ɕi tɕʰyɛ	韭菜 tɕiou tsʰai	柳树 liou su
上声+轻声 213-21　0	尾巴 uei pa	起来 tɕʰi lai	喜欢 ɕi xuan
去声+阴平 52-52　44	后天 xou tʰian	傍黑 paŋ xei	亮天 liaŋ tʰian
去声+阳平 52-52　24	认为 ʐən uei	炕席 kʰaŋ ɕi	大鹅 ta nɤ
去声+上声 52-52　213	各种 kɤ tsuŋ	冒险 mau ɕian	稻草 tau tsʰau

（三）“别、没、还、不”的变调

在密山方言中,副词“别、没、还、不”在阴平、阳平、上声前读去声,在去声前读阳平。

表 1-17-5　密山方言中“别、没、还、不”的变调

前字及声调	后字及声调			
	阴平 44	阳平 24	上声 213	去声 52
别 24	52+44 别吃	52+24 别来	52+213 别走	24+52 别去
没 24	52+44 没吃	52+24 没学	52+213 没走	24+52 没看
还 24	52+44 还喝	52+24 还行	52+213 还跑	24+52 还看

续表

前字及声调	后字及声调			
	阴平 44	阳平 24	上声 213	去声 52
不 52	52+44 不吃	52+24 不来	52+213 不好	24+52 不用

(四)"一、三、七、八"的变调

在密山方言中,"一"在阴平、阳平、上声前读去声,在去声前读阳平;"三、七、八"在阴平、阳平、上声前读阴平,在去声前读阳平。具体情况见表 1-17-6。

表 1-17-6　密山方言中"一、三、七、八"的变调

前字及声调	后字及声调			
	阴平 44	阳平 24	上声 213	去声 52
一 44	52+44 一天	52+24 一年	52+213 一盏	24+52 一定
三 44	44+44 三张	44+24 三头	44+213 三口	24+52 三次
七 44	44+44 七千	44+24 七回	44+213 七百	24+52 七月
八 44	44+44 八斤	44+24 八年	44+213 八点	24+52 八卦

肆　异读

密山方言存在异读现象,包括新老异读、文白异读等。

(一)新老异读

1. 声母

对于古影疑母开口一等字,老男一般将声母读为 n,青男将声母读为零声母。例如,老男将"恶"读为 nɤ^{52},青男将"恶"读为 ɤ^{213};老男将"鹅"读为 nɤ^{24}、ɤ^{24},青男将

"鹅"读为ɤ²⁴;老男将"饿"读为nɤ⁵²、ɤ⁵²,青男将"饿"读为ɤ⁵²;老男将"熬"读为nau²⁴、au²⁴,青男将"熬"读为au²⁴;老男将"安"读为nan⁴⁴、an⁴⁴,青男将"安"读为an⁴⁴。

古日母字声母的新老异读共有8例,有2种情况。一种情况是老男将声母读为零声母,青男将声母读为零声母和ʐ。这种情况共有4例:老男将"绕"读为iau⁵²,青男将"绕"读为iau⁵²、ʐau⁵²;老男将"染"读为ian²¹³,青男将"染"读为ian²¹³、ʐan²¹³;老男将"任"读为in⁵²,青男将"任"读为in⁵²、ʐən⁵²;老男将"热"读为iɛ⁵²,青男将"热"读为iɛ⁵²、ʐɤ⁵²。另一种情况是老男将声母读为零声母,青男将声母读为ʐ。这种情况共有4例:老男将"软"读为yan²¹³,青男将"软"读为ʐuan²¹³;老男将"认"读为in⁵²,青男将"认"读为ʐən⁵²;老男将"闰"读为in⁵²,青男将"闰"读为ʐuən⁵²;老男将"弱"读为yɛ⁵²,青男将"弱"读为ʐuɤ⁵²。

对于古泥母字,老男将声母读为l,青男将声母读为n或l。例如,老男将"嫩"读为lən⁵²,青男将"嫩"读为lən⁵²、nən⁵²。

对于云母庚韵字,老男将声母读为零声母,青男将声母读为ʐ。例如,老男将"荣"读为yŋ²⁴,青男将"荣"读为ʐuŋ²⁴。

2. 韵母

对于古日母字,老男、青男在韵母方面也存在异读。例如,老男将"绕"的韵母读为iau,青男将"绕"的韵母读为iau、au;老男将"染"的韵母读为ian,青男将"染"的韵母读为ian、an;老男将"任"的韵母读为in,青男将"任"的韵母读为in、ən;老男将"热"的韵母读为iɛ,青男将"热"的韵母读为iɛ、ɤ;老男将"软"的韵母读为yan,青男将"软"的韵母读为uan;老男将"认"的韵母读为in,青男将"认"的韵母读为ən;老男将"闰"的韵母读为in,青男将"闰"的韵母读为uən;老男将"弱"的韵母读为yɛ,青男将"弱"的韵母读为uɤ。

对于通摄合口一等东、冬韵字,老男将韵母读为əŋ或uŋ,青男将韵母读为uŋ。例如,老男将"粽"读为tsəŋ⁵²,青男将"粽"读为tsuŋ⁵²;老男将"弄"读为nəŋ⁵²或nuŋ⁵²,青男将"弄"读为nuŋ⁵²。

对于山摄合口一等字,老男将韵母读为an、uan,青男将韵母读为uan。例如,老男将"暖"读为nan²¹³、nuan²¹³,青男将"暖"读为nuan²¹³;老男将"乱"读为lan⁵²、luan⁵²,青男将"乱"读为luan⁵²。

3. 文白

老男和青男在文白异读方面存在较小的差异,但年轻人多用文读形式。在《中国语言资源调查手册·汉语方言》的1000个单字中,青男文白异读有43例。老男文白异读有53例。其中,青男有9例文白异读与老男不同,老男只有白读,青男是文白异读。例如,老男将"绕"读为iau⁵²,青男将"绕"读为iau⁵²、ʐau⁵²;老男将"嫩"读为

lən^{52}，青男将"嫩"读为 lən^{52}、nən^{52}；老男将"脓"读为 nəŋ^{24}，青男将"脓"读为 nəŋ^{24}、nuŋ^{24}。青男的其他文白异读与老男基本一致。

(二)文白异读

1. 声母

部分蟹摄开口二等见母字的声母白读为 k，文读为 tɕ。例如，"街"白读为 kai^{44}，文读为 tɕiɛ^{44}；"解"白读为 kai^{213}，文读为 tɕiɛ^{213}。

梗摄开口二等溪母、见母字的声母白读为 tɕʰ、tɕ，文读为 kʰ、k。例如，"客"白读为 tɕʰiɛ^{213}，文读为 kʰɤ^{52}；"更"白读为 tɕiŋ^{44}，文读为 kəŋ^{44}。

2. 韵母

韵母文白异读的现象常见于宕江曾梗通五摄入声字中。

宕江摄入声字的韵母白读为 a、au、iau，文读为 ɤ、uɤ、yɛ。例如，"落"白读为 la^{52}，文读为 luɤ^{52}；"雀"白读为 tɕʰiau^{213}，文读为 tɕʰyɛ^{52}；"削"白读为 ɕiau^{44}，文读为 ɕyɛ^{213}；"约"白读为 iau^{44}，文读为 yɛ^{44}；"壳"白读为 tɕʰiau^{52}，文读为 kʰɤ^{24}；"学"白读为 ɕiau^{24}，文读为 ɕyɛ^{24}。

曾开三入白读为 ai，文读为 ɤ。例如，"色"白读为 sai^{213}，文读为 sɤ^{52}。

曾开一入白读为 ei，文读为 ɤ 或 ai。例如，"得"白读为 tei^{213}，文读为 tɤ^{24}；"塞"白读为 sei^{44}，文读为 sai^{44}。

梗开二入白读为 iɛ，文读为 ɤ。例如，"客"白读为 tɕʰiɛ^{213}，文读为 kʰɤ^{52}。

通合三入白读为 y，文读为 u。例如，"宿"白读为 ɕy^{213}，文读为 su^{52}。

此外，一些舒声字同样也存在文白异读情况。例如，"取"白读为 tɕʰiou^{213}，文读为 tɕʰy^{213}；"尾"白读为 i^{213}，文读为 uei^{213}；"暖"白读为 nan^{213}，文读为 nuan^{213}。

3. 声调

声调异读主要见于入声字，例如"刮 kua^{213}/kua^{44}""拉 la^{213}/la^{24}/la^{44}""结 tɕiɛ^{213}/tɕiɛ^{44}""劈 pʰi^{213}/pʰi^{44}"。有的还伴有韵母异读，如"雀 tɕʰiau^{213}/tɕʰyɛ^{52}""色 sai^{213}/sɤ^{52}"。有的还伴有声母异读，如"恶 nɤ^{44}/ɤ^{213}"。有的是声母、韵母、声调均异读，如"客 tɕʰiɛ^{213}/kʰɤ^{52}""宿 ɕy^{213}/su^{52}"。

舒声字同样也有文白异读现象，例如"冲 tʂʰuŋ^{52}/tʂʰuŋ^{44}""卫 uei^{213}/uei^{52}"。

(三)其他异读

有些异读现象既不属于新老异读，又不能简单地归入文白异读，例如"沉 tʂʰən^{52}/tʂʰən^{24}""还 xai^{52}/xai^{24}"等。

伍　儿化

密山方言的儿化音变与普通话的儿化音变基本相同。具体情况见表 1-17-7。

表 1-17-7　密山方言儿化情况

儿化韵		来源	例词
1	ər	ʅ	三十儿 san⁴⁴sər²⁴、刺儿 tsʰər⁵²
		ei	眼泪儿 ian²¹lər⁵²
		ən	婶儿 sər²¹³
2	iər	i	粒儿 liər⁵²
		in	今儿个 tɕiər⁴⁴kə⁰
3	uər	u	儿媳妇儿 ɚ²⁴ɕi²⁴fuər⁰
		uei	裤腿儿 ku⁵²tʰuər²¹³
		uən	村屯儿 tsʰuən⁴⁴tʰuər²⁴
4	yər	y	仙女儿 ɕian⁴⁴ȵyər²¹³
		yn	连衣裙儿 lian²⁴i⁴⁴tɕʰyər²⁴
5	ar	a	把儿 par⁵²
6	iar	ia	下儿 ɕiar⁵²
7	uar	ua	荷花儿 xɤ²⁴xuar⁴⁴
8	iɛr	iɛ	蝴蝶儿 xu²⁴tiɛr²⁴
9	yɛr	yɛ	正月儿 tsəŋ⁴⁴yɛr⁵²
10	ɤr	ɤ	唱歌儿 tsʰaŋ⁵²kɤr⁴⁴
11	uɤr	uɤ	鸟窝儿 ȵiau²¹uɤr⁴⁴
12	ɐr	ai	小孩儿 ɕiau²¹xɐr²⁴
		an	床单儿 tsʰuaŋ²⁴tɐr⁴⁴
13	iɐr	ian	天儿 tʰiɐr⁴⁴
14	uɐr	uai	块儿 kʰuɐr⁵²
		uan	新郎官儿 ɕin⁴⁴laŋ²⁴kuɐr⁴⁴
15	yɐr	yan	烟卷儿 ian⁴⁴tɕyɐr²¹³
16	aur	au	豆腐脑儿 tou⁵²fu⁰naur²¹³
17	iaur	iau	家雀儿 tɕia⁴⁴tɕʰiaur²¹³
18	our	ou	后儿个儿 xour⁵²kɤr⁰

续表

	儿化韵	来源	例词
19	iour	iou	石榴儿 sʅ²⁴liour⁰
20	ãr	aŋ	电棒儿 tian⁵²pãr⁵²
21	iãr	iaŋ	鲜亮儿 ɕian⁴⁴liãr⁵²
22	uãr	uaŋ	一对儿双儿 i²⁴tuər⁵² suãr⁵²
23	ə̃r	əŋ	水坑儿 suei²¹kʰə̃r⁴⁴
24	iə̃r	iŋ	打鸣儿 ta²¹miə̃r²⁴
25	uə̃r	uŋ	胡同儿 xu²⁴tʰuə̃r⁵²
26	yə̃r	yŋ	小熊儿 ɕiau²¹ɕyə̃r²⁴

陆　其他主要音变

1. 在轻声音节中，韵母 ɣ 多读作 ə，少部分读作 i。所记的音皆为实际所发的音。

2. 古清入字在口语中读上声的较多，如"插 tsʰa²¹³""福 fu²¹³""国 kuɣ²¹³""节 tɕiɛ²¹³""结 tɕiɛ²¹³"。

第十八节　穆棱方音

壹　概况

(一)地理

穆棱是隶属于黑龙江省牡丹江市的县级市，位于黑龙江省东南部。穆棱地处东经129°45′19″至130°58′07″，北纬43°49′55″至45°07′16″。穆棱紧邻牡丹江市城区、鸡西市、绥芬河市，东与俄罗斯接壤，边境线全长44千米。穆棱既处在东北亚"金三角"之中，又位于对俄出口的黄金通道上，是通往口岸人流、物流、信息流的必经之地。穆棱地势南高北低，东西两侧高，中部低。山脉属长白山系老爷岭山脉，呈西南东北走向。穆棱地域内山多水阔，具有"九山半水半分田"的地貌特征。①

---

① 来源于穆棱市人民政府网(http://www.muling.gov.cn)。

（二）人口与民族

根据第七次全国人口普查数据,截至 2020 年 11 月 1 日零时,穆棱市常住人口为 197065 人。① 穆棱是一个多民族聚居地。汉族人口最多,朝鲜族人口次之。此外,还有满族、蒙古族、回族等。朝鲜族一般居住在沿河地带,进行水稻种植。

（三）方言种类及系属

穆棱方言属于东北官话区吉沈片的蛟宁小片。当地人所使用的方言有穆棱方言和胶辽官话。穆棱方言遍布于穆棱市各县、乡、村。胶辽官话是指从山东和辽宁移民过来的人所说的方言,这些人多居住在农村,从事农业生产。

（四）地方曲艺

穆棱市的地方曲艺主要有快板和二人转。穆棱市的快板主要在各种重要活动中或重大节日时公开表演,内容以歌颂穆棱市的城市建设、经济飞速发展为主,当然也不乏歌颂幸福生活、反映时代风貌的快板。二人转主要以说唱为主,受众群体主要是中年人和老年人。

贰　声韵调

（一）声母

穆棱方言共有 20 个声母(包括零声母)。其中,双唇音有 3 个,唇齿音有 1 个,舌尖前音有 3 个,舌尖中音有 4 个,舌尖后音有 1 个,舌面前音有 3 个,舌面后音有 3 个,龈腭鼻音有 1 个,另有 1 个零声母。

在穆棱方言中,声母 ts、tsʰ、s 在发音时有时靠前,有时靠后,近于舌尖后音 tʂ、tʂʰ、ʂ,但发音人不能区分,自由变读,单字音中二者的比例约为 1.2 : 1。在口语中,舌尖前音明显多于舌尖后音,二者的比例约为 2.5 : 1,因此将它们归纳为一套音位。

在词汇中,声母 ȵ 的舌位有时比较靠后,如"年初"等。

---

① 来源于牡丹江市人民政府网(http://www.mdj.gov.cn)。

表 1-18-1　穆棱方言声母

p 八兵病	pʰ 派片爬	m 麦明	f 飞风副蜂肥饭
t 多东毒	tʰ 讨天甜	n 脑南熬_白	l 老蓝连路
k 高共	kʰ 开		x 好灰活
tɕ 酒九	tɕʰ 清全轻权	ȵ 年泥	ɕ 想谢响县
			ʐ 热_文 软_文

ts 资早租字贼坐
张竹柱争装纸主
tsʰ 刺草寸祠抽拆
茶抄初床车春船城
s 丝三酸事山双
顺手书十

ø 味问热_文 软_文
熬_文 月安温王云
用药

(二)韵母

　　穆棱方言共有韵母 36 个,其中,单元音韵母有 8 个,复合韵母有 28 个。在复合韵母中,复元音韵母有 13 个,带鼻音韵母有 15 个。

　　在穆棱方言中,韵母 ɿ 在与 ts、tsʰ、s 相拼时因声母发生变化而存在变体 ʅ。ʅ 通常只与声母 ʐ 相拼。

　　在韵母 a、ia、ua 中,元音 a 的实际音值为 A。在韵母 ian 中,元音 a 的实际音值为 ɛ。在韵母 au、iau 和 aŋ、iaŋ、uaŋ 中,元音 a 的实际音值为 ɑ。

　　韵母 ɤ 的舌位略靠前。

表 1-18-2　穆棱方言韵母

ɿ 师丝试十直尺	i 米戏急七一锡	u 苦五猪骨出谷绿_{鸭~江}	y 雨橘绿_{~色}局
ʅ 日			
ɚ 二			
a 茶塔法辣八	ia 牙鸭	ua 瓦刮	
	iɛ 写鞋接贴热_白节		yɛ 靴月学_文
ɤ 歌盒热_文 壳_文 色_文		uɤ 坐过活托郭国	
ai 开排色_白白		uai 快	
ei 赔飞北		uei 对鬼	

au 宝饱　　　　　iau 笑桥药壳_白学_白

ou 豆走　　　　　iou 油六

an 南山半　　　　ian 盐年　　　　　uan 短官　　　　yan 权

ən 深根　　　　　in 心新　　　　　uən 寸滚春　　　yn 云

aŋ 糖　　　　　　iaŋ 响讲　　　　　uaŋ 床王双

əŋ 灯升争横　　　iŋ 硬病星

　　　　　　　　　　　　　　　　uŋ 东　　　　　　yŋ 兄用

（三）声调

穆棱方言共有阴平、阳平、上声和去声 4 个调类。其中，阴平的调值为 33，但实际发音时有时略微偏高，接近 44；阳平的调值为 35，有时略有曲折，调值接近 224；上声的调值为 213，但实际发音时尾音略有变化，调值有时接近 212，有时接近 214，个别字发音较快时，听感上接近升调，曲折不明显；去声的调值为 53，有时接近 52 或 51。具体情况见表 1-18-3。

表 1-18-3　穆棱方言声调

调类	调值	例字	备注
阴平	33	东该灯风通₁ 开天春搭急₁ 哭拍切₁ 刻₁	通₁:~过 急₁:~眼 切₁:又读 刻₁:又读
阳平	35	门龙牛油铜皮糖红节₁ 急₂ 毒白盒罚	节₁:又读 急₂:着~
上声	213	懂古鬼九统苦讨草买老五有谷百节₂ 塔	节₂:又读
去声	53	冻怪半四通₂ 痛快寸去卖路硬乱洞地饭树切₂ 刻₂ 罪近后六麦叶月	通₂:打了一~ 切₂:又读 刻₂:又读

叁 连读变调

穆棱方言的两字组连读变调情况比较简单,主要集中在上声的变调方面。具体来说,就是上声位于上声及非上声前的变调。一般规律如下。

1. 位于阴平、阳平、去声前的上声的调值变为21。

2. 两个上声相连时,前一个上声的调值变为35。

表 1-18-4 穆棱方言中两字组连读变调的一般规律

前字声调	后字声调			
	阴平 33	阳平 35	上声 213	去声 53
上声 213	21+33	21+35	35+213	21+53

两字组连读变调举例:

上声+阴平 213-21 33	整天 tsəŋ tʰian	乳猫 y mau	牡丹 mu tan
上声+阳平 213-21 35	水田 suei tʰian	暖壶 nan xu	保媒 pau mei
上声+上声 213-35 213	老虎 lau xu	母狗 mu kou	左手 tsuɤ sou
上声+去声 213-21 53	柳树 liou su	韭菜 tɕiou tsʰai	闪电 san tian

肆 异读

穆棱方言中异读现象比较多,包括新老异读、文白异读等。

(一)新老异读

1. 声母

对于部分古影疑母开口一等字,老男一般将声母读为 n 和零声母,青男将声母读为零声母。例如,老男将"饿"读为 nɤ⁵³、ɤ⁵³,青男将"饿"读为 ɤ⁵³;老男将"安"读为 nan³³、an³³,青男将"安"读为 an³³;老男将"暗"读为 nan⁵³、an⁵³,青男将"暗"读为 an⁵³。

在穆棱方言中,古日母字声母的新老异读共有 11 例,情况较为复杂。一种情况是:老男有文白异读,青男将声母读为 ʐ。例如,老男将"如"读为 y³⁵、lu³⁵、ʐu³⁵,青男将"如"读为 ʐu³⁵;老男将"入"读为 y⁵³、ʐu⁵³,青男将"入"读为 ʐu⁵³;老男将"热"读为

ie⁵³、z̩ɤ⁵³，青男将"热"读为 z̩ɤ⁵³；老男将"人"读为 in³⁵、z̩ən³⁵，青男将"人"读为 z̩ən³⁵；老男将"让"读为 iaŋ⁵³、z̩aŋ⁵³，青男将"让"读为 z̩aŋ⁵³；老男将"弱"读为 iau⁵³、yɛ⁵³、z̩uɤ⁵³，青男将"弱"读为 z̩uɤ⁵³；老男将"肉"读为 iou⁵³、z̩ou⁵³，青男将"肉"读为 z̩ou⁵³。另一种情况是：老男将声母读为零声母，青男将声母读为 z̩ 的有 3 例，青男将声母读为零声母和 z̩ 的有 1 例。例如，老男将"绕"读为 iau⁵³，青男将"绕"读为 z̩au⁵³；老男将"认"读为 in⁵³，青男将"认"读为 z̩ən⁵³；老男将"闰"读为 in⁵³，青男将"闰"读为 z̩uən⁵³；老男将"染"读为 ian²¹³，青男将"染"读为 ian²¹³、z̩an²¹³。

对于以母钟韵字，老男将声母读为零声母，青男将声母读为 z̩。例如，老男将"容"读为 yŋ³⁵，青男将"容"读为 z̩uŋ³⁵。

对于古泥母字，老男将声母读为 m、ȵ，青男将声母读为 ȵ。例如，老男将"泥"读为 mi³⁵、ȵi³⁵，青男读为 ȵi³⁵。

对于古明母字，老男将声母读为 ȵ、m，青男将声母读为 m。例如，老男将"棉"读为 ȵiau³⁵、mian³⁵，青男读为 mian³⁵。

对于臻摄合口三等精母字，老男将声母读为 ts、tɕ，青男将声母读为 tɕ。例如，老男将"俊"读为 tsuən⁵³、tɕyn⁵³，青男将"俊"读为 tɕyn⁵³。

对于古泥母字，老男将声母读为 l 和 n，青男将声母读为 n。例如，老男将"嫩"读为 lən⁵³、nən⁵³，青男将"嫩"读为 nən⁵³。

2. 韵母

对于古日母字，老男、青男在韵母方面也存在异读。例如，老男将"如、入"的韵母读为 y、u，青男将"如、入"的韵母读为 u；老男将"热"的韵母读为 ie、ɤ，青男将"热"的韵母读为 ɤ；老男将"人"的韵母读为 in、ən，青男将"人"的韵母读为 ən；老男将"让"的韵母读为 iaŋ、aŋ，青男将"让"的韵母读为 aŋ；老男将"弱"的韵母读为 iau、yɛ、uɤ，青男将"弱"的韵母读为 uɤ；老男将"肉"的韵母读为 iou、ou，青男将"肉"的韵母读为 ou；老男将"绕"的韵母读为 iau，青男将"绕"的韵母读为 au；老男将"闰"的韵母读为 in，青男将"闰"的韵母读为 uən；老男将"染"的韵母读为 ian，青男将"染"的韵母读为 ian、an。

3. 文白

老男和青男在文白异读方面存在差异，年轻人多用文读形式。在《中国语言资源调查手册·汉语方言》的 1000 个单字中，青男文白异读有 50 例，在总数上比其他调查点要多一些，老男文白异读有 105 例。青男有文白异读、老男没有文白异读的情况有

3 例,即"染 ian²¹³/ʐan²¹³""橘 tɕy³³/tɕy³⁵""横 xəŋ³⁵/xəŋ⁵³"。其他与老男一致。

（二）文白异读

1. 声母

部分蟹摄开口二等见母字的声母白读为 k,文读为 tɕ。例如,"街"白读为 kai³³,文读为 tɕiɛ³³;"解"白读为 kai²¹³,文读为 tɕiɛ²¹³。

梗摄开口二等溪母、见母字的声母白读为 tɕʰ、tɕ,文读为 kʰ、k。例如,"客"白读为 tɕʰiɛ²¹³,文读为 kʰɤ⁵³;"更"白读为 tɕiŋ³³,文读为 kəŋ³³。

对于臻摄合口三等精母字,声母白读为 ts,文读为 tɕ。例如,"俊"白读为 tsuən⁵³,文读为 tɕyn⁵³。

2. 韵母

韵母文白异读的现象常见于宕江曾梗通五摄入声字中。

宕江摄入声字的韵母白读为 a、au、iau,文读为 ɤ、uɤ、yɛ。例如,"薄"白读为 pau³⁵,文读为 pɤ³⁵;"鹤"白读为 xau³⁵,文读为 xɤ⁵³;"落"白读为 la⁵³、lau⁵³,文读为 luɤ⁵³;"雀"白读为 tɕʰiau²¹³,文读为 tɕʰyɛ⁵³;"削"白读为 ɕiau³³,文读为 ɕyɛ²¹³;"弱"白读为 iau⁵³,文读为 yɛ⁵³、ʐuɤ⁵³;"约"白读为 iau³³,文读为 yɛ³³;"剥"白读为 pau³³,文读为 pɤ³³;"壳"白读为 tɕʰiau⁵³,文读为 kʰɤ³⁵;"学"白读为 ɕiau³⁵,文读为 ɕyɛ³⁵。

曾开三入白读为 ai,文读为 ɤ。例如,"色"白读为 sai²¹³,文读为 sɤ⁵³。

曾开一入白读为 ei 或 i,文读为 ɤ。例如,"得"白读为 tei²¹³,文读为 tɤ²¹³、tɤ³⁵;"塞"白读为 sei³³,文读为 sɤ⁵³;"墨"白读为 mi⁵³,文读为 mɤ⁵³。

梗开二入白读为 ai 或 iɛ,文读为 ɤ。例如,"择"白读为 tsai³⁵,文读为 tsɤ³⁵;"客"白读为 tɕʰiɛ²¹³,文读为 kʰɤ⁵³。

通合三入白读为 y、ou,文读为 u。例如,"宿"白读为 ɕy²¹³,文读为 su⁵³;"熟"白读为 sou³⁵,文读为 su³⁵。

通摄合口东、钟、冬韵字的韵母白读为 əŋ,文读为 uŋ。例如,"弄"白读为 nəŋ⁵³,文读为 nuŋ⁵³;"粽"白读为 tsəŋ⁵³,文读为 tsuŋ⁵³;"浓"白读为 nəŋ³⁵,文读为 nuŋ³⁵;"脓"白读为 nəŋ³⁵,文读为 nuŋ³⁵。

山摄合口一等桓韵白读为 au、an,文读为 uan。例如,"暖"白读为 nau²¹³,文读为 nuan²¹³;"乱"白读为 lan⁵³,文读为 luan⁵³。

此外,一些舒声字同样也存在文白异读情况。例如,"取"白读为 tɕʰiou²¹³,文读为

tɕʰy²¹³;"尾"白读为 i²¹³,文读为 uei²¹³;"寻"白读为 ɕin³⁵,文读为 ɕyn³⁵。

3. 声调

声调异读主要见于入声字,例如"惜 ɕi²¹³/ɕi³³""积 tɕi³⁵/tɕi³³""国 kuɤ²¹³/kuɤ³⁵""息 ɕi²¹³/ɕi³³""出 tsʰu³⁵/tsʰu³³""骨 ku²¹³/ku³³""刮 kua²¹³/kua³³"。有的还伴有韵母异读,如"色 sai²¹³/sɤ⁵³"。有的还伴有声母异读。有的是声母、韵母、声调均异读,如"客 tɕʰiɛ²¹³/kʰɤ⁵³""宿 ɕy²¹³/su⁵³"。

舒声字同样也有文白异读现象,例如"防 faŋ²¹³/faŋ³⁵""瓦 ua²¹³/ua⁵³""糙 tsau⁵³/tsʰau³³"。

(三)其他异读

有些异读现象既不属于新老异读,又不能简单地归入文白异读,例如"绿 ly⁵³/lu⁵³""畜 tsʰu³⁵/tsʰu⁵³""经 tɕiŋ²¹³/tɕiŋ³³""剑 tɕian²¹³/tɕian⁵³"等。

伍　儿化

在穆棱方言中,很多情况下,儿化也是一种小称音,如"水沟儿 suei²¹kour³³""枣儿 tsaur²¹³""树枝 su⁵³tsər³³""木棍儿 mu⁵³kuər⁵³"等。除了儿化以外,穆棱方言中没有其他专门的小称音。穆棱方言的儿化音变与普通话的儿化音变基本相同,具体情况见表1-18-5。

表 1-18-5　穆棱方言儿化情况

儿化韵		来源	例词
1	ər	ɿ	年三十儿 n̠ian³⁵san³³sər³⁵、刺儿 tsʰər⁵³
		u	媳妇儿 ɕi²¹fər⁰
		ei	老妹儿 lau²¹mər⁰
		ən	脸盆儿 lian²¹pʰər³⁵
2	iər	i	后尾儿 xou⁵³iər²¹³
		in	小人儿书 ɕiau²¹iər³⁵su³³、得劲儿 tei²¹tɕiər⁵³
3	ur	u	里屋儿 li²¹ur³³
4	uər	uei	亲嘴儿 tɕʰin³³tsuər²¹³
		uən	屯儿_{村庄} tʰuər³⁵、冰棍儿 piŋ³³kuər⁵³

续表

儿化韵		来源	例词
5	yɚ	y	小鱼儿 ɕiau²¹yɚr³⁵
		yn	连衣裙儿 lian³⁵i˙³³tɕʰyɚr³⁵
6	ar	a	把儿 par⁵³
7	iar	ia	发芽儿 fa³³iar³⁵
8	uar	ua	花儿 xuar³³、爪儿 tsuar²¹³
9	iɛr	iɛ	蝴蝶儿 xu³⁵tiɛr³⁵
10	yɛr	yɛ	七月儿 tɕʰi˙³³yɛr⁰
11	ɣr	ɣ	小河儿 ɕiau²¹xɣr³⁵、毛嗑儿_{向日葵} mau³⁵kʰɣr⁵³
12	uɣr	uɣ	窝儿 uɣr³³、对过儿 tuei⁵³kuɣr⁵³
13	ɚ	ai	小孩儿 ɕiau²¹xɚr³⁵、门牌儿 mən³⁵pʰɚr³⁵
		an	门槛儿 mən³⁵kʰɚr²¹³
14	iɚr	ian	天儿 tʰiɚr³³、边儿 piɚr³³
15	uɚr	uai	一块儿 i³⁵kʰuɚr⁵³
		uan	官儿 kuɚr³³
16	yɚr	yan	手绢儿 sou²¹tɕyɚr⁵³、旋儿 ɕyɚr⁵³
17	aur	au	桃儿 tʰaur³⁵、枣儿 tsaur²¹³
18	iaur	iau	角儿 tɕiaur²¹³、家雀儿 tɕia³³tɕʰiaur²¹³
19	our	ou	土豆儿 tʰu²¹tour⁵³
20	iour	iou	石榴儿 sɿ³⁵liour⁰
21	ãr	aŋ	电棒儿_{手电筒} tian⁵³pãr⁵³
22	iãr	iaŋ	茄子秧儿 tɕʰiɛ³⁵tsɿ²¹iãr³³
23	uãr	uaŋ	蛋黄儿 tan⁵³xuãr³⁵
24	ə̃r	əŋ	缝儿 fə̃r⁵³、钢锄儿_{硬币} kaŋ³³pə̃r⁵³
25	iə̃r	iŋ	杏儿 ɕiə̃r⁵³
26	uə̃r	uŋ	胡同儿 xu³⁵tʰuə̃r⁵³
27	yə̃r	yŋ	苞米绒儿 pau³³mi²¹yə̃r³⁵

陆　其他主要音变

（一）"一、不"的变调

"一、不"在去声前,调值一般变为35,在个别情况下调值仍为33。在非去声(阴平、阳平、上声)前,"一"的调值通常变为53,少数情况下不变,"不"的调值仍为53。"一、不"嵌在相同的动词中间时,读轻声。"不"在可能补语中读轻声。

（二）"七、八"的变调

"七、八"在去声前,调值常变为35,也可不变,在其他情况下调值为33。

第十九节　宁安方音

壹　概况

（一）地理

宁安镇归黑龙江省牡丹江市宁安市管辖。宁安市位于黑龙江省东南部,镜泊湖滨、牡丹江畔,以古老、秀丽、富饶闻名于省内外。宁安市地处东经 128°7′54″至 130°0′44″,北纬44°27′40″至48°31′24″。宁安市东与穆棱市毗邻,西与海林市交界,南与吉林省汪清县、敦化市接壤,北与牡丹江市相连,地处绥芬河和珲春两个国家级开放口岸的中心地带,是东北亚经济技术交流中商贾往来、物资集散和信息传递的重要区域。素有塞北小江南的美誉。宁安镇位于宁安市北部,是市政府所在地。①

（二）人口与民族

根据第七次全国人口普查数据,截至 2020 年 11 月 1 日零时,宁安市常住人口为 322127 人。② 宁安市有汉族、满族、回族、朝鲜族、蒙古族等。主要人口以汉族人为主,约占81%;满族、朝鲜族、回族、蒙古族等少数民族人口约占19%。③

---

① 　来源于宁安市人民政府网(http://www.ningan.gov.cn)。
② 　来源于牡丹江市人民政府网(http://www.mdj.gov.cn)。
③ 　来源于宁安市人民政府网(http://www.ningan.gov.cn)。

（三）方言种类及系属

宁安方言属于东北官话区吉沈片的蛟宁小片。宁安方言是当地普遍通用的方言，分布于宁安镇、东京城镇、渤海镇、石岩镇、海浪镇、沙兰镇、兰岗镇和江南乡、马河乡、三陵乡、卧龙乡等各乡镇。少数民族在与汉族交际时主要使用宁安方言。

（四）地方曲艺

宁安曾经有地方戏——塔戏，但现已失传。现今地方曲艺中的特色项目以宁安东北大鼓为代表，它将东北大鼓的传统曲调与宁安当地的古老传说或当代内容有机融合起来，成为市级非遗项目。

贰　声韵调

（一）声母

在宁安方言中，声母共有 23 个（包括零声母）。其中，双唇音有 3 个，即 p、pʰ、m；唇齿音有 1 个，即 f；舌尖前音有 3 个，即 ts、tsʰ、s；舌尖中音有 4 个，即 t、tʰ、n、l；舌尖后音有 4 个，即 tʂ、tʂʰ、ʂ、ʐ；舌面前音有 3 个，即 tɕ、tɕʰ、ɕ；舌面后音有 3 个，即 k、kʰ、x；龈腭鼻音有 1 个，即 ŋ；另有 1 个零声母 ø。

在多数情况下，ts、tsʰ、s 和 tʂ、tʂʰ、ʂ 两组声母的区分是很清楚的，但也存在个别古知庄章组字的声母被读成 ts、tsʰ、s 的情况，如"晒、顺、争、中"等；少数古知庄章组字和古精组字的实际音值略显含混，介于 ts、tsʰ、s 和 tʂ、tʂʰ、ʂ 之间，这种情况多出现在与合口呼韵母相拼时；个别字存在 ts、tsʰ、s 和 tʂ、tʂʰ、ʂ 自由变读的情况，如"这"有时读为 tsei⁵¹，有时读为 tʂei⁵¹，"拆"有时读为 tsʰai⁴⁴，有时读为 tʂʰai⁴⁴。

零声母与合口呼韵母相拼的个别音节的实际发音存在因上齿和下唇内缘接触而形成的轻微摩擦，但这不是很明显，统一处理为零声母。

表 1-19-1　宁安方言声母

p 八兵病	pʰ 派片爬	m 麦明棉	f 飞风副蜂肥饭
t 多东毒	tʰ 讨天甜	n 脑南	l 老蓝连路
ts 资早租字贼坐	tsʰ 刺草寸祠春	s 丝三酸	
tʂ 张柱装纸主	tʂʰ 抽拆茶抄初床 车船城	ʂ 事山双手书十	ʐ 热软
tɕ 酒九	tɕʰ 清全轻权	ȵ 年泥	ɕ 想谢响县

k 高共   kʰ 开   x 好灰活

ø 味问熬月安温
王云用药

（二）韵母

在宁安方言中，韵母共有 36 个。其中，单元音韵母有 8 个，即ɿ、ʅ、ɚ、a、ɣ、i、u、y；复合韵母有 28 个。其中，复元音韵母有 13 个，即 ai、ei、au、ou、ia、iɛ、iau、iou、ua、uɣ、uai、uei、yɛ；带鼻音韵母有 15 个，即 an、ən、ian、in、uan、uən、yan、yn、aŋ、əŋ、iaŋ、iŋ、uaŋ、uŋ、yŋ。

a、ia、ua 中 a 的实际音值为ʌ，ai、uai、an、uan 中 a 的实际音值为 a，ian 中 a 的实际音值为ɛ，au、iau、aŋ、iaŋ、uaŋ 中 a 的实际音值为ɑ。u 在零声母后做介音时，有轻微摩擦。韵母ɚ的声调为去声时，其舌位较低，实际音值是ɐʴ。uɣ 中的韵腹ɣ略有圆唇的倾向。uŋ 在与零声母相拼时，实际读音为 uəŋ。

表 1-19-2　宁安方言韵母

ɿ 丝	i 米戏急七一锡	u 苦五猪骨出谷	y 雨橘绿局
ʅ 师试十直尺			
ɚ 二			
a 茶塔法辣八	ia 牙鸭	ua 瓦刮	
	iɛ 写鞋接贴节		yɛ 靴月学₂
ɣ 歌盒热壳色₂		uɣ 坐过活托郭国	
ai 开排色₁ 白		uai 快	
ei 赔飞北		uei 对鬼	
au 宝饱	iau 笑桥药学₁		
ou 豆走	iou 油六		
an 南山半	ian 盐年	uan 短官	yan 权
ən 深根	in 心新	uən 寸滚春	yn 云
aŋ 糖	iaŋ 响讲	uaŋ 床王双	
əŋ 灯升争横	iŋ 硬病星		
		uŋ 东	yŋ 兄用

（三）声调

在宁安方言中，声调共有 4 个调类，即阴平、阳平、上声和去声。其中，阴平的调值为 44，有时略低，接近 33；阳平的调值为 35，有时略低，接近 24，有时略有曲折；上声的调值为 213，实际发音时有时起音略高，最低点也略高，调值接近 323，有时收尾较低，调值接近 212 或 211，发音较快时，曲折度不明显，听感上接近升调；去声的调值为 51，有时接近 53。具体情况见表 1-19-3。

表 1-19-3　宁安方言声调

调类	调值	例字	备注
阴平	44	东该灯风通开天春搭节_骨哭拍切	
阳平	35	铜皮糖红门龙牛油节₁急毒白盒罚	节₁：又读
上声	213	懂古鬼九统苦讨草买老五有谷百节₂塔	节₂：又读
去声	51	冻怪半四痛快寸去动罪近后洞地饭树卖路硬乱刻六麦叶月	

叁　连读变调

（一）两字组连读变调一般规律

在宁安方言中，两个字连读时，变调主要是前字为上声时发生的音变。所以，前字变调，后字不变调，其规律可参看表 1-19-4。

表 1-19-4　宁安方言连读变调

前字声调	后字声调				
	阴平 44	阳平 35	上声 213	去声 51	轻声 0
阴平 44	44+44	44+35	44+213	44+51	44+0
阳平 35	35+44	35+35	35+213	35+51	35+0
上声 213	21+44	21+35	35+213	21+51	21+0 / 35+0
去声 51	51+44	51+35	51+213	53+51	51+0

说明：

1. 两个上声相连，前一个上声的调值变为 35；上声在非上声的前面，调值变为 21；在实际语流中，在原为上声后改读为轻声的字的前面，上声有两种不同的变调：一种是 21+0，如"奶奶、嫂子、耳朵、本子"；另一种是 35+0，如"哪里、想想、捧起"。

2.两个去声相连,前一个去声的调值变为53;去声在非去声的前面,音程略短,一般未完全降到底,但记音时调值仍记作51。

3.轻声音节因受前一个字调的影响,在音高上不固定。一般来说,上声字后面的轻声音高较高,阴平字和阳平字后面的轻声音高偏低,去声字后面的轻声音高最低,记音时轻声统一记作0。

（二）两字组连读变调特殊规律

1."一、不"在去声前,调值为35;"一、不"在非去声前,实际调值为53;"一、不"嵌在相同的动词中间,读轻声;"不"在可能补语中读轻声。

2."三、七、八"在去声前,调值多为35,如"三岁、七个、八月",在其他声调前读本调。

（三）两字组连读变调举例

阴平+阴平 44-44　44	拉稀 la ɕi	扎针 tʂa tʂən	针灸 tʂən tɕiou
阴平+阳平 44-44　35	荤油 xuən iou	灯油 təŋ iou	梳头 ʂu tʰou
阴平+上声 44-44　213	苞米 pau mi	生水 ʂəŋ ʂuei	糕点 kau tian
阴平+去声 44-44　51	开会 kʰai xuei	冬至 tuŋ tʂʅ	干菜 kan tsʰai
阴平+轻声 44-44　0	衣裳 i ʂaŋ	牤子 maŋ tsʅ	鸭子 ia tsʅ
阳平+阴平 35-35　44	黄烟 xuaŋ ian	洋灰 iaŋ xuei	年糕 n̠ian kau
阳平+阳平 35-35　35	洋油 iaŋ iou	咸盐 ɕian ian	啥前儿 ʂa tɕʰiər
阳平+上声 35-35　213	着火 tʂau xuɤ	锣鼓 luɤ ku	磁铁 tsʰʅ tʰiɛ
阳平+去声 35-35　51	皇历 xuaŋ li	陪送 pʰei suŋ	白色 pai sɤ
阳平+轻声 35-35　0	烦恶 fan u	埋汰 mai tʰai	胰子 i tsʅ
上声+阴平 213-21　44	整天 tʂəŋ tʰian	里屋 li u	小抠 ɕiau kʰou
上声+阳平 213-21　35	水瓢 ʂuei pʰiau	暖壶 nuan xu	马勺 ma ʂau
上声+上声 213-35　213	小产 ɕiau tʂʰan	打闪 ta ʂan	保准 pau tʂuən
上声+去声 213-21　51	扫地 sau ti	老道 lau tau	把脉 pa mai
上声+轻声 213-21　0	眼睛 ian tɕiŋ	姥爷 lau iɛ	本子 pən tsʅ
去声+阴平 51-51　44	外屋 uai u	后爹 xou tiɛ	唠嗑 lau kʰɤ
去声+阳平 51-51　35	磨盘 mɤ pʰan	大勺 ta ʂau	炕席 kʰaŋ ɕi
去声+上声 51-51　213	拌嘴 pan tsuei	忌奶 tɕi nai	木耳 mu ɚ
去声+去声 51-53　51	害臊 xai sau	特意 tʰɤ i	立柱 li tʂu
去声+轻声 51-51　0	炮仗 pʰau tʂaŋ	刺挠 tsʰʅ nau	下巴 ɕia pa

肆 异读

宁安方言存在异读现象,包括新老异读、文白异读等。

(一)新老异读

1. 声母

在宁安方言中,古知庄章组字的声母多读为 tʂ、tʂʰ、ʂ,少部分读为 ts、tsʰ、s。古知庄章组字的声母存在新老异读的情况。当老男将声母读为 ts、tsʰ、s 时,青男仍然将声母读为 tʂ、tʂʰ、ʂ。在《中国语言资源调查手册·汉语方言》的 1000 个单字中,存在新老异读的字共有 28 个,即"柴、晒、吹、垂、追、锤、水、瘦、闩、准、春、唇、顺、纯、桌、镯、罩、争、摘、中、虫、终、充、竹、重、肿、种、冲"。例如,老男将"追"读为 tsuei⁴⁴,青男将"追"读为 tʂuei⁴⁴;老男将"摘"读为 tsai³⁵,青男将"摘"读为 tʂai⁴⁴;老男将"虫"读为 tsʰuŋ³⁵,青男将"虫"读为 tʂʰuŋ³⁵;老男将"窄"读为 tsai²¹³,青男将"窄"读为 tʂai²¹³;老男将"晒"读为 sai⁵¹,青男将"晒"读为 ʂai⁵¹;老男将"瘦"读为 sou⁵¹,青男将"瘦"读为 ʂou⁵¹;老男将"终"读为 tsuŋ⁴⁴,青男将"终"读为 tʂuŋ⁴⁴;老男将"唇"读为 tsʰuən³⁵,青男将"唇"读为 tʂʰuən³⁵;老男将"垂"读为 tsʰuei³⁵,青男将"垂"读为 tʂʰuei³⁵。

对于彻母字,老男将声母读为 tsʰ,青男将声母读为 tʂʰ。例如,老男将"拆"读为 tsʰai⁴⁴,青男将"拆"读为 tʂʰai⁴⁴。

2. 韵母

对于古日母字,老男将韵母读为 ən,青男将韵母读为 uən。例如,老男将臻摄合口去声谆韵的"闰"读为 zʅən⁵¹,青男读为 zʅuən⁵¹。

对于古泥母字,老男将韵母读为 uən,青男将韵母读为 ən。例如,老男将"嫩"读为 nuən⁵¹,青男将"嫩"读为 nən⁵¹。

3. 文白

在宁安方言中,老男和青男在文白异读方面差异较小,青男文白异读的情况少于老男。在《中国语言资源调查手册·汉语方言》的 1000 个单字中,青男文白异读的字有 29 个,老男文白异读的字有 48 个。其中,青男有 4 个文白异读的字与老男不同,老男只有白读,青男是文白异读,即"角""刻""国""福"。老男将"角"读为 tɕiau²¹³,青男将"角"读为 tɕiau²¹³、tɕyɛ³⁵;老男将"刻"读为 kʰɤ⁵¹,青男将"刻"读为 kʰɤ⁵¹、kʰɤ⁴⁴;老男将"国"读为 kuɤ²¹³,青男将"国"读为 kuɤ²¹³、kuɤ³⁵;老男将"福"读为 fu²¹³,青男将"福"读为 fu³⁵、fu²¹³。青男的其他文白异读与老男基本一致。

（二）文白异读

1. 声母

部分蟹摄开口二等见母字的声母白读为 k，文读为 tɕ。例如，"街"白读为 kai⁴⁴，文读为 tɕiɛ⁴⁴；"解"白读为 kai²¹³，文读为 tɕiɛ²¹³。

梗摄开口二等溪母、见母字的声母白读为 tɕʰ、tɕ，文读为 kʰ、k。例如，"客"白读为 tɕʰiɛ²¹³，文读为 kʰɤ⁵¹；"更"白读为 tɕiŋ⁴⁴，文读为 kəŋ⁴⁴。

止摄合口三等上声微母字的声母白读为零声母，文读为 v。例如，"尾"白读为 i²¹³，文读为 vei²¹³。

2. 韵母

韵母文白异读的现象常见于宕江曾梗通五摄入声字中。

宕江摄入声字的韵母白读为 a、au、iau，文读为 ɤ、uɤ、yɛ。例如，"落"白读为 la⁵¹，文读为 luɤ⁵¹；"薄"白读为 pau³⁵，文读为 pɤ³⁵；"削"白读为 ɕiau⁴⁴，文读为 ɕyɛ²¹³；"学"白读为 ɕiau³⁵，文读为 ɕyɛ³⁵。

曾开三入白读为 ai，文读为 ɤ。例如，"色"白读为 sai²¹³，文读为 sɤ⁵¹。

曾开一入白读为 ei 或 i，文读为 ɤ 或 ai。例如，"得"白读为 tei²¹³，文读为 tɤ²¹³、tɤ³⁵；"墨"白读为 mi⁵¹，文读为 mɤ⁵¹。

梗开二入白读为 iɛ，文读为 ɤ。例如，"择"白读为 tsai³⁵，文读为 tsɤ³⁵；"客"白读为 tɕʰiɛ²¹³，文读为 kʰɤ⁵¹。

通合三入白读为 ou，文读为 u。例如，"熟"白读为 ʂou³⁵，文读为 ʂu³⁵。

通摄合口一等来母东韵、泥母冬韵白读为 əŋ，文读为 uŋ。例如，"弄"白读为 nəŋ⁵¹，文读为 nuŋ⁵¹；"脓"白读为 nəŋ³⁵，文读为 nuŋ³⁵。

此外，一些舒声字同样也存在文白异读情况。例如，"取"白读为 tɕʰiou²¹³，文读为 tɕʰy²¹³；"寻"白读为 ɕin³⁵，文读为 ɕyn³⁵。

3. 声调

声调异读主要见于入声字，例如"插 tʂʰa²¹³/tʂʰa⁴⁴""作 tsuɤ³⁵/tsuɤ⁵¹""逼 pi³⁵/pi⁴⁴""息 ɕi²¹³/ɕi⁴⁴"。有的是声母、韵母、声调均异读，如"客 tɕʰiɛ²¹³/kʰɤ⁵¹"。

（三）其他异读

有些异读现象既不属于新老异读，又不能简单地归入文白异读，例如"还 xai³⁵/xai⁵¹"。

伍　儿化

宁安方言的儿化音变与普通话的儿化音变基本相同,具体见表1-19-5。

表1-19-5　宁安方言儿化情况

儿化韵		来源	例词
1	ər	ʅ	刺儿 tsʰər⁵¹、鸡子儿 tɕi⁴⁴tsər²¹³
		ɿ	年三十儿 ȵian³⁵san⁴⁴ʂər³⁵
		u	媳妇儿 ɕi³⁵fər⁰
		ei	傍黑儿 paŋ⁴⁴xər⁴⁴
		ən	尿盆儿 ȵiau⁵¹pʰər³⁵
2	iər	i	后尾儿 xou⁵¹iər²¹³
		in	今儿 tɕiər⁴⁴、背心儿 pei⁵¹ɕiər⁴⁴
3	ur	u	糊儿 xur³⁵
4	uər	uei	跑腿儿 pʰau³⁵tʰuər²¹³
		uən	嘴唇儿 tsuei²¹tsʰuər³⁵
5	yər	y	小鱼儿 ɕiau²¹yər³⁵
		yn	连衣裙儿 lian³⁵i⁴⁴tɕʰyər³⁵
6	ar	a	把儿 par⁵¹
7	iar	ia	角儿 tɕiar²¹³
8	uar	ua	猪爪儿 tʂu⁴⁴tʂuar²¹³
9	iɛr	iɛ	客儿 tɕʰiɛr²¹³
10	yɛr	yɛ	腊月儿 la⁵³yɛr⁵¹、正月儿 tʂən⁴⁴yɛr⁰
11	ɤr	ɤ	围脖儿 uei³⁵pɤr³⁵、唠嗑儿 lau⁵¹kʰɤr⁴⁴
12	uɤr	uɤ	干活儿 kan⁵¹xuɤr³⁵
13	ɐr	ai	盖儿 kɐr⁵¹
		an	衬衫儿 tʂʰən⁵¹ʂɐr⁴⁴
14	iɐr	ian	天儿 tʰiɐr⁴⁴、岸边儿 an⁵¹piɐr⁴⁴
15	uɐr	uai	一块儿 i³⁵kʰuɐr⁵¹
		uan	弯儿 uɐr⁴⁴
16	yɐr	yan	烟卷儿 ian⁴⁴tɕyɐr²¹³
17	aur	au	豆腐脑儿 tou⁵¹fu⁰naur²¹³

续表

	儿化韵	来源	例词
18	iaur	iau	口条儿 k^{h}ou^{21}t^{h}iaur^{35}
19	our	ou	山沟儿 ʂan^{44}kour^{44}
20	iour	iou	麻溜儿 ma^{35}liour^{44}、提溜儿 ti^{44}liour^0
21	ãr	aŋ	下晌儿 ɕia^{51}ʂãr^{213}
22	iãr	iaŋ	小样儿 ɕiau^{21}iãr^{51}
23	uãr	uaŋ	蛋黄儿 tan^{51}xuãr^{35}
24	ə̃r	əŋ	缝儿 fə̃r^{51}、田埂儿 t^{h}ian^{35}kə̃r^{213}
25	iə̃r	iŋ	打鸣儿 ta^{21}miə̃r^{35}、杏儿 ɕiə̃r^{51}
26	uə̃r	uŋ	胡同儿 xu^{35}t^{h}uə̃r^{51}
27	yə̃r	yŋ	小熊儿 ɕiau^{21}ɕyə̃r^{35}

陆　其他主要音变

1. 通摄合口一等字"脓、弄"等的韵母读作 əŋ。

2. 单韵母 ɤ 做轻声音节的韵腹时,往往弱化为 ə,在词汇、语法中按实际读音记录。

3. "子"单念时是 tsʅ^{213},做词尾时一般读作轻声 tsʅ^0,有时变读为 tsə^0,如"脖子、骡子"等。在个别音节中,如"耗子、棉花套子、桌子、案子"等,其实际音值为 zʅ^0,统一记为 tsʅ^0。

第二十节　尚志方音

壹　概况

(一)地理

尚志市隶属于哈尔滨市管辖,位于黑龙江省东南部。尚志市地处东经 127°17′至

129°12′,北纬44°29′至45°34′。尚志市东邻海林市,西邻阿城区,南与五常市接壤,北与延寿、方正、宾县相连接。尚志市辖10个镇、5个乡、2个民族乡。境内有苇河林业局、亚布力林业局。总面积8910平方千米。①

(二)人口与民族

根据第七次全国人口普查数据,截至2020年11月1日零时,尚志市常住人口为463358人。② 尚志市共有14个民族,除汉族外,有朝鲜族、回族、满族、蒙古族等13个少数民族。

(三)方言种类及系属

尚志方言属于东北官话区吉沈片的蛟宁小片。尚志市绝大多数人使用尚志方言,方言内部存在使用人群的差异,村屯有较明显的差别。城镇人口近年来变化较快,普通话的使用越来越广泛。

(四)地方曲艺

尚志市原有京剧团、评剧团和二人转剧团,如今,有的剧团演出人员已退休或已转业到文化团体工作。民间团体有时组织二人转、拉场戏,在乡镇、村屯演出。

贰　声韵调

(一)声母

在尚志方言中,声母共有20个(含零声母)。其中,双唇音有3个,即p、pʰ、m;唇齿音有1个,即f;舌尖前音有3个,即ts、tsʰ、s;舌尖中音有4个,即t、tʰ、n、l;舌尖后音有1个,即ʐ;舌面前音有3个,即tɕ、tɕʰ、ɕ;舌面后音有3个,即k、kʰ、x;龈腭鼻音有1个,即ȵ;另有1个零声母ø。

声母ts、tsʰ、s与tʂ、tʂʰ、ʂ自由变读,不区分意义,但以读ts、tsʰ、s为常,为此,声母系统将ts、tsʰ、s和tʂ、tʂʰ、ʂ处理为一套音位,统一记作ts、tsʰ、s。

声母ȵ舌位偏靠前,有时略带舌尖前音色彩,如"牛 ȵiəu²⁴""年 ȵian²⁴""泥 ȵi²⁴"等。

① 来源于哈尔滨市尚志市人民政府网(http://www.shangzhi.gov.cn)。
② 来源于哈尔滨市人民政府网(https://www.harbin.gov.cn)。

表 1-20-1　尚志方言声母

p 八兵病	pʰ 派片爬	m 麦明	f 飞风副蜂肥饭
t 多东毒	tʰ 讨天甜	n 脑南	l 老蓝连路
ts 资早租字贼坐 张竹柱争装纸主	tsʰ 刺草寸祠抽拆 茶抄初床车春船城		s 丝三酸事山双顺 手书十
			ʐ 热₂ 软₂ 如
tɕ 酒九	tɕʰ 清全轻权	ɲ 年泥	ɕ 想谢响县
k 高共	kʰ 开		x 好灰活
ø 味问热₁ 软₁ 熬 月安温王云用药			

(二)韵母

在尚志方言中,韵母共有 36 个。其中,单元音韵母共有 8 个,即 a、ɤ、i、u、y、ɿ、ʅ、ɚ,复合韵母共有 28 个。在复合韵母中,复元音韵母有 13 个,即 ai、ei、au、əu、ia、iɛ、iau、iəu、ua、uɤ、uai、uei、yɛ;带鼻音韵母有 15 个,即 an、ən、ian、in、uan、uən、yan、yn、aŋ、əŋ、iaŋ、iŋ、uaŋ、uŋ、yŋ。

在韵母 a、ia、ua 中,元音 a 的实际音值为 ᴀ。在韵母 ian 中,元音 a 的实际音值为 ɛ。在韵母 au、iau 和 aŋ、iaŋ、uaŋ 中,元音 a 的实际音值为 ɑ。

元音 ɤ 做单韵母时,舌位略靠前。在韵母 uɤ 中,实际读音略带圆唇色彩。在轻声音节中,其实际音值为 ə,例如“生了 səŋ⁴⁴lə⁰”。

韵母 uŋ 在零声母音节中的实际读音是 uəŋ。

韵母 ɚ 在去声音节中的舌位较低,实际读音是 ɐr。

介音 u 在合口呼零声母音节中的实际读音为 ʋ,如“歪”“危”。

表 1-20-2　尚志方言韵母

ɿ 师丝试十直尺	i 米戏急七一锡	u 苦五猪骨出谷绿₂	y 雨橘绿₁ 局
ʅ 日₁			
ɚ 二			
a 茶塔法辣八	ia 牙鸭	ua 瓦刮	
	iɛ 写鞋接贴热₁ 节		yɛ 靴月学₂
ɤ 歌盒热₂ 壳₂ 色₂		uɤ 坐过活托郭国	

ai 开排色₁白		uai 快	
ei 赔飞北		uei 对鬼	
au 宝饱	iau 笑桥药壳₁学₁		
əu 豆走	iəu 油六		
an 南山半	ian 盐年	uan 短官	yan 权
ən 深根	in 心新	uən 寸滚春	yn 云
aŋ 糖	iaŋ 响讲	uaŋ 床王双	
əŋ 灯升争横	iŋ 硬病星		
		uŋ 东	yŋ 兄用

（三）声调

在尚志方言中，声调共有 4 个调类，即阴平、阳平、上声和去声。其中，阴平的调值为 44，有时结尾略降；阳平的调值为 24，动程短；上声的调值为 213，在语句末尾时，音高下降后上升幅度小，有时调值近似 212；去声的调值为 53，有时起点低。具体情况见表 1-20-3。

表 1-20-3　尚志方言声调

调类	调值	例字	备注
阴平	44	东该灯风通₁开天春搭急₁哭拍切₁刻₁	通₁:~过 急₁:~眼 切₁:又读 刻₁:又读
阳平	24	门龙牛油铜皮糖红节₁急₂毒白盒罚	节₁:又读 急₂:着~
上声	213	懂古鬼九统苦讨草买老五有谷百节₂塔	节₂:又读
去声	53	冻怪半四通₂痛快寸去卖路硬乱洞地饭树切₂刻₂动罪近后六麦叶月	通₂:打了一~ 切₂:又读 刻₂:又读

叁　连读变调

(一)两字组连读变调规律

表 1-20-4　尚志方言两字组连读变调

前字声调	后字声调				
	阴平 44	阳平 24	上声 213	去声 53	轻声 0
阴平 44	44+44 公鸡 香菇 花生 书包	44+24 锅台 出灵 荤油 牤牛	44+213 猪血 开水 铅笔 烟火	44+53 黑菜 松树 豇豆 阴历	44+0 星星 蚂螂 沙子
	24+44 溜须	24+24 出门	53+213 一盏	44+24 甘蔗	24+0 出来 出去 知道
	53+44 一天	53+24 一年		24+53 三次 一定 七月 八卦	
阳平 24	24+44 洋灰 毛葱 台风 农村	24+24 洋油 咸盐 祠堂 茅楼	24+213 凉水 苹果 尘土 牙狗	24+53 毛道 农历 蚕豆 蚊帐	24+0 雹子 核桃 云彩 泥巴
	53+44 别吃 没吃 还喝	24+44 年级	53+213 别走 还跑		
		53+24 别来 没学 还行			
上声 213	21+44 小灰 母鸡 乳猫 宰猪	21+24 往年 乳牛 鬼节 保媒	24+213 母狗 老虎 水笔 可以	21+53 水稻 瓦片 炒菜 小道	21+0 尾巴 谷子 李子
					24+0 水果

续表

前字声调	后字声调				
	阴平 44	阳平 24	上声 213	去声 53	轻声 0
去声 53	53+44 麦秸 辣椒 大街 地瓜	53+24 炕席 稻田 日食 放牛	53+213 下雨 热水 木耳 大米	53+53 大地 地震 半夜 大豆 24+53 害怕 宁愿 再去 不用	53+0 地方 日头 腊月 上去

说明：

1. 两个上声相连，前一个上声的调值变为 24。上声在非上声前，上声的调值变为 21。在原为上声后变为轻声的字音前，上声有两种不同的变调：一种是 21+0，如"谷子、李子"；另一种是 24+0，如"小姐、把手"。

2. 两个去声相连，后一个去声的起音较前一个去声的起音低，调值近似 42，但记音时仍记作 53。

3. 去声字做前字时，有的变读为阳平，如"害怕 xai^{24}p^{h}a^{53}"。

4. 轻声音节因受前一个字调的影响，在音高上不固定。阴平字后面的轻声音高偏高，调值近似 3，有中降调的倾向，实际音值近似 31，但"子"在阴平字后面时，实际音值近似 2；阳平字后面的轻声调值偏高，调值近似 3，总体上有中降调的倾向；上声字后面的轻声调值多为 2；去声字后面的轻声音高最低，调值近似 1，有时音高会稍高，有低降调的倾向，实际音值近似 21。对于以上情况，在记音时，轻声统一记作 0。

5. 在尚志方言中，读阴平、阳平、去声的儿化音节有时会统一读为上声，如"觉惊儿 tɕiau^{24}tɕiər^{213}""蝴蝶儿 xu^{24}tiɛr^{213}""净意儿 tɕiŋ^{53}iər^{213}"。

（二）"别、没、还、再、不"的变调

表 1-20-5　尚志方言中"别、没、还、再、不"的变调

前字及声调	后字及声调			
	阴平 44	阳平 24	上声 213	去声 53
别 24	53+44 别吃	53+24 别来	53+213 别走	24+53 别去
没 24	53+44 没吃	53+24 没学	24+213 没有	24+53 没看

续表

前字及声调	后字及声调			
	阴平 44	阳平 24	上声 213	去声 53
还 24	53+44 还喝	53+24 还行	53+213 还跑	24+53 还按
再 53	53+44 再拉	53+24 再来	53+213 再走	24+53 再去
不 53	53+44 不吃	53+24 不来	53+213 不好	24+53 不用

（三）"一、三、七、八"的变调

表 1-20-6　尚志方言中"一、三、七、八"的变调

前字及声调	后字及声调			
	阴平 44	阳平 24	上声 213	去声 53
一 44	53+44 一天	53+24 一年	53+213 一盏	24+53 一定
三 44	44+44 三张	44+24 三头	44+213 三口	24+53 三次
七 44	44+44 七千	44+24 七回	44+213 七百	24+53 七月
八 44	44+44 八斤	44+24 八年	44+213 八朵	24+53 八卦

肆　异读

尚志方言存在异读现象,包括新老异读、文白异读等。

(一)新老异读

1. 声母

在尚志方言中,古知庄章组字的声母存在新老异读现象,老男一律将古知庄章组字的声母读为 ts、ts^h、s,绝大多数青男将古知庄章组字的声母读为 tʂ、tʂ^h、ʂ。除"所、侧、测、色、择、策、缩"外,青男仍有与老男一致的情况,将声母读为 ts、ts^h、s,这种情况有 35 例,即"猪、除、初、书、主、输、竖、树、柴、晒、追、锤、照、臭、赚、杉、参、针、撤、虱、顺、撞、窗、双、镯、拆、窄、摘、终、竹、畜、重、肿、赎、属"。对于其他例字,青男则与老男不同。例如,老男将"茶"读为 ts^{h}a^{24},青男将"茶"读为 tʂ^{h}a^{24};老男将"沙"读为 sa^{44},青男将"沙"读为 ʂa^{44};老男将"住"读为 tsu^{53},青男将"住"读为 tʂu^{53};老男将"知"读为 tsʅ^{44},青男将"知"读为 tʂʅ^{44};老男将"水"读为 suei^{213},青男将"水"读为 ʂuei^{213};老男将"厂"读为 ts^{h}aŋ^{213},青男将"厂"读为 tʂ^{h}aŋ^{213};老男将"粥"读为 tsəu^{44},青男将"粥"读为 tʂəu^{44}。

对于古影疑母开口一等字,老男一般将声母读为 n,青男将声母读为零声母。例如,老男将"安"读为 nan^{44},青男将"安"读为 an^{44};老男将"鹅"读为 nɤ^{24},青男将"鹅"读为 ɤ^{24};老男将"熬"读为 nau^{24},青男将"熬"读为 au^{24}。

对于古日母字,老男将声母读为零声母,青男将声母读为 ʐ。这种情况共有 8 例:老男将"绕"读为 iau^{53},青男将"绕"读为 ʐau^{53};老男将"人"读为 in^{24},青男将"人"读为 ʐən^{24};老男将"染"读为 ian^{213},青男将"染"读为 ʐan^{213};老男将"让"读为 iaŋ^{53},青男将"让"读为 ʐaŋ^{53};老男将"任"读为 in^{53},青男将"任"读为 ʐən^{53};老男将"认"读为 in^{53},青男将"认"读为 ʐən^{53};老男将"闰"读为 yn^{53},青男将"闰"读为 ʐuən^{53};老男将"肉"读为 iəu^{53},青男将"肉"读为 ʐəu^{53}。

对于臻摄合口三等精母字,老男将声母读为 tɕ,青男将声母读为 ts 和 tɕ。例如,老男将"俊"读为 tɕyn^{53},青男将"俊"读为 tsuən^{53}、tɕyn^{53}。

对于以母钟韵字,老男将声母读为零声母,青男将声母读为 ʐ。例如,老男将"容"读为 yŋ^{24},青男将"容"读为 ʐuŋ^{24}。

2. 韵母

对于古日母字,当老男将声母读为零声母,青男将声母读为 ʐ 时,韵母异读共有 8 例。例如,老男将"绕"的韵母读为 iau,青男将"绕"的韵母读为 au;老男将"人、认、任"的韵母读为 in,青男将"人、认、任"的韵母读为 ən;老男将"染"的韵母读为 ian,青男将"染"的韵母读为 an;老男将"让"的韵母读为 iaŋ,青男将"让"的韵母读为 aŋ;老男将"闰"的韵母读为 yn,青男将"闰"的韵母读为 uən;老男将"肉"的韵母读为 iəu,青男将"肉"的韵母读为 əu。

3. 文白

老男和青男在文白异读方面差异较小，年轻人多用文读形式。在《中国语言资源调查手册·汉语方言》的1000个单字中，文白异读有44例。老男文白异读有42例，其中青男有8例文白异读与老男不同，即"戒""鸟""插""任""更""摘""脓""宿"。老男将"戒"读为 tɕiɛ⁵³，青男将"戒"读为 tɕi⁵³、tɕiɛ⁵³；老男将"鸟"读为 ɳiau²¹³，青男将"鸟"读为 tɕʰiau²¹³、ɳiau²¹³；老男将"插"读为 tsʰa²¹³，青男将"插"读为 tʂʰa⁴⁴、tʂʰa²¹³；老男将"任"读为 in⁵³，青男将"任"读为 ʐən²⁴、ʐən⁵³；老男将"更"读为 tɕiŋ⁴⁴，青男将"更"读为 kəŋ⁴⁴、tɕiŋ⁴⁴；老男将"摘"读为 tsai⁴⁴，青男将"摘"读为 tsai⁴⁴、tʂai²⁴；老男将"脓"读为 nəŋ²⁴，青男将"脓"读为 nuŋ²⁴、nəŋ²⁴；老男将"宿"读为 ɕy²¹³，青男将"宿"读为 su⁵³、ɕy²¹³。青男的其他文白异读与老男基本一致。

（二）文白异读

1. 声母

部分蟹摄开口二等见母字的声母白读为 k，文读为 tɕ。例如，"街"白读为 kai⁴⁴，文读为 tɕiɛ⁴⁴；"解"白读为 kai²¹³，文读为 tɕiɛ²¹³。

梗摄开口二等溪母字的声母白读为 tɕʰ，文读为 kʰ。例如，"客"白读为 tɕʰiɛ²¹³，文读为 kʰɤ⁵³。

止摄合口三等上声微母字的声母白读为零声母，文读为 v。例如，"尾"白读为 i²¹³，文读为 vei²¹³。

山摄合口二等入声见母字的声母白读为 kʰ，文读为 k。例如，"刮"白读为 kʰua⁴⁴，文读为 kua²¹³、kua⁴⁴。

通摄合口三等入声禅母字的声母白读为 s，文读为 ʂ。例如，"熟"白读为 səu²⁴，文读为 ʂu²⁴。

止摄开口三等帮母字存在异读现象。例如，"比"白读为 pʰi²¹³，文读为 pi²¹³。

臻摄合口一等泥母字存在异读现象。例如，"嫩"白读为 luən⁵³、lən⁵³，文读为 nən⁵³。

曾摄开口三等庄母字存在异读现象。例如，"侧"白读为 tsai⁴⁴，文读为 tsʰɤ⁵³。

2. 韵母

韵母文白异读的现象常见于宕江曾梗通五摄入声字中。

宕江摄入声字的韵母白读为 a、au、iau，文读为 uɤ、yɛ。例如，"落"白读为 la⁵³、lau⁵³，文读为 luɤ⁵³；"削"白读为 ɕiau⁴⁴，文读为 ɕyɛ⁴⁴、ɕyɛ²¹³；"约"白读为 iau⁴⁴，文读为 yɛ⁴⁴；"学"白读为 ɕiau²⁴，文读为 ɕyɛ²⁴。

曾开三入白读为 ai,文读为 ɤ。例如,"侧"白读为 tsai⁴⁴,文读为 tsʰɤ⁵³;"色"白读为 sai²¹³,文读为 sɤ⁵³。

曾开一入白读为 ei,文读为 ɤ。例如,"得"白读为 tei²¹³,文读为 tɤ²¹³、tɤ²⁴。

梗开二入白读为 ai 或 iɛ,文读为 ɤ。例如,"择"白读为 tsai²⁴,文读为 tsɤ²⁴;"客"白读为 tɕʰiɛ²¹³,文读为 kʰɤ⁵³。

通合三入白读为 əu,文读为 u。例如,"熟"白读为 ʂəu²⁴,文读为 ʂu²⁴。

其他入声字也存在文白异读现象,例如"割 ka²¹³/kɤ⁴⁴""血 ɕyɛ⁵³/ɕiɛ²¹³"。

此外,一些舒声字同样也存在文白异读情况。例如,"取"白读为 tɕʰiəu²¹³,文读为 tɕʰy²¹³;"尾"白读为 i²¹³,文读为 uei²¹³;"剪"白读为 tɕiau²¹³,文读为 tɕian²¹³;"暖"白读为 nau²¹³,文读为 nuan²¹³;"乱"白读为 lan⁵³,文读为 luan⁵³。

3. 声调

声调异读主要见于入声字,例如"拉 la²⁴/la⁴⁴""结 tɕiɛ⁴⁴/tɕiɛ²⁴""劈 pʰi²¹³/pʰi⁴⁴""刻 kʰɤ⁴⁴/kʰɤ⁵³"。有的还伴有韵母异读,如"色 sai²¹³/sɤ⁵³"。有的还伴有声母异读,如"刮 kʰua⁴⁴/kua²¹³/kua⁴⁴"。有的是声母、韵母、声调均异读,如"客 tɕʰiɛ²¹³/kʰɤ⁵³"。

舒声字同样也有文白异读现象,例如"冲 tʂʰuŋ⁵³/tʂʰuŋ⁴⁴""卫 vei²¹³/vei⁵³""防 faŋ²⁴/faŋ²¹³"。

(三) 其他异读

有些异读现象既不属于新老异读,又不能简单地归入文白异读,例如"沉 tʂʰən⁵³/tʂʰən²⁴""还 xai⁵³/xai²⁴""橘 tɕy²⁴/tɕy⁴⁴""营 yŋ²⁴/iŋ²⁴"。

伍　儿化

尚志方言的儿化音变与普通话的儿化音变基本相同。具体情况见表 1-20-7。

表 1-20-7　尚志方言儿化情况

儿化韵		来源	例词
1	ar	a	哪儿 nar²¹³、把儿 par⁵³
2	ˑer	ai	牌儿 pʰˑer²⁴、盖儿 kˑer⁵³
		an	门槛儿 mən²⁴kʰˑer²¹³、衬衫儿 tsʰən⁵³sˑer⁴⁴
3	iar	ia	抽匣儿 tsʰəu⁴⁴ɕiar²⁴、讲瞎儿话儿 tɕiaŋ²¹ɕiar⁴⁴xuar⁵³
4	iˑer	ian	馅儿 ɕiˑer⁵³、雨点儿 y²⁴tiˑer²¹³

续表

儿化韵		来源	例词
5	uar	ua	花儿 xuar³³、说笑话儿 suɣ⁴⁴ɕiau⁵³xuar⁰
6	uʌr	uai	一块儿 i²⁴kʰuʌr⁵³、外儿屋地 uʌr⁵³u⁴⁴ti⁵³
		uan	新郎官儿 ɕin⁴⁴laŋ²⁴kuʌr⁴⁴、饭馆儿 fan⁵³kuʌr²¹³
7	yʌr	yan	烟卷儿 ian⁴⁴tɕyʌr²¹³、手绢儿 səu²¹tɕyʌr⁵³
8	aur	au	汤勺儿 tʰaŋ⁴⁴ʂaur²⁴、豆腐脑儿 təu⁵³fu⁰naur²¹³
9	iaur	iau	连桥儿 lian²⁴tɕʰiaur²⁴、角儿 tɕiaur²¹³
10	uɣr	uɣ	窝儿 uɣr⁴⁴、昨儿 tsuɣr²⁴
11	ɣr	ɣ	下巴颏儿 ɕia⁵³pa⁰kʰɣr²⁴、围脖儿 uei²⁴pɣr²⁴
12	ər	ɿ	刺儿 tsʰər⁵³、事儿 sər⁵³
		ei	姊妹儿 tsɿ²¹mər⁵³、下黑儿 ɕia⁵³xər⁴⁴
		ən	脸盆儿 lian²¹pʰər⁴⁴、亏本儿 kʰuei⁴⁴pər²¹³
13	iər	i	咽气儿 ian⁵³tɕʰiər⁵³、肚脐儿 tu⁵³tɕʰiər²⁴
		in	今儿 tɕiər⁴⁴、背心儿 pei⁵³ɕiər⁴⁴
14	uər	uei	亲嘴儿 tɕʰin⁴⁴tsuər²¹³、一对儿 i²⁴tuər⁵³
		uən	嘴唇儿 tsuei²¹tsʰuər²⁴、冰棍儿 piŋ⁴⁴kuər⁵³
15	yər	y	毛驴儿 mau⁴⁴lyər²⁴
		yn	连衣裙儿 lian²⁴i⁴⁴tɕʰyər²⁴
16	iɛr	iɛ	客儿 tɕʰiɛr²¹³
17	yɛr	yɛ	口诀儿 kʰəu²¹tɕyɛr²⁴
18	ur	u	眼珠儿 ian²¹tsur⁴⁴、短裤儿 tuan²¹kʰur⁵³
19	əur	əu	背后儿 pei⁵³xəur⁵³、土豆儿 tʰu²¹təur⁵³
20	iəur	iəu	板油儿 pan²¹³iəur²⁴、直溜儿 tsɿ²⁴liəur⁰
21	ãr	aŋ	头晌儿 tʰəu²⁴ʂãr²¹³、肩膀儿 tɕian⁴⁴pãr²¹³
22	iãr	iaŋ	长相儿 tsaŋ²¹ɕiãr⁵³、成衣匠儿 tsʰəŋ²⁴i⁴⁴tɕiãr⁵³
23	uãr	uaŋ	蛋黄儿 tan⁵³xuãr²⁴、一对儿双儿 i²⁴tuər⁵³suãr⁵³
24	ə̃r	əŋ	缝儿 fə̃r⁵³、钢镚儿 kaŋ⁴⁴pə̃r⁵³
25	iə̃r	iŋ	明儿 miə̃r²⁴、杏儿 ɕiə̃r⁵³
26	uə̃r	uəŋ	瓮儿 uə̃r⁵³
27	yə̃r	yŋ	小熊儿 ɕiau²¹ɕyə̃r²⁴
28	uə̃r	uŋ	空儿 kʰuə̃r⁵³、胡同儿 xu²⁴tʰuə̃r⁵³

陆　其他主要音变

对于摹状或象声的 AA 式叠音词,A 的单字调为阴平44,叠音时阴平、阳平自由变读,读阳平时带有强调和夸张的色彩,例如"拉拉(那血出得~的) $la^{24}la^{24}$""哇哇(悠车里的孩子哭得~的) $ua^{24}ua^{24}$"。

在"一 AA"式形容词中,"一"字一律变为阳平,有增势的作用,AA 的前字变读为去声,后字弱化为轻声,例如"一拉拉(那血出得~的) $i^{24}la^{53}la^{0}$""一哇哇(悠车里的孩子哭得~的) $i^{24}ua^{53}ua^{0}$"。

对于表形状、位置的 AA 式叠音词,第一个音节读重音,第二个音节弱化为轻声,例如"尖尖(~嘴儿) $t\varphi ian^{44}t\varphi ian^{0}$""扁扁(压~了) $pian^{21}pian^{0}$"。

第二章 字音对照

本章收录的单字为《中国语言资源调查手册·汉语方言》所列的 1000 个单字。这些单字基本上属于黑龙江人在语言生活中最常用的语素或词,可以反映方言的声母、韵母和声调系统的特点,是归纳整理黑龙江省 20 个方言点语音系统的重要来源之一。在内容安排上,均以调查人中老男发音人的单字语音作为语料来源,将国际音标以列表的形式进行展示。通过对照,能够更好地体现黑龙江省方言小片语音结构系统的相同点和不同点。如在声母方面,黑龙江省存在着舌尖前音和舌尖后音的分合问题、唇齿音 v 的有无问题、一些普通话中的零声母音节前有无舌尖中音 n 的问题、普通话中的舌尖后音 ʐ 在方言中的语音分化问题等;在韵母方面,黑龙江省存在着 ʅ 和 ʮ 的分合问题、韵母 uəŋ 的有无问题、韵母 o 和 ɤ 的分合问题等;在声调方面,黑龙江省的整体规律是调值偏低,但声调又存在新老差异、城乡差异、男女差异等现象。

1. 单字 0001—0008

调查点	0001 多 果开一 平歌端	0002 拖 果开一 平歌透	0003 大 ~小 果开一 去歌定	0004 锣 果开一 平歌来	0005 左 果开一 上歌精	0006 歌 果开一 平歌见	0007 个 果开一 去歌见	0008 可 果开一 上歌溪
勃利	tuɤ⁴⁴ 很~ tuɤ²⁴ ~大	tʰuɤ⁴⁴	ta⁵³	luɤ²⁴	tsuɤ²¹³	kɤ⁴⁴	kɤ⁵³	kʰɤ²¹³
集贤	tuɤ⁴⁴	tʰuɤ⁴⁴	ta⁵³	luɤ³⁵	tsuɤ²¹³	kɤ⁴⁴	kɤ⁵³	kʰɤ²¹³
佳木斯	tuɤ³³	tʰuɤ³³	ta⁵³	luɤ²⁴	tsuɤ²¹²	kɤ³³	kɤ⁵³	kʰɤ²¹²
林口	tuo³³	tʰuo³³	ta⁵³	luo²⁴	tsuo²¹³	kɤ³³	kɤ⁵³	kʰɤ²¹³
同江	tuɤ⁴⁴ 很~ tuɤ²⁴ ~少	tʰuɤ⁴⁴	ta⁵³	luɤ²⁴	tsuɤ²¹³	kɤ⁴⁴	kɤ⁵³	kʰɤ²¹³
黑河	tuɤ⁴⁴	tʰuɤ⁴⁴	ta⁵²	luɤ²⁴	tsuɤ²¹³	kɤ⁴⁴	kɤ⁵²	kʰɤ²¹³
嘉荫	tuɤ³³	tʰuɤ³³	ta⁵¹	luɤ³⁵	tsuɤ²¹³	kɤ³³	kɤ⁵¹	kʰɤ²¹³

续表

调查点	0001 多 果开一 平歌端	0002 拖 果开一 平歌透	0003 大_小 果开一 去歌定	0004 锣 果开一 平歌来	0005 左 果开一 上歌精	0006 歌 果开一 平歌见	0007 个 果开一 去歌见	0008 可 果开一 上歌溪
兰西	tuɤ³³很~ tuɤ²⁴少	tʰuɤ³³	ta⁵³	luɤ²⁴	tsuɤ²¹³	kɤ³³	kɤ⁵³	kʰɤ²¹³
漠河	tuɤ⁵⁵	tʰuɤ⁵⁵	ta⁵²	luɤ³⁵	tsuɤ²¹³	kɤ⁵⁵	kɤ⁵²	kʰɤ²¹³
嫩江	tuɤ⁴⁴	tʰuɤ⁴⁴	ta⁵³	luɤ²⁴	tsuɤ²¹³	kɤ⁴⁴	kɤ⁵³	kʰɤ²¹³
泰来	tuo⁴⁴	tʰuo⁴⁴	ta⁵³	luo²⁴	tʂuo²¹³	kɤ⁴⁴	kɤ⁵³	kʰɤ²¹³
哈尔滨	tuo⁴⁴	tʰuo⁴⁴	ta⁵¹	luo²⁴	tsuo²¹³	kɤ⁴⁴	kɤ⁵¹	kʰɤ²¹³
肇东	tuo⁴⁴	tʰuo⁴⁴	ta⁵³	luo²⁴	tsuo²¹³	kɤ⁴⁴	kɤ⁵³	kʰɤ²¹³
肇州	tuɤ³³	tʰuɤ³³	ta⁵³	luɤ²⁴	tsuɤ²¹³	kɤ³³	kɤ⁵³	kʰɤ²¹³
东宁	tuɤ³³	tʰuɤ³³	ta⁵³	luɤ²⁴	tsuɤ²¹³	kɤ³³	kɤ⁵³	kʰɤ²¹³
鸡西	tuɤ⁴⁴	tʰuɤ⁴⁴	ta⁵³	luɤ²⁴	tsuɤ²¹³	kɤ⁴⁴	kɤ⁵³	kʰɤ²¹³
密山	tuɤ⁴⁴	tʰuɤ⁴⁴	ta⁵²	luɤ²⁴	tsuɤ²¹³	kɤ⁴⁴	kɤ⁵²	kʰɤ²¹³
穆棱	tuɤ³³很~ tuɤ³⁵少	tʰuɤ³³	ta⁵³	luɤ³⁵	tsuɤ²¹³	kɤ³³	kɤ⁵³	kʰɤ²¹³
宁安	tuɤ⁴⁴	tʰuɤ⁴⁴	ta⁵¹	luɤ³⁵	tsuɤ²¹³	kɤ⁴⁴	kɤ⁵¹	kʰɤ²¹³
尚志	tuo⁴⁴	tʰuo⁴⁴	ta⁵³	luo²⁴	tsuo²¹³	kɤ⁴⁴	kɤ⁵³	kʰɤ²¹³

2. 单字 0009—0016

调查点	0009 鹅 果开一 平歌疑	0010 饿 果开一 去歌疑	0011 河 果开一 平歌匣	0012 茄 果开三 平戈群	0013 破 果合一 去戈滂	0014 婆 果合一 平戈并	0015 磨动 果合一 平戈明	0016 磨名 果合一 去戈明
勃利	nɤ²⁴又 ɤ²⁴又	nɤ⁵³又 ɤ⁵³又	xɤ²⁴	tɕʰiɛ²⁴	pʰɤ⁵³	pʰɤ²⁴	mɤ²⁴	mɤ⁵³
集贤	ɤ³⁵	ɤ⁵³	xɤ³⁵	tɕʰiɛ³⁵	pʰɤ⁵³	pʰɤ³⁵	mɤ³⁵	mɤ⁵³
佳木斯	nɤ²⁴又 ɤ²⁴又	nɤ⁵³又 ɤ⁵³又	xɤ²⁴	tɕʰiɛ²⁴	pʰɤ⁵³	pʰɤ²⁴	mɤ²⁴	mɤ⁵³
林口	ɤ²⁴又 nɤ²⁴又	ɤ⁵³又 nɤ⁵³又	xɤ²⁴	tɕʰiɛ²⁴	pʰɤ⁵³	pʰɤ²⁴	mɤ²⁴	mɤ⁵³

续表

调查点	0009 鹅 果开一 平歌疑	0010 饿 果开一 去歌疑	0011 河 果开一 平歌匣	0012 茄 果开三 平戈群	0013 破 果合一 去戈滂	0014 婆 果合一 平戈并	0015 磨动 果合一 平戈明	0016 磨名 果合一 去戈明
同江	$nɣ^{24}_{又}$ $ɣ^{24}_{又}$	$nɣ^{53}_{又}$ $ɣ^{53}_{又}$	$xɣ^{24}$	$tɕʰiɛ^{24}$	$pʰɣ^{53}$	$pʰɣ^{24}$	$mɣ^{24}$	$mɣ^{53}$
黑河	$ɣ^{24}$	$ɣ^{52}$	$xɣ^{24}$	$tɕʰiɛ^{24}$	$pʰɣ^{52}$	$pʰɣ^{24}$	$mɣ^{24}$	$mɣ^{52}$
嘉荫	$ɣ^{35}$	$ɣ^{51}$	$xɣ^{35}$	$tɕʰiɛ^{35}$	$pʰɣ^{51}$	$pʰɣ^{35}$	$mɣ^{35}_{~刀}$ $mɣ^{51}_{~豆腐}$	$mɣ^{51}$
兰西	$nɣ^{24}_{又}$ $ɣ^{24}_{又}$	$nɣ^{53}_{又}$ $ɣ^{53}_{又}$	$xɣ^{24}$	$tɕʰiɛ^{24}$	$pʰɣ^{53}$	$pʰɣ^{24}$	$mɣ^{24}$	$mɣ^{53}$
漠河	$ɣ^{35}$	$ɣ^{52}$	$xɣ^{35}$	$tɕʰiɛ^{35}$	$pʰɣ^{52}$	$pʰɣ^{35}$	$mɣ^{52}$	$mɣ^{52}$
嫩江	$nɣ^{24}_{又}$ $ɣ^{24}_{又}$	$nɣ^{53}_{又}$ $ɣ^{53}_{又}$	$xɣ^{24}$	$tɕʰiɛ^{24}$	$pʰɣ^{53}$	$pʰɣ^{24}$	$mɣ^{53}_{~面}$ $mɣ^{24}_{~刀}$	$mɣ^{53}$
泰来	$nɣ^{24}$	$nɣ^{53}$	$xɣ^{24}$	$tɕʰiɛ^{24}$	$pʰɣ^{53}$	$pʰɣ^{24}$	$mɣ^{24}$	$mɣ^{53}$
哈尔滨	$ɣ^{24}$	$ɣ^{51}$	$xɣ^{24}$	$tɕʰiɛ^{24}$	$pʰɣ^{51}$	$pʰɣ^{24}$	$mɣ^{24}$	$mɣ^{51}$
肇东	$nɣ^{24}$	$nɣ^{53}$	$xɣ^{24}$	$tɕʰiɛ^{24}$	$pʰɣ^{53}$	$pʰɣ^{24}$	$mɣ^{24}_{~面}$ $mɣ^{53}_{~叨}$	$mɣ^{53}$
肇州	$nɣ^{24}_{又}$ $ɣ^{24}_{又}$	$nɣ^{53}_{又}$ $ɣ^{53}_{又}$	$xɣ^{24}$	$tɕʰiɛ^{24}$	$pʰɣ^{53}$	$pʰɣ^{24}$	$mɣ^{24}_{~面}$ $mɣ^{53}_{~叨}$	$mɣ^{53}$
东宁	$ɣ^{24}$	$ɣ^{53}$	$xɣ^{24}$	$tɕʰiɛ^{24}$	$pʰɣ^{53}$	$pʰɣ^{24}$	$mɣ^{24}_{~刀}$ $mɣ^{53}_{~叨}$	$mɣ^{53}$
鸡西	$nɣ^{24}_{又}$ $ɣ^{24}_{又}$	$nɣ^{53}_{又}$ $ɣ^{53}_{又}$	$xɣ^{24}$	$tɕʰiɛ^{24}$	$pʰɣ^{53}$	$pʰɣ^{24}$	$mɣ^{24}$	$mɣ^{53}$
密山	$nɣ^{24}_{又}$ $ɣ^{24}_{又}$	$nɣ^{52}_{又}$ $ɣ^{52}_{又}$	$xɣ^{24}$	$tɕʰiɛ^{24}$	$pʰɣ^{52}$	$pʰɣ^{24}$	$mɣ^{24}$	$mɣ^{52}$
穆棱	$ɣ^{35}$	$nɣ^{53}_{又}$ $ɣ^{53}_{又}$	$xɣ^{35}$	$tɕʰiɛ^{35}$	$pʰɣ^{53}$	$pʰɣ^{35}$	$mɣ^{35}$	$mɣ^{53}$
宁安	$ɣ^{35}$	$ɣ^{51}$	$xɣ^{35}$	$tɕʰiɛ^{35}$	$pʰɣ^{51}$	$pʰɣ^{35}$	$mɣ^{35}_{~刀}$ $mɣ^{51}_{~豆腐}$	$mɣ^{51}$
尚志	$nɣ^{24}$	$ɣ^{53}$	$xɣ^{24}$	$tɕʰiɛ^{24}$	$pʰɣ^{53}$	$pʰɣ^{24}$	$mɣ^{24}_{~面}$ $mɣ^{53}_{~叨}$	$mɣ^{53}$

3. 单字 0017—0024

调查点	0017 躲 果合一 上戈端	0018 螺 果合一 平戈来	0019 坐 果合一 上戈从	0020 锁 果合一 上戈心	0021 果 果合一 上戈见	0022 过_来 果合一 去戈见	0023 课 果合一 去戈溪	0024 火 果合一 上戈晓
勃利	tuɤ²¹³	luɤ²⁴	tsuɤ⁵³	suɤ²¹³	kuɤ²¹³	kuɤ⁵³	kʰɤ⁵³	xuɤ²¹³
集贤	tuɤ²¹³	luɤ³⁵	tsuɤ⁵³	suɤ²¹³	kuɤ²¹³	kuɤ⁵³	kʰɤ⁵³	xuɤ²¹³
佳木斯	tuɤ²¹²	luɤ²⁴	tsuɤ⁵³	suɤ²¹²	kuɤ²¹²	kuɤ⁵³	kʰɤ⁵³	xuɤ²¹²
林口	tuo²¹³	luo²⁴	tsuo⁵³	suo²¹³	kuo²¹³	kuo⁵³	kʰɤ⁵³	xuo²¹³
同江	tuɤ²¹³	luɤ²⁴	tsuɤ⁵³	suɤ²¹³	kuɤ²¹³	kuɤ⁵³	kʰɤ⁵³	xuɤ²¹³
黑河	tuɤ²¹³	luɤ²⁴	tsuɤ⁵²	suɤ²¹³	kuɤ²¹³	kuɤ⁵²	kʰɤ⁵²	xuɤ²¹³
嘉荫	tuɤ²¹³	luɤ³⁵	tʂuɤ⁵¹	suɤ²¹³	kuɤ²¹³	kuɤ⁵¹	kʰɤ⁵¹	xuɤ²¹³
兰西	tuɤ²¹³	luɤ²⁴	tsuɤ⁵³	suɤ²¹³	kuɤ²¹³	kuɤ⁵³	kʰɤ⁵³	xuɤ²¹³
漠河	tuɤ²¹³	luɤ³⁵	tsuɤ⁵²	suɤ²¹³	kuɤ²¹³	kuɤ⁵²	kʰɤ⁵²	xuɤ²¹³
嫩江	tuɤ²¹³	luɤ²⁴	tsuɤ⁵³	suɤ²¹³	kuɤ²¹³	kuɤ⁵³	kʰɤ⁵³	xuɤ²¹³
泰来	tuo²¹³	luo²⁴	tʂuo⁵³	ʂuo²¹³	kuo²¹³	kuo⁵³	kʰɤ⁵³	xuo²¹³
哈尔滨	tuo²¹³	luo²⁴	tsuo⁵¹	suo²¹³	kuo²¹³	kuo⁵¹	kʰɤ⁵¹	xuo²¹³
肇东	tuo²¹³	luo²⁴	tsuo⁵³	suo²¹³	kuo²¹³	kuo⁵³	kʰɤ⁵³	xuo²¹³
肇州	tuɤ²¹³	luɤ²⁴	tsuɤ⁵³	suɤ²¹³	kuɤ²¹³	kuɤ⁵³	kʰɤ⁵³	xuɤ²¹³
东宁	tuɤ²¹³	luɤ²⁴	tsuɤ⁵³	suɤ²¹³	kuɤ²¹³	kuɤ⁵³	kʰɤ⁵³	xuɤ²¹³
鸡西	tuɤ²¹³	luɤ²⁴	tsuɤ⁵³	suɤ²¹³	kuɤ²¹³	kuɤ⁵³	kʰɤ⁵³	xuɤ²¹³
密山	tuɤ²¹³	luɤ²⁴	tsuɤ⁵²	suɤ²¹³	kuɤ²¹³	kuɤ⁵²	kʰɤ⁵²	xuɤ²¹³
穆棱	tuɤ²¹³	luɤ³⁵	tsuɤ⁵³	suɤ²¹³	kuɤ²¹³	kuɤ⁵³	kʰɤ⁵³	xuɤ²¹³
宁安	tuɤ²¹³	luɤ³⁵	tsuɤ⁵¹	suɤ²¹³	kuɤ²¹³	kuɤ⁵¹	kʰɤ⁵¹	xuɤ²¹³
尚志	tuo²¹³	luo²⁴	tsuo⁵³	suo²¹³	kuo²¹³	kuo⁵³	kʰɤ⁵³	xuo²¹³

4. 单字 0025—0032

调查点	0025 货 果合一 去戈晓	0026 祸 果合一 上戈匣	0027 靴 果合三 平戈晓	0028 把_量 假开二 上麻帮	0029 爬 假开二 平麻并	0030 马 假开二 上麻明	0031 骂 假开二 去麻明	0032 茶 假开二 平麻澄
勃利	xuɤ⁵³	xuɤ⁵³	ɕyɛ⁴⁴	pa²¹³	pʰa²⁴	ma²¹³	ma⁵³	tsʰa²⁴

续表

调查点	0025 货	0026 祸	0027 靴	0028 把量	0029 爬	0030 马	0031 骂	0032 茶
	果合一去戈晓	果合一上戈匣	果合三平戈晓	假开二上麻帮	假开二平麻并	假开二上麻明	假开二去麻明	假开二平麻澄
集贤	xuɤ^{53}	xuɤ^{53}	çyɛ^{44}	pa^{213}	pʰa^{35}	ma^{213}	ma^{53}	tsʰa^{35}
佳木斯	xuɤ^{53}	xuɤ^{53}	çyɛ^{33}	pa^{212}	pʰa^{24}	ma^{212}	ma^{53}	tʂʰa^{24}
林口	xuo^{53}	xuo^{53}	çyɛ^{33}	pa^{213}	pʰa^{24}	ma^{213}	ma^{53}	tsʰa^{24}
同江	xuɤ^{53}	xuɤ^{53}	çyɛ^{44}	pa^{213}	pʰa^{24}	ma^{213}	ma^{53}	tsʰa^{24}
黑河	xuɤ^{52}	xuɤ^{52}	çyɛ^{44}	pa^{213}	pʰa^{24}	ma^{213}	ma^{52}	tʂʰa^{24}
嘉荫	xuɤ^{51}	xuɤ^{51}	çyɛ^{33}	pa^{213}	pʰa^{35}	ma^{213}	ma^{51}	tʂʰa^{35}
兰西	xuɤ^{53}	xuɤ^{53}	çyɛ^{33}	pa^{213}	pʰa^{213}	ma^{213}	ma^{53}	tʂʰa^{24}
漠河	xuɤ^{52}	xuɤ^{52}	çyɛ^{55}	pa^{213}	pʰa^{35}	ma^{213}	ma^{52}	tʂʰa^{35}
嫩江	xuɤ^{53}	xuɤ^{53}	çyɛ^{44}	pa^{213}	pʰa^{24}	ma^{213}	ma^{53}	tsʰa^{24}
泰来	xuo^{53}	xuo^{53}	çyɛ^{44}	pa^{213}	pʰa^{24}	ma^{213}	ma^{53}	tʂʰa^{24}
哈尔滨	xuo^{51}	xuo^{51}	çyɛ^{44}	pa^{213}	pʰa^{24}	ma^{213}	ma^{51}	tʂʰa^{24}
肇东	xuo^{53}	xuo^{53}	çyɛ^{44}	pa^{213}	pʰa^{24}	ma^{213}	ma^{53}	tʂʰa^{24}
肇州	xuɤ^{53}	xuɤ^{53}	çyɛ^{33}	pa^{213}	pʰa^{24}	ma^{213}	ma^{53}	tʂʰa^{24}
东宁	xuɤ^{53}	xuɤ^{53}	çyɛ^{33}	pa^{213}	pʰa^{24}	ma^{213}	ma^{53}	tsʰa^{24}
鸡西	xuɤ^{53}	xuɤ^{53}	çyɛ^{44}	pa^{213}	pʰa^{24}	ma^{213}	ma^{53}	tsʰa^{24}
密山	xuɤ^{52}	xuɤ^{52}	çyɛ^{44}	pa^{213}	pʰa^{24}	ma^{213}	ma^{52}	tsʰa^{24}
穆棱	xuɤ^{53}又 / xɤ^{53}又	xuɤ^{53}	çyɛ^{33}	pa^{213}	pʰa^{35}	ma^{213}	ma^{53}	tsʰa^{35}
宁安	xuɤ^{51}	xuɤ^{51}	çyɛ^{44}	pa^{213}	pʰa^{35}	ma^{213}	ma^{51}	tʂʰa^{35}
尚志	xuo^{53}	xuo^{53}	çyɛ^{44}	pa^{213}	pʰa^{24}	ma^{213}	ma^{53}	tsʰa^{24}

5. 单字 0033—0040

调查点	0033 沙	0034 假真~	0035 嫁	0036 牙	0037 虾	0038 下方位	0039 夏春~	0040 哑
	假开二平麻生	假开二上麻见	假开二去麻见	假开二平麻疑	假开二平麻晓	假开二上麻匣	假开二去麻匣	假开二上麻影
勃利	sa^{44}	tçia^{213}	tçia^{53}	ia^{24}	çia^{44}	çia^{53}	çia^{53}	ia^{213}
集贤	sa^{44}	tçia^{213}	tçia^{53}	ia^{35}	çia^{44}	çia^{53}	çia^{53}	ia^{213}
佳木斯	sa^{33}	tçia^{212}	tçia^{53}	ia^{24}	çia^{33}	çia^{53}	çia^{53}	ia^{212}

续表

调查点	0033 沙	0034 假_{真～}	0035 嫁	0036 牙	0037 虾	0038 下_{方位}	0039 夏_{春～}	0040 哑
	假开二 平麻生	假开二 上麻见	假开二 去麻见	假开二 平麻疑	假开二 平麻晓	假开二 上麻匣	假开二 去麻匣	假开二 上麻影
林口	sa³³	tɕia²¹³	tɕia⁵³	·ia²⁴	ɕia³³	ɕia⁵³	ɕia⁵³	·ia²¹³
同江	sa⁴⁴	tɕia²¹³	tɕia⁵³	ia²⁴	ɕia⁴⁴	ɕia⁵³	ɕia⁵³	·ia²¹³
黑河	ʂa⁴⁴	tɕia²¹³	tɕia⁵²	ia²⁴	ɕia⁴⁴	ɕia⁵²	ɕia⁵²	·ia²¹³
嘉荫	ʂa³³	tɕia²¹³	tɕia⁵¹	ia³⁵	ɕia³³	ɕia⁵¹	ɕia⁵¹	·ia²¹³
兰西	ʂa³³	tɕia²¹³	tɕia⁵³	·ia²⁴	ɕia³³	ɕia⁵³	ɕia⁵³	·ia²¹³
漠河	ʂa⁵⁵	tɕia²¹³	tɕia⁵²	·ia³⁵	ɕia⁵⁵	ɕia⁵²	ɕia⁵²	·ia²¹³
嫩江	sa⁴⁴	tɕia²¹³	tɕia⁵³	ia²⁴	ɕia⁴⁴	ɕia⁵³	ɕia⁵³	·ia²¹³
泰来	ʂa⁴⁴	tɕia²¹³	tɕia⁵³	ia²⁴	ɕia⁴⁴	ɕia⁵³	ɕia⁵³	·ia²¹³
哈尔滨	ʂa⁴⁴	tɕia²¹³	tɕia⁵¹	ia²⁴	ɕia⁴⁴	ɕia⁵¹	ɕia⁵¹	·ia²¹³
肇东	ʂa⁴⁴	tɕia²¹³	tɕia⁵³	ia²⁴	ɕia⁴⁴	ɕia⁵³	ɕia⁵³	·ia²¹³
肇州	ʂa³³	tɕia²¹³	tɕia⁵³	ia²⁴	ɕia³³	ɕia⁵³	ɕia⁵³	·ia²¹³
东宁	sa³³	tɕia²¹³	tɕia⁵³	ia²⁴	ɕia³³	ɕia⁵³	ɕia⁵³	·ia²¹³
鸡西	sa⁴⁴	tɕia²¹³	tɕia⁵³	ia²⁴	ɕia⁴⁴	ɕia⁵³	ɕia⁵³	·ia²¹³
密山	sa⁴⁴	tɕia²¹³	tɕia⁵²	ia²⁴	ɕia⁴⁴	ɕia⁵²	ɕia⁵²	·ia²¹³
穆棱	sa³³	tɕia²¹³	tɕia⁵³	ia³⁵	ɕia³³	ɕia⁵³	ɕia⁵³	·ia²¹³
宁安	ʂa⁴⁴	tɕia²¹³	tɕia⁵¹	ia³⁵	ɕia⁴⁴	ɕia⁵¹	ɕia⁵¹	·ia²¹³
尚志	sa⁴⁴	tɕia²¹³	tɕia⁵³	·ia²⁴	ɕia⁴⁴	ɕia⁵³	ɕia⁵³	·ia²¹³

6. 单字 0041—0048

调查点	0041 姐	0042 借	0043 写	0044 斜	0045 谢	0046 车_{～辆}	0047 蛇	0048 射
	假开三 上麻精	假开三 去麻精	假开三 上麻心	假开三 平麻邪	假开三 去麻邪	假开三 平麻昌	假开三 平麻船	假开三 去麻船
勃利	tɕiɛ²¹³	tɕiɛ⁵³	ɕiɛ²¹³	ɕiɛ²⁴	ɕiɛ⁵³	tsʰɤ⁴⁴	sɤ²⁴	sɤ⁵³
集贤	tɕiɛ²¹³	tɕiɛ⁵³	ɕiɛ²¹³	ɕiɛ³⁵	ɕiɛ⁵³	tsʰɤ⁴⁴	sɤ³⁵	sɤ⁵³
佳木斯	tɕiɛ²¹²	tsai³³_{～人} tɕiɛ⁵³_{～出}	ɕiɛ²¹²	ɕiɛ²⁴	ɕiɛ⁵³	tsʰɤ³³	sɤ²⁴	sɤ⁵³
林口	tɕiɛ²¹³	tɕiɛ⁵³	ɕiɛ²¹³	ɕiɛ²⁴	ɕiɛ⁵³	tsʰɤ³³	sɤ²⁴	sɤ⁵³
同江	tɕiɛ²¹³	tɕiɛ⁵³	ɕiɛ²¹³	ɕiɛ²⁴	ɕiɛ⁵³	tsʰɤ⁴⁴	sɤ²⁴	sɤ⁵³

续表

调查点	0041 姐 假开三 上麻精	0042 借 假开三 去麻精	0043 写 假开三 上麻心	0044 斜 假开三 平麻邪	0045 谢 假开三 去麻邪	0046 车_辆 假开三 平麻昌	0047 蛇 假开三 平麻船	0048 射 假开三 去麻船
黑河	tɕiɛ²¹³	tɕiɛ⁵²	ɕiɛ²¹³	ɕiɛ²⁴	ɕiɛ⁵²	tʂʰɤ⁴⁴	ʂɤ²⁴	ʂɤ⁵²
嘉荫	tɕiɛ²¹³	tɕiɛ⁵¹	ɕiɛ²¹³	ɕiɛ³⁵	ɕiɛ⁵¹	tʂʰɤ³³	ʂɤ³⁵	ʂɤ⁵¹
兰西	tɕiɛ²¹³	tɕiɛ⁵³	ɕiɛ²¹³	ɕiɛ²⁴	ɕiɛ⁵³	tʂʰɤ²⁴	ʂɤ²⁴	ʂɤ⁵³
漠河	tɕiɛ²¹³	tɕiɛ⁵²	ɕiɛ²¹³	ɕiɛ³⁵	ɕiɛ⁵²	tʂʰɤ⁵⁵	ʂɤ³⁵	ʂɤ⁵²
嫩江	tɕiɛ²¹³	tɕiɛ⁵³	ɕiɛ²¹³	ɕiɛ²⁴	ɕiɛ⁵³	tʂʰɤ⁴⁴	sɤ²⁴	sɤ⁵³
泰来	tɕiɛ²¹³	tɕiɛ⁵³	ɕiɛ²¹³	ɕiɛ²⁴	ɕiɛ⁵³	tʂʰɤ⁴⁴	ʂɤ²⁴	ʂɤ⁵³
哈尔滨	tɕiɛ²¹³	tɕiɛ⁵¹	ɕiɛ²¹³	ɕiɛ²⁴	ɕiɛ⁵¹	tʂʰɤ⁴⁴	ʂɤ²⁴	ʂɤ⁵¹
肇东	tɕiɛ²¹³	tɕiɛ⁵³	ɕiɛ²¹³	ɕiɛ²⁴	ɕiɛ⁵³	tʂʰɤ⁴⁴	ʂɤ²⁴	ʂɤ⁵³
肇州	tɕiɛ²¹³	tɕiɛ⁵³	ɕiɛ²¹³	ɕiɛ²⁴	ɕiɛ⁵³	tʂʰɤ³³	ʂɤ²⁴	ʂɤ⁵³
东宁	tɕiɛ²¹³	tɕiɛ⁵³	ɕiɛ²¹³	ɕiɛ²⁴	ɕiɛ⁵³	tsʰɤ³³	sɤ²⁴	sɤ⁵³
鸡西	tɕiɛ²¹³	tɕiɛ⁵³	ɕiɛ²¹³	ɕiɛ²⁴	ɕiɛ⁵³	tsʰɤ⁴⁴	sɤ²⁴	sɤ⁵³
密山	tɕiɛ²¹³	tɕiɛ⁵²	ɕiɛ²¹³	ɕiɛ²⁴	ɕiɛ⁵²	tʂʰɤ⁴⁴	sɤ²⁴	sɤ⁵²
穆棱	tɕiɛ²¹³	tɕiɛ⁵³	ɕiɛ²¹³	ɕiɛ³⁵	ɕiɛ⁵³	tʂʰɤ³³	sɤ³⁵	sɤ⁵³
宁安	tɕiɛ²¹³	tɕiɛ⁵¹	ɕiɛ²¹³	ɕiɛ³⁵	ɕiɛ⁵¹	tʂʰɤ⁴⁴	ʂɤ³⁵	ʂɤ⁵¹
尚志	tɕiɛ²¹³	tɕiɛ⁵³	ɕiɛ²¹³	ɕiɛ²⁴	ɕiɛ⁵³	tʂʰɤ⁴⁴	sɤ²⁴	sɤ⁵³

7. 单字 0049—0056

调查点	0049 爷 假开三 平麻以	0050 野 假开三 上麻以	0051 夜 假开三 去麻以	0052 瓜 假合二 平麻见	0053 瓦₋名 假合二 上麻疑	0054 花 假合二 平麻晓	0055 化 假合二 去麻晓	0056 华₋中₋ 假合二 平麻匣
勃利	iɛ²⁴	iɛ²¹³	iɛ⁵³	kua⁴⁴	ua²¹³	xua⁴⁴	xua⁵³	xua²⁴
集贤	iɛ³⁵	iɛ²¹³	iɛ⁵³	kua⁴⁴	ua²¹³	xua⁴⁴	xua⁵³	xua³⁵
佳木斯	iɛ²⁴	iɛ²¹²	iɛ⁵³	kua³³	ua²¹²	xua³³	xua⁵³	xua²⁴
林口	iɛ²⁴	iɛ²¹³	iɛ⁵³	kua³³	ua²¹³	xua³³	xua⁵³	xua²⁴
同江	iɛ²⁴	iɛ²¹³	iɛ⁵³	kua⁴⁴	ua²¹³	xua⁴⁴	xua⁵³	xua²⁴
黑河	iɛ²⁴	iɛ²¹³	iɛ⁵²	kua⁴⁴	ua²¹³	xua⁴⁴	xua⁵²	xua²⁴
嘉荫	iɛ³⁵	iɛ²¹³	iɛ⁵¹	kua³³	ua²¹³	xua³³	xua⁵¹	xua³⁵

续表

调查点	0049 爷	0050 野	0051 夜	0052 瓜	0053 瓦名	0054 花	0055 化	0056 华中~
	假开三平麻以	假开三上麻以	假开三去麻以	假合二平麻见	假合二上麻疑	假合二平麻晓	假合二去麻晓	假合二平麻匣
兰西	iɛ²⁴	iɛ²¹³	iɛ⁵³	kua³³	va²¹³	xua³³	xua⁵³	xua²⁴
漠河	iɛ³⁵	iɛ²¹³	iɛ⁵²	kua⁵⁵	ua²¹³	xua⁵⁵	xua⁵²	xua³⁵
嫩江	iɛ²⁴	iɛ²¹³	iɛ⁵³	kua⁴⁴	ua²¹³	xua⁴⁴	xua⁵³	xua²⁴
泰来	iɛ²⁴	iɛ²¹³	iɛ⁵³	kua⁴⁴	ua²¹³	xua⁴⁴	xua⁵³	xua²⁴
哈尔滨	iɛ²⁴	iɛ²¹³	iɛ⁵¹	kua⁴⁴	ua²¹³	xua⁴⁴	xua⁵¹	xua²⁴
肇东	iɛ²⁴	iɛ²¹³	iɛ⁵³	kua⁴⁴	va²¹³	xua⁴⁴	xua⁵³	xua²⁴
肇州	iɛ²⁴	iɛ²¹³	iɛ⁵³	kua³³	va²¹³	xua³³	xua⁵³	xua²⁴
东宁	iɛ²⁴	iɛ²¹³	iɛ⁵³	kua³³	ua²¹³	xua³³	xua⁵³	xua²⁴
鸡西	iɛ²⁴	iɛ²¹³	iɛ⁵³	kua⁴⁴	ua²¹³	xua⁴⁴	xua⁵³	xua²⁴
密山	iɛ²⁴	iɛ²¹³	iɛ⁵²	kua⁴⁴	ua²¹³	xua⁴⁴	xua⁵²	xua²⁴
穆棱	iɛ³⁵	iɛ²¹³	iɛ⁵³	kua³³	ua²¹³	xua³³	xua⁵³	xua³⁵
宁安	iɛ³⁵	iɛ²¹³	iɛ⁵¹	kua⁴⁴	ua²¹³	xua⁴⁴	xua⁵¹	xua³⁵
尚志	iɛ²⁴	iɛ²¹³	iɛ⁵³	kua⁴⁴	ua²¹³	xua⁴⁴	xua⁵³	xua²⁴

8. 单字 0057—0064

调查点	0057 谱家~	0058 布	0059 铺动	0060 簿	0061 步	0062 赌	0063 土	0064 图
	遇合一上模帮	遇合一去模帮	遇合一平模滂	遇合一上模并	遇合一去模并	遇合一上模端	遇合一上模透	遇合一平模定
勃利	pʰu²¹³	pu⁵³	pʰu⁴⁴	pu⁵³	pu⁵³	tu²¹³	tʰu²¹³	tʰu²⁴
集贤	pʰu²¹³	pu⁵³	pʰu⁴⁴	pu⁵³	pu⁵³	tu²¹³	tʰu²¹³	tʰu³⁵
佳木斯	pʰu²¹²	pu⁵³	pʰu³³	pu⁵³	pu⁵³	tu²¹²	tʰu²¹²	tʰu²⁴
林口	pʰu²¹³	pu⁵³	pʰu³³	pu⁵³	pu⁵³	tu²¹³	tʰu²¹³	tʰu²⁴
同江	pʰu²¹³	pu⁵³	pʰu⁴⁴	pu⁵³	pu⁵³	tu²¹³	tʰu²¹³	tʰu²⁴
黑河	pʰu²¹³	pu⁵²	pʰu⁴⁴	pu⁵²	pu⁵²	tu²¹³	tʰu²¹³	tʰu²⁴
嘉荫	pʰu²¹³	pu⁵¹	pʰu³³	pu⁵¹	pu⁵¹	tu²¹³	tʰu²¹³	tʰu³⁵
兰西	pʰu²¹³	pu⁵³	pʰu³³	pu⁵³	pu⁵³	tu²¹³	tʰu²¹³	tʰu²⁴

续表

调查点	0057 谱家~	0058 布	0059 铺动	0060 簿	0061 步	0062 赌	0063 土	0064 图
	遇合一上模帮	遇合一去模帮	遇合一平模滂	遇合一上模并	遇合一去模并	遇合一上模端	遇合一上模透	遇合一平模定
漠河	p^hu^{213}	pu^{52}	p^hu^{55}	pu^{52}	pu^{52}	tu^{213}	t^hu^{213}	t^hu^{35}
嫩江	p^hu^{213}	pu^{53}	p^hu^{44}	（无）	pu^{53}	tu^{213}	t^hu^{213}	t^hu^{24}
泰来	p^hu^{213}	pu^{53}	p^hu^{44}	pu^{53}	pu^{53}	tu^{213}	t^hu^{213}	t^hu^{24}
哈尔滨	p^hu^{213}	pu^{51}	p^hu^{44}	pu^{51}	pu^{51}	tu^{213}	t^hu^{213}	t^hu^{24}
肇东	p^hu^{213}	pu^{53}	p^hu^{44}	（无）	pu^{53}	tu^{213}	t^hu^{213}	t^hu^{24}
肇州	p^hu^{213}	pu^{53}	p^hu^{33}	pu^{53}	pu^{53}	tu^{213}	t^hu^{213}	t^hu^{24}
东宁	p^hu^{213}	pu^{53}	p^hu^{33}	pu^{53}	pu^{53}	tu^{213}	t^hu^{213}	t^hu^{24}
鸡西	p^hu^{213}	pu^{53}	p^hu^{44}	pu^{53}	pu^{53}	tu^{213}	t^hu^{213}	t^hu^{24}
密山	p^hu^{213}	pu^{52}	p^hu^{44}	（无）	pu^{52}	tu^{213}	t^hu^{213}	t^hu^{24}
穆棱	p^hu^{213}	pu^{53}	p^hu^{33}	pu^{53}	pu^{53}	tu^{213}	t^hu^{213}	t^hu^{35}
宁安	p^hu^{213}	pu^{51}	p^hu^{44}	pu^{51}	pu^{51}	tu^{213}	t^hu^{213}	t^hu^{35}
尚志	p^hu^{213}	pu^{53}	p^hu^{44}	pu^{53}	pu^{53}	tu^{213}	t^hu^{213}	t^hu^{24}

9. 单字 0065—0072

调查点	0065 杜	0066 奴	0067 路	0068 租	0069 做	0070 错对~	0071 箍~桶	0072 古
	遇合一上模定	遇合一平模泥	遇合一去模来	遇合一平模精	遇合一去模精	遇合一去模清	遇合一平模见	遇合一上模见
勃利	tu^{53}	nu^{24}	lu^{53}	tsu^{44}	$tsu\gamma^{53}$	$ts^hu\gamma^{53}$	ku^{44}	ku^{213}
集贤	tu^{53}	nu^{35}	lu^{53}	tsu^{44}	$tsu\gamma^{53}$	$ts^hu\gamma^{53}$	ku^{44}	ku^{213}
佳木斯	tu^{53}	nu^{24}	lu^{53}	tsu^{33}	$tsu\gamma^{53}$	$ts^hu\gamma^{53}$	ku^{33}	ku^{212}
林口	tu^{53}	nu^{24}	lu^{53}	tsu^{33}	$tsuo^{53}$	ts^huo^{53}	ku^{33}	ku^{213}
同江	tu^{53}	nu^{24}	lu^{53}	tsu^{44}	$tsu\gamma^{53}$	$ts^hu\gamma^{53}$	ku^{44}	ku^{213}
黑河	tu^{52}	nu^{24}	lu^{52}	tsu^{44}	$tsu\gamma^{52}$	$ts^hu\gamma^{52}$	ku^{44}	ku^{213}
嘉荫	tu^{51}	nu^{35}	lu^{51}	$t\mathrm{s}u^{33}$	$tsou^{51}$白 $tsu\gamma^{51}$文	$ts^hu\gamma^{51}$	ku^{33}	ku^{213}
兰西	tu^{53}	nu^{24}	lu^{53}	tsu^{33}	$tsu\gamma^{53}$	$ts^hu\gamma^{53}$	ku^{33}	ku^{213}
漠河	tu^{52}	nu^{35}	lu^{52}	tsu^{55}	$tsu\gamma^{52}$	$ts^hu\gamma^{52}$	ku^{55}	ku^{213}

续表

调查点	0065 杜	0066 奴	0067 路	0068 租	0069 做	0070 错对~	0071 箍~桶	0072 古
	遇合一上模定	遇合一平模泥	遇合一去模来	遇合一平模精	遇合一去模精	遇合一去模清	遇合一平模见	遇合一上模见
嫩江	tu⁵³	nu²⁴	lu⁵³	tsu⁴⁴	tsou⁵³ tsuɤ⁵³	tsʰuɤ⁵³	ku⁴⁴	ku²¹³
泰来	tu⁵³	nu²⁴	lu⁵³	tʂu⁴⁴	tʂou⁵³白 tʂuo⁵³文	tʂʰuo⁵³	ku⁴⁴	ku²¹³
哈尔滨	tu⁵¹	nu²⁴	lu⁵¹	tsu⁴⁴	tsuo⁵¹	tsʰuo⁵¹	ku⁴⁴	ku²¹³
肇东	tu⁵³	nu²⁴	lu⁵³	tsu⁴⁴	tsou⁵³白 tsuo⁵³文	tsʰuo⁵³	ku⁴⁴	ku²¹³
肇州	tu⁵³	nu²⁴	lu⁵³	tʂu³³	tsuɤ⁵³	tsʰuɤ⁵³	ku³³	ku²¹³
东宁	tu⁵³	nu²⁴	lu⁵³	tsu³³	tsuɤ⁵³	tsʰuɤ⁵³	ku³³	ku²¹³
鸡西	tu⁵³	nu²⁴	lu⁵³	tsu⁴⁴	tsuɤ⁵³	tsʰuɤ⁵³	ku⁴⁴	ku²¹³
密山	tu⁵²	nu²⁴	lu⁵²	tsu⁴⁴	tsuɤ⁵²	tsʰuɤ⁵²	ku⁴⁴	ku²¹³
穆棱	tu⁵³	nu³⁵	lu⁵³	tsu³³	tsuɤ⁵³	tsʰuɤ⁵³	ku³³	ku²¹³
宁安	tu⁵¹	nu³⁵	lu⁵¹	tsu⁴⁴	tsuɤ⁵¹	tsʰuɤ⁵¹	ku⁴⁴	ku²¹³
尚志	tu⁵³	nu²⁴	lu⁵³	tsu⁴⁴	tsuo⁵³	tsʰuo⁵³	ku⁴⁴	ku²¹³

10. 单字 0073—0080

调查点	0073 苦	0074 裤	0075 吴	0076 五	0077 虎	0078 壶	0079 户	0080 乌
	遇合一上模溪	遇合一去模溪	遇合一平模疑	遇合一上模疑	遇合一上模晓	遇合一平模匣	遇合一上模匣	遇合一平模影
勃利	kʰu²¹³	kʰu⁵³	u²⁴	u²¹³	xu²¹³	xu²⁴	xu⁵³	u⁴⁴
集贤	kʰu²¹³	kʰu⁵³	u³⁵	u²¹³	xu²¹³	xu³⁵	xu⁵³	u⁴⁴
佳木斯	kʰu²¹²	kʰu⁵³	u²⁴	u²¹²	xu²¹²	xu²⁴	xu⁵³	u³³
林口	kʰu²¹³	kʰu⁵³	u²⁴	u²¹³	xu²¹³	xu²⁴	xu⁵³	u³³
同江	kʰu²¹³	kʰu⁵³	u²⁴	u²¹³	xu²¹³	xu²⁴	xu⁵³	u⁴⁴
黑河	kʰu²¹³	kʰu⁵²	u²⁴	u²¹³	xu²¹³	xu²⁴	xu⁵²	u⁴⁴
嘉荫	kʰu²¹³	kʰu⁵¹	u³⁵	u²¹³	xu²¹³	xu³⁵	xu⁵¹	u³³
兰西	kʰu²¹³	kʰu⁵³	u²⁴	u²¹³	xu²¹³	xu²⁴	xu⁵³	u³³

续表

调查点	0073 苦	0074 裤	0075 吴	0076 五	0077 虎	0078 壶	0079 户	0080 乌
	遇合一上模溪	遇合一去模溪	遇合一平模疑	遇合一上模疑	遇合一上模晓	遇合一平模匣	遇合一上模匣	遇合一平模影
漠河	k^hu^{213}	k^hu^{52}	u^{35}	u^{213}	xu^{213}	xu^{35}	xu^{52}	u^{55}
嫩江	k^hu^{213}	k^hu^{53}	u^{24}	u^{213}	xu^{213}	xu^{24}	xu^{53}	u^{44}
泰来	k^hu^{213}	k^hu^{53}	u^{24}	u^{213}	xu^{213}	xu^{24}	xu^{53}	u^{44}
哈尔滨	k^hu^{213}	k^hu^{51}	u^{24}	u^{213}	xu^{213}	xu^{24}	xu^{51}	u^{44}
肇东	k^hu^{213}	k^hu^{53}	u^{24}	u^{213}	xu^{213}	xu^{24}	xu^{53}	u^{44}
肇州	k^hu^{213}	k^hu^{53}	u^{24}	u^{213}	xu^{213}	xu^{24}	xu^{53}	u^{33}
东宁	k^hu^{213}	k^hu^{53}	u^{24}	u^{213}	xu^{213}	xu^{24}	xu^{53}	u^{33}
鸡西	k^hu^{213}	k^hu^{53}	u^{24}	u^{213}	xu^{213}	xu^{24}	xu^{53}	u^{44}
密山	k^hu^{213}	k^hu^{52}	u^{24}	u^{213}	xu^{213}	xu^{24}	xu^{52}	u^{44}
穆棱	k^hu^{213}	k^hu^{53}	u^{35}	u^{213}	xu^{213}	xu^{35}	xu^{53}	u^{33}
宁安	k^hu^{213}	k^hu^{51}	u^{35}	u^{213}	xu^{213}	xu^{35}	xu^{51}	u^{44}
尚志	k^hu^{213}	k^hu^{53}	u^{24}	u^{213}	xu^{213}	xu^{24}	xu^{53}	u^{44}

11. 单字 0081—0088

调查点	0081 女	0082 吕	0083 徐	0084 猪	0085 除	0086 初	0087 锄	0088 所
	遇合三上鱼泥	遇合三上鱼来	遇合三平鱼邪	遇合三平鱼知	遇合三平鱼澄	遇合三平鱼初	遇合三平鱼崇	遇合三上鱼生
勃利	$ȵy^{213}$	ly^{213}	$çy^{24}$	tsu^{44}	ts^hu^{24}	ts^hu^{44}	ts^hu^{24}	$suɤ^{213}$
集贤	$ȵy^{213}$	ly^{213}	$çy^{35}$	tsu^{44}	ts^hu^{35}	ts^hu^{44}	ts^hu^{35}	$suɤ^{213}$
佳木斯	$ȵy^{212}$	ly^{212}	$çy^{24}$	tsu^{33}	ts^hu^{24}	ts^hu^{33}	ts^hu^{24}	$suɤ^{212}$
林口	$ȵy^{213}$	ly^{213}	$çy^{24}$	tsu^{33}	ts^hu^{24}	ts^hu^{33}	ts^hu^{24}	suo^{213}
同江	$ȵy^{213}$	ly^{213}	$çy^{24}$	tsu^{44}	ts^hu^{24}	ts^hu^{44}	ts^hu^{24}	$suɤ^{213}$
黑河	$ȵy^{213}$	ly^{213}	$çy^{24}$	$tʂu^{44}$	$tʂ^hu^{24}$	$tʂ^hu^{44}$	$tʂ^hu^{24}$	$suɤ^{213}$
嘉荫	$ȵy^{213}$	ly^{213}	$çy^{35}$	$tʂu^{33}$	$tʂ^hu^{35}$	$tʂ^hu^{33}$	$tʂ^hu^{35}$	$suɤ^{213}$
兰西	$ȵy^{213}$	ly^{213}	$çy^{24}$	$tʂu^{33}$	$tʂ^hu^{24}$	$tʂ^hu^{33}$	$tʂ^hu^{24}$	$suɤ^{213}$
漠河	$ȵy^{213}$	ly^{213}	$çy^{35}$	$tʂu^{55}$	$tʂ^hu^{35}$	$tʂ^hu^{55}$	$tʂ^hu^{35}$	$suɤ^{213}$
嫩江	$ȵy^{213}$	ly^{213}	$çy^{24}$	tsu^{44}	ts^hu^{24}	ts^hu^{44}	ts^hu^{24}	$suɤ^{213}$

续表

调查点	0081 女	0082 吕	0083 徐	0084 猪	0085 除	0086 初	0087 锄	0088 所
	遇合三 上鱼泥	遇合三 上鱼来	遇合三 平鱼邪	遇合三 平鱼知	遇合三 平鱼澄	遇合三 平鱼初	遇合三 平鱼崇	遇合三 上鱼生
泰来	ȵy²¹³	ly²¹³	çy²⁴	tʂu⁴⁴	tʂʰu²⁴	tʂʰu⁴⁴	tʂʰu²⁴	ʂuo²¹³
哈尔滨	ȵy²¹³	ly²¹³	çy²⁴	tʂu⁴⁴	tʂʰu²⁴	tʂʰu⁴⁴	tʂʰu²⁴	suo²¹³
肇东	ȵy²¹³	ly²¹³	çy²⁴	tʂu⁴⁴	tʂʰu²⁴	tʂʰu⁴⁴	tʂʰu²⁴	suo²¹³
肇州	ȵy²¹³	ly²¹³	çy²⁴	tʂu³³	tʂʰu²⁴	tʂʰu³³	tʂʰu²⁴	suɤ²¹³
东宁	ȵy²¹³	ly²¹³	çy²⁴	tsu³³	tsʰu²⁴	tsʰu³³	tsʰu²⁴	suɤ²¹³
鸡西	ȵy²¹³	ly²¹³	çy²⁴	tsu⁴⁴	tsʰu²⁴	tsʰu⁴⁴	tsʰu²⁴	suɤ²¹³
密山	ȵy²¹³	ly²¹³	çy²⁴	tsu⁴⁴	tsʰu²⁴	tsʰu⁴⁴	tsʰu²⁴	suɤ²¹³
穆棱	ȵy²¹³	ly²¹³	çy³⁵	tsu³³	tsʰu³⁵	tsʰu³³	tsʰu³⁵	suɤ²¹³
宁安	ȵy²¹³	ly²¹³	çy³⁵	tsu⁴⁴	tsʰu³⁵	tsʰu⁴⁴	tsʰu³⁵	suɤ²¹³
尚志	ȵy²¹³	ly²¹³	çy²⁴	tsu⁴⁴	tsʰu²⁴	tsʰu⁴⁴	tsʰu²⁴	suo²¹³

12. 单字0089—0096

调查点	0089 书	0090 鼠	0091 如	0092 举	0093 锯名	0094 去	0095 渠~道	0096 鱼
	遇合三 平鱼书	遇合三 上鱼书	遇合三 平鱼日	遇合三 上鱼见	遇合三 去鱼见	遇合三 去鱼溪	遇合三 平鱼群	遇合三 平鱼疑
勃利	su⁴⁴	su²¹³	lu²⁴白 ʐu²⁴文	tçy²¹³	tçy⁵³	tçʰy⁵³	tçʰy²⁴	y²⁴
集贤	su⁴⁴	su²¹³	y³⁵白 lu³⁵文	tçy²¹³	tçy⁵³	tçʰy⁵³	tçʰy³⁵	y³⁵
佳木斯	su³³	su²¹²	y²⁴白 ʐu²⁴文	tçy²¹²	tçy⁵³	tçʰy⁵³	tçʰy²⁴	y²⁴
林口	su³³	su²¹³	y²⁴白 ʐu²⁴文	tçy²¹³	tçy⁵³	tçʰy⁵³	tçʰy²⁴	y²⁴
同江	su⁴⁴	su²¹³	y²⁴白 lu²⁴白 ʐu²⁴文	tçy²¹³	tçy⁵³	tçʰy⁵³	tçʰy²⁴	y²⁴
黑河	ʂu⁴⁴	ʂu²¹³	ʐu²⁴	tçy²¹³	tçy⁵²	tçʰy⁵²	tçʰy²⁴	y²⁴

续表

调查点	0089 书	0090 鼠	0091 如	0092 举	0093 锯名	0094 去	0095 渠_道	0096 鱼
	遇合三平鱼书	遇合三上鱼书	遇合三平鱼日	遇合三上鱼见	遇合三去鱼见	遇合三去鱼溪	遇合三平鱼群	遇合三平鱼疑
嘉荫	ʂu³³	ʂu²¹³	ʐu³⁵	tɕy²¹³	tɕy⁵¹	tɕʰy⁵¹	tɕʰy³⁵	y³⁵
兰西	ʂu³³	ʂu²¹³	y²⁴白 / ʐu²⁴文	tɕy²¹³	tɕy⁵³	tɕʰy⁵³	tɕʰy²⁴	y²⁴
漠河	ʂu⁵⁵	ʂu²¹³	ʐu³⁵	tɕy²¹³	tɕy⁵²	tɕʰy⁵²	tɕʰy³⁵	y³⁵
嫩江	su⁴⁴	su²¹³	ʐu²⁴	tɕy²¹³	tɕy⁵³	tɕʰy⁵³	tɕʰy²⁴	y²⁴
泰来	ʂu⁴⁴	ʂu²¹³	ʐu²⁴	tɕy²¹³	tɕy⁵³	tɕʰy⁵³	tɕʰy²⁴	y²⁴
哈尔滨	ʂu⁴⁴	ʂu²¹³	ʐu²⁴	tɕy²¹³	tɕy⁵¹	tɕʰy⁵¹	tɕʰy²⁴	y²⁴
肇东	ʂu⁴⁴	ʂu²¹³	y⁵³白 / ʐu²⁴文	tɕy²¹³	tɕy⁵³	tɕʰy⁵³	tɕʰy²⁴	y²⁴
肇州	ʂu³³	ʂu²¹³	ʐu²⁴	tɕy²¹³	tɕy⁵³	tɕʰy⁵³	tɕʰy²⁴	y²⁴
东宁	su³³	su²¹³	ʐu²⁴	tɕy²¹³	tɕy⁵³	tɕʰy⁵³	tɕʰy²⁴	y²⁴
鸡西	su⁴⁴	su²¹³	ʐu²⁴	tɕy²¹³	tɕy⁵³	tɕʰy⁵³	tɕʰy²⁴	y²⁴
密山	su⁴⁴	su²¹³	ʐu²⁴	tɕy²¹³	tɕy⁵²	tɕʰy⁵²	tɕʰy²⁴	y²⁴
穆棱	su³³	su²¹³	lu³⁵白 / y³⁵白 / ʐu³⁵文	tɕy²¹³	tɕy⁵³	tɕʰy⁵³	tɕʰy³⁵	y³⁵
宁安	ʂu⁴⁴	ʂu²¹³	ʐu³⁵	tɕy²¹³	tɕy⁵¹	tɕʰy⁵¹	tɕʰy³⁵	y³⁵
尚志	su⁴⁴	su²¹³	ʐu²⁴	tɕy²¹³	tɕy⁵³	tɕʰy⁵³	tɕʰy²⁴	y²⁴

13. 单字 0097—0104

调查点	0097 许	0098 余剩~、多~	0099 府	0100 付	0101 父	0102 武	0103 雾	0104 取
	遇合三上鱼晓	遇合三平鱼以	遇合三上虞非	遇合三去虞非	遇合三上虞奉	遇合三上虞微	遇合三去虞微	遇合三上虞清
勃利	çy²¹³	y²⁴	fu²¹³	fu⁵³	fu⁵³	u²¹³	u⁵³	tɕʰiou²¹³白 / tɕʰy²¹³文
集贤	çy²¹³	y³⁵	fu²¹³	fu⁵³	fu⁵³	u²¹³	u⁵³	tɕʰiəu²¹³白 / tɕʰy²¹³文

续表

调查点	0097 许 遇合三 上鱼晓	0098 余剩~、多~ 遇合三 平鱼以	0099 府 遇合三 上虞非	0100 付 遇合三 去虞非	0101 父 遇合三 上虞奉	0102 武 遇合三 上虞微	0103 雾 遇合三 去虞微	0104 取 遇合三 上虞清
佳木斯	ɕy²¹²	y²⁴	fu²¹²	fu⁵³	fu⁵³	u²¹²	u⁵³	tɕʰiəu²¹²白 tɕʰy²¹²文
林口	ɕy²¹³	y²⁴	fu²¹³	fu⁵³	fu⁵³	u²¹³	u⁵³	tɕʰiou²¹³白 tɕʰy²¹³文
同江	ɕy²¹³	y²⁴	fu²¹³	fu⁵³	fu⁵³	u²¹³	u⁵³	tɕʰiou²¹³白 tɕʰy²¹³文
黑河	ɕy²¹³	y²⁴	fu²¹³	fu⁵²	fu⁵²	u²¹³	u⁵²	tɕʰiəu²¹³白 tɕʰy²¹³文
嘉荫	ɕy²¹³	y³⁵	fu²¹³	fu⁵¹	fu⁵¹	u²¹³	u⁵¹	tɕʰiou²¹³白 tɕʰy²¹³文
兰西	ɕy²¹³	y²⁴	fu²¹³	fu⁵³	fu⁵³	u²¹³	u⁵³	tɕʰiou²¹³白 tɕʰy²¹³文
漠河	ɕy²¹³	y³⁵	fu²¹³	fu⁵²	fu⁵²	u²¹³	u⁵²	tɕʰiou²¹³白 tɕʰy²¹³文
嫩江	ɕy²¹³	y²⁴	fu²¹³	fu⁵³	fu⁵³	u²¹³	u⁵³	tɕʰiou²¹³白 tɕʰy²¹³文
泰来	ɕy²¹³	y²⁴	fu²¹³	fu⁵³	fu⁵³	u²¹³	u⁵³	tɕʰiou²¹³白 tɕʰy²¹³文
哈尔滨	ɕy²¹³	y²⁴	fu²¹³	fu⁵¹	fu⁵¹	u²¹³	u⁵¹	tɕʰiou²¹³白 tɕʰy²¹³文
肇东	ɕy²¹³	y²⁴	fu²¹³	fu⁵³	fu⁵³	u²¹³	u⁵³	tɕʰiou²¹³白 tɕʰy²¹³文
肇州	ɕy²¹³	y²⁴	fu²¹³	fu⁵³	fu⁵³	u²¹³	u⁵³	tɕʰiou²¹³白 tɕʰy²¹³文
东宁	ɕy²¹³	y²⁴	fu²¹³	fu⁵³	fu⁵³	u²¹³	u⁵³	tɕʰiou²¹³白 tɕʰy²¹³文
鸡西	ɕy²¹³	y²⁴	fu²¹³	fu⁵³	fu⁵³	u²¹³	u⁵³	tɕʰiou²¹³白 tɕʰy²¹³文

续表

调查点	0097 许	0098 余剩~,多~	0099 府	0100 付	0101 父	0102 武	0103 雾	0104 取
	遇合三 上鱼晓	遇合三 平鱼以	遇合三 上虞非	遇合三 去虞非	遇合三 上虞奉	遇合三 上虞微	遇合三 去虞微	遇合三 上虞清
密山	ςy^{213}	y^{24}	fu^{213}	fu^{52}	fu^{52}	u^{213}	u^{52}	$t\varsigma^h iou^{213}_白$ $t\varsigma^h y^{213}_文$
穆棱	ςy^{213}	y^{35}	fu^{213}	fu^{53}	fu^{53}	u^{213}	u^{53}	$t\varsigma^h iou^{213}_白$ $t\varsigma^h y^{213}_文$
宁安	ςy^{213}	y^{35}	fu^{213}	fu^{51}	fu^{51}	u^{213}	u^{51}	$t\varsigma^h iou^{213}_白$ $t\varsigma^h y^{213}_文$
尚志	ςy^{213}	y^{24}	fu^{213}	fu^{53}	fu^{53}	u^{213}	u^{53}	$t\varsigma^h iou^{213}_白$ $t\varsigma^h y^{213}_文$

14. 单字 0105—0112

调查点	0105 柱	0106 住	0107 数动	0108 数名	0109 主	0110 输	0111 竖	0112 树
	遇合三 上虞澄	遇合三 去虞澄	遇合三 上虞生	遇合三 去虞生	遇合三 上虞章	遇合三 平虞书	遇合三 上虞禅	遇合三 去虞禅
勃利	tsu^{53}	tsu^{53}	su^{213}	su^{53}	tsu^{213}	su^{44}	su^{53}	su^{53}
集贤	tsu^{53}	tsu^{53}	su^{213}	su^{53}	tsu^{213}	su^{44}	su^{53}	su^{53}
佳木斯	tsu^{53}	tsu^{53}	su^{212}	su^{53}	tsu^{212}	su^{33}	su^{53}	su^{53}
林口	tsu^{53}	tsu^{53}	su^{213}	su^{53}	tsu^{213}	su^{33}	su^{53}	su^{53}
同江	tsu^{53}	tsu^{53}	su^{213}	su^{53}	tsu^{213}	su^{44}	su^{53}	su^{53}
黑河	$t\varsigma u^{52}$	$t\varsigma u^{52}$	ςu^{213}	ςu^{52}	$t\varsigma u^{213}$	ςu^{44}	ςu^{52}	ςu^{52}
嘉荫	$t\varsigma u^{51}$	$t\varsigma u^{51}$	ςu^{213}	ςu^{51}	$t\varsigma u^{213}$	ςu^{33}	ςu^{51}	ςu^{51}
兰西	$t\varsigma u^{53}$	$t\varsigma u^{53}$	ςu^{213}	ςu^{53}	$t\varsigma u^{213}$	ςu^{33}	ςu^{53}	ςu^{53}
漠河	$t\varsigma u^{52}$	$t\varsigma u^{52}$	ςu^{213}	ςu^{52}	$t\varsigma u^{213}$	ςu^{55}	ςu^{52}	ςu^{52}
嫩江	tsu^{53}	tsu^{53}	su^{213}	su^{53}	tsu^{213}	su^{44}	su^{53}	su^{53}
泰来	$t\varsigma u^{53}$	$t\varsigma u^{53}$	ςu^{213}	ςu^{53}	$t\varsigma u^{213}$	ςu^{44}	ςu^{53}	ςu^{53}
哈尔滨	$t\varsigma u^{51}$	$t\varsigma u^{51}$	ςu^{213}	ςu^{51}	$t\varsigma u^{213}$	ςu^{44}	ςu^{51}	$t\varsigma^h u^{51}$
肇东	$t\varsigma u^{53}$	$t\varsigma u^{53}$	ςu^{213}	ςu^{53}	$t\varsigma u^{213}$	ςu^{44}	ςu^{53}	ςu^{53}
肇州	$t\varsigma u^{53}$	$t\varsigma u^{53}$	ςu^{213}	ςu^{53}	$t\varsigma u^{213}$	ςu^{33}	ςu^{53}	ςu^{53}

续表

调查点	0105 柱	0106 住	0107 数动	0108 数名	0109 主	0110 输	0111 竖	0112 树
	遇合三 上虞澄	遇合三 去虞澄	遇合三 上虞生	遇合三 去虞生	遇合三 上虞章	遇合三 平虞书	遇合三 上虞禅	遇合三 去虞禅
东宁	tsu⁵³	tsu⁵³	su²¹³	su⁵³	tsu²¹³	su³³	su⁵³	su⁵³
鸡西	tsu⁵³	tsu⁵³	su²¹³	su⁵³	tsu²¹³	su⁴⁴	su⁵³	su⁵³
密山	tsu⁵²	tsu⁵²	su²¹³	su⁵²	tsu²¹³	su⁴⁴	su⁵²	su⁵²
穆棱	tsu⁵³	tsu⁵³	su²¹³	su⁵³	tsu²¹³	su³³	su⁵³	su⁵³
宁安	tʂu⁵¹	tʂu⁵¹	ʂu²¹³	ʂu⁵¹	tʂu²¹³	ʂu⁴⁴	ʂu⁵¹	ʂu⁵¹
尚志	tsu⁵³	tsu⁵³	su²¹³	su⁵³	tsu²¹³	su⁴⁴	su⁵³	su⁵³

15. 单字 0113—0120

调查点	0113 句	0114 区地~	0115 遇	0116 雨	0117 芋	0118 裕	0119 胎	0120 台戏~
	遇合三 去虞见	遇合三 平虞溪	遇合三 去虞疑	遇合三 上虞云	遇合三 去虞云	遇合三 去虞以	蟹开一 平咍透	蟹开一 平咍定
勃利	tɕy⁵³	tɕʰy⁴⁴	y⁵³	y²¹³	y⁵³	y⁵³	tʰai⁴⁴	tʰaiꞏ²⁴
集贤	tɕy⁵³	tɕʰy⁴⁴	y⁵³	y²¹³	y⁵³	y⁵³	tʰai⁴⁴	tʰaiꞏ³⁵
佳木斯	tɕy⁵³	tɕʰy³³	y⁵³	y²¹²	y⁵³	y⁵³	tʰaiꞏ³³	tʰaiꞏ²⁴
林口	tɕy⁵³	tɕʰy³³	y⁵³	y²¹³	y⁵³	y⁵³	tʰaiꞏ³³	tʰaiꞏ²⁴
同江	tɕy⁵³	tɕʰy⁴⁴	y⁵³	y²¹³	y⁵³	y⁵³	tʰaiꞏ⁴⁴	tʰaiꞏ²⁴
黑河	tɕy⁵²	tɕʰy⁴⁴	y⁵²	y²¹³	y⁵²	y⁵²	tʰaiꞏ⁴⁴	tʰaiꞏ²⁴
嘉荫	tɕy⁵¹	tɕʰy³³	y⁵¹	y²¹³	y⁵¹	y⁵¹	tʰaiꞏ³³	tʰaiꞏ³⁵
兰西	tɕy⁵³	tɕʰy³³	y⁵³	y²¹³	y⁵³	y⁵³	tʰaiꞏ⁴⁴	tʰaiꞏ²⁴
漠河	tɕy⁵²	tɕʰy⁵⁵	y⁵²	y²¹³	y⁵²	y⁵²	tʰaiꞏ⁵⁵	tʰaiꞏ³⁵
嫩江	tɕy⁵³	tɕʰy⁴⁴	y⁵³	y²¹³	y⁵³	y⁵³	tʰaiꞏ⁴⁴	tʰaiꞏ²⁴
泰来	tɕy⁵³	tɕʰy⁴⁴	y⁵³	y²¹³	y⁵³	y⁵³	tʰaiꞏ⁴⁴	tʰaiꞏ²⁴
哈尔滨	tɕy⁵¹	tɕʰy⁴⁴	y⁵¹	y²¹³	y⁵¹	y⁵¹	tʰaiꞏ⁴⁴	tʰaiꞏ²⁴
肇东	tɕy⁵³	tɕʰy⁴⁴	y⁵³	y²¹³	y⁵³	y⁵³	tʰaiꞏ⁴⁴	tʰaiꞏ²⁴
肇州	tɕy⁵³	tɕʰy³³	y⁵³	y²¹³	y⁵³	y⁵³	tʰaiꞏ³³	tʰaiꞏ²⁴
东宁	tɕy⁵³	tɕʰy³³	y⁵³	y²¹³	y⁵³	y⁵³	tʰaiꞏ³³	tʰaiꞏ²⁴
鸡西	tɕy⁵³	tɕʰy⁴⁴	y⁵³	y²¹³	y⁵³	y⁵³	tʰaiꞏ⁴⁴	tʰaiꞏ²⁴

续表

调查点	0113 句	0114 区地~	0115 遇	0116 雨	0117 芋	0118 裕	0119 胎	0120 台戏~
	遇合三去虞见	遇合三平虞溪	遇合三去虞疑	遇合三上虞云	遇合三去虞云	遇合三去虞以	蟹开一平哈透	蟹开一平哈定
密山	$tɕy^{52}$	$tɕʰy^{44}$	y^{52}	y^{213}	y^{52}	y^{52}	$tʰai^{44}$	$tʰai^{24}$
穆棱	$tɕy^{53}$	$tɕʰy^{33}$	y^{53}	y^{213}	y^{53}	y^{53}	$tʰai^{33}$	$tʰai^{35}$
宁安	$tɕy^{51}$	$tɕʰy^{44}$	y^{51}	y^{213}	y^{51}	y^{51}	$tʰai^{44}$	$tʰai^{35}$
尚志	$tɕy^{53}$	$tɕʰy^{44}$	y^{53}	y^{213}	y^{53}	y^{53}	$tʰai^{44}$	$tʰai^{24}$

16. 单字 0121—0128

调查点	0121 袋	0122 来	0123 菜	0124 财	0125 该	0126 改	0127 开	0128 海
	蟹开一去哈定	蟹开一平哈来	蟹开一去哈清	蟹开一平哈从	蟹开一平哈见	蟹开一上哈见	蟹开一平哈溪	蟹开一上哈晓
勃利	tai^{53}	lai^{24}	$tsʰai^{53}$	$tsʰai^{24}$	kai^{44}	kai^{213}	$kʰai^{44}$	xai^{213}
集贤	tai^{53}	lai^{35}	$tsʰai^{53}$	$tsʰai^{35}$	kai^{44}	kai^{213}	$kʰai^{44}$	xai^{213}
佳木斯	tai^{53}	lai^{24}	$tsʰai^{53}$	$tsʰai^{24}$	kai^{33}	kai^{212}	$kʰai^{33}$	xai^{212}
林口	tai^{53}	lai^{24}	$tsʰai^{53}$	$tsʰai^{24}$	kai^{33}	kai^{213}	$kʰai^{33}$	xai^{213}
同江	tai^{53}	lai^{24}	$tsʰai^{53}$	$tsʰai^{24}$	kai^{44}	kai^{213}	$kʰai^{44}$	xai^{213}
黑河	tai^{52}	lai^{24}	$tsʰai^{52}$	$tsʰai^{24}$	kai^{44}	kai^{213}	$kʰai^{44}$	xai^{213}
嘉荫	tai^{51}	lai^{35}	$tsʰai^{51}$	$tsʰai^{35}$	kai^{33}	kai^{213}	$kʰai^{33}$	xai^{213}
兰西	tai^{53}	lai^{24}	$tsʰai^{53}$	$tsʰai^{24}$	kai^{33}	kai^{213}	$kʰai^{33}$	xai^{213}
漠河	tai^{52}	lai^{35}	$tsʰai^{52}$	$tsʰai^{35}$	kai^{55}	kai^{213}	$kʰai^{55}$	xai^{213}
嫩江	tai^{53}	lai^{24}	$tsʰai^{53}$	$tsʰai^{24}$	kai^{44}	kai^{213}	$kʰai^{44}$	xai^{213}
泰来	tai^{53}	lai^{24}	$tʂʰai^{53}$	$tʂʰai^{24}$	kai^{33}	kai^{213}	$kʰai^{33}$	xai^{213}
哈尔滨	tai^{51}	lai^{24}	$tsʰai^{51}$	$tsʰai^{24}$	kai^{44}	kai^{213}	$kʰai^{44}$	xai^{213}
肇东	tai^{53}	lai^{24}	$tsʰai^{53}$	$tsʰai^{24}$	kai^{44}	kai^{213}	$kʰai^{44}$	xai^{213}
肇州	tai^{53}	lai^{24}	$tsʰai^{53}$	$tsʰai^{24}$	kai^{33}	kai^{213}	$kʰai^{33}$	xai^{213}
东宁	tai^{53}	lai^{24}	$tsʰai^{53}$	$tsʰai^{24}$	kai^{33}	kai^{213}	$kʰai^{33}$	xai^{213}
鸡西	tai^{53}	lai^{24}	$tsʰai^{53}$	$tsʰai^{24}$	kai^{44}	kai^{213}	$kʰai^{44}$	xai^{213}
密山	tai^{52}	lai^{24}	$tsʰai^{52}$	$tsʰai^{24}$	kai^{44}	kai^{213}	$kʰai^{44}$	xai^{213}
穆棱	tai^{53}	lai^{35}	$tsʰai^{53}$	$tsʰai^{35}$	kai^{33}	kai^{213}	$kʰai^{33}$	xai^{213}

续表

调查点	0121 袋 蟹开一 去哈定	0122 来 蟹开一 平哈来	0123 菜 蟹开一 去哈清	0124 财 蟹开一 平哈从	0125 该 蟹开一 平哈见	0126 改 蟹开一 上哈见	0127 开 蟹开一 平哈溪	0128 海 蟹开一 上哈晓
宁安	tai^{51}	lai^{35}	$ts\textipa{\:s}hai^{51}$	$ts\textipa{\:s}hai^{35}$	kai^{44}	kai^{213}	k^hai^{44}	xai^{213}
尚志	tai^{53}	lai^{24}	ts^hai^{53}	ts^hai^{24}	kai^{44}	kai^{213}	k^hai^{44}	xai^{213}

17. 单字 0129—0136

调查点	0129 爱 蟹开一 去哈影	0130 贝 蟹开一 去泰帮	0131 带_动 蟹开一 去泰端	0132 盖_动 蟹开一 去泰见	0133 害 蟹开一 去泰匣	0134 拜 蟹开二 去皆帮	0135 排 蟹开二 平皆并	0136 埋 蟹开二 平皆明
勃利	ai^{53}	pei^{53}	tai^{53}	kai^{53}	xai^{53}	pai^{53}	p^hai^{24}	mai^{24}
集贤	ai^{53}	pei^{53}	tai^{53}	kai^{53}	xai^{53}	pai^{53}	p^hai^{35}	mai^{35}
佳木斯	$nai^{53}_{白}$ $ai^{53}_{文}$	pei^{53}	tai^{53}	kai^{53}	xai^{53}	pai^{53}	p^hai^{24}	mai^{24}
林口	ai^{53}	pei^{53}	tai^{53}	kai^{53}	xai^{53}	pai^{53}	p^hai^{24}	mai^{24}
同江	ai^{53}	pei^{53}	tai^{53}	kai^{53}	xai^{53}	pai^{53}	p^hai^{24}	$mei^{24}_{白}$ $mai^{24}_{文}$
黑河	ai^{52}	pei^{52}	tai^{52}	kai^{52}	xai^{52}	pai^{52}	p^hai^{24}	mai^{24}
嘉荫	ai^{51}	pei^{51}	tai^{51}	kai^{51}	xai^{51}	pai^{51}	p^hai^{35}	mai^{35}
兰西	ai^{53}	pei^{53}	tai^{53}	kai^{53}	xai^{53}	pai^{53}	p^hai^{24}	mai^{24}
漠河	ai^{52}	pei^{52}	tai^{52}	kai^{52}	xai^{52}	pai^{52}	p^hai^{35}	mai^{35}
嫩江	ai^{53}	pei^{53}	tai^{53}	kai^{53}	xai^{53}	pai^{53}	p^hai^{24}	mai^{24}
泰来	ai^{53}	pei^{53}	tai^{53}	kai^{53}	xai^{53}	pai^{53}	p^hai^{24}	mai^{24}
哈尔滨	ai^{51}	pei^{51}	tai^{51}	kai^{51}	xai^{51}	pai^{51}	p^hai^{24}	mai^{24}
肇东	ai^{53}	pei^{53}	tai^{53}	kai^{53}	xai^{53}	pai^{53}	p^hai^{24}	mai^{24}
肇州	ai^{53}	pei^{53}	tai^{53}	$ts\textipa{\:s}hai^{53}$	xai^{53}	pai^{53}	p^hai^{24}	xai^{213}
东宁	ai^{53}	pei^{53}	tai^{53}	kai^{53}	xai^{53}	pai^{53}	p^hai^{24}	mai^{24}
鸡西	ai^{53}	pei^{53}	tai^{53}	kai^{53}	xai^{53}	pai^{53}	p^hai^{24}	mai^{24}
密山	ai^{52}	pei^{52}	tai^{52}	kai^{52}	xai^{52}	pai^{52}	p^hai^{24}	mai^{24}

续表

调查点	0129 爱 蟹开一去哈影	0130 贝 蟹开一去泰帮	0131 带动 蟹开一去泰端	0132 盖动 蟹开一去泰见	0133 害 蟹开一去泰匣	0134 拜 蟹开二去皆帮	0135 排 蟹开二平皆并	0136 埋 蟹开二平皆明
穆棱	ai^{53}	pei^{53}	tai^{53}	kai^{53}	xai^{53}	pai^{53}	p^hai^{35}	mei^{35}白 mai^{35}文
宁安	ai^{51}	pei^{51}	tai^{51}	kai^{51}	xai^{51}	pai^{51}	p^hai^{35}	mai^{35}
尚志	ai^{53}	pei^{53}	tai^{53}	kai^{53}	xai^{53}	pai^{53}	p^hai^{24}	mai^{24}

18. 单字 0137—0144

调查点	0137 戒 蟹开二去皆见	0138 摆 蟹开二上佳帮	0139 派 蟹开二去佳滂	0140 牌 蟹开二平佳并	0141 买 蟹开二上佳明	0142 卖 蟹开二去佳明	0143 柴 蟹开二平佳崇	0144 晒 蟹开二去佳生
勃利	$tɕiɛ^{53}$	pai^{213}	p^hai^{53}	p^hai^{24}	mai^{213}	mai^{53}	ts^hai^{24}	sai^{53}
集贤	$tɕiɛ^{53}$	pai^{213}	p^hai^{53}	p^hai^{35}	mai^{213}	mai^{53}	ts^hai^{35}	sai^{53}
佳木斯	$tɕiɛ^{53}$	pai^{212}	p^hai^{53}	p^hai^{24}	mai^{212}	mai^{53}	ts^hai^{24}	sai^{53}
林口	$tɕiɛ^{53}$	pai^{213}	p^hai^{53}	p^hai^{24}	mai^{213}	mai^{53}	ts^hai^{24}	sai^{53}
同江	$tɕiɛ^{53}$	pai^{213}	p^hai^{53}	p^hai^{24}	mai^{213}	mai^{53}	ts^hai^{24}	sai^{53}
黑河	$tɕiɛ^{52}$	pai^{213}	p^hai^{52}	p^hai^{24}	mai^{213}	mai^{52}	ts^hai^{24}	sai^{52}
嘉荫	$tɕiɛ^{51}$	pai^{213}	p^hai^{51}	p^hai^{35}	mai^{213}	mai^{51}	ts^hai^{35}	sai^{51}
兰西	$tɕiɛ^{53}$	pai^{213}	p^hai^{53}	p^hai^{24}	mai^{213}	mai^{53}	ts^hai^{24}	sai^{53}
漠河	$tɕi^{52}$白 $tɕiɛ^{52}$文	pai^{213}	p^hai^{52}	p^hai^{35}	mai^{213}	mai^{52}	ts^hai^{35}	sai^{52}又 $ʂai^{52}$又
嫩江	$tɕiɛ^{53}$	pai^{213}	p^hai^{53}	p^hai^{24}	mai^{213}	mai^{53}	ts^hai^{24}	sai^{53}
泰来	$tɕi^{53}$白 $tɕiɛ^{53}$文	pai^{213}	p^hai^{53}	p^hai^{24}	mai^{213}	mai^{53}	$tʂ^hai^{24}$	$ʂai^{53}$
哈尔滨	$tɕiɛ^{51}$	pai^{213}	p^hai^{51}	p^hai^{24}	mai^{213}	mai^{51}	$tʂ^hai^{24}$	$ʂai^{51}$又 sai^{51}又
肇东	$tɕi^{53}$白 $tɕiɛ^{53}$文	pai^{213}	p^hai^{53}	p^hai^{24}	mai^{213}	mai^{53}	$tʂ^hai^{24}$	$ʂai^{53}$

续表

调查点	0137 戒 蟹开二 去皆见	0138 摆 蟹开二 上佳帮	0139 派 蟹开二 去佳滂	0140 牌 蟹开二 平佳并	0141 买 蟹开二 上佳明	0142 卖 蟹开二 去佳明	0143 柴 蟹开二 平佳崇	0144 晒 蟹开二 去佳生
肇州	tɕie⁵³	pai²¹³	pʰai⁵³	pʰai²⁴	mai²¹³	mai⁵³	tsʰai²⁴	sai⁵³
东宁	tɕi⁵³白 tɕie⁵³文	pai²¹³	pʰai⁵³	pʰai²⁴	mai²¹³	mai⁵³	tsʰai²⁴	sai⁵³
鸡西	tɕie⁵³	pai²¹³	pʰai⁵³	pʰai²⁴	mai²¹³	mai⁵³	tsʰai²⁴	sai⁵³
密山	tɕie⁵²	pai²¹³	pʰai⁵²	pʰai²⁴	mai²¹³	mai⁵²	tsʰai²⁴	sai⁵²
穆棱	tɕie⁵³	pai²¹³	pʰai⁵³	pʰai³⁵	mai²¹³	mai⁵³	tsʰai³⁵	sai⁵³
宁安	tɕie⁵¹	pai²¹³	pʰai⁵¹	pʰai³⁵	mai²¹³	mai⁵¹	tsʰai³⁵	sai⁵¹
尚志	tɕie⁵³	pai²¹³	pʰai⁵³	pʰai²⁴	mai²¹³	mai⁵³	tsʰai²⁴	sai⁵³

19. 单字 0145—0152

调查点	0145 街 蟹开二 平佳见	0146 解~开 蟹开二 上佳见	0147 鞋 蟹开二 平佳匣	0148 蟹 蟹开二 上佳匣	0149 矮 蟹开二 上佳影	0150 败 蟹开二 去夬并	0151 币 蟹开三 去祭并	0152 制~造 蟹开三 去祭章
勃利	kai⁴⁴白 tɕie⁴⁴文	kai²¹³白 tɕie²¹³文	ɕie²⁴	ɕie⁵³	ai²¹³	pai⁵³	pi⁵³	tsʅ⁵³
集贤	kai⁴⁴白 tɕie⁴⁴文	kai²¹³白 tɕie²¹³文	ɕie³⁵	ɕie⁵³	ai²¹³	pai⁵³	pi⁵³	tsʅ⁵³
佳木斯	kai³³白 tɕie³³文	kai²¹³白 tɕie²¹³文	ɕie²⁴	ɕie⁵³	nai²¹³白 ai²¹³文	pai⁵³	pi⁵³	tʂʅ⁵³
林口	kai³³白 tɕie³³文	kai²¹³白 tɕie²¹³文	ɕie²⁴	ɕie⁵³	ai²¹³	pai⁵³	pi⁵³	tsʅ⁵³
同江	kai⁴⁴白 tɕie⁴⁴文	kai²¹³白 tɕie²¹³文	ɕie²⁴	ɕie⁵³	ai²¹³	pai⁵³	pi⁵³	tsʅ⁵³
黑河	tɕie⁴⁴	tɕie²¹³	ɕie²⁴	ɕie⁵²	ai²¹³	pai⁵²	pi⁵²	tʂʅ⁵²
嘉荫	kai³³白 tɕie³³文	kai²¹³白 tɕie²¹³文	ɕie³⁵	ɕie⁵¹	ai²¹³	pai⁵¹	pi⁵¹	tʂʅ⁵¹
兰西	kai³³白 tɕie³³文	kai²¹³白 tɕie²¹³文	ɕie²⁴	ɕie⁵³	nai²¹³	pai⁵³	pi⁵³	tʂʅ⁵³

续表

调查点	0145 街 蟹开二 平佳见	0146 解~开 蟹开二 上佳见	0147 鞋 蟹开二 平佳匣	0148 蟹 蟹开二 上佳匣	0149 矮 蟹开二 上佳影	0150 败 蟹开二 去夬并	0151 币 蟹开三 去祭并	0152 制~造 蟹开三 去祭章
漠河	kai⁵⁵白 tɕie⁵⁵文	kai²¹³白 tɕie²¹³文	ɕie³⁵	ɕie⁵²	ai²¹³	pai⁵²	pi⁵²	tʂʅ⁵²
嫩江	kai⁴⁴白 tɕie⁴⁴文	kai²¹³白 tɕie²¹³文	ɕie²⁴	ɕie⁵³	nai²¹³白 ai²¹³文	pai⁵³	pi⁵³	tsʅ⁵³
泰来	kai⁴⁴白 tɕie⁴⁴文	kai²¹³白 tɕie²¹³文	ɕie²⁴	ɕie⁵³	ai²¹³	pai⁵³	pi⁵³	tʂʅ⁵³
哈尔滨	kai⁴⁴白 tɕie⁴⁴文	tɕie²¹³	ɕie²⁴	ɕie⁵¹	ai²¹³	pai⁵¹	pi⁵¹	tʂʅ⁵¹
肇东	kai⁴⁴白 tɕie⁴⁴文	kai²¹³白 tɕie²¹³文	ɕie²⁴	ɕie⁵³	nai²¹³	pai⁵³	pi⁵³	tʂʅ⁵³
肇州	kai³³白 tɕie³³文	kai²¹³白 tɕie²¹³文	ɕie²⁴	ɕie⁵³	nai²¹³文 ai²¹³文	pai⁵³	pi⁵³	tʂʅ⁵³
东宁	kai³³白 tɕie³³文	kai²¹³白 tɕie²¹³文	ɕie²⁴	ɕie⁵³	ai²¹³	pai⁵³	pi⁵³	tsʅ⁵³
鸡西	kai⁴⁴白 tɕie⁴⁴文	kai²¹³白 tɕie²¹³文	ɕie²⁴	ɕie⁵³	ai²¹³	pai⁵³	pi⁵³	tsʅ⁵³
密山	kai⁴⁴白 tɕie⁴⁴文	kai²¹³白 tɕie²¹³文	ɕie²⁴	ɕie⁵²	ai²¹³	pai⁵²	pi⁵²	tsʅ⁵²
穆棱	kai³³白 tɕie³³文	kai²¹³白 tɕie²¹³文	ɕie³⁵	ɕie⁵³	ai²¹³	pai⁵³	pi⁵³	tsʅ⁵³
宁安	kai⁴⁴白 tɕie⁴⁴文	kai²¹³白 tɕie²¹³文	ɕie³⁵	ɕie⁵¹	ai²¹³	pai⁵¹	pi⁵¹	tʂʅ⁵¹
尚志	kai⁴⁴白 tɕie⁴⁴文	kai²¹³白 tɕie²¹³文	ɕie²⁴	ɕie⁵³	ai²¹³	pai⁵³	pi⁵³	tsʅ⁵³

20. 单字 0153—0160

调查点	0153 世 蟹开三去祭书	0154 艺 蟹开三去祭疑	0155 米 蟹开四上齐明	0156 低 蟹开四平齐端	0157 梯 蟹开四平齐透	0158 剃 蟹开四去齐透	0159 弟 蟹开四上齐定	0160 递 蟹开四去齐定
勃利	sʅ^{53}	i^{53}	mi^{213}	ti^{44}	tʰi^{44}	tʰi^{53}	ti^{53}	ti^{53}
集贤	sʅ^{53}	i^{53}	mi^{213}	ti^{44}	tʰi^{44}	tʰi^{53}	ti^{53}	ti^{53}
佳木斯	sʅ^{53}	i^{53}	mi^{212}	ti^{33}	tʰi^{33}	tʰi^{53}	ti^{53}	ti^{53}
林口	sʅ^{53}	i^{53}	mi^{213}	ti^{33}	tʰi^{33}	tʰi^{53}	ti^{53}	ti^{53}
同江	sʅ^{53}	i^{53}	mi^{213}	ti^{44}	tʰi^{44}	tʰi^{53}	ti^{53}	ti^{53}
黑河	ʂʅ^{52}	i^{52}	mi^{213}	ti^{44}	tʰi^{44}	tʰi^{52}	ti^{52}	ti^{52}
嘉荫	ʂʅ^{51}	i^{51}	mi^{213}	ti^{33}	tʰi^{33}	tʰi^{51}	ti^{51}	ti^{51}
兰西	ʂʅ^{53}	i^{53}	mi^{213}	ti^{33}	tʰi^{33}	tʰi^{53}	ti^{53}	ti^{53}
漠河	ʂʅ^{52}	i^{52}	mi^{213}	ti^{55}	tʰi^{55}	tʰi^{52}	ti^{52}	ti^{52}
嫩江	sʅ^{53}	i^{53}	mi^{213}	ti^{44}	tʰi^{44}	tʰi^{53}	ti^{53}	ti^{53}
泰来	ʂʅ^{53}	i^{53}	mi^{213}	ti^{44}	tʰi^{44}	tʰi^{53}	ti^{53}	ti^{53}
哈尔滨	ʂʅ^{51}	i^{51}	mi^{213}	ti^{44}	tʰi^{44}	tʰi^{44}	ti^{51}	ti^{51}
肇东	ʂʅ^{53}	i^{53}	mi^{213}	ti^{44}	tʰi^{44}	tʰi^{53}	ti^{53}	ti^{53}
肇州	ʂʅ^{53}	i^{53}	mi^{213}	ti^{33}	tʰi^{33}	tʰi^{53}	ti^{53}	ti^{53}
东宁	sʅ^{53}	i^{53}	mi^{213}	ti^{33}	tʰi^{33}	tʰi^{53}	ti^{53}	ti^{53}
鸡西	sʅ^{53}	i^{53}	mi^{213}	ti^{44}	tʰi^{44}	tʰi^{53}	ti^{53}	ti^{53}
密山	sʅ^{52}	i^{52}	mi^{213}	ti^{44}	tʰi^{44}	tʰi^{52}	ti^{52}	ti^{52}
穆棱	sʅ^{53}	i^{53}	mi^{213}	ti^{33}	tʰi^{33}	tʰi^{53}	ti^{53}	ti^{53}
宁安	ʂʅ^{51}	i^{51}	mi^{213}	ti^{44}	tʰi^{44}	tʰi^{51}	ti^{51}	ti^{51}
尚志	sʅ^{53}	i^{53}	mi^{213}	ti^{44}	tʰi^{44}	tʰi^{53}	ti^{53}	ti^{53}

21. 单字 0161—0168

调查点	0161 泥 蟹开四平齐泥	0162 犁 蟹开四平齐来	0163 西 蟹开四平齐心	0164 洗 蟹开四上齐心	0165 鸡 蟹开四平齐见	0166 溪 蟹开四平齐溪	0167 契 蟹开四去齐溪	0168 系联~ 蟹开四去齐匣
勃利	ȵi^{24}	li^{24}	ɕi^{44}	ɕi^{213}	tɕi^{44}	ɕi^{44}	tɕʰi^{53}	ɕi^{53}

续表

调查点	0161 泥 蟹开四平齐泥	0162 犁 蟹开四平齐来	0163 西 蟹开四平齐心	0164 洗 蟹开四上齐心	0165 鸡 蟹开四平齐见	0166 溪 蟹开四平齐溪	0167 契 蟹开四去齐溪	0168 系联~ 蟹开四去齐匣
集贤	$ȵi^{35}$	li^{35}	$ɕi^{44}$	$ɕi^{213}$	$tɕi^{44}$	$ɕi^{44}$	$tɕ^hi^{53}$	$ɕi^{53}$
佳木斯	$ȵi^{24}$	li^{24}	$ɕi^{33}$	$ɕi^{212}$	$tɕi^{33}$	$ɕi^{33}$	$tɕ^hi^{53}$	$ɕi^{53}$
林口	$ȵi^{24}$	li^{24}	$ɕi^{33}$	$ɕi^{213}$	$tɕi^{33}$	$ɕi^{33}$	$tɕ^hi^{53}$	$ɕi^{53}$
同江	$mi^{24}_{白}$ $ȵi^{24}_{文}$	li^{24}	$ɕi^{44}$	$ɕi^{213}$	$tɕi^{44}$	$ɕi^{44}$	$tɕ^hi^{53}$	$ɕi^{53}$
黑河	$ȵi^{24}$	li^{24}	$ɕi^{44}$	$ɕi^{213}$	$tɕi^{44}$	$ɕi^{44}$	$tɕ^hi^{52}$	$ɕi^{52}$
嘉荫	$ȵi^{35}$	li^{35}	$ɕi^{33}$	$ɕi^{213}$	$tɕi^{33}$	$ɕi^{33}$	$tɕ^hi^{51}$	$ɕi^{51}$
兰西	$ȵi^{24}$	li^{24}	$ɕi^{33}$	$ɕi^{213}$	$tɕi^{33}$	$ɕi^{33}$	$tɕ^hi^{53}$	$ɕi^{53}$
漠河	$ȵi^{35}$	li^{35}	$ɕi^{55}$	$ɕi^{213}$	$tɕi^{55}$	$ɕi^{55}$	$tɕ^hi^{52}$	$ɕi^{52}$
嫩江	$ȵi^{24}$	li^{24}	$ɕi^{44}$	$ɕi^{213}$	$tɕi^{44}$	$ɕi^{44}$	$tɕ^hi^{53}$	$ɕi^{53}$
泰来	$ȵi^{24}$	li^{24}	$ɕi^{44}$	$ɕi^{213}$	$tɕi^{44}$	$ɕi^{44}$	$tɕ^hi^{53}$	$ɕi^{53}$
哈尔滨	$ȵi^{24}$	li^{24}	$ɕi^{44}$	$ɕi^{213}$	$tɕi^{44}$	$ɕi^{44}$	$tɕ^hi^{51}$	$ɕi^{51}$
肇东	$ȵi^{24}$	li^{24}	$ɕi^{44}$	$ɕi^{213}$	$tɕi^{44}$	$ɕi^{44}$	$tɕ^hi^{53}$	$ɕi^{53}$
肇州	$ȵi^{24}$	li^{24}	$ɕi^{33}$	$ɕi^{213}$	$tɕi^{33}$	$ɕi^{33}$	$tɕ^hi^{53}$	$ɕi^{53}$
东宁	$ȵi^{24}$	li^{24}	$ɕi^{33}$	$ɕi^{213}$	$tɕi^{33}$	$ɕi^{33}$	$tɕ^hi^{53}$	$ɕi^{53}$
鸡西	$mi^{24}_{白}$ $ȵi^{24}_{文}$	li^{24}	$ɕi^{44}$	$ɕi^{213}$	$tɕi^{44}$	$ɕi^{44}$	$tɕ^hi^{53}$	$ɕi^{53}$
密山	$ȵi^{24}$	li^{24}	$ɕi^{44}$	$ɕi^{213}$	$tɕi^{44}$	$ɕi^{44}$	$tɕ^hi^{52}$	$ɕi^{52}$
穆棱	$mi^{35}_{白}$ $ȵi^{35}_{文}$	li^{35}	$ɕi^{33}$	$ɕi^{213}$	$tɕi^{33}$	$ɕi^{33}$	$tɕ^hi^{53}$	$ɕi^{53}$
宁安	$ȵi^{35}$	li^{35}	$ɕi^{44}$	$ɕi^{213}$	$tɕi^{44}$	$ɕi^{44}$	$tɕ^hi^{51}$	$ɕi^{51}$
尚志	$ȵi^{24}$	li^{24}	$ɕi^{44}$	$ɕi^{213}$	$tɕi^{44}$	$ɕi^{44}$	$tɕ^hi^{53}$	$ɕi^{53}$

22. 单字 0169—0176

调查点	0169 杯 蟹合一平灰帮	0170 配 蟹合一去灰滂	0171 赔 蟹合一平灰并	0172 背_诵 蟹合一去灰并	0173 煤 蟹合一平灰明	0174 妹 蟹合一去灰明	0175 对 蟹合一去灰端	0176 雷 蟹合一平灰来
勃利	pei^{44}	p^hei^{53}	p^hei^{24}	pei^{53}	mei^{24}	mei^{53}	$tuei^{53}$	lei^{24}

续表

调查点	0169 杯 蟹合一 平灰帮	0170 配 蟹合一 去灰滂	0171 赔 蟹合一 平灰并	0172 背 诵 蟹合一 去灰并	0173 煤 蟹合一 平灰明	0174 妹 蟹合一 去灰明	0175 对 蟹合一 去灰端	0176 雷 蟹合一 平灰来
集贤	pei^{44}	pʰei^{53}	pʰei^{35}	pei^{53}	mei^{35}	mei^{53}	tuei^{53}	lei^{35}
佳木斯	pei^{33}	pʰei^{53}	pʰei^{24}	pei^{53}	mei^{24}	mei^{53}	tuei^{53}	lei^{24}
林口	pei^{33}	pʰei^{53}	pʰei^{24}	pei^{53}	mei^{24}	mei^{53}	tuei^{53}	lei^{24}
同江	pei^{44}	pʰei^{53}	pʰei^{24}	pei^{53}	mei^{24}	mei^{53}	tuei^{53}	lei^{24}
黑河	pei^{44}	pʰei^{52}	pʰei^{24}	pei^{52}	mei^{24}	mei^{52}	tuei^{52}	lei^{24}
嘉荫	pei^{33}	pʰei^{51}	pʰei^{35}	pei^{51}	mei^{35}	mei^{51}	tuei^{51}	lei^{35}
兰西	pei^{33}	pʰei^{53}	pʰei^{35}	pei^{53}	mei^{24}	mei^{53}	tuei^{53}	lei^{24}
漠河	pei^{55}	pʰei^{52}	pʰei^{35}	pei^{52}	mei^{35}	mei^{52}	tuei^{52}	lei^{35}
嫩江	pei^{44}	pʰei^{53}	pʰei^{24}	pei^{53}	mei^{24}	mei^{53}	tuei^{53}	lei^{24}
泰来	pei^{44}	pʰei^{53}	pʰei^{24}	pei^{53}	mei^{24}	mei^{53}	tuei^{53}	lei^{24}
哈尔滨	pei^{44}	pʰei^{51}	pʰei^{24}	pei^{51}	mei^{24}	mei^{51}	tuei^{51}	lei^{24}
肇东	pei^{44}	pʰei^{53}	pʰei^{24}	pei^{53}	mei^{24}	mei^{53}	tuei^{53}	lei^{24}
肇州	pei^{33}	pʰei^{53}	pʰei^{24}	pei^{53}	mei^{24}	mei^{53}	tuei^{53}	lei^{24}
东宁	pei^{33}	pʰei^{53}	pʰei^{24}	pei^{53}	mei^{24}	mei^{53}	tuei^{53}	lei^{24}
鸡西	pei^{44}	pʰei^{53}	pʰei^{24}	pei^{53}	mei^{24}	mei^{53}	tuei^{53}	lei^{24}
密山	pei^{44}	pʰei^{52}	pʰei^{24}	pei^{52}	mei^{24}	mei^{52}	tuei^{52}	lei^{24}
穆棱	pei^{33}	pʰei^{53}	pʰei^{35}	pei^{53}	mei^{35}	mei^{53}	tuei^{53}	lei^{35}
宁安	pei^{44}	pʰei^{51}	pʰei^{35}	pei^{51}	mei^{35}	mei^{51}	tuei^{51}	lei^{35}
尚志	pei^{44}	pʰei^{53}	pʰei^{24}	pei^{53}	mei^{24}	mei^{53}	tuei^{53}	lei^{24}

23. 单字 0177—0184

调查点	0177 罪 蟹合一 上灰从	0178 碎 蟹合一 去灰心	0179 灰 蟹合一 平灰晓	0180 回 蟹合一 平灰匣	0181 外 蟹合一 去泰疑	0182 会 开 蟹合一 去泰匣	0183 怪 蟹合二 去皆见	0184 块 蟹合一 去皆溪
勃利	tsuei^{53}	suei^{53}	xuei^{44}	xuei^{24}	uai^{53}	xuei^{53}	kuai^{53}	kʰuai^{53}
集贤	tsuei^{53}	suei^{53}	xuei^{44}	xuei^{35}	uai^{53}	xuei^{53}	kuai^{53}	kʰuai^{53}
佳木斯	tsuei^{53}	suei^{53}	xuei^{33}	xuei^{24}	uai^{53}	xuei^{53}	kuai^{53}	kʰuai^{53}

续表

调查点	0177 罪 蟹合一 上灰从	0178 碎 蟹合一 去灰心	0179 灰 蟹合一 平灰晓	0180 回 蟹合一 平灰匣	0181 外 蟹合一 去泰疑	0182 会开~ 蟹合一 去泰匣	0183 怪 蟹合二 去皆见	0184 块 蟹合一 去皆溪
林口	tsuei^{53}	suei^{53}	xuei^{33}	xuei^{24}	uai^{53}	xuei^{53}	kuai^{53}	k^{h}uai^{53}
同江	tsuei^{53}	suei^{53}	xuei^{44}	xuei^{24}	uai^{53}	xuei^{53}	kuai^{53}	k^{h}uai^{53}
黑河	tsuei^{52}	suei^{52}	xuei^{44}	xuei^{24}	uai^{52}	xuei^{52}	kuai^{52}	k^{h}uai^{52}
嘉荫	tsuei^{51}	suei^{51}	xuei^{33}	xuei^{35}	uai^{51}	xuei^{51}	kuai^{51}	k^{h}uai^{51}
兰西	tsuei^{53}	suei^{53}	xuei^{33}	xuei^{24}	vai^{53}	xuei^{53}	kuai^{53}	k^{h}uai^{53}
漠河	tsuei^{52}	suei^{52}	xuei^{55}	xuei^{35}	uai^{52}	xuei^{52}	kuai^{52}	k^{h}uai^{52}
嫩江	tsuei^{53}	suei^{53}	xuei^{44}	xuei^{24}	uai^{53}	xuei^{53}	kuai^{53}	k^{h}uai^{53}
泰来	tʂuei^{53}	ʂuei^{53}	xuei^{44}	xuei^{24}	uai^{53}	xuei^{53}	kuai^{53}	k^{h}uai^{53}
哈尔滨	tsuei^{51}	suei^{51}	xuei^{44}	xuei^{24}	uai^{51}	xuei^{51}	kuai^{51}	k^{h}uai^{51}
肇东	tsuei^{53}	suei^{53}	xuei^{44}	xuei^{24}	vai^{53}	xuei^{53}	kuai^{53}	k^{h}uai^{53}
肇州	tsuei^{53}	suei^{53}	xuei^{33}	xuei^{24}	vai^{53}	xuei^{53}	kuai^{53}	k^{h}uai^{53}
东宁	tsuei^{53}	suei^{53}	xuei^{33}	xuei^{24}	uai^{53}	xuei^{53}	kuai^{53}	k^{h}uai^{53}
鸡西	tsuei^{53}	suei^{53}	xuei^{44}	xuei^{24}	uai^{53}	xuei^{53}	kuai^{53}	k^{h}uai^{53}
密山	tsuei^{52}	suei^{52}	xuei^{44}	xuei^{24}	uai^{52}	xuei^{52}	kuai^{52}	k^{h}uai^{52}
穆棱	tsuei^{53}	suei^{53}	xuei^{33}	xuei^{35}	uai^{53}	xuei^{53}	kuai^{53}	k^{h}uai^{53}
宁安	tsuei^{51}	suei^{51}	xuei^{44}	xuei^{35}	uai^{51}	xuei^{51}	kuai^{51}	k^{h}uai^{51}
尚志	tsuei^{53}	suei^{53}	xuei^{44}	xuei^{24}	uai^{53}	xuei^{53}	kuai^{53}	k^{h}uai^{53}

24. 单字 0185—0192

调查点	0185 怀 蟹合二 平皆匣	0186 坏 蟹合二 去皆匣	0187 拐 蟹合二 上佳见	0188 挂 蟹合二 去佳见	0189 歪 蟹合二 平佳晓	0190 画 蟹合二 去佳匣	0191 快 蟹合二 去夬溪	0192 话 蟹合二 去夬匣
勃利	xuai^{24}	xuai^{53}	kuai^{213}	kua^{53}	uai^{44}	xua^{53}	k^{h}uai^{53}	xua^{53}
集贤	xuai^{35}	xuai^{53}	kuai^{213}	kua^{53}	uai^{44}	xua^{53}	k^{h}uai^{53}	xua^{53}
佳木斯	xuai^{24}	xuai^{53}	kuai^{212}	kua^{53}	uai^{33}	xua^{53}	k^{h}uai^{53}	xua^{53}
林口	xuai^{24}	xuai^{53}	kuai^{213}	kua^{53}	uai^{33}	xua^{53}	k^{h}uai^{53}	xua^{53}
同江	xuai^{24}	xuai^{53}	kuai^{213}	kua^{53}	uai^{44}	xua^{53}	k^{h}uai^{53}	xua^{53}

续表

调查点	0185 怀 蟹合二 平皆匣	0186 坏 蟹合二 去皆匣	0187 拐 蟹合二 上佳见	0188 挂 蟹合二 去佳见	0189 歪 蟹合二 平佳晓	0190 画 蟹合二 去佳匣	0191 快 蟹合二 去夬溪	0192 话 蟹合二 去夬匣
黑河	xuai²⁴	xuai⁵²	kuai²¹³	kua⁵²	uai⁴⁴	xua⁵²	kʰuai⁵²	xua⁵²
嘉荫	xuai³⁵	xuai⁵¹	kuai²¹³	kua⁵¹	uai³³	xua⁵¹	kʰuai⁵¹	xua⁵¹
兰西	xuai²⁴	xuai⁵³	kuai²¹³	kua⁵³	vai³³	xua⁵³	kʰuai⁵³	xua⁵³
漠河	xuai³⁵	xuai⁵²	kuai²¹³	kua⁵²	uai⁵⁵	xua⁵²	kʰuai⁵²	xua⁵²
嫩江	xuai²⁴	xuai⁵³	kuai²¹³	kua⁵³	uai⁴⁴	xua⁵³	kʰuai⁵³	xua⁵³
泰来	xuai²⁴	xuai⁵³	kuai²¹³	kua⁵³	uai⁴⁴	xua⁵³	kʰuai⁵³	xua⁵³
哈尔滨	xuai²⁴	xuai⁵¹	kuai²¹³	kua⁵¹	uai⁴⁴	xua⁵¹	kʰuai⁵¹	xua⁵¹
肇东	xuai²⁴	xuai⁵³	kuai²¹³	kua⁵³	vai⁴⁴	xua⁵³	kʰuai⁵³	xua⁵³
肇州	xuai²⁴	xuai⁵³	kuai²¹³	kua⁵³	vai³³	xua⁵³	kʰuai⁵³	xua⁵³
东宁	xuai²⁴	xuai⁵³	kuai²¹³	kua⁵³	uai³³	xua⁵³	kʰuai⁵³	xua⁵³
鸡西	xuai²⁴	xuai⁵³	kuai²¹³	kua⁵³	uai⁴⁴	xua⁵³	kʰuai⁵³	xua⁵³
密山	xuai²⁴	xuai⁵²	kuai²¹³	kua⁵²	uai⁴⁴	xua⁵²	kʰuai⁵²	xua⁵²
穆棱	xuai³⁵	xuai⁵³	kuai²¹³	kua⁵³	uai³³	xua⁵³	kʰuai⁵³	xua⁵³
宁安	xuai³⁵	xuai⁵¹	kuai²¹³	kua⁵¹	uai⁴⁴	xua⁵¹	kʰuai⁵¹	xua⁵¹
尚志	xuai²⁴	xuai⁵³	kuai²¹³	kua⁵³	uai⁴⁴	xua⁵³	kʰuai⁵³	xua⁵³

25. 单字 0193—0200

调查点	0193 岁 蟹合三 去祭心	0194 卫 蟹合三 去祭云	0195 肺 蟹合三 去废敷	0196 桂 蟹合四 去齐见	0197 碑 止开三 平支帮	0198 皮 止开三 平支并	0199 被_子 止开三 上支并	0200 紫 止开三 上支精
勃利	suei⁵³	uei²¹³又 / uei⁵³又	fei⁵³	kuei⁵³	pei⁴⁴	pʰi²⁴	pei⁵³	tsɿ²¹³
集贤	suei⁵³	uei²¹³又 / uei⁵³又	fei⁵³	kuei⁵³	pei⁴⁴	pʰi³⁵	pei⁵³	tsɿ²¹³
佳木斯	suei⁵³	uei⁵³	fei⁵³	kuei⁵³	pei³³	pʰi²⁴	pei⁵³	tʂɿ²¹²
林口	suei⁵³	uei²¹³	fei⁵³	kuei⁵³	pei³³	pʰi²⁴	pei⁵³	tsɿ²¹³
同江	suei⁵³	uei²¹³又 / uei⁵³又	fei⁵³	kuei⁵³	pei⁴⁴	pʰi²⁴	pei⁵³	tsɿ²¹³

续表

调查点	0193 岁 蟹合三 去祭心	0194 卫 蟹合三 去祭云	0195 肺 蟹合三 去废敷	0196 桂 蟹合四 去齐见	0197 碑 止开三 平支帮	0198 皮 止开三 平支并	0199 被_子 止开三 上支并	0200 紫 止开三 上支精
黑河	$suei^{52}$	$uei^{213}_{又}$ / $uei^{52}_{又}$	fei^{52}	$kuei^{52}$	pei^{44}	p^hi^{24}	pei^{52}	$ts\textrm{ʅ}^{213}$
嘉荫	$suei^{51}$	$uei^{213}_{又}$ / $uei^{51}_{又}$	fei^{51}	$kuei^{51}$	pei^{33}	p^hi^{35}	pei^{51}	$ts\textrm{ʅ}^{213}$
兰西	$suei^{53}$	$vei^{213}_{又}$ / $vei^{53}_{又}$	fei^{53}	$kuei^{53}$	pei^{33}	p^hi^{24}	pei^{53}	$ts\textrm{ʅ}^{213}$
漠河	$suei^{52}$	$uei^{213}_{又}$ / $uei^{52}_{又}$	fei^{52}	$kuei^{52}$	pei^{55}	p^hi^{35}	pei^{52}	$ts\textrm{ʅ}^{213}$
嫩江	$suei^{53}$	$uei^{53}_{又}$ / $uei^{213}_{又}$	fei^{53}	$kuei^{53}$	pei^{44}	p^hi^{24}	pei^{53}	$ts\textrm{ʅ}^{213}$
泰来	$\textrm{ʂ}uei^{53}$	$uei^{213}_{又}$ / $uei^{53}_{又}$	fei^{53}	$kuei^{53}$	pei^{44}	p^hi^{24}	pei^{24}	$t\textrm{ʂʅ}^{213}$
哈尔滨	$suei^{51}$	$uei^{213}_{又}$ / $uei^{51}_{又}$	fei^{51}	$kuei^{51}$	pei^{44}	p^hi^{24}	pei^{51}	$ts\textrm{ʅ}^{213}$
肇东	$suei^{53}$	vei^{213}	fei^{53}	$kuei^{53}$	pei^{44}	p^hi^{24}	pei^{53}	$ts\textrm{ʅ}^{213}$
肇州	$suei^{53}$	$vei^{213}_{又}$ / $vei^{53}_{又}$	fei^{53}	$kuei^{53}$	pei^{33}	p^hi^{24}	pei^{53}	$ts\textrm{ʅ}^{213}$
东宁	$suei^{53}$	$uei^{213}_{又}$ / $uei^{53}_{又}$	fei^{53}	$kuei^{53}$	pei^{33}	p^hi^{24}	pei^{53}	$ts\textrm{ʅ}^{213}$
鸡西	$suei^{53}$	$uei^{213}_{又}$ / $uei^{53}_{又}$	fei^{53}	$kuei^{53}$	pei^{44}	p^hi^{24}	pei^{53}	$ts\textrm{ʅ}^{213}$
密山	$suei^{52}$	$uei^{213}_{又}$ / $uei^{52}_{又}$	fei^{52}	$kuei^{52}$	pei^{44}	p^hi^{24}	pei^{52}	$ts\textrm{ʅ}^{213}$
穆棱	$suei^{53}$	$uei^{213}_{又}$ / $uei^{53}_{又}$	fei^{53}	$kuei^{53}$	pei^{33}	p^hi^{35}	pei^{53}	$ts\textrm{ʅ}^{213}$
宁安	$suei^{51}$	uei^{51}	fei^{51}	$kuei^{51}$	pei^{44}	p^hi^{35}	pei^{51}	$ts\textrm{ʅ}^{213}$
尚志	$suei^{53}$	$uei^{213}_{又}$ / $uei^{53}_{又}$	fei^{53}	$kuei^{53}$	pei^{44}	p^hi^{24}	pei^{53}	$ts\textrm{ʅ}^{213}$

26. 单字 0201—0208

调查点	0201 刺 止开三 去支清	0202 知 止开三 平支知	0203 池 止开三 平支澄	0204 纸 止开三 上支章	0205 儿 止开三 平支日	0206 寄 止开三 去支见	0207 骑 止开三 平支群	0208 蚁 止开三 上支疑
勃利	tsʰɿ⁵³	tsɿ⁴⁴	tsʰɿ²⁴	tsɿ²¹³	ɚ²⁴	tɕi⁵³	tɕʰi²⁴	i²¹³
集贤	tsʰɿ⁵³	tsɿ⁴⁴	tsʰɿ³⁵	tsɿ²¹³	ɚ³⁵	tɕi⁵³	tɕʰi³⁵	i²¹³
佳木斯	tʂʰɿ⁵³	tʂɿ³³	tʂʰɿ²⁴	tʂɿ²¹²	ɚ²⁴	tɕi⁵³	tɕʰi²⁴	i²¹²
林口	tsʰɿ⁵³	tsɿ³³	tsʰɿ²⁴	tsɿ²¹³	ɚ²⁴	i²⁴又 tɕi⁵³又	tɕʰi²⁴	i²¹³
同江	tsʰɿ⁵³	tsɿ⁴⁴	tsʰɿ²⁴	tsɿ²¹³	ɚ²⁴	tɕi⁵³	tɕʰi²⁴	i²¹³
黑河	tsʰɿ⁵²	tʂɿ⁴⁴	tsʰɿ²⁴	tsɿ²¹³	ɚ²⁴	tɕi⁵²	tɕʰi²⁴	i²¹³
嘉荫	tsʰɿ⁵¹	tʂɿ³³	tʂʰɿ³⁵	tsɿ²¹³	ɚ³⁵	tɕi⁵¹	tɕʰi³⁵	i²¹³
兰西	tsʰɿ⁵³	tʂɿ³³	tʂʰɿ²⁴	tsɿ²¹³	ɚ²⁴	tɕi⁵³	tɕʰi²⁴	i²¹³
漠河	tsʰɿ⁵²	tʂɿ⁵⁵	tʂʰɿ³⁵	tsɿ²¹³	ɣ³⁵	tɕi⁵²	tɕʰi³⁵	i²¹³
嫩江	tsʰɿ⁵³	tsɿ⁴⁴	tsʰɿ²⁴	tsɿ²¹³	ɚ²⁴	tɕi⁵³	tɕʰi²⁴	i²¹³
泰来	tʂʰɿ⁵³	tʂɿ⁴⁴	tʂʰɿ²⁴	tsɿ²¹³	ɚ²⁴	tɕi⁵³	tɕʰi²⁴	i²¹³
哈尔滨	tsʰɿ⁵¹	tʂɿ⁴⁴	tʂʰɿ²⁴	tsɿ²¹³	ɚ²⁴	tɕi⁵¹	tɕʰi²⁴	i²¹³
肇东	tsʰɿ⁵³	tʂɿ⁴⁴	tʂʰɿ²⁴	tsɿ²¹³	ɚ²⁴	tɕi⁵³	tɕʰi²⁴	i²¹³
肇州	tsʰɿ⁵³	tʂɿ³³	tʂʰɿ²⁴	tsɿ²¹³	ɚ²⁴	tɕi⁵³	tɕʰi²⁴	i²¹³
东宁	tsʰɿ⁵³	tsɿ³³	tsʰɿ²⁴	tsɿ²¹³	ɚ²⁴	tɕi⁵³	tɕʰi²⁴	i²¹³
鸡西	tsʰɿ⁵³	tsɿ⁴⁴	tsʰɿ²⁴	tsɿ²¹³	ɚ²⁴	tɕi⁵³	tɕʰi²⁴	i²¹³
密山	tsʰɿ⁵²	tsɿ⁴⁴	tsʰɿ²⁴	tsɿ²¹³	ɚ²⁴	tɕi⁵²	tɕʰi²⁴	i⁵²
穆棱	tsʰɿ⁵³	tsɿ³³	tsʰɿ³⁵	tsɿ²¹³	ɚ³⁵	tɕi⁵³	tɕʰi³⁵	i²¹³
宁安	tsʰɿ⁵¹	tʂɿ⁴⁴	tʂʰɿ³⁵	tsɿ²¹³	ɚ³⁵	tɕi⁵¹	tɕʰi³⁵	i²¹³
尚志	tsʰɿ⁵³	tsɿ⁴⁴	tsʰɿ²⁴	tsɿ²¹³	ɚ²⁴	tɕi⁵³	tɕʰi²⁴	i²¹³

27. 单字 0209—0216

调查点	0209 义 止开三 去支疑	0210 戏 止开三 去支晓	0211 移 止开三 平支以	0212 比 止开三 上脂帮	0213 屁 止开三 去脂滂	0214 鼻 止开三 去脂并	0215 眉 止开三 平脂明	0216 地 止开三 去脂定
勃利	i⁵³	ɕi⁵³	i²⁴	pi²¹³	pʰi⁵³	pi²⁴	mei²⁴	ti⁵³

续表

调查点	0209 义	0210 戏	0211 移	0212 比	0213 屁	0214 鼻	0215 眉	0216 地
	止开三 去支疑	止开三 去支晓	止开三 平支以	止开三 上脂帮	止开三 去脂滂	止开三 去脂并	止开三 平脂明	止开三 去脂定
集贤	i^{53}	φi^{53}	i^{35}	pi^{213}	$p^h i^{53}$	pi^{35}	mei^{35}	ti^{53}
佳木斯	i^{53}	φi^{53}	i^{24}	pi^{212}	$p^h i^{53}$	pi^{24}	mei^{24}	ti^{53}
林口	i^{53}	φi^{53}	i^{24}	pi^{213}	$p^h i^{53}$	pi^{24}	mei^{24}	ti^{53}
同江	i^{53}	φi^{53}	i^{24}	pi^{213}	$p^h i^{53}$	pi^{24}	mei^{24}	ti^{53}
黑河	i^{52}	φi^{52}	i^{24}	pi^{213}	$p^h i^{52}$	pi^{24}	mei^{24}	ti^{52}
嘉荫	i^{51}	φi^{51}	i^{35}	$p^h i^{213}$白 pi^{213}文	$p^h i^{51}$	pi^{35}	mei^{35}	ti^{51}
兰西	i^{53}	φi^{53}	i^{24}	$p^h i^{213}$白 pi^{213}文	$p^h i^{53}$	pi^{24}	mei^{24}	ti^{53}
漠河	i^{52}	φi^{52}	i^{35}	$p^h i^{21}$白 pi^{213}文	$p^h i^{52}$	pi^{35}	mei^{35}	ti^{52}
嫩江	i^{53}	φi^{53}	i^{24}	$p^h i^{213}$白 pi^{213}文	$p^h i^{53}$	pi^{24}	mei^{24}	ti^{53}
泰来	i^{53}	φi^{53}	i^{24}	$p^h i^{213}$白 pi^{213}文	$p^h i^{53}$	pi^{24}	mei^{24}	ti^{53}
哈尔滨	i^{51}	φi^{51}	i^{24}	$p^h i^{213}$白 pi^{213}文	$p^h i^{51}$	pi^{24}	mei^{24}	ti^{51}
肇东	i^{53}	φi^{53}	i^{24}	$p^h i^{213}$白 pi^{213}文	$p^h i^{53}$	pi^{24}	mei^{24}	ti^{53}
肇州	i^{53}	φi^{53}	i^{24}	pi^{213}	$p^h i^{53}$	pi^{24}	mei^{24}	ti^{53}
东宁	i^{53}	φi^{53}	i^{24}	pi^{213}	$p^h i^{53}$	pi^{24}	mei^{24}	ti^{53}
鸡西	i^{53}	φi^{53}	i^{24}	pi^{213}	$p^h i^{53}$	pi^{24}	mei^{24}	ti^{53}
密山	i^{52}	φi^{52}	i^{24}	pi^{213}	$p^h i^{52}$	pi^{24}	mei^{24}	ti^{52}
穆棱	i^{53}	φi^{53}	i^{35}	pi^{213}	$p^h i^{53}$	pi^{35}	mei^{35}	ti^{53}
宁安	i^{51}	φi^{51}	i^{35}	pi^{213}	$p^h i^{51}$	pi^{35}	mei^{35}	ti^{51}
尚志	i^{53}	φi^{53}	i^{24}	$p^h i^{213}$白 pi^{213}文	$p^h i^{53}$	pi^{24}	mei^{24}	ti^{53}

28. 单字 0217—0224

调查点	0217 梨 止开三平脂来	0218 资 止开三平脂精	0219 死 止开三上脂心	0220 四 止开三去脂心	0221 迟 止开三平脂澄	0222 师 止开三平脂生	0223 指 止开三上脂章	0224 二 止开三去脂日
勃利	li^{24}	tsɿ^{44}	sɿ^{213}	sɿ^{53}	tsʰɿ^{24}	sɿ^{44}	tsɿ^{213}	ɚ^{53}
集贤	li^{35}	tsɿ^{44}	sɿ^{213}	sɿ^{53}	tsʰɿ^{35}	sɿ^{44}	tsɿ^{213}	ɚ^{53}
佳木斯	li^{24}	tʂʅ^{33}	sɿ^{212}	sɿ^{53}	tʂʰʅ^{24}	sɿ^{33}	tsɿ^{212}	ɚ^{53}
林口	li^{24}	tsɿ^{33}	sɿ^{213}	sɿ^{53}	tsʰɿ^{24}	sɿ^{33}	tsɿ^{213}	ɚ^{53}
同江	li^{24}	tsɿ^{44}	sɿ^{213}	sɿ^{53}	tsʰɿ^{24}	sɿ^{44}	tsɿ^{213}	ɚ^{53}
黑河	li^{24}	tsɿ^{44}	sɿ^{213}	sɿ^{52}	tʂʰʅ^{24}	ʂʅ^{44}	tʂʅ^{213}	ɚ^{52}
嘉荫	li^{35}	tsɿ^{33}	sɿ^{213}	sɿ^{51}	tʂʰʅ^{35}	ʂʅ^{33}	tʂʅ^{213}	ɚ^{51}
兰西	li^{24}	tsɿ^{33}	sɿ^{213}	sɿ^{53}	tʂʰʅ^{24}	ʂʅ^{33}	tʂʅ^{213}	ɚ^{53}
漠河	li^{35}	tsɿ^{55}	sɿ^{213}	sɿ^{52}	tʂʰʅ^{35}	ʂʅ^{55}	tʂʅ^{213}	ɣ^{52}
嫩江	li^{24}	tsɿ^{44}	sɿ^{213}	sɿ^{53}	tʂʰʅ^{24}	sɿ^{44}	tsɿ^{213}	ɚ^{53}
泰来	li^{24}	tʂʅ^{44}	ʂʅ^{213}	ʂʅ^{53}	tʂʰʅ^{24}	ʂʅ^{44}	tʂʅ^{213}	ɚ^{53}
哈尔滨	li^{24}	tsɿ^{44}	sɿ^{213}	sɿ^{51}	tʂʰʅ^{24}	ʂʅ^{44}	tʂʅ^{213}	ɚ^{51}
肇东	li^{24}	tsɿ^{44}	sɿ^{213}	sɿ^{53}	tʂʰʅ^{24}	ʂʅ^{44}	tʂʅ^{213}	ɚ^{53}
肇州	li^{24}	tʂʅ^{33}又 / tʂʅ^{33}又	sɿ^{213}	sɿ^{53}	tʂʰʅ^{24}	ʂʅ^{33}	tʂʅ^{213}	ɚ^{53}
东宁	li^{24}	tsɿ^{33}	sɿ^{213}	sɿ^{53}	tsʰɿ^{24}	sɿ^{33}	tsɿ^{213}	ɚ^{53}
鸡西	li^{24}	tsɿ^{44}	sɿ^{213}	sɿ^{53}	tsʰɿ^{24}	sɿ^{44}	tsɿ^{213}	ɚ^{53}
密山	li^{24}	tsɿ^{44}	sɿ^{213}	sɿ^{52}	tsʰɿ^{24}	sɿ^{44}	tsɿ^{213}	ɚ^{52}
穆棱	li^{35}	tsɿ^{33}	sɿ^{213}	sɿ^{53}	tsʰɿ^{35}	sɿ^{33}	tsɿ^{213}	ɚ^{53}
宁安	li^{35}	tsɿ^{44}	sɿ^{213}	sɿ^{51}	tʂʰʅ^{35}	ʂʅ^{44}	tʂʅ^{213}	ɚ^{51}
尚志	li^{24}	tsɿ^{44}	sɿ^{213}	sɿ^{53}	tsʰɿ^{24}	sɿ^{44}	tsɿ^{213}	ɚ^{53}

29. 单字 0225—0232

调查点	0225 饥~饿 止开三平脂见	0226 器 止开三去脂溪	0227 姨 止开三平脂以	0228 李 止开三上之来	0229 子 止开三上之精	0230 字 止开三去之从	0231 丝 止开三平之心	0232 祠 止开三平之邪
勃利	tɕi^{44}	tɕʰi^{53}	i^{24}	li^{213}	tsɿ^{213}	tsɿ^{53}	sɿ^{44}	tsʰɿ^{24}

续表

调查点	0225 饥_饿	0226 器	0227 姨	0228 李	0229 子	0230 字	0231 丝	0232 祠
	止开三平脂见	止开三去脂溪	止开三平脂以	止开三上之来	止开三上之精	止开三去之从	止开三平之心	止开三平之邪
集贤	tɕi⁴⁴	tɕʰi⁵³	i³⁵	li²¹³	tsɿ²¹³	tsɿ⁵³	sɿ⁴⁴	tsʰɿ³⁵
佳木斯	tɕi³³	tɕʰi⁵³	i²⁴	li²¹²	tʂʅ²¹²	tʂʅ⁵³	ʂʅ³³	tʂʰʅ²⁴
林口	tɕi³³	tɕʰi⁵³	i²⁴	li²¹³	tsɿ²¹³	tsɿ⁵³	sɿ³³	tsʰɿ²⁴
同江	tɕi⁴⁴	tɕʰi⁵³	i²⁴	li²¹³	tsɿ²¹³	tsɿ⁵³	sɿ⁴⁴	tsʰɿ²⁴
黑河	tɕi⁴⁴	tɕʰi⁵²	i²⁴	li²¹³	tsɿ²¹³	tsɿ⁵²	sɿ⁴⁴	tsʰɿ²⁴
嘉荫	tɕi³³	tɕʰi⁵¹	i³⁵	li²¹³	tsɿ²¹³	tsɿ⁵¹	sɿ³³	tsʰɿ³⁵
兰西	tɕi³³	tɕʰi⁵³	i²⁴	li²¹³	tsɿ²¹³	tsɿ⁵³	sɿ³³	tsʰɿ²⁴
漠河	tɕi⁵⁵	tɕʰi⁵²	i³⁵	li²¹³	tsɿ²¹³	tsɿ⁵²	sɿ⁵⁵	tsʰɿ³⁵
嫩江	tɕi⁴⁴	tɕʰi⁵³	i²⁴	li²¹³	tsɿ²¹³	tsɿ⁵³	sɿ⁴⁴	tsʰɿ²⁴
泰来	tɕi⁴⁴	tɕʰi⁵³	i²⁴	li²¹³	tʂʅ²¹³	tʂʅ⁵³	ʂʅ⁴⁴	tʂʰʅ²⁴
哈尔滨	tɕi⁴⁴	tɕʰi⁵¹	i²⁴	li²¹³	tsɿ²¹³	tsɿ⁵¹	sɿ⁴⁴	tsʰɿ²⁴
肇东	tɕi⁴⁴	tɕʰi⁵³	i²⁴	li²¹³	tsɿ²¹³	tsɿ⁵³	sɿ⁴⁴	tsʰɿ²⁴
肇州	tɕi³³	tɕʰi⁵³	i²⁴	li²¹³	tsɿ²¹³	tsɿ⁵³	sɿ³³	tsʰɿ²⁴
东宁	tɕi³³	tɕʰi⁵³	i²⁴	li²¹³	tsɿ²¹³	tsɿ⁵³	sɿ³³	tsʰɿ²⁴
鸡西	tɕi⁴⁴	tɕʰi⁵³	i²⁴	li²¹³	tsɿ²¹³	tsɿ⁵³	sɿ⁴⁴	tsʰɿ²⁴
密山	tɕi⁴⁴	tɕʰi⁵²	i²⁴	li²¹³	tsɿ²¹³	tsɿ⁵²	sɿ⁴⁴	（无）
穆棱	tɕi³³	tɕʰi⁵³	i³⁵	li²¹³	tsɿ²¹³	tsɿ⁵³	sɿ³³	tsʰɿ³⁵
宁安	tɕi⁴⁴	tɕʰi⁵¹	i³⁵	li²¹³	tsɿ²¹³	tsɿ⁵¹	sɿ⁴⁴	tsʰɿ³⁵
尚志	tɕi⁴⁴	tɕʰi⁵³	i²⁴	li²¹³	tsɿ²¹³	tsɿ⁵³	sɿ⁴⁴	tsʰɿ²⁴

30. 单字 0233—0240

调查点	0233 寺	0234 治	0235 柿	0236 事	0237 使	0238 试	0239 时	0240 市
	止开三去之邪	止开三去之澄	止开三上之崇	止开三去之崇	止开三上之生	止开三去之书	止开三平之禅	止开三上之禅
勃利	sɿ⁵³	tsɿ⁵³	sɿ⁵³	sɿ⁵³	sɿ²¹³	sɿ⁵³	sɿ²⁴	sɿ⁵³
集贤	sɿ⁵³	tsɿ⁵³	sɿ⁵³	sɿ⁵³	sɿ²¹³	sɿ⁵³	sɿ³⁵	sɿ⁵³
佳木斯	sʅ⁵³	tʂʅ⁵³	sʅ⁵³	ʂʅ⁵³	ʂʅ²¹²	ʂʅ⁵³	sʅ²⁴	sʅ⁵³

续表

调查点	0233 寺 止开三 去之邪	0234 治 止开三 去之澄	0235 柿 止开三 上之崇	0236 事 止开三 去之崇	0237 使 止开三 上之生	0238 试 止开三 去之书	0239 时 止开三 平之禅	0240 市 止开三 上之禅
林口	$sɿ^{53}$	$tsɿ^{53}$	$sɿ^{53}$	$sɿ^{53}$	$sɿ^{213}$	$sɿ^{53}$	$sɿ^{24}$	$sɿ^{53}$
同江	$sɿ^{53}$	$tsɿ^{53}$	$sɿ^{53}$	$sɿ^{53}$	$sɿ^{213}$	$sɿ^{53}$	$sɿ^{24}$	$sɿ^{53}$
黑河	$sɿ^{52}$	$tʂʅ^{52}$	$ʂʅ^{52}$	$ʂʅ^{52}$	$ʂʅ^{213}$	$ʂʅ^{52}$	$ʂʅ^{24}$	$ʂʅ^{52}$
嘉荫	$sɿ^{51}$	$tʂʅ^{51}$	$ʂʅ^{51}$	$ʂʅ^{51}$	$ʂʅ^{213}$	$ʂʅ^{51}$	$ʂʅ^{35}$	$ʂʅ^{51}$
兰西	$sɿ^{53}$	$tʂʅ^{53}$	$ʂʅ^{53}$	$ʂʅ^{53}$	$ʂʅ^{213}$	$ʂʅ^{53}$	$ʂʅ^{24}$	$ʂʅ^{53}$
漠河	$sɿ^{52}$	$tʂʅ^{52}$	$ʂʅ^{52}$	$ʂʅ^{52}$	$ʂʅ^{213}$	$ʂʅ^{52}$	$ʂʅ^{35}$	$ʂʅ^{52}$
嫩江	$sɿ^{53}$	$tsɿ^{53}$	$sɿ^{53}$	$sɿ^{53}$	$sɿ^{213}$	$sɿ^{53}$	$sɿ^{24}$	$sɿ^{53}$
泰来	$ʂʅ^{53}$	$tʂʅ^{53}$	$ʂʅ^{53}$	$ʂʅ^{53}$	$ʂʅ^{213}$	$ʂʅ^{53}$	$ʂʅ^{24}$	$ʂʅ^{53}$
哈尔滨	$sɿ^{51}$	$tʂʅ^{51}$	$ʂʅ^{51}$	$ʂʅ^{51}$	$ʂʅ^{213}$	$ʂʅ^{51}$	$ʂʅ^{24}$	$ʂʅ^{51}$
肇东	$sɿ^{53}$	$tʂʅ^{53}$	$ʂʅ^{53}$	$ʂʅ^{53}$	$ʂʅ^{213}$	$ʂʅ^{53}$	$ʂʅ^{24}$	$ʂʅ^{53}$
肇州	$sɿ^{53}$	$tsɿ^{53}$	$ʂʅ^{53}$	$ʂʅ^{53}$	$ʂʅ^{213}$	$ʂʅ^{53}$	$ʂʅ^{24}$	$ʂʅ^{53}$
东宁	$sɿ^{53}$	$tsɿ^{53}$	$sɿ^{53}$	$sɿ^{53}$	$sɿ^{213}$	$sɿ^{53}$	$sɿ^{24}$	$sɿ^{53}$
鸡西	$sɿ^{53}$	$tsɿ^{53}$	$sɿ^{53}$	$sɿ^{53}$	$sɿ^{213}$	$sɿ^{53}$	$sɿ^{24}$	$sɿ^{53}$
密山	$sɿ^{52}$	$tsɿ^{52}$	$sɿ^{52}$	$sɿ^{52}$	$sɿ^{213}$	$sɿ^{52}$	$sɿ^{24}$	$sɿ^{52}$
穆棱	$sɿ^{53}$	$tsɿ^{53}$	$sɿ^{53}$	$sɿ^{53}$	$sɿ^{213}$	$sɿ^{53}$	$sɿ^{35}$	$sɿ^{53}$
宁安	$sɿ^{51}$	$tʂʅ^{51}$	$ʂʅ^{51}$	$ʂʅ^{51}$	$ʂʅ^{213}$	$ʂʅ^{51}$	$ʂʅ^{35}$	$ʂʅ^{51}$
尚志	$sɿ^{53}$	$tsɿ^{53}$	$sɿ^{53}$	$sɿ^{53}$	$sɿ^{213}$	$sɿ^{53}$	$sɿ^{24}$	$sɿ^{53}$

31. 单字 0241—0248

调查点	0241 耳 止开三 上之日	0242 记 止开三 去之见	0243 棋 止开三 平之群	0244 喜 止开三 上之晓	0245 意 止开三 去之影	0246 几~个 止开三 上微见	0247 气 止开三 去微溪	0248 希 止开三 平微晓
勃利	$ɚ^{213}$	$tɕi^{53}$	$tɕʰi^{24}$	$ɕi^{213}$	i^{53}	$tɕi^{213}$	$tɕʰi^{53}$	$ɕi^{44}$
集贤	$ɚ^{213}$	$tɕi^{53}$	$tɕʰi^{35}$	$ɕi^{213}$	i^{53}	$tɕi^{213}$	$tɕʰi^{53}$	$ɕi^{44}$
佳木斯	$ɚ^{212}$	$tɕi^{53}$	$tɕʰi^{24}$	$ɕi^{212}$	i^{53}	$tɕi^{212}$	$tɕʰi^{53}$	$ɕi^{33}$
林口	$ɚ^{213}$	$tɕi^{53}$	$tɕʰi^{24}$	$ɕi^{213}$	i^{53}	$tɕi^{213}$	$tɕʰi^{53}$	$ɕi^{33}$
同江	$ɚ^{213}$	$tɕi^{53}$	$tɕʰi^{24}$	$ɕi^{213}$	i^{53}	$tɕi^{213}$	$tɕʰi^{53}$	$ɕi^{44}$

续表

调查点	0241 耳 止开三 上之日	0242 记 止开三 去之见	0243 棋 止开三 平之群	0244 喜 止开三 上之晓	0245 意 止开三 去之影	0246 几_个 止开三 上微见	0247 气 止开三 去微溪	0248 希 止开三 平微晓
黑河	ɚ²¹³	tɕi⁵²	tɕʰi²⁴	ɕi²¹³	i⁵²	tɕi²¹³	tɕʰi⁵²	ɕi⁴⁴
嘉荫	ɚ²¹³	tɕi⁵¹	tɕʰi³⁵	ɕi²¹³	i⁵¹	tɕi²¹³	tɕʰi⁵¹	ɕi³³
兰西	ɚ²¹³	tɕi⁵³	tɕʰi²⁴	ɕi²¹³	i⁵³	tɕi²¹³	tɕʰi⁵³	ɕi³³
漠河	ɣ²¹³	tɕi⁵²	tɕʰi³⁵	ɕi²¹³	i⁵²	tɕi²¹³	tɕʰi⁵²	ɕi⁵⁵
嫩江	ɚ²¹³	tɕi⁵³	tɕʰi²⁴	ɕi²¹³	i⁵³	tɕi²¹³	tɕʰi⁵³	ɕi⁴⁴
泰来	ɚ²¹³	tɕi⁵³	tɕʰi²⁴	ɕi²¹³	i⁵³	tɕi²¹³	tɕʰi⁵³	ɕi⁴⁴
哈尔滨	ɚ²¹³	tɕi⁵¹	tɕʰi²⁴	ɕi²¹³	i⁵¹	tɕi²¹³	tɕʰi⁵¹	ɕi⁴⁴
肇东	ɚ²¹³	tɕi⁵³	tɕʰi²⁴	ɕi²¹³	i⁵³	tɕi²¹³	tɕʰi⁵³	ɕi⁴⁴
肇州	ɚ²¹³	tɕi⁵³	tɕʰi²⁴	ɕi²¹³	i⁵³	tɕi²¹³	tɕʰi⁵³	ɕi³³
东宁	ɚ²¹³	tɕi⁵³	tɕʰi²⁴	ɕi²¹³	i⁵³	tɕi²¹³	tɕʰi⁵³	ɕi³³
鸡西	ɚ²¹³	tɕi⁵³	tɕʰi²⁴	ɕi²¹³	i⁵³	tɕi²¹³	tɕʰi⁵³	ɕi⁴⁴
密山	ɚ²¹³	tɕi⁵²	tɕʰi²⁴	ɕi²¹³	i⁵²	tɕi²¹³	tɕʰi⁵²	ɕi⁴⁴
穆棱	ɚ²¹³	tɕi⁵³	tɕʰi³⁵	ɕi²¹³	i⁵³	tɕi²¹³	tɕʰi⁵³	ɕi³³
宁安	ɚ²¹³	tɕi⁵¹	tɕʰi³⁵	ɕi²¹³	i⁵¹	tɕi²¹³	tɕʰi⁵¹	ɕi⁴⁴
尚志	ɚ²¹³	tɕi⁵³	tɕʰi²⁴	ɕi²¹³	i⁵³	tɕi²¹³	tɕʰi⁵³	ɕi⁴⁴

32. 单字 0249—0256

调查点	0249 衣 止开三 平微影	0250 嘴 止合三 上支精	0251 随 止合三 平支邪	0252 吹 止合三 平支昌	0253 垂 止合三 平支禅	0254 规 止合三 平支见	0255 亏 止合三 平支溪	0256 跪 止合三 上支群
勃利	i⁴⁴	tsuei²¹³	suei²⁴	tsʰuei⁴⁴	tsʰuei²⁴	kuei⁴⁴	kʰuei⁴⁴	kuei⁵³
集贤	i⁴⁴	tsuei²¹³	suei³⁵	tsʰuei⁴⁴	tsʰuei³⁵	kuei⁴⁴	kʰuei⁴⁴	kuei⁵³
佳木斯	i³³	tsuei²¹²	suei²⁴	tsʰuei³³	tsʰuei²⁴	kuei³³	kʰuei³³	kuei⁵³
林口	i³³	tsuei²¹³	suei²⁴	tsʰuei³³	tsʰuei²⁴	kuei³³	kʰuei³³	kuei⁵³
同江	i⁴⁴	tsuei²¹³	suei²⁴	tsʰuei⁴⁴	tsʰuei²⁴	kuei⁴⁴	kʰuei⁴⁴	kuei⁵³
黑河	i⁴⁴	tsuei²¹³	suei²⁴	tsʰuei⁴⁴	tsʰuei²⁴	kuei⁴⁴	kʰuei⁴⁴	kuei⁵²
嘉荫	i³³	tsuei²¹³	suei³⁵	tsʰuei³³	tsʰuei³⁵	kuei³³	kʰuei³³	kuei⁵¹

续表

调查点	0249 衣 止开三 平微影	0250 嘴 止合三 上支精	0251 随 止合三 平支邪	0252 吹 止合三 平支昌	0253 垂 止合三 平支禅	0254 规 止合三 平支见	0255 亏 止合三 平支溪	0256 跪 止合三 上支群
兰西	i⁴³³	tsuei²¹³	suei²⁴	tsʰuei³³	tʂʰuei²⁴	kuei³³	kʰuei³³	kuei⁵³
漠河	i⁵⁵	tsuei²¹³	suei³⁵	tsʰuei⁵⁵	tʂʰuei³⁵	kuei⁵⁵	kʰuei⁵⁵	kuei⁵²
嫩江	i⁴⁴	tsuei²¹³	suei²⁴	tsʰuei⁴⁴	tʂʰuei²⁴	kuei⁴⁴	kʰuei⁴⁴	kuei⁵³
泰来	i⁴⁴	tʂuei²¹³	ʂuei²⁴	tʂʰuei⁴⁴	tʂʰuei²⁴	kuei⁴⁴	kʰuei⁴⁴	kuei⁵³
哈尔滨	i⁴⁴	tsuei²¹³	suei²⁴	tʂʰuei⁴⁴	tʂʰuei²⁴	kuei⁴⁴	kʰuei⁴⁴	kuei⁵¹
肇东	i⁴⁴	tsuei²¹³	suei²⁴	tsʰuei⁴⁴	tʂʰuei²⁴	kuei⁴⁴	kʰuei⁴⁴	kuei⁵³
肇州	i³³	tsuei²¹³	suei²⁴	tsʰuei³³	tʂʰuei²⁴	kuei³³	kʰuei³³	kuei⁵³
东宁	i³³	tsuei²¹³	suei²⁴	tsʰuei³³	tsʰuei³³	kuei³³	kʰuei³³	kuei⁵³
鸡西	i⁴⁴	tsuei²¹³	suei²⁴	tsʰuei⁴⁴	tsʰuei²⁴	kuei⁴⁴	kʰuei⁴⁴	kuei⁵³
密山	i⁴⁴	tsuei²¹³	suei²⁴	tsʰuei⁴⁴	tsʰuei²⁴	kuei⁴⁴	kʰuei⁴⁴	kuei⁵²
穆棱	i³³	tsuei²¹³	suei³⁵	tsʰuei³³	tsʰuei³⁵	kuei³³	kʰuei³³	kuei⁵³
宁安	i⁴⁴	tsuei²¹³	suei³⁵	tsʰuei⁴⁴	tsʰuei³⁵	kuei⁴⁴	kʰuei⁴⁴	kuei⁵¹
尚志	i⁴⁴	tsuei²¹³	suei²⁴	tsʰuei⁴⁴	tsʰuei²⁴	kuei⁴⁴	kʰuei⁴⁴	kuei⁵³

33. 单字 0257—0264

调查点	0257 危 止合三 平支疑	0258 类 止合三 去脂来	0259 醉 止合三 去脂精	0260 追 止合三 平脂知	0261 锤 止合三 平脂澄	0262 水 止合三 上脂书	0263 龟 止合三 平脂见	0264 季 止合三 去脂见
勃利	uei⁴⁴	lei⁵³	tsuei⁵³	tsuei⁴⁴	tsʰuei²⁴	suei²¹³	kuei⁴⁴	tɕi⁵³
集贤	uei⁴⁴	lei⁵³	tsuei⁵³	tsuei⁴⁴	tsʰuei³⁵	suei²¹³	kuei⁴⁴	tɕi⁵³
佳木斯	uei³³	lei⁵³	tsuei⁵³	tsuei³³	tsʰuei²⁴	suei²¹²	kuei³³	tɕi⁵³
林口	uei³³	lei⁵³	tsuei⁵³	tsuei³³	tsʰuei²⁴	suei²¹³	kuei³³	tɕi⁵³
同江	uei⁴⁴	lei⁵³	tsuei⁵³	tsuei⁴⁴	tsʰuei²⁴	suei²¹³	kuei⁴⁴	tɕi⁵³
黑河	uei⁴⁴	lei⁵²	tsuei⁵²	tsuei⁴⁴	tsʰuei²⁴	suei²¹³	kuei⁴⁴	tɕi⁵²
嘉荫	uei³³ ~机 uei³⁵ ~险	lei⁵¹	tsuei⁵¹	tsuei³³	tsʰuei³⁵	suei²¹³	kuei³³	tɕi⁵¹
兰西	vei²⁴ 又 vei³³ 又	lei⁵³	tsuei⁵³	tsuei³³	tʂʰuei²⁴	ʂuei²¹³	kuei³³	tɕi⁵³

续表

调查点	0257 危 止合三 平支疑	0258 类 止合三 去脂来	0259 醉 止合三 去脂精	0260 追 止合三 平脂知	0261 锤 止合三 平脂澄	0262 水 止合三 上脂书	0263 龟 止合三 平脂见	0264 季 止合三 去脂见
漠河	$\text{uei}^{55}_{又}$ $\text{uei}^{35}_{又}$	lei^{52}	tsuei^{52}	tsuei^{55}	$\text{ts}^{h}\text{uei}^{35}_{又}$ $\text{tʂ}^{h}\text{uei}^{35}_{又}$	$\text{suei}^{213}_{又}$ $\text{ʂuei}^{213}_{又}$	kuei^{55}	tɕi^{52}
嫩江	uei^{44}	lei^{53}	tsuei^{53}	tsuei^{44}	$\text{ts}^{h}\text{uei}^{24}$	suei^{213}	kuei^{44}	tɕi^{53}
泰来	uei^{44}	lei^{53}	tʂuei^{53}	tʂuei^{44}	$\text{tʂ}^{h}\text{uei}^{24}$	ʂuei^{213}	kuei^{44}	tɕi^{53}
哈尔滨	uei^{44}	lei^{51}	tsuei^{51}	tʂuei^{44}	$\text{tʂ}^{h}\text{uei}^{24}$	ʂuei^{213}	kuei^{44}	tɕi^{51}
肇东	vei^{44}	lei^{53}	tsuei^{53}	tʂuei^{44}	$\text{tʂ}^{h}\text{uei}^{24}$	ʂuei^{213}	kuei^{44}	tɕi^{53}
肇州	vei^{33}	lei^{53}	tsuei^{53}	tsuei^{33}	$\text{ts}^{h}\text{uei}^{24}$	suei^{213}	kuei^{33}	tɕi^{53}
东宁	$\text{uei}^{24}_{又}$ $\text{uei}^{33}_{又}$	lei^{53}	tsuei^{53}	tsuei^{33}	$\text{ts}^{h}\text{uei}^{24}$	suei^{213}	kuei^{33}	tɕi^{53}
鸡西	uei^{44}	lei^{53}	tsuei^{53}	tsuei^{44}	$\text{ts}^{h}\text{uei}^{24}$	suei^{213}	kuei^{44}	tɕi^{53}
密山	uei^{44}	lei^{52}	tsuei^{52}	tsuei^{44}	$\text{ts}^{h}\text{uei}^{24}$	suei^{213}	kuei^{44}	tɕi^{52}
穆棱	$\text{uei}^{33}_{又}$ $\text{uei}^{35}_{又}$	lei^{53}	tsuei^{53}	tsuei^{33}	$\text{ts}^{h}\text{uei}^{35}$	suei^{213}	kuei^{33}	tɕi^{53}
宁安	$\text{uei}^{35}_{又}$ $\text{uei}^{44}_{又}$	lei^{51}	tsuei^{51}	tsuei^{44}	$\text{ts}^{h}\text{uei}^{35}$	suei^{213}	kuei^{44}	tɕi^{51}
尚志	uei^{44}	lei^{53}	tsuei^{53}	tsuei^{44}	$\text{ts}^{h}\text{uei}^{24}$	suei^{213}	kuei^{44}	tɕi^{53}

34. 单字 0265—0272

调查点	0265 柜 止合三 去脂群	0266 位 止合三 去脂云	0267 飞 止合三 平微非	0268 费 止合三 去微敷	0269 肥 止合三 平微奉	0270 尾 止合三 上微微	0271 味 止合三 去微微	0272 鬼 止合三 上微见
勃利	kuei^{53}	uei^{53}	fei^{44}	fei^{53}	fei^{24}	$\text{i}^{213}_{白}$ $\text{uei}^{213}_{文}$	uei^{53}	kuei^{213}
集贤	kuei^{53}	uei^{53}	fei^{44}	fei^{53}	fei^{35}	$\text{i}^{213}_{白}$ $\text{uei}^{213}_{文}$	uei^{53}	kuei^{213}
佳木斯	kuei^{53}	uei^{53}	fei^{33}	fei^{53}	fei^{24}	$\text{i}^{212}_{白}$ $\text{uei}^{212}_{文}$	uei^{53}	kuei^{212}

续表

调查点	0265 柜	0266 位	0267 飞	0268 费	0269 肥	0270 尾	0271 味	0272 鬼
	止合三 去脂群	止合三 去脂云	止合三 平微非	止合三 去微敷	止合三 平微奉	止合三 上微微	止合三 去微微	止合三 上微见
林口	$kuei^{53}$	uei^{53}	fei^{33}	fei^{53}	fei^{24}	i^{213}白 uei^{213}文	uei^{53}	$kuei^{213}$
同江	$kuei^{53}$	uei^{53}	fei^{44}	fei^{53}	fei^{24}	i^{213}白 uei^{213}文	uei^{53}	$kuei^{213}$
黑河	$kuei^{52}$	uei^{52}	fei^{44}	fei^{52}	fei^{24}	i^{213}白 uei^{213}文	uei^{52}	$kuei^{213}$
嘉荫	$kuei^{51}$	uei^{51}	fei^{33}	fei^{51}	fei^{35}	i^{213}白 uei^{213}文	uei^{51}	$kuei^{213}$
兰西	$kuei^{53}$	vei^{53}	fei^{33}	fei^{53}	fei^{24}	i^{213}白 vei^{213}文	vei^{53}	$kuei^{213}$
漠河	$kuei^{52}$	uei^{52}	fei^{55}	fei^{52}	fei^{35}	i^{213}白 uei^{213}文	uei^{52}	$kuei^{213}$
嫩江	$kuei^{53}$	uei^{53}	fei^{44}	fei^{53}	fei^{24}	i^{213}白 uei^{213}文	uei^{53}	$kuei^{213}$
泰来	$kuei^{53}$	uei^{53}	fei^{44}	fei^{53}	fei^{24}	i^{213}白 uei^{213}文	uei^{53}	$kuei^{213}$
哈尔滨	$kuei^{51}$	uei^{51}	fei^{44}	fei^{51}	fei^{24}	i^{213}白 uei^{213}文	uei^{51}	$kuei^{213}$
肇东	$kuei^{53}$	vei^{53}	fei^{44}	fei^{53}	fei^{24}	i^{213}白 vei^{213}文	vei^{53}	$kuei^{213}$
肇州	$kuei^{53}$	vei^{53}	fei^{33}	fei^{53}	fei^{24}	i^{213}白 vei^{213}文	vei^{53}	$kuei^{213}$
东宁	$kuei^{53}$	uei^{53}	fei^{33}	fei^{53}	fei^{24}	uei^{213}	uei^{53}	$kuei^{213}$
鸡西	$kuei^{53}$	uei^{53}	fei^{44}	fei^{53}	fei^{24}	i^{213}白 uei^{213}文	uei^{53}	$kuei^{213}$
密山	$kuei^{52}$	uei^{52}	fei^{44}	fei^{52}	fei^{24}	i^{213}白 uei^{213}文	uei^{52}	$kuei^{213}$
穆棱	$kuei^{53}$	uei^{53}	fei^{33}	fei^{53}	fei^{35}	i^{213}白 uei^{213}文	uei^{53}	$kuei^{213}$

续表

调查点	0265 柜	0266 位	0267 飞	0268 费	0269 肥	0270 尾	0271 味	0272 鬼
	止合三 去脂群	止合三 去脂云	止合三 平微非	止合三 去微敷	止合三 平微奉	止合三 上微微	止合三 去微微	止合三 上微见
宁安	kuei^{51}	uei^{51}	fei^{44}	fei^{51}	fei^{35}	i$^{213}_{白}$ uei$^{213}_{文}$	uei^{51}	kuei^{213}
尚志	kuei^{53}	uei^{53}	fei^{44}	fei^{53}	fei^{24}	i$^{213}_{白}$ uei$^{213}_{文}$	uei^{53}	kuei^{213}

35. 单字 0273—0280

调查点	0273 贵	0274 围	0275 胃	0276 宝	0277 抱	0278 毛	0279 帽	0280 刀
	止合三 去微见	止合三 平微云	止合三 去微云	效开一 上豪帮	效开一 上豪并	效开一 平豪明	效开一 去豪明	效开一 平豪端
勃利	kuei^{53}	uei^{24}	uei^{53}	pau^{213}	pau^{53}	mau$^{24}_{猪~}$ mau$^{213}_{一~钱}$	mau^{53}	tau^{44}
集贤	kuei^{53}	uei^{35}	uei^{53}	pau^{213}	pau^{53}	mau$^{35}_{猪~}$ mau$^{213}_{一~钱}$	mau^{53}	tau^{44}
佳木斯	kuei^{53}	uei^{24}	uei^{53}	pau^{212}	pau^{53}	mau$^{24}_{~线}$ mau$^{212}_{一~钱}$	mau^{53}	tau^{33}
林口	kuei^{53}	uei^{24}	uei^{53}	pau^{213}	pau^{53}	mau$^{24}_{猪~}$ mau$^{213}_{一~钱}$	mau^{53}	tau^{33}
同江	kuei^{53}	uei^{24}	uei^{53}	pau^{213}	pau^{53}	mau$^{24}_{猪~}$ mau$^{213}_{一~钱}$	mau^{53}	tau^{44}
黑河	kuei^{52}	uei^{24}	uei^{52}	pau^{213}	pau^{52}	mau$^{213}_{一~钱}$ mau$^{24}_{羊~}$	mau^{52}	tau^{44}
嘉荫	kuei^{51}	uei^{35}	uei^{51}	pau^{213}	pau^{51}	mau$^{35}_{长~}$ mau$^{213}_{一~钱}$	mau^{51}	tau^{33}
兰西	kuei^{53}	vei^{24}	vei^{53}	pau^{213}	pau^{53}	mau$^{24}_{猪~}$ mau$^{213}_{一~钱}$	mau^{53}	tau^{33}
漠河	kuei^{52}	uei^{35}	uei^{52}	pau^{213}	pau^{52}	mau$^{35}_{羊~}$ mau$^{213}_{一~钱}$	mau^{52}	tau^{55}

续表

调查点	0273 贵	0274 围	0275 胃	0276 宝	0277 抱	0278 毛	0279 帽	0280 刀
	止合三去微见	止合三平微云	止合三去微云	效开一上豪帮	效开一上豪并	效开一平豪明	效开一去豪明	效开一平豪端
嫩江	kuei⁵³	uei²⁴	uei⁵³	pau²¹³	pau⁵³	mau²⁴ ~发 / mau²¹³ ~~钱	mau⁵³	tau⁴⁴
泰来	kuei⁵³	uei²⁴	uei⁵³	pau²¹³	pau⁵³	mau²⁴ 猪~ / mau²¹³ ~~钱	mau⁵³	tau⁴⁴
哈尔滨	kuei⁵¹	uei²⁴	uei⁵¹	pau²¹³	pau⁵¹	mau²⁴ 猪~ / mau²¹³ ~~钱	mau⁵¹	tau⁴⁴
肇东	kuei⁵³	vei²⁴	vei⁵³	pau²¹³	pau⁵³	mau²⁴ 牛~ / mau²¹³ ~~钱	mau⁵³	tau⁴⁴
肇州	kuei⁵³	vei²⁴	vei⁵³	pau²¹³	pau⁵³	mau²¹³ ~~钱 / mau²⁴ ~发	mau⁵³	tau³³
东宁	kuei⁵³	uei²⁴	uei⁵³	pau²¹³	pau⁵³	mau²¹³ ~~钱 / mau²⁴ 羊~	mau⁵³	tau³³
鸡西	kuei⁵³	uei²⁴	uei⁵³	pau²¹³	pau⁵³	mau²⁴ 猪~ / mau²¹³ ~~钱	mau⁵³	tau⁴⁴
密山	kuei⁵²	uei²⁴	uei⁵²	pau²¹³	pau⁵²	mau²⁴ 羊~ / mau²¹³ ~~钱	mau⁵²	tau⁴⁴
穆棱	kuei⁵³	uei³⁵	uei⁵³	pau²¹³	pau⁵³	mau³⁵ 猪~ / mau²¹³ ~~钱	mau⁵³	tau³³
宁安	kuei⁵¹	uei³⁵	uei⁵¹	pau²¹³	pau⁵¹	mau³⁵ 羊~ / mau²¹³ ~~钱	mau⁵¹	tau⁴⁴
尚志	kuei⁵³	uei²⁴	uei⁵³	pau²¹³	pau⁵³	mau²⁴ 猪~ / mau²¹³ ~~钱	mau⁵³	tau⁴⁴

36. 单字 0281—0288

调查点	0281 讨	0282 桃	0283 道	0284 脑	0285 老	0286 早	0287 灶	0288 草
	效开一上豪透	效开一平豪定	效开一上豪定	效开一上豪泥	效开一上豪来	效开一上豪精	效开一去豪精	效开一上豪清
勃利	tʰau²¹³	tʰau²⁴	tau⁵³	nau²¹³	lau²¹³	tsau²¹³	tsau⁵³	tsʰau²¹³

续表

调查点	0281 讨	0282 桃	0283 道	0284 脑	0285 老	0286 早	0287 灶	0288 草
	效开一 上豪透	效开一 平豪定	效开一 上豪定	效开一 上豪泥	效开一 上豪来	效开一 上豪精	效开一 去豪精	效开一 上豪清
集贤	t^hau^{213}	t^hau^{35}	tau^{53}	nau^{213}	lau^{213}	$tsau^{213}$	$tsau^{53}$	ts^hau^{213}
佳木斯	t^hau^{212}	t^hau^{24}	tau^{53}	nau^{212}	lau^{212}	$tsau^{212}$	$tsau^{53}$	ts^hau^{212}
林口	t^hau^{213}	t^hau^{24}	tau^{53}	nau^{213}	lau^{213}	$tsau^{213}$	$tsau^{53}$	ts^hau^{213}
同江	t^hau^{213}	t^hau^{24}	tau^{53}	nau^{213}	lau^{213}	$tsau^{213}$	$tsau^{53}$	ts^hau^{213}
黑河	t^hau^{213}	t^hau^{24}	tau^{52}	nau^{213}	lau^{213}	$tsau^{213}$	$tsau^{52}$	ts^hau^{213}
嘉荫	t^hau^{213}	t^hau^{35}	tau^{51}	nau^{213}	lau^{213}	$tsau^{213}$	$tsau^{51}$	ts^hau^{213}
兰西	t^hau^{213}	t^hau^{24}	tau^{53}	nau^{213}	lau^{213}	$tsau^{213}$	$tsau^{53}$	ts^hau^{213}
漠河	t^hau^{213}	t^hau^{35}	tau^{52}	nau^{213}	lau^{213}	$tsau^{213}$	$tsau^{52}$	ts^hau^{213}
嫩江	t^hau^{213}	t^hau^{24}	tau^{53}	nau^{213}	lau^{213}	$tsau^{213}$	$tsau^{53}$	ts^hau^{213}
泰来	t^hau^{213}	t^hau^{24}	tau^{53}	nau^{213}	lau^{213}	$t\c{s}au^{213}$	$t\c{s}au^{53}$	$t\c{s}^hau^{213}$
哈尔滨	t^hau^{213}	t^hau^{24}	tau^{51}	nau^{213}	lau^{213}	$tsau^{213}$	$tsau^{51}$	ts^hau^{213}
肇东	t^hau^{213}	t^hau^{24}	tau^{53}	nau^{213}	lau^{213}	$tsau^{213}$	$tsau^{53}$	ts^hau^{213}
肇州	t^hau^{213}	t^hau^{24}	tau^{53}	nau^{213}	lau^{213}	$tsau^{213}$	$tsau^{53}$	ts^hau^{213}
东宁	t^hau^{213}	t^hau^{24}	tau^{53}	nau^{213}	lau^{213}	$tsau^{213}$	$tsau^{53}$	ts^hau^{213}
鸡西	t^hau^{213}	t^hau^{24}	tau^{53}	nau^{213}	lau^{213}	$tsau^{213}$	$tsau^{53}$	ts^hau^{213}
密山	t^hau^{213}	t^hau^{24}	tau^{52}	nau^{213}	lau^{213}	$tsau^{213}$	$tsau^{52}$	ts^hau^{213}
穆棱	t^hau^{213}	t^hau^{35}	tau^{53}	nau^{213}	lau^{213}	$tsau^{213}$	$tsau^{53}$	ts^hau^{213}
宁安	t^hau^{213}	t^hau^{35}	tau^{51}	nau^{213}	lau^{213}	$tsau^{213}$	$tsau^{51}$	ts^hau^{213}
尚志	t^hau^{213}	t^hau^{24}	tau^{53}	nau^{213}	lau^{213}	$tsau^{213}$	$tsau^{53}$	ts^hau^{213}

37. 单字 0289—0296

调查点	0289 糙	0290 造	0291 嫂	0292 高	0293 靠	0294 熬	0295 好 _坏	0296 号 _名
	效开一 去豪清	效开一 上豪从	效开一 上豪心	效开一 平豪见	效开一 去豪溪	效开一 平豪疑	效开一 上豪晓	效开一 去豪匣
勃利	$tsau^{53}$ ~米 ts^hau^{44} 粗~	$tsau^{53}$	sau^{213}	kau^{44}	k^hau^{53}	nau^{24}白 au^{24}文	xau^{213}	xau^{53}

续表

调查点	0289 糙 效开一去豪清	0290 造 效开一上豪从	0291 嫂 效开一上豪心	0292 高 效开一平豪见	0293 靠 效开一去豪溪	0294 熬 效开一平豪疑	0295 好 ~坏 效开一上豪晓	0296 号 名 效开一去豪匣
集贤	$tsau^{53}$~米	$tsau^{53}$	sau^{213}	kau^{44}	k^hau^{53}	au^{44}	xau^{213}	xau^{53}
佳木斯	$tsau^{53}$	$tsau^{53}$	sau^{212}	kau^{33}	k^hau^{53}	nau^{24}白 au^{24}文	xau^{212}	xau^{53}
林口	ts^hau^{33}	$tsau^{53}$	sau^{213}	kau^{33}	k^hau^{53}	au^{33}	xau^{213}	xau^{53}
同江	$tsau^{53}$~米 ts^hau^{44}粗~	$tsau^{53}$	sau^{213}	kau^{44}	k^hau^{53}	nau^{24}白 au^{24}文	xau^{213}	xau^{53}
黑河	ts^hau^{44}	$tsau^{52}$	sau^{213}	kau^{44}	k^hau^{52}	au^{24}	xau^{213}	xau^{52}
嘉荫	ts^hau^{33}	$tsau^{51}$	sau^{213}	kau^{33}	k^hau^{51}	nau^{35}白 au^{35}文	xau^{213}	xau^{51}
兰西	$tsau^{53}$又 ts^hau^{33}又	$tsau^{53}$	sau^{213}	kau^{33}	k^hau^{53}	nau^{24}白 au^{24}文	xau^{213}	xau^{53}
漠河	ts^hau^{55}	$tsau^{52}$	sau^{213}	kau^{55}	k^hau^{52}	au^{35}	xau^{213}	xau^{52}
嫩江	ts^hau^{44}	$tsau^{53}$	sau^{213}	kau^{44}	k^hau^{53}	nau^{24}白 au^{24}文	xau^{213}	xau^{53}
泰来	$tʂ^hau^{44}$	$tʂau^{53}$	$ʂau^{213}$	kau^{44}	k^hau^{53}	nau^{24}	xau^{213}	xau^{53}
哈尔滨	ts^hau^{44}	$tsau^{51}$	sau^{213}	kau^{44}	k^hau^{51}	au^{24}	xau^{213}	xau^{51}
肇东	ts^hau^{44}	$tsau^{53}$	sau^{213}	kau^{44}	k^hau^{53}	nau^{24}	xau^{213}	xau^{53}
肇州	ts^hau^{33}	$tsau^{53}$	sau^{213}	kau^{33}	k^hau^{53}	nau^{24}	xau^{213}	xau^{53}
东宁	ts^hau^{33}	$tsau^{53}$	sau^{213}	kau^{33}	k^hau^{53}	au^{24}	xau^{213}	xau^{53}
鸡西	$tsau^{53}$~米 ts^hau^{44}粗~	$tsau^{53}$	sau^{213}	kau^{44}	k^hau^{53}	nau^{24}白 au^{24}文	xau^{213}	xau^{53}
密山	ts^hau^{44}	$tsau^{52}$	sau^{213}	kau^{44}	k^hau^{52}	nau^{24}白 au^{24}文	xau^{213}	xau^{52}

续表

调查点	0289 糙 效开一去豪清	0290 造 效开一上豪从	0291 嫂 效开一上豪心	0292 高 效开一平豪见	0293 靠 效开一去豪溪	0294 熬 效开一平豪疑	0295 好~坏 效开一上豪晓	0296 号名 效开一去豪匣
穆棱	tsau⁵³~米 tsʰau³³粗~	tsau⁵³	sau²¹³	kau³³	kʰau⁵³	au³⁵	xau²¹³	xau⁵³
宁安	tsau⁵¹	tsau⁵¹	sau²¹³	kau⁴⁴	kʰau⁵¹	au³⁵	xau²¹³	xau⁵¹
尚志	tsʰau⁴⁴	tsau⁵³	sau²¹³	kau⁴⁴	kʰau⁵³	nau²⁴	xau²¹³	xau⁵³

38. 单字 0297—0304

调查点	0297 包 效开二平肴帮	0298 饱 效开二上肴帮	0299 炮 效开二去肴滂	0300 猫 效开二平肴明	0301 闹 效开二去肴泥	0302 罩 效开二去肴知	0303 抓用手~牌 效开二平肴庄	0304 找~零钱 效开二上肴庄
勃利	pau⁴⁴	pau²¹³	pʰau⁵³	mau⁴⁴	nau⁵³	tsau⁵³	tsua⁴⁴	tsau²¹³
集贤	pau⁴⁴	pau²¹³	pʰau⁵³	mau⁴⁴	nau⁵³	tsau⁵³	tsua⁴⁴	tsau²¹³
佳木斯	pau³³	pau²¹²	pʰau⁵³	mau³³	nau⁵³	tsau⁵³	tsua³³	tsau²¹²
林口	pau³³	pau²¹³	pʰau⁵³	mau³³	nau⁵³	tsau⁵³	tsua³³	tsau²¹³
同江	pau⁴⁴	pau²¹³	pʰau⁵³	mau⁴⁴	nau⁵³	tsau⁵³	tsua⁴⁴	tsau²¹³
黑河	pau⁴⁴	pau²¹³	pʰau⁵²	mau⁴⁴	nau⁵²	tʂau⁵²	tʂua⁴⁴	tʂau²¹³
嘉荫	pau³³	pau²¹³	pʰau⁵¹	mau³³	nau⁵¹	tʂau⁵¹	tʂua³³	tʂau²¹³
兰西	pau³³	pau²¹³	pʰau⁵³	mau³³	nau⁵³	tʂau⁵³	tʂua³³	tʂau²¹³
漠河	pau⁵⁵	pau²¹³	pʰau⁵²	mau³³	nau⁵²	tʂau⁵²	tʂua⁵⁵	tʂau²¹³
嫩江	pau⁴⁴	pau²¹³	pʰau⁵³	mau⁴⁴	nau⁵³	tsau⁵³	tsua⁴⁴	tsau²¹³
泰来	pau⁴⁴	pau²¹³	pʰau⁵³	mau⁴⁴	nau⁵³	tʂau⁵³	tʂua⁴⁴	tʂau²¹³
哈尔滨	pau⁴⁴	pau²¹³	pʰau⁵¹	mau⁴⁴	nau⁵¹	tʂau⁵¹	tʂua⁴⁴	tʂau²¹³
肇东	pau⁴⁴	pau²¹³	pʰau⁵³	mau⁴⁴	nau⁵³	tʂau⁵³	tʂua⁴⁴	tʂau²¹³
肇州	pau³³	pau²¹³	pʰau⁵³	mau³³	nau⁵³	tsau⁵³	tʂua³³	tʂau²¹³
东宁	pau³³	pau²¹³	pʰau⁵³	mau³³	nau⁵³	tsau⁵³	tsua³³	tsau²¹³
鸡西	pau⁴⁴	pau²¹³	pʰau⁵³	mau⁴⁴	nau⁵³	tsau⁵³	tsua⁴⁴	tsau²¹³

续表

调查点	0297 包	0298 饱	0299 炮	0300 猫	0301 闹	0302 罩	0303 抓 用手~牌	0304 找 ~零钱
	效开二 平肴帮	效开二 上肴帮	效开二 去肴滂	效开二 平肴明	效开二 去肴泥	效开二 去肴知	效开二 平肴庄	效开二 上肴庄
密山	pau⁴⁴	pau²¹³	pʰau⁵²	mau⁴⁴	nau⁵²	tsau⁵²	tsua⁴⁴	tsau²¹³
穆棱	pau³³	pau²¹³	pʰau⁵³	mau³³	nau⁵³	tsau⁵³	tsua³³	tsau²¹³
宁安	pau⁴⁴	pau²¹³	pʰau⁵¹	mau⁴⁴	nau⁵¹	tʂau⁵¹	tʂua⁴⁴	tʂau²¹³
尚志	pau⁴⁴	pau²¹³	pʰau⁵³	mau⁴⁴	nau⁵³	tsau⁵³	tsua⁴⁴	tsau²¹³

39. 单字 0305—0312

调查点	0305 抄	0306 交	0307 敲	0308 孝	0309 校 学~	0310 表 手~	0311 票	0312 庙
	效开二 平肴初	效开二 平肴见	效开二 平肴溪	效开二 去肴晓	效开二 去肴匣	效开三 上宵帮	效开三 去宵滂	效开三 去宵明
勃利	tsʰau⁴⁴	tɕiau⁴⁴	tɕʰiau⁴⁴	ɕiau⁵³	ɕiau⁵³	piau²¹³	pʰiau⁵³	miau⁵³
集贤	tsʰau⁴⁴	tɕiau⁴⁴	tɕʰiau⁴⁴	ɕiau⁵³	ɕiau⁵³	piau²¹³	pʰiau⁵³	miau⁵³
佳木斯	tsʰau³³	tɕiau³³	tɕʰiau³³	ɕiau⁵³	ɕiau⁵³	piau²¹²	pʰiau⁵³	miau⁵³
林口	tsʰau³³	tɕiau³³	tɕʰiau³³	ɕiau⁵³	ɕiau⁵³	piau²¹³	pʰiau⁵³	miau⁵³
同江	tsʰau⁴⁴	tɕiau⁴⁴	tɕʰiau⁴⁴	ɕiau⁵³	ɕiau⁵³	piau²¹³	pʰiau⁵³	miau⁵³
黑河	tʂʰau⁴⁴	tɕiau⁴⁴	tɕʰiau⁴⁴	ɕiau⁵²	ɕiau⁵²	piau²¹³	pʰiau⁵²	miau⁵²
嘉荫	tʂʰau³³	tɕiau³³	tɕʰiau³³	ɕiau⁵¹	ɕiau⁵¹	piau²¹³	pʰiau⁵¹	miau⁵¹
兰西	tʂʰau³³	tɕiau³³	tɕʰiau³³	ɕiau⁵³	ɕiau⁵³	piau²¹³	pʰiau⁵³	miau⁵³
漠河	tʂʰau⁵⁵	tɕiau⁵⁵	tɕʰiau⁵⁵	ɕiau⁵³	ɕiau⁵³	piau²¹³	pʰiau⁵²	miau⁵²
嫩江	tsʰau³³	tɕiau⁴⁴	tɕʰiau⁴⁴	ɕiau⁵³	ɕiau⁵³	piau²¹³	pʰiau⁵³	miau⁵³
泰来	tʂʰau⁴⁴	tɕiau⁴⁴	tɕʰiau⁴⁴	ɕiau⁵³	ɕiau⁵³	piau²¹³	pʰiau⁵³	miau⁵³
哈尔滨	tsʰau⁴⁴	tɕiau⁴⁴	tɕʰiau⁴⁴	ɕiau⁵¹	ɕiau⁵¹	piau²¹³	pʰiau⁵¹	miau⁵¹
肇东	tsʰau⁴⁴	tɕiau⁴⁴	tɕʰiau⁴⁴	ɕiau⁵³	ɕiau⁵³	piau²¹³	pʰiau⁵³	miau⁵³
肇州	tʂʰau³³	tɕiau³³	tɕʰiau³³	ɕiau⁵³	ɕiau⁵³	piau²¹³	pʰiau⁵³	miau⁵³

续表

调查点	0305 抄	0306 交	0307 敲	0308 孝	0309 校学~	0310 表手~	0311 票	0312 庙
	效开二平肴初	效开二平肴见	效开二平肴溪	效开二去肴晓	效开二去肴匣	效开三上宵帮	效开三去宵滂	效开三去宵明
东宁	tsʰau^{33}	tɕiau^{33}	tɕʰiau^{33}	ɕiau^{53}	ɕiau^{53}	piau^{213}	pʰiau^{53}	miau^{53}
鸡西	tsʰau^{44}	tɕiau^{44}	tɕʰiau^{44}	ɕiau^{53}	ɕiau^{53}	piau^{213}	pʰiau^{53}	miau^{53}
密山	tsʰau^{44}	tɕiau^{44}	tɕʰiau^{44}	ɕiau^{52}	ɕiau^{52}	piau^{213}	pʰiau^{52}	miau^{52}
穆棱	tsʰau^{33}	tɕiau^{33}	tɕʰiau^{33}	ɕiau^{53}	ɕiau^{53}	piau^{213}	pʰiau^{53}	miau^{53}
宁安	tʂʰau^{44}	tɕiau^{44}	tɕʰiau^{44}	ɕiau^{51}	ɕiau^{51}	piau^{213}	pʰiau^{51}	miau^{51}
尚志	tsʰau^{44}	tɕiau^{44}	tɕʰiau^{44}	ɕiau^{53}	ɕiau^{53}	piau^{213}	pʰiau^{53}	miau^{53}

40. 单字 0313—0320

调查点	0313 焦	0314 小	0315 笑	0316 朝~代	0317 照	0318 烧	0319 绕~线	0320 桥
	效开三平宵精	效开三上宵心	效开三去宵心	效开三平宵澄	效开三去宵章	效开三平宵书	效开三去宵日	效开三平宵群
勃利	tɕiau^{44}	ɕiau^{213}	ɕiau^{53}	tsʰau^{24}	tsau^{53}	sau^{44}	iau^{53}	tɕʰiau^{24}
集贤	tɕiau^{44}	ɕiau^{213}	ɕiau^{53}	tsʰau^{35}	tsau^{53}	sau^{44}	iau^{53}	tɕʰiau^{35}
佳木斯	tɕiau^{33}	ɕiau^{212}	ɕiau^{53}	tsʰau^{24}	tsau^{53}	sau^{33}	iau^{53}	tɕʰiau^{24}
林口	tɕiau^{33}	ɕiau^{213}	ɕiau^{53}	tsʰau^{24}	tsau^{53}	sau^{33}	iau^{53}	tɕʰiau^{24}
同江	tɕiau^{44}	ɕiau^{213}	ɕiau^{53}	tsʰau^{24}	tsau^{53}	sau^{44}	iau^{53}	tɕʰiau^{24}
黑河	tɕiau^{44}	ɕiau^{213}	ɕiau^{52}	tʂʰau^{24}	tʂau^{52}	ʂau^{44}	ʐau^{52}	tɕʰiau^{24}
嘉荫	tɕiau^{33}	ɕiau^{213}	ɕiau^{51}	tʂʰau^{35}	tʂau^{51}	ʂau^{33}	iau^{51}白 ʐau^{51}文	tɕʰiau^{35}
兰西	tɕiau^{33}	ɕiau^{213}	ɕiau^{53}	tʂʰau^{24}	tʂau^{53}	ʂau^{33}	iau^{53}	tɕʰiau^{24}
漠河	tɕiau^{55}	ɕiau^{213}	ɕiau^{52}	tʂʰau^{35}	tʂau^{52}	ʂau^{55}	ʐau^{52}	tɕʰiau^{35}
嫩江	tɕiau^{44}	ɕiau^{213}	ɕiau^{53}	tʂʰau^{24}	tʂau^{53}	sau^{44}	iau^{53}白 ʐau^{53}文	tɕʰiau^{24}
泰来	tɕiau^{44}	ɕiau^{213}	ɕiau^{53}	tʂʰau^{24}	tʂau^{53}	ʂau^{44}	iau^{53}	tɕʰiau^{24}

续表

调查点	0313 焦 效开三 平宵精	0314 小 效开三 上宵心	0315 笑 效开三 去宵心	0316 朝～代 效开三 平宵澄	0317 照 效开三 去宵章	0318 烧 效开三 平宵书	0319 绕～线 效开三 去宵日	0320 桥 效开三 平宵群
哈尔滨	tɕiau⁴⁴	ɕiau²¹³	ɕiau⁵¹	tʂʰau²⁴	tʂau⁵¹	ʂau⁴⁴	ʐau⁵¹	tɕʰiau²⁴
肇东	tɕiau⁴⁴	ɕiau²¹³	ɕiau⁵³	tʂʰau²⁴	tʂau⁵³	ʂau⁴⁴	iau⁵³	tɕʰiau²⁴
肇州	tɕiau³³	ɕiau²¹³	ɕiau⁵³	tʂʰau²⁴	tʂau⁵³	ʂau³³	iau⁵³	tɕʰiau²⁴
东宁	tɕiau³³	ɕiau²¹³	ɕiau⁵³	tsʰau²⁴	tsau⁵³	sau³³	iau⁵³	tɕʰiau²⁴
鸡西	tɕiau⁴⁴	ɕiau²¹³	ɕiau⁵³	tsʰau²⁴	tsau⁵³	sau⁴⁴	iau⁵³	tɕʰiau²⁴
密山	tɕiau⁴⁴	ɕiau²¹³	ɕiau⁵²	tsʰau²⁴	tsau⁵²	sau⁴⁴	iau⁵²	tɕʰiau²⁴
穆棱	tɕiau³³	ɕiau²¹³	ɕiau⁵³	tsʰau³⁵	tsau⁵³	sau³³	iau⁵³	tɕʰiau³⁵
宁安	tɕiau⁴⁴	ɕiau²¹³	ɕiau⁵¹	tsʰau³⁵	tsau⁵¹	ʂau⁴⁴	ʐau⁵¹	tɕʰiau³⁵
尚志	tɕiau⁴⁴	ɕiau²¹³	ɕiau⁵³	tsʰau²⁴	tsau⁵³	sau⁴⁴	iau⁵³	tɕʰiau²⁴

41. 单字 0321—0328

调查点	0321 轿 效开三 去宵群	0322 腰 效开三 平宵影	0323 要重～ 效开三 去宵影	0324 摇 效开三 平宵以	0325 鸟 效开四 上萧端	0326 钓 效开四 去萧端	0327 条 效开四 平萧定	0328 料 效开四 去萧来
勃利	tɕiau⁵³	iau⁴⁴	iau⁵³	iau²⁴	ŋiau²¹³	tiau⁵³	tʰiau²⁴	liau⁵³
集贤	tɕiau⁵³	iau⁴⁴	iau⁵³	iau³⁵	ŋiau²¹³	tiau⁵³	tʰiau³⁵	liau⁵³
佳木斯	tɕiau⁵³	iau³³	iau⁵³	iau²⁴	ŋiau²¹²	tiau⁵³	tʰiau²⁴	liau⁵³
林口	tɕiau⁵³	iau³³	iau⁵³	iau²⁴	ŋiau²¹³	tiau⁵³	tʰiau²⁴	liau⁵³
同江	tɕiau⁵³	iau⁴⁴	iau⁵³	iau²⁴	ŋiau²¹³	tiau⁵³	tʰiau²⁴	liau⁵³
黑河	tɕiau⁵²	iau⁴⁴	iau⁵²	iau²⁴	ŋiau²¹³	tiau⁵²	tʰiau²⁴	liau⁵²
嘉荫	tɕiau⁵¹	iau³³	iau⁵¹	iau³⁵	ŋiau²¹³	tiau⁵¹	tʰiau³⁵	liau⁵¹
兰西	tɕiau⁵³	iau³³	iau⁵³	iau²⁴	ŋiau²¹³	tiau⁵³	tʰiau²⁴	liau⁵³
漠河	tɕiau⁵²	iau⁵⁵	iau⁵²	iau³⁵	niau²¹³	tiau⁵²	tʰiau³⁵	liau⁵²
嫩江	tɕiau⁵³	iau⁴⁴	iau⁵³	iau²⁴	ŋiau²¹³	tiau⁵³	tʰiau²⁴	liau⁵³
泰来	tɕiau⁵³	iau⁴⁴	iau⁵³	iau²⁴	ŋiau²¹³	tiau⁵³	tʰiau²⁴	liau⁵³
哈尔滨	tɕiau⁵¹	iau⁴⁴	iau⁵¹	iau²⁴	ŋiau²¹³	tiau⁵¹	tʰiau²⁴	liau⁵¹

续表

调查点	0321 轿	0322 腰	0323 要 重~	0324 摇	0325 鸟	0326 钓	0327 条	0328 料
	效开三去宵群	效开三平宵影	效开三去宵影	效开三平宵以	效开四上萧端	效开四去萧端	效开四平萧定	效开四去萧来
肇东	tɕiau⁵³	iau⁴⁴	iau⁵³	iau²⁴	ȵiau²¹³	tiau⁵³	tʰiau²⁴	liau⁵³
肇州	tɕiau⁵³	iau³³	iau⁵³	iau²⁴	ȵiau²¹³	tiau⁵³	tʰiau²⁴	liau⁵³
东宁	tɕiau⁵³	iau³³	iau⁵³	iau²⁴	ȵiau²¹³	tiau⁵³	tʰiau²⁴	liau⁵³
鸡西	tɕiau⁵³	iau⁴⁴	iau⁵³	iau²⁴	ȵiau²¹³	tiau⁵³	tʰiau²⁴	liau⁵³
密山	tɕiau⁵²	iau⁴⁴	iau⁵²	iau²⁴	ȵiau²¹³	tiau⁵²	tʰiau²⁴	liau⁵²
穆棱	tɕiau⁵³	iau³³	iau⁵³	iau³⁵	ȵiau²¹³	tiau⁵³	tʰiau³⁵	liau⁵³
宁安	tɕiau⁵¹	iau⁴⁴	iau⁵¹	iau³⁵	ȵiau²¹³	tiau⁵¹	tʰiau³⁵	liau⁵¹
尚志	tɕiau⁵³	iau⁴⁴	iau⁵³	iau²⁴	ȵiau²¹³	tiau⁵³	tʰiau²⁴	liau⁵³

42. 单字 0329—0336

调查点	0329 箫	0330 叫	0331 母 丈~、男~	0332 抖	0333 偷	0334 头	0335 豆	0336 楼
	效开四平萧心	效开四去萧见	流开一上侯明	流开一上侯端	流开一平侯透	流开一平侯定	流开一去侯定	流开一平侯来
勃利	ɕiau⁴⁴	tɕiau⁵³	mu²¹³	tou²¹³	tʰou⁴⁴	tʰou²⁴	tou⁵³	lou²⁴
集贤	ɕiau⁴⁴	tɕiau⁵³	mu²¹³	təu²¹³	tʰəu⁴⁴	tʰəu³⁵	təu⁵³	ləu³⁵
佳木斯	ɕiau³³	tɕiau⁵³	mu²¹²	təu²¹²	tʰəu³³	tʰəu²⁴	təu⁵³	ləu²⁴
林口	ɕiau³³	tɕiau⁵³	mɤ³³	tou²¹³	tʰou³³	tʰou²⁴	tou⁵³	lou²⁴
同江	ɕiau⁴⁴	tɕiau⁵³	mu²¹³	tou²¹³	tʰou⁴⁴	tʰou²⁴	tou⁵³	lou²⁴
黑河	ɕiau⁴⁴	tɕiau⁵²	mu²¹³	təu²¹³	tʰəu⁴⁴	tʰəu²⁴	təu⁵²	ləu²⁴
嘉荫	ɕiau³³	tɕiau⁵¹	mu²¹³	tou²¹³	tʰou³³	tʰou³⁵	tou⁵¹	lou³⁵
兰西	ɕiau³³	tɕiau⁵³	mu²¹³	tou²¹³	tʰou³³	tʰou²⁴	tou⁵³	lou²⁴
漠河	ɕiau⁵⁵	tɕiau⁵²	mu²¹³	tou²¹³	tʰou⁵⁵	tʰou³⁵	tou⁵²	lou³⁵
嫩江	ɕiau⁴⁴	tɕiau⁵³	mu²¹³	tou²¹³	tʰou⁴⁴	tʰou²⁴	tou⁵³	lou²⁴
泰来	ɕiau⁴⁴	tɕiau⁵³	mu²¹³	tou²¹³	tʰou⁴⁴	tʰou²⁴	tou⁵³	lou²⁴
哈尔滨	ɕiau⁴⁴	tɕiau⁵¹	mu²¹³	tou²¹³	tʰou⁴⁴	tʰou²⁴	tou⁵¹	lou²⁴
肇东	ɕiau⁴⁴	tɕiau⁵³	mu²¹³	tou²¹³	tʰou⁴⁴	tʰou²⁴	tou⁵³	lou²⁴

续表

调查点	0329 箫 效开四 平萧心	0330 叫 效开四 去萧见	0331 母 丈~、舅~ 流开一 上侯明	0332 抖 流开一 上侯端	0333 偷 流开一 平侯透	0334 头 流开一 平侯定	0335 豆 流开一 去侯定	0336 楼 流开一 平侯来
肇州	çiau³³	tçiau⁵³	mu²¹³	tou²¹³	tʰou³³	tʰou²⁴	tou⁵³	lou²⁴
东宁	çiau³³	tçiau⁵³	mu²¹³	tou²¹³	tʰou³³	tʰou²⁴	tou⁵³	lou²⁴
鸡西	çiau⁴⁴	tçiau⁵³	mu²¹³	tou²¹³	tʰou⁴⁴	tʰou²⁴	tou⁵³	lou²⁴
密山	çiau⁴⁴	tçiau⁵²	mu²¹³	tou²¹³	tʰou⁴⁴	tʰou²⁴	tou⁵²	lou²⁴
穆棱	çiau³³	tçiau⁵³	mu²¹³	tou²¹³	tʰou³³	tʰou³⁵	tou⁵³	lou³⁵
宁安	çiau⁴⁴	tçiau⁵¹	mu²¹³	tou²¹³	tʰou⁴⁴	tʰou³⁵	tou⁵¹	lou³⁵
尚志	çiau⁴⁴	tçiau⁵³	mu²¹³	tou²¹³	tʰou⁴⁴	tʰou²⁴	tou⁵³	lou²⁴

43. 单字 0337—0344

调查点	0337 走 流开一 上侯精	0338 凑 流开一 去侯清	0339 钩 流开一 平侯见	0340 狗 流开一 上侯见	0341 够 流开一 去侯见	0342 口 流开一 上侯溪	0343 藕 流开一 上侯疑	0344 后 前~ 流开一 上侯匣
勃利	tsou²¹³	tsʰou⁵³	kou⁴⁴	kou²¹³	kou⁵³	kʰou²¹³	ou²¹³	xou⁵³
集贤	tsəu²¹³	tsʰəu⁵³	kəu⁴⁴	kəu²¹³	kəu⁵³	kʰəu²¹³	əu²¹³	xəu⁵³
佳木斯	tsəu²¹²	tsʰəu⁵³	kəu³³	kəu²¹²	kəu⁵³	kʰəu²¹²	əu²¹²	xəu⁵³
林口	tsou²¹³	tsʰou⁵³	kou³³	kou²¹³	kou⁵³	kʰou²¹³	ou²¹³	xou⁵³
同江	tsou²¹³	tsʰou⁵³	kou⁴⁴	kou²¹³	kou⁵³	kʰou²¹³	ou²¹³	xou⁵³
黑河	tsəu²¹³	tsʰəu⁵²	kəu⁴⁴	kəu²¹³	kəu⁵²	kʰəu²¹³	əu²¹³	xəu⁵²
嘉荫	tsou²¹³	tsʰou⁵¹	kou³³	kou²¹³	kou⁵¹	kʰou²¹³	ou²¹³	xou⁵¹
兰西	tsou²¹³	tsʰou⁵³	kou³³	kou²¹³	kou⁵³	kʰou²¹³	ou²¹³	xou⁵³
漠河	tsou²¹³	tsʰou⁵²	kou⁵⁵	kou²¹³	kou⁵²	kʰou²¹³	ou²¹³	xou⁵²
嫩江	tsou²¹³	tsʰou⁵³	kou⁴⁴	kou²¹³	kou⁵³	kʰou²¹³	ou⁵³	xou⁵³
泰来	tʂou²¹³	tʂʰou⁵³	kou⁴⁴	kou²¹³	kou⁵³	kʰou²¹³	ou²¹³	xou⁵³
哈尔滨	tsou²¹³	tsʰou⁵¹	kou⁴⁴	kou²¹³	kou⁵¹	kʰou²¹³	ou²¹³	xou⁵¹
肇东	tsou²¹³	tsʰou⁵³	kou⁴⁴	kou²¹³	kou⁵³	kʰou²¹³	ou²¹³	xou⁵³

续表

调查点	0337 走 流开一上侯精	0338 凑 流开一去侯清	0339 钩 流开一平侯见	0340 狗 流开一上侯见	0341 够 流开一去侯见	0342 口 流开一上侯溪	0343 藕 流开一上侯疑	0344 后前~ 流开一上侯匣
肇州	tsou²¹³	tsʰou⁵³	kou³³	kou²¹³	kou⁵³	kʰou²¹³	ou²¹³	xou⁵³
东宁	tsou²¹³	tsʰou⁵³	kou³³	kou²¹³	kou⁵³	kʰou²¹³	ou²¹³	xou⁵³
鸡西	tsou²¹³	tsʰou⁵³	kou⁴⁴	kou²¹³	kou⁵³	kʰou²¹³	ou²¹³	xou⁵³
密山	tsou²¹³	tsʰou⁵²	kou⁴⁴	kou²¹³	kou⁵²	kʰou²¹³	ou²¹³	xou⁵²
穆棱	tsou²¹³	tsʰou⁵³	kou³³	kou²¹³	kou⁵³	kʰou²¹³	ou²¹³	xou⁵³
宁安	tsou²¹³	tʂʰou⁵¹	kou⁴⁴	kou²¹³	kou⁵¹	kʰou²¹³	ou²¹³	xou⁵¹
尚志	tsou²¹³	tsʰou⁵³	kou⁴⁴	kou²¹³	kou⁵³	kʰou²¹³	ou²¹³	xou⁵³

44. 单字 0345—0352

调查点	0345 厚 流开一上侯匣	0346 富 流开三去尤非	0347 副 流开三去尤敷	0348 浮 流开三平尤奉	0349 妇 流开三上尤奉	0350 流 流开三平尤来	0351 酒 流开三上尤精	0352 修 流开三平尤心
勃利	xou⁵³	fu⁵³	fu⁵³	fu²⁴	fu⁴⁴又 fu⁵³又	liou²⁴	tɕiou²¹³	ɕiou⁴⁴
集贤	xəu⁵³	fu⁵³	fu⁵³	fu³⁵	fu⁵³	liəu³⁵	tɕiəu²¹³	ɕiəu⁴⁴
佳木斯	xəu⁵³	fu⁵³	fu⁵³	fu²⁴	fu⁵³	liəu²⁴	tɕiəu²¹²	ɕiəu³³
林口	xou⁵³	fu⁵³	fu⁵³	fu²⁴	fu⁵³	liou²⁴	tɕiou²¹³	ɕiou³³
同江	xou⁵³	fu⁵³	fu⁵³	fu²⁴	fu⁵³	liou²⁴	tɕiou²¹³	ɕiou⁴⁴
黑河	xəu⁵²	fu⁵²	fu⁵²	fu²⁴	fu⁵²	liəu²⁴	tɕiəu²¹³	ɕiəu⁴⁴
嘉荫	xou⁵¹	fu⁵¹	fu⁵¹	fu³⁵	fu⁵¹	liou³⁵~水 liou⁵¹断~	tɕiou²¹³	ɕiou³³
兰西	xou⁵³	fu⁵³	fu⁵³	fu²⁴	fu⁵³	liou²⁴	tɕiou²¹³	ɕiou³³
漠河	xou⁵³	fu⁵³	fu⁵³	fu²⁴	fu⁵³	liou²⁴	tɕiou²¹³	ɕiou⁵⁵
嫩江	xou⁵³	tsʰfu⁵³	fu⁵³	fu²⁴	fu⁵³	liou²⁴	tɕiou²¹³	ɕiou⁴⁴
泰来	xou⁵³	fu⁵³	fu⁵³	fu²⁴	fu⁵³	liou²⁴~水 liou⁵³小水~儿	tɕiou²¹³	ɕiou⁴⁴
哈尔滨	xou⁵¹	fu⁵¹	fu⁵¹	fu²⁴	fu⁵¹	liou²⁴	tɕiou²¹³	ɕiou⁴⁴

续表

调查点	0345 厚 流开一 上侯匣	0346 富 流开三 去尤非	0347 副 流开三 去尤敷	0348 浮 流开三 平尤奉	0349 妇 流开三 上尤奉	0350 流 流开三 平尤来	0351 酒 流开三 上尤精	0352 修 流开三 平尤心
肇东	xou⁵³	fu⁵³	fu⁵³	fu²⁴	fu⁵³	liou²⁴	tɕiou²¹³	ɕiou⁴⁴
肇州	xou⁵³	fu⁵³	fu⁵³	fu²⁴	fu⁵³	liou²⁴	tɕiou²¹³	ɕiou³³
东宁	xou⁵³	fu⁵³	fu⁵³	fu²⁴	fu⁵³	liou²⁴	tɕiou²¹³	ɕiou³³
鸡西	xou⁵³	fu⁵³	fu⁵³	fu²⁴	fu⁴⁴又 fu⁵³又	liou²⁴	tɕiou²¹³	ɕiou⁴⁴
密山	xou⁵²	fu⁵²	fu⁵²	fu²⁴	fu⁵²	liou²⁴	tɕiou²¹³	ɕiou⁴⁴
穆棱	xou⁵³	fu⁵³	fu⁵³	fu³⁵	fu⁵³	liou³⁵	tɕiou²¹³	ɕiou³³
宁安	xou⁵¹	fu⁵¹	fu⁵¹	fu³⁵	fu⁴⁴	liou³⁵	tɕiou²¹³	ɕiou⁴⁴
尚志	xou⁵³	fu⁵³	fu⁵³	fu²⁴	fu⁵³	liou²⁴~水 liou⁵³水~	tɕiou²¹³	ɕiou⁴⁴

45. 单字 0353—0360

调查点	0353 袖 流开三 去尤邪	0354 抽 流开三 平尤彻	0355 绸 流开三 平尤澄	0356 愁 流开三 平尤崇	0357 瘦 流开三 去尤生	0358 州 流开三 平尤章	0359 臭香~ 流开三 去尤昌	0360 手 流开三 上尤书
勃利	ɕiou⁵³	tsʰou⁴⁴	tsʰou²⁴	tsʰou²⁴	sou⁵³	tsou⁴⁴	tsʰou⁵³	sou²¹³
集贤	ɕiəu⁵³	tsʰəu⁴⁴	tsʰəu³⁵	tsʰəu³⁵	səu⁵³	tsəu⁴⁴	tsʰəu⁵³	səu²¹³
佳木斯	ɕiəu⁵³	tsʰəu³³	tsʰəu²⁴	tsʰəu²⁴	səu⁵³	tsəu³³	tsʰəu⁵³	səu²¹²
林口	ɕiou⁵³	tsʰou³³	tsʰou²⁴	tsʰou²⁴	sou⁵³	tsou³³	tsʰou⁵³	sou²¹³
同江	ɕiou⁵³	tsʰou⁴⁴	tsʰou²⁴	tsʰou²⁴	sou⁵³	tsou⁴⁴	tsʰou⁵³	sou²¹³
黑河	ɕiəu⁵²	tʂʰəu⁴⁴	tʂʰəu²⁴	tʂʰəu²⁴	səu⁵²	tʂəu⁴⁴	tʂʰəu⁵²	ʂəu²¹³
嘉荫	ɕiou⁵¹	tsʰou³³	tsʰou³⁵	tsʰou³⁵	ʂou⁵¹	tsou³³	tsʰou⁵¹	ʂou²¹³
兰西	ɕiou⁵³	tʂʰou³³	tʂʰou²⁴	tʂʰou²⁴	ʂou⁵³	tʂou³³	tʂʰou⁵³	ʂou²¹³
漠河	ɕiou⁵²	tʂʰou⁵⁵	tʂʰou³⁵	tʂʰou³⁵	ʂou⁵²	tʂou⁵⁵	tʂʰou⁵²	ʂou²¹³
嫩江	ɕiou⁵³	tsʰou⁴⁴	tsʰou²⁴	tsʰou²⁴	sou⁵³	tsou⁴⁴	tsʰou⁵³	sou²¹³
泰来	ɕiou⁵³	tʂʰou⁴⁴	tʂʰou²⁴	tʂʰou²⁴	ʂou⁵³	tʂou⁴⁴	tʂʰou⁵³	ʂou²¹³
哈尔滨	ɕiou⁵¹	tʂʰou⁴⁴	tʂʰou²⁴	tʂʰou²⁴	ʂou⁵¹	tʂou⁴⁴	tʂʰou⁵¹	ʂou²¹³

续表

调查点	0353 袖 流开三 去尤邪	0354 抽 流开三 平尤彻	0355 绸 流开三 平尤澄	0356 愁 流开三 平尤崇	0357 瘦 流开三 去尤生	0358 州 流开三 平尤章	0359 臭_{香~} 流开三 去尤昌	0360 手 流开三 上尤书
肇东	çiou⁵³	tʂʰou⁴⁴	tʂʰou²⁴	tʂʰou²⁴	ʂou⁵³	tʂou⁴⁴	tʂʰou⁵³	ʂou²¹³
肇州	çiou⁵³	tʂʰou³³	tʂʰou²⁴	tʂʰou²⁴	ʂou⁵³	tʂou³³	tʂʰou⁵³	ʂou²¹³
东宁	çiou⁵³	tsʰou³³	tsʰou²⁴	tsʰou²⁴	sou⁵³	tsou³³	tsʰou⁵³	sou²¹³
鸡西	çiou⁵³	tsʰou⁴⁴	tsʰou²⁴	tsʰou²⁴	sou⁵³	tsou⁴⁴	tsʰou⁵³	sou²¹³
密山	çiou⁵²	tsʰou⁴⁴	tsʰou²⁴	tsʰou²⁴	sou⁵²	tsou⁴⁴	tsʰou⁵²	sou²¹³
穆棱	çiou⁵³	tsʰou³³	tsʰou³⁵	tsʰou³⁵	sou⁵³	tsou³³	tsʰou⁵³	sou²¹³
宁安	çiou⁵¹	tʂʰou⁴⁴	tʂʰou³⁵	tsʰou³⁵	sou⁵¹	tʂou⁴⁴	tʂʰou⁵¹	ʂou²¹³
尚志	çiou⁵³	tsʰou⁴⁴	tsʰou²⁴	tsʰou²⁴	sou⁵³	tsou⁴⁴	tsʰou⁵³	sou²¹³

46. 单字 0361—0368

调查点	0361 寿 流开三 去尤禅	0362 九 流开三 上尤见	0363 球 流开三 平尤群	0364 舅 流开三 上尤群	0365 旧 流开三 去尤群	0366 牛 流开三 平尤疑	0367 休 流开三 平尤晓	0368 优 流开三 平尤影
勃利	sou⁵³	tçiou²¹³	tçʰiou²⁴	tçiou⁵³	tçiou⁵³	ȵiou²⁴	çiou⁴⁴	iou⁴⁴
集贤	səu⁵³	tçiəu²¹³	tçʰiəu³⁵	tçiəu⁵³	tçiəu⁵³	ȵiəu³⁵	çiəu⁴⁴	iəu⁴⁴
佳木斯	səu⁵³	tçiəu²¹²	tçʰiəu²⁴	tçiəu⁵³	tçiəu⁵³	ȵiəu²⁴	çiəu³³	iəu³³
林口	sou⁵³	tçiou²¹³	tçʰiou²⁴	tçiou⁵³	tçiou⁵³	ȵiou²⁴	çiou³³	iou³³
同江	sou⁵³	tçiou²¹³	tçʰiou²⁴	tçiou⁵³	tçiou⁵³	ȵiou²⁴	çiou⁴⁴	iou⁴⁴
黑河	ʂəu⁵²	tçiəu²¹³	tçʰiəu²⁴	tçiəu⁵²	tçiəu⁵²	ȵiəu²⁴	çiəu⁴⁴	iəu⁴⁴
嘉荫	sou⁵¹	tçiou²¹³	tçʰiou³⁵	tçiou⁵¹	tçiou⁵¹	ȵiou³⁵	çiou³³	iou³³
兰西	ʂou⁵³	tçiou²¹³	tçʰiou²⁴	tçiou⁵³	tçiou⁵³	ȵiou²⁴	çiou³³	iou³³
漠河	ʂou⁵²	tçiou²¹³	tçʰiou³⁵	tçiou⁵²	tçiou⁵²	ȵiou³⁵	çiou⁵⁵	iou⁵⁵
嫩江	sou⁵³	tçiou²¹³	tçʰiou²⁴	tçiou⁵³	tçiou⁵³	ȵiou²⁴	çiou⁴⁴	iou⁴⁴
泰来	ʂou⁵³	tçiou²¹³	tçʰiou²⁴	tçiou⁵³	tçiou⁵³	ȵiou²⁴	çiou⁴⁴	iou⁴⁴
哈尔滨	ʂou⁵¹	tçiou²¹³	tçʰiou²⁴	tçiou⁵¹	tçiou⁵¹	ȵiou²⁴	çiou⁴⁴	iou⁴⁴
肇东	ʂou⁵³	tçiou²¹³	tçʰiou²⁴	tçiou⁵³	tçiou⁵³	ȵiou²⁴	çiou⁴⁴	iou⁴⁴
肇州	ʂou⁵³	tçiou²¹³	tçʰiou²⁴	tçiou⁵³	tçiou⁵³	ȵiou²⁴	çiou³³	iou³³

续表

调查点	0361 寿 流开三 去尤禅	0362 九 流开三 上尤见	0363 球 流开三 平尤群	0364 舅 流开三 上尤群	0365 旧 流开三 去尤群	0366 牛 流开三 平尤疑	0367 休 流开三 平尤晓	0368 优 流开三 平尤影
东宁	sou⁵³	tɕiou²¹³	tɕʰiou²⁴	tɕiou⁵³	tɕiou⁵³	ȵiou²⁴	ɕiou³³	iou³³
鸡西	sou⁵³	tɕiou²¹³	tɕʰiou²⁴	tɕiou⁵³	tɕiou⁵³	ȵiou²⁴	ɕiou⁴⁴	iou⁴⁴
密山	sou⁵²	tɕiou²¹³	tɕʰiou²⁴	tɕiou⁵²	tɕiou⁵²	ȵiou²⁴	ɕiou⁴⁴	iou⁴⁴
穆棱	sou⁵³	tɕiou²¹³	tɕʰiou³⁵	tɕiou⁵³	tɕiou⁵³	ȵyŋ³⁵	ɕiou³³	iou³³
宁安	ʂou⁵¹	tɕiou²¹³	tɕʰiou³⁵	tɕiou⁵¹	tɕiou⁵¹	ȵiou³⁵	ɕiou⁴⁴	iou⁴⁴
尚志	sou⁵³	tɕiou²¹³	tɕʰiou²⁴	tɕiou⁵³	tɕiou⁵³	ȵiou²⁴	ɕiou⁴⁴	iou⁴⁴

47. 单字 0369—0376

调查点	0369 有 流开三 上尤云	0370 右 流开三 去尤云	0371 油 流开三 平尤以	0372 丢 流开三 平幽端	0373 幼 流开三 去幽影	0374 贪 咸开一 平覃透	0375 潭 咸开一 平覃定	0376 南 咸开一 平覃泥
勃利	iou²¹³	iou⁵³	iou²⁴	tiou⁴⁴	iou⁵³	tʰan⁴⁴	tʰan²⁴	nan²⁴
集贤	iəu²¹³	iəu⁵³	iəu³⁵	tiəu⁴⁴	iəu⁵³	tʰan⁴⁴	tʰan³⁵	nan³⁵
佳木斯	iəu²¹²	iəu⁵³	iəu²⁴	tiəu³³	iəu⁵³	tʰan³³	tʰan²⁴	nan²⁴
林口	iou²¹³	iou⁵³	iou²⁴	tiou³³	iou⁵³	tʰan³³	tʰan²⁴	nan²⁴
同江	iou²¹³	iou⁵³	iou²⁴	tiou⁴⁴	iou⁵³	tʰan⁴⁴	tʰan²⁴	nan²⁴
黑河	iəu²¹³	iəu⁵²	iəu²⁴	tiəu⁴⁴	iəu⁵²	tʰan⁴⁴	tʰan²⁴	nan²⁴
嘉荫	iou²¹³	iou⁵¹	iou³⁵	tiou³³	iou⁵¹	tʰan³³	tʰan³⁵	nan³⁵
兰西	iou²¹³	iou⁵³	iou²⁴	tiou³³	iou⁵³	tʰan³³	tʰan²⁴	nan²⁴
漠河	iou²¹³	iou⁵²	iou³⁵	tiou⁵⁵	iou⁵²	tʰan⁵⁵	tʰan³⁵	nan³⁵
嫩江	iou²¹³	iou⁵³	iou²⁴	tiou⁴⁴	iou⁵³	tʰan⁴⁴	tʰan²⁴	nan²⁴
泰来	iou²¹³	iou⁵³	iou²⁴	tiou⁴⁴	iou⁵³	tʰan⁴⁴	tʰan²⁴	nan²⁴
哈尔滨	iou²¹³	iou⁵¹	iou²⁴	tiou⁴⁴	iou⁵¹	tʰan⁴⁴	tʰan²⁴	nan²⁴
肇东	iou²¹³	iou⁵³	iou²⁴	tiou⁴⁴	iou⁵³	tʰan⁴⁴	tʰan²⁴	nan²⁴
肇州	iou²¹³	iou⁵³	iou²⁴	tiou³³	iou⁵³	tʰan³³	tʰan²⁴	nan²⁴
东宁	iou²¹³	iou⁵³	iou²⁴	tiou³³	iou⁵³	tʰan³³	tʰan²⁴	nan²⁴
鸡西	iou²¹³	iou⁵³	iou²⁴	tiou⁴⁴	iou⁵³	tʰan⁴⁴	tʰan²⁴	nan²⁴

续表

调查点	0369 有	0370 右	0371 油	0372 丢	0373 幼	0374 贪	0375 潭	0376 南
	流开三 上尤云	流开三 去尤云	流开三 平尤以	流开三 平幽端	流开三 去幽影	咸开一 平覃透	咸开一 平覃定	咸开一 平覃泥
密山	iou²¹³	iou⁵²	iou²⁴	tiou⁴⁴	iou⁵²	tʰan⁴⁴	tʰan²⁴	nan²⁴
穆棱	iou²¹³	iou⁵³	iou³⁵	tiou³³	iou⁵³	tʰan³³	tʰan³⁵	nan³⁵
宁安	iou²¹³	iou⁵¹	iou³⁵	tiou⁴⁴	iou⁵¹	tʰan⁴⁴	tʰan³⁵	nan³⁵
尚志	iou²¹³	iou⁵³	iou²⁴	tiou⁴⁴	iou⁵³	tʰan⁴⁴	tʰan²⁴	nan²⁴

48. 单字 0377—0384

调查点	0377 蚕	0378 感	0379 含 ~一口水	0380 暗	0381 搭	0382 踏	0383 拉	0384 杂
	咸开一 平覃从	咸开一 上覃见	咸开一 平覃匣	咸开一 去覃影	咸开一 入合端	咸开一 入合透	咸开一 入合来	咸开一 入合从
勃利	tsʰan²⁴	kan²¹³	xən²⁴文 xan²⁴文	an⁵³	ta⁴⁴	tʰa⁵³	la²⁴~锯 la⁴⁴~货	tsa²⁴
集贤	tsʰan³⁵	kan²¹³	xən³⁵白 xan³⁵文	an⁵³	ta⁴⁴	tʰa⁵³	la³⁵~锯 la⁴⁴~一把手	tsa³⁵
佳木斯	tsʰan²⁴	kan²¹²	xən²⁴白 xan²⁴文	nan⁵³白 an⁵³文	ta³³	tʰa⁵³	la³³~车 la²⁴~琴	tsa²⁴
林口	tsʰan²⁴	kan²¹³	xan²⁴	an⁵³	ta³³	tʰa⁵³	la³³~琴 la²⁴~口子	tsa²⁴
同江	tsʰan²⁴	kan²¹³	xən²⁴白 xan²⁴文	an⁵³	ta⁴⁴	tʰa⁵³	la²⁴~锯 la⁴⁴~一把手	tsa²⁴
黑河	tsʰan²⁴	kan²¹³	xan²⁴	an⁵²	ta⁴⁴	tʰa⁴⁴~实 tʰa⁵²践~	la⁴⁴	tsa²⁴
嘉荫	tsʰan³⁵	kan²¹³	xən³⁵白 xan³⁵文	an⁵¹	ta³³	tʰa⁵¹	la³³~车 la³⁵~口子 la²¹³半~	tsa³⁵

续表

调查点	0377 蚕 咸开一 平覃从	0378 感 咸开一 上覃见	0379 含～一一口水 咸开一 平覃匣	0380 暗 咸开一 去覃影	0381 搭 咸开一 入合端	0382 踏 咸开一 入合透	0383 拉 咸开一 入合来	0384 杂 咸开一 入合从
兰西	$ts^h an^{24}$	kan^{213}	$x\partial n^{24}_{白}$ $xan^{24}_{文}$	an^{53}	ta^{33}	$t^h a^{53}$	$la^{33}_{～手}$ $la^{24}_{～木头}$ $la^{213}_{半～}$	tsa^{24}
漠河	$ts^h an^{35}$	kan^{213}	$x\partial n^{35}_{白}$ $xan^{35}_{文}$	an^{52}	ta^{55}	$t^h a^{52}$	$la^{55}_{～车}$ $la^{35}_{～口子}$ $la^{213}_{半～}$	tsa^{35}
嫩江	$ts^h an^{24}$	kan^{213}	$x\partial n^{24}_{白}$ $xan^{24}_{文}$	$nan^{53}_{白}$ $an^{53}_{文}$	ta^{44}	$t^h a^{53}$	$la^{44}_{～车}$ $la^{24}_{用刀～}$ $la^{213}_{半～}$	tsa^{24}
泰来	$ts\text{ʂ} an^{24}$	kan^{213}	$x\partial n^{24}_{文}$ $xan^{24}_{文}$	an^{53}	ta^{44}	$t^h a^{53}$	$la^{44}_{～车}$ $la^{24}_{～口子}$ $la^{213}_{半～}$	$t\text{ʂ}a^{24}$
哈尔滨	$ts^h an^{24}$	kan^{213}	$x\partial n^{24}_{文}$ $xan^{24}_{文}$	an^{51}	ta^{44}	$t^h a^{51}$	$la^{44}_{～车}$ $la^{24}_{～琴}$ $la^{213}_{半～}$	tsa^{24}
肇东	$ts^h an^{24}$	kan^{213}	$x\partial n^{24}$	$nan^{53}_{白}$ $an^{53}_{文}$	ta^{44}	$t^h a^{53}$	$la^{44}_{～车}$ $la^{24}_{用刀～}$ $la^{213}_{半～}$	tsa^{24}
肇州	$ts^h an^{24}$	kan^{213}	$x\partial n^{24}_{文}$ $xan^{24}_{文}$	an^{53}	ta^{33}	$t^h a^{53}$	$la^{33}_{～车}$ $la^{24}_{用刀～}$ $la^{213}_{半～}$	tsa^{24}
东宁	$ts^h an^{24}$	kan^{213}	xan^{24}	an^{53}	ta^{33}	$t^h a^{53}$	la^{33}	tsa^{24}
鸡西	$ts^h an^{24}$	kan^{213}	$x\partial n^{24}_{白}$ $xan^{24}_{文}$	an^{53}	ta^{44}	$t^h a^{53}$	$la^{24}_{～锯}$ $la^{44}_{～一把手}$	tsa^{24}
密山	$ts^h an^{24}$	kan^{213}	xan^{24}	an^{52}	ta^{44}	$t^h a^{52}$	$la^{44}_{～车}$ $la^{24}_{～口子}$ $la^{213}_{半～}$	tsa^{24}

续表

调查点	0377 蚕	0378 感	0379 含 ~一口水	0380 暗	0381 搭	0382 踏	0383 拉	0384 杂
	咸开一平覃从	咸开一上覃见	咸开一平覃匣	咸开一去覃影	咸开一入合端	咸开一入合透	咸开一入合来	咸开一入合从
穆棱	ts^han^{35}	kan^{213}	xan^{35}	$nan^{53}_白$ $an^{53}_文$	ta^{33}	t^ha^{53}	$la^{35}_{\sim锯}$ $la^{33}_{\sim一把手}$	tsa^{35}
宁安	ts^han^{35}	kan^{213}	xan^{35}	an^{51}	ta^{44}	t^ha^{51}	la^{44}	tsa^{35}
尚志	ts^han^{24}	kan^{213}	$xən^{24}_文$	an^{53}	ta^{44}	t^ha^{53}	$la^{24}_{\sim琴}$ $la^{44}_{\sim手}$	tsa^{24}

49. 单字 0385—0392

调查点	0385 鸽	0386 盒	0387 胆	0388 毯	0389 淡	0390 蓝	0391 三	0392 甘
	咸开一入合见	咸开一入合匣	咸开一上谈端	咸开一上谈透	咸开一上谈定	咸开一平谈来	咸开一平谈心	咸开一平谈见
勃利	$kɤ^{44}$	$xɤ^{24}$	tan^{213}	t^han^{213}	tan^{53}	lan^{24}	san^{44}	kan^{44}
集贤	$kɤ^{44}$	$xɤ^{35}$	tan^{213}	t^han^{213}	tan^{53}	lan^{35}	san^{44}	kan^{44}
佳木斯	$kɤ^{33}$	$xɤ^{24}$	tan^{212}	t^han^{212}	tan^{53}	lan^{24}	san^{33}	kan^{33}
林口	$kɤ^{33}$	$xɤ^{24}$	tan^{213}	t^han^{213}	tan^{53}	lan^{24}	san^{33}	kan^{33}
同江	$kɤ^{44}$	$xɤ^{24}$	tan^{213}	t^han^{213}	tan^{53}	lan^{24}	san^{44}	kan^{44}
黑河	$kɤ^{44}$	$xɤ^{24}$	tan^{213}	t^han^{213}	tan^{52}	lan^{24}	san^{44}	kan^{44}
嘉荫	$kɤ^{33}$	$xɤ^{35}$	tan^{213}	t^han^{213}	tan^{51}	lan^{35}	san^{33}	kan^{33}
兰西	$kɤ^{33}$	$xɤ^{24}$	tan^{213}	t^han^{213}	tan^{53}	lan^{24}	san^{33}	kan^{33}
漠河	$kɤ^{55}$	$xɤ^{35}$	tan^{213}	t^han^{213}	tan^{52}	lan^{35}	san^{55}	kan^{55}
嫩江	$kɤ^{44}$	$xɤ^{24}$	tan^{213}	t^han^{213}	tan^{53}	lan^{24}	san^{44}	kan^{44}
泰来	$kɤ^{44}$	$xɤ^{24}$	tan^{213}	t^han^{213}	tan^{53}	lan^{24}	$ʂan^{44}$	kan^{44}
哈尔滨	$kɤ^{44}$	$xɤ^{24}$	tan^{213}	t^han^{213}	tan^{51}	lan^{24}	san^{44}	kan^{44}
肇东	$kɤ^{44}$	$xɤ^{24}$	tan^{213}	t^han^{213}	tan^{53}	lan^{24}	san^{44}	kan^{44}
肇州	$kɤ^{33}$	$xɤ^{24}$	tan^{213}	t^han^{213}	tan^{53}	lan^{24}	san^{33}	kan^{33}
东宁	$kɤ^{33}$	$xɤ^{24}$	tan^{213}	t^han^{213}	tan^{53}	lan^{24}	san^{33}	kan^{33}
鸡西	$kɤ^{44}$	$xɤ^{24}$	tan^{213}	t^han^{213}	tan^{53}	lan^{24}	san^{44}	kan^{44}

续表

调查点	0385 鸽	0386 盒	0387 胆	0388 毯	0389 淡	0390 蓝	0391 三	0392 甘
	咸开一 入合见	咸开一 入合匣	咸开一 上谈端	咸开一 上谈透	咸开一 上谈定	咸开一 平谈来	咸开一 平谈心	咸开一 平谈见
密山	kɤ⁴⁴	xɤ²⁴	tan²¹³	tʰan²¹³	tan⁵²	lan²⁴	san⁴⁴	kan⁴⁴
穆棱	kɤ³³	xɤ³⁵	tan²¹³	tʰan²¹³	tan⁵³	lan³⁵	san³³	kan³³
宁安	kɤ⁴⁴	xɤ³⁵	tan²¹³	tʰan²¹³	tan⁵¹	lan³⁵	san⁴⁴	kan⁴⁴
尚志	kɤ⁴⁴	xɤ²⁴	tan²¹³	tʰan²¹³	tan⁵³	lan²⁴	san⁴⁴	kan⁴⁴

50. 单字 0393—0400

调查点	0393 敢	0394 喊	0395 塔	0396 蜡	0397 赚	0398 杉₋木	0399 减	0400 咸₋淡
	咸开一 上谈见	咸开一 上谈晓	咸开一 入盍透	咸开一 入盍来	咸开二 去衔澄	咸开二 平衔生	咸开二 上衔见	咸开二 平衔匣
勃利	kan²¹³	xan²¹³	tʰa²¹³	la⁵³	tsuan⁵³	san⁴⁴	tɕian²¹³	ɕian²⁴
集贤	kan²¹³	xan²¹³	tʰa²¹³	la⁵³	tsuan⁵³	san⁴⁴	tɕian²¹³	ɕian³⁵
佳木斯	kan²¹²	xan²¹²	tʰa²¹²	la⁵³	tsuan⁵³	san³³	tɕian²¹²	ɕian²⁴
林口	kan²¹³	xan²¹³	tʰa²¹³	la⁵³	tsuan⁵³	san³³	tɕian²¹³	ɕian²⁴
同江	kan²¹³	xan²¹³	tʰa²¹³	la⁵³	tsuan⁵³	san⁴⁴	tɕian²¹³	ɕian²⁴
黑河	kan²¹³	xan²¹³	tʰa²¹³	la⁵²	tʂuan⁵²	ʂan⁴⁴	tɕian²¹³	ɕian²⁴
嘉荫	kan²¹³	xan²¹³	tʰa²¹³	la⁵¹	tsuan⁵¹	ʂan³³	tɕian²¹³	ɕian³⁵
兰西	kan²¹³	xan²¹³	tʰa²¹³	la⁵³	tsuan⁵³	ʂan³³	tɕian²¹³	ɕian²⁴
漠河	kan²¹³	xan²¹³	tʰa²¹³	la⁵²	tʂuan⁵²	ʂan⁵⁵	tɕian²¹³	ɕian³⁵
嫩江	kan²¹³	xan²¹³	tʰa²¹³	la⁵³	tsuan⁵³	san⁴⁴	tɕian²¹³	ɕian²⁴
泰来	kan²¹³	xan²¹³	tʰa²¹³	la⁵³	tʂuan⁵³	ʂan²¹³	tɕian²¹³	ɕian²⁴
哈尔滨	kan²¹³	xan²¹³	tʰa²¹³	la⁵¹	tʂuan⁵¹	ʂan⁴⁴	tɕian²¹³	ɕian²⁴
肇东	kan²¹³	xan²¹³	tʰa²¹³	la⁵³	tʂuan⁵³	ʂan⁴⁴	tɕian²¹³	ɕian²⁴
肇州	kan²¹³	xan²¹³	tʰa²¹³	la⁵³	tsuan⁵³	san³³	tɕian²¹³	ɕian²⁴
东宁	kan²¹³	xan²¹³	tʰa²¹³	la⁵³	tsuan⁵³	san³³	tɕian²¹³	ɕian²⁴
鸡西	kan²¹³	xan²¹³	tʰa²¹³	la⁵³	tsuan⁵³	san⁴⁴	tɕian²¹³	ɕian²⁴
密山	kan²¹³	xan²¹³	tʰa²¹³	la⁵²	tsuan⁵²	san⁴⁴	tɕian²¹³	ɕian²⁴
穆棱	kan²¹³	xan²¹³	tʰa²¹³	la⁵³	tsuan⁵³	san³³	tɕian²¹³	ɕian³⁵

续表

调查点	0393 敢	0394 喊	0395 塔	0396 蜡	0397 赚	0398 杉 ~木	0399 减	0400 咸 ~淡
	咸开一 上谈见	咸开一 上谈晓	咸开一 入盍透	咸开一 入盍来	咸开二 去咸澄	咸开二 平咸生	咸开二 上咸见	咸开二 平咸匣
宁安	kan^{213}	xan^{213}	t^ha^{213}	la^{51}	$tʂuan^{51}$	$ʂan^{44}$	$tɕian^{213}$	$ɕian^{35}$
尚志	kan^{213}	xan^{213}	t^ha^{213}	la^{53}	$tsuan^{53}$	san^{44}	$tɕian^{213}$	$ɕian^{24}$

51. 单字 0401—0408

调查点	0401 插	0402 闸	0403 夹 ~子	0404 衫	0405 监	0406 岩	0407 甲	0408 鸭
	咸开二 入洽初	咸开二 入洽崇	咸开二 入洽见	咸开二 平衔生	咸开二 平衔见	咸开二 平衔疑	咸开二 入狎见	咸开二 入狎影
勃利	$ts^ha^{213}_又$ $ts^ha^{44}_又$	tsa^{24}	$tɕia^{24}_又$ $tɕia^{44}_又$	san^{44}	$tɕian^{44}$	ian^{24}	$tɕia^{213}$	$·ia^{44}$
集贤	$ts^ha^{213}_又$ $ts^ha^{44}_又$	tsa^{35}	$tɕia^{35}$	san^{44}	$tɕian^{44}$	ian^{35}	$tɕia^{213}$	ia^{44}
佳木斯	$tʂ^ha^{212}$	tsa^{24}	$tɕia^{24}$	san^{33}	$tɕian^{33}$	ian^{24}	$tɕia^{212}$	ia^{33}
林口	$tʂ^ha^{213}$	tsa^{24}	$tɕia^{24}$	san^{33}	$tɕian^{33}$	ian^{24}	$tɕia^{213}$	ia^{33}
同江	$ts^ha^{213}_又$ $ts^ha^{44}_又$	tsa^{24}	$tɕia^{24}_又$ $tɕia^{44}_又$	san^{44}	$tɕian^{44}$	ian^{24}	$tɕia^{213}$	$ia^{24}_又$ $ia^{44}_又$
黑河	$tʂ^ha^{213}_又$ $tʂ^ha^{44}_又$	$tʂa^{24}$	$tɕia^{24}$	$ʂan^{44}$	$tɕian^{44}$	ian^{24}	$tɕia^{213}$	ia^{44}
嘉荫	$tʂ^ha^{213}_白$ $tʂ^ha^{33}_又$	$tʂa^{35}$	$tɕia^{35}$	$ʂan^{33}$	$tɕian^{33}$	ian^{35}	$tɕia^{213}$	ia^{33}
兰西	$tʂ^ha^{213}_又$ $tʂ^ha^{33}_又$	$tʂa^{24}$	$tɕia^{24}_又$ $tɕia^{33}_又$	$ʂan^{33}$	$tɕian^{33}$	ian^{24}	$tɕia^{213}$	ia^{33}
漠河	$tʂ^ha^{55}$	$tʂa^{35}$	$tɕia^{35}$	$ʂan^{55}$	$tɕian^{55}$	ian^{35}	$tɕia^{213}$	ia^{55}
嫩江	$ts^ha^{213}_又$ $ts^ha^{44}_又$	tsa^{24}	$tɕia^{24}$	san^{44}	$tɕian^{44}$	ian^{24}	$tɕia^{213}$	ia^{44}
泰来	$tʂ^ha^{213}$	$tʂa^{24}$	$tɕia^{24}$	$ʂan^{44}$	$tɕian^{44}$	ian^{24}	$tɕia^{213}$	ia^{44}
哈尔滨	$tʂ^ha^{213}_又$ $tʂ^ha^{44}_又$	$tʂa^{24}$	$tɕia^{24}$	$ʂan^{44}$	$tɕian^{44}$	ian^{24}	$tɕia^{213}$	ia^{44}

续表

调查点	0401 插	0402 闸	0403 夹_子	0404 衫	0405 监	0406 岩	0407 甲	0408 鸭
	咸开二入洽初	咸开二入洽崇	咸开二入洽见	咸开二平衔生	咸开二平衔见	咸开二平衔疑	咸开二入狎见	咸开二入狎影
肇东	tʂʰa²¹³	tʂa²⁴	tɕia⁴⁴_子① / tɕia²⁴_子②	ʂan⁴⁴	tɕian⁴⁴	ian²⁴	tɕia²¹³	ia⁴⁴
肇州	tʂʰa²¹³	tʂa²⁴	tɕia²⁴	ʂan³³	tɕian³³	ian²⁴	tɕia²¹³	ia³³
东宁	tsʰa²¹³	tsa²⁴	tɕia²⁴	san³³	tɕian³³	ian²⁴	tɕia²¹³	ia³³
鸡西	tsʰa²¹³又 / tsʰa⁴⁴又	tsa²⁴	tɕia²⁴又 / tɕia⁴⁴又	san⁴⁴	tɕian⁴⁴	ian²⁴	tɕia²¹³	ia²⁴又 / ia⁴⁴又
密山	tsʰa²¹³又 / tsʰa⁴⁴又	tsa²⁴	tɕia²⁴	san⁴⁴	tɕian⁴⁴	ian²⁴	tɕia²¹³	ia⁴⁴
穆棱	tsʰa²¹³又 / tsʰa³³又	tsa³⁵	tɕia³⁵又 / tɕia³³又	san³³	tɕian³³	ian³⁵	tɕia²¹³	ia³⁵又 / ia³³又
宁安	tʂʰa²¹³又 / tʂʰa⁴⁴又	tʂa³⁵	tɕia³⁵又 / tɕia⁴⁴又	ʂan⁴⁴	tɕian⁴⁴	ian³⁵	tɕia²¹³	ia⁴⁴
尚志	tsʰa²¹³	tsa²⁴	tɕia²⁴	san⁴⁴	tɕian⁴⁴	ian²⁴	tɕia²¹³	ia⁴⁴

52. 单字 0409—0416

调查点	0409 黏_液	0410 尖	0411 签_名	0412 占_领	0413 染	0414 钳	0415 验	0416 险
	咸开三平盐泥	咸开三平盐精	咸开三平盐清	咸开三去盐章	咸开三上盐日	咸开三平盐群	咸开三去盐疑	咸开三上盐晓
勃利	ɳian²⁴	tɕian⁴⁴	tɕʰian⁴⁴	tsan⁵³	ian²¹³	tɕʰian²⁴	ian⁵³	çian²¹³
集贤	ɳian³⁵	tɕian⁴⁴	tɕʰian⁴⁴	tsan⁵³	ian²¹³	tɕʰian³⁵	ian⁵³	çian²¹³
佳木斯	ɳian²⁴	tɕian³³	tɕʰian³³	tsan⁵³	ian²¹²	tɕʰian²⁴	ian⁵³	çian²¹²
林口	ɳian²⁴	tɕian³³	tɕʰian³³	tsan⁵³	ian²¹³	tɕʰian²⁴	ian⁵³	çian²¹³
同江	ɳian²⁴	tɕian⁴⁴	tɕʰian⁴⁴	tsan⁵³	ian²¹³	tɕʰian²⁴	ian⁵³	çian²¹³
黑河	ɳian²⁴	tɕian⁴⁴	tɕʰian⁴⁴	tʂan⁵²	ʐan²¹³	tɕʰian²⁴	ian⁵²	çian²¹³
嘉荫	ɳian³⁵	tɕian³³	tɕʰian³³	tʂan⁵¹	ian²¹³白 / ʐan²¹³文	tɕʰian³⁵	ian⁵¹	çian²¹³

① 打鸟或老鼠等的工具。
② 夹本子、裤子等的工具。

续表

调查点	0409 黏~液 咸开三 平盐泥	0410 尖 咸开三 平盐精	0411 签~名 咸开三 平盐清	0412 占~领 咸开三 去盐章	0413 染 咸开三 上盐日	0414 钳 咸开三 平盐群	0415 验 咸开三 去盐疑	0416 险 咸开三 上盐晓
兰西	ȵian²⁴	tɕian³³	tɕʰian³³	tʂan⁵³	ian²¹³	tɕʰian²⁴	ian⁵³	ɕian²¹³
漠河	ȵian³⁵	tɕian⁵⁵	tɕʰian⁵⁵	tʂan⁵²	ian²¹³白 / ʐan²¹³文	tɕʰian³⁵	ian⁵²	ɕian²¹³
嫩江	ȵian²⁴	tɕian⁴⁴	tɕʰian⁴⁴	tsan⁵³	ian²¹³白 / ʐan²¹³文	tɕʰian²⁴	ian⁵³	ɕian²¹³
泰来	ȵian²⁴	tɕian⁴⁴	tɕʰian⁴⁴	tʂan⁵³	ian²¹³	tɕʰian²⁴	ian⁵³	ɕian²¹³
哈尔滨	ȵian²⁴	tɕian⁴⁴	tɕʰian⁴⁴	tʂan⁵¹	ʐan²¹³	tɕʰian²⁴	ian⁵¹	ɕian²¹³
肇东	ȵian²⁴	tɕian⁴⁴	tɕʰian⁴⁴	tʂan⁵³	ian²¹³	tɕʰian²⁴	ian⁵³	ɕian²¹³
肇州	ȵian²⁴	tɕian³³	tɕʰian³³	tʂan⁵³	ian²¹³	tɕʰian²⁴	ian⁵³	ɕian²¹³
东宁	ȵian²⁴	tɕian³³	tɕʰian³³	tsan⁵³	ian²¹³白 / ʐan²¹³文	tɕʰian²⁴	ian⁵³	ɕian²¹³
鸡西	ȵian²⁴	tɕian⁴⁴	tɕʰian⁴⁴	tsan⁵³	ian²¹³	tɕʰian²⁴	ian⁵³	ɕian²¹³
密山	ȵian²⁴	tɕian⁴⁴	tɕʰian⁴⁴	tsan⁵²	ian²¹³	tɕʰian²⁴	ian⁵²	ɕian²¹³
穆棱	ȵian³⁵	tɕian³³	tɕʰian³³	tsan⁵³	ian²¹³	tɕʰian³⁵	ian⁵³	ɕian²¹³
宁安	ȵian³⁵	tɕian⁴⁴	tɕʰian⁴⁴	tʂan⁵¹	ʐan²¹³	tɕʰian³⁵	ian⁵¹	ɕian²¹³
尚志	ȵian²⁴	tɕian⁴⁴	tɕʰian⁴⁴	tsan⁵³	ian²¹³	tɕʰian²⁴	ian⁵³	ɕian²¹³

53. 单字 0417—0424

调查点	0417 厌 咸开三 去盐影	0418 炎 咸开三 平盐云	0419 盐 咸开三 平盐以	0420 接 咸开三 入叶精	0421 折~叠 山开三 入薛章	0422 叶 树~ 咸开三 入叶以	0423 剑 咸开三 去严见	0424 欠 咸开三 去严溪
勃利	ian⁵³	ian²⁴	ian²⁴	tɕiɛ⁴⁴	tsʐ²⁴	iɛ⁵³	tɕian²¹³又 / tɕian⁵³又	tɕʰian⁵³
集贤	ian⁵³	ian³⁵	ian³⁵	tɕiɛ⁴⁴	tsʐ³⁵	iɛ⁵³	tɕian²¹³又 / tɕian⁵³又	tɕʰian⁵³
佳木斯	ian⁵³	ian²⁴	ian²⁴	tɕiɛ³³	tsʐ²⁴	iɛ⁵³	tɕian⁵³	tɕʰian⁵³
林口	ian⁵³	ian²⁴	ian²⁴	tɕiɛ³³	tsʐ²⁴	iɛ⁵³	tɕian⁵³	tɕʰian⁵³

续表

调查点	0417 厌	0418 炎	0419 盐	0420 接	0421 折_叠	0422 叶_树~	0423 剑	0424 欠
	咸开三 去盐影	咸开三 平盐云	咸开三 平盐以	咸开三 入叶精	山开三 入薛章	咸开三 入叶以	咸开三 去严见	咸开三 去严溪
同江	ian⁵³	ian²⁴	ian²⁴	tɕiɛ²⁴ 又 tɕiɛ⁴⁴ 又	tsɤ²⁴	iɛ⁵³	tɕian²¹³ 又 tɕian⁵³ 又	tɕʰian⁵³
黑河	ian⁵²	ian²⁴	ian²⁴	tɕiɛ⁴⁴	tʂɤ²⁴	iɛ⁵²	tɕian⁵²	tɕʰian⁵²
嘉荫	ian⁵¹	ian³⁵	ian³⁵	tɕiɛ³³	tʂɤ³⁵	iɛ⁵¹	tɕian⁵¹	tɕʰian⁵¹
兰西	ian⁵³	ian²⁴	ian²⁴	tɕiɛ³³	tʂɤ²⁴	iɛ⁵³	tɕian²¹³ 又 tɕian⁵³ 又	tɕʰian⁵³
漠河	ian⁵²	ian³⁵	ian³⁵	tɕiɛ⁵⁵	tʂɤ³⁵	iɛ⁵²	tɕian⁵²	tɕʰian⁵²
嫩江	ian⁵³	ian²⁴	ian²⁴	tɕiɛ⁴⁴	tʂɤ²⁴	iɛ⁵³	tɕian⁵³	tɕʰian⁵³
泰来	ian⁵³	ian²⁴	ian²⁴	tɕiɛ⁴⁴	tʂɤ²⁴	iɛ⁵³	tɕian⁵³	tɕʰian⁵³
哈尔滨	ian⁵¹	ian²⁴	ian²⁴	tɕiɛ⁴⁴	tʂɤ²⁴	iɛ⁵¹	tɕian⁵¹	tɕʰian⁵¹
肇东	ian⁵³	ian²⁴	ian²⁴	tɕiɛ⁴⁴	tʂɤ²⁴	iɛ⁵³	tɕian⁵³	tɕʰian⁵³
肇州	ian⁵³	ian²⁴	ian²⁴	tɕiɛ³³	tʂɤ²⁴	iɛ⁵³	tɕian⁵³	tɕʰian⁵³
东宁	ian⁵³	ian²⁴	ian²⁴	tɕiɛ³³	tʂɤ²⁴	iɛ⁵³	tɕian⁵³	tɕʰian⁵³
鸡西	ian⁵³	ian²⁴	ian²⁴	tɕiɛ⁴⁴	tʂɤ²⁴	iɛ⁵³	tɕian²¹³ 又 tɕian⁵³ 又	tɕʰian⁵³
密山	ian⁵²	ian²⁴	ian²⁴	tɕiɛ⁴⁴	tʂɤ²⁴	iɛ⁵²	tɕian⁵²	tɕʰian⁵²
穆棱	ian⁵³	ian³⁵	ian³⁵	tɕiɛ³⁵ 又 tɕiɛ³³ 又	tʂɤ³⁵	iɛ⁵³	tɕian²¹³ 又 tɕian⁵³ 又	tɕʰian⁵³
宁安	ian⁵¹	ian³⁵	ian³⁵	tɕiɛ⁴⁴	tʂɤ³⁵	iɛ⁵¹	tɕian²¹³ 又 tɕian⁵¹ 又	tɕʰian⁵¹
尚志	ian⁵³	ian²⁴	ian²⁴	tɕiɛ⁴⁴	tʂɤ²⁴	iɛ⁵³	tɕian⁵³	tɕʰian⁵³

54. 单字 0425—0432

调查点	0425 严	0426 业	0427 点	0428 店	0429 添	0430 甜	0431 念	0432 嫌
	咸开三 平严疑	咸开三 入业疑	咸开四 上添端	咸开四 去添端	咸开四 平添透	咸开四 平添定	咸开四 去添泥	咸开四 平添匣
勃利	ian²⁴	iɛ⁵³	tian²¹³	tian⁵³	tʰian⁴⁴	tʰian²⁴	ȵian⁵³	ɕian²⁴

续表

调查点	0425 严	0426 业	0427 点	0428 店	0429 添	0430 甜	0431 念	0432 嫌
	咸开三平严疑	咸开三入业疑	咸开四上添端	咸开四去添端	咸开四平添透	咸开四平添定	咸开四去添泥	咸开四平添匣
集贤	ian^{35}	iɛ^{53}	tian^{213}	tian^{53}	t^{h}ian^{44}	t^{h}ian^{35}	n̠ian^{53}	ɕian^{35}
佳木斯	ian^{24}	iɛ^{53}	tian^{212}	tian^{53}	t^{h}ian^{33}	t^{h}ian^{24}	n̠ian^{53}	ɕian^{24}
林口	ian^{24}	iɛ^{53}	tian^{213}	tian^{53}	t^{h}ian^{33}	t^{h}ian^{24}	n̠ian^{53}	ɕian^{24}
同江	ian^{24}	iɛ^{53}	tian^{213}	tian^{53}	t^{h}ian^{44}	t^{h}ian^{24}	n̠ian^{53}	ɕian^{24}
黑河	ian^{24}	iɛ^{52}	tian^{213}	tian^{52}	t^{h}ian^{44}	t^{h}ian^{24}	n̠ian^{52}	ɕian^{24}
嘉荫	ian^{35}	iɛ^{51}	tian^{213}	tian^{51}	t^{h}ian^{33}	t^{h}ian^{35}	n̠ian^{51}	ɕian^{35}
兰西	ian^{24}	iɛ^{53}	tian^{213}	tian^{53}	t^{h}ian^{33}	t^{h}ian^{24}	n̠ian^{53}	ɕian^{24}
漠河	ian^{35}	iɛ^{52}	tian^{213}	tian^{52}	t^{h}ian^{55}	t^{h}ian^{35}	n̠ian^{52}	ian^{35}
嫩江	ian^{24}	iɛ^{53}	tian^{213}	tian^{53}	t^{h}ian^{44}	t^{h}ian^{24}	n̠ian^{53}	ɕian^{24}
泰来	ian^{24}	iɛ^{53}	tian^{213}	tian^{53}	t^{h}ian^{44}	t^{h}ian^{24}	n̠ian^{53}	ɕian^{24}
哈尔滨	ian^{24}	iɛ^{51}	tian^{213}	tian^{53}	t^{h}ian^{44}	t^{h}ian^{24}	n̠ian^{53}	ɕian^{24}
肇东	ian^{24}	iɛ^{53}	tian^{213}	tian^{53}	t^{h}ian^{44}	t^{h}ian^{24}	n̠ian^{53}	ɕian^{24}
肇州	ian^{24}	iɛ^{53}	tian^{213}	tian^{53}	t^{h}ian^{33}	t^{h}ian^{24}	n̠ian^{53}	ɕian^{24}
东宁	ian^{24}	iɛ^{53}	tian^{213}	tian^{53}	t^{h}ian^{33}	t^{h}ian^{24}	n̠ian^{53}	ɕian^{24}
鸡西	ian^{24}	iɛ^{53}	tian^{213}	tian^{53}	t^{h}ian^{44}	t^{h}ian^{24}	n̠ian^{53}	ɕian^{24}
密山	ian^{24}	iɛ^{52}	tian^{213}	tian^{52}	t^{h}ian^{44}	t^{h}ian^{24}	n̠ian^{52}	ɕian^{24}
穆棱	ian^{35}	iɛ^{53}	tian^{213}	tian^{53}	t^{h}ian^{33}	t^{h}ian^{35}	n̠ian^{53}	ɕian^{35}
宁安	ian^{35}	iɛ^{51}	tian^{213}	tian^{51}	t^{h}ian^{44}	t^{h}ian^{35}	n̠ian^{51}	ɕian^{35}
尚志	ian^{24}	iɛ^{53}	tian^{213}	tian^{53}	t^{h}ian^{44}	t^{h}ian^{24}	n̠ian^{53}	ɕian^{24}

55. 单字 0433—0440

调查点	0433 跌	0434 贴	0435 碟	0436 协	0437 犯	0438 法	0439 品	0440 林
	咸开四入帖端	咸开四入帖透	咸开四入帖定	咸开四入帖匣	咸合三上凡奉	咸合三入乏非	深开三上侵滂	深开三平侵来
勃利	tiɛ^{24}	t^{h}iɛ^{44}	tiɛ^{24}	ɕiɛ^{24}	fan^{53}	fa^{24} ~子 fa^{213} 办~	p^{h}in^{213}	lin^{24}
集贤	tiɛ^{44}	t^{h}iɛ^{44}	tiɛ^{35}	ɕiɛ^{35}	fan^{53}	fa^{213}	p^{h}in^{213}	lin^{35}

续表

调查点	0433 跌 咸开四 入帖端	0434 贴 咸开四 入帖透	0435 碟 咸开四 入帖定	0436 协 咸开四 入帖匣	0437 犯 咸合三 上凡奉	0438 法 咸合三 入乏非	0439 品 深开三 上侵滂	0440 林 深开三 平侵来
佳木斯	tiɛ³³	tʰiɛ³³	tiɛ²⁴	çiɛ²⁴	fan⁵³	fa²¹²	pʰin²¹²	lin²⁴
林口	tiɛ³³	tʰiɛ³³	tiɛ²⁴	çiɛ²⁴	fan⁵³	fa²¹³	pʰin²¹³	lin²⁴
同江	tiɛ²⁴	tʰiɛ²⁴ ~又 tʰiɛ⁴⁴ ~又	tiɛ²⁴	çiɛ²⁴	fan⁵³	fa²⁴ ~子 fa²¹³ 办~	pʰin²¹³	lin²⁴
黑河	tiɛ⁴⁴	tʰiɛ⁴⁴	tiɛ²⁴	çiɛ²⁴	fan⁵²	fa²¹³	pʰin²¹³	lin²⁴
嘉荫	tiɛ³³	tʰiɛ³³	tiɛ³⁵	çiɛ³⁵	fan⁵¹	fa²¹³	pʰin²¹³	lin³⁵
兰西	tiɛ²⁴	tʰiɛ³³	tiɛ²⁴	çiɛ²⁴	fan⁵³	fa²¹³	pʰin²¹³	lin²⁴
漠河	tiɛ⁵⁵	tʰiɛ⁵⁵	tiɛ³⁵	çiɛ³⁵	fan⁵²	fa²¹³	pʰin²¹³	lin³⁵
嫩江	tiɛ⁴⁴	tʰiɛ⁴⁴	tiɛ²⁴	çiɛ²⁴	fan⁵³	fa²¹³	pʰin²¹³	lin²⁴
泰来	tiɛ⁴⁴	tʰiɛ⁴⁴	tiɛ²⁴	çiɛ²⁴	fan⁵³	fa²¹³	pʰin²¹³	lin²⁴
哈尔滨	tiɛ⁴⁴	tʰiɛ⁴⁴	tiɛ²⁴	çiɛ²⁴	fan⁵¹	fa²¹³	pʰin²¹³	lin²⁴
肇东	tiɛ²⁴	tʰiɛ⁴⁴	tiɛ²⁴	çiɛ²⁴	fan⁵³	fa²¹³	pʰin²¹³	lin²⁴
肇州	tiɛ²⁴	tʰiɛ³³	tiɛ²⁴	çiɛ²⁴	fan⁵³	fa²¹³	pʰin²¹³	lin²⁴
东宁	tiɛ³³	tʰiɛ³³	tiɛ²⁴	çiɛ²⁴	fan⁵³	fa²¹³	pʰin²¹³	lin²⁴
鸡西	tiɛ⁴⁴	tʰiɛ⁴⁴	tiɛ²⁴	çiɛ²⁴	fan⁵³	fa²⁴ ~子 fa²¹³ 办~	pʰin²¹³	lin²⁴
密山	tiɛ⁴⁴	tʰiɛ⁴⁴	tiɛ²⁴	çiɛ²⁴	fan⁵²	fa²¹³	pʰin²¹³	lin²⁴
穆棱	tiɛ³³ ~又 tiɛ³⁵ ~又	tʰiɛ³³	tiɛ³⁵	çiɛ³⁵	fan⁵³	fa³⁵ ~子 fa²¹³ 办~	pʰin²¹³	lin³⁵
宁安	tiɛ³⁵	tʰiɛ⁴⁴	tiɛ³⁵	çiɛ³⁵	fan⁵¹	fa²¹³	pʰin²¹³	lin³⁵
尚志	tiɛ⁴⁴	tʰiɛ⁴⁴	tiɛ²⁴	çiɛ²⁴	fan⁵³	fa²¹³	pʰin²¹³	lin²⁴

56. 单字 0441—0448

调查点	0441 浸 深开三 去侵精	0442 心 深开三 平侵心	0443 寻 深开三 平侵邪	0444 沉 深开三 平侵澄	0445 参 人~ 深开三 平侵生	0446 针 深开三 平侵章	0447 深 深开三 平侵书	0448 任 责~ 深开三 去侵日
勃利	tɕʰin²¹³	çin⁴⁴	çyn²⁴ ~找 çin²⁴ ~思	tsʰən²⁴ ~重 tsʰən⁵³ ~底儿	sən⁴⁴	tsən⁴⁴	sən⁴⁴	in⁵³

续表

调查点	0441 浸	0442 心	0443 寻	0444 沉	0445 参人~	0446 针	0447 深	0448 任责~
	深开三去侵精	深开三平侵心	深开三平侵邪	深开三平侵澄	深开三平侵生	深开三平侵章	深开三平侵书	深开三去侵日
集贤	tɕʰin$^{213}_{又}$ tɕʰin$^{53}_{又}$	ɕin^{44}	ɕyn$^{35}_{\sim找}$ ɕyn$^{35}_{\sim思}$	tsʰən^{35}	sən^{44}	tsən^{44}	sən^{44}	in^{53}
佳木斯	tɕʰin^{212}	ɕin^{33}	ɕyn^{24}	tsʰən^{24}	sən^{33}	tsən^{33}	sən^{33}	ʐən^{53}
林口	tɕʰin^{213}	ɕin^{33}	ɕyn^{24}	tsʰən$^{53}_{\sim下去}$ tsʰən$^{24}_{\sim重}$	sən^{33}	tsən^{33}	sən^{33}	in^{53}
同江	tɕʰin$^{213}_{又}$ tɕin$^{53}_{又}$	ɕin^{44}	ɕyn$^{24}_{\sim找}$ ɕin$^{24}_{\sim思}$	tsʰən$^{24}_{\sim重}$ tsʰən$^{53}_{\sim底儿}$	sən^{44}	tsən^{44}	sən^{44}	in^{53}
黑河	tɕʰin$^{213}_{又}$ tɕin$^{52}_{又}$	ɕin^{44}	ɕyn^{24}	tʂʰən^{24}	ʂən^{44}	tʂən^{44}	ʂən^{44}	ʐən^{52}
嘉荫	tɕʰin$^{213}_{又}$ tɕin$^{51}_{又}$	ɕin^{33}	ɕin$^{35}_{\sim思}$ ɕyn$^{35}_{\sim找}$	tʂʰən$^{35}_{\sim重}$ tʂʰən$^{51}_{\sim底}$	ʂən^{33}	tʂən^{33}	ʂən^{33}	in$^{51}_{白}$ ʐən$^{51}_{文}$
兰西	tɕʰin$^{213}_{又}$ tɕin$^{53}_{又}$	ɕin^{33}	ɕyn$^{24}_{\sim找}$ ɕin$^{24}_{\sim思}$	tʂʰən$^{24}_{\sim重}$ tsʰən$^{53}_{\sim底儿}$	ʂən^{33}	tʂən^{33}	ʂən^{33}	in^{53}
漠河	tɕʰin$^{213}_{白}$ tɕʰin$^{52}_{白}$ tɕin$^{52}_{文}$	ɕin^{55}	ɕin$^{35}_{\sim思}$ ɕyn$^{35}_{\sim找}$	tʂʰən^{35}	ʂən^{55}	tʂən^{55}	ʂən^{55}	ʐən^{52}
嫩江	tɕʰin$^{53}_{又}$ tɕʰin$^{213}_{又}$	ɕin^{44}	ɕin$^{24}_{\sim思}$ ɕyn$^{24}_{\sim找}$	tsʰən$^{24}_{\sim重}$ tsʰən$^{53}_{\sim底}$	sən^{44}	tsən^{44}	sən^{44}	in$^{53}_{白}$ ʐən$^{53}_{文}$
泰来	tɕʰin$^{213}_{又}$ tɕʰin$^{53}_{又}$ tɕin$^{53}_{文}$	ɕin^{44}	ɕyn$^{24}_{\sim找}$ ɕin$^{24}_{\sim思}$	tʂʰən$^{24}_{很\sim}$ tʂʰən$^{53}_{\sim进去}$	ʂən^{44}	tʂən^{44}	ʂən^{44}	in$^{53}_{白}$ ʐən$^{53}_{文}$
哈尔滨	tɕʰin$^{51}_{又}$ tɕʰin$^{213}_{又}$ tɕin$^{51}_{文}$	ɕin^{44}	ɕyn$^{24}_{\sim找}$ ɕin$^{24}_{\sim思}$	tʂʰən$^{24}_{\sim重}$ tʂʰən$^{51}_{\sim底}$	ʂən^{44}	tʂən^{44}	ʂən^{44}	ʐən^{51}
肇东	tɕʰin^{53}	ɕin^{44}	ɕin$^{24}_{\sim思}$ ɕyn$^{24}_{\sim找}$	tʂʰən$^{24}_{\sim重}$ tʂʰən$^{53}_{\sim底}$	ʂən^{44}	tʂən^{44}	ʂən^{44}	in^{53}
肇州	tɕʰin^{213}	ɕin^{33}	ɕin$^{24}_{\sim思}$ ɕyn$^{24}_{\sim找}$	tʂʰən$^{53}_{\sim底}$ tʂʰən$^{24}_{\sim重}$	ʂən^{33}	tʂən^{33}	ʂən^{33}	in^{53}

续表

调查点	0441 浸	0442 心	0443 寻	0444 沉	0445 参人~	0446 针	0447 深	0448 任责~
	深开三 去侵精	深开三 平侵心	深开三 平侵邪	深开三 平侵澄	深开三 平侵生	深开三 平侵章	深开三 平侵书	深开三 去侵日
东宁	$tɕʰin^{213}$ 又 $tɕin^{53}$ 又	$ɕin^{33}$	$ɕyn^{24}$ ~找 $ɕin^{24}$ ~思	$tsʰən^{24}$ 又 $tsʰən^{24}$ 又	$sən^{33}$	$tsən^{33}$	$sən^{33}$	in^{53}
鸡西	$tɕʰin^{213}$ 又 $tɕin^{53}$ 又	$ɕin^{44}$	$ɕyn^{24}$ ~找 $ɕin^{24}$ ~思	$tsʰən^{24}$ ~重 $tsʰən^{53}$ ~底	$sən^{44}$	$tsən^{44}$	$sən^{44}$	in^{53}
密山	$tɕʰin^{213}$	$ɕin^{44}$	$ɕyn^{24}$ ~找 $ɕin^{24}$ ~思	$tsʰən^{24}$ ~重 $tsʰən^{52}$ ~底儿	$sən^{44}$	$tsən^{44}$	$sən^{44}$	in^{52}
穆棱	$tɕin^{53}$	$ɕin^{33}$	$ɕyn^{35}$ ~找 $ɕin^{35}$ ~思	$tsʰən^{35}$ ~重 $tsʰən^{53}$ ~底儿	$sən^{33}$	$tsən^{33}$	$sən^{33}$	$ʐən^{53}$
宁安	$tɕʰin^{51}$ 又 $tɕʰin^{213}$ 又	$ɕin^{44}$	$ɕyn^{35}$ ~找 $ɕin^{35}$ ~思	$tʂʰən^{35}$	$ʂən^{44}$	$tʂən^{44}$	$ʂən^{44}$	$ʐən^{51}$
尚志	$tɕʰin^{213}$ 又 $tɕʰin^{53}$ 又	$ɕin^{44}$	$ɕyn^{24}$ ~找 $ɕin^{24}$ ~思	$tsʰən^{24}$	$sən^{44}$	$tsən^{44}$	$sən^{44}$	in^{53}

57. 单字 0449—0456

调查点	0449 金	0450 琴	0451 音	0452 立	0453 集	0454 习	0455 汁	0456 十
	深开三 平侵见	深开三 平侵群	深开三 平侵影	深开三 入缉来	深开三 入缉从	深开三 入缉邪	深开三 入缉章	深开三 入缉禅
勃利	$tɕin^{44}$	$tɕʰin^{24}$	in^{44}	li^{53}	$tɕi^{24}$ 赶~ $tɕi^{53}$ ~体	$ɕi^{24}$	$tsɿ^{44}$	$sɿ^{24}$
集贤	$tɕin^{44}$	$tɕʰin^{35}$	in^{44}	li^{53}	$tɕi^{35}$	$ɕi^{35}$	$tsɿ^{44}$	$sɿ^{35}$
佳木斯	$tɕin^{33}$	$tɕʰin^{24}$	in^{33}	li^{53}	$tɕi^{24}$	$ɕi^{24}$	$tʂɿ^{33}$	$sɿ^{24}$
林口	$tɕin^{33}$	$tɕʰin^{24}$	in^{33}	li^{53}	$tɕi^{24}$	$ɕi^{24}$	$tsɿ^{33}$	$sɿ^{24}$
同江	$tɕin^{44}$	$tɕʰin^{24}$	in^{44}	li^{53}	$tɕi^{24}$ 赶~ $tɕi^{53}$ ~合	$ɕi^{24}$	$tsɿ^{44}$	$sɿ^{24}$
黑河	$tɕin^{44}$	$tɕʰin^{24}$	in^{44}	li^{52}	$tɕi^{24}$	$ɕi^{24}$	$tʂɿ^{44}$	$ʂɿ^{24}$
嘉荫	$tɕin^{33}$	$tɕʰin^{35}$	in^{33}	li^{51}	$tɕi^{35}$	$ɕi^{35}$	$tʂɿ^{33}$	$ʂɿ^{35}$

续表

调查点	0449 金	0450 琴	0451 音	0452 立	0453 集	0454 习	0455 汁	0456 十
	深开三平侵见	深开三平侵群	深开三平侵影	深开三入缉来	深开三入缉从	深开三入缉邪	深开三入缉章	深开三入缉禅
兰西	$tɕin^{33}$	$tɕʰin^{24}$	in^{33}	li^{53}	$tɕi^{24}_{\sim市}$ $tɕi^{53}_{\sim合}$	$ɕi^{24}$	$tʂʅ^{33}$	$ʂʅ^{24}$
漠河	$tɕin^{55}$	$tɕʰin^{35}$	in^{55}	li^{52}	$tɕi^{35}$	$ɕi^{35}$	$tʂʅ^{55}$	$ʂʅ^{35}$
嫩江	$tɕin^{44}$	$tɕʰin^{24}$	in^{44}	li^{53}	$tɕi^{24}$	$ɕi^{24}$	$tʂʅ^{44}$	$ʂʅ^{24}$
泰来	$tɕin^{44}$	$tɕʰin^{24}$	in^{44}	li^{53}	$tɕi^{53}$	$ɕi^{24}$	$tʂʅ^{44}$	$ʂʅ^{24}$
哈尔滨	$tɕin^{44}$	$tɕʰin^{24}$	in^{44}	li^{51}	$tɕi^{24}$	$ɕi^{24}$	$tʂʅ^{44}$	$ʂʅ^{24}$
肇东	$tɕin^{44}$	$tɕʰin^{24}$	in^{44}	li^{53}	$tɕi^{24}$	$ɕi^{24}$	$tʂʅ^{44}$	$ʂʅ^{24}$
肇州	$tɕin^{33}$	$tɕʰin^{24}$	in^{33}	li^{53}	$tɕi^{24}$	$ɕi^{24}$	$tʂʅ^{33}$	$ʂʅ^{24}$
东宁	$tɕin^{33}$	$tɕʰin^{24}$	in^{33}	li^{53}	$tɕi^{24}$	$ɕi^{24}$	$tʂʅ^{33}$	$ʂʅ^{24}$
鸡西	$tɕin^{44}$	$tɕʰin^{24}$	in^{44}	li^{53}	$tɕi^{24}$	$ɕi^{24}$	$tʂʅ^{44}$	$ʂʅ^{24}$
密山	$tɕin^{44}$	$tɕʰin^{24}$	in^{44}	li^{52}	$tɕi^{24}$	$ɕi^{24}$	$tʂʅ^{44}$	$ʂʅ^{24}$
穆棱	$tɕin^{33}$	$tɕʰin^{35}$	in^{33}	li^{53}	$tɕi^{35}_{赶\sim}$ $tɕi^{53}_{\sim合}$	$ɕi^{35}$	$tʂʅ^{33}$	$ʂʅ^{35}$
宁安	$tɕin^{44}$	$tɕʰin^{35}$	in^{44}	li^{51}	$tɕi^{35}$	$ɕi^{35}$	$tʂʅ^{44}$	$ʂʅ^{35}$
尚志	$tɕin^{44}$	$tɕʰin^{24}$	in^{44}	li^{53}	$tɕi^{24}$	$ɕi^{24}$	$tʂʅ^{44}$	$ʂʅ^{24}$

58. 单字 0457—0464

调查点	0457 入	0458 急	0459 及	0460 吸	0461 单 简~	0462 炭	0463 弹 ~琴	0464 难 ~易
	深开三入缉日	深开三入缉见	深开三入缉群	深开三入缉晓	山开一平寒端	山开一去寒透	山开一平寒定	山开一平寒泥
勃利	$y^{53}_{白}$ $z̩u^{53}_{文}$	$tɕi^{44}_{\sim眼}$ $tɕi^{24}_{\sim着}$	$tɕi^{24}$	$ɕi^{44}_{呼\sim}$ $ɕi^{53}_{\sim铁石}$	tan^{44}	$tʰan^{53}$	$tʰan^{24}$	nan^{24}
集贤	$y^{53}_{白}$ $lu^{53}_{文}$	$tɕi^{44}_{\sim眼}$ $tɕi^{35}_{\sim着}$	$tɕi^{35}$	$ɕi^{44}$	tan^{44}	$tʰan^{53}$	$tʰan^{35}$	nan^{35}
佳木斯	$z̩u^{53}$	$tɕi^{24}$	$tɕi^{24}$	$ɕi^{33}$	tan^{33}	$tʰan^{53}$	$tʰan^{24}$	nan^{24}
林口	y^{53}	$tɕi^{33}_{\sim眼}$ $tɕi^{24}_{\sim着}$	$tɕi^{24}$	$ɕi^{33}$	tan^{33}	$tʰan^{53}$	$tʰan^{24}$	nan^{24}

续表

调查点	0457 入 深开三 入缉日	0458 急 深开三 入缉见	0459 及 深开三 入缉群	0460 吸 深开三 入缉晓	0461 单简~ 山开一 平寒端	0462 炭 山开一 去寒透	0463 弹~琴 山开一 平寒定	0464 难~易 山开一 平寒泥
同江	$y^{53}_{白}$ $ʐ̩u^{53}_{文}$	$tɕi^{44}_{~眼}$ $tɕi^{24}_{着~}$	$tɕiʔ^{24}_{来得~}$ $tɕi^{53}_{~格}$	$ɕiʔ^{44}_{呼~}$ $ɕi^{53}_{~管儿}$	tan^{44}	$tʰan^{53}$	$tʰan^{24}$	nan^{24}
黑河	$ʐ̩u^{52}$	$tɕi^{44}_{~眼}$ $tɕi^{24}_{着~}$	$tɕi^{24}$	$ɕi^{44}$	tan^{44}	$tʰan^{52}$	$tʰan^{24}$	nan^{24}
嘉荫	$ʐ̩u^{51}$	$tɕi^{33}_{~眼}$ $tɕi^{35}_{着~}$	$tɕi^{35}$	$ɕi^{33}$	tan^{33}	$tʰan^{51}$	$tʰan^{35}$	nan^{35}
兰西	$ʐ̩u^{53}$	$tɕi^{33}_{~眼}$ $tɕi^{24}_{着~}$	$tɕiʔ^{24}_{来得~}$ $tɕi^{53}_{~格}$	$ɕi^{33}$	tan^{33}	$tʰan^{53}$	$tʰan^{24}$	nan^{24}
漠河	$ʐ̩u^{52}$	$tɕi^{55}_{~眼}$ $tɕi^{35}_{着~}$	$tɕi^{35}$	$ɕi^{55}$	tan^{55}	$tʰan^{52}$	$tʰan^{35}$	nan^{35}
嫩江	$ʐ̩u^{53}$	$tɕi^{44}_{~眼}$ $tɕi^{24}_{着~}$	$tɕi^{24}$	$ɕi^{44}_{又}$ $ɕi^{53}_{又}$	tan^{44}	$tʰan^{53}$	$tʰan^{24}$	nan^{24}
泰来	$ʐ̩u^{53}$	$tɕi^{44}_{~眼}$ $tɕi^{24}_{~忙}$	$tɕi^{53}_{~格}$ $tɕi^{24}_{来不~}$	$ɕi^{53}$	tan^{44}	$tʰan^{53}$	$tʰan^{24}$	nan^{24}
哈尔滨	$ʐ̩u^{51}$	$tɕi^{44}_{~眼}$ $tɕi^{24}_{~忙}$	$tɕi^{24}$	$ɕi^{44}$	tan^{44}	$tʰan^{51}$	$tʰan^{24}$	nan^{24}
肇东	$ʐ̩u^{53}$	$tɕi^{24}_{着~}$	$tɕi^{24}$	$ɕi^{44}$	tan^{44}	$tʰan^{53}$	$tʰan^{24}$	nan^{24}
肇州	$ʐ̩u^{53}$	$tɕi^{33}_{~眼}$ $tɕi^{24}_{着~}$	$tɕi^{53}_{~格}$ $tɕi^{24}_{来不~}$	$ɕi^{53}_{~铁石}$ $ɕi^{33}_{~气}$	tan^{33}	$tʰan^{53}$	$tʰan^{24}$	nan^{24}
东宁	$ʐ̩u^{53}$	$tɕi^{33}_{~眼}$ $tɕi^{24}_{着~}$	$tɕi^{24}$	$ɕi^{53}_{又}$ $ɕi^{33}_{又}$	tan^{33}	$tʰan^{53}$	$tʰan^{24}$	nan^{24}
鸡西	$y^{53}_{白}$ $ʐ̩u^{53}_{文}$	$tɕi^{44}_{~眼}$ $tɕi^{24}_{着~}$	$tɕi^{24}$	$ɕi^{44}$	tan^{44}	$tʰan^{53}$	$tʰan^{24}$	nan^{24}
密山	$ʐ̩u^{52}$	$tɕi^{44}_{~眼}$ $tɕi^{24}_{着~}$	$tɕi^{24}$	$ɕi^{52}$	tan^{44}	$tʰan^{52}$	$tʰan^{24}$	nan^{24}
穆棱	$y^{53}_{白}$ $ʐ̩u^{53}_{文}$	$tɕi^{33}_{~眼}$ $tɕi^{35}_{着~}$	$tɕiʔ^{35}_{来得~}$ $tɕi^{53}_{~格}$	$ɕiʔ^{33}_{呼~}$ $ɕi^{53}_{~管儿}$	tan^{33}	$tʰan^{53}$	$tʰan^{35}$	nan^{35}

续表

调查点	0457 入	0458 急	0459 及	0460 吸	0461 单 簡~	0462 炭	0463 弹 ~琴	0464 难 ~易
	深开三 入缉日	深开三 入缉见	深开三 入缉群	深开三 入缉晓	山开一 平寒端	山开一 去寒透	山开一 平寒定	山开一 平寒泥
宁安	$z̩u^{51}$	$tɕi^{35}$	$tɕi^{35}$	$ɕi^{51}$	tan^{44}	t^han^{51}	t^han^{35}	nan^{35}
尚志	$z̩u^{53}$	$tɕi^{24}$	$tɕi^{24}$	$ɕi^{44}$	tan^{44}	t^han^{53}	t^han^{24}	nan^{24}

59. 单字 0465—0472

调查点	0465 兰	0466 懒	0467 烂	0468 伞	0469 肝	0470 看 ~见	0471 岸	0472 汉
	山开一 平寒来	山开一 上寒来	山开一 去寒来	山开一 上寒心	山开一 平寒见	山开一 去寒溪	山开一 去寒疑	山开一 去寒晓
勃利	lan^{24}	lan^{213}	lan^{53}	san^{213}	kan^{44}	k^han^{53}	an^{53}	xan^{53}
集贤	lan^{35}	lan^{213}	lan^{53}	san^{213}	kan^{44}	k^han^{53}	an^{53}	xan^{53}
佳木斯	lan^{24}	lan^{212}	lan^{53}	san^{212}	kan^{33}	k^han^{53}	$nan^{53}_{白}$ $an^{53}_{文}$	xan^{53}
林口	lan^{24}	lan^{213}	lan^{53}	san^{213}	kan^{33}	k^han^{53}	an^{53}	xan^{53}
同江	lan^{24}	lan^{213}	lan^{53}	san^{213}	kan^{44}	k^han^{53}	an^{53}	xan^{53}
黑河	lan^{24}	lan^{213}	lan^{52}	san^{213}	kan^{44}	k^han^{52}	an^{52}	xan^{52}
嘉荫	lan^{35}	lan^{213}	lan^{51}	san^{213}	kan^{33}	k^han^{51}	an^{51}	xan^{51}
兰西	lan^{24}	lan^{213}	lan^{53}	san^{213}	kan^{33}	k^han^{53}	nan^{53}	xan^{53}
漠河	lan^{35}	lan^{213}	lan^{52}	san^{213}	kan^{55}	k^han^{52}	an^{52}	xan^{52}
嫩江	lan^{24}	lan^{213}	lan^{53}	san^{213}	kan^{44}	k^han^{53}	an^{53}	xan^{53}
泰来	lan^{24}	lan^{213}	lan^{53}	$ʂan^{213}$	kan^{44}	k^han^{53}	an^{53}	xan^{53}
哈尔滨	lan^{24}	lan^{213}	lan^{51}	san^{213}	kan^{44}	k^han^{51}	an^{51}	xan^{51}
肇东	lan^{24}	lan^{213}	lan^{53}	san^{213}	kan^{44}	k^han^{53}	nan^{53}	xan^{53}
肇州	lan^{24}	lan^{213}	lan^{53}	san^{213}	kan^{33}	k^han^{53}	an^{53}	xan^{53}
东宁	lan^{24}	lan^{213}	lan^{53}	san^{213}	kan^{33}	k^han^{53}	an^{53}	xan^{53}
鸡西	lan^{24}	lan^{35}	lan^{53}	san^{213}	kan^{44}	k^han^{53}	an^{53}	xan^{53}
密山	lan^{53}	lan^{213}	lan^{52}	san^{213}	kan^{44}	k^han^{52}	an^{52}	xan^{52}
穆棱	lan^{35}	lan^{213}	lan^{53}	san^{213}	kan^{33}	k^han^{53}	an^{53}	xan^{53}
宁安	lan^{35}	lan^{213}	lan^{51}	$ʂan^{213}$	kan^{44}	k^han^{51}	an^{51}	xan^{51}
尚志	lan^{24}	lan^{213}	lan^{53}	san^{213}	kan^{44}	k^han^{53}	an^{53}	xan^{53}

60. 单字 0473—0480

调查点	0473 汗 山开一 去寒匣	0474 安 山开一 平寒影	0475 达 山开一 入曷定	0476 辣 山开一 入曷来	0477 擦 山开一 入曷清	0478 割 山开一 入曷见	0479 渴 山开一 入曷溪	0480 扮 山开二 去山帮
勃利	$xan^{24}_{~毛}$ $xan^{53}_{出~}$	$nan^{44}_{白}$ $an^{44}_{文}$	ta^{24}	la^{53}	ts^ha^{44}	$ka^{213}_{白}$ $ka^{44}_{白}$ $kɤ^{213}_{文}$	$k^hɤ^{213}$	pan^{53}
集贤	$xan^{35}_{~毛}$ $xan^{53}_{出~}$	an^{44}	ta^{35}	la^{53}	ts^ha^{44}	$ka^{213}_{白}$ $kɤ^{213}_{文}$	$k^hɤ^{213}$	pan^{53}
佳木斯	xan^{53}	$nan^{33}_{白}$ $an^{33}_{文}$	ta^{24}	la^{53}	ts^ha^{33}	$ka^{212}_{白}$ $kɤ^{33}_{文}$	$k^hɤ^{212}$	pan^{53}
林口	xan^{53}	$nan^{33}_{白}$ $an^{33}_{文}$	ta^{24}	la^{53}	ts^ha^{33}	$ka^{213}_{白}$ $kɤ^{33}_{文}$	$k^hɤ^{213}$	pan^{53}
同江	$xan^{24}_{~毛}$ $xan^{53}_{~水}$	$nan^{44}_{白}$ $an^{44}_{文}$	ta^{24}	la^{53}	$ts^ha^{24}_{文}$ $ts^ha^{44}_{文}$	$ka^{213}_{白}$ $ka^{44}_{白}$ $kɤ^{44}_{文}$	$k^hɤ^{213}$	pan^{53}
黑河	xan^{52}	an^{44}	ta^{24}	la^{52}	ts^ha^{44}	$ka^{24}_{白}$ $ka^{44}_{白}$ $kɤ^{44}_{文}$	$k^hɤ^{213}$	pan^{52}
嘉荫	xan^{51}	an^{33}	ta^{35}	la^{51}	ts^ha^{33}	$ka^{35}_{白}$ $kɤ^{33}_{文}$	$k^hɤ^{213}$	pan^{51}
兰西	xan^{53}	$nan^{33}_{白}$ $an^{33}_{文}$	ta^{24}	la^{53}	ts^ha^{33}	$ka^{33}_{白}$ $kɤ^{33}_{文}$	$k^hɤ^{213}$	pan^{53}
漠河	xan^{52}	an^{55}	ta^{35}	la^{52}	ts^ha^{55}	$ka^{55}_{白}$ $kɤ^{55}_{文}$	$k^hɤ^{213}$	pan^{52}
嫩江	xan^{53}	$nan^{44}_{白}$ $an^{44}_{文}$	ta^{24}	la^{53}	ts^ha^{44}	$ka^{44}_{白}$ $kɤ^{44}_{文}$	$k^hɤ^{213}$	pan^{53}
泰来	xan^{53}	$nan^{44}_{白}$ $an^{44}_{文}$	ta^{24}	la^{53}	$tʂ^ha^{44}$	$ka^{213}_{白}$ $kɤ^{44}_{文}$	$k^hɤ^{213}$	pan^{53}
哈尔滨	xan^{51}	an^{44}	ta^{24}	la^{51}	ts^ha^{44}	$ka^{213}_{白}$ $kɤ^{44}_{文}$	$k^hɤ^{213}$	pan^{51}

续表

调查点	0473 汗 山开一 去寒匣	0474 安 山开一 平寒影	0475 达 山开一 入曷定	0476 辣 山开一 入曷来	0477 擦 山开一 入曷清	0478 割 山开一 入曷见	0479 渴 山开一 入曷溪	0480 扮 山开二 去山帮
肇东	xan^{53}	nan^{44}	ta^{24}	la^{53}	ts^ha^{44}	ka^{44}	$k^h\gamma^{213}$	pan^{53}
肇州	xan^{53}	$nan^{33}_{文}$ $an^{33}_{又}$	ta^{24}	la^{53}	ts^ha^{33}	$ka^{33}_{白}$ $k\gamma^{33}_{文}$	$k^h\gamma^{213}$	pan^{53}
东宁	xan^{53}	an^{33}	ta^{24}	la^{53}	ts^ha^{33}	$ka^{213}_{白}$ $k\gamma^{33}_{文}$	$k^h\gamma^{213}$	pan^{53}
鸡西	xan^{53}	$nan^{44}_{白}$ $an^{44}_{文}$	ta^{24}	la^{53}	ts^ha^{44}	$ka^{213}_{白}$ $k\gamma^{44}_{文}$	$k^h\gamma^{213}$	pan^{53}
密山	xan^{52}	$an^{44}_{又}$ $nan^{44}_{又}$	ta^{24}	la^{52}	ts^ha^{44}	$ka^{213}_{白}$ $k\gamma^{44}_{文}$	$k^h\gamma^{213}$	pan^{52}
穆棱	$xan^{35}_{\sim毛}$ $xan^{53}_{\sim水}$	$nan^{33}_{白}$ $an^{33}_{文}$	ta^{35}	la^{53}	ts^ha^{33}	$ka^{213}_{白}$ $ka^{33}_{白}$ $k\gamma^{33}_{文}$	$k^h\gamma^{213}$	pan^{53}
宁安	xan^{51}	an^{44}	ta^{35}	la^{51}	$t\text{ʂ}^ha^{44}$	$ka^{35}_{白}$ $k\gamma^{44}_{文}$	$k^h\gamma^{213}$	pan^{51}
尚志	xan^{53}	nan^{44}	ta^{24}	la^{53}	ts^ha^{44}	$ka^{213}_{白}$ $k\gamma^{213}_{文}$	$k^h\gamma^{213}$	pan^{53}

61. 单字 0481—0488

调查点	0481 办 山开二 去山并	0482 铲 山开二 上山初	0483 山 山开二 平山生	0484 产~妇 山开二 上山生	0485 间 房~、一~房 山开二 平山见	0486 眼 山开二 上山疑	0487 限 山开二 上山匣	0488 八 山开二 入黠帮
勃利	pan^{53}	ts^han^{213}	san^{44}	ts^han^{213}	$t\varepsilon ian^{44}$	ian^{213}	εian^{53}	pa^{44}
集贤	pan^{53}	ts^han^{213}	san^{44}	ts^han^{213}	$t\varepsilon ian^{44}$	ian^{213}	εian^{53}	pa^{44}
佳木斯	pan^{53}	ts^han^{212}	san^{33}	ts^han^{212}	$t\varepsilon ian^{33}$	ian^{212}	εian^{53}	pa^{33}
林口	pan^{53}	ts^han^{213}	san^{33}	ts^han^{213}	$t\varepsilon ian^{33}$	ian^{213}	εian^{53}	pa^{33}
同江	pan^{53}	ts^han^{213}	san^{44}	ts^han^{213}	$t\varepsilon ian^{44}$	ian^{213}	εian^{53}	pa^{44}

续表

调查点	0481 办 山开二 去山并	0482 铲 山开二 上山初	0483 山 山开二 平山生	0484 产~妇 山开二 上山生	0485 间房~，一~房 山开二 平山见	0486 眼 山开二 上山疑	0487 限 山开二 上山匣	0488 八 山开二 入黠帮
黑河	pan⁵²	tʂʰan²¹³	ʂan⁴⁴	tʂʰan²¹³	tɕian⁴⁴	ian²¹³	ɕian⁵²	pa⁴⁴
嘉荫	pan⁵¹	tʂʰan²¹³	ʂan³³	tʂʰan²¹³	tɕian³³	ian²¹³	ɕian⁵¹	pa³³
兰西	pan⁵³	tʂʰan²¹³	ʂan³³	tʂʰan²¹³	tɕian³³	ian²¹³	ɕian⁵³	pa³³
漠河	pan⁵²	tʂʰan²¹³	ʂan⁵⁵	tʂʰan²¹³	tɕian⁵⁵	ian²¹³	ɕian⁵²	pa⁵⁵
嫩江	pan⁵³	tʂʰan²¹³	san⁴⁴	tʂʰan²¹³	tɕian⁴⁴	ian²¹³	ɕian⁵³	pa⁴⁴
泰来	pan⁵³	tʂʰan²¹³	ʂan⁴⁴	tʂʰan²¹³	tɕian⁴⁴	ian²¹³	ɕian⁵³	pa⁴⁴
哈尔滨	pan⁵¹	tʂʰan²¹³	ʂan⁴⁴	tʂʰan²¹³	tɕian⁴⁴	ian²¹³	ɕian⁵¹	pa⁴⁴
肇东	pan⁵³	tʂʰan²¹³	ʂan⁴⁴	tʂʰan²¹³	tɕian⁴⁴	ian²¹³	ɕian⁵³	pa⁴⁴
肇州	pan⁵³	tʂʰan²¹³	ʂan³³	tʂʰan²¹³	tɕian³³	ian²¹³	ɕian⁵³	pa³³
东宁	pan⁵³	tʂʰan²¹³	san³³	tʂʰan²¹³	tɕian³³	ian²¹³	ɕian⁵³	pa³³
鸡西	pan⁵³	tʂʰan²¹³	san⁴⁴	tʂʰan²¹³	tɕian⁴⁴	ian²¹³	ɕian⁵³	pa⁴⁴
密山	pan⁵²	tʂʰan²¹³	san⁴⁴	tʂʰan²¹³	tɕian⁴⁴	ian²¹³	ɕian⁵²	pa⁴⁴
穆棱	pan⁵³	tʂʰan²¹³	san³³	tʂʰan²¹³	tɕian³³	ian²¹³	ɕian⁵³	pa³³
宁安	pan⁵¹	tʂʰan²¹³	ʂan⁴⁴	tʂʰan²¹³	tɕian⁴⁴	ian²¹³	ɕian⁵¹	pa⁴⁴
尚志	pan⁵³	tʂʰan²¹³	san⁴⁴	tʂʰan²¹³	tɕian⁴⁴	ian²¹³	ɕian⁵³	pa⁴⁴

62. 单字 0489—0496

调查点	0489 扎 山开二 入黠庄	0490 杀 山开二 入黠生	0491 班 山开二 平删帮	0492 板 山开二 上删帮	0493 慢 山开二 去删明	0494 奸 山开二 平删见	0495 颜 山开二 平删疑	0496 瞎 山开二 入辖晓
勃利	tsa⁴⁴	sa⁴⁴	pan⁴⁴	pan²¹³	man⁵³	tɕian⁴⁴	ian²⁴	ɕia⁴⁴
集贤	tsa⁴⁴	sa⁴⁴	pan⁴⁴	pan²¹³	man⁵³	tɕian⁴⁴	ian³⁵	ɕia⁴⁴
佳木斯	tsa³³	sa³³	pan³³	pan²¹²	man⁵³	tɕian³³	ian²⁴	ɕia³³
林口	tsa³³	sa³³	pan³³	pan²¹³	man⁵³	tɕian³³	ian²⁴	ɕia³³
同江	tsa²⁴~小瓣儿 tsa⁴⁴~针	sa⁴⁴	pan⁴⁴	pan²¹³	man⁵³	tɕian⁴⁴	ian²⁴	ɕia⁴⁴

续表

调查点	0489 扎 山开二入黠庄	0490 杀 山开二入黠生	0491 班 山开二平删帮	0492 板 山开二上删帮	0493 慢 山开二去删明	0494 奸 山开二平删见	0495 颜 山开二平删疑	0496 瞎 山开二入辖晓
黑河	$tʂa^{44}$ ~小辫儿 $tʂa^{24}$ 挣~	$ʂa^{44}$	pan^{44}	pan^{213}	man^{52}	$tɕian^{44}$	ian^{24}	$ɕia^{44}$
嘉荫	tsa^{33} ~头发 tsa^{35} 挣~	$ʂa^{33}$	pan^{33}	pan^{213}	man^{51}	$tɕian^{33}$	ian^{35}	$ɕia^{33}$
兰西	$tʂa^{33}$	$ʂa^{33}$	pan^{33}	pan^{213}	man^{53}	$tɕian^{33}$	ian^{24}	$ɕia^{33}$
漠河	$tʂa^{55}$ ~兰屯 $tʂa^{55}$ 辫儿 $tʂa^{35}$ 挣~	$ʂa^{55}$	pan^{55}	pan^{213}	man^{52}	$tɕian^{55}$	ian^{35}	$ɕia^{55}$
嫩江	tsa^{44}	sa^{44}	pan^{44}	pan^{213}	man^{53}	$tɕian^{44}$	ian^{24}	$ɕia^{44}$
泰来	$tʂa^{24}$ ~兰屯 $tʂa^{44}$ ~辫儿	$ʂa^{44}$	pan^{44}	pan^{213}	man^{53}	$tɕian^{44}$	ian^{24}	$ɕia^{44}$
哈尔滨	$tʂa^{44}$ ~头发 $tʂa^{44}$ ~头发 $tʂa^{24}$ 挣~	$ʂa^{44}$	pan^{44}	pan^{213}	man^{51}	$tɕian^{44}$	ian^{24}	$ɕia^{44}$
肇东	$tʂa^{44}$	$ʂa^{44}$	pan^{44}	pan^{213}	man^{53}	$tɕian^{44}$	ian^{24}	$ɕia^{44}$
肇州	$tʂa^{33}$	$ʂa^{33}$	pan^{33}	pan^{213}	man^{53}	$tɕian^{33}$	ian^{24}	$ɕia^{33}$
东宁	tsa^{33}	sa^{33}	pan^{33}	pan^{213}	man^{53}	$tɕian^{33}$	ian^{24}	$ɕia^{33}$
鸡西	tsa^{44}	sa^{44}	pan^{44}	pan^{213}	man^{53}	$tɕian^{44}$	ian^{24}	$ɕia^{44}$
密山	tsa^{44} ~头发 tsa^{24} 挣~	sa^{44}	pan^{44}	pan^{213}	man^{52}	$tɕian^{44}$	ian^{24}	$ɕia^{44}$
穆棱	tsa^{33} ~小辫儿	sa^{33}	pan^{33}	pan^{213}	man^{53}	$tɕian^{33}$	ian^{35}	$ɕia^{33}$
宁安	$tʂa^{44}$	$ʂa^{44}$	pan^{44}	pan^{213}	man^{51}	$tɕian^{44}$	ian^{35}	$ɕia^{44}$
尚志	tsa^{44}	sa^{44}	pan^{44}	pan^{213}	man^{53}	$tɕian^{44}$	ian^{24}	$ɕia^{44}$

63. 单字 0497—0504

调查点	0497 变	0498 骗欺~	0499 便方~	0500 棉	0501 面~孔	0502 连	0503 剪	0504 浅
	山开三去仙帮	山开三去仙滂	山开三去仙并	山开三平仙明	山开三去仙明	山开三平仙来	山开三上仙精	山开三上仙清
勃利	pian^{53}	p^{h}ian^{53}	pian^{53}	ȵiau$^{24}_{~花}$ mian$^{24}_{~被}$	mian^{53}	lian$^{24}_{~队}$ lian$^{44}_{打~~}$	tɕian^{213}	tɕ^{h}ian^{213}
集贤	pian^{53}	p^{h}ian^{53}	pian^{53}	mian^{35}	mian^{53}	lian^{35}	tɕian^{213}	tɕ^{h}ian^{213}
佳木斯	pian^{53}	p^{h}ian^{53}	pian^{53}	ȵiau$^{24}_{~花}$ mian$^{24}_{~被}$	mian^{53}	lian^{24}	tɕian^{212}	tɕ^{h}ian^{212}
林口	pian^{53}	p^{h}ian^{53}	pian^{53}	mian^{24}	mian^{53}	lian^{24}	tɕian^{213}	tɕ^{h}ian^{213}
同江	pian^{53}	p^{h}ian^{53}	pian^{53}	ȵiau$^{24}_{~花}$ mian$^{24}_{~衣}$	mian^{53}	lian$^{24}_{~队}$ lian$^{44}_{打~~}$	tɕian^{213}	tɕ^{h}ian^{213}
黑河	pian^{52}	p^{h}ian^{52}	pian^{52}	mian^{24}	mian^{52}	lian^{24}	tɕian^{213}	tɕ^{h}ian^{213}
嘉荫	pian^{51}	p^{h}ian^{51}	pian^{51}	mian^{35}	mian^{51}	lian^{35}	tɕian^{213}	tɕ^{h}ian^{213}
兰西	pian^{53}	p^{h}ian^{53}	pian^{53}	ȵiau$^{24}_{~花}$ mian$^{24}_{~衣}$	mian^{53}	lian$^{24}_{~接}$ lian$^{33}_{打~}$	tɕian^{213}	tɕ^{h}ian^{213}
漠河	pian^{52}	p^{h}ian^{52}	pian^{52}	mian^{35}	mian^{52}	lian$^{35}_{~接}$ lian$^{55}_{打~}$	tɕian^{213}	tɕ^{h}ian^{213}
嫩江	pian^{53}	p^{h}ian^{53}	pian^{53}	ȵiau$^{24}_{~花}$ mian$^{24}_{~衣}$	mian^{53}	lian^{24}	tɕian^{213}	tɕ^{h}ian^{213}
泰来	pian^{53}	p^{h}ian^{53}	pian^{53}	ȵiau$^{24}_{~花}$ mian$^{24}_{~衣}$	mian^{53}	lian$^{44}_{打~}$ lian$^{24}_{~接}$	tɕian^{213}	tɕ^{h}ian^{213}
哈尔滨	pian^{51}	p^{h}ian^{51}	pian^{51}	mian^{24}	mian^{51}	lian$^{24}_{相~}$ lian$^{44}_{打~~}$	tɕian^{213}	tɕ^{h}ian^{213}
肇东	pian^{53}	p^{h}ian^{53}	pian^{53}	ȵiau$^{24}_{~花}$ ȵian$^{24}_{~花}$ mian$^{24}_{~衣}$	mian^{53}	lian^{24}	tɕian^{213}	tɕ^{h}ian^{213}
肇州	pian^{53}	p^{h}ian^{53}	pian^{53}	ȵiau$^{24}_{~花}$ mian$^{24}_{~裤}$	mian^{53}	lian^{24}	tɕian^{213}	tɕ^{h}ian^{213}
东宁	pian^{53}	p^{h}ian^{53}	pian^{53}	ȵiau$^{24}_{~花}$ mian$^{24}_{~被}$	mian^{53}	lian^{24}	tɕian^{213}	tɕ^{h}ian^{213}

续表

调查点	0497 变 山开三 去仙帮	0498 骗_{欺~} 山开三 去仙滂	0499 便_{方~} 山开三 去仙并	0500 棉 山开三 平仙明	0501 面_{~孔} 山开三 去仙明	0502 连 山开三 平仙来	0503 剪 山开三 上仙精	0504 浅 山开三 上仙清
鸡西	pian⁵³	pʰian⁵³	pian⁵³	ȵiau²⁴_{~花} mian²⁴_{~衣}	mian⁵³	lian²⁴_{~队} lian⁴⁴_{打~~}	tɕian²¹³	tɕʰian²¹³
密山	pian⁵²	pʰian⁵²	pian⁵²	mian²⁴	mian⁵²	lian²⁴	tɕian²¹³	tɕʰian²¹³
穆棱	pian⁵³	pʰian⁵³	pian⁵³	ȵiau³⁵_{~花} mian³⁵_{~衣}	mian⁵³	lian³⁵_{~队} lian³³_{打~~}	tɕian²¹³	tɕʰian²¹³
宁安	pian⁵¹	pʰian⁵¹	pian⁵¹	mian³⁵	mian⁵¹	lian³⁵	tɕian²¹³	tɕʰian²¹³
尚志	pian⁵³	pʰian⁵³	pian⁵³	mian²⁴	mian⁵³	lian²⁴	tɕian²¹³_文 tɕiau²¹³_白	tɕʰian²¹³

64. 单字 0505—0512

调查点	0505 钱 山开三 平仙从	0506 鲜 山开三 平仙心	0507 线 山开三 去仙心	0508 缠 山开三 平仙澄	0509 战 山开三 去仙章	0510 扇_名 山开三 去仙书	0511 善 山开三 上仙禅	0512 件 山开三 上仙群
勃利	tɕʰian²⁴	ɕian⁴⁴	ɕian⁵³	tsʰan²⁴	tsan⁵³	san⁵³	san⁵³	tɕian⁵³
集贤	tɕʰian³⁵	ɕian⁴⁴	ɕian⁵³	tsʰan³⁵	tsan⁵³	san⁵³	san⁵³	tɕian⁵³
佳木斯	tɕʰian²⁴	ɕian³³	ɕian⁵³	tsʰan²⁴	tsan⁵³	san⁵³	san⁵³	tɕian⁵³
林口	tɕʰian²⁴	ɕian³³	ɕian⁵³	tsʰan²⁴	tsan⁵³	san⁵³	san⁵³	tɕian⁵³
同江	tɕʰian²⁴	ɕian⁴⁴	ɕian⁵³	tsʰan²⁴	tsan⁵³	san⁵³	san⁵³	tɕian⁵³
黑河	tɕʰian²⁴	ɕian⁴⁴	ɕian⁵²	tʂʰan²⁴	tʂan⁵²	ʂan⁵²	ʂan⁵²	tɕian⁵²
嘉荫	tɕʰian³⁵	ɕian³³	ɕian⁵¹	tʂʰan³⁵	tʂan⁵¹	ʂan⁵¹	ʂan⁵¹	tɕian⁵¹
兰西	tɕʰian²⁴	ɕian³³	ɕian⁵³	tʂʰan²⁴	tʂan⁵³	ʂan⁵³	ʂan⁵³	tɕian⁵³
漠河	tɕʰian³⁵	ɕian⁵⁵	ɕian⁵²	tʂʰan³⁵	tʂan⁵²	ʂan⁵²	ʂan⁵²	tɕian⁵²
嫩江	tɕʰian²⁴	ɕian⁴⁴	ɕian⁵³	tsʰan²⁴	tsan⁵³	san⁵³	san⁵³	tɕian⁵³

续表

调查点	0505 钱 山开三 平仙从	0506 鲜 山开三 平仙心	0507 线 山开三 去仙心	0508 缠 山开三 平仙澄	0509 战 山开三 去仙章	0510 扇_名 山开三 去仙书	0511 善 山开三 上仙禅	0512 件 山开三 上仙群
泰来	tɕʰian²⁴	ɕian⁴⁴	ɕian⁵³	tʂʰan²⁴	tʂan⁵³	ʂan⁵³	ʂan⁵³	tɕian⁵³
哈尔滨	tɕʰian²⁴	ɕian⁴⁴	ɕian⁵¹	tʂʰan²⁴	tʂan⁵¹	ʂan⁵¹	ʂan⁵¹	tɕian⁵¹
肇东	tɕʰian²⁴	ɕian⁴⁴	ɕian⁵³	tʂʰan²⁴	tʂan⁵³	ʂan⁵³	ʂan⁵³	tɕian⁵³
肇州	tɕʰian²⁴	ɕian³³	ɕian⁵³	tsʰan²⁴	tʂan⁵³	ʂan⁵³	ʂan⁵³	tɕian⁵³
东宁	tɕʰian²⁴	ɕian³³	ɕian⁵³	tsʰan²⁴	tsan⁵³	san⁵³	san⁵³	tɕian⁵³
鸡西	tɕʰian²⁴	ɕian⁴⁴	ɕian⁵³	tsʰan²⁴	tsan⁵³	san⁵³	san⁵³	tɕian⁵³
密山	tɕʰian²⁴	ɕian⁴⁴	ɕian⁵²	tsʰan²⁴	tsan⁵²	san⁵²	san⁵²	tɕian⁵²
穆棱	tɕʰian³⁵	ɕian³³	ɕian⁵³	tsʰan³⁵	tsan⁵³	san⁵³	san⁵³	tɕian⁵³
宁安	tɕʰian³⁵	ɕian⁴⁴	ɕian⁵¹	tʂʰan³⁵	tʂan⁵¹	ʂan⁵¹	ʂan⁵¹	tɕian⁵¹
尚志	tɕʰian²⁴	ɕian⁴⁴	ɕian⁵³	tsʰan²⁴	tsan⁵³	san⁵³	san⁵³	tɕian⁵³

65. 单字 0513—0520

调查点	0513 延① 山开三 平仙以	0514 别_{～人} 山开三 入薛帮	0515 灭 山开三 入薛明	0516 列 山开三 入薛来	0517 撤 山开三 入薛彻	0518 舌 山开三 入薛船	0519 设 山开三 入薛书	0520 热 山开三 入薛日
勃利	ian²⁴_{～安} ian⁵³_{～长}	piɛ²⁴	miɛ⁵³	liɛ⁵³	tsʰɤ⁵³	sɤ²⁴	sɤ⁵³	iɛ⁵³_白 ʐɤ⁵³_文
集贤	ian³⁵_{～安} ian⁵³_{～伸}	piɛ³⁵	miɛ⁵³	liɛ⁵³	tsʰɤ⁵³	sɤ³⁵	sɤ⁵³	iɛ⁵³_白 ʐɤ⁵³_文
佳木斯	ian²⁴_{～安} ian⁵³_{～长}	piɛ²⁴	miɛ⁵³	liɛ⁵³	tsʰɤ⁵³	sɤ²⁴	sɤ⁵³	iɛ⁵³_白 ʐɤ⁵³_文

---

①　"延"在中古有平声"以然切"（《广韵》）、去声"予线切"（《广韵》）两个来源。地名"延安"中的"延"多读阳平。

续表

调查点	0513 延① 山开三平仙以	0514 别＿人 山开三入薛帮	0515 灭 山开三入薛明	0516 列 山开三入薛来	0517 撤 山开三入薛彻	0518 舌 山开三入薛船	0519 设 山开三入薛书	0520 热 山开三入薛日
林口	$ian^{24}_{\sim安}$	$pi\varepsilon^{24}$	$mi\varepsilon^{53}$	$li\varepsilon^{53}$	$ts^{h}\gamma^{53}$	$s\gamma^{24}$	$s\gamma^{53}$	$i\varepsilon^{53}$
同江	$ian^{24}_{\sim安}$ $ian^{53}_{\sim伸}$	$pi\varepsilon^{24}$	$mi\varepsilon^{53}$	$li\varepsilon^{53}$	$ts^{h}\gamma^{53}$	$s\gamma^{24}$	$s\gamma^{53}$	$i\varepsilon^{53}_{白}$ $\textit{z}\gamma^{53}_{文}$
黑河	ian^{24}	$pi\varepsilon^{24}$	$mi\varepsilon^{52}$	$li\varepsilon^{52}$	$t\textipa{\:s}^{h}\gamma^{52}$	$\textipa{\:s}\gamma^{24}$	$\textipa{\:s}\gamma^{52}$	$\textit{z}\gamma^{52}$
嘉荫	ian^{35}	$pi\varepsilon^{35}$	$mi\varepsilon^{51}$	$li\varepsilon^{51}$	$t\textipa{\:s}^{h}\gamma^{51}$	$\textipa{\:s}\gamma^{35}$	$\textipa{\:s}\gamma^{51}$	$i\varepsilon^{51}_{白}$ $\textit{z}\gamma^{51}_{文}$
兰西	$ian^{24}_{\sim安}$ $ian^{53}_{\sim长}$	$pi\varepsilon^{24}$	$mi\varepsilon^{53}$	$li\varepsilon^{53}$	$t\textipa{\:s}^{h}\gamma^{53}$	$\textipa{\:s}\gamma^{24}$	$\textipa{\:s}\gamma^{53}$	$i\varepsilon^{53}_{白}$ $\textit{z}\gamma^{53}_{文}$
漠河	$ian^{35}_{\sim安}$ $ian^{52}_{\sim长}$	$pi\varepsilon^{35}$	$mi\varepsilon^{52}$	$li\varepsilon^{52}$	$t\textipa{\:s}^{h}\gamma^{52}$	$\textipa{\:s}\gamma^{35}$	$\textipa{\:s}\gamma^{52}$	$i\varepsilon^{52}_{白}$ $\textit{z}\gamma^{52}_{文}$
嫩江	ian^{24}	$pi\varepsilon^{24}$	$mi\varepsilon^{53}$	$li\varepsilon^{53}$	$t\textipa{\:s}^{h}\gamma^{53}$	$s\gamma^{24}$	$s\gamma^{53}$	$i\varepsilon^{53}_{白}$ $\textit{z}\gamma^{53}_{文}$
泰来	$ian^{24}_{\sim安}$ $ian^{53}_{\sim长}$	$pi\varepsilon^{24}$	$mi\varepsilon^{53}$	$li\varepsilon^{53}$	$t\textipa{\:s}^{h}\gamma^{53}$	$\textipa{\:s}\gamma^{24}$	$\textipa{\:s}\gamma^{53}$	$i\varepsilon^{53}_{白}$ $\textit{z}\gamma^{53}_{文}$
哈尔滨	$ian^{24}_{\sim安}$ $ian^{51}_{\sim长}$	$pi\varepsilon^{24}$	$mi\varepsilon^{51}$	$li\varepsilon^{51}$	$t\textipa{\:s}^{h}\gamma^{51}$	$\textipa{\:s}\gamma^{24}$	$\textipa{\:s}\gamma^{51}$	$\textit{z}\gamma^{51}$
肇东	ian^{24}	$pi\varepsilon^{24}$	$mi\varepsilon^{53}$	$li\varepsilon^{53}$	$t\textipa{\:s}^{h}\gamma^{53}$	$\textipa{\:s}\gamma^{24}$	$\textipa{\:s}\gamma^{53}$	$i\varepsilon^{53}_{白}$ $\textit{z}\gamma^{53}_{文}$
肇州	$ian^{24}_{\sim安}$ $ian^{53}_{\sim长}$	$pi\varepsilon^{24}$	$mi\varepsilon^{53}$	$li\varepsilon^{53}$	$t\textipa{\:s}^{h}\gamma^{53}$	$\textipa{\:s}\gamma^{24}$	$\textipa{\:s}\gamma^{53}$	$i\varepsilon^{53}_{白}$ $\textit{z}\gamma^{53}_{文}$

① "延"在中古有平声"以然切"(《广韵》)、去声"予线切"(《广韵》)两个来源。地名"延安"中的"延"多读阳平。

续表

调查点	0513 延① 山开三 平仙以	0514 别~人 山开三 入薛帮	0515 灭 山开三 入薛明	0516 列 山开三 入薛来	0517 撤 山开三 入薛彻	0518 舌 山开三 入薛船	0519 设 山开三 入薛书	0520 热 山开三 入薛日
东宁	ian²⁴_安 ian⁵³_长	piε²⁴_又 piε⁵³_又	miε⁵³	liε⁵³	tsʰɤ⁵³	sɤ²⁴	sɤ⁵³	iε⁵³_白 ʐɤ⁵³_文
鸡西	ian²⁴_安 ian⁵³_伸	piε²⁴	miε⁵³	liε⁵³	tsʰɤ⁵³	sɤ²⁴	sɤ⁵³	iε⁵³_白 ʐɤ⁵³_文
密山	ian²⁴	piε²⁴	miε⁵²	liε⁵²	tsʰɤ⁵²	sɤ²⁴	sɤ⁵²	iε⁵²
穆棱	ian³⁵_安 ian⁵³_伸	piε³⁵	miε⁵³	liε⁵³	tsʰɤ⁵³	sɤ³⁵	sɤ⁵³	iε⁵³_白 ʐɤ⁵³_文
宁安	ian³⁵	piε³⁵_又 piε⁵¹_又	miε⁵¹	liε⁵¹	tʂʰɤ⁵¹	ʂɤ³⁵	ʂɤ⁵¹	ʐɤ⁵¹
尚志	ian²⁴_安 ian⁵³_长	piε²⁴	miε⁵³	liε⁵³	tsʰɤ⁵³	sɤ²⁴	sɤ⁵³	ʐɤ⁵³_文

66. 单字 0521—0528

调查点	0521 杰 山开三 入薛群	0522 孽 山开三 入薛疑	0523 建 山开三 去元见	0524 健 山开三 去元群	0525 言 山开三 平元疑	0526 歇 山开三 入月晓	0527 扁 山开四 上先帮	0528 片 山开四 去先滂
勃利	tɕiε²⁴	ȵiε⁵³	tɕian⁵³	tɕian⁵³	ian²⁴	ɕiε⁴⁴	pian²¹³	pʰian⁵³
集贤	tɕiε³⁵	ȵiε⁵³	tɕian⁵³	tɕian⁵³	ian³⁵	ɕiε⁴⁴	pian²¹³	pʰian⁵³
佳木斯	tɕiε²⁴	ȵiε⁵³	tɕian⁵³	tɕian⁵³	ian²⁴	ɕiε³³	pian²¹²	pʰian⁵³
林口	tɕiε²⁴	ȵiε⁵³	tɕian⁵³	tɕian⁵³	ian²⁴	ɕiε³³	pian²¹³	pʰian⁵³
同江	tɕiε²⁴	ȵiε⁵³	tɕian⁵³	tɕian⁵³	ian²⁴	ɕiε⁴⁴	pian²¹³	pʰian⁵³
黑河	tɕiε²⁴	ȵiε⁵²	tɕian⁵²	tɕian⁵²	ian²⁴	ɕiε⁴⁴	pian²¹³	pʰian⁵²
嘉荫	tɕiε³⁵	ȵiε⁵¹	tɕian⁵¹	tɕian⁵¹	ian³⁵	ɕiε³³	pian²¹³	pʰian³³_照~ pʰian⁵¹_名~

① "延"在中古有平声"以然切"(《广韵》)、去声"予线切"(《广韵》)两个来源。地名"延安"中的"延"多读阳平。

续表

调查点	0521 杰	0522 孽	0523 建	0524 健	0525 言	0526 歇	0527 扁	0528 片
	山开三入薛群	山开三入薛疑	山开三去元见	山开三去元群	山开三平元疑	山开三入月晓	山开四上先帮	山开四去先滂
兰西	tɕie²⁴	ȵie⁵³	tɕian⁵³	tɕian⁵³	ian²⁴	ɕie³³	pian²¹³	pʰian²¹³又 / pʰian⁵³又
漠河	tɕie³⁵	ȵie⁵²	tɕian⁵²	tɕian⁵²	ian³⁵	ɕie⁵⁵	pian²¹³	pʰian⁵²__ / pʰian⁵⁵相
嫩江	tɕie²⁴	ȵie⁵³	tɕian⁵³	tɕian⁵³	ian²⁴	ɕie⁴⁴	pian²¹³	pʰian⁴⁴ / pʰian⁵³
泰来	tɕie²⁴	ȵie⁵³	tɕian⁵³	tɕian⁵³	ian²⁴	ɕie⁴⁴	pian²¹³	pʰian⁴⁴相~ / pʰian⁵³__
哈尔滨	tɕie²⁴	ȵie⁵¹	tɕian⁵¹	tɕian⁵¹	ian²⁴	ɕie⁴⁴	pian²¹³	pʰian⁵¹照 / pʰian⁴⁴~子
肇东	tɕie²⁴	ȵie⁵³	tɕian⁵³	tɕian⁵³	ian²⁴	ɕie⁴⁴	pian²¹³	pʰian⁵³ / pʰian⁴⁴
肇州	tɕie²⁴	ȵie⁵³	tɕian⁵³	tɕian⁵³	ian²⁴	ɕie³³	pian²¹³	pʰian³³~子 / pʰian⁵³~大
东宁	tɕie²⁴	ȵie⁵³	tɕian⁵³	tɕian⁵³	ian²⁴	ɕie³³	pian²¹³	pʰian⁵³
鸡西	tɕie²⁴	ȵie⁵³	tɕian⁵³	tɕian⁵³	ian²⁴	ɕie⁴⁴	pian²¹³	pʰian⁵³
密山	tɕie²⁴	ȵie⁵²	tɕian⁵²	tɕian⁵²	ian²⁴	ɕie⁴⁴	pian²¹³	pʰian⁵²
穆棱	tɕie³⁵	ȵie⁵³	tɕian⁵³	tɕian⁵³	ian³⁵	ɕie³³	pian²¹³	pʰian⁵³
宁安	tɕie³⁵	ȵie⁵¹	tɕian⁵¹	tɕian⁵¹	ian³⁵	ɕie⁴⁴	pian²¹³	pʰian⁵¹
尚志	tɕie²⁴	ȵie⁵³	tɕian⁵³	tɕian⁵³	ian²⁴	ɕie⁴⁴	pian²¹³	pʰian⁵³面~儿 / pʰian⁴⁴相~

67. 单字 0529—0536

调查点	0529 面_条	0530 典	0531 天	0532 田	0533 垫	0534 年	0535 莲	0536 前
	山开四去先明	山开四上先端	山开四平先透	山开四平先定	山开四去先定	山开四平先泥	山开四平先来	山开四平先从
勃利	mian⁵³	tian²¹³	tʰian⁴⁴	tʰian²⁴	tian⁵³	ȵian²⁴	lian²⁴	tɕʰian²⁴

续表

调查点	0529 面_条 山开四 去先明	0530 典 山开四 上先端	0531 天 山开四 平先透	0532 田 山开四 平先定	0533 垫 山开四 去先定	0534 年 山开四 平先泥	0535 莲 山开四 平先来	0536 前 山开四 平先从
集贤	mian^{53}	tian^{213}	tʰian^{44}	tʰian^{35}	tian^{53}	ȵian^{35}	lian^{35}	tɕʰian^{35}
佳木斯	mian^{53}	tian^{212}	tʰian^{33}	tʰian^{24}	tian^{53}	ȵian^{24}	lian^{24}	tɕʰian^{24}
林口	mian^{53}	tian^{213}	tʰian^{33}	tʰian^{24}	tian^{53}	ȵian^{24}	lian^{24}	tɕʰian^{24}
同江	mian^{53}	tian^{213}	tʰian^{44}	tʰian^{24}	tian^{53}	ȵian^{24}	lian^{24}	tɕʰian^{24}
黑河	mian^{52}	tian^{213}	tʰian^{44}	tʰian^{24}	tian^{52}	ȵian^{24}	lian^{24}	tɕʰian^{24}
嘉荫	mian^{51}	tian^{213}	tʰian^{33}	tʰian^{35}	tian^{51}	ȵian^{35}	lian^{35}	tɕʰian^{35}
兰西	mian^{53}	tian^{213}	tʰian^{33}	tʰian^{24}	tian^{53}	ȵian^{24}	lian^{24}	tɕʰian^{24}
漠河	mian^{52}	tian^{213}	tʰian^{55}	tʰian^{35}	tian^{52}	ȵian^{35}	lian^{35}	tɕʰian^{35}
嫩江	mian^{53}	tian^{213}	tʰian^{44}	tʰian^{24}	tian^{53}	ȵian^{24}	lian^{24}	tɕʰian^{24}
泰来	mian^{53}	tian^{213}	tʰian^{44}	tʰian^{24}	tian^{53}	ȵian^{24}	lian^{24}	tɕʰian^{24}
哈尔滨	mian^{51}	tian^{213}	tʰian^{44}	tʰian^{24}	tian^{51}	ȵian^{24}	lian^{24}	tɕʰian^{24}
肇东	mian^{53}	tian^{213}	tʰian^{44}	tʰian^{24}	tian^{53}	ȵian^{24}	lian^{24}	tɕʰian^{24}
肇州	mian^{53}	tian^{213}	tʰian^{33}	tʰian^{24}	tian^{53}	ȵian^{24}	lian^{24}	tɕʰian^{24}
东宁	mian^{53}	tian^{213}	tʰian^{33}	tʰian^{24}	tian^{53}	ȵian^{24}	lian^{24}	tɕʰian^{24}
鸡西	mian^{53}	tian^{213}	tʰian^{44}	tʰian^{24}	tian^{53}	ȵian^{24}	lian^{24}	tɕʰian^{24}
密山	mian^{52}	tian^{213}	tʰian^{44}	tʰian^{24}	tian^{52}	ȵian^{24}	lian^{24}	tɕʰian^{24}
穆棱	mian^{53}	tian^{213}	tʰian^{33}	tʰian^{35}	tian^{53}	ȵian^{35}	lian^{35}	tɕʰian^{35}
宁安	mian^{51}	tian^{213}	tʰian^{44}	tʰian^{35}	tian^{51}	ȵian^{35}	lian^{35}	tɕʰian^{35}
尚志	mian^{53}	tian^{213}	tʰian^{44}	tʰian^{24}	tian^{53}	ȵian^{24}	lian^{24}	tɕʰian^{24}

68. 单字 0537—0544

调查点	0537 先 山开四 平先心	0538 肩 山开四 平先见	0539 见 山开四 去先见	0540 牵 山开四 平先溪	0541 显 山开四 上先晓	0542 现 山开四 去先匣	0543 烟 山开四 平先影	0544 憋 山开四 入屑滂
勃利	ɕian^{44}	tɕian^{44}	tɕian^{53}	tɕʰian^{44}	ɕian^{213}	ɕian^{53}_在 ɕyan^{53}_眼	ian^{44}	piɛ^{44}
集贤	ɕian^{44}	tɕian^{44}	tɕian^{53}	tɕʰian^{44}	ɕian^{213}	ɕian^{53}	ian^{44}	piɛ^{44}

续表

调查点	0537 先	0538 肩	0539 见	0540 牵	0541 显	0542 现	0543 烟	0544 憋
	山开四平先心	山开四平先见	山开四去先见	山开四平先溪	山开四上先晓	山开四去先匣	山开四平先影	山开四入屑滂
佳木斯	ɕian³³	tɕian³³	tɕian⁵³	tɕʰian³³	ɕian²¹²	ɕian⁵³	ian³³	piɛ³³
林口	ɕian³³	tɕian³³	tɕian⁵³	tɕʰian³³	ɕian²¹³	ɕian⁵³	ian³³	piɛ³³
同江	ɕian⁴⁴	tɕian⁴⁴	tɕian⁵³	tɕʰian⁴⁴	ɕian²¹³	ɕian⁵³~在 ɕyan⁵³~眼	ian⁴⁴	piɛ⁴⁴
黑河	ɕian⁴⁴	tɕian⁴⁴	tɕian⁵²	tɕʰian⁴⁴	ɕian²¹³	ɕian⁵²	ian⁴⁴	piɛ⁴⁴
嘉荫	ɕian³³	tɕian³³	tɕian⁵¹	tɕʰian³³	ɕian²¹³	ɕian⁵¹	ian³³	piɛ³³
兰西	ɕian³³	tɕian³³	tɕian⁵³	tɕʰian³³	ɕian²¹³	ɕian⁵³	ian³³	piɛ³³
漠河	ɕian⁵⁵	tɕian⁵⁵	tɕian⁵²	tɕʰian⁵⁵	ɕian²¹³	ɕian⁵²	ian⁵⁵	piɛ⁵⁵
嫩江	ɕian⁴⁴	tɕian⁴⁴	tɕian⁵³	tɕʰian⁴⁴	ɕian²¹³	ɕian⁵³	ian⁴⁴	piɛ⁴⁴
泰来	ɕian⁴⁴	tɕian⁴⁴	tɕian⁵³	tɕʰian⁴⁴	ɕian²¹³	ɕian⁵³	ian⁴⁴	piɛ⁴⁴
哈尔滨	ɕian⁴⁴	tɕian⁴⁴	tɕian⁵¹	tɕʰian⁴⁴	ɕian²¹³	ɕian⁵¹	ian⁴⁴	piɛ⁴⁴
肇东	ɕian⁴⁴	tɕian⁴⁴	tɕian⁵³	tɕʰian⁴⁴	ɕian²¹³	ɕian⁵³	ian⁴⁴	piɛ⁴⁴
肇州	ɕian³³	tɕian³³	tɕian⁵³	tɕʰian³³	ɕian²¹³	ɕian⁵³	ian³³	piɛ³³
东宁	ɕian³³	tɕian³³	tɕian⁵³	tɕʰian³³	ɕian²¹³	ɕian⁵³	ian³³	piɛ³³
鸡西	ɕian⁴⁴	tɕian⁴⁴	tɕian⁵³	tɕʰian⁴⁴	ɕian²¹³	ɕian⁵³	ian⁴⁴	piɛ⁴⁴
密山	ɕian⁴⁴	tɕian⁴⁴	tɕian⁵²	tɕʰian⁴⁴	ɕian²¹³	ɕian⁵²	ian⁴⁴	piɛ⁴⁴
穆棱	ɕian³³	tɕian³³	tɕian⁵³	tɕʰian³³	ɕian²¹³	ɕian⁵³~在	ian³³	piɛ³³
宁安	ɕian⁴⁴	tɕian⁴⁴	tɕian⁵¹	tɕʰian⁴⁴	ɕian²¹³	ɕian⁵¹	ian⁴⁴	piɛ⁴⁴
尚志	ɕian⁴⁴	tɕian⁴⁴	tɕian⁵³	tɕʰian⁴⁴	ɕian²¹³	ɕian⁵³	ian⁴⁴	piɛ⁴⁴

69. 单字 0545—0552

调查点	0545 篾	0546 铁	0547 捏	0548 节	0549 切动	0550 截	0551 结	0552 搬
	山开四入屑明	山开四入屑透	山开四入屑泥	山开四入屑精	山开四入屑清	山开四入屑从	山开四入屑见	山合一平桓帮
勃利	miɛ⁵³	tʰiɛ²¹³	ȵiɛ⁴⁴	tɕiɛ²¹³白 tɕiɛ⁵³文	tɕʰiɛ⁴⁴	tɕiɛ²⁴	tɕiɛ²¹³婚 tɕiɛ²⁴果	pan⁴⁴

续表

调查点	0545 篾 山开四 入屑明	0546 铁 山开四 入屑透	0547 捏 山开四 入屑泥	0548 节 山开四 入屑精	0549 切动 山开四 入屑清	0550 截 山开四 入屑从	0551 结 山开四 入屑见	0552 搬 山合一 平桓帮
集贤	mie^{53}	tʰie^{213}	ȵie^{44}	tɕie$^{213}_{白}$ tɕie$^{35}_{文}$	tɕʰie^{44}	tɕie^{35}	tɕie$^{213}_{\sim婚}$ tɕie$^{35}_{打\sim}$	pan^{44}
佳木斯	mie^{53}	tʰie^{212}	ȵie^{33}	tɕie$^{212}_{白}$ tɕie$^{24}_{文}$	tɕʰie^{33}	tɕie^{24}	tɕie$^{212}_{\sim婚}$ tɕie$^{24}_{\sim果}$	pan^{33}
林口	mie^{53}	tʰie^{213}	ȵie^{33}	tɕie$^{213}_{白}$ tɕie$^{24}_{文}$	tɕʰie^{33}	tɕie^{24}	tɕie$^{213}_{\sim婚}$ tɕie$^{24}_{\sim果}$	pan^{33}
同江	mie^{53}	tʰie^{213}	ȵie$^{44}_{又}$ ȵie$^{53}_{又}$	tɕie$^{213}_{白}$ tɕie$^{24}_{文}$	tɕʰie$^{44}_{又}$ tɕʰie$^{24}_{又}$	tɕie^{24}	tɕie$^{213}_{\sim婚}$ tɕie$^{24}_{打\sim}$	pan^{44}
黑河	mie^{52}	tʰie^{213}	ȵie^{44}	tɕie$^{213}_{白}$ tɕie$^{24}_{文}$	tɕʰie^{44}	tɕie^{24}	tɕie$^{213}_{\sim婚}$ tɕie$^{24}_{\sim果}$	pan^{44}
嘉荫	mie^{51}	tʰie^{213}	ȵie^{33}	tɕie$^{213}_{白}$ tɕie$^{35}_{文}$	tɕʰie^{33}	tɕie^{35}	tɕie$^{213}_{\sim婚}$ tɕie$^{33}_{\sim果子}$	pan^{33}
兰西	mie^{53}	tʰie^{213}	ȵie^{33}	tɕie$^{213}_{白}$ tɕie$^{24}_{文}$	tɕʰie^{33}	tɕie^{24}	tɕie$^{213}_{\sim婚}$ tɕie$^{24}_{打\sim}$	pan^{33}
漠河	mie^{52}	tʰie^{213}	ȵie$^{55}_{\sim泥人儿}$ ȵie$^{52}_{扭\sim}$	tɕie$^{213}_{白}$ tɕie$^{35}_{文}$	tɕʰie^{55}	tɕie^{35}	tɕie$^{213}_{\sim婚}$ tɕie$^{35}_{\sim果}$	pan^{55}
嫩江	(无)	tʰie^{213}	ȵie^{44}	tɕie$^{213}_{白}$ tɕie$^{24}_{文}$	tɕʰie^{44}	tɕie^{24}	tɕie$^{213}_{\sim婚}$ tɕie$^{44}_{\sim果}$	pan^{44}
泰来	(无)无名无实	tʰie^{213}	ȵie$^{44}_{\sim饺子}$ ȵie$^{53}_{扭\sim}$	tɕie$^{213}_{白}$ tɕie$^{24}_{文}$ tɕie$^{44}_{\sim骨眼儿}$	tɕʰie^{44}	tɕie^{24}	tɕie$^{213}_{\sim婚}$ tɕie$^{24}_{\sim账}$ tɕie$^{44}_{\sim果子}$	pan^{44}
哈尔滨	mie^{51}	tʰie^{213}	ȵie$^{44}_{——\sim}$ ȵie$^{51}_{扭\sim}$	tɕie$^{213}_{白}$ tɕie$^{24}_{文}$	tɕʰie^{44}	tɕie^{24}	tɕie$^{213}_{\sim婚}$ tɕie$^{24}_{\sim果}$	pan^{44}
肇东	mi^{24}	tʰie^{213}	ȵie^{44}	tɕie^{213}	tɕʰie^{44}	tɕie^{24}	tɕie$^{213}_{\sim婚}$ tɕie$^{44}_{\sim果}$	pan^{44}
肇州	mi^{33}	tʰie^{213}	ȵie^{33}	tɕie$^{213}_{白}$ tɕie$^{24}_{文}$ tɕie$^{33}_{\sim骨眼儿}$	tɕʰie^{33}	tɕie^{24}	tɕie$^{213}_{团\sim}$ tɕie$^{33}_{\sim婚}$	pan^{33}

续表

调查点	0545 篦	0546 铁	0547 捏	0548 节	0549 切_动	0550 截	0551 结	0552 搬
	山开四入屑明	山开四入屑透	山开四入屑泥	山开四入屑精	山开四入屑清	山开四入屑从	山开四入屑见	山合一平桓帮
东宁	mie⁵³	tʰie²¹³	ȵie³³	tɕie³³_骨 tɕie²¹³_日	tɕʰie³³	tɕie²⁴	tɕie²¹³_又 tɕie²⁴_又	pan³³
鸡西	mie⁵³	tʰie²¹³	ȵie⁴⁴	tɕie²¹³_又 tɕie²⁴_又	tɕʰie⁴⁴	tɕie²⁴	tɕie²¹³_婚 tɕie²⁴_打~	pan⁴⁴
密山	（无）	tʰie²¹³	ȵie⁴⁴	tɕie²¹³_又 tɕie²⁴_又	tɕʰie⁴⁴	tɕie²⁴	tɕie²¹³_白 tɕie²⁴_文	pan⁴⁴
穆棱	mie⁵³	tʰie²¹³	ȵie³³	tɕie²¹³_又 tɕie³⁵_又	tɕʰie³³	tɕie³⁵	tɕie²¹³_婚 tɕie³⁵_打~	pan³³
宁安	mie⁵¹	tʰie²¹³	ȵie⁴⁴	tɕie⁴⁴_骨 tɕie²¹³_又	tɕʰie⁴⁴	tɕie³⁵	tɕie⁴⁴_又 tɕie²¹³_又	pan⁴⁴
尚志	mie⁵³	tʰie²¹³	ȵie⁴⁴	tɕie²¹³_又 tɕie²⁴_又	tɕʰie⁴⁴	tɕie²⁴	tɕie⁴⁴_又 tɕie²⁴_又	pan⁴⁴

70. 单字 0553—0560

调查点	0553 半	0554 判	0555 盘	0556 满	0557 端_~午	0558 短	0559 断_绳~了	0560 暖
	山合一去桓帮	山合一去桓滂	山合一平桓并	山合一上桓明	山合一平桓端	山合一上桓端	山合一上桓定	山合一上桓泥
勃利	pan⁵³	pʰan⁵³	pʰan²⁴	man²¹³	tuan⁴⁴	tuan²¹³	tuan⁵³	nau²¹³_又 nuan²¹³_又
集贤	pan⁵³	pʰan⁵³	pʰan³⁵	man²¹³	tuan⁴⁴	tuan²¹³	tuan⁵³	nau²¹³_白 nuan²¹³_又
佳木斯	pan⁵³	pʰan⁵³	pʰan²⁴	man²¹²	tuan³³	tuan²¹²	tuan⁵³	nau²¹²_又 nan²¹²_又
林口	pan⁵³	pʰan⁵³	pʰan²⁴	man²¹³	tuan³³	tuan²¹³	tuan⁵³	nan²¹³_又 nuan²¹³_又
同江	pan⁵³	pʰan⁵³	pʰan²⁴	man²¹³	tuan⁴⁴	tuan²¹³	tuan⁵³	nau²¹³_又 nuan²¹³_又

续表

调查点	0553 半 山合一 去桓帮	0554 判 山合一 去桓滂	0555 盘 山合一 平桓并	0556 满 山合一 上桓明	0557 端_年 山合一 平桓端	0558 短 山合一 上桓端	0559 断绳~了 山合一 上桓定	0560 暖 山合一 上桓泥
黑河	pan^{52}	p^han^{52}	p^han^{24}	man^{213}	$tuan^{44}$	$tuan^{213}$	$tuan^{52}$	$nau^{213}_{白}$ $nan^{213}_{白}$ $nuan^{213}_{文}$
嘉荫	pan^{51}	p^han^{51}	p^han^{35}	man^{213}	$tuan^{33}$	$tuan^{213}$	$tuan^{51}$	$nau^{213}_{~和}$ $nuan^{213}_{温~}$ $nan^{213}_{~气}$
兰西	pan^{53}	p^han^{53}	p^han^{24}	man^{213}	$tuan^{33}$	$tuan^{213}$	$tuan^{53}$	$nau^{213}_{白}$ $nan^{213}_{白}$ $nuan^{213}_{文}$
漠河	pan^{52}	p^han^{52}	p^han^{35}	man^{213}	$tuan^{55}$	$tuan^{213}$	$tuan^{52}$	$nan^{213}_{又}$ $nuan^{213}_{又}$
嫩江	pan^{53}	p^han^{53}	p^han^{24}	man^{213}	$tuan^{44}$	$tuan^{213}$	$tuan^{53}$	$nau^{213}_{白}$ $nan^{213}_{白}$ $nuan^{213}_{文}$
泰来	pan^{53}	p^han^{53}	p^han^{24}	man^{213}	$tuan^{44}$	$tuan^{213}$	$tuan^{53}$	$nau^{213}_{~和}$ $nan^{213}_{~气}$ $nuan^{213}_{温~}$
哈尔滨	pan^{51}	p^han^{51}	p^han^{24}	man^{213}	$tuan^{44}$	$tuan^{213}$	$tuan^{51}$	$nan^{213}_{白}$ $nau^{213}_{白}$ $nuan^{213}_{文}$
肇东	pan^{53}	p^han^{53}	p^han^{24}	man^{213}	$tuan^{44}$	$tuan^{213}$	$tuan^{53}$	$nau^{213}_{又}$ $nan^{213}_{又}$
肇州	pan^{53}	p^han^{53}	p^han^{24}	man^{213}	$tuan^{33}$	$tuan^{213}$	$tuan^{53}$	$nan^{213}_{~气}$ $nuan^{213}_{~和}$
东宁	pan^{53}	p^han^{53}	p^han^{24}	man^{213}	$tuan^{33}$	$tuan^{213}$	$tuan^{53}$	$nuan^{213}$
鸡西	pan^{53}	p^han^{53}	p^han^{24}	man^{213}	$tuan^{44}$	$tuan^{213}$	$tuan^{53}$	$nau^{213}_{又}$ $nuan^{213}_{又}$

续表

调查点	0553 半 山合一去桓帮	0554 判 山合一去桓滂	0555 盘 山合一平桓并	0556 满 山合一上桓明	0557 端_~午 山合一平桓端	0558 短 山合一上桓端	0559 断_绳~了 山合一上桓定	0560 暖 山合一上桓泥
密山	pan⁵²	pʰan⁵²	pʰan²⁴	man²¹³	tuan⁴⁴	tuan²¹³	tuan⁵²	nan²¹³又 nuan²¹³又
穆棱	pan⁵³	pʰan⁵³	pʰan³⁵	man²¹³	tuan³³	tuan²¹³	tuan⁵³	nau²¹³又 nuan²¹³又
宁安	pan⁵¹	pʰan⁵¹	pʰan³⁵	man²¹³	tuan⁴⁴	tuan²¹³	tuan⁵¹	nuan²¹³
尚志	pan⁵³	pʰan⁵³	pʰan²⁴	man²¹³	tuan⁴⁴	tuan²¹³	tuan⁵³	nau²¹³又 nuan²¹³又

71. 单字 0561—0568

调查点	0561 乱 山合一去桓来	0562 酸 山合一平桓心	0563 算 山合一去桓心	0564 官 山合一平桓见	0565 宽 山合一平桓溪	0566 欢 山合一平桓晓	0567 完 山合一平桓匣	0568 换 山合一去桓匣
勃利	lan⁵³又 luan⁵³又	suan⁴⁴	suan⁵³	kuan⁴⁴	kʰuan⁴⁴	xuan⁴⁴	uan²⁴	xuan⁵³
集贤	luan⁵³又 lan⁵³又	suan⁴⁴	suan⁵³	kuan⁴⁴	kʰuan⁴⁴	xuan⁴⁴	uan³⁵	xuan⁵³
佳木斯	lan⁵³又 luan⁵³又	suan³³	suan⁵³	kuan³³	kʰuan³³	xuan³³	uan²⁴	xuan⁵³
林口	lan⁵³又 luan⁵³又	suan³³	suan⁵³	kuan³³	kʰuan³³	xuan³³	uan²⁴	xuan⁵³
同江	lan⁵³又 luan⁵³又	suan⁴⁴	suan⁵³	kuan⁴⁴	kʰuan⁴⁴	xuan⁴⁴	uan²⁴	xuan⁵³
黑河	luan⁵²	suan⁴⁴	suan⁵²	kuan⁴⁴	kʰuan⁴⁴	xuan⁴⁴	uan²⁴	xuan⁵²
嘉荫	lan⁵¹又 luan⁵¹又	suan³³	suan⁵¹	kuan³³	kʰuan³³	xuan³³	uan³⁵	xuan⁵¹
兰西	lan⁵³又 luan⁵³又	suan³³	suan⁵³	kuan³³	kʰuan³³	xuan³³	van²⁴	xuan⁵³

续表

调查点	0561 乱 山合一 去桓来	0562 酸 山合一 平桓心	0563 算 山合一 去桓心	0564 官 山合一 平桓见	0565 宽 山合一 平桓溪	0566 欢 山合一 平桓晓	0567 完 山合一 平桓匣	0568 换 山合一 去桓匣
漠河	lan^{52}又 luan^{52}又	suan^{55}	suan^{52}	kuan^{55}	k^{h}uan^{55}	xuan^{55}	uan^{35}	xuan^{52}
嫩江	lan^{53} luan^{53}	suan^{44}	suan^{53}	kuan^{44}	k^{h}uan^{44}	xuan^{44}	uan^{24}	xuan^{53}
泰来	lan^{53}又 luan^{53}又	ʂuan^{44}	ʂuan^{53}	kuan^{44}	k^{h}uan^{44}	xuan^{44}	uan^{24}	xuan^{53}
哈尔滨	lan^{51}又 luan^{51}又	suan^{44}	suan^{51}	kuan^{44}	k^{h}uan^{44}	xuan^{44}	uan^{24}	xuan^{51}
肇东	lan^{53}	suan^{44}	suan^{53}	kuan^{44}	k^{h}uan^{44}	xuan^{44}	van^{24}	xuan^{53}
肇州	luan^{53}	suan^{33}	suan^{53}	kuan^{33}	k^{h}uan^{33}	xuan^{33}	van^{24}	xuan^{53}
东宁	luan^{53}又 lan^{53}又	suan^{33}	suan^{53}	kuan^{33}	k^{h}uan^{33}	xuan^{33}	uan^{24}	xuan^{53}
鸡西	lan^{53}又 luan^{53}又	suan^{44}	suan^{53}	kuan^{44}	k^{h}uan^{44}	xuan^{44}	uan^{24}	xuan^{53}
密山	lan^{52}又 luan^{52}又	suan^{44}	suan^{52}	kuan^{44}	k^{h}uan^{44}	xuan^{44}	uan^{24}	xuan^{52}
穆棱	lan^{53}又 luan^{53}又	suan^{33}	suan^{53}	kuan^{33}	k^{h}uan^{33}	xuan^{33}	uan^{35}	xuan^{53}
宁安	luan^{51}	suan^{44}	suan^{51}	kuan^{44}	k^{h}uan^{44}	xuan^{44}	uan^{35}	xuan^{51}
尚志	luan^{53}又 lan^{53}又	suan^{44}	suan^{53}	kuan^{44}	k^{h}uan^{44}	xuan^{44}	uan^{24}	xuan^{53}

72. 单字 0569—0576

调查点	0569 碗 山合一 上桓影	0570 拨 山合一 入末帮	0571 泼 山合一 入末滂	0572 末 山合一 入末明	0573 脱 山合一 入末透	0574 夺 山合一 入末定	0575 阔 山合一 入末溪	0576 活 山合一 入末匣
勃利	uan^{213}	pɤ^{44}	p^{h}ɤ^{44}	mɤ^{53}~尾儿 mɤ^{44}第~儿	t^{h}uɤ^{44}	tuɤ^{24}	k^{h}uɤ^{53}	xuɤ^{24}

续表

调查点	0569 碗 山合一 上桓影	0570 拨 山合一 入末帮	0571 泼 山合一 入末滂	0572 末 山合一 入末明	0573 脱 山合一 入末透	0574 夺 山合一 入末定	0575 阔 山合一 入末溪	0576 活 山合一 入末匣
集贤	uan^{213}	pɣ^{44}	p^{h}ɣ^{44}	mɣ^{53}	t^{h}uɣ^{44}	tuɣ^{35}	k^{h}uɣ^{53}	xuɣ^{35}
佳木斯	uan^{212}	pɣ^{33}	p^{h}ɣ^{33}	mɣ^{53}	t^{h}uɣ^{33}	tuɣ^{24}	k^{h}uɣ^{53}	xuɣ^{24}
林口	uan^{213}	pɣ^{24}	p^{h}ɣ^{33}	mɣ^{53}	t^{h}uo^{33}	tuo^{24}	k^{h}uo^{53}	xuo^{24}
同江	uan^{213}	pɣ^{44}	p^{h}ɣ$^{44}_{又}$ p^{h}ɣ$^{24}_{又}$	mɣ$^{53}_{尾儿}$ mɣ$^{44}_{第~儿}$	t^{h}uɣ$^{44}_{又}$ t^{h}uɣ$^{24}_{又}$	tuɣ^{24}	k^{h}uɣ^{53}	xuɣ^{24}
黑河	uan^{213}	pɣ^{44}	p^{h}ɣ^{44}	mɣ^{52}	t^{h}uɣ^{44}	tuɣ^{24}	k^{h}uɣ^{52}	xuɣ^{24}
嘉荫	uan^{213}	pɣ$^{33}_{~电话}$ pɣ$^{35}_{~民}$①	p^{h}ɣ^{33}	mɣ^{51}	t^{h}uɣ^{33}	tuɣ^{35}	k^{h}uɣ^{51}	xuɣ^{35}
兰西	van^{213}	pɣ^{33}	p^{h}ɣ$^{33}_{~水}$ p^{h}ɣ$^{213}_{~妇}$	mɣ$^{53}_{又}$ mɣ$^{33}_{又}$	t^{h}uɣ^{33}	tuɣ^{24}	k^{h}uɣ^{53}	xuɣ^{24}
漠河	uan^{213}	pɣ^{55}	p^{h}ɣ$^{55}_{~水}$ p^{h}ɣ$^{213}_{~妇}$	mɣ^{52}	t^{h}uɣ^{55}	tuɣ^{35}	k^{h}uɣ^{52}	xuɣ^{35}
嫩江	uan^{213}	pɣ^{44} pɣ^{24}	p^{h}ɣ^{44}	mɣ^{53}	t^{h}uɣ^{44}	tuɣ^{24}	k^{h}uɣ^{53}	xuɣ^{24}
泰来	uan^{213}	pɣ^{44}	p^{h}ɣ$^{44}_{~水}$ p^{h}ɣ$^{213}_{~妇}$ pɣ$^{24}_{活~}$	mɣ^{53}	t^{h}uo^{44}	tuo^{24}	k^{h}uo^{53}	xuo^{24}
哈尔滨	uan^{213}	pɣ^{44}	p^{h}ɣ$^{44}_{~水}$ p^{h}ɣ$^{213}_{~妇}$	mɣ^{51}	t^{h}uo^{44}	tuo^{24}	k^{h}uo^{51}	xuo^{24}
肇东	van^{213}	pɣ^{24}	p^{h}ɣ^{44}	mɣ^{53}	t^{h}uo^{44}	tuo^{24}	k^{h}uo^{53}	xuo^{24}
肇州	van^{213}	pɣ^{24}	p^{h}ɣ$^{213}_{~妇}$ p^{h}ɣ$^{24}_{活~}$ p^{h}ɣ$^{33}_{~水}$	mɣ^{53}	t^{h}uɣ^{33}	tuɣ^{24}	k^{h}uɣ^{53}	xuɣ^{24}
东宁	uan^{213}	pɣ$^{33}_{又}$ pɣ$^{24}_{又}$	p^{h}ɣ^{33}	mɣ^{53}	t^{h}uɣ^{33}	tuɣ^{24}	k^{h}uɣ^{53}	xuɣ^{24}
鸡西	uan^{213}	pɣ^{44}	p^{h}ɣ^{44}	mɣ^{53}	t^{h}uɣ^{44}	tuɣ^{24}	k^{h}uɣ^{53}	xuɣ^{24}

---

①　强制移民。

续表

调查点	0569 碗	0570 拨	0571 泼	0572 末	0573 脱	0574 夺	0575 阔	0576 活
	山合一 上桓影	山合一 入末帮	山合一 入末滂	山合一 入末明	山合一 入末透	山合一 入末定	山合一 入末溪	山合一 入末匣
密山	uan²¹³	pɤ⁴⁴	pʰɤ⁴⁴	mɤ⁵²	tʰuɤ⁴⁴	tuɤ²⁴	kʰuɤ⁵²	xuɤ²⁴
穆棱	uan²¹³	pɤ³⁵ ~饭	pʰɤ³³	mɤ⁵³	tʰuɤ³³	tuɤ³⁵	kʰuɤ⁵³	xuɤ³⁵
宁安	uan²¹³	pɤ⁴⁴	pʰɤ⁴⁴	mɤ⁵¹	tʰuɤ⁴⁴	tuɤ³⁵	kʰuɤ⁵¹	xuɤ³⁵
尚志	uan²¹³	pɤ⁴⁴	pʰɤ⁴⁴	mɤ⁵³	tʰuo⁴⁴	tuo²⁴	kʰuo⁵³	xuo²⁴

73. 单字 0577—0584

调查点	0577 顽 ~皮,~固	0578 滑	0579 挖	0580 闩	0581 关_门	0582 惯	0583 还_动	0584 还_副
	山合二 平山疑	山合二 入黠匣	山合二 入黠影	山合二 平删生	山合二 平删见	山合二 去删见	山合二 平删匣	山合二 平删匣
勃利	uan²⁴	xua²⁴	ua⁴⁴	suan⁴⁴	kuan⁴⁴	kuan⁵³	xuan²⁴	xai:²⁴ 又 xai:⁵³ 又
集贤	uan³⁵	xua³⁵	ua⁴⁴	suan⁴⁴	kuan⁴⁴	kuan⁵³	xuan³⁵	xai:⁵³ 又 xai:³⁵ 又
佳木斯	uan²⁴	xua²⁴	ua³³	suan³³	kuan³³	kuan⁵³	xuan²⁴	xai:²⁴ 又 xai:⁵³ 又
林口	uan²⁴	xua²⁴	ua³³	suan³³	kuan³³	kuan⁵³	xuan²⁴	xai:²⁴ 又 xai:⁵³ 又
同江	uan²⁴	xua²⁴	ua⁴⁴ 又 ua²⁴ 又	suan⁴⁴	kuan⁴⁴	kuan⁵³	xuan²⁴	xai:²⁴
黑河	uan²⁴	xua²⁴	ua⁴⁴	suan⁴⁴	kuan⁴⁴	kuan⁵²	xuan²⁴	xai:²⁴
嘉荫	uan³⁵	xua³⁵	ua³³	suan³³	kuan³³	kuan⁵¹	xuan³⁵	xai:³⁵
兰西	van²⁴	xua²⁴	va³³	ʂuan³³	kuan³³	kuan⁵³	xuan²⁴	xai:²⁴
漠河	uan³⁵	xua³⁵	ua⁵⁵	ʂuan⁵⁵	kuan⁵⁵	kuan⁵²	xuan³⁵	xai:⁵² 又 xai:³⁵ 又
嫩江	uan²⁴	xua²⁴	ua⁴⁴	suan⁴⁴	kuan⁴⁴	kuan⁵³	xuan²⁴	xai:²⁴
泰来	uan²⁴	xua²⁴	ua⁴⁴	ʂuan⁴⁴	kuan⁴⁴	kuan⁵³	xuan²⁴	xai:²⁴ 又 xai:⁵³ 又

续表

调查点	0577 顽~皮,~固	0578 滑	0579 挖	0580 闩	0581 关~门	0582 惯	0583 还~动	0584 还~副
	山合二平山疑	山合二入黠匣	山合二入黠影	山合二平删生	山合二平删见	山合二去删见	山合二平删匣	山合二平删匣
哈尔滨	uan^{24}	xua^{24}	ua^{44}	ʂuan^{44}	kuan^{44}	kuan^{51}	xuan^{24}	xai^{24}
肇东	van^{24}	xua^{24}	va^{44}	ʂuan^{44}	kuan^{44}	kuan^{53}	xuan^{24}	xai$^{24}_{又}$ / xai$^{53}_{又}$
肇州	van^{24}	xua^{24}	va^{33}	suan^{33}	kuan^{33}	kuan^{53}	xuan^{24}	xai$^{53}_{又}$ / xai$^{24}_{又}$
东宁	uan^{24}	xua^{24}	ua^{33}	suan^{33}	kuan^{33}	kuan^{53}	xuan^{24}	xai$^{24}_{又}$ / xai$^{53}_{又}$
鸡西	uan^{24}	xua^{24}	ua^{44}	suan^{44}	kuan^{44}	kuan^{53}	xuan^{24}	xai^{24}
密山	uan^{24}	xua^{24}	ua^{44}	suan^{44}	kuan^{44}	kuan^{52}	xuan^{24}	xai$^{24}_{又}$ / xai$^{52}_{又}$
穆棱	uan^{35}	xua^{35}	ua$^{33}_{又}$ / ua$^{35}_{又}$	suan^{33}	kuan^{33}	kuan^{53}	xuan^{35}	xai^{35}
宁安	uan^{35}	xua^{35}	ua^{44}	suan^{44}	kuan^{44}	kuan^{51}	xuan^{35}	xai$^{35}_{又}$ / xai$^{51}_{又}$
尚志	uan^{24}	xua^{24}	ua^{44}	suan^{44}	kuan^{44}	kuan^{53}	xuan^{24}	xai^{24}

74. 单字 0585—0592

调查点	0585 弯	0586 刷	0587 刮	0588 全	0589 选	0590 转~眼,~送	0591 传~下来	0592 传~记
	山合二平删影	山合二入辖生	山合二入辖见	山合三平仙从	山合三上仙心	山合三上仙知	山合三平仙澄	山合三去仙澄
勃利	uan^{44}	sua^{44}	kua$^{213}_{~大风}$ / kua$^{44}_{~胡子}$	tɕʰyan^{24}	ɕyan^{213}	tsuan^{213}	tsʰuan^{24}	tsuan^{53}
集贤	uan^{44}	sua^{44}	kua$^{213}_{~大风}$ / kua$^{44}_{~大白}$	tɕʰyan^{35}	ɕyan^{213}	tsuan^{213}	tsʰuan^{35}	tsuan^{53}
佳木斯	uan^{33}	sua^{33}	kua$^{212}_{~大风}$ / kua$^{33}_{~大白}$	tɕʰyan^{24}	ɕyan^{212}	tsuan^{212}	tsʰuan^{24}	tsuan^{53}

续表

调查点	0585 弯	0586 刷	0587 刮	0588 全	0589 选	0590 转~眼,~送	0591 传~下来	0592 传~记
	山合二平删影	山合二入辖生	山合二入辖见	山合三平仙从	山合三上仙心	山合三上仙知	山合三平仙澄	山合三去仙澄
林口	uan^{33}	sua^{33}	kua$^{213}_{~风}$ kua$^{33}_{~胡子}$	tɕʰyan^{24}	ɕyan^{213}	tsuan^{213}	tsʰuan^{24}	tsuan^{53}
同江	uan^{44}	sua$^{44}_{~又}$ sua$^{24}_{~又}$	kua$^{213}_{~大风}$ kua$^{24}_{~大白}$ kua$^{44}_{~胡子}$	tɕʰyan^{24}	ɕyan^{213}	tsuan^{213}	tsʰuan^{24}	tsuan^{53}
黑河	uan^{44}	ʂua^{44}	kua^{44}	tɕʰyan^{24}	ɕyan^{213}	tʂuan^{213}	tʂʰuan^{24}	tʂuan^{52}
嘉荫	uan^{33}	ʂua^{33}	kua$^{213}_{~大风}$ kua$^{33}_{~胡子}$	tɕʰyan^{35}	ɕyan^{213}	tʂuan^{213}	tʂʰuan^{35}	tʂuan^{51}
兰西	van^{33}	ʂua$^{33}_{~碗}$ ʂua$^{24}_{~帚}$ ʂua$^{53}_{~下来}$	kua$^{213}_{~风}$ kua$^{33}_{~胡子}$ kʰua$^{33}_{~下来}$	tɕʰyan^{24}	ɕyan^{213}	tʂuan^{213}	tʂʰuan^{24}	tʂuan^{53}
漠河	uan^{55}	ʂua^{55}	kua$^{213}_{~风}$ kua$^{55}_{~胡子}$	tɕʰyan^{35}	ɕyan^{213}	tʂuan^{213}	tʂʰuan^{35}	tʂuan^{52}
嫩江	uan^{44}	sua^{44}	kua$^{213}_{~风}$ kua$^{44}_{~胡子}$ kʰua$^{44}_{~下来}$	tɕʰyan^{24}	ɕyan^{213}	tsuan^{213}	tsʰuan^{24}	tsuan^{53}
泰来	uan^{44}	ʂua^{44}	kʰua$^{44}_{~走了}$ kua$^{44}_{~胡子}$ kua$^{213}_{~风}$	tɕʰyan^{24}	ɕyan^{213}	tʂuan^{213}	tʂʰuan^{24}	tʂuan^{53}
哈尔滨	uan^{44}	ʂua^{44}	kua$^{213}_{~风}$ kua$^{44}_{~风}$ kʰua$^{44}_{~_}$	tɕʰyan^{24}	ɕyan^{213}	tʂuan^{213}	tʂʰuan^{24}	tʂuan^{51}
肇东	van^{44}	ʂua^{44}	kua$^{213}_{~大风}$ kʰua$^{44}_{~胡子}$	tɕʰyan^{24}	ɕyan^{213}	tʂuan^{213}	tʂʰuan^{24}	tʂuan^{53}
肇州	van^{33}	ʂua^{33}	kʰua$^{33}_{~毛}$ kua$^{213}_{~风}$ kua$^{33}_{~大白}$	tɕʰyan^{24}	ɕyan^{213}	tsuan^{213}	tsʰuan^{24}	tsuan^{53}

续表

调查点	0585 弯	0586 刷	0587 刮	0588 全	0589 选	0590 转~眼,~送	0591 传~下来	0592 传~记
	山合二平删影	山合二入辖生	山合二入辖见	山合三平仙从	山合三上仙心	山合三上仙知	山合三平仙澄	山合三去仙澄
东宁	uan^{33}	sua^{33}	kua$^{213}_{~风}$ kua$^{33}_{~胡子}$	tɕʰyan^{24}	ɕyan^{213}	tsuan^{213}	tsʰuan^{24}	tsuan^{53}
鸡西	uan^{44}	sua$^{44}_{又}$ sua$^{24}_{又}$	kua$^{213}_{~大风}$ kua$^{44}_{~胡子}$	tɕʰyan^{24}	ɕyan^{213}	tsuan^{213}	tsʰuan^{24}	tsuan^{53}
密山	uan^{44}	sua^{44}	kua$^{213}_{~风}$ kua$^{44}_{~胡子}$	tɕʰyan^{24}	ɕyan^{213}	tsuan^{213}	tsʰuan^{24}	tsuan^{52}
穆棱	uan^{33}	sua^{33}	kua$^{213}_{~风}$ kua$^{33}_{~大白}$	tɕʰyan^{35}	ɕyan^{213}	tsuan^{213}	tsʰuan^{35}	tsuan^{53}
宁安	uan^{44}	ʂua^{44}	kua$^{213}_{~风}$ kua$^{44}_{~墙}$	tɕʰyan^{35}	ɕyan^{213}	tʂuan^{213}	tʂʰuan^{35}	tʂuan^{51}
尚志	uan^{44}	sua^{44}	kua$^{213}_{~大风}$ kʰua$^{44}_{~下来}$ kua$^{44}_{~胡子}$	tɕʰyan^{24}	ɕyan^{213}	tsuan^{213}	tsʰuan^{24}	tsuan^{53}

75. 单字 0593—0600

调查点	0593 砖	0594 船	0595 软	0596 卷~起	0597 圈圆~	0598 权	0599 圆	0600 院
	山合三平仙章	山合三平仙船	山合三上仙日	山合三上仙见	山合三平仙溪	山合三平仙群	山合三平仙云	山合三去仙云
勃利	tsuan^{44}	tsʰuan^{24}	yan$^{213}_{白}$ ʐuan$^{213}_{文}$	tɕyan^{213}	tɕʰyan^{44}	tɕʰyan^{24}	yan^{24}	yan^{53}
集贤	tsuan^{44}	tsʰuan^{35}	yan$^{213}_{白}$ ʐuan$^{213}_{文}$	tɕyan^{213}	tɕʰyan^{44}	tɕʰyan^{35}	yan^{35}	yan^{53}
佳木斯	tsuan^{33}	tsʰuan^{24}	yan^{212}	tɕyan^{212}	tɕʰyan^{33}	tɕʰyan^{24}	yan^{24}	yan^{53}
林口	tsuan^{33}	tsʰuan^{24}	yan^{213}	tɕyan^{213}	tɕʰyan^{33}	tɕʰyan^{24}	yan^{24}	yan^{53}
同江	tsuan^{44}	tsʰuan^{24}	yan$^{213}_{白}$ ʐuan$^{213}_{文}$	tɕyan^{213}	tɕʰyan^{44}	tɕʰyan^{24}	yan^{24}	yan^{53}

续表

调查点	0593 砖 山合三 平仙章	0594 船 山合三 平仙船	0595 软 山合三 上仙日	0596 卷~起 山合三 上仙见	0597 圈圆~ 山合三 平仙溪	0598 权 山合三 平仙群	0599 圆 山合三 平仙云	0600 院 山合三 去仙云
黑河	tsuan⁴⁴	tʂʰuan²⁴	ʐuan²¹³	tɕyan²¹³	tɕʰyan⁴⁴	tɕʰyan²⁴	yan²⁴	yan⁵²
嘉荫	tʂuan³³	tʂʰuan³⁵	yan²¹³白 ʐuan²¹³文	tɕyan²¹³	tɕʰyan³³	tɕʰyan³⁵	yan³⁵	yan⁵¹
兰西	tsuan³³	tʂʰuan²⁴	yan²¹³白 ʐuan²¹³文	tɕyan²¹³	tɕʰyan³³	tɕʰyan²⁴	yan²⁴	yan⁵³
漠河	tʂuan⁵⁵	tʂʰuan³⁵	yan²¹³白 ʐuan²¹³文	tɕyan²¹³	tɕʰyan⁵⁵	tɕʰyan³⁵	yan³⁵	yan⁵²
嫩江	tsuan⁴⁴	tsʰuan²⁴	yan²¹³白 ʐuan²¹³文	tɕyan²¹³	tɕʰyan⁴⁴	tɕʰyan²⁴	yan²⁴	yan⁵³
泰来	tsuan⁴⁴	tʂʰuan²⁴	yan²¹³	tɕyan²¹³	tɕʰyan⁴⁴	tɕʰyan²⁴	yan²⁴	yan⁵³
哈尔滨	tsuan⁴⁴	tʂʰuan²⁴	ʐuan²¹³	tɕyan²¹³	tɕʰyan⁴⁴	tɕʰyan²⁴	yan²⁴	yan⁵¹
肇东	tʂuan⁴⁴	tʂʰuan²⁴	yan²¹³	tɕyan²¹³	tɕʰyan⁴⁴	tɕʰyan²⁴	yan²⁴	yan⁵³
肇州	tsuan³³	tsʰuan²⁴	yan²¹³	tɕyan²¹³	tɕʰyan³³	tɕʰyan²⁴	yan²⁴	yan⁵³
东宁	tsuan³³	tsʰuan²⁴	yan²¹³白 ʐuan²¹³文	tɕyan²¹³	tɕʰyan³³	tɕʰyan²⁴	yan²⁴	yan⁵³
鸡西	tsuan⁴⁴	tsʰuan²⁴	yan²¹³白 ʐuan²¹³文	tɕyan²¹³	tɕʰyan⁴⁴	tɕʰyan²⁴	yan²⁴	yan⁵³
密山	tsuan⁴⁴	tsʰuan²⁴	yan²¹³	tɕyan²¹³	tɕʰyan⁴⁴	tɕʰyan²⁴	yan²⁴	yan⁵²
穆棱	tsuan³³	tsʰuan³⁵	yan²¹³白 ʐuan²¹³文	tɕyan²¹³	tɕʰyan³³	tɕʰyan³⁵	yan³⁵	yan⁵³
宁安	tʂuan⁴⁴	tʂʰuan³⁵	ʐuan²¹³	tɕyan²¹³	tɕʰyan⁴⁴	tɕʰyan³⁵	yan³⁵	yan⁵¹
尚志	tsuan⁴⁴	tsʰuan²⁴	ʐuan²¹³	tɕyan²¹³	tɕʰyan⁴⁴	tɕʰyan²⁴	yan²⁴	yan⁵³

76. 单字 0601—0608

调查点	0601 铅~笔	0602 绝	0603 雪	0604 反	0605 翻	0606 饭	0607 晚	0608 万麻将牌
	山合三平仙以	山合三入薛从	山合三入薛心	山合三上元非	山合三平元敷	山合三去元奉	山合三上元微	山合三去元微
勃利	tɕʰian⁴⁴	tɕyɛ²⁴	ɕyɛ²¹³	fan²¹³	fan⁴⁴	fan⁵³	uan²¹³	uan⁵³
集贤	tɕʰian⁴⁴	tɕyɛ³⁵	ɕyɛ²¹³	fan²¹³	fan⁴⁴	fan⁵³	uan²¹³	uan⁵³
佳木斯	tɕʰian³³	tɕyɛ²⁴	ɕyɛ²¹²	fan²¹²	fan³³	fan⁵³	uan²¹²	uan⁵³
林口	tɕʰian³³	tɕyɛ²⁴	ɕyɛ²¹³	fan²¹³	fan³³	fan⁵³	uan²¹³	uan⁵³
同江	tɕʰian⁴⁴	tɕyɛ²⁴	ɕyɛ²¹³	fan²¹³	fan⁴⁴	fan⁵³	uan²¹³	uan⁵³
黑河	tɕʰian⁴⁴	tɕyɛ²⁴	ɕyɛ²¹³	fan²¹³	fan⁴⁴	fan⁵²	uan²¹³	uan⁵²
嘉荫	tɕʰian³³	tɕyɛ³⁵	ɕyɛ²¹³	fan²¹³	fan³³	fan⁵¹	uan²¹³	uan⁵¹
兰西	tɕʰian³³	tɕyɛ²⁴	ɕyɛ²¹³	fan²¹³	fan³³	fan⁵³	van²¹³	van⁵³
漠河	tɕʰian⁵⁵	tɕyɛ³⁵	ɕyɛ²¹³	fan²¹³	fan⁵⁵	fan⁵²	uan²¹³	uan⁵²
嫩江	tɕʰian⁴⁴	tɕyɛ²⁴	ɕyɛ²¹³	fan²¹³	fan⁴⁴	fan⁵³	uan²¹³	uan⁵³
泰来	tɕʰian⁴⁴	tɕyɛ²⁴	ɕyɛ²¹³	fan²¹³	fan⁴⁴	fan⁵³	uan²¹³	uan⁵³
哈尔滨	tɕʰian⁴⁴	tɕyɛ²⁴	ɕyɛ²¹³	fan²¹³	fan⁴⁴	fan⁵¹	uan²¹³	uan⁵¹
肇东	tɕʰian⁴⁴	tɕyɛ²⁴	ɕyɛ²¹³	fan²¹³	fan⁴⁴	fan⁵³	van²¹³	van⁵³
肇州	tɕʰian³³	tɕyɛ²⁴	ɕyɛ²¹³	fan²¹³	fan³³	fan⁵³	van²¹³	van⁵³
东宁	tɕʰian³³	tɕyɛ²⁴	ɕyɛ²¹³	fan²¹³	fan³³	fan⁵³	uan²¹³	uan⁵³
鸡西	tɕʰian⁴⁴	tɕyɛ²⁴	ɕyɛ²¹³	fan²¹³	fan⁴⁴	fan⁵³	uan²¹³	uan⁵³
密山	tɕʰian⁴⁴	tɕyɛ²⁴	ɕyɛ²¹³	fan²¹³	fan⁴⁴	fan⁵²	uan²¹³	uan⁵²
穆棱	tɕʰian³³	tɕyɛ³⁵	ɕyɛ²¹³	fan²¹³	fan³³	fan⁵³	uan²¹³	uan⁵³
宁安	tɕʰian⁴⁴	tɕyɛ³⁵	ɕyɛ²¹³	fan²¹³	fan⁴⁴	fan⁵¹	uan²¹³	uan⁵¹
尚志	tɕʰian⁴⁴	tɕyɛ²⁴	ɕyɛ²¹³	fan²¹³	fan⁴⁴	fan⁵³	uan²¹³	uan⁵³

77. 单字 0609—0616

调查点	0609 劝	0610 原	0611 冤	0612 园	0613 远	0614 发头~	0615 罚	0616 袜
	山合三去元溪	山合三平元疑	山合三平元影	山合三平元云	山合三上元云	山合三入月非	山合三入月奉	山合三入月微
勃利	tɕʰyan⁵³	yan²⁴	yan⁴⁴	yan²⁴	yan²¹³	fa⁵³	fa²⁴	ua⁵³

续表

调查点	0609 劝	0610 原	0611 冤	0612 园	0613 远	0614 发_{头~}	0615 罚	0616 袜
	山合三 去元溪	山合三 平元疑	山合三 平元影	山合三 平元云	山合三 上元云	山合三 入月非	山合三 入月奉	山合三 入月微
集贤	tɕʰyan⁵³	yan³⁵	yan⁴⁴	yan³⁵	yan²¹³	fa⁵³	fa³⁵	ua⁵³
佳木斯	tɕʰyan⁵³	yan²⁴	yan³³	yan²⁴	yan²¹²	fa⁵³	fa²⁴	ua⁵³
林口	tɕʰyan⁵³	yan²⁴	yan³³	yan²⁴	yan²¹³	fa⁵³	fa²⁴	ua⁵³
同江	tɕʰyan⁵³	yan²⁴	yan⁴⁴	yan²⁴	yan²¹³	fa⁵³	fa²⁴	ua⁵³
黑河	tɕʰyan⁵²	yan²⁴	yan⁴⁴	yan²⁴	yan²¹³	fa⁵²	fa²⁴	ua⁵²
嘉荫	tɕʰyan⁵¹	yan³⁵	yan³³	yan³⁵	yan²¹³	fa⁵¹	fa³⁵	ua⁵¹
兰西	tɕʰyan⁵³	yan²⁴	yan³³	yan²⁴	yan²¹³	fa⁵³	fa²⁴	va⁵³
漠河	tɕʰyan⁵²	yan³⁵	yan⁵⁵	yan³⁵	yan²¹³	fa⁵²	fa³⁵	ua⁵²
嫩江	tɕʰyan⁵³	yan²⁴	yan⁴⁴	yan²⁴	yan²¹³	fa⁵³	fa²⁴	ua⁵³
泰来	tɕʰyan⁵³	yan²⁴	yan⁴⁴	yan²⁴	yan²¹³	fa⁵³	fa²⁴	ua⁵³
哈尔滨	tɕʰyan⁵¹	yan²⁴	yan⁴⁴	yan²⁴	yan²¹³	fa⁵¹	fa²⁴	ua⁵¹
肇东	tɕʰyan⁵³	yan²⁴	yan⁴⁴	yan²⁴	yan²¹³	fa⁵³	fa²⁴	va⁵³
肇州	tɕʰyan⁵³	yan²⁴	yan³³	yan²⁴	yan²¹³	fa⁵³	fa²⁴	va⁵³
东宁	tɕʰyan⁵³	yan²⁴	yan³³	yan²⁴	yan²¹³	fa⁵³_又 fa²¹³_又	fa²⁴	ua⁵³
鸡西	tɕʰyan⁵³	yan²⁴	yan⁴⁴	yan²⁴	yan²¹³	fa⁵³	fa²⁴	ua⁵³
密山	tɕʰyan⁵²	yan²⁴	yan⁴⁴	yan²⁴	yan²¹³	fa⁵²	fa²⁴	ua⁵²
穆棱	tɕʰyan⁵³	yan³⁵	yan³³	yan³⁵	yan²¹³	fa⁵³	fa³⁵	ua⁵³
宁安	tɕʰyan⁵¹	yan³⁵	yan⁴⁴	yan³⁵	yan²¹³	fa⁵¹	fa³⁵	ua⁵¹
尚志	tɕʰyan⁵³	yan²⁴	yan⁴⁴	yan²⁴	yan²¹³	fa⁵³	fa²⁴	ua⁵³

78. 单字 0617—0624

调查点	0617 月	0618 越	0619 县	0620 决	0621 缺	0622 血	0623 吞	0624 根
	山合三 入月疑	山合三 入月云	山合四 去先匣	山合四 入屑见	山合四 入屑溪	山合四 入屑晓	臻开一 平痕透	臻开一 平痕见
勃利	yɛ⁵³	yɛ⁵³	ɕian⁵³	tɕyɛ²⁴	tɕʰyɛ⁴⁴	ɕiɛ²¹³_白 ɕyɛ²¹³_文	tʰuən⁴⁴	kən⁴⁴
集贤	yɛ⁵³	yɛ⁵³	ɕian⁵³	tɕyɛ³⁵	tɕʰyɛ⁴⁴	ɕyɛ²¹³	tʰuən⁴⁴	kən⁴⁴

续表

调查点	0617 月	0618 越	0619 县	0620 决	0621 缺	0622 血	0623 吞	0624 根
	山合三入月疑	山合三入月云	山合四去先匣	山合四入屑见	山合四入屑溪	山合四入屑晓	臻开一平痕透	臻开一平痕见
佳木斯	yɛ⁵³	yɛ⁵³	ɕian⁵³	tɕyɛ²⁴	tɕʰyɛ³³	ɕyɛ²¹²白 ɕyɛ⁵³文	tʰuən³³	kən³³
林口	yɛ⁵³	yɛ⁵³	ɕian⁵³	tɕyɛ²⁴	tɕʰyɛ³³	ɕiɛ²¹³	tʰuən³³	kən³³
同江	yɛ⁵³	yɛ⁵³	ɕian⁵³	tɕyɛ²⁴	tɕʰyɛ⁴⁴	ɕiɛ²¹³白 ɕyɛ²¹³文	tʰuən⁴⁴	kən⁴⁴
黑河	yɛ⁵²	yɛ⁵²	ɕian⁵²	tɕyɛ²⁴	tɕʰyɛ⁴⁴	ɕyɛ²¹³白 ɕiɛ²¹³白 ɕyɛ⁵²文	tʰuən⁴⁴	kən⁴⁴
嘉荫	yɛ⁵¹	yɛ⁵¹	ɕian⁵¹	tɕyɛ³⁵	tɕʰyɛ³³	ɕiɛ²¹³白 ɕyɛ²¹³文	tʰuən³³	kən³³
兰西	yɛ⁵³	yɛ⁵³	ɕian⁵³	tɕyɛ²⁴	tɕʰyɛ³³	ɕiɛ²¹³白 ɕyɛ²¹³文	tʰuən³³	kən³³
漠河	yɛ⁵²	yɛ⁵²	ɕian⁵²	tɕyɛ³⁵	tɕʰyɛ⁵⁵	ɕiɛ²¹³白 ɕyɛ²¹³文 ɕyɛ⁵²文	tʰuən⁵⁵	kən⁵⁵
嫩江	yɛ⁵³	yɛ⁵³	ɕian⁵³	tɕyɛ²⁴	tɕʰyɛ⁴⁴	ɕiɛ²¹³白 ɕyɛ²¹³文	tʰuən⁴⁴	kən⁴⁴
泰来	yɛ⁵³	yɛ⁵³	ɕian⁵³	tɕyɛ²⁴	tɕʰyɛ⁴⁴	ɕiɛ²¹³白 ɕyɛ²¹³文	tʰuən⁴⁴	kən⁴⁴
哈尔滨	yɛ⁵¹	yɛ⁵¹	ɕian⁵¹	tɕyɛ²⁴	tɕʰyɛ⁴⁴	ɕiɛ²¹³白 ɕyɛ²¹³文	tʰuən⁴⁴	kən⁴⁴
肇东	yɛ⁵³	yɛ⁵³	ɕian⁵³	tɕyɛ²⁴	tɕʰyɛ⁴⁴	ɕiɛ²¹³	tʰuən⁴⁴	kən⁴⁴
肇州	yɛ⁵³	yɛ⁵³	ɕian⁵³	tɕyɛ²⁴	tɕʰyɛ³³	ɕiɛ²¹³白 ɕyɛ²¹³文	tʰuən³³	kən³³
东宁	yɛ⁵³	yɛ⁵³	ɕian⁵³	tɕyɛ²⁴	tɕʰyɛ³³	ɕiɛ²¹³白 ɕyɛ²¹³文	tʰuən³³	kən³³
鸡西	yɛ⁵³	yɛ⁵³	ɕian⁵³	tɕyɛ²⁴	tɕʰyɛ⁴⁴	ɕiɛ²¹³白 ɕyɛ²¹³文	tʰuən⁴⁴	kən⁴⁴

续表

调查点	0617 月 山合三 入月疑	0618 越 山合三 入月云	0619 县 山合四 去先匣	0620 决 山合四 入屑见	0621 缺 山合四 入屑溪	0622 血 山合四 入屑晓	0623 吞 臻开一 平痕透	0624 根 臻开一 平痕见
密山	yɛ⁵²	yɛ⁵²	ɕian⁵²	tɕyɛ²⁴	tɕʰyɛ⁴⁴	ɕiɛ²¹³白 ɕyɛ²¹³文	tʰuən⁴⁴	kən⁴⁴
穆棱	yɛ⁵³	yɛ⁵³	ɕian⁵³	tɕyɛ³⁵	tɕʰyɛ³³	ɕiɛ²¹³白 ɕyɛ²¹³文	tʰuən³³	kən³³
宁安	yɛ⁵¹	yɛ⁵¹	ɕian⁵¹	tɕyɛ³⁵	tɕʰyɛ⁴⁴	ɕiɛ²¹³白 ɕyɛ²¹³文	tʰuən⁴⁴	kən⁴⁴
尚志	yɛ⁵³	yɛ⁵³	ɕian⁵³	tɕyɛ²⁴	tɕʰyɛ⁴⁴	ɕiɛ²¹³白 ɕyɛ⁵³文	tʰuən⁴⁴	kən⁴⁴

79. 单字 0625—0632

调查点	0625 恨 臻开一 去痕匣	0626 恩 臻开一 平痕影	0627 贫 臻开三 平真并	0628 民 臻开三 平真明	0629 邻 臻开三 平真来	0630 进 臻开三 去真精	0631 亲_人 臻开三 平真清	0632 新 臻开三 平真心
勃利	xən⁵³	ən⁴⁴文 nən⁴⁴文	pʰin²⁴	min²⁴	lin²⁴	tɕin⁵³	tɕʰin⁴⁴	ɕin⁴⁴
集贤	xən⁵³	ən⁴⁴	pʰin³⁵	min³⁵	lin³⁵	tɕin⁵³	tɕʰin⁴⁴	ɕin⁴⁴
佳木斯	xən⁵³	nən³³白 ən³³文	pʰin²⁴	min²⁴	lin²⁴	tɕin⁵³	tɕʰin³³	ɕin³³
林口	xən⁵³	ən³³	pʰin²⁴	min²⁴	lin²⁴	tɕin⁵³	tɕʰin³³	ɕin³³
同江	xən⁵³	nən⁴⁴白 ən⁴⁴文	pʰin²⁴	min²⁴	lin²⁴	tɕin⁵³	tɕʰin⁴⁴	ɕin⁴⁴
黑河	xən⁵²	ən⁴⁴	pʰin²⁴	min²⁴	lin²⁴	tɕin⁵²	tɕʰin⁴⁴	ɕin⁴⁴
嘉荫	xən⁵¹	ən³³	pʰin³⁵	min³⁵	lin³⁵	tɕin⁵¹	tɕʰin³³	ɕin³³
兰西	xən⁵³	ən³³	pʰin²⁴	min²⁴	lin²⁴	tɕin⁵³	tɕʰin³³	ɕin³³
漠河	xən⁵²	ən⁵⁵	pʰin³⁵	min³⁵	lin³⁵	tɕin⁵²	tɕʰin⁵⁵	ɕin⁵⁵
嫩江	xən⁵³	ən⁴⁴	pʰin²⁴	min²⁴	lin²⁴	tɕin⁵³	tɕʰin⁴⁴	ɕin⁴⁴
泰来	xən⁵³	ən⁴⁴	pʰin²⁴	min²⁴	lin²⁴	tɕin⁵³	tɕʰin⁴⁴	ɕin⁴⁴

续表

调查点	0625 恨	0626 恩	0627 贫	0628 民	0629 邻	0630 进	0631 亲_人	0632 新
	臻开一去痕匣	臻开一平痕影	臻开三平真并	臻开三平真明	臻开三平真来	臻开三去真精	臻开三平真清	臻开三平真心
哈尔滨	xən⁵¹	ən⁴⁴	pʰin²⁴	min²⁴	lin²⁴	tɕin⁵¹	tɕʰin⁴⁴	ɕin⁴⁴
肇东	xən⁵³	nən⁴⁴ ən⁴⁴	pʰin²⁴	min²⁴	lin²⁴	tɕin⁵³	tɕʰin⁴⁴	ɕin⁴⁴
肇州	xən⁵³	ən³³	pʰin²⁴	min²⁴	lin²⁴	tɕin⁵³	tɕʰin³³	ɕin³³
东宁	xən⁵³	ən³³	pʰin²⁴	min²⁴	lin²⁴	tɕin⁵³	tɕʰin³³	ɕin³³
鸡西	xən⁵³	ən⁴⁴文 nən⁴⁴文	pʰin²⁴	min²⁴	lin²⁴	tɕin⁵³	tɕʰin⁴⁴	ɕin⁴⁴
密山	xən⁵²	ən⁴⁴	pʰin²⁴	min²⁴	lin²⁴	tɕin⁵³	tɕʰin⁴⁴	ɕin⁴⁴
穆棱	xən⁵³	ən³³	pʰin³⁵	min³⁵	lin³⁵	tɕin⁵³	tɕʰin³³	ɕin³³
宁安	xən⁵¹	ən⁴⁴	pʰin³⁵	min³⁵	lin³⁵	tɕin⁵¹	tɕʰin⁴⁴	ɕin⁴⁴
尚志	xən⁵³	ən⁴⁴	pʰin²⁴	min²⁴	lin²⁴	tɕin⁵³	tɕʰin⁴⁴	ɕin⁴⁴

80. 单字 0633—0640

调查点	0633 镇	0634 陈	0635 震	0636 神	0637 身	0638 辰	0639 人	0640 认
	臻开三去真知	臻开三平真澄	臻开三去真章	臻开三平真船	臻开三平真书	臻开三平真禅	臻开三平真日	臻开三去真日
勃利	tsən⁵³	tsʰən²⁴	tsən⁵³	sən²⁴	sən⁴⁴	tsʰən²⁴	in²⁴白 ʐən²⁴文	in⁵³
集贤	tsən⁵³	tsʰən³⁵	tsən⁵³	sən³⁵	sən⁴⁴	tsʰən³⁵	in³⁵	in⁵³
佳木斯	tsən⁵³	tsʰən²⁴	tsən⁵³	sən²⁴	sən³³	tsʰən²⁴	in²⁴	ʐən⁵³
林口	tsən⁵³	tsʰən²⁴	tsən⁵³	sən²⁴	sən³³	tsʰən²⁴	in²⁴	in⁵³
同江	tsən⁵³	tsʰən²⁴	tsən⁵³	sən²⁴	sən⁴⁴	tsʰən²⁴	in²⁴	in⁵³
黑河	tʂən⁵²	tʂʰən²⁴	tʂən⁵²	ʂən²⁴	ʂən⁴⁴	tʂʰən²⁴	ʐən²⁴	ʐən⁵²
嘉荫	tʂən⁵¹	tʂʰən³⁵	tʂən⁵¹	ʂən³⁵	ʂən³³	tʂʰən³⁵	in³⁵白 ʐən³⁵文	in⁵¹白 ʐən⁵¹文
兰西	tʂən⁵³	tʂʰən²⁴	tʂən⁵³	ʂən²⁴	ʂən³³	tʂʰən²⁴	in²⁴	in⁵³
漠河	tʂən⁵²	tʂʰən³⁵	tʂən⁵²	ʂən³⁵	ʂən⁵⁵	tʂʰən³⁵	ʐən³⁵	ʐən⁵²

续表

调查点	0633 镇 臻开三 去真知	0634 陈 臻开三 平真澄	0635 震 臻开三 去真章	0636 神 臻开三 平真船	0637 身 臻开三 平真书	0638 辰 臻开三 平真禅	0639 人 臻开三 平真日	0640 认 臻开三 去真日
嫩江	tsən^{53}	tsʰən^{24}	tsən^{53}	sən^{24}	sən^{44}	tsʰən^{24}	in^{24}白 ʐən^{24}文	in^{53}白 ʐən^{53}文
泰来	tʂən^{53}	tʂʰən^{24}	tʂən^{53}	ʂən^{24}	ʂən^{44}	tʂʰən^{24}	in^{24}白 ʐən^{24}文	in^{53}白 ʐən^{53}文
哈尔滨	tʂən^{51}	tʂʰən^{24}	tʂən^{51}	ʂən^{24}	ʂən^{44}	tʂʰən^{24}	ʐən^{24}	ʐən^{51}
肇东	tʂən^{53}	tʂʰən^{24}	tʂən^{53}	ʂən^{24}	ʂən^{44}	tʂʰən^{24}	in^{24}白 ʐən^{24}文	in^{53}白 ʐən^{53}文
肇州	tʂən^{53}	tʂʰən^{24}	tʂən^{53}	ʂən^{24}	ʂən^{33}	tʂʰən^{24}	in^{24}	in^{53}
东宁	tsən^{53}	tsʰən^{24}	tsən^{53}	sən^{24}	sən^{33}	tsʰən^{24}	in^{24}白 ʐən^{24}文	in^{53}白 ʐən^{53}文
鸡西	tsən^{53}	tsʰən^{24}	tsən^{53}	sən^{24}	sən^{44}	tsʰən^{24}	in^{24}白 ʐən^{24}文	in^{53}白 ʐən^{53}文
密山	tsən^{52}	tsʰən^{24}	tsən^{52}	sən^{24}	sən^{44}	tsʰən^{24}	in^{24}	in^{52}
穆棱	tsən^{53}	tsʰən^{35}	tsən^{53}	sən^{35}	sən^{33}	tsʰən^{35}	in^{35}白 ʐən^{35}文	in^{53}
宁安	tʂən^{51}	tʂʰən^{35}	tʂən^{51}	ʂən^{35}	ʂən^{44}	tʂʰən^{35}	ʐən^{35}	ʐən^{51}
尚志	tsən^{53}	tsʰən^{24}	tsən^{53}	sən^{24}	sən^{44}	tsʰən^{24}	in^{24}	in^{53}

81. 单字 0641—0648

调查点	0641 紧 臻开三 上真见	0642 银 臻开三 平真疑	0643 印 臻开三 去真影	0644 引 臻开三 上真以	0645 笔 臻开三 入质帮	0646 匹 臻开三 入质滂	0647 密 臻开三 入质明	0648 栗 臻开三 入质来
勃利	tɕin^{213}	˙in^{24}	˙in^{53}	in^{213}	pi^{213}	pʰi˙^{213}又 pʰi˙^{44}又	mi^{53}	li^{53}
集贤	tɕin^{213}	˙in^{35}	˙in^{53}	in^{213}	pi^{213}	pʰi^{44}	mi^{53}	li^{53}
佳木斯	tɕin^{212}	in^{24}	˙in^{53}	in^{212}	pi^{212}	pʰi^{33}	mi^{53}	li^{53}
林口	tɕin^{213}	in^{24}	˙in^{53}	in^{213}	pi^{213}	pʰi^{33}	mi^{53}	li^{53}

续表

调查点	0641 紧 臻开三 上真见	0642 银 臻开三 平真疑	0643 印 臻开三 去真影	0644 引 臻开三 上真以	0645 笔 臻开三 入质帮	0646 匹 臻开三 入质滂	0647 密 臻开三 入质明	0648 栗 臻开三 入质来
同江	$tɕin^{213}$	in^{24}	in^{53}	in^{213}	pi^{213}	$p^hi^{·213}$	mi^{53}	li^{53}
黑河	$tɕin^{213}$	in^{24}	in^{52}	in^{213}	pi^{213}	$p^hi^{·44}$又 $p^hi^{·213}$又	mi^{52}	li^{52}
嘉荫	$tɕin^{213}$	in^{35}	in^{51}	in^{213}	pi^{213}	$p^hi^{·33}$	mi^{51}	li^{51}
兰西	$tɕin^{213}$	in^{24}	in^{53}	in^{213}	pi^{213}	$p^hi^{·33}$又 $p^hi^{·213}$又	mi^{53}	li^{53}
漠河	$tɕin^{213}$	in^{35}	in^{52}	in^{213}	pi^{213}	$p^hi^{·55}$又 $p^hi^{·213}$又	mi^{52}	li^{52}
嫩江	$tɕin^{213}$	in^{24}	in^{53}	in^{213}	pi^{213}	$p^hi^{·44}$	mi^{53}	li^{53}
泰来	$tɕin^{213}$	in^{24}	in^{53}	in^{213}	pi^{213}	$p^hi^{·44}$	mi^{53}	li^{53}
哈尔滨	$tɕin^{213}$	in^{24}	in^{51}	in^{213}	pi^{213}	$p^hi^{·44}$又 $p^hi^{·213}$又	mi^{51}	li^{51}
肇东	$tɕin^{213}$	in^{24}	in^{53}	in^{213}	pi^{213}	$p^hi^{·44}$	mi^{53}	li^{53}
肇州	$tɕin^{213}$	in^{24}	in^{53}	in^{213}	pi^{213}	$p^hi^{·33}$又 $p^hi^{·213}$又	mi^{53}	li^{53}
东宁	$tɕin^{213}$	in^{24}	in^{53}	in^{213}	pi^{213}	$p^hi^{·33}$	mi^{53}	li^{53}
鸡西	$tɕin^{213}$	in^{24}	in^{53}	in^{213}	pi^{213}	$p^hi^{·44}$又 $p^hi^{·213}$又	mi^{53}	li^{53}
密山	$tɕin^{213}$	in^{24}	in^{52}	in^{213}	pi^{213}	$p^hi^{·44}$又 $p^hi^{·213}$又	mi^{52}	li^{52}
穆棱	$tɕin^{213}$	in^{35}	in^{53}	in^{213}	pi^{213}	$p^hi^{·213}$	mi^{53}	li^{53}
宁安	$tɕin^{213}$	in^{35}	in^{51}	in^{213}	pi^{213}	$p^hi^{·44}$	mi^{51}	li^{51}
尚志	$tɕin^{213}$	in^{24}	in^{53}	in^{213}	pi^{213}	$p^hi^{·44}$	mi^{53}	li^{53}

82. 单字 0649—0656

调查点	0649 七 臻开三入质清	0650 侄 臻开三入质澄	0651 虱 臻开三入质生	0652 实 臻开三入质船	0653 失 臻开三入质书	0654 日 臻开三入质日	0655 吉 臻开三入质见	0656 一 臻开三入质影
勃利	tɕʰi^{44}	tsɿ^{24}	sɿ^{44}	sɿ^{24}	sɿ^{44}又 / sɿ^{24}又	i^{53}白 / zʅ^{53}文	tɕi^{24}	i^{44}
集贤	tɕʰi^{44}	tsɿ^{35}	sɿ^{44}	sɿ^{35}	sɿ^{44}	zʅ^{53}	tɕi^{35}	i^{44}
佳木斯	tɕʰi^{33}	tʂɿ^{24}	sɿ^{33}	sɿ^{24}	sɿ^{33}	zʅ^{53}	tɕi^{24}	i^{33}
林口	tɕʰi^{33}	tsɿ^{24}	sɿ^{33}	sɿ^{24}	sɿ^{33}	i^{53}	tɕi^{24}	i^{33}
同江	tɕʰi^{44}	tsɿ^{24}	sɿ^{44}	sɿ^{24}	sɿ^{44}丢~ / sɿ^{24}~败	i^{53}白 / zʅ^{53}文	tɕi^{24}	i^{44}
黑河	tɕʰi^{44}	tʂɿ^{24}	ʂʅ^{44}	ʂʅ^{24}	ʂʅ^{44}	zʅ^{52}	tɕi^{24}	i^{44}
嘉荫	tɕʰi^{33}	tʂɿ^{35}	ʂʅ^{33}	ʂʅ^{35}	ʂʅ^{33}	zʅ^{51}	tɕi^{35}	i^{33}
兰西	tɕʰi^{33}	tʂɿ^{24}	ʂʅ^{33}	ʂʅ^{24}	ʂʅ^{33}	i^{53}白 / zʅ^{53}文	tɕi^{24}	i^{33}
漠河	tɕʰi^{55}	tʂɿ^{35}	ʂʅ^{55}	ʂʅ^{35}	ʂʅ^{55}	zʅ^{52}	tɕi^{35}	i^{55}
嫩江	tɕʰi^{44}	tʂɿ^{24}	sɿ^{44}	sɿ^{24}	sɿ^{44}	zʅ^{53}	tɕi^{24}	i^{44}
泰来	tɕʰi^{44}	tʂɿ^{24}	ʂʅ^{44}	ʂʅ^{24}	ʂʅ^{44}	zʅ^{53}	tɕi^{24}	i^{44}
哈尔滨	tɕʰi^{44}	tʂɿ^{24}	ʂʅ^{44}	ʂʅ^{24}	ʂʅ^{44}	zʅ^{44}	tɕi^{24}	i^{44}
肇东	tɕʰi^{44}	tʂɿ^{24}	ʂʅ^{44}	ʂʅ^{24}	ʂʅ^{44}	i^{53} / zʅ^{53}	tɕi^{24}	i^{44}
肇州	tɕʰi^{33}	tʂɿ^{24}	ʂʅ^{33}	ʂʅ^{24}	ʂʅ^{33}	zʅ^{53}	tɕi^{24}	i^{33}
东宁	tɕʰi^{33}	tsɿ^{24}	sɿ^{33}	sɿ^{24}	sɿ^{24}又 / sɿ^{33}又	zʅ^{53}	tɕi^{24}	i^{33}
鸡西	tɕʰi^{44}	tsɿ^{24}	sɿ^{44}	sɿ^{24}	sɿ^{44}丢~ / sɿ^{24}~败	i^{53}白 / zʅ^{53}文	tɕi^{24}	i^{44}
密山	tɕʰi^{44}	tsɿ^{24}	sɿ^{44}	sɿ^{24}	sɿ^{44}	zʅ^{52}	tɕi^{24}	i^{44}
穆棱	tɕʰi^{33}	tsɿ^{35}	sɿ^{33}	sɿ^{35}	sɿ^{33}丢~	zʅ^{53}	tɕi^{35}	i^{33}
宁安	tɕʰi^{44}	tʂɿ^{35}	ʂʅ^{44}	ʂʅ^{35}	ʂʅ^{44}	zʅ^{51}	tɕi^{35}	i^{44}
尚志	tɕʰi^{44}	tsɿ^{24}	sɿ^{44}	sɿ^{24}	sɿ^{44}	zʅ^{53}	tɕi^{24}	i^{44}

83. 单字 0657—0664

调查点	0657 筋 臻开三平殷见	0658 劲有~ 臻开三去殷见	0659 勤 臻开三平殷群	0660 近 臻开三上殷群	0661 隐 臻开三上殷影	0662 本 臻合一上魂帮	0663 盆 臻合一平魂并	0664 门 臻合一平魂明
勃利	tɕin⁴⁴	tɕin⁵³	tɕʰin²⁴	tɕin⁵³	in²¹³	pən²¹³	pʰən²⁴	mən²⁴
集贤	tɕin⁴⁴	tɕin⁵³	tɕʰin³⁵	tɕin⁵³	in²¹³	pən²¹³	pʰən³⁵	mən³⁵
佳木斯	tɕin³³	tɕin⁵³	tɕʰin²⁴	tɕin⁵³	in²¹²	pən²¹²	pʰən²⁴	mən²⁴
林口	tɕin³³	tɕin⁵³	tɕʰin²⁴	tɕin⁵³	in²¹³	pən²¹³	pʰən²⁴	mən²⁴
同江	tɕin⁴⁴	tɕin⁵³	tɕʰin²⁴	tɕin⁵³	in²¹³	pən²¹³	pʰən²⁴	mən²⁴
黑河	tɕin⁴⁴	tɕin⁵²	tɕʰin²⁴	tɕin⁵²	in²¹³	pən²¹³	pʰən²⁴	mən²⁴
嘉荫	tɕin³³	tɕin⁵¹	tɕʰin³⁵	tɕin⁵¹	in²¹³	pən²¹³	pʰən³⁵	mən³⁵
兰西	tɕin³³	tɕin⁵³	tɕʰin²⁴	tɕin⁵³	in²¹³	pən²¹³	pʰən²⁴	mən²⁴
漠河	tɕin⁵⁵	tɕin⁵²	tɕʰin³⁵	tɕin⁵²	in²¹³	pən²¹³	pʰən³⁵	mən³⁵
嫩江	tɕin⁴⁴	tɕin⁵³	tɕʰin²⁴	tɕin⁵³	in²¹³	pən²¹³	pʰən²⁴	mən²⁴
泰来	tɕin⁴⁴	tɕin⁵³	tɕʰin²⁴	tɕin⁵³	in²¹³	pən²¹³	pʰən²⁴	mən²⁴
哈尔滨	tɕin⁴⁴	tɕin⁵¹	tɕʰin²⁴	tɕin⁵¹	in²¹³	pən²¹³	pʰən²⁴	mən²⁴
肇东	tɕin⁴⁴	tɕin⁵³	tɕʰin²⁴	tɕin⁵³	in²¹³	pən²¹³	pʰən²⁴	mən²⁴
肇州	tɕin³³	tɕin⁵³	tɕʰin²⁴	tɕin⁵³	in²¹³	pən²¹³	pʰən²⁴	mən²⁴
东宁	tɕin³³	tɕin⁵³	tɕʰin²⁴	tɕin⁵³	in²¹³	pən²¹³	pʰən²⁴	mən²⁴
鸡西	tɕin⁴⁴	tɕin⁵³	tɕʰin²⁴	tɕin⁵³	in²¹³	pən²¹³	pʰən²⁴	mən²⁴
密山	tɕin⁴⁴	tɕin⁵²	tɕʰin²⁴	tɕin⁵²	in²¹³	pən²¹³	pʰən²⁴	mən²⁴
穆棱	tɕin³³	tɕin⁵³	tɕʰin³⁵	tɕin⁵³	in²¹³	pən²¹³	pʰən³⁵	mən³⁵
宁安	tɕin⁴⁴	tɕin⁵¹	tɕʰin³⁵	tɕin⁵³	in²¹³	pən²¹³	pʰən³⁵	mən³⁵
尚志	tɕin⁴⁴	tɕin⁵³	tɕʰin²⁴	tɕin⁵³	in²¹³	pən²¹³	pʰən²⁴	mən²⁴

84. 单字 0665—0672

调查点	0665 墩 臻合一平魂端	0666 嫩 臻合一去魂泥	0667 村 臻合一平魂清	0668 寸 臻合一去魂清	0669 蹲 臻合一平魂从	0670 孙_子 臻合一平魂心	0671 滚 臻合一上魂见	0672 困 臻合一去魂溪
勃利	tuən⁴⁴	lən⁵³白 / nən⁵³文	tsʰuən⁴⁴	tsʰuən⁵³	tuən⁴⁴	suən⁴⁴	kuən²¹³	kʰuən⁵³

续表

调查点	0665 墩 臻合一 平魂端	0666 嫩 臻合一 去魂泥	0667 村 臻合一 平魂清	0668 寸 臻合一 去魂清	0669 蹲 臻合一 平魂从	0670 孙~子 臻合一 平魂心	0671 滚 臻合一 上魂见	0672 困 臻合一 去魂溪
集贤	tuən^{44}	lən^{53}白 / nən^{53}文	tsʰuən^{44}	tsʰuən^{53}	tuən^{44}	suən^{44}	kuən^{213}	kʰuən^{53}
佳木斯	tuən^{33}	lən^{53}	tsʰuən^{33}	tsʰuən^{53}	tuən^{33}	suən^{33}	kuən^{212}	kʰuən^{53}
林口	tuən^{33}	lən^{53}	tsʰuən^{33}	tsʰuən^{53}	tuən^{33}	suən^{33}	kuən^{213}	kʰuən^{53}
同江	tuən^{44}	lən^{53}白 / nən^{53}文	tsʰuən^{44}	tsʰuən^{53}	tuən^{44}	suən^{44}	kuən^{213}	kʰuən^{53}
黑河	tuən^{44}	nən^{52}	tsʰuən^{44}	tsʰuən^{52}	tuən^{44}	suən^{44}	kuən^{213}	kʰuən^{52}
嘉荫	tuən^{33}	lən^{51}白 / nən^{51}文	tsʰuən^{33}	tsʰuən^{51}	tuən^{33}	suən^{33}	kuən^{213}	kʰuən^{51}
兰西	tuən^{33}	lən^{53}白 / nən^{53}文	tsʰuən^{33}	tsʰuən^{53}	tuən^{33}	suən^{33}	kuən^{213}	kʰuən^{53}
漠河	tuən^{55}	lən^{52}白 / nən^{52}文	tsʰuən^{55}	tsʰuən^{52}	tuən^{55}	suən^{55}	kuən^{213}	kʰuən^{52}
嫩江	tuən^{44}	lən^{53}白 / nən^{53}文	tsʰuən^{44}	tsʰuən^{53}	tuən^{44}	suən^{44}	kuən^{213}	kʰuən^{53}
泰来	tuən^{44}	lən^{53}白 / nən^{53}文	tʂʰuən^{44}	tʂʰuən^{53}	tuən^{44}	ʂuən^{44}	kuən^{213}	kʰuən^{53}
哈尔滨	tuən^{44}	lən^{51}白 / nən^{51}文	tsʰuən^{44}	tsʰuən^{51}	tuən^{44}	suən^{44}	kuən^{213}	kʰuən^{51}
肇东	tuən^{44}	lən^{53}	tsʰuən^{44}	tsʰuən^{53}	tuən^{44}	suən^{44}	kuən^{213}	kʰuən^{53}
肇州	tuən^{33}	lən^{53}	tsʰuən^{33}	tsʰuən^{53}	tuən^{33}	suən^{33}	kuən^{213}	kʰuən^{53}
东宁	tuən^{33}	lən^{53}白 / nən^{53}文	tsʰuən^{33}	tsʰuən^{53}	tuən^{33}	suən^{33}	kuən^{213}	kʰuən^{53}
鸡西	tuən^{44}	lən^{53}白 / nən^{53}文	tsʰuən^{44}	tsʰuən^{53}	tuən^{44}	suən^{44}	kuən^{213}	kʰuən^{53}
密山	tuən^{44}	lən^{52}	tsʰuən^{44}	tsʰuən^{52}	tuən^{44}	suən^{44}	kuən^{213}	kʰuən^{52}
穆棱	tuən^{33}	lən^{53}白 / nən^{53}文	tsʰuən^{33}	tsʰuən^{53}	tuən^{33}	suən^{33}	kuən^{213}	kʰuən^{53}

续表

调查点	0665 墩	0666 嫩	0667 村	0668 寸	0669 蹲	0670 孙_子	0671 滚	0672 困
	臻合一平魂端	臻合一去魂泥	臻合一平魂清	臻合一去魂清	臻合一平魂从	臻合一平魂心	臻合一上魂见	臻合一去魂溪
宁安	tuən^{44}	nən^{51}	tsʰuən^{44}	tsʰuən^{51}	tuən^{44}	suən^{44}	kuən^{213}	kʰuən^{51}
尚志	tuən^{44}	lən^{53}白 luən^{53}白 nən^{53}文	tsʰuən^{44}	tsʰuən^{53}	tuən^{44}	suən^{44}	kuən^{213}	kʰuən^{53}

85. 单字 0673—0680

调查点	0673 婚	0674 魂	0675 温	0676 卒棋子	0677 骨	0678 轮	0679 俊	0680 笋
	臻合一平魂晓	臻合一平魂匣	臻合一平魂影	臻合一入没精	臻合一入没见	臻合三平谆来	臻合三去谆精	臻合三上谆心
勃利	xuən^{44}	xuən^{24}	uən^{44}	tsu^{24}	ku^{213}脆~ ku^{24}~头 ku^{44}花~朵	luən^{24}	tsuən^{53}白 tɕyn^{53}文	suən^{213}
集贤	xuən^{44}	xuən^{35}	uən^{44}	tsu^{35}	ku^{213}	luən^{35}	tɕyn^{53}	suən^{213}
佳木斯	xuən^{33}	xuən^{24}	uən^{33}	tsu^{24}	ku^{212}	luən^{24}	tɕyn^{53}	suən^{212}
林口	xuən^{33}	xuən^{24}	uən^{33}	tsu^{24}	ku^{213}	luən^{24}	tɕyn^{53}	suən^{213}
同江	xuən^{44}	xuən^{24}	uən^{44}	tsu^{24}	ku^{213}~头 ku^{44}花~朵	luən^{24}	tsuən^{53}白 tɕyn^{53}文	suən^{213}
黑河	xuən^{44}	xuən^{24}	uən^{44}	tsu^{24}	ku^{213}	luən^{24}	tsuən^{52}白 tɕyn^{52}文	suən^{213}
嘉荫	xuən^{33}	xuən^{35}	uən^{33}	tsu^{35}	ku^{213}	luən^{35}	tsuən^{51}白 tɕyn^{51}文	suən^{213}
兰西	xuən^{33}	xuən^{24}	vən^{33}	tsu^{24}	ku^{213}~头 ku^{33}花~朵	luən^{24}	tsuən^{53}白 tɕyn^{53}文	suən^{213}
漠河	xuən^{55}	xuən^{35}	uən^{55}	tsu^{35}	ku^{213}	luən^{35}	tsuən^{52}白 tɕyn^{52}文	suən^{213}
嫩江	xuən^{44}	xuən^{24}	uən^{44}	tsu^{24}	ku^{213}	luən^{24}	tsuən^{53}白 tɕyn^{53}文	suən^{213}

续表

调查点	0673 婚 臻合一 平魂晓	0674 魂 臻合一 平魂匣	0675 温 臻合一 平魂影	0676 卒棋子 臻合一 入没精	0677 骨 臻合一 入没见	0678 轮 臻合三 平谆来	0679 俊 臻合三 去谆精	0680 笋 臻合三 上谆心
泰来	xuən⁴⁴	xuən²⁴	uən⁴⁴	tʂu²⁴	ku²¹³	luən²⁴	tʂuən⁵³	ʂuən²¹³
哈尔滨	xuən⁴⁴	xuən²⁴	uən⁴⁴	tsu²⁴	ku²¹³ ~头 ku⁴⁴ 花~朵	luən²⁴	tsuən⁵¹白 tɕyn⁵¹文	suən²¹³
肇东	xuən⁴⁴	xuən²⁴	vən⁴⁴	tsu²⁴	ku²¹³	luən²⁴	tsuən⁵³	suən²¹³
肇州	xuən³³	xuən²⁴	vən³³	tʂu²⁴	ku²¹³	luən²⁴	tsuən⁵³	suən²¹³
东宁	xuən³³	xuən²⁴	uən³³	tsu²⁴	ku²¹³	luən²⁴	tɕyn⁵³	suən²¹³
鸡西	xuən⁴⁴	xuən²⁴	uən⁴⁴	tsu²⁴	ku²¹³ ~头 ku⁴⁴ 花~朵	luən²⁴	tsuən⁵³白 tɕyn⁵³文	suən²¹³
密山	xuən⁴⁴	xuən²⁴	uən⁴⁴	tsu²⁴	ku²¹³	luən²⁴	tɕyn⁵²	suən²¹³
穆棱	xuən³³	xuən³⁵	uən³³	tsu³⁵	ku²¹³ ~头 ku³³ 花~朵	luən³⁵	tsuən⁵³白 tɕyn⁵³文	suən²¹³
宁安	xuən⁴⁴	xuən³⁵	uən⁴⁴	tsu³⁵	ku²¹³	luən²⁴	tɕyn⁵¹	suən²¹³
尚志	xuən⁴⁴	xuən²⁴	uən⁴⁴	tsu²⁴	ku²¹³	luən²⁴	tɕyn⁵³	suən²¹³

86. 单字 0681—0688

调查点	0681 准 臻合三 上谆章	0682 春 臻合三 平谆昌	0683 唇 臻合三 平谆船	0684 顺 臻合三 去谆船	0685 纯 臻合三 平谆禅	0686 闰 臻合三 去谆日	0687 均 臻合三 平谆见	0688 匀 臻合三 平谆以
勃利	tsuən²¹³	tsʰuən⁴⁴	tsʰuən²⁴	suən⁵³	tsʰuən²⁴	in⁵³	tɕyn⁴⁴	yn²⁴
集贤	tsuən²¹³	tsʰuən⁴⁴	tsʰuən³⁵	suən⁵³	tsʰuən³⁵	yn⁵³	tɕyn⁴⁴	yn³⁵
佳木斯	tsuən²¹²	tsʰuən³³	tsʰuən²⁴	suən⁵³	tsʰuən²⁴	yn⁵³	tɕyn³³	yn²⁴
林口	tsuən²¹³	tsʰuən³³	tsʰuən²⁴	suən⁵³	tsʰuən²⁴	yn⁵³	tɕyn³³	yn²⁴
同江	tsuən²¹³	tsʰuən⁴⁴	tsʰuən²⁴	suən⁵³	tsʰuən²⁴	in⁵³	tɕyn⁴⁴	yn²⁴
黑河	tʂuən²¹³	tʂʰuən⁴⁴	tsʰuən²⁴	ʂuən⁵²	tsʰuən²⁴	ʐuən⁵²	tɕyn⁴⁴	yn²⁴
嘉荫	tsuən²¹³	tsʰuən³³	tʂʰuən³⁵	suən⁵¹	tsʰuən³⁵	ʐən⁵¹	tɕyn³³	yn³⁵
兰西	tsuən²¹³	tʂʰuən³³	tsʰuən²⁴	suən⁵³	tsʰuən²⁴	yn⁵³	tɕyn³³	yn²⁴

续表

调查点	0681 准	0682 春	0683 唇	0684 顺	0685 纯	0686 闰	0687 均	0688 匀
	臻合三 上谆章	臻合三 平谆昌	臻合三 平谆船	臻合三 去谆船	臻合三 平谆禅	臻合三 去谆日	臻合三 平谆见	臻合三 平谆以
漠河	tsuən²¹³又 tʂuən²¹³又	tʂʰuən⁵⁵又 tʂʰuən⁵⁵又	tʂʰuən³⁵	suən⁵² ʂuən⁵²又	tʂʰuən³⁵又 tʂʰuən³⁵又	in⁵²白 ʐən⁵²白 ʐuən⁵²文	tɕyn⁵⁵	yn³⁵
嫩江	tsuən²¹³	tʂʰuən⁴⁴	tʂʰuən²⁴	suən⁵³	tʂʰuən²⁴	ʐən⁵³	tɕyn⁴⁴	yn²⁴
泰来	tʂuən²¹³	tʂʰuən⁴⁴	tʂʰuən²⁴	ʂuən⁵³	tʂʰuən²⁴	in⁵³白 ʐuən⁵³文	tɕyn⁴⁴	yn²⁴
哈尔滨	tʂuən²¹³	tʂʰuən⁴⁴	tʂʰuən²⁴	ʂuən⁵¹	tʂʰuən²⁴	ʐuən⁵¹	tɕyn⁴⁴	yn²⁴
肇东	tʂuən²¹³	tʂʰuən⁴⁴	tʂʰuən²⁴	ʂuən⁵³	tʂʰuən²⁴	lin⁵³	tɕyn⁴⁴	yn²⁴
肇州	tsuən²¹³	tʂʰuən³³	tʂʰuən²⁴	suən⁵³	tʂʰuən²⁴	yn⁵³	tɕyn³³	yn²⁴
东宁	tsuən²¹³	tʂʰuən³³	tʂʰuən²⁴	suən⁵³	tʂʰuən²⁴	yn⁵³	tɕyn³³	yn²⁴
鸡西	tsuən²¹³	tʂʰuən⁴⁴	tʂʰuən²⁴	suən⁵³	tʂʰuən²⁴	in⁵³白 yn⁵³文	tɕyn⁴⁴	yn²⁴
密山	tsuən²¹³	tʂʰuən⁴⁴	tʂʰuən²⁴	suən⁵²	tʂʰuən²⁴	in⁵²	tɕyn⁴⁴	yn²⁴
穆棱	tsuən²¹³	tʂʰuən³³	tʂʰuən³⁵	suən⁵³	tʂʰuən³⁵	in⁵³	tɕyn³³	yn³⁵
宁安	tsuən²¹³	tʂʰuən⁴⁴	tʂʰuən³⁵	suən⁵¹	tʂʰuən³⁵	ʐən⁵¹	tɕyn⁴⁴	yn³⁵
尚志	tsuən²¹³	tʂʰuən⁴⁴	tʂʰuən²⁴	suən⁵³	tʂʰuən²⁴	yn⁵³	tɕyn⁴⁴	yn²⁴

87. 单字 0689—0696

调查点	0689 律	0690 出	0691 橘	0692 分动	0693 粉	0694 粪	0695 坟	0696 蚊
	臻合三 入术来	臻合三 入术昌	臻合三 入术见	臻合三 平文非	臻合三 上文非	臻合三 去文非	臻合三 平文奉	臻合三 平文微
勃利	ly⁵³	tʂʰu²⁴又 tʂʰu⁴⁴又	tɕy⁴⁴又 tɕy²⁴又	fən⁴⁴	fən²¹³	fən⁵³	fən²⁴	uən²⁴
集贤	ly⁵³	tʂʰu⁴⁴	tɕy³⁵	fən⁴⁴	fən²¹³	fən⁵³	fən³⁵	uən³⁵
佳木斯	ly⁵³	tʂʰu³³	tɕy³³又 tɕy²⁴又	fən³³	fən²¹²	fən⁵³	fən²⁴	uən²⁴
林口	ly⁵³	tʂʰu²⁴	tɕy²⁴	fən³³	fən²¹³	fən⁵³	fən²⁴	uən²⁴

续表

调查点	0689 律	0690 出	0691 橘	0692 分动	0693 粉	0694 粪	0695 坟	0696 蚊
	臻合三 入术来	臻合三 入术昌	臻合三 入术见	臻合三 平文非	臻合三 上文非	臻合三 去文非	臻合三 平文奉	臻合三 平文微
同江	ly^{53}	tʂʰu$^{24}_{又}$ / tʂʰu$^{44}_{又}$	tɕy$^{44}_{又}$ / tɕy$^{24}_{又}$	fən^{44}	fən^{213}	fən^{53}	fən^{24}	uən^{24}
黑河	ly^{52}	tʂʰu^{44}	tɕy^{24}	fən^{44}	fən^{213}	fən^{52}	fən^{24}	uən^{24}
嘉荫	ly^{51}	tʂʰu^{33}	tɕy^{35}	fən^{33}	fən^{213}	fən^{51}	fən^{35}	uən^{35}
兰西	ly^{53}	tʂʰu$^{24}_{又}$ / tʂʰu$^{33}_{又}$	tɕy$^{33}_{又}$ / tɕy$^{24}_{又}$	fən^{33}	fən^{213}	fən^{53}	fən^{24}	vən^{24}
漠河	ly^{52}	tʂʰu^{55}	tɕy$^{55}_{又}$ / tɕy$^{35}_{又}$	fən^{55}	fən^{213}	fən^{52}	fən^{35}	uən^{35}
嫩江	ly^{53}	tsʰu^{44}	tɕy^{24}	fən^{44}	fən^{213}	fən^{53}	fən^{24}	uən^{24}
泰来	ly^{53}	tʂʰu^{44}	tɕy$^{44}_{又}$ / tɕy$^{24}_{又}$	fən^{44}	fən^{213}	fən^{53}	fən^{24}	uən^{24}
哈尔滨	ly^{51}	tʂʰu$^{44}_{\sim发}$ / tʂʰu$^{24}_{\sim去}$	tɕy$^{44}_{又}$ / tɕy$^{24}_{又}$	fən^{44}	fən^{213}	fən^{51}	fən^{24}	uən^{24}
肇东	ly^{53}	tʂʰu^{44}	tɕy^{24}	fən^{44}	fən^{213}	fən^{53}	fən^{24}	vən^{24}
肇州	ly^{53}	tʂʰu^{33}	tɕy^{33}	fən^{33}	fən^{213}	fən^{53}	fən^{24}	vən^{24}
东宁	ly^{53}	tsʰu$^{24}_{又}$ / tsʰu$^{33}_{又}$	tɕy$^{24}_{又}$ / tɕy$^{33}_{又}$	fən^{33}	fən^{213}	fən^{53}	fən^{24}	uən^{24}
鸡西	ly^{53}	tsʰu$^{24}_{又}$ / tsʰu$^{44}_{又}$	tɕy$^{44}_{又}$ / tɕy$^{24}_{又}$	fən^{44}	fən^{213}	fən^{53}	fən^{24}	uən^{24}
密山	ly^{52}	tsʰu$^{44}_{\sim发}$ / tsʰu$^{24}_{\sim去}$	tɕy^{24}	fən^{44}	fən^{213}	fən^{52}	fən^{24}	uən^{24}
穆棱	ly^{53}	tsʰu$^{35}_{又}$ / tsʰu$^{33}_{又}$	tɕy^{35}	fən^{33}	fən^{213}	fən^{53}	fən^{35}	uən^{35}
宁安	ly^{51}	tʂʰu$^{35}_{又}$ / tʂʰu$^{44}_{又}$	tɕy^{35}	fən^{44}	fən^{213}	fən^{51}	fən^{35}	uən^{35}
尚志	ly^{53}	tsʰu^{44}	tɕy^{24}	fən^{44}	fən^{213}	fən^{53}	fən^{24}	uən^{24}

88. 单字 0697—0704

调查点	0697 问 臻合三 去文微	0698 军 臻合三 平文见	0699 裙 臻合三 平文群	0700 熏 臻合三 平文晓	0701 云~彩 臻合三 平文云	0702 运 臻合三 去文云	0703 佛~像 臻合三 入物奉	0704 物 臻合三 入物微
勃利	uən⁵³	tɕyn⁴⁴	tɕʰyn²⁴	ɕyn⁴⁴	yn²⁴	yn⁵³	fɤ²⁴	u⁵³
集贤	uən⁵³	tɕyn⁴⁴	tɕʰyn³⁵	ɕyn⁴⁴	yn³⁵	yn⁵³	fɤ³⁵	u⁵³
佳木斯	uən⁵³	tɕyn³³	tɕʰyn²⁴	ɕyn³³	yn²⁴	yn⁵³	fɤ²⁴	u⁵³
林口	uən⁵³	tɕyn³³	tɕʰyn²⁴	ɕyn³³	yn²⁴	yn⁵³	fɤ²⁴	u⁵³
同江	uən⁵³	tɕyn⁴⁴	tɕʰyn²⁴	ɕyn⁴⁴	yn²⁴	yn⁵³	fɤ²⁴	u⁵³
黑河	uən⁵²	tɕyn⁴⁴	tɕʰyn²⁴	ɕyn⁴⁴	yn²⁴	yn⁵²	fɤ²⁴	u⁵²
嘉荫	uən⁵¹	tɕyn³³	tɕʰyn³⁵	ɕyn³³	yn³⁵	yn⁵¹	fɤ³⁵	u⁵¹
兰西	vən⁵³	tɕyn³³	tɕʰyn²⁴	ɕyn³³	yn²⁴	yn⁵³	fɤ²⁴	u⁵³
漠河	uən⁵²	tɕyn⁵⁵	tɕʰyn³⁵	ɕyn⁵⁵	yn³⁵	yn⁵²	fɤ³⁵	u⁵²
嫩江	uən⁵³	tɕyn⁴⁴	tɕʰyn²⁴	ɕyn⁴⁴	yn²⁴	yn⁵³	fɤ²⁴	u⁵³
泰来	uən⁵³	tɕyn⁴⁴	tɕʰyn²⁴	ɕyn⁴⁴	yn²⁴	yn⁵³	fɤ²⁴	u⁵³
哈尔滨	uən⁵¹	tɕyn⁴⁴	tɕʰyn²⁴	ɕyn⁴⁴	yn²⁴	yn⁵¹	fɤ²⁴	u⁵¹
肇东	vən⁵³	tɕyn⁴⁴	tɕʰyn²⁴	ɕyn⁴⁴	yn²⁴	yn⁵³	fɤ²⁴	u⁵³
肇州	vən⁵³	tɕyn³³	tɕʰyn²⁴	ɕyn³³	yn²⁴	yn⁵³	fɤ²⁴	u⁵³
东宁	uən⁵³	tɕyn³³	tɕʰyn²⁴	ɕyn³³	yn²⁴	yn⁵³	fɤ²⁴	u⁵³
鸡西	uən⁵³	tɕyn⁴⁴	tɕʰyn²⁴	ɕyn⁴⁴	yn²⁴	yn⁵³	fɤ²⁴	u⁵³
密山	uən⁵²	tɕyn⁴⁴	tɕʰyn²⁴	ɕyn⁴⁴	yn²⁴	yn⁵²	fɤ²⁴	u⁵²
穆棱	uən⁵³	tɕyn³³	tɕʰyn³⁵	ɕyn³³	yn³⁵	yn⁵³	fɤ³⁵	u⁵³
宁安	uən⁵¹	tɕyn⁴⁴	tɕʰyn³⁵	ɕyn⁴⁴	yn³⁵	yn⁵¹	fɤ³⁵	u⁵¹
尚志	uən⁵³	tɕyn⁴⁴	tɕʰyn²⁴	ɕyn⁴⁴	yn²⁴	yn⁵³	fɤ²⁴	u⁵³

89. 单字 0705—0712

调查点	0705 帮 宕开一 平唐帮	0706 忙 宕开一 平唐明	0707 党 宕开一 上唐端	0708 汤 宕开一 平唐透	0709 糖 宕开一 平唐定	0710 浪 宕开一 去唐来	0711 仓 宕开一 平唐清	0712 钢名 宕开一 平唐见
勃利	paŋ⁴⁴	maŋ²⁴	taŋ²¹³	tʰaŋ⁴⁴	tʰaŋ²⁴	laŋ⁵³	tsʰaŋ⁴⁴	kaŋ⁴⁴

续表

调查点	0705 帮	0706 忙	0707 党	0708 汤	0709 糖	0710 浪	0711 仓	0712 钢名
	宕开一 平唐帮	宕开一 平唐明	宕开一 上唐端	宕开一 平唐透	宕开一 平唐定	宕开一 去唐来	宕开一 平唐清	宕开一 平唐见
集贤	$paŋ^{44}$	$maŋ^{35}$	$taŋ^{213}$	$tʰaŋ^{44}$	$tʰaŋ^{35}$	$laŋ^{53}$	$tsʰaŋ^{44}$	$kaŋ^{44}$
佳木斯	$paŋ^{33}$	$maŋ^{24}$	$taŋ^{212}$	$tʰaŋ^{33}$	$tʰaŋ^{24}$	$laŋ^{53}$	$tsʰaŋ^{33}$	$kaŋ^{33}$
林口	$paŋ^{33}$	$maŋ^{24}$	$taŋ^{213}$	$tʰaŋ^{33}$	$tʰaŋ^{24}$	$laŋ^{53}$	$tsʰaŋ^{33}$	$kaŋ^{33}$
同江	$paŋ^{44}$	$maŋ^{24}$	$taŋ^{213}$	$tʰaŋ^{44}$	$tʰaŋ^{24}$	$laŋ^{53}$	$tsʰaŋ^{44}$	$kaŋ^{44}$
黑河	$paŋ^{44}$	$maŋ^{24}$	$taŋ^{213}$	$tʰaŋ^{44}$	$tʰaŋ^{24}$	$laŋ^{52}$	$tsʰaŋ^{44}$	$kaŋ^{44}$
嘉荫	$paŋ^{33}$	$maŋ^{35}$	$taŋ^{213}$	$tʰaŋ^{33}$	$tʰaŋ^{35}$	$laŋ^{51}$	$tsʰaŋ^{33}$	$kaŋ^{33}$
兰西	$paŋ^{33}$	$maŋ^{24}$	$taŋ^{213}$	$tʰaŋ^{33}$	$tʰaŋ^{24}$	$laŋ^{53}$	$tsʰaŋ^{33}$	$kaŋ^{33}$
漠河	$paŋ^{55}$	$maŋ^{35}$	$taŋ^{213}$	$tʰaŋ^{55}$	$tʰaŋ^{35}$	$laŋ^{52}$	$tsʰaŋ^{55}$	$kaŋ^{55}$
嫩江	$paŋ^{44}$	$maŋ^{24}$	$taŋ^{213}$	$tʰaŋ^{44}$	$tʰaŋ^{24}$	$laŋ^{53}$	$tsʰaŋ^{44}$	$kaŋ^{44}$
泰来	$paŋ^{44}$	$maŋ^{24}$	$taŋ^{213}$	$tʰaŋ^{44}$	$tʰaŋ^{24}$	$laŋ^{53}$	$tʂʰaŋ^{44}$	$kaŋ^{44}$
哈尔滨	$paŋ^{44}$	$maŋ^{24}$	$taŋ^{213}$	$tʰaŋ^{44}$	$tʰaŋ^{24}$	$laŋ^{51}$	$tsʰaŋ^{44}$	$kaŋ^{44}$
肇东	$paŋ^{44}$	$maŋ^{24}$	$taŋ^{213}$	$tʰaŋ^{44}$	$tʰaŋ^{24}$	$laŋ^{53}$	$tsʰaŋ^{44}$	$kaŋ^{44}$
肇州	$paŋ^{33}$	$maŋ^{24}$	$taŋ^{213}$	$tʰaŋ^{33}$	$tʰaŋ^{24}$	$laŋ^{53}$	$tsʰaŋ^{33}$	$kaŋ^{33}$
东宁	$paŋ^{33}$	$maŋ^{24}$	$taŋ^{213}$	$tʰaŋ^{33}$	$tʰaŋ^{24}$	$laŋ^{53}$	$tsʰaŋ^{33}$	$kaŋ^{33}$
鸡西	$paŋ^{44}$	$maŋ^{24}$	$taŋ^{213}$	$tʰaŋ^{44}$	$tʰaŋ^{24}$	$laŋ^{53}$	$tsʰaŋ^{44}$	$kaŋ^{44}$
密山	$paŋ^{44}$	$maŋ^{24}$	$taŋ^{213}$	$tʰaŋ^{44}$	$tʰaŋ^{24}$	$laŋ^{52}$	$tsʰaŋ^{44}$	$kaŋ^{44}$
穆棱	$paŋ^{33}$	$maŋ^{35}$	$taŋ^{213}$	$tʰaŋ^{33}$	$tʰaŋ^{35}$	$laŋ^{53}$	$tsʰaŋ^{33}$	$kaŋ^{33}$
宁安	$paŋ^{44}$	$maŋ^{35}$	$taŋ^{213}$	$tʰaŋ^{44}$	$tʰaŋ^{35}$	$laŋ^{51}$	$tsʰaŋ^{44}$	$kaŋ^{44}$
尚志	$paŋ^{44}$	$maŋ^{24}$	$taŋ^{213}$	$tʰaŋ^{44}$	$tʰaŋ^{24}$	$laŋ^{53}$	$tsʰaŋ^{44}$	$kaŋ^{44}$

90. 单字 0713—0720

调查点	0713 糠	0714 薄形	0715 摸	0716 托	0717 落	0718 作	0719 索	0720 各
	宕开一 平唐溪	宕开一 入铎并	宕开一 入铎明	宕开一 入铎透	宕开一 入铎来	宕开一 入铎精	宕开一 入铎心	宕开一 入铎见
勃利	$kʰaŋ^{44}$	$pau^{24}_{白}$ $pɤ^{24}_{文}$	$ma^{44}_{白}$ $mɤ^{44}_{文}$	$tʰuɤ^{44}$	$la^{53}_{~下}$ $luɤ^{53}_{~款}$	$tsuɤ^{44}_{~死}$ $tsuɤ^{24}_{~祸}$ $tsuɤ^{53}_{~业}$	$suɤ^{213}$	$kɤ^{53}$

续表

调查点	0713 糠 宕开一 平唐溪	0714 薄形 宕开一 入铎并	0715 摸 宕开一 入铎明	0716 托 宕开一 入铎透	0717 落 宕开一 入铎来	0718 作 宕开一 入铎精	0719 索 宕开一 入铎心	0720 各 宕开一 入铎见
集贤	$k^haŋ^{44}$	pau^{35}	$mɤ^{44}$	$t^huɤ^{44}$	$la^{53}_{~下}$ $luɤ^{53}_{~叶}$	$tsuɤ^{53}_{~文}$ $tsuɤ^{44}_{~死}$	$suɤ^{213}$	$kɤ^{53}$
佳木斯	$k^haŋ^{33}$	$pau^{24}_{白}$ $pɤ^{24}_{文}$	$mɤ^{33}$	$t^huɤ^{33}$	$lau^{53}_{~埋怨}$ $luɤ^{53}_{~下来}$	$tsuɤ^{53}$	$suɤ^{212}$	$kɤ^{53}$
林口	$k^haŋ^{33}$	pau^{24}	$mɤ^{33}$	t^huo^{33}	$la^{53}_{~下}$ $luo^{53}_{~体}$	$tsuo^{24}_{真~}$ $tsuo^{53}_{~业}$	suo^{213}	$kɤ^{53}_{~位}$ $kɤ^{24}_{~顾~的}$
同江	$k^haŋ^{44}$	$pau^{24}_{白}$ $pɤ^{24}_{文}$	$ma^{44}_{白}$ $mɤ^{44}_{文}$	$t^huɤ^{44}_{又}$ $t^huɤ^{24}_{又}$	$la^{53}_{~下}$ $lau^{53}_{~山了}$ $luɤ^{53}_{~叶}$	$tsuɤ^{44}_{~弄}$ $tsuɤ^{24}_{~妖}$ $tsuɤ^{53}_{工~}$	$suɤ^{213}$	$kɤ^{53}$
黑河	$k^haŋ^{44}$	pau^{24}	$mɤ^{44}$	$t^huɤ^{44}$	$la^{52}_{~下}$ $lau^{52}_{~枕}$ $luɤ^{52}_{降~}$	$tsuɤ^{52}_{~业}$ $tsuɤ^{44}_{~坊}$	$suɤ^{213}$	$kɤ^{52}$
嘉荫	$k^haŋ^{33}$	pau^{35}	$mɤ^{33}$	$t^huɤ^{33}$	$la^{51}_{~东西}$ $lau^{51}_{~枕}$ $luɤ^{51}_{~地}$	$tsuɤ^{33}_{~人}$ $tsuɤ^{51}_{~业}$	$suɤ^{213}$	$kɤ^{51}$
兰西	$k^haŋ^{33}$	pau^{24}	$mɤ^{33}$	$t^huɤ^{33}$	$la^{53}_{~下}$ $lau^{53}_{~枕}$ $luɤ^{53}_{降~}$	$tsuɤ^{33}_{~妖}$ $tsuɤ^{53}_{~业}$	$suɤ^{213}$	$kɤ^{53}$
漠河	$k^haŋ^{55}$	pau^{35}	$mɤ^{55}$	$t^huɤ^{55}$	$la^{52}_{~下}$ $lau^{52}_{~枕}$ $luɤ^{52}_{降~}$	$tsuɤ^{52}_{工~}$ $tsuɤ^{55}_{~坊}$	$suɤ^{213}$	$kɤ^{52}$
嫩江	$k^haŋ^{44}$	pau^{24}	$mɤ^{44}$	$t^huɤ^{44}$	$la^{53}_{~下}$ $lau^{53}_{~枕}$ $luɤ^{53}_{降~}$	$tsuɤ^{44}_{~死}$ $tsuɤ^{53}_{~业}$	$suɤ^{213}$	$kɤ^{53}$
泰来	$k^haŋ^{44}$	pau^{24}	$mɤ^{44}$	t^huo^{44}	$la^{53}_{~下}$ $lau^{53}_{~枕}$ $luo^{53}_{降~}$	$tʂuo^{53}$	$ʂuo^{213}$	$kɤ^{53}$

续表

调查点	0713 糠 宕开一 平唐溪	0714 薄形 宕开一 入铎并	0715 摸 宕开一 入铎明	0716 托 宕开一 入铎透	0717 落 宕开一 入铎来	0718 作 宕开一 入铎精	0719 索 宕开一 入铎心	0720 各 宕开一 入铎见
哈尔滨	$k^h aŋ^{44}$	$pau^{24}_{白}$ $pɤ^{24}_{文}$	$mɤ^{44}$	$t^h uo^{44}$	$la^{51}_{\sim字}$ $lau^{51}_{\sim枕}$ $luo^{51}_{降\sim}$	$tsuo^{51}_{\sim业}$ $tsuo^{24}_{\sim料}$ $tsuo^{44}_{\sim祸}$	suo^{213}	$kɤ^{51}$
肇东	$k^h aŋ^{44}$	pau^{24}	$mɤ^{44}$	$t^h uo^{44}$	$la^{53}_{\sim下}$ $lau^{53}_{\sim枕}$ $luo^{53}_{降\sim}$	$tsuo^{44}_{\sim死}$ $tsuo^{53}_{\sim业}$	suo^{213}	$kɤ^{53}$
肇州	$k^h aŋ^{33}$	pau^{24}	$mɤ^{33}$	$t^h uɤ^{33}$	$la^{53}_{\sim后儿}$ $lau^{53}_{\sim枕}$ $luɤ^{53}_{降\sim}$	$tsuɤ^{33}_{\sim死}$ $tsuɤ^{53}_{\sim业}$	$suɤ^{213}$	$kɤ^{53}$
东宁	$k^h aŋ^{33}$	$pau^{24}_{白}$ $pɤ^{24}_{文}$	$mɤ^{33}$	$t^h uɤ^{33}$	$la^{53}_{\sim下}$ $luɤ^{53}_{\sim叶}$	$tsuɤ^{24}_{\sim弄}$ $tsuɤ^{53}_{\sim文}$	$suɤ^{213}$	$kɤ^{53}$
鸡西	$k^h aŋ^{44}$	$pau^{24}_{白}$ $pɤ^{24}_{文}$	$ma^{44}_{白}$ $mɤ^{44}_{文}$	$t^h uɤ^{44}$	$la^{53}_{\sim下}$ $lau^{53}_{\sim山了}$ $luɤ^{53}_{\sim叶}$	$tsuɤ^{44}_{\sim弄}$ $tsuɤ^{24}_{\sim妖}$ $tsuɤ^{53}_{工\sim}$	$suɤ^{213}$	$kɤ^{53}$
密山	$k^h aŋ^{44}$	pau^{24}	$mɤ^{44}$	$t^h uɤ^{44}$	$la^{52}_{\sim下}$ $luɤ^{52}_{\sim山}$	$tsuɤ^{52}_{\sim业}$ $tsuɤ^{24}_{\sim人}$	$suɤ^{213}$	$kɤ^{52}_{\sim自}$ $kɤ^{24}_{顾\sim的}$
穆棱	$k^h aŋ^{33}$	$pau^{35}_{白}$ $pɤ^{35}_{文}$	$ma^{33}_{白}$ $mɤ^{33}_{文}$	$t^h uɤ^{33}$	$la^{53}_{\sim下}$ $lau^{53}_{\sim山了}$ $luɤ^{53}_{\sim叶}$	$tsuɤ^{33}_{\sim弄}$ $tsuɤ^{35}_{\sim妖}$ $tsuɤ^{53}_{工\sim}$	$suɤ^{213}$	$kɤ^{53}$
宁安	$k^h aŋ^{44}$	$pau^{35}_{白}$ $pɤ^{35}_{文}$	$mɤ^{44}$	$t^h uɤ^{44}$	$la^{51}_{\sim下}$ $luɤ^{51}_{\sim叶}$	$tsuɤ^{35}_{\sim祸}$ $tsuɤ^{51}_{\sim业}$	$suɤ^{213}$	$kɤ^{51}$
尚志	$k^h aŋ^{44}$	pau^{24}	$mɤ^{44}$	$t^h uɤ^{44}$	$la^{53}_{\sim下}$ $lau^{53}_{\sim枕}$ $luo^{53}_{\sim叶}$	$tsuɤ^{53}$	$suɤ^{213}$	$kɤ^{53}$

91. 单字 0721—0728

调查点	0721 鹤 宕开一 入铎匣	0722 恶 形、入声 宕开一 入铎影	0723 娘 宕开三 平阳泥	0724 两 斤~ 宕开三 上阳来	0725 亮 宕开三 去阳来	0726 浆 宕开三 平阳精	0727 抢 宕开三 上阳清	0728 匠 宕开三 去阳从
勃利	xau²⁴①~岗 xɣ⁵³~立	ɣ⁵³作~ ɣ²¹³~心	ȵiaŋ²⁴	liaŋ²¹³	liaŋ⁵³	tɕiaŋ⁴⁴泥~ tɕiaŋ⁵³~糊	tɕʰiaŋ²¹³	tɕiaŋ⁵³
集贤	xɣ⁵³	ɣ⁵³~人 ɣ²¹³~心	ȵiaŋ³⁵	liaŋ²¹³	liaŋ⁵³	tɕiaŋ⁴⁴豆~ tɕiaŋ⁵³~糊	tɕʰiaŋ²¹³	tɕiaŋ⁵³
佳木斯	xau²⁴~岗 xɣ⁵³~立	nɣ³³真~ ɣ²¹²~心	ȵiaŋ²⁴	liaŋ²¹²	liaŋ⁵³	tɕiaŋ³³	tɕʰiaŋ²¹²	tɕiaŋ⁵³
林口	xɣ⁵³	ɣ²¹³~心 ɣ⁵³~霸	ȵiaŋ²⁴	liaŋ²¹³	liaŋ⁵³	tɕiaŋ³³	tɕʰiaŋ²¹³	tɕiaŋ⁵³
同江	xau²⁴~岗 xɣ⁵³仙~	ɣ⁵³~人 ɣ²¹³~心	ȵiaŋ²⁴新~ ȵiaŋ²¹³红姑~儿	liaŋ²¹³	liaŋ⁵³	tɕiaŋ⁴⁴豆~ tɕiaŋ⁵³~糊	tɕʰiaŋ²¹³	tɕiaŋ⁵³
黑河	xɣ⁵²	ɣ⁵²	ȵiaŋ²⁴	liaŋ²¹³	liaŋ⁵²	tɕiaŋ⁴⁴	tɕʰiaŋ²¹³	tɕiaŋ⁵²
嘉荫	xau³⁵~岗 xɣ⁵¹~立	nɣ³³人真~ ɣ²¹³~心	ȵiaŋ³⁵	liaŋ²¹³	liaŋ⁵¹	tɕiaŋ³³豆~ tɕiaŋ⁵¹~糊	tɕʰiaŋ²¹³	tɕiaŋ⁵¹
兰西	xau²⁴~岗 xɣ⁵³~立	ɣ⁵³~人 nɣ²¹³~心	ȵiaŋ²⁴新~ ȵiaŋ²¹³姑~儿	liaŋ²¹³	liaŋ⁵³	tɕiaŋ³³豆~ tɕiaŋ⁵³~糊	tɕʰiaŋ²¹³	tɕiaŋ⁵³
漠河	xɣ⁵²	ɣ⁵²	ȵiaŋ³⁵	liaŋ²¹³	liaŋ⁵²	tɕiaŋ⁵⁵豆~ tɕiaŋ⁵²~糊	tɕʰiaŋ²¹³	tɕiaŋ⁵²
嫩江	xau²⁴~岗 xɣ⁵³~立	nɣ⁴⁴	ȵiaŋ²⁴	liaŋ²¹³	liaŋ⁵³	tɕiaŋ⁴⁴	tɕʰiaŋ²¹³	tɕiaŋ⁵³
泰来	xɣ⁵³	nɣ⁴⁴	ȵiaŋ²⁴	liaŋ²¹³	liaŋ⁵³	tɕiaŋ⁴⁴豆~ tɕiaŋ⁵³~糊	tɕʰiaŋ²¹³	tɕiaŋ⁵³
哈尔滨	xɣ⁵¹	ɣ²¹³~心 ɣ⁵¹凶	ȵiaŋ²⁴	liaŋ²¹³	liaŋ⁵¹	tɕiaŋ⁴⁴豆~ tɕiaŋ⁵¹~糊	tɕʰiaŋ²¹³	tɕiaŋ⁵¹
肇东	xɣ⁵³	nɣ⁴⁴	ȵiaŋ²⁴	liaŋ²¹³	liaŋ⁵³	tɕiaŋ⁴⁴	tɕʰiaŋ²¹³	tɕiaŋ⁵³

① 黑龙江地名,对于其他各方言点,此例解释相同,不再重复标注。

续表

调查点	0721 鹤 宕开一 入铎匣	0722 恶 形,入声 宕开一 入铎影	0723 娘 宕开三 平阳泥	0724 两 斤~ 宕开三 上阳来	0725 亮 宕开三 去阳来	0726 浆 宕开三 平阳精	0727 抢 宕开三 上阳清	0728 匠 宕开三 去阳从
肇州	xɤ⁵³	nɤ³³（真~） ɤ²¹³（~心）	ȵiaŋ²⁴	liaŋ²¹³	liaŋ⁵³	tɕiaŋ³³（豆~） tɕiaŋ⁵³（~糊）	tɕʰiaŋ²¹³	tɕiaŋ⁵³
东宁	xɤ⁵³	ɤ³³（~意） ɤ⁵³（~毒）	ȵiaŋ²⁴	liaŋ²¹³	liaŋ⁵³	tɕiaŋ³³	tɕʰiaŋ²¹³	tɕiaŋ⁵³
鸡西	xau²⁴（~岗） xɤ⁵³（仙~）	ɤ⁵³（凶） ɤ²¹³（~心）	ȵiaŋ²⁴	liaŋ²¹³	liaŋ⁵³	tɕiaŋ⁴⁴（豆~） tɕiaŋ⁵³（~糊）	tɕʰiaŋ²¹³	tɕiaŋ⁵³
密山	xɤ⁵²	nɤ⁴⁴（~人） ɤ²¹³（~心）	ȵiaŋ²⁴	liaŋ²¹³	liaŋ⁵²	tɕiaŋ⁴⁴（豆~） tɕiaŋ⁵²（~糊）	tɕʰiaŋ²¹³	tɕiaŋ⁵²
穆棱	xau³⁵（~岗） xɤ⁵³（仙~）	ɤ⁵³（~人） ɤ²¹³（~心）	ȵiaŋ³⁵（新~） ȵiaŋ²¹³（姑~儿）	liaŋ²¹³	liaŋ⁵³	tɕiaŋ³³（豆~） tɕiaŋ⁵³（~糊）	tɕʰiaŋ²¹³	tɕiaŋ⁵³
宁安	xau³⁵（~岗） xɤ⁵¹（~立）	ɤ⁴⁴（~意） ɤ⁵¹（~毒）	ȵiaŋ³⁵	liaŋ²¹³	liaŋ⁵¹	tɕiaŋ⁴⁴	tɕʰiaŋ²¹³	tɕiaŋ⁵¹
尚志	xɤ⁵³	ɤ⁵³	ȵiaŋ²⁴	liaŋ²¹³	liaŋ⁵³	tɕiaŋ⁴⁴	tɕʰiaŋ²¹³	tɕiaŋ⁵³

92. 单字 0729—0736

调查点	0729 想 宕开三 上阳心	0730 像 宕开三 上阳邪	0731 张 量 宕开三 平阳知	0732 长 ~短 宕开三 平阳澄	0733 装 宕开三 平阳庄	0734 壮 宕开三 去阳庄	0735 疮 宕开三 平阳初	0736 床 宕开三 平阳崇
勃利	ɕiaŋ²¹³	ɕiaŋ⁵³	tsaŋ⁴⁴	tsʰaŋ²⁴	tsuaŋ⁴⁴	tsuaŋ⁵³	tsʰuaŋ⁴⁴（又） tsʰaŋ⁴⁴（又）	tsʰuaŋ²⁴
集贤	ɕiaŋ²¹³	ɕiaŋ⁵³	tsaŋ⁴⁴	tsʰaŋ³⁵	tsuaŋ⁴⁴	tsuaŋ⁵³	tsʰuaŋ⁴⁴	tsʰuaŋ³⁵
佳木斯	ɕiaŋ²¹²	ɕiaŋ⁵³	tsaŋ³³	tsʰaŋ²⁴	tsuaŋ³³	tsuaŋ⁵³	tsʰuaŋ³³	tsʰuaŋ²⁴
林口	ɕiaŋ²¹³	ɕiaŋ⁵³	tsaŋ³³	tsʰaŋ²⁴	tsuaŋ³³	tsuaŋ⁵³	tsʰuaŋ³³	tsʰuaŋ²⁴
同江	ɕiaŋ²¹³	ɕiaŋ⁵³	tsaŋ⁴⁴	tsʰaŋ²⁴	tsuaŋ⁴⁴	tsuaŋ⁵³	tsʰuaŋ⁴⁴（又） tsʰaŋ⁴⁴（又）	tsʰuaŋ²⁴
黑河	ɕiaŋ²¹³	ɕiaŋ⁵²	tʂaŋ⁴⁴	tʂʰaŋ²⁴	tʂuaŋ⁴⁴	tʂuaŋ⁵²	tʂʰuaŋ⁴⁴	tʂʰuaŋ²⁴

续表

调查点	0729 想	0730 像	0731 张量	0732 长~短	0733 装	0734 壮	0735 疮	0736 床
	宕开三上阳心	宕开三上阳邪	宕开三平阳知	宕开三平阳澄	宕开三平阳庄	宕开三去阳庄	宕开三平阳初	宕开三平阳崇
嘉荫	ɕiaŋ²¹³	ɕiaŋ⁵¹	tʂaŋ³³	tʂʰaŋ³⁵	tʂuaŋ³³	tʂuaŋ⁵¹	tʂʰuaŋ³³	tʂʰuaŋ³⁵
兰西	ɕiaŋ²¹³	ɕiaŋ⁵³	tʂaŋ³³	tʂʰaŋ²⁴	tʂuaŋ³³	tʂuaŋ⁵³	tʂʰuaŋ³³	tʂʰuaŋ²⁴
漠河	ɕiaŋ²¹³	ɕiaŋ⁵²	tʂaŋ⁵⁵	tʂʰaŋ³⁵	tʂuaŋ⁵⁵	tʂuaŋ⁵²	tʂʰuaŋ⁵⁵	tʂʰuaŋ³⁵
嫩江	ɕiaŋ²¹³	ɕiaŋ⁵³	tsaŋ⁴⁴	tsʰaŋ²⁴	tsuaŋ⁴⁴	tsuaŋ⁵³	tsʰuaŋ⁴⁴	tsʰuaŋ²⁴
泰来	ɕiaŋ²¹³	ɕiaŋ⁵³	tʂaŋ⁴⁴	tʂʰaŋ²⁴	tʂuaŋ⁴⁴	tʂuaŋ⁵³	tʂʰuaŋ⁴⁴	tʂʰuaŋ²⁴
哈尔滨	ɕiaŋ²¹³	ɕiaŋ⁵¹	tʂaŋ⁴⁴	tʂʰaŋ²⁴	tʂuaŋ⁴⁴	tʂuaŋ⁵¹	tʂʰuaŋ⁴⁴	tʂʰuaŋ²⁴
肇东	ɕiaŋ²¹³	ɕiaŋ⁵³	tʂaŋ⁴⁴	tʂʰaŋ²⁴	tʂuaŋ⁴⁴	tʂuaŋ⁵³	tʂʰuaŋ⁴⁴	tʂʰuaŋ²⁴
肇州	ɕiaŋ²¹³	ɕiaŋ⁵³	tʂaŋ⁴⁴	tʂʰaŋ²⁴	tʂuaŋ⁴⁴	tʂuaŋ⁵³	tʂʰuaŋ⁴⁴	tʂʰuaŋ²⁴
东宁	ɕiaŋ²¹³	ɕiaŋ⁵³	tsaŋ³³	tsʰaŋ²⁴	tsuaŋ³³	tsuaŋ⁵³	tsʰuaŋ³³	tsʰuaŋ²⁴
鸡西	ɕiaŋ²¹³	ɕiaŋ⁵³	tsaŋ⁴⁴	tsʰaŋ²⁴	tsuaŋ⁴⁴	tsuaŋ⁵³	tsʰuaŋ⁴⁴又 / tsʰaŋ⁴⁴又	tsʰuaŋ²⁴
密山	ɕiaŋ²¹³	ɕiaŋ⁵²	tsaŋ⁴⁴	tsʰaŋ²⁴	tsuaŋ⁴⁴	tsuaŋ⁵²	tsʰuaŋ⁴⁴	tsʰuaŋ²⁴
穆棱	ɕiaŋ²¹³	ɕiaŋ⁵³	tsaŋ³³	tsʰaŋ³⁵	tsuaŋ³³	tsuaŋ⁵³	tsʰuaŋ³³	tsʰuaŋ³⁵
宁安	ɕiaŋ²¹³	ɕiaŋ⁵¹	tʂaŋ⁴⁴	tʂʰaŋ³⁵	tʂuaŋ⁴⁴	tʂuaŋ⁵¹	tʂʰuaŋ⁴⁴	tʂʰuaŋ³⁵
尚志	ɕiaŋ²¹³	ɕiaŋ⁵³	tsaŋ⁴⁴	tsʰaŋ³⁵	tsuaŋ⁴⁴	tsuaŋ⁵³	tsʰuaŋ⁴⁴	tsʰuaŋ²⁴

93. 单字 0737—0744

调查点	0737 霜	0738 章	0739 厂	0740 唱	0741 伤	0742 尝	0743 上~去	0744 让
	宕开三平阳生	宕开三平阳章	宕开三上阳昌	宕开三去阳昌	宕开三平阳书	宕开三平阳禅	宕开三上阳禅	宕开三去阳日
勃利	suaŋ⁴⁴	tsaŋ⁴⁴	tsʰaŋ²¹³	tsʰaŋ⁵³	saŋ⁴⁴	tsʰaŋ²⁴	saŋ⁵³	iaŋ⁵³白 / ʐaŋ⁵³文
集贤	suaŋ⁴⁴	tsaŋ⁴⁴	tsʰaŋ²¹³	tsʰaŋ⁵³	saŋ⁴⁴	tsʰaŋ³⁵	saŋ⁵³	iaŋ⁵³
佳木斯	suaŋ³³	tsaŋ³³	tsʰaŋ²¹²	tsʰaŋ⁵³	saŋ³³	tsʰaŋ²⁴	saŋ⁵³	iaŋ⁵³
林口	suaŋ³³	tsaŋ³³	tsʰaŋ²¹³	tsʰaŋ⁵³	saŋ³³	tsʰaŋ²⁴	saŋ⁵³	iaŋ⁵³
同江	suaŋ⁴⁴	tsaŋ⁴⁴	tsʰaŋ²¹³	tsʰaŋ⁵³	saŋ⁴⁴	tsʰaŋ²⁴	saŋ⁵³	iaŋ⁵³
黑河	ʂuaŋ⁴⁴	tʂaŋ⁴⁴	tʂʰaŋ²¹³	tʂʰaŋ⁵²	ʂaŋ⁴⁴	tʂʰaŋ²⁴	ʂaŋ⁵²	ʐaŋ⁵²

续表

调查点	0737 霜	0738 章	0739 厂	0740 唱	0741 伤	0742 尝	0743 上_去	0744 让
	宕开三平阳生	宕开三平阳章	宕开三上阳昌	宕开三去阳昌	宕开三平阳书	宕开三平阳禅	宕开三上阳禅	宕开三去阳日
嘉荫	$ʂuaŋ^{33}$	$tʂaŋ^{33}$	$tʂʰaŋ^{213}$	$tʂʰaŋ^{51}$	$ʂaŋ^{33}$	$tsʰaŋ^{35}$	$ʂaŋ^{51}$	$iaŋ^{51}_{白}$ $ʐaŋ^{51}$
兰西	$ʂuaŋ^{33}$	$tʂaŋ^{33}$	$tʂʰaŋ^{213}$	$tʂʰaŋ^{53}$	$ʂaŋ^{33}$	$tʂʰaŋ^{24}$	$ʂaŋ^{53}$	$iaŋ^{53}$
漠河	$ʂuaŋ^{55}$	$tʂaŋ^{55}$	$tʂʰaŋ^{213}$	$tʂʰaŋ^{52}$	$ʂaŋ^{55}$	$tʂʰaŋ^{35}$	$ʂaŋ^{52}$	$iaŋ^{52}_{白}$ $ʐaŋ^{52}_{文}$
嫩江	$suaŋ^{44}$	$tsaŋ^{44}$	$tsʰaŋ^{213}$	$tsʰaŋ^{53}$	$saŋ^{44}$	$tsʰaŋ^{24}$	$saŋ^{53}$	$iaŋ^{53}_{白}$ $ʐaŋ^{53}_{文}$
泰来	$ʂuaŋ^{44}$	$tʂaŋ^{44}$	$tʂʰaŋ^{213}$	$tʂʰaŋ^{53}$	$ʂaŋ^{44}$	$tʂʰaŋ^{24}$	$ʂaŋ^{53}$	$iaŋ^{53}_{白}$ $ʐaŋ^{53}_{文}$
哈尔滨	$ʂuaŋ^{44}$	$tʂaŋ^{44}$	$tʂʰaŋ^{213}$	$tʂʰaŋ^{51}$	$ʂaŋ^{44}$	$tʂʰaŋ^{24}$	$ʂaŋ^{51}$	$ʐaŋ^{51}$
肇东	$ʂuaŋ^{44}$	$tʂaŋ^{44}$	$tʂʰaŋ^{213}$	$tʂʰaŋ^{53}$	$ʂaŋ^{44}$	$tʂʰaŋ^{24}$	$ʂaŋ^{53}$	$iaŋ^{53}$
肇州	$ʂuaŋ^{33}$	$tʂaŋ^{33}$	$tʂʰaŋ^{213}$	$tʂʰaŋ^{53}$	$ʂaŋ^{33}$	$tʂʰaŋ^{24}$	$ʂaŋ^{53}$	$iaŋ^{53}_{白}$ $ʐaŋ^{53}_{文}$
东宁	$suaŋ^{33}$	$tsaŋ^{33}$	$tsʰaŋ^{213}$	$tsʰaŋ^{53}$	$saŋ^{33}$	$tsʰaŋ^{24}$	$saŋ^{53}$	$iaŋ^{53}_{白}$ $ʐaŋ^{53}_{文}$
鸡西	$suaŋ^{44}$	$tsaŋ^{44}$	$tsʰaŋ^{213}$	$tsʰaŋ^{53}$	$saŋ^{44}$	$tsʰaŋ^{24}$	$saŋ^{53}$	$iaŋ^{53}_{白}$ $ʐaŋ^{53}_{文}$
密山	$suaŋ^{44}$	$tsaŋ^{44}$	$tsʰaŋ^{213}$	$tsʰaŋ^{52}$	$saŋ^{44}$	$tsʰaŋ^{24}$	$saŋ^{52}$	$iaŋ^{52}$
穆棱	$suaŋ^{33}$	$tsaŋ^{33}$	$tsʰaŋ^{213}$	$tsʰaŋ^{53}$	$saŋ^{33}$	$tsʰaŋ^{35}$	$saŋ^{53}$	$iaŋ^{53}_{白}$ $ʐaŋ^{53}_{文}$
宁安	$ʂuaŋ^{44}$	$tʂaŋ^{44}$	$tʂʰaŋ^{213}$	$tʂʰaŋ^{51}$	$ʂaŋ^{44}$	$tʂʰaŋ^{35}$	$ʂaŋ^{51}$	$ʐaŋ^{51}$
尚志	$suaŋ^{44}$	$tsaŋ^{44}$	$tsʰaŋ^{213}$	$tsʰaŋ^{53}$	$saŋ^{44}$	$tsʰaŋ^{35}$	$saŋ^{53}$	$iaŋ^{53}$

94. 单字 0745—0752

调查点	0745 姜生~	0746 响	0747 向	0748 秧	0749 痒	0750 样	0751 雀	0752 削
	宕开三平阳见	宕开三上阳晓	宕开三去阳晓	宕开三平阳影	宕开三上阳以	宕开三去阳以	宕开三入药精	宕开三入药心
勃利	tɕiaŋ⁴⁴	ɕiaŋ²¹³	ɕiaŋ⁵³	iaŋ⁴⁴	iaŋ²¹³	iaŋ⁵³	tɕʰiau²¹³白 tɕʰyɛ⁵³文	ɕiau⁴⁴白 ɕyɛ²¹³文
集贤	tɕiaŋ⁴⁴	ɕiaŋ²¹³	ɕiaŋ⁵³	iaŋ⁴⁴	iaŋ²¹³	iaŋ⁵³	tɕʰiau²¹³白 tɕʰyɛ⁵³文	ɕiau⁴⁴白 ɕyɛ²¹³文
佳木斯	tɕiaŋ³³	ɕiaŋ²¹²	ɕiaŋ⁵³	iaŋ³³	iaŋ²¹²	iaŋ⁵³	tɕʰiau²¹²白 tɕʰyɛ⁵³文	ɕiau³³白 ɕyɛ³³文
林口	tɕiaŋ³³	ɕiaŋ²¹³	ɕiaŋ⁵³	iaŋ³³	iaŋ²¹³	iaŋ⁵³	tɕʰiau²¹³	ɕiau³³白 ɕyɛ²¹³文
同江	tɕiaŋ⁴⁴	ɕiaŋ²¹³	ɕiaŋ⁵³	iaŋ⁴⁴	iaŋ²¹³	iaŋ⁵³	tɕʰiau²¹³白 tɕʰyɛ⁵³文	ɕiau⁴⁴白 ɕyɛ²¹³文
黑河	tɕiaŋ⁴⁴	ɕiaŋ²¹³	ɕiaŋ⁵²	iaŋ⁴⁴	iaŋ²¹³	iaŋ⁵²	tɕʰiau²¹³白 tɕʰyɛ⁵²文	ɕiau⁴⁴白 ɕyɛ⁴⁴文
嘉荫	tɕiaŋ³³	ɕiaŋ²¹³	ɕiaŋ⁵¹	iaŋ³³	iaŋ²¹³	iaŋ⁵¹	tɕʰiau²¹³白 tɕʰyɛ⁵¹文	ɕiau³³白 ɕyɛ²¹³文
兰西	tɕiaŋ³³	ɕiaŋ²¹³	ɕiaŋ⁵³	iaŋ³³	iaŋ²¹³	iaŋ⁵³	tɕʰiau²¹³白 tɕʰyɛ⁵³文	ɕiau³³白 ɕyɛ²¹³文
漠河	tɕiaŋ⁵⁵	ɕiaŋ²¹³	ɕiaŋ⁵²	iaŋ⁵⁵	iaŋ²¹³	iaŋ⁵²	tɕʰiau²¹³白 tɕʰyɛ⁵²白	ɕiau⁵⁵白 ɕyɛ²¹³白 ɕyɛ⁵⁵文
嫩江	tɕiaŋ⁴⁴	ɕiaŋ²¹³	ɕiaŋ⁵³	iaŋ⁴⁴	iaŋ²¹³	iaŋ⁵³	tɕʰiau²¹³ tɕʰyɛ⁵³	ɕiau⁴⁴
泰来	tɕiaŋ⁴⁴	ɕiaŋ²¹³	ɕiaŋ⁵³	iaŋ⁴⁴	iaŋ²¹³	iaŋ⁵³	tɕʰiau²¹³白 tɕʰyɛ⁵³文	ɕiau⁴⁴白 ɕyɛ²¹³白 ɕyɛ⁴⁴文

续表

调查点	0745 姜生~ 宕开三平阳见	0746 响 宕开三上阳晓	0747 向 宕开三去阳晓	0748 秧 宕开三平阳影	0749 痒 宕开三上阳以	0750 样 宕开三去阳以	0751 雀 宕开三入药精	0752 削 宕开三入药心
哈尔滨	tɕiaŋ⁴⁴	ɕiaŋ²¹³	ɕiaŋ⁵¹	˙iaŋ⁴⁴	iaŋ²¹³	iaŋ⁵¹	tɕʰiau²¹³白 tɕʰyɛ⁵¹文	ɕyɛ²¹³白 ɕyɛ⁴⁴文
肇东	tɕiaŋ⁴⁴	ɕiaŋ²¹³	ɕiaŋ⁵³	˙iaŋ⁴⁴	iaŋ²¹³	iaŋ⁵³	tɕʰiau²¹³	ɕiau⁴⁴ ɕyɛ²¹³
肇州	tɕiaŋ³³	ɕiaŋ²¹³	ɕiaŋ⁵³	iaŋ³³	iaŋ²¹³	iaŋ⁵³	tɕʰiau²¹³白 tɕʰyɛ⁵³文	ɕiau³³白 ɕyɛ³³文
东宁	ɕiaŋ³³	ɕiaŋ²¹³	ɕiaŋ⁵³	iaŋ³³	iaŋ²¹³	iaŋ⁵³	tɕʰiau²¹³白 tɕʰyɛ⁵³文	ɕiau³³白 ɕyɛ³³文
鸡西	tɕiaŋ⁴⁴	ɕiaŋ²¹³	ɕiaŋ⁵³	˙iaŋ⁴⁴	iaŋ²¹³	iaŋ⁵³	tɕʰiau²¹³白 tɕʰyɛ⁵³文	ɕiau⁴⁴白 ɕyɛ²¹³文
密山	tɕiaŋ⁴⁴	ɕiaŋ²¹³	ɕiaŋ⁵²	˙iaŋ⁴⁴	iaŋ²¹³	iaŋ⁵²	tɕʰiau²¹³白 tɕʰyɛ⁵²文	ɕiau⁴⁴白 ɕyɛ⁴⁴文
穆棱	tɕiaŋ³³	ɕiaŋ²¹³	ɕiaŋ⁵³	iaŋ³³	iaŋ²¹³	iaŋ⁵³	tɕʰiau²¹³白 tɕʰyɛ⁵³文	ɕiau³³白 ɕyɛ²¹³文
宁安	tɕiaŋ⁴⁴	ɕiaŋ²¹³	ɕiaŋ⁵¹	˙iaŋ⁴⁴	iaŋ²¹³	iaŋ⁵¹	tɕʰiau²¹³白 tɕʰyɛ⁵¹文	ɕiau⁴⁴白 ɕyɛ²¹³文
尚志	tɕiaŋ⁴⁴	ɕiaŋ²¹³	ɕiaŋ⁵³	˙iaŋ⁴⁴	iaŋ²¹³	iaŋ⁵³	tɕʰyɛ⁵³	ɕiau⁴⁴白 ɕyɛ²¹³白 ɕyɛ⁴⁴文

95. 单字 0753—0760

调查点	0753 着火~了 宕开三入药知	0754 勺 宕开三入药禅	0755 弱 宕开三入药日	0756 脚 宕开三入药见	0757 约 宕开三入药影	0758 药 宕开三入药以	0759 光~线 宕合一平唐见	0760 慌 宕合一平唐晓
勃利	tsau²⁴	sau²⁴	iau⁵³白 yɛ⁵³文	tɕiau²¹³	iau⁴⁴白 yɛ⁴⁴文	iau⁵³	kuaŋ⁴⁴	xuaŋ⁴⁴

续表

调查点	0753 着火~了 宕开三入药知	0754 勺 宕开三入药禅	0755 弱 宕开三入药日	0756 脚 宕开三入药见	0757 约 宕开三入药影	0758 药 宕开三入药以	0759 光~线 宕合一平唐见	0760 慌 宕合一平唐晓
集贤	tsau^{35}	sau^{35}	iau$_{白}^{53}$ z̢uɤ$_{文}^{53}$	tɕiau^{213}	iau$_{白}^{44}$ yɛ$_{文}^{44}$	iau^{53}	kuaŋ^{44}	xuaŋ^{44}
佳木斯	tsau^{24}	sau^{24}	iau$_{白}^{53}$ yɛ$_{文}^{53}$ z̢uɤ$_{文}^{53}$	tɕiau^{212}	iau$_{白}^{33}$ yɛ$_{文}^{33}$	iau^{53}	kuaŋ^{33}	xuaŋ^{33}
林口	tsau^{24}	sau^{24}	iau^{53}	tɕiau^{213}	iau$_{白}^{33}$ yɛ$_{文}^{33}$	iau^{53}	kuaŋ^{33}	xuaŋ^{33}
同江	tsau^{24}	sau^{24}	iau$_{白}^{53}$ yɛ$_{文}^{53}$	tɕiau^{213}	iau$_{白}^{44}$ yɛ$_{文}^{44}$	iau^{53}	kuaŋ^{44}	xuaŋ^{44}
黑河	tʂau^{24}	ʂau^{24}	z̢uɤ^{52}	tɕiau^{213}	iau$_{白}^{44}$ yɛ$_{文}^{44}$	iau^{52}	kuaŋ^{44}	xuaŋ^{44}
嘉荫	tsau^{35}	ʂau^{35}	z̢uɤ^{51}	tɕiau^{213}	iau$_{白}^{33}$ yɛ$_{文}^{33}$	iau^{51}	kuaŋ^{33}	xuaŋ^{33}
兰西	tʂau^{24}	ʂau^{24}	iau$_{白}^{53}$ z̢uɤ$_{文}^{53}$	tɕiau^{213}	iau$_{白}^{33}$ yɛ$_{文}^{33}$	iau^{53}	kuaŋ^{33}	xuaŋ^{33}
漠河	tʂau^{35}	ʂau^{35}	z̢uɤ^{52}	tɕiau^{213}	iau$_{白}^{55}$ yɛ$_{文}^{55}$	iau^{52}	kuaŋ^{55}	xuaŋ^{55}
嫩江	tsau^{24}	sau^{24}	z̢uɤ^{53}	tɕiau^{213}	iau^{44}	iau^{53}	kuaŋ^{44}	xuaŋ^{44}
泰来	tʂau^{24}	ʂau^{24}	z̢uo^{53}	tɕiau^{213}	iau$_{白}^{44}$ yɛ$_{文}^{44}$	iau^{53}	kuaŋ^{44}	xuaŋ^{44}
哈尔滨	tʂau^{24}	ʂau^{24}	z̢uo^{51}	tɕiau^{213}	iau$_{白}^{44}$ yɛ$_{文}^{44}$	iau^{51}	kuaŋ^{44}	xuaŋ^{44}
肇东	tʂau^{24}	ʂau^{24}	iau^{53}	tɕiau^{213}	iau^{44}	iau^{53}	kuaŋ^{44}	xuaŋ^{44}
肇州	tʂau^{24}	ʂau^{24}	z̢uɤ^{53}	tɕiau^{213}	iau$_{白}^{33}$ yɛ$_{文}^{33}$	iau^{53}	kuaŋ^{33}	xuaŋ^{33}
东宁	tsau^{24}	sau^{24}	z̢uɤ^{53}	tɕiau^{213}	iau$_{白}^{33}$ yɛ$_{文}^{33}$	iau^{53}	kuaŋ^{33}	xuaŋ^{33}

续表

调查点	0753 着 火~了 宕开三 入药知	0754 勺 宕开三 入药禅	0755 弱 宕开三 入药日	0756 脚 宕开三 入药见	0757 约 宕开三 入药影	0758 药 宕开三 入药以	0759 光 ~线 宕合一 平唐见	0760 慌 宕合一 平唐晓
鸡西	tsau^{24}	sau^{24}	iau$^{53}_{白}$ yɛ$^{53}_{文}$ ʐuɣ$^{53}_{文}$	tɕiau^{213}	iau^{44}	iau^{53}	kuaŋ^{44}	xuaŋ^{44}
密山	tsau^{24}	sau^{24}	yɛ^{52}	tɕiau^{213}	iau$^{44}_{白}$ yɛ$^{44}_{文}$	iau^{52}	kuaŋ^{44}	xuaŋ^{44}
穆棱	tsau^{35}	sau^{35}	iau$^{53}_{白}$ yɛ$^{53}_{文}$ ʐuɣ$^{53}_{文}$	tɕiau^{213}	iau$^{33}_{白}$ yɛ$^{33}_{文}$	iau^{53}	kuaŋ^{33}	xuaŋ^{33}
宁安	tʂau^{35}	ʂau^{35}	ʐuɣ^{51}	tɕiau^{213}	iau$^{44}_{白}$ yɛ$^{44}_{文}$	iau^{51}	kuaŋ^{44}	xuaŋ^{44}
尚志	tsau^{24}	sau^{24}	ʐuo^{53}	tɕiau^{213}	iau$^{44}_{白}$ yɛ$^{44}_{文}$	iau^{53}	kuaŋ^{44}	xuaŋ^{44}

96. 单字 0761—0768

调查点	0761 黄 宕合一 平唐匣	0762 郭 宕合一 入铎见	0763 霍 宕合一 入铎晓	0764 方 宕合三 平阳非	0765 放 宕合三 去阳非	0766 纺 宕合三 上阳敷	0767 房 宕合三 平阳奉	0768 防 宕合三 平阳奉
勃利	xuaŋ^{24}	kuɣ^{44}	xuɣ^{53}	faŋ^{44}	faŋ^{53}	faŋ^{213}	faŋ^{24}	faŋ$^{24}_{~范}$ faŋ$^{213}_{边~}$
集贤	xuaŋ^{35}	kuɣ^{44}	xuɣ^{53}	faŋ^{44}	faŋ^{53}	faŋ^{213}	faŋ^{35}	faŋ^{35}
佳木斯	xuaŋ^{24}	kuɣ^{33}	xuɣ^{53}	faŋ^{33}	faŋ^{53}	faŋ^{212}	faŋ^{24}	faŋ^{24}
林口	xuaŋ^{24}	kuo^{33}	xuo^{53}	faŋ^{33}	faŋ^{53}	faŋ^{213}	faŋ^{24}	faŋ^{24}
同江	xuaŋ^{24}	kuɣ^{44}	xuɣ$^{53}_{文}$ xuɣ$^{213}_{文}$	faŋ^{44}	faŋ^{53}	faŋ^{213}	faŋ^{24}	faŋ$^{24}_{~护车}$ faŋ$^{213}_{边~}$
黑河	xuaŋ^{24}	kuɣ^{44}	xuɣ$^{213}_{文}$ xuɣ$^{52}_{文}$	faŋ^{44}	faŋ^{52}	faŋ^{213}	faŋ^{24}	faŋ^{24}

续表

调查点	0761 黄 宕合一 平唐匣	0762 郭 宕合一 入铎见	0763 霍 宕合一 入铎晓	0764 方 宕合三 平阳非	0765 放 宕合三 去阳非	0766 纺 宕合三 上阳敷	0767 房 宕合三 平阳奉	0768 防 宕合三 平阳奉
嘉荫	xuaŋ³⁵	kuɤ³³	xuɤ⁵¹	faŋ³³	faŋ⁵¹	faŋ²¹³	faŋ³⁵	faŋ³⁵
兰西	xuaŋ²⁴	kuɤ³³	xuɤ⁵³又 xuɤ²¹³又	faŋ³³	faŋ⁵³	faŋ²¹³	faŋ²⁴	faŋ²⁴~护 faŋ²¹³边~
漠河	xuaŋ³⁵	kuɤ⁵⁵	xuɤ⁵²	faŋ⁵⁵	faŋ⁵²	faŋ²¹³	faŋ³⁵	faŋ³⁵
嫩江	xuaŋ²⁴	kuɤ⁴⁴	xuɤ²¹³又 xuɤ⁵³又	faŋ⁴⁴	faŋ⁵³	faŋ²¹³	faŋ²⁴	faŋ²⁴
泰来	xuaŋ²⁴	kuo⁴⁴	xuo⁵³	faŋ⁴⁴	faŋ⁵³	faŋ²¹³	faŋ²⁴	faŋ²⁴
哈尔滨	xuaŋ²⁴	kuo⁴⁴	xuo⁵¹	faŋ⁴⁴	faŋ⁵¹	faŋ²¹³	faŋ²⁴	faŋ²⁴
肇东	xuaŋ²⁴	kuo⁴⁴	xuo²¹³	faŋ⁴⁴	faŋ⁵³	faŋ²¹³	faŋ²⁴	faŋ²⁴
肇州	xuaŋ²⁴	kuɤ³³	xuɤ²¹³	faŋ³³	faŋ⁵³	faŋ²¹³	faŋ²⁴	faŋ²⁴
东宁	xuaŋ²⁴	kuɤ³³	xuɤ²¹³	faŋ³³	faŋ⁵³	faŋ²¹³	faŋ²⁴	faŋ²⁴
鸡西	xuaŋ²⁴	kuɤ⁴⁴	xuɤ⁵³	faŋ⁴⁴	faŋ⁵³	faŋ²¹³	faŋ²⁴	faŋ²⁴又 faŋ²¹³又
密山	xuaŋ²⁴	kuɤ⁴⁴	xuɤ⁵²	faŋ⁴⁴	faŋ⁵²	faŋ²¹³	faŋ²⁴	faŋ²⁴
穆棱	xuaŋ³⁵	kuɤ³³	xuɤ⁵³又 xuɤ²¹³又	faŋ³³	faŋ⁵³	faŋ²¹³	faŋ³⁵	faŋ³⁵~护车 faŋ²¹³边~
宁安	xuaŋ³⁵	kuɤ⁴⁴	xuɤ²¹³	faŋ⁴⁴	faŋ⁵¹	faŋ²¹³	faŋ³⁵	faŋ³⁵
尚志	xuaŋ²⁴	kuo⁴⁴	xuo⁵³	faŋ⁴⁴	faŋ⁵³	faŋ²¹³	faŋ²⁴	faŋ²⁴~护 faŋ²¹³边~

97. 单字 0769—0776

调查点	0769 网 宕合三 上阳微	0770 筐 宕合三 平阳溪	0771 狂 宕合三 平阳群	0772 王 宕合三 平阳云	0773 旺 宕合三 去阳云	0774 缚 宕合三 入药奉	0775 绑 江开二 上江帮	0776 胖 江开二 去江滂
勃利	uaŋ²¹³	kʰuaŋ⁴⁴	kʰuaŋ²⁴	uaŋ²⁴	uaŋ⁵³	fu⁵³	paŋ²¹³	pʰaŋ⁵³
集贤	uaŋ²¹³	kʰuaŋ⁴⁴	kʰuaŋ³⁵	uaŋ³⁵	uaŋ⁵³	fu⁵³	paŋ²¹³	pʰaŋ⁵³
佳木斯	uaŋ²¹²	kʰuaŋ³³	kʰuaŋ²⁴	uaŋ²⁴	uaŋ⁵³	fu⁵³	paŋ²¹²	pʰaŋ⁵³
林口	uaŋ²¹³	kʰuaŋ³³	kʰuaŋ²⁴	uaŋ²⁴	uaŋ⁵³	fu⁵³	paŋ²¹³	pʰaŋ⁵³
同江	uaŋ²¹³	kʰuaŋ⁴⁴	kʰuaŋ²⁴	uaŋ²⁴	uaŋ⁵³	fu⁵³	paŋ²¹³	pʰaŋ⁵³
黑河	uaŋ²¹³	kʰuaŋ⁴⁴	kʰuaŋ²⁴	uaŋ²⁴	uaŋ⁵²	fu⁵²	paŋ²¹³	pʰaŋ⁵²
嘉荫	uaŋ²¹³	kʰuaŋ³³	kʰuaŋ³⁵	uaŋ³⁵	uaŋ⁵¹	fu⁵¹	paŋ²¹³	pʰaŋ⁵¹
兰西	vaŋ²¹³	kʰuaŋ³³	kʰuaŋ²⁴	vaŋ²⁴	vaŋ⁵³	fu⁵³	paŋ²¹³	pʰaŋ⁵³
漠河	uaŋ²¹³	kʰuaŋ⁵⁵	kʰuaŋ³⁵	uaŋ³⁵	uaŋ⁵²	fu⁵²	paŋ²¹³	pʰaŋ⁵²
嫩江	uaŋ²¹³	kʰuaŋ⁴⁴	kʰuaŋ²⁴	uaŋ²⁴	uaŋ⁵³	fu⁵³	paŋ²¹³	pʰaŋ⁵³
泰来	uaŋ²¹³	kʰuaŋ⁴⁴	kʰuaŋ²⁴	uaŋ²⁴	uaŋ⁵³	fu⁵³	paŋ²¹³	pʰaŋ⁵³
哈尔滨	uaŋ²¹³	kʰuaŋ⁴⁴	kʰuaŋ²⁴	uaŋ²⁴	uaŋ⁵¹	fu⁵¹	paŋ²¹³	pʰaŋ⁵¹
肇东	vaŋ²¹³	kʰuaŋ⁴⁴	kʰuaŋ²⁴	vaŋ²⁴	vaŋ⁵³	fu⁵³	paŋ²¹³	pʰaŋ⁵³
肇州	vaŋ²¹³	kʰuaŋ³³	kʰuaŋ²⁴	vaŋ²⁴	vaŋ⁵³	fu⁵³	paŋ²¹³	pʰaŋ⁵³
东宁	uaŋ²¹³	kʰuaŋ³³	kʰuaŋ²⁴	uaŋ²⁴	uaŋ⁵³	fu⁵³	paŋ²¹³	pʰaŋ⁵³
鸡西	uaŋ²¹³	kʰuaŋ⁴⁴	kʰuaŋ²⁴	uaŋ²⁴	uaŋ⁵³	fu⁵³	paŋ²¹³	pʰaŋ⁵³
密山	uaŋ²¹³	kʰuaŋ⁴⁴	kʰuaŋ²⁴	uaŋ²⁴	uaŋ⁵²	fu⁵²	paŋ²¹³	pʰaŋ⁵²
穆棱	uaŋ²¹³	kʰuaŋ³³	kʰuaŋ³⁵	uaŋ³⁵	uaŋ⁵³	fu⁵³	paŋ²¹³	pʰaŋ⁵³
宁安	uaŋ²¹³	kʰuaŋ⁴⁴	kʰuaŋ³⁵	uaŋ³⁵	uaŋ⁵¹	fu⁵¹	paŋ²¹³	pʰaŋ⁵¹
尚志	uaŋ²¹³	kʰuaŋ⁴⁴	kʰuaŋ²⁴	uaŋ³⁵	uaŋ⁵³	fu⁵³	paŋ²¹³	pʰaŋ⁵³

98. 单字 0777—0784

调查点	0777 棒 江开二 上江并	0778 桩 江开二 平江知	0779 撞 江开二 去江澄	0780 窗 江开二 平江初	0781 双 江开二 平江生	0782 江 江开二 平江见	0783 讲 江开二 上江见	0784 降投~ 江开二 平江匣
勃利	$paŋ^{53}$	$tsuaŋ^{44}$	$tsʰuaŋ^{53}_白$ $tsuaŋ^{53}_文$	$tsʰuaŋ^{44}$	$suaŋ^{44}$	$tɕiaŋ^{44}$	$tɕiaŋ^{213}$	$ɕiaŋ^{24}$
集贤	$paŋ^{53}$	$tsuaŋ^{44}$	$tsuaŋ^{53}$	$tsʰuaŋ^{44}$	$suaŋ^{44}$	$tɕiaŋ^{44}$	$tɕiaŋ^{213}$	$ɕiaŋ^{35}$
佳木斯	$paŋ^{53}$	$tsuaŋ^{33}$	$tsʰuaŋ^{53}_白$ $tsuaŋ^{53}_文$	$tsʰuaŋ^{33}$	$suaŋ^{33}$	$tɕiaŋ^{33}$	$tɕiaŋ^{212}$	$ɕiaŋ^{24}$
林口	$paŋ^{53}$	$tsuaŋ^{33}$	$tsʰuaŋ^{53}_白$ $tsuaŋ^{53}_文$	$tsʰuaŋ^{33}$	$suaŋ^{33}$	$tɕiaŋ^{33}$	$tɕiaŋ^{213}$	$ɕiaŋ^{24}$
同江	$paŋ^{53}$	$tsuaŋ^{44}$	$tsʰuaŋ^{53}_白$ $tsuaŋ^{53}_文$	$tsʰuaŋ^{44}$	$suaŋ^{44}$	$tɕiaŋ^{44}$	$tɕiaŋ^{213}$	$ɕiaŋ^{24}$
黑河	$paŋ^{52}$	$tʂuaŋ^{44}$	$tʂʰuaŋ^{52}_白$ $tʂuaŋ^{52}_文$	$tʂʰuaŋ^{44}$	$ʂuaŋ^{44}$	$tɕiaŋ^{44}$	$tɕiaŋ^{213}$	$ɕiaŋ^{24}$
嘉荫	$paŋ^{51}$	$tsuaŋ^{33}$	$tsʰuaŋ^{51}_白$ $tsuaŋ^{51}_文$	$tsʰuaŋ^{33}$	$suaŋ^{33}$	$tɕiaŋ^{33}$	$tɕiaŋ^{213}$	$ɕiaŋ^{35}$
兰西	$paŋ^{53}$	$tʂuaŋ^{33}$	$tʂʰuaŋ^{53}$	$tʂʰuaŋ^{33}$	$ʂuaŋ^{33}$	$tɕiaŋ^{33}$	$tɕiaŋ^{213}$	$ɕiaŋ^{24}$
漠河	$paŋ^{52}$	$tʂuaŋ^{55}$	$tʂʰuaŋ^{52}_白$ $tʂuaŋ^{52}_文$	$tʂʰuaŋ^{55}$	$ʂuaŋ^{55}$	$tɕiaŋ^{55}$	$tɕiaŋ^{213}$	$ɕiaŋ^{35}$
嫩江	$paŋ^{53}$	$tsuaŋ^{44}$	$tsʰuaŋ^{53}_白$ $tsuaŋ^{53}_文$	$tsʰuaŋ^{44}$	$suaŋ^{44}$	$tɕiaŋ^{44}$	$tɕiaŋ^{213}$	$ɕiaŋ^{24}$
泰来	$paŋ^{53}$	$tʂuaŋ^{44}$	$tʂʰuaŋ^{53}_白$ $tʂuaŋ^{53}_文$	$tʂʰuaŋ^{44}$	$ʂuaŋ^{44}$	$tɕiaŋ^{44}$	$tɕiaŋ^{213}$	$ɕiaŋ^{24}$
哈尔滨	$paŋ^{51}$	$tʂuaŋ^{44}$	$tʂʰuaŋ^{51}_白$ $tʂuaŋ^{51}_文$	$tʂʰuaŋ^{44}$	$ʂuaŋ^{44}$	$tɕiaŋ^{44}$	$tɕiaŋ^{213}$	$ɕiaŋ^{24}$
肇东	$paŋ^{53}$	$tʂuaŋ^{44}$	$tʂʰuaŋ^{53}$	$tʂʰuaŋ^{44}$	$ʂuaŋ^{44}$	$tɕiaŋ^{44}$	$tɕiaŋ^{213}$	$ɕiaŋ^{24}$
肇州	$paŋ^{53}$	$tʂuaŋ^{33}$	$tsʰuaŋ^{53}$	$tʂʰuaŋ^{33}$	$ʂuaŋ^{33}$	$tɕiaŋ^{33}$	$tɕiaŋ^{213}$	$ɕiaŋ^{24}$
东宁	$paŋ^{53}$	$tsuaŋ^{33}$	$tsʰuaŋ^{53}_白$ $tsuaŋ^{53}_文$	$tsʰuaŋ^{33}$	$suaŋ^{33}$	$tɕiaŋ^{33}$	$tɕiaŋ^{213}$	$ɕiaŋ^{24}$

续表

调查点	0777 棒	0778 桩	0779 撞	0780 窗	0781 双	0782 江	0783 讲	0784 降投~
	江开二 上江并	江开二 平江知	江开二 去江澄	江开二 平江初	江开二 平江生	江开二 平江见	江开二 上江见	江开二 平江匣
鸡西	paŋ⁵³	tsuaŋ⁴⁴	tsʰuaŋ⁵³白 / tsuaŋ⁵³文	tsʰuaŋ⁴⁴	suaŋ⁴⁴	tɕiaŋ⁴⁴	tɕiaŋ²¹³	ɕiaŋ²⁴
密山	paŋ⁵²	tsuaŋ⁴⁴	tsʰuaŋ⁵²白 / tsuaŋ⁵²文	tsʰuaŋ⁴⁴	suaŋ⁴⁴	tɕiaŋ⁴⁴	tɕiaŋ²¹³	ɕiaŋ²⁴
穆棱	paŋ⁵³	tsuaŋ³³	tsʰuaŋ⁵³白 / tsuaŋ⁵³文	tsʰuaŋ³³	suaŋ³³	tɕiaŋ³³	tɕiaŋ²¹³	ɕiaŋ³⁵
宁安	paŋ⁵¹	tʂuaŋ⁴⁴	tʂuaŋ⁵¹白 / tʂʰuaŋ⁵¹文	tʂʰuaŋ⁴⁴	ʂuaŋ⁴⁴	tɕiaŋ⁴⁴	tɕiaŋ²¹³	ɕiaŋ³⁵
尚志	paŋ⁵³	tsuaŋ⁴⁴	tsʰuaŋ⁵³白 / tsuaŋ⁵³文	tsʰuaŋ⁴⁴	suaŋ⁴⁴	tɕiaŋ⁴⁴	tɕiaŋ²¹³	ɕiaŋ²⁴

99. 单字 0785—0792

调查点	0785 项	0786 剥	0787 桌	0788 镯	0789 角	0790 壳	0791 学	0792 握
	江开二 上江匣	江开二 入觉帮	江开二 入觉知	江开二 入觉崇	江开二 入觉见	江开二 入觉溪	江开二 入觉匣	江开二 入觉影
勃利	ɕiaŋ⁵³	pɤ⁴⁴	tsuɤ⁴⁴	tsuɤ²⁴	tɕiau²¹³一~钱 / tɕia²¹³牛~	tɕʰiau⁵³白 / kʰɤ⁵³文	ɕiau²⁴白 / ɕyɛ文	uɤ⁵³
集贤	ɕiaŋ⁵³	pɤ⁴⁴	tsuɤ⁴⁴	tsuɤ³⁵	tɕiau²¹³牛~ / tɕyɛ³⁵~色	tɕʰiau⁵³白 / kʰɤ³⁵文	ɕiau³⁵白 / ɕyɛ³⁵文	uɤ⁵³
佳木斯	ɕiaŋ⁵³	pa³³白 / pɤ³³文	tsuɤ³³	tsuɤ²⁴	tɕiau²¹²	kʰɤ²⁴	ɕiau²⁴白 / ɕyɛ²⁴文	uɤ⁵³
林口	ɕiaŋ⁵³	pa³³	tsuo³³	tsuo²⁴	tɕiau²¹³	kʰɤ²⁴	ɕiau²⁴白 / ɕyɛ²⁴文	uo⁵³
同江	ɕiaŋ⁵³	pau²⁴~皮 / pɤ⁴⁴~夺	tsuɤ⁴⁴文 / tsuɤ²⁴文	tsuɤ²⁴	tɕiau²¹³牛~ / tɕyɛ²⁴~色	tɕʰiau⁵³白 / kʰɤ²⁴文	ɕiau²⁴白 / ɕyɛ²⁴文	uɤ⁵³
黑河	ɕiaŋ⁵²	pɤ⁴⁴	tsuɤ⁴⁴	tʂuɤ²⁴	tɕiau²¹³	kʰɤ²⁴	ɕiau²⁴白 / ɕyɛ²⁴文	uɤ⁵²

续表

调查点	0785 项 江开二 上江匣	0786 剥 江开二 入觉帮	0787 桌 江开二 入觉知	0788 镯 江开二 入觉崇	0789 角 江开二 入觉见	0790 壳 江开二 入觉溪	0791 学 江开二 入觉匣	0792 握 江开二 入觉影
嘉荫	ɕiaŋ^{51}	pɤ^{33}	tsuɤ^{33}	tsuɤ^{35}	$\text{tɕia}^{213}_{糖三~}$ $\text{tɕiau}^{213}_{~度}$	$\text{k}^\text{h}\text{ɤ}^{35}$	$\text{ɕiau}^{35}_{白}$ $\text{ɕyɛ}^{35}_{文}$	uɤ^{51}
兰西	ɕiaŋ^{53}	pɤ^{33}	tsuɤ^{33}	tʂuɤ^{24}	$\text{tɕiau}^{213}_{牛~}$ $\text{tɕyɛ}^{24}_{~色}$	$\text{k}^\text{h}\text{ɤ}^{24}_{文}$	$\text{ɕiau}^{24}_{白}$ $\text{ɕyɛ}^{24}_{文}$	uɤ^{53}
漠河	ɕiaŋ^{52}	$\text{pa}^{55}_{白}$ $\text{pɤ}^{55}_{文}$	$\text{tsuɤ}^{55}_{又}$ $\text{tʂuɤ}^{55}_{又}$	$\text{tsuɤ}^{35}_{又}$ $\text{tʂuɤ}^{35}_{又}$	$\text{tɕiau}^{213}_{一~钱}$ $\text{tɕyɛ}^{35}_{~色}$	$\text{tɕ}^\text{h}\text{iau}^{52}_{白}$ $\text{k}^\text{h}\text{ɤ}^{35}_{文}$	ɕyɛ^{35}	uɤ^{52}
嫩江	ɕiaŋ^{53}	pɤ^{44}	tsuɤ^{44}	tsuɤ^{24}	$\text{tɕia}^{213}_{墙~}$ $\text{tɕia}^{213}_{~落}$	$\text{k}^\text{h}\text{ɤ}^{24}$	$\text{ɕiau}^{24}_{白}$ $\text{ɕyɛ}^{24}_{文}$	uɤ^{53}
泰来	ɕiaŋ^{53}	pɤ^{44}	tʂuo^{44}	tʂuo^{24}	tɕiau^{213}	$\text{k}^\text{h}\text{ɤ}^{24}$	$\text{ɕiau}^{24}_{白}$ $\text{ɕyɛ}^{24}_{文}$	uo^{53}
哈尔滨	ɕiaŋ^{51}	pɤ^{44}	tʂuo^{44}	tʂuo^{24}	$\text{tɕiau}^{213}_{白}$ $\text{tɕyɛ}^{24}_{文}$	$\text{tɕ}^\text{h}\text{iau}^{51}_{白}$ $\text{k}^\text{h}\text{ɤ}^{24}_{文}$	ɕyɛ^{24}	uo^{51}
肇东	ɕiaŋ^{53}	pɤ^{44}	tʂuo^{44}	tʂuo^{24}	tɕia^{213}	$\text{k}^\text{h}\text{ɤ}^{24}$	$\text{ɕiau}^{24}_{白}$ $\text{ɕyɛ}^{24}_{文}$	vɤ^{53}
肇州	ɕiaŋ^{53}	pɤ^{33}	tsuɤ^{33}	tsuɤ^{24}	$\text{tɕiau}^{213}_{圭~}$ $\text{tɕyɛ}^{24}_{~色}$	$\text{k}^\text{h}\text{ɤ}^{24}$	$\text{ɕiau}^{24}_{白}$ $\text{ɕyɛ}^{24}_{文}$	uɤ^{53}
东宁	ɕiaŋ^{53}	pɤ^{33}	tsuɤ^{33}	tsuɤ^{24}	$\text{tɕia}^{213}_{白}$ $\text{tɕiau}^{213}_{文}$	$\text{k}^\text{h}\text{ɤ}^{24}_{又}$ $\text{tɕ}^\text{h}\text{iau}^{53}_{又}$	$\text{ɕiau}^{24}_{白}$ $\text{ɕyɛ}^{24}_{文}$	uɤ^{53}
鸡西	ɕiaŋ^{53}	$\text{pɤ}^{44}_{~夺}$ $\text{pau}^{44}_{~花生}$	tsuɤ^{44}	tsuɤ^{24}	$\text{tɕiau}^{213}_{~落}$ $\text{tɕia}^{213}_{桌~}$	$\text{k}^\text{h}\text{ɤ}^{24}$	$\text{ɕiau}^{24}_{白}$ $\text{ɕyɛ}^{24}_{文}$	uɤ^{53}
密山	ɕiaŋ^{52}	pɤ^{44}	tsuɤ^{44}	tsuɤ^{24}	$\text{tɕia}^{213}_{桌~}$ $\text{tɕia}^{213}_{~度}$ $\text{tɕyɛ}^{24}_{~色}$	$\text{k}^\text{h}\text{ɤ}^{24}_{果~}$ $\text{tɕ}^\text{h}\text{iau}^{52}_{地~}$	$\text{ɕiau}^{24}_{白}$ $\text{ɕyɛ}^{24}_{文}$	uɤ^{52}
穆棱	ɕiaŋ^{53}	$\text{pau}^{33}_{~皮}$ $\text{pɤ}^{33}_{~削}$	$\text{tsuɤ}^{33}_{又}$ $\text{tsuɤ}^{35}_{又}$	tsuɤ^{35}	$\text{tɕia}^{213}_{桌~}$ $\text{tɕiau}^{213}_{牛~}$ $\text{tɕyɛ}^{35}_{~色}$	$\text{tɕ}^\text{h}\text{iau}^{53}_{白}$ $\text{k}^\text{h}\text{ɤ}^{35}_{文}$	$\text{ɕiau}^{35}_{白}$ $\text{ɕyɛ}^{35}_{文}$	uɤ^{53}
宁安	ɕiaŋ^{51}	pɤ^{44}	tsuɤ^{44}	tsuɤ^{35}	tɕiau^{213}	$\text{k}^\text{h}\text{ɤ}^{35}$	$\text{ɕiau}^{35}_{白}$ $\text{ɕyɛ}^{35}_{文}$	uɤ^{51}

续表

调查点	0785 项 江开二 上江匣	0786 剥 江开二 入觉帮	0787 桌 江开二 入觉知	0788 镯 江开二 入觉崇	0789 角 江开二 入觉见	0790 壳 江开二 入觉溪	0791 学 江开二 入觉匣	0792 握 江开二 入觉影
尚志	ɕiaŋ⁵³	pɤ⁴⁴	tsuo⁴⁴	tsuo²⁴	tɕiau²¹³	kʰɤ²⁴	ɕiau²⁴白 ɕyɛ²⁴文	uo⁵³

100. 单字 0793—0800

调查点	0793 朋 曾开一 平登并	0794 灯 曾开一 平登端	0795 等 曾开一 上登端	0796 凳 曾开一 去登端	0797 藤 曾开一 平登定	0798 能 曾开一 平登泥	0799 层 曾开一 平登从	0800 僧 曾开一 平登心
勃利	pʰəŋ²⁴	təŋ⁴⁴	təŋ²¹³	təŋ⁵³	tʰəŋ²⁴	nəŋ²⁴	tsʰəŋ²⁴	səŋ⁴⁴
集贤	pʰəŋ³⁵	təŋ⁴⁴	təŋ²¹³	təŋ⁵³	tʰəŋ³⁵	nəŋ³⁵	tsʰəŋ³⁵	səŋ⁴⁴
佳木斯	pʰəŋ²⁴	təŋ³³	təŋ²¹²	təŋ⁵³	tʰəŋ²⁴	nəŋ²⁴	tsʰəŋ²⁴	səŋ³³
林口	pʰəŋ²⁴	təŋ³³	təŋ²¹³	təŋ⁵³	tʰəŋ²⁴	nəŋ²⁴	tsʰəŋ²⁴	səŋ³³
同江	pʰəŋ²⁴	təŋ⁴⁴	təŋ²¹³	təŋ⁵³	tʰəŋ²⁴	nəŋ²⁴	tsʰəŋ²⁴	səŋ⁴⁴
黑河	pʰəŋ²⁴	təŋ⁴⁴	təŋ²¹³	təŋ⁵²	tʰəŋ²⁴	nəŋ²⁴	tsʰəŋ²⁴	səŋ⁴⁴
嘉荫	pʰəŋ³⁵	təŋ³³	təŋ²¹³	təŋ⁵¹	tʰəŋ³⁵	nəŋ³⁵	tsʰəŋ³⁵	səŋ³³
兰西	pʰəŋ²⁴	təŋ³³	təŋ²¹³	təŋ⁵³	tʰəŋ²⁴	nəŋ²⁴	tsʰəŋ²⁴	səŋ³³
漠河	pʰəŋ³⁵	təŋ⁵⁵	təŋ²¹³	təŋ⁵²	tʰəŋ³⁵	nəŋ³⁵	tsʰəŋ³⁵	səŋ⁵⁵
嫩江	pʰəŋ²⁴	təŋ⁴⁴	təŋ²¹³	təŋ⁵³	tʰəŋ²⁴	nəŋ²⁴	tsʰəŋ²⁴	səŋ⁴⁴
泰来	pʰəŋ²⁴	təŋ⁴⁴	təŋ²¹³	təŋ⁵³	tʰəŋ²⁴	nəŋ²⁴	tʂʰəŋ²⁴	ʂəŋ⁴⁴
哈尔滨	pʰəŋ²⁴	təŋ⁴⁴	təŋ²¹³	təŋ⁵¹	tʰəŋ²⁴	nəŋ²⁴	tsʰəŋ²⁴	səŋ⁴⁴
肇东	pʰəŋ²⁴	təŋ⁴⁴	təŋ²¹³	təŋ⁵³	tʰəŋ²⁴	nəŋ²⁴	tsʰəŋ²⁴	səŋ⁴⁴
肇州	pʰəŋ²⁴	təŋ³³	təŋ²¹³	təŋ⁵³	tʰəŋ²⁴	nəŋ²⁴	tsʰəŋ²⁴	səŋ³³
东宁	pʰəŋ³⁵	təŋ³³	təŋ²¹³	təŋ⁵³	tʰəŋ²⁴	nəŋ²⁴	tsʰəŋ²⁴	səŋ³³
鸡西	pʰəŋ²⁴	təŋ⁴⁴	təŋ²¹³	təŋ⁵³	tʰəŋ²⁴	nəŋ²⁴	tsʰəŋ²⁴	səŋ⁴⁴
密山	pʰəŋ²⁴	təŋ⁴⁴	təŋ²¹³	təŋ⁵²	tʰəŋ²⁴	nəŋ²⁴	tsʰəŋ²⁴	səŋ⁴⁴
穆棱	pʰəŋ³⁵	təŋ³³	təŋ²¹³	təŋ⁵³	tʰəŋ³⁵	nəŋ³⁵	tsʰəŋ³⁵	səŋ³³
宁安	pʰəŋ³⁵	təŋ⁴⁴	təŋ²¹³	təŋ⁵¹	tʰəŋ³⁵	nəŋ³⁵	tsʰəŋ³⁵	səŋ⁴⁴
尚志	pʰəŋ²⁴	təŋ⁴⁴	təŋ²¹³	təŋ⁵³	tʰəŋ²⁴	nəŋ²⁴	tsʰəŋ²⁴	səŋ⁴⁴

101. 单字 0801—0808

调查点	0801 肯 曾开一 上登溪	0802 北 曾开一 入德帮	0803 墨 曾开一 入德明	0804 得 曾开一 入德端	0805 特 曾开一 入德定	0806 贼 曾开一 入德从	0807 塞 曾开一 入德心	0808 刻 曾开一 入德溪
勃利	$k^h ə n^{213}$	$pei^{·213}$	$mi^{·53}_{白}$ $mɤ^{53}_{文}$	$tɤ^{·213}_{~到}$ $tɤ^{24}_{~到}$ $tei^{·213}_{~出去}$	$t^hɤ^{53}$	$tsei^{24}$	$sai^{·44}_{白}$ $sei^{·44}_{白}$ $sɤ^{53}_{文}$	$k^hɤ^{44}_{又}$ $k^hɤ^{24}_{又}$ $k^hɤ^{53}_{又}$
集贤	$k^h ə n^{213}$	$pei^{·213}$	$mi^{·53}_{白}$ $mɤ^{53}_{文}$	$tɤ^{213}_{又}$ $tɤ^{35}_{又}$	$t^hɤ^{53}$	$tsei^{35}$	$sai^{·44}$	$k^hɤ^{44}_{~字}$ $k^hɤ^{53}_{舟求剑}$
佳木斯	$k^h ə n^{212}$	pei^{212}	$mi^{·53}_{白}$ $mɤ^{53}_{文}$	$tei^{·212}_{又}$ $tɤ^{212}_{又}$	$t^hɤ^{53}$	$tsei^{24}$	$sai^{·33}_{~住}$	$k^hɤ^{33}_{~东西}$ $k^hɤ^{53}_{~时}$
林口	$k^h ə n^{213}$	pei^{213}	$mi^{·53}_{白}$ $mɤ^{53}_{文}$	$tei^{·213}_{~来}$ $tɤ^{213}_{~到}$	$t^hɤ^{53}$	$tsei^{24}$	$sei^{·33}_{~车}$	$k^hɤ^{33}_{刀~}$ $k^hɤ^{53}_{~时}$
同江	$k^h ə n^{213}$	$pei^{·213}$	$mi^{·53}_{白}$ $mɤ^{53}_{文}$	$tɤ^{·213}_{~到}$ $tɤ^{24}_{~到}$ $tei^{·213}_{~来}$	$t^hɤ^{53}$	$tsei^{24}$	$sai^{·44}_{瓶~儿}$ $sei^{·44}_{~住}$ $sɤ^{53}_{阻~}$	$k^hɤ^{44}_{又}$ $k^hɤ^{24}_{又}$ $k^hɤ^{53}_{又}$
黑河	$k^h ə n^{213}$	pei^{213}	$mɤ^{52}$	$tei^{·213}_{~劲儿}$ $tɤ^{213}_{~到}$ $tɤ^{24}_{~意}$	$t^hɤ^{52}$	$tsei^{24}$	$sei^{·44}_{~进去}$ $sai^{·44}_{瓶~}$	$k^hɤ^{44}_{刀}$ $k^hɤ^{52}_{~时}$
嘉荫	$k^h ə n^{213}$	$pei^{·213}$	$mi^{·51}_{白}$ $mɤ^{51}_{文}$	$tei^{·213}_{~去}$ $tɤ^{35}_{~到}$	$t^hɤ^{51}$	$tsei^{35}$	$sei^{·33}_{~上}$ $sai^{·33}_{瓶~子}$	$k^hɤ^{33}_{~度}$ $kɤ^{51}_{时~}$
兰西	$k^h ə n^{213}$	$pei^{·213}$	$mi^{·53}_{白}$ $mɤ^{53}_{文}$	$tɤ^{·213}_{~到}$ $tɤ^{24}_{~了}$ $tei^{·213}_{~来}$	$t^hɤ^{53}$	$tsei^{24}$	$sai^{·33}_{又}$ $sei^{·33}_{又}$	$k^hɤ^{33}_{又}$ $k^hɤ^{53}_{又}$
漠河	$k^h ə n^{213}$	$pei^{·213}$	$mi^{·52}_{白}$ $mɤ^{52}_{文}$	$tɤ^{35}_{~了}$ $tɤ^{·213}_{~到}$ $tei^{·213}_{~去}$	$t^hɤ^{52}$	$tsei^{35}$	$sai^{·55}_{瓶~}$ $sei^{·55}_{~进去}$	$k^hɤ^{52}$
嫩江	$k^h ə n^{213}$	$pei^{·213}$	$mi^{·53}_{白}$ $mɤ^{53}_{文}$	$tei^{·213}_{又}$ $tɤ^{213}$	$t^hɤ^{53}$	$tsei^{24}$	$sei^{·44}_{~好}$ $sai^{·44}_{瓶~}$	$k^hɤ^{44}_{又}$ $k^hɤ^{53}_{又}$

续表

调查点	0801 肯 曾开一 上登溪	0802 北 曾开一 入德帮	0803 墨 曾开一 入德明	0804 得 曾开一 入德端	0805 特 曾开一 入德定	0806 贼 曾开一 入德从	0807 塞 曾开一 入德心	0808 刻 曾开一 入德溪
泰来	kʰən²¹³	pei²¹³	mi⁵³白 mɤ⁵³文	tɤ²¹³~到 tei²¹³~去	tʰɤ⁵³	tʂei²⁴	ʂai⁴⁴瓶~ ʂei⁴⁴~进去	kʰɤ⁴⁴~刀 kʰɤ⁵³时~
哈尔滨	kʰən²¹³	pei²¹³	mi⁵¹白 mɤ⁵¹文	tɤ²¹³~到 tɤ²⁴~到 tei²¹³~劲儿	tʰɤ⁵¹	tsei²⁴	sei⁴⁴~进去 sai⁴⁴~进去	kʰɤ⁵¹时~ kʰɤ⁴⁴~字
肇东	kʰən²¹³	pei²¹³	mi⁵³白 mɤ⁵³文	tei²¹³ tɤ²¹³	tʰɤ⁵³	tsei²⁴	sei⁴⁴	kʰɤ⁴⁴~字 kʰɤ⁵³时~
肇州	kʰən²¹³	pei²¹³	mi⁵³白 mɤ⁵³文	tɤ²¹³~到 tɤ²⁴~了 tei²¹³~去	tʰɤ⁵³	tsei²⁴	sei³³~住 sai³³~子	kʰɤ³³~字 kʰɤ⁵³时~
东宁	kʰən²¹³	pei²¹³	mi⁵³白 mɤ⁵³文	tɤ²¹³又 tɤ²⁴又	tʰɤ⁵³	tsei²⁴	sai³³~车	kʰɤ⁵³一~ kʰɤ³³~字
鸡西	kʰən²¹³	pei²¹³	mi⁵³白 mɤ⁵³文	tɤ²¹³~到 tɤ²⁴舍~ tei²¹³~来	tʰɤ⁵³	tsei²⁴	sai⁴⁴白 sei⁴⁴白 sɤ⁵³文	kʰɤ⁴⁴又 kʰɤ⁵³又
密山	kʰən²¹³	pei²¹³	mɤ⁵²	tei²¹³~来 tɤ²⁴~到	tʰɤ⁵²	tsei²⁴	sei⁴⁴~上 sai⁴⁴~进去	kʰɤ⁴⁴~章 kʰɤ⁵²时~
穆棱	kʰən²¹³	pei²¹³	mi⁵³白 mɤ⁵³文	tɤ²¹³~到 tɤ³⁵~到 tei²¹³~来	tʰɤ⁵³	tsei³⁵	sai³³白 sei³³白 sɤ⁵³文	kʰɤ³³又 kʰɤ⁵³又
宁安	kʰən²¹³	pei²¹³	mi⁵¹白 mɤ⁵¹文	tɤ²¹³又 tɤ³⁵又	tʰɤ⁵¹	tsei³⁵	sai⁴⁴~车	kʰɤ⁵¹
尚志	kʰən²¹³	pei²¹³	mɤ⁵³	tɤ²¹³又 tɤ²⁴又 tei²¹³	tʰɤ⁵³	tsei²⁴	sai⁴⁴~字 sei⁴⁴	kʰɤ²⁴~字 kʰɤ⁵³~舟求剑

102. 单字 0809—0816

调查点	0809 黑 曾开一 入德晓	0810 冰 曾开三 平蒸帮	0811 证 曾开三 去蒸章	0812 秤 曾开三 去蒸昌	0813 绳 曾开三 平蒸船	0814 剩 曾开三 去蒸船	0815 升 曾开三 平蒸书	0816 兴_{高~} 曾开三 去蒸晓
勃利	xei˙⁴⁴	piŋ˙⁴⁴	tsəŋ⁵³	tsʰəŋ⁵³	səŋ²⁴	səŋ⁵³	səŋ⁴⁴	ɕiŋ⁵³
集贤	xei˙⁴⁴	piŋ˙⁴⁴	tsəŋ⁵³	tsʰəŋ⁵³	səŋ³⁵	səŋ⁵³	səŋ⁴⁴	ɕiŋ⁵³
佳木斯	xei˙³³	piŋ˙³³	tsəŋ⁵³	tsʰəŋ⁵³	səŋ²⁴	səŋ⁵³	səŋ³³	ɕiŋ⁵³
林口	xei˙³³	piŋ˙³³	tsəŋ⁵³	tsʰəŋ⁵³	səŋ²⁴	səŋ⁵³	səŋ³³	ʂɤ⁵³
同江	xei˙⁴⁴	piŋ˙⁴⁴	tsəŋ⁵³	tsʰəŋ⁵³	səŋ²⁴	səŋ⁵³	səŋ⁴⁴	ɕiŋ⁵³
黑河	xei˙⁴⁴	piŋ˙⁴⁴	tʂəŋ⁵²	tʂʰəŋ⁵²	ʂəŋ²⁴	ʂəŋ⁵²	ʂəŋ⁴⁴	ɕiŋ⁵²
嘉荫	xei˙³³	piŋ˙³³	tʂəŋ⁵¹	tʂʰəŋ⁵¹	ʂəŋ³⁵	ʂəŋ⁵¹	ʂəŋ³³	ɕiŋ⁵¹
兰西	xei˙³³	piŋ˙³³	tʂəŋ⁵³	tʂʰəŋ⁵³	ʂəŋ²⁴	ʂəŋ⁵³	ʂəŋ³³	ɕiŋ⁵³
漠河	xei˙⁵⁵	piŋ˙⁵⁵	tʂəŋ⁵²	tʂʰəŋ⁵²	ʂəŋ³⁵	ʂəŋ⁵²	ʂəŋ⁵⁵	ɕiŋ⁵²
嫩江	xei˙⁴⁴	piŋ˙⁴⁴	tsəŋ⁵³	tsʰəŋ⁵³	səŋ²⁴	səŋ⁵³	səŋ⁴⁴	ɕiŋ⁵³
泰来	xei˙⁴⁴	piŋ˙⁴⁴	tʂəŋ⁵³	tʂʰəŋ⁵³	ʂəŋ²⁴	ʂəŋ⁵³	ʂəŋ⁴⁴	ɕiŋ⁵³
哈尔滨	xei˙⁴⁴	piŋ˙⁴⁴	tʂəŋ⁵¹	tʂʰəŋ⁵¹	ʂəŋ²⁴	ʂəŋ⁵¹	ʂəŋ⁴⁴	ɕiŋ⁴⁴
肇东	xei˙⁴⁴	piŋ˙⁴⁴	tʂəŋ⁵³	tʂʰəŋ⁵³	ʂəŋ²⁴	ʂəŋ⁵³	ʂəŋ⁴⁴	ɕiŋ⁵³
肇州	xei˙³³	piŋ˙³³	tʂəŋ⁵³	tʂʰəŋ⁵³	ʂəŋ²⁴	ʂəŋ⁵³	ʂəŋ³³	ɕiŋ⁵³
东宁	xei˙³³	piŋ˙³³	tsəŋ⁵³	tsʰəŋ⁵³	səŋ²⁴	səŋ⁵³	səŋ³³	ɕiŋ⁵³
鸡西	xei˙⁴⁴	piŋ˙⁴⁴	tsəŋ⁵³	tsʰəŋ⁵³	səŋ²⁴	səŋ⁵³	səŋ⁴⁴	ɕiŋ⁵³
密山	xei˙⁴⁴	piŋ˙⁴⁴	tsəŋ⁵²	tsʰəŋ⁵²	səŋ²⁴	səŋ⁵²	səŋ⁴⁴	ɕiŋ⁵²
穆棱	xei˙³³	piŋ˙³³	tsəŋ⁵³	tsʰəŋ⁵³	səŋ³⁵	səŋ⁵³	səŋ³³	ɕiŋ⁵³
宁安	xei˙⁴⁴	piŋ˙⁴⁴	tʂəŋ⁵¹	tʂʰəŋ⁵¹	ʂəŋ³⁵	ʂəŋ⁵¹	ʂəŋ⁴⁴	ɕiŋ⁵¹
尚志	xei˙⁴⁴	piŋ˙⁴⁴	tsəŋ⁵³	tsʰəŋ⁵³	səŋ²⁴	səŋ⁵³	səŋ⁴⁴	ɕiŋ⁵³

103. 单字 0817—0824

调查点	0817 蝇 曾开三 平蒸以	0818 逼 曾开三 入职帮	0819 力 曾开三 入职来	0820 息 曾开三 入职心	0821 直 曾开三 入职澄	0822 侧 曾开三 入职庄	0823 测 曾开三 入职初	0824 色 曾开三 入职生
勃利	iŋ²⁴	pi˙²⁴	li⁵³	ɕi˙⁴⁴利~ ɕi˙²¹³休~	tsʅ²⁴	tsʰɤ⁵³	tsʰɤ⁵³	sai˙²¹³白 sɤ⁵³文

续表

调查点	0817 蝇 曾开三 平蒸以	0818 逼 曾开三 入职帮	0819 力 曾开三 入职来	0820 息 曾开三 入职心	0821 直 曾开三 入职澄	0822 侧 曾开三 入职庄	0823 测 曾开三 入职初	0824 色 曾开三 入职生
集贤	iŋ^{35}	pi^{35}	li^{53}	ɕi^{44}	tʂʅ^{35}	tsʰɤ^{53}	tsʰɤ^{53}	sai$^{213}_{白}$ sɤ$^{53}_{文}$
佳木斯	iŋ^{24}	pi$^{24}_{白}$ pi$^{33}_{文}$	li^{53}	ɕi$^{33}_{利\sim}$ ɕi$^{212}_{休\sim}$	tʂʅ^{24}	tsai$^{33}_{歪\sim}$ tsʰɤ$^{53}_{面\sim}$	tsʰɤ^{53}	sai$^{212}_{白}$ sɤ$^{53}_{文}$
林口	iŋ^{24}	pi^{33}	li^{53}	ɕi^{213}	tʂʅ^{24}	tsʰɤ^{53}	tsʰɤ^{53}	sai$^{213}_{白}$ sɤ$^{53}_{文}$
同江	iŋ^{24}	pi^{24}	li^{53}	ɕi$^{44}_{利\sim}$ ɕi$^{213}_{休\sim}$	tʂʅ^{24}	tsʰɤ^{53}	tsʰɤ^{53}	sai$^{213}_{白}$ sɤ$^{53}_{文}$
黑河	iŋ^{24}	pi^{44}	li^{52}	ɕi$^{44}_{信\sim}$ ɕi$^{213}_{休\sim}$	tʂʅ^{24}	tsʰɤ^{52}	tsʰɤ^{52}	sai$^{213}_{白}$ sɤ$^{52}_{文}$
嘉荫	iŋ^{35}	pi$^{35}_{白}$ pi$^{33}_{文}$	li^{51}	ɕi$^{33}_{利\sim}$ ɕi$^{213}_{休\sim}$	tʂʅ^{35}	tsai$^{33}_{歪\sim}$ tsʰɤ$^{51}_{面\sim}$	tsʰɤ^{51}	sai$^{213}_{酒}$ sɤ$^{51}_{颜\sim}$
兰西	iŋ^{24}	pi^{33}	li^{53}	ɕi$^{33}_{利\sim}$ ɕi$^{213}_{休\sim}$	tʂʅ^{24}	tsai$^{33}_{歪\sim}$ tsʰɤ$^{53}_{面\sim}$	tsʰɤ^{53}	ʂai$^{213}_{白}$ sɤ$^{53}_{文}$
漠河	iŋ^{35}	pi^{55}	li^{52}	ɕi$^{55}_{利\sim}$ ɕi$^{213}_{休\sim}$	tʂʅ^{35}	tsai$^{55}_{歪\sim}$ tsʰɤ$^{52}_{左\sim}$	tsʰɤ^{52}	sai$^{213}_{白}$ sɤ$^{52}_{文}$
嫩江	iŋ^{24}	pi$^{24}_{白}$ pi$^{44}_{文}$	li^{53}	ɕi$^{44}_{利\sim}$ ɕi$^{213}_{休\sim}$	tʂʅ^{24}	tsai$^{44}_{歪\sim}$ tsʰɤ$^{53}_{面\sim}$	tsʰɤ^{53}	sai$^{213}_{白}$ sɤ$^{53}_{文}$
泰来	iŋ^{24}	pi^{44}	li^{53}	ɕi$^{44}_{利\sim}$ ɕi$^{213}_{休\sim}$	tʂʅ^{24}	tʂʰɤ$^{53}_{左\sim}$ tʂai$^{44}_{歪\sim}$	tʂʰɤ^{53}	ʂai$^{213}_{白}$ ʂɤ$^{53}_{文}$
哈尔滨	iŋ^{24}	pi^{44}	li^{51}	ɕi$^{44}_{利\sim}$ ɕi$^{213}_{休\sim}$	tʂʅ^{24}	tsʰɤ$^{51}_{面\sim}$ tsai$^{44}_{歪\sim}$	tsʰɤ^{51}	ʂai$^{213}_{白}$ ʂai$^{213}_{白}$ sɤ$^{51}_{文}$
肇东	iŋ^{24}	pi^{24}	li^{53}	ɕi$^{44}_{利\sim}$ ɕi$^{213}_{休\sim}$	tʂʅ^{24}	tʂai$^{44}_{歪\sim}$ tsʰɤ$^{53}_{面\sim}$	tsʰɤ^{53}	ʂai$^{213}_{白}$ sɤ$^{53}_{文}$
肇州	iŋ^{24}	pi^{33}	li^{53}	ɕi$^{33}_{利\sim}$ ɕi$^{213}_{休\sim}$	tʂʅ^{24}	tsai$^{33}_{歪\sim}$ tʂʰɤ$^{53}_{两\sim}$	tʂʰɤ^{53}	sai$^{213}_{白}$ sɤ$^{53}_{文}$

续表

调查点	0817 蝇	0818 逼	0819 力	0820 息	0821 直	0822 侧	0823 测	0824 色
	曾开三平蒸以	曾开三入职帮	曾开三入职来	曾开三入职心	曾开三入职澄	曾开三入职庄	曾开三入职初	曾开三入职生
东宁	iŋ²⁴	pi²⁴	li⁵³	ɕi²¹³	tsʅ²⁴	tsʰɤ⁵³	tsʰɤ⁵³	sai²¹³白 / sɤ⁵³文
鸡西	iŋ²⁴	pi²⁴	li⁵³	ɕi⁴⁴利~ / ɕi²¹³休~	tsʅ²⁴	tsʰɤ⁵³	tsʰɤ⁵³	sai²¹³白 / sɤ⁵³文
密山	iŋ²⁴	pi⁴⁴	li⁵²	ɕi⁴⁴	tsʅ²⁴	tsʰɤ⁵²	tsʰɤ⁵²	sai²¹³白 / sɤ⁵²文
穆棱	iŋ³⁵	pi³⁵	li⁵³	ɕi³³利~ / ɕi²¹³休~	tsʅ³⁵	tsʰɤ⁵³	tsʰɤ⁵³	sai²¹³白 / sɤ⁵³文
宁安	iŋ³⁵	pi³⁵白 / pi⁴⁴文	li⁵¹	ɕi⁴⁴利~ / ɕi²¹³休~	tʂʅ³⁵	tsʰɤ⁵¹	tsʰɤ⁵¹	sai²¹³白 / sɤ⁵¹文
尚志	iŋ²⁴	pi²⁴	li⁵³	ɕi⁴⁴	tsʅ²⁴	tsai⁴⁴ / tsʅ⁵³	tsʰɤ⁵³	sai²¹³白 / sɤ⁵³文

104. 单字 0825—0832

调查点	0825 织	0826 食	0827 式	0828 极	0829 国	0830 或	0831 猛	0832 打
	曾开三入职章	曾开三入职船	曾开三入职书	曾开三入职群	曾合一入德见	曾合一入德匣	梗开二上庚明	梗开二上庚端
勃利	tsʅ⁴⁴	sʅ²⁴	sʅ⁵³	tɕi²⁴	kuɤ²¹³白 / kuɤ²⁴文	xuɤ⁵³	məŋ²¹³	ta²¹³~人 / ta²⁴~~
集贤	tsʅ⁴⁴	sʅ³⁵	sʅ⁵³	tɕi³⁵	kuɤ²¹³白 / kuɤ³⁵文	xuɤ⁵³	məŋ²¹³	ta²¹³~人 / ta³⁵~~
佳木斯	tsʅ³³	sʅ²⁴	sʅ⁵³	tɕi²⁴	kuɤ²¹²白 / kuɤ²⁴文	xuɤ⁵³	məŋ²¹²	ta²⁴~~ / ta²¹²~人
林口	tsʅ³³	sʅ²⁴	sʅ⁵³	tɕi²⁴	kuo²¹³	xuo⁵³	məŋ²¹³	ta²¹³
同江	tsʅ²⁴	sʅ²⁴	sʅ⁵³	tɕi²⁴	kuɤ²¹³白 / kuɤ²⁴文	xuɤ⁵³	məŋ²¹³	ta²¹³~人 / ta²⁴~~

续表

调查点	0825 织 曾开三 入职章	0826 食 曾开三 入职船	0827 式 曾开三 入职书	0828 极 曾开三 入职群	0829 国 曾合一 入德见	0830 或 曾合一 入德匣	0831 猛 梗开二 上庚明	0832 打 梗开二 上庚端
黑河	$tʂʅ^{44}$	$ʂʅ^{24}$	$ʂʅ^{52}$	$tɕi^{24}$	$kuɤ^{213}_{白}$ $kuɤ^{24}_{文}$	$xuɤ^{52}$	$məŋ^{213}$	$ta^{213}_{~人}$ $ta^{24}_{——}$
嘉荫	$tʂʅ^{33}$	$ʂʅ^{35}$	$ʂʅ^{51}$	$tɕi^{35}$	$kuɤ^{213}_{白}$ $kuɤ^{35}_{文}$	$xuɤ^{51}$	$məŋ^{213}$	ta^{213}
兰西	$tʂʅ^{33}$	$ʂʅ^{24}$	$ʂʅ^{53}$	$tɕi^{24}$	$kuɤ^{213}_{白}$ $kuɤ^{24}_{文}$	$xuɤ^{53}$	$məŋ^{213}$	$ta^{213}_{~人}$ $ta^{24}_{——}$
漠河	$tʂʅ^{55}$	$ʂʅ^{35}$	$ʂʅ^{52}$	$tɕi^{35}$	$kuɤ^{213}_{白}$ $kuɤ^{35}_{文}$	$xuɤ^{52}$	$məŋ^{213}$	ta^{213}
嫩江	$tʂʅ^{44}$	$sʅ^{24}$	$sʅ^{53}$	$tɕi^{24}$	$kuɤ^{213}_{白}$ $kuɤ^{24}_{文}$	$xuɤ^{53}$	$məŋ^{213}$	ta^{213}
泰来	$tʂʅ^{44}$	$ʂʅ^{24}$	$ʂʅ^{53}$	$tɕi^{24}$	$kuɤ^{213}$	xuo^{53}	$məŋ^{213}$	$ta^{213}_{~人}$ $ta^{24}_{——}$
哈尔滨	$tʂʅ^{44}$	$ʂʅ^{24}$	$ʂʅ^{51}$	$tɕi^{24}$	$kuo^{213}_{白}$ $kuo^{24}_{文}$	xuo^{51}	$məŋ^{213}$	$ta^{213}_{~架}$ $ta^{24}_{——}$
肇东	$tʂʅ^{44}$	$ʂʅ^{24}$	$ʂʅ^{53}$	$tɕi^{24}$	kuo^{213}	xuo^{53}	$məŋ^{213}$	ta^{213}
肇州	$tʂʅ^{33}$	$ʂʅ^{24}$	$ʂʅ^{53}$	$tɕi^{24}$	$kuɤ^{213}_{白}$ $kuɤ^{24}_{文}$	$xuɤ^{53}$	$məŋ^{213}$	$ta^{213}_{~人}$ $ta^{24}_{——}$
东宁	$tsʅ^{33}$	$sʅ^{24}$	$sʅ^{53}$	$tɕi^{24}$	$kuɤ^{213}$	$xuɤ^{53}$	$məŋ^{213}$	$ta^{213}_{~人}$ $ta^{24}_{——}$
鸡西	$tsʅ^{24}_{~女}$ $tsʅ^{44}_{纺~}$	$sʅ^{24}$	$sʅ^{53}$	$tɕi^{24}$	$kuɤ^{213}_{白}$ $kuɤ^{24}_{文}$	$xuɤ^{53}$	$məŋ^{213}$	$ta^{213}_{~人}$ $ta^{24}_{——}$
密山	$tsʅ^{44}$	$sʅ^{24}$	$sʅ^{52}$	$tɕi^{24}$	$kuɤ^{213}_{白}$ $kuɤ^{24}_{文}$	$xuɤ^{52}$	$məŋ^{213}$	ta^{213}
穆棱	$tsʅ^{33}$	$sʅ^{35}$	$sʅ^{53}$	$tɕi^{35}$	$kuɤ^{213}_{白}$ $kuɤ^{35}_{文}$	$xuɤ^{53}$	$məŋ^{213}$	$ta^{213}_{~人}$ $ta^{35}_{——}$

续表

调查点	0825 织	0826 食	0827 式	0828 极	0829 国	0830 或	0831 猛	0832 打
	曾开三 入职章	曾开三 入职船	曾开三 入职书	曾开三 入职群	曾合一 入德见	曾合一 入德匣	梗开二 上庚明	梗开二 上庚端
宁安	tʂʅ⁴⁴	ʂʅ³⁵	ʂʅ⁵¹	tɕi³⁵	kuɤ²¹³	xuɤ⁵¹	məŋ²¹³	ta²¹³₋人 ta³⁵₋₋
尚志	tsʅ⁴⁴	sʅ²⁴	sʅ⁵³	tɕi²⁴	kuo²¹³白 kuo²⁴文	xuo⁵³	məŋ²¹³	ta²¹³₋人

105. 单字 0833—0840

调查点	0833 冷	0834 生	0835 省₋长	0836 更三~,打~	0837 梗	0838 坑	0839 硬	0840 行~为,~走
	梗开二 上庚来	梗开二 平庚生	梗开二 上庚生	梗开二 平庚见	梗开二 上庚见	梗开二 平庚溪	梗开二 去庚疑	梗开二 平庚匣
勃利	ləŋ²¹³	səŋ⁴⁴	səŋ²¹³	tɕiŋ⁴⁴白 kəŋ⁴⁴文	kəŋ²¹³	kʰəŋ⁴⁴	iŋ⁵³	ɕiŋ²⁴
集贤	ləŋ²¹³	səŋ⁴⁴	səŋ²¹³	tɕiŋ⁴⁴白 kəŋ⁴⁴文	kəŋ²¹³	kʰəŋ⁴⁴	iŋ⁵³	ɕiŋ³⁵
佳木斯	ləŋ²¹²	səŋ³³	səŋ²¹²	tɕiŋ³³白 kəŋ³³文	kəŋ²¹²	kʰəŋ³³	iŋ⁵³	ɕiŋ²⁴
林口	ləŋ²¹³	səŋ³³	səŋ²¹³	tɕiŋ³³文 kəŋ³³文	kəŋ²¹³	kʰəŋ³³	iŋ⁵³	ɕiŋ²⁴
同江	ləŋ²¹³	səŋ⁴⁴	səŋ²¹³	tɕiŋ⁴⁴白 kəŋ⁴⁴文	kəŋ²¹³	kʰəŋ⁴⁴	iŋ⁵³	ɕiŋ²⁴
黑河	ləŋ²¹³	ʂəŋ⁴⁴	ʂəŋ²¹³	tɕiŋ⁴⁴白 kəŋ⁴⁴文	kəŋ²¹³	kʰəŋ⁴⁴	iŋ⁵²	ɕiŋ²⁴
嘉荫	ləŋ²¹³	ʂəŋ³³	ʂəŋ²¹³	tɕiŋ³³白 kəŋ³³文	kəŋ²¹³	kʰəŋ³³	iŋ⁵¹	ɕiŋ³⁵

续表

调查点	0833 冷	0834 生	0835 省 _长	0836 更 三~,打~	0837 梗	0838 坑	0839 硬	0840 行 ~为,~走
	梗开二上庚来	梗开二平庚生	梗开二上庚生	梗开二平庚见	梗开二上庚见	梗开二平庚溪	梗开二去庚疑	梗开二平庚匣
兰西	ləŋ²¹³	ʂəŋ³³	ʂəŋ²¹³	tɕiŋ³³白 kəŋ³³文	kəŋ²¹³	kʰəŋ³³	iŋ⁵³	ɕiŋ²⁴
漠河	ləŋ²¹³	ʂəŋ⁵⁵	ʂəŋ²¹³	tɕiŋ⁵⁵白 kəŋ⁵⁵文	kəŋ²¹³	kʰəŋ⁵⁵	iŋ⁵²	ɕiŋ³⁵
嫩江	ləŋ²¹³	səŋ⁴⁴	səŋ²¹³	tɕiŋ⁴⁴白 kəŋ⁴⁴文	kəŋ²¹³	kʰəŋ⁴⁴	iŋ⁵³	ɕiŋ²⁴
泰来	ləŋ²¹³	ʂəŋ⁴⁴	ʂəŋ²¹³	tɕiŋ⁴⁴白 kəŋ⁴⁴文	kəŋ²¹³	kʰəŋ⁴⁴	iŋ⁵³	ɕiŋ²⁴
哈尔滨	ləŋ²¹³	ʂəŋ⁴⁴	ʂəŋ²¹³	tɕiŋ⁴⁴白 kəŋ⁴⁴文	kəŋ²¹³	kʰəŋ⁴⁴	iŋ⁵¹	ɕiŋ²⁴
肇东	ləŋ²¹³	ʂəŋ⁴⁴	ʂəŋ²¹³	tɕiŋ⁴⁴	kəŋ²¹³	kʰəŋ⁴⁴	iŋ⁵³	ɕiŋ²⁴
肇州	ləŋ²¹³	ʂəŋ³³	ʂəŋ²¹³	tɕiŋ³³白 kəŋ³³文	kəŋ²¹³	kʰəŋ³³	iŋ⁵³	ɕiŋ²⁴
东宁	ləŋ²¹³	səŋ³³	səŋ²¹³	tɕiŋ³³白 kəŋ³³文	kəŋ²¹³	kʰəŋ³³	iŋ⁵³	ɕiŋ²⁴
鸡西	ləŋ²¹³	səŋ⁴⁴	səŋ²¹³	tɕiŋ⁴⁴白 kəŋ⁴⁴文	kəŋ²¹³	kʰəŋ⁴⁴	iŋ⁵³	ɕiŋ²⁴
密山	ləŋ²¹³	səŋ⁴⁴	səŋ²¹³	tɕiŋ⁴⁴白 kəŋ⁴⁴文	kəŋ²¹³	kʰəŋ⁴⁴	iŋ⁵²	ɕiŋ²⁴
穆棱	ləŋ²¹³	səŋ³³	səŋ²¹³	tɕiŋ³³白 kəŋ³³文	kəŋ²¹³	kʰəŋ³³	iŋ⁵³	ɕiŋ³⁵
宁安	ləŋ²¹³	ʂəŋ⁴⁴	ʂəŋ²¹³	tɕiŋ⁴⁴白 kəŋ⁴⁴文	kəŋ²¹³	kʰəŋ⁴⁴	iŋ⁵¹	ɕiŋ³⁵
尚志	ləŋ²¹³	səŋ⁴⁴	səŋ²¹³	tɕiŋ⁴⁴	kəŋ²¹³	kʰəŋ⁴⁴	iŋ⁵³	ɕiŋ²⁴

106. 单字 0841—0848

调查点	0841 百 梗开二入陌帮	0842 拍 梗开二入陌滂	0843 白 梗开二入陌并	0844 拆 梗开二入陌彻	0845 择 梗开二入陌澄	0846 窄 梗开二入陌庄	0847 格 梗开二入陌见	0848 客 梗开二入陌溪
勃利	pai²¹³	pʰai⁴⁴	pai²⁴	tsʰai⁴⁴	tsai²⁴白 tsɤ²⁴文	tsai²¹³	kɤ²⁴	tɕʰiɛ²¹³白 kʰɤ⁵³文
集贤	pai²¹³	pʰai⁴⁴	pai³⁵	tsʰai⁴⁴	tsai³⁵白 tsɤ³⁵文	tsai²¹³	kɤ³⁵	tɕʰiɛ²¹³白 kʰɤ⁵³文
佳木斯	pai²¹²	pʰai³³	pai²⁴	tsʰai³³	tsai²⁴	tsai²¹²	kɤ²⁴	tɕʰiɛ²¹²白 kʰɤ⁵³文
林口	pai²¹³	pʰai³³	pai²⁴	tsʰai³³	tsai²⁴白 tsɤ²⁴文	tsai²¹³	kɤ²⁴	tɕʰiɛ²¹³白 kʰɤ⁵³文
同江	pai²¹³	pʰai⁴⁴	pai²⁴	tsʰai⁴⁴	tsai²⁴白 tsɤ²⁴文	tsai²¹³	kɤ²⁴	tɕʰiɛ²¹³白 kʰɤ⁵³文
黑河	pai²¹³	pʰai⁴⁴	pai²⁴	tsʰai⁴⁴	tsai²⁴白 tsɤ²⁴文	tsai²¹³	kɤ²⁴	tɕʰiɛ²¹³白 kʰɤ⁵²文
嘉荫	pai²¹³	pʰai³³	pai³⁵	tsʰai³³	tsai³⁵白 tsɤ³⁵文	tsai³⁵	kɤ³⁵	tɕʰiɛ²¹³白 kʰɤ⁵¹文
兰西	pai²¹³	pʰai³³	pai²⁴	tsʰai³³	tsai²⁴白 tsɤ²⁴文	tsai²¹³	kɤ²⁴	tɕʰiɛ²¹³白 kʰɤ⁵³文
漠河	pai²¹³	pʰai⁵⁵	pai³⁵	tsʰai⁵⁵	tsai³⁵白 tsɤ³⁵文	tsai²¹³又 tʂai²¹³又	kɤ³⁵	tɕʰiɛ²¹³白 kʰɤ⁵²文
嫩江	pai²¹³	pʰai⁴⁴	pai²⁴	tsʰai⁴⁴	tsɤ²⁴	tsai²¹³	kɤ²⁴	tɕʰiɛ²¹³白 kʰɤ⁵³文
泰来	pai²¹³	pʰai⁴⁴	pai²⁴	tʂʰai⁴⁴	tʂai²⁴白 tʂɤ²⁴文	tʂai²¹³	kɤ²⁴	tɕʰiɛ²¹³白 kʰɤ⁵³文
哈尔滨	pai²¹³	pʰai⁴⁴	pai²⁴	tʂʰai⁴⁴	tʂai²⁴白 tʂɤ²⁴文	tʂai²¹³	kɤ²⁴	tɕʰiɛ²¹³白 kʰɤ⁵¹文
肇东	pai²¹³	pʰai⁴⁴	pai²⁴	tʂʰai⁴⁴	tsɤ²⁴	tʂai²¹³	kɤ²⁴	tɕʰiɛ²¹³白 kʰɤ⁵³文

续表

调查点	0841 百 梗开二 入陌帮	0842 拍 梗开二 入陌滂	0843 白 梗开二 入陌并	0844 拆 梗开二 入陌彻	0845 择 梗开二 入陌澄	0846 窄 梗开二 入陌庄	0847 格 梗开二 入陌见	0848 客 梗开二 入陌溪
肇州	pai²¹³	pʰai˙³³	pai²⁴	tsʰai˙³³	tsai˙²⁴白 tsɤ²⁴文	tsai²¹³	kɤ²⁴	tɕʰiɛ²¹³白 kʰɤ⁵³文
东宁	pai²¹³	pʰai˙³³	pai²⁴	tsʰai˙³³	tsai˙²⁴白 tsɤ²⁴文	tsai²¹³	kɤ²⁴	tɕʰiɛ²¹³白 kʰɤ⁵³文
鸡西	pai²¹³	pʰai˙⁴⁴	pai²⁴	tsʰai˙⁴⁴	tsai˙²⁴白 tsɤ²⁴文	tsai²¹³	kɤ²⁴	tɕʰiɛ²¹³白 kʰɤ⁵³文
密山	pai²¹³	pʰai˙⁴⁴	pai²⁴	tsʰai˙⁴⁴	tsɤ²⁴	tsai²¹³	kɤ²⁴	tɕʰiɛ²¹³白 kʰɤ⁵²文
穆棱	pai²¹³	pʰai˙³³	pai³⁵	tsʰai˙³³	tsai˙³⁵白 tsɤ³⁵文	tsai²¹³	kɤ³⁵	tɕʰiɛ²¹³白 kʰɤ⁵³文
宁安	pai²¹³	pʰai˙⁴⁴	pai³⁵	tʂʰai˙⁴⁴	tsai˙³⁵白 tsɤ³⁵文	tsai²¹³	kɤ³⁵	tɕʰiɛ²¹³白 kʰɤ⁵¹文
尚志	pai²¹³	pʰai˙⁴⁴	pai²⁴	tsʰai˙⁴⁴	tsai˙²⁴白 tsɤ²⁴文	tsai²¹³	kɤ²⁴	tɕʰiɛ²¹³白 kʰɤ⁵³文

107. 单字 0849—0856

调查点	0849 额 梗开二 入陌疑	0850 棚 梗开二 平耕并	0851 争 梗开二 平耕庄	0852 耕 梗开二 平耕见	0853 麦 梗开二 入麦明	0854 摘 梗开二 入麦知	0855 策 梗开二 入麦初	0856 隔 梗开二 入麦见
勃利	ɤ²⁴	pʰəŋ²⁴	tsəŋ⁴⁴	tɕiŋ⁴⁴白 kəŋ⁴⁴文	mai˙⁵³	tsai²⁴	tsʰɤ⁵³	kɤ²⁴
集贤	ɤ³⁵	pʰəŋ³⁵	tsəŋ⁴⁴	kəŋ⁴⁴	mai˙⁵³	tsai³⁵	tsʰɤ⁵³	kɤ³⁵
佳木斯	ɤ²⁴	pʰəŋ²⁴	tsəŋ³³	tɕiŋ³³白 kəŋ³³文	mai˙⁵³	tsai²⁴	tsʰɤ⁵³	kɤ²⁴
林口	ɤ²⁴	pʰəŋ²⁴	tsəŋ³³	kəŋ³³	mai˙⁵³	tsai²⁴	tsʰɤ⁵³	kɤ²⁴
同江	ɤ²⁴	pʰəŋ²⁴	tsəŋ⁴⁴	tɕiŋ⁴⁴白 kəŋ⁴⁴文	mai˙⁵³	tsai²⁴	tsʰɤ⁵³	kɤ²⁴

续表

调查点	0849 额 梗开二 入陌疑	0850 棚 梗开二 平耕并	0851 争 梗开二 平耕庄	0852 耕 梗开二 平耕见	0853 麦 梗开二 入麦明	0854 摘 梗开二 入麦知	0855 策 梗开二 入麦初	0856 隔 梗开二 入麦见
黑河	ɣ²⁴	pʰəŋ²⁴	tʂəŋ⁴⁴	kəŋ⁴⁴	mai⁵²	tsai⁴⁴	tsʰɣ⁵²	kɣ²⁴
嘉荫	ɣ³⁵	pʰəŋ³⁵	tʂəŋ³³	kəŋ³³	mai⁵¹	tsai²⁴白 tsai³³文	tsʰɣ⁵¹	kɣ³⁵
兰西	ɣ²⁴	pʰəŋ²⁴	tʂəŋ³³	kəŋ³³	mai⁵³	tsai²⁴白 tsai³³文	tʂʰɣ⁵³文 tsʰɣ⁵³文	kɣ²⁴
漠河	ɣ³⁵	pʰəŋ³⁵	tʂəŋ⁵⁵又 tʂəŋ⁵⁵又	kəŋ⁵⁵	mai⁵²	tsai³⁵白 tʂai³⁵白 tsai⁵⁵文	tsʰɣ⁵²	kɣ³⁵
嫩江	ɣ²⁴	pʰəŋ²⁴	tsəŋ⁴⁴	tɕiŋ⁴⁴白 kəŋ⁴⁴文	mai⁵³	tsai⁴⁴	tsʰɣ⁵³	tɕiɛ⁵³ kɣ²⁴
泰来	ɣ²⁴	pʰəŋ²⁴	tʂəŋ⁴⁴	kəŋ⁴⁴	mai⁵³	tʂai²⁴	tʂʰɣ⁵³	kɣ²⁴
哈尔滨	ɣ²⁴	pʰəŋ²⁴	tʂəŋ⁴⁴	kəŋ⁴⁴	mai⁵¹	tʂai²⁴白 tʂai⁴⁴文	tsʰɣ⁵¹	kɣ²⁴
肇东	ɣ²⁴	pʰəŋ²⁴	tʂəŋ⁴⁴	tɕiŋ⁴⁴白 kəŋ⁴⁴文	mai⁵³	tʂai²⁴白 tʂai⁴⁴文	tsʰɣ⁵³	kɣ²⁴
肇州	ɣ²⁴	pʰəŋ²⁴	tʂəŋ³³	kəŋ³³	mai⁵³	tsai²⁴白 tsai³³文	tʂʰɣ⁵³	kɣ²⁴
东宁	ɣ²⁴	pʰəŋ²⁴	tsəŋ³³	kəŋ³³	mai⁵³	tsai³³	tsʰɣ⁵³	kɣ²⁴
鸡西	ɣ²⁴	pʰəŋ²⁴	tsəŋ⁴⁴	tɕiŋ⁴⁴白 kəŋ⁴⁴文	mai⁵³	tsai²⁴	tsʰɣ⁵³	kɣ²⁴
密山	ɣ²⁴	pʰəŋ²⁴	tsəŋ⁴⁴	kəŋ⁴⁴	mai⁵²	tsai²⁴白 tsai⁴⁴文	tsʰɣ⁵²	kɣ²⁴
穆棱	ɣ³⁵	pʰəŋ³⁵	tsəŋ³³	kəŋ³³	mai⁵³	tsai³⁵	tsʰɣ⁵³	kɣ³⁵
宁安	ɣ³⁵	pʰəŋ³⁵	tsəŋ⁴⁴	kəŋ⁴⁴	mai⁵¹	tsai³⁵	tsʰɣ⁵¹	kɣ³⁵
尚志	nɣ³⁵	pʰəŋ²⁴	tsəŋ⁴⁴	kəŋ⁴⁴	mai⁵³	tsai⁴⁴	tsʰɣ⁵³	kɣ²⁴

108. 单字 0857—0864

调查点	0857 兵	0858 柄	0859 平	0860 病	0861 明	0862 命	0863 镜	0864 庆
	梗开三 平庚帮	梗开三 去庚帮	梗开三 平庚并	梗开三 去庚并	梗开三 平庚明	梗开三 去庚明	梗开三 去庚见	梗开三 去庚溪
勃利	$piŋ^{44}$	$piŋ^{213}$	$p^hiŋ^{24}$	$piŋ^{53}$	$miŋ^{24}$	$miŋ^{53}$	$tɕiŋ^{53}$	$tɕ^hiŋ^{53}$
集贤	$piŋ^{44}$	$piŋ^{213}$	$p^hiŋ^{35}$	$piŋ^{53}$	$miŋ^{35}$	$miŋ^{53}$	$tɕiŋ^{53}$	$tɕ^hiŋ^{53}$
佳木斯	$piŋ^{33}$	$piŋ^{212}$	$p^hiŋ^{24}$	$piŋ^{53}$	$miŋ^{24}$	$miŋ^{53}$	$tɕiŋ^{53}$	$tɕ^hiŋ^{53}$
林口	$piŋ^{33}$	$piŋ^{213}$	$p^hiŋ^{24}$	$piŋ^{53}$	$miŋ^{24}$	$miŋ^{53}$	$tɕiŋ^{53}$	$tɕ^hiŋ^{53}$
同江	$piŋ^{44}$	$piŋ^{213}$	$p^hiŋ^{24}$	$piŋ^{53}$	$miŋ^{24}$	$miŋ^{53}$	$tɕiŋ^{53}$	$tɕ^hiŋ^{53}$
黑河	$piŋ^{44}$	$piŋ^{213}$	$p^hiŋ^{24}$	$piŋ^{52}$	$miŋ^{24}$	$miŋ^{52}$	$tɕiŋ^{52}$	$tɕ^hiŋ^{52}$
嘉荫	$piŋ^{33}$	$piŋ^{213}$	$p^hiŋ^{35}$	$piŋ^{51}$	$miŋ^{35}$	$miŋ^{51}$	$tɕiŋ^{51}$	$tɕ^hiŋ^{51}$
兰西	$piŋ^{33}$	$piŋ^{213}$	$p^hiŋ^{24}$	$piŋ^{53}$	$miŋ^{24}$	$miŋ^{53}$	$tɕiŋ^{53}$	$tɕ^hiŋ^{53}$
漠河	$piŋ^{55}$	$piŋ^{213}$	$p^hiŋ^{35}$	$piŋ^{52}$	$miŋ^{35}$	$miŋ^{52}$	$tɕiŋ^{52}$	$tɕ^hiŋ^{52}$
嫩江	$piŋ^{44}$	$piŋ^{213}$	$p^hiŋ^{24}$	$piŋ^{53}$	$miŋ^{24}$	$miŋ^{53}$	$tɕiŋ^{53}$	$tɕ^hiŋ^{53}$
泰来	$piŋ^{44}$	$piŋ^{213}$	$p^hiŋ^{24}$	$piŋ^{53}$	$miŋ^{24}$	$miŋ^{53}$	$tɕiŋ^{53}$	$tɕ^hiŋ^{53}$
哈尔滨	$piŋ^{44}$	$piŋ^{213}$	$p^hiŋ^{24}$	$piŋ^{51}$	$miŋ^{24}$	$miŋ^{51}$	$tɕiŋ^{51}$	$tɕ^hiŋ^{51}$
肇东	$piŋ^{44}$	$piŋ^{213}$	$p^hiŋ^{24}$	$piŋ^{53}$	$miŋ^{24}$	$miŋ^{53}$	$tɕiŋ^{53}$	$tɕ^hiŋ^{53}$
肇州	$piŋ^{33}$	$piŋ^{213}$	$p^hiŋ^{24}$	$piŋ^{53}$	$miŋ^{24}$	$miŋ^{53}$	$tɕiŋ^{53}$	$tɕ^hiŋ^{53}$
东宁	$piŋ^{33}$	$piŋ^{213}$	$p^hiŋ^{24}$	$piŋ^{53}$	$miŋ^{24}$	$miŋ^{53}$	$tɕiŋ^{53}$	$tɕ^hiŋ^{53}$
鸡西	$piŋ^{44}$	$piŋ^{213}$	$p^hiŋ^{24}$	$piŋ^{53}$	$miŋ^{24}$	$miŋ^{53}$	$tɕiŋ^{53}$	$tɕ^hiŋ^{53}$
密山	$piŋ^{44}$	$piŋ^{213}$	$p^hiŋ^{24}$	$piŋ^{52}$	$miŋ^{24}$	$miŋ^{52}$	$tɕiŋ^{52}$	$tɕ^hiŋ^{52}$
穆棱	$piŋ^{33}$	$piŋ^{213}$	$p^hiŋ^{35}$	$piŋ^{53}$	$miŋ^{35}$	$miŋ^{53}$	$tɕiŋ^{53}$	$tɕ^hiŋ^{53}$
宁安	$piŋ^{44}$	$piŋ^{213}$	$p^hiŋ^{35}$	$piŋ^{51}$	$miŋ^{35}$	$miŋ^{51}$	$tɕiŋ^{51}$	$tɕ^hiŋ^{51}$
尚志	$piŋ^{44}$	$piŋ^{213}$	$p^hiŋ^{35}$	$piŋ^{53}$	$miŋ^{24}$	$miŋ^{53}$	$tɕiŋ^{53}$	$tɕ^hiŋ^{53}$

109. 单字 0865—0872

调查点	0865 迎	0866 影	0867 剧戏~	0868 饼	0869 名	0870 领	0871 井	0872 清
	梗开三 平庚疑	梗开三 上庚影	梗开三 入陌群	梗开三 上清帮	梗开三 平清明	梗开三 上清来	梗开三 上清精	梗开三 平清清
勃利	$iŋ^{24}$	$iŋ^{213}$	$tɕy^{53}$	$piŋ^{213}$	$miŋ^{24}$	$liŋ^{213}$	$tɕiŋ^{213}$	$tɕ^hiŋ^{44}$

续表

调查点	0865 迎	0866 影	0867 剧戏~	0868 饼	0869 名	0870 领	0871 井	0872 清
	梗开三平庚疑	梗开三上庚影	梗开三入陌群	梗开三上清帮	梗开三平清明	梗开三上清来	梗开三上清精	梗开三平清清
集贤	$iŋ^{35}$	$iŋ^{213}$	$tɕy^{53}$	$piŋ^{213}$	$miŋ^{35}$	$liŋ^{213}$	$tɕiŋ^{213}$	$tɕʰiŋ^{44}$
佳木斯	$iŋ^{24}$	$iŋ^{212}$	$tɕy^{53}$	$piŋ^{212}$	$miŋ^{24}$	$liŋ^{212}$	$tɕiŋ^{212}$	$tɕʰiŋ^{33}$
林口	$iŋ^{24}$	$iŋ^{213}$	$tɕy^{53}$	$piŋ^{213}$	$miŋ^{24}$	$liŋ^{213}$	$tɕiŋ^{213}$	$tɕʰiŋ^{33}$
同江	$iŋ^{24}$	$iŋ^{213}$	$tɕy^{53}$	$piŋ^{213}$	$miŋ^{24}$	$liŋ^{213}$	$tɕiŋ^{213}$	$tɕʰiŋ^{44}$
黑河	$iŋ^{24}$	$iŋ^{213}$	$tɕy^{52}$	$piŋ^{213}$	$miŋ^{24}$	$liŋ^{213}$	$tɕiŋ^{213}$	$tɕʰiŋ^{44}$
嘉荫	$iŋ^{35}$	$iŋ^{213}$	$tɕy^{51}$	$piŋ^{213}$	$miŋ^{35}$	$liŋ^{213}$	$tɕiŋ^{213}$	$tɕʰiŋ^{33}$
兰西	$iŋ^{24}$	$iŋ^{213}$	$tɕy^{53}$	$piŋ^{213}$	$miŋ^{24}$	$liŋ^{213}$	$tɕiŋ^{213}$	$tɕʰiŋ^{33}$
漠河	$iŋ^{35}$	$iŋ^{213}$	$tɕy^{52}$	$piŋ^{213}$	$miŋ^{35}$	$liŋ^{213}$	$tɕiŋ^{213}$	$tɕʰiŋ^{55}$
嫩江	$iŋ^{24}$	$iŋ^{213}$	$tɕy^{53}$	$piŋ^{213}$	$miŋ^{24}$	$liŋ^{213}$	$tɕiŋ^{213}$	$tɕʰiŋ^{44}$
泰来	$iŋ^{24}$	$iŋ^{213}$	$tɕy^{53}$	$piŋ^{213}$	$miŋ^{24}$	$liŋ^{213}$	$tɕiŋ^{213}$	$tɕʰiŋ^{44}$
哈尔滨	$iŋ^{24}$	$iŋ^{213}$	$tɕy^{51}$	$piŋ^{213}$	$miŋ^{24}$	$liŋ^{213}$	$tɕiŋ^{213}$	$tɕʰiŋ^{44}$
肇东	$iŋ^{24}$	$iŋ^{213}$	$tɕy^{53}$	$piŋ^{213}$	$miŋ^{24}$	$liŋ^{213}$	$tɕiŋ^{213}$	$tɕʰiŋ^{44}$
肇州	$iŋ^{24}$	$iŋ^{213}$	$tɕy^{53}$	$piŋ^{213}$	$miŋ^{24}$	$liŋ^{213}$	$tɕiŋ^{213}$	$tɕʰiŋ^{33}$
东宁	$iŋ^{24}$	$iŋ^{213}$	$tɕy^{53}$	$piŋ^{213}$	$miŋ^{24}$	$liŋ^{213}$	$tɕiŋ^{213}$	$tɕʰiŋ^{33}$
鸡西	$iŋ^{24}$	$iŋ^{213}$	$tɕy^{53}$	$piŋ^{213}$	$miŋ^{24}$	$liŋ^{213}$	$tɕiŋ^{213}$	$tɕʰiŋ^{44}$
密山	$iŋ^{24}$	$iŋ^{213}$	$tɕy^{52}$	$piŋ^{213}$	$miŋ^{24}$	$liŋ^{213}$	$tɕiŋ^{213}$	$tɕʰiŋ^{44}$
穆棱	$iŋ^{35}$	$iŋ^{213}$	$tɕy^{53}$	$piŋ^{213}$	$miŋ^{35}$	$liŋ^{213}$	$tɕiŋ^{213}$	$tɕʰiŋ^{33}$
宁安	$iŋ^{35}$	$iŋ^{213}$	$tɕy^{51}$	$piŋ^{213}$	$miŋ^{35}$	$liŋ^{213}$	$tɕiŋ^{213}$	$tɕʰiŋ^{44}$
尚志	$iŋ^{24}$	$iŋ^{213}$	$tɕy^{53}$	$piŋ^{213}$	$miŋ^{24}$	$liŋ^{213}$	$tɕiŋ^{213}$	$tɕʰiŋ^{44}$

110. 单字 0873—0880

调查点	0873 静	0874 姓	0875 贞	0876 程	0877 整	0878 正~反	0879 声	0880 城
	梗开三上清从	梗开三去清心	梗开三平清知	梗开三平清澄	梗开三上清章	梗开三去清章	梗开三平清书	梗开三平清禅
勃利	$tɕiŋ^{53}$	$ɕiŋ^{53}$	$tsən^{44}$	$tsʰəŋ^{24}$	$tsəŋ^{213}$	$tsəŋ^{53}$	$səŋ^{44}$	$tsʰəŋ^{24}$
集贤	$tɕiŋ^{53}$	$ɕiŋ^{53}$	$tsən^{44}$	$tsʰəŋ^{35}$	$tsəŋ^{213}$	$tsəŋ^{53}$	$səŋ^{44}$	$tsʰəŋ^{35}$
佳木斯	$tɕiŋ^{53}$	$ɕiŋ^{53}$	$tsən^{33}$	$tsʰəŋ^{24}$	$tsəŋ^{212}$	$tsəŋ^{53}$	$səŋ^{33}$	$tsʰəŋ^{24}$

续表

调查点	0873 静 梗开三 上清从	0874 姓 梗开三 去清心	0875 贞 梗开三 平清知	0876 程 梗开三 平清澄	0877 整 梗开三 上清章	0878 正~反 梗开三 去清章	0879 声 梗开三 平清书	0880 城 梗开三 平清禅
林口	tɕiŋ^{53}	ɕiŋ^{53}	tsən^{33}	tsʰəŋ^{24}	tsəŋ^{213}	tsəŋ^{53}	səŋ^{33}	tsʰəŋ^{24}
同江	tɕiŋ^{53}	ɕiŋ^{53}	tsən^{44}	tsʰəŋ^{24}	tsəŋ^{213}	tsəŋ^{53}	səŋ^{44}	tsʰəŋ^{24}
黑河	tɕiŋ^{52}	ɕiŋ^{52}	tʂən^{44}	tʂʰəŋ^{24}	tʂəŋ^{213}	tʂəŋ^{52}	ʂəŋ^{44}	tʂʰəŋ^{24}
嘉荫	tɕiŋ^{51}	ɕiŋ^{51}	tʂən^{33}	tʂʰəŋ^{35}	tʂəŋ^{213}	tʂəŋ^{51}	ʂəŋ^{33}	tʂʰəŋ^{35}
兰西	tɕiŋ^{53}	ɕiŋ^{53}	tʂən^{33}	tʂʰəŋ^{24}	tʂəŋ^{213}	tʂəŋ^{53}	ʂəŋ^{33}	tʂʰəŋ^{24}
漠河	tɕiŋ^{52}	ɕiŋ^{52}	tʂən^{55}	tʂʰəŋ^{35}	tʂəŋ^{213}	tʂəŋ^{52}	ʂəŋ^{55}	tʂʰəŋ^{35}
嫩江	tɕiŋ^{53}	ɕiŋ^{53}	tsən^{44}	tsʰəŋ^{24}	tsəŋ^{213}	tsəŋ^{53}	səŋ^{44}	tsʰəŋ^{24}
泰来	tɕiŋ^{53}	ɕiŋ^{53}	tʂən^{44}	tʂʰəŋ^{24}	tʂəŋ^{213}	tʂəŋ^{53}	ʂəŋ^{44}	tʂʰəŋ^{24}
哈尔滨	tɕiŋ^{51}	ɕiŋ^{51}	tʂən^{44}	tʂʰəŋ^{24}	tʂəŋ^{213}	tʂəŋ^{51}	ʂəŋ^{44}	tʂʰəŋ^{24}
肇东	tɕiŋ^{53}	ɕiŋ^{53}	tʂən^{44}	tʂʰəŋ^{24}	tʂəŋ^{213}	tʂəŋ^{53}	ʂəŋ^{44}	tʂʰəŋ^{24}
肇州	tɕiŋ^{53}	ɕiŋ^{53}	tʂən^{33}	tʂʰəŋ^{24}	tʂəŋ^{213}	tʂəŋ^{53}	ʂəŋ^{33}	tʂʰəŋ^{24}
东宁	tɕiŋ^{53}	ɕiŋ^{53}	tsən^{33}	tsʰəŋ^{24}	tsəŋ^{213}	tsəŋ^{53}	səŋ^{33}	tsʰəŋ^{24}
鸡西	tɕiŋ^{53}	ɕiŋ^{53}	tsən^{44}	tsʰəŋ^{24}	tsəŋ^{213}	tsəŋ^{53}	səŋ^{44}	tsʰəŋ^{24}
密山	tɕiŋ^{52}	ɕiŋ^{52}	tsən^{44}	tsʰəŋ^{24}	tsəŋ^{213}	tsəŋ^{52}	səŋ^{44}	tsʰəŋ^{24}
穆棱	tɕiŋ^{53}	ɕiŋ^{53}	tsən^{33}	tsʰəŋ^{35}	tsəŋ^{213}	tsəŋ^{53}	səŋ^{33}	tsʰəŋ^{35}
宁安	tɕiŋ^{51}	ɕiŋ^{51}	tʂən^{44}	tʂʰəŋ^{35}	tʂəŋ^{213}	tʂəŋ^{51}	ʂəŋ^{44}	tʂʰəŋ^{35}
尚志	tɕiŋ^{53}	ɕiŋ^{53}	tsən^{44}	tsʰəŋ^{24}	tsəŋ^{213}	tsəŋ^{53}	səŋ^{44}	tsʰəŋ^{24}

111. 单字 0881—0888

调查点	0881 轻 梗开三 平清溪	0882 赢 梗开三 平清以	0883 积 梗开三 入昔精	0884 惜 梗开三 入昔心	0885 席 梗开三 入昔邪	0886 尺 梗开三 入昔昌	0887 石 梗开三 入昔禅	0888 益 梗开三 入昔影
勃利	tɕʰiŋ^{44}	iŋ^{24}	tɕi^{44}~累 tɕi^{24}~极	ɕi^{44}	ɕi^{24}	tsʰʅ^{213}	sʅ^{24}	i^{53}
集贤	tɕʰiŋ^{44}	iŋ^{35}	tɕi^{44}	ɕi^{44}	ɕi^{35}	tsʰʅ^{213}	sʅ^{35}	i^{53}
佳木斯	tɕʰiŋ^{33}	iŋ^{24}	tɕi^{33}	ɕi^{212}	ɕi^{24}	tʂʰʅ^{212}	sʅ^{24}	i^{53}
林口	tɕʰiŋ^{33}	iŋ^{24}	tɕi^{33}	ɕi^{213}文 ɕi^{33}文	ɕi^{24}	tsʰʅ^{213}	sʅ^{24}	i^{53}

续表

调查点	0881 轻	0882 赢	0883 积	0884 惜	0885 席	0886 尺	0887 石	0888 益
	梗开三平清溪	梗开三平清以	梗开三入昔精	梗开三入昔心	梗开三入昔邪	梗开三入昔昌	梗开三入昔禅	梗开三入昔影
同江	tɕʰiŋ⁴⁴	iŋ²⁴	tɕi⁴⁴	ɕi⁴⁴文 / ɕi²¹³文	ɕi²⁴	tsʰɿ²¹³	sɿ²⁴	i⁵³
黑河	tɕʰiŋ⁴⁴	iŋ²⁴	tɕi⁴⁴	ɕi⁴⁴	ɕi²⁴	tʂʰɿ²¹³	ʂɿ²⁴	i⁵²
嘉荫	tɕʰiŋ³³	iŋ³⁵	tɕi³³	ɕi²¹³白 / ɕi³³文	ɕi³⁵	tʂʰɿ²¹³	ʂɿ³⁵	i⁵¹
兰西	tɕʰiŋ³³	iŋ²⁴	tɕi³³~极 / tɕi²⁴累~	ɕi³³	ɕi²⁴	tʂʰɿ²¹³	ʂɿ²⁴	i⁵³
漠河	tɕʰiŋ⁵⁵	iŋ³⁵	tɕi⁵⁵~极 / tɕi³⁵累~	ɕi⁵⁵	ɕi³⁵	tʂʰɿ²¹³	ʂɿ³⁵	i⁵²
嫩江	tɕʰiŋ⁴⁴	iŋ²⁴	tɕi⁴⁴	ɕi⁴⁴	ɕi²⁴	tʂʰɿ²¹³	sɿ²⁴	i⁵³
泰来	tɕʰiŋ⁴⁴	iŋ²⁴	tɕi⁴⁴	ɕi²¹³白 / ɕi⁴⁴文	ɕi²⁴	tʂʰɿ²¹³	ʂɿ²⁴	i⁵³
哈尔滨	tɕʰiŋ⁴⁴	iŋ²⁴	tɕi⁴⁴	ɕi⁴⁴	ɕi²⁴	tʂʰɿ²¹³	ʂɿ²⁴	i⁵¹
肇东	tɕʰiŋ⁴⁴	iŋ²⁴	tɕi⁴⁴	ɕi²¹³	ɕi²⁴	tʂʰɿ²¹³	ʂɿ²⁴	i⁵³
肇州	tɕʰiŋ³³	iŋ²⁴	tɕi³³	ɕi²¹³白 / ɕi³³文	ɕi²⁴	tʂʰɿ²¹³	ʂɿ²⁴	i⁵³
东宁	tɕʰiŋ³³	iŋ²⁴	tɕi³³~极	ɕi²¹³白 / ɕi³³文	ɕi²⁴	tsʰɿ²¹³	sɿ²⁴	i⁵³
鸡西	tɕʰiŋ⁴⁴	iŋ²⁴	tɕi⁴⁴~极 / tɕi²⁴累~	ɕi⁴⁴	ɕi²⁴	tsʰɿ²¹³	sɿ²⁴	i⁵³
密山	tɕʰiŋ⁴⁴	iŋ²⁴	tɕi⁴⁴	ɕi²¹³白 / ɕi⁴⁴文	ɕi²⁴	tsʰɿ²¹³	sɿ²⁴	i⁵²
穆棱	tɕʰiŋ³³	iŋ³⁵	tɕi³⁵~极 / tɕi³³累	ɕi²¹³白 / ɕi³³文	ɕi³⁵	tsʰɿ²¹³	sɿ³⁵	i⁵³
宁安	tɕʰiŋ⁴⁴	iŋ³⁵	tɕi⁴⁴	ɕi²¹³白 / ɕi⁴⁴文	ɕi³⁵	tʂʰɿ²¹³	ʂɿ³⁵	i⁵¹
尚志	tɕʰiŋ⁴⁴	iŋ²⁴	tɕi²⁴	ɕi⁴⁴	ɕi²⁴	tsʰɿ²¹³	sɿ²⁴	i⁵³

112. 单字 0889—0896

调查点	0889 瓶 梗开四 平青并	0890 钉_名 梗开四 平青端	0891 顶 梗开四 上青端	0892 厅 梗开四 平青透	0893 听_{~见} 梗开四 平青透	0894 停 梗开四 平青定	0895 挺 梗开四 上青定	0896 定 梗开四 去青定
勃利	$p^h i\eta^{24}$	$ti\eta^{44}$	$ti\eta^{213}$	$t^h i\eta^{44}$	$t^h i\eta^{44}$	$t^h i\eta^{24}$	$t^h i\eta^{213}$	$ti\eta^{53}$
集贤	$p^h i\eta^{35}$	$ti\eta^{44}$	$ti\eta^{213}$	$t^h i\eta^{44}$	$t^h i\eta^{44}$	$t^h i\eta^{35}$	$t^h i\eta^{213}$	$ti\eta^{53}$
佳木斯	$p^h i\eta^{24}$	$ti\eta^{33}$	$ti\eta^{212}$	$t^h i\eta^{33}$	$t^h i\eta^{33}$	$t^h i\eta^{24}$	$t^h i\eta^{212}$	$ti\eta^{53}$
林口	$p^h i\eta^{24}$	$ti\eta^{33}$	$ti\eta^{213}$	$t^h i\eta^{33}$	$t^h i\eta^{33}$	$t^h i\eta^{24}$	$t^h i\eta^{213}$	$ti\eta^{53}$
同江	$p^h i\eta^{24}$	$ti\eta^{44}$	$ti\eta^{213}$	$t^h i\eta^{44}$	$t^h i\eta^{44}$	$t^h i\eta^{24}$	$t^h i\eta^{213}$	$ti\eta^{53}$
黑河	$p^h i\eta^{24}$	$ti\eta^{44}$	$ti\eta^{213}$	$t^h i\eta^{44}$	$t^h i\eta^{44}$	$t^h i\eta^{24}$	$t^h i\eta^{213}$	$ti\eta^{52}$
嘉荫	$p^h i\eta^{35}$	$ti\eta^{33}$	$ti\eta^{213}$	$t^h i\eta^{33}$	$t^h i\eta^{33}$	$t^h i\eta^{35}$	$t^h i\eta^{213}$	$ti\eta^{51}$
兰西	$p^h i\eta^{24}$	$ti\eta^{33}$	$ti\eta^{213}$	$t^h i\eta^{33}$	$t^h i\eta^{33}$	$t^h i\eta^{24}$	$t^h i\eta^{213}$	$ti\eta^{53}$
漠河	$p^h i\eta^{35}$	$ti\eta^{55}$	$ti\eta^{213}$	$t^h i\eta^{55}$	$t^h i\eta^{55}$	$t^h i\eta^{35}$	$t^h i\eta^{213}$	$ti\eta^{52}$
嫩江	$p^h i\eta^{24}$	$ti\eta^{44}$	$ti\eta^{213}$	$t^h i\eta^{44}$	$t^h i\eta^{44}$	$t^h i\eta^{24}$	$t^h i\eta^{213}$	$ti\eta^{53}$
泰来	$p^h i\eta^{24}$	$ti\eta^{44}$	$ti\eta^{213}$	$t^h i\eta^{44}$	$t^h i\eta^{44}$	$t^h i\eta^{24}$	$t^h i\eta^{213}$	$ti\eta^{53}$
哈尔滨	$p^h i\eta^{24}$	$ti\eta^{44}$	$ti\eta^{213}$	$t\varsigma^h i\eta^{44}$	$t^h i\eta^{44}$	$t^h i\eta^{24}$	$t^h i\eta^{213}$	$ti\eta^{51}$
肇东	$p^h i\eta^{24}$	$ti\eta^{44}$	$ti\eta^{213}$	$t^h i\eta^{44}$	$t^h i\eta^{44}$	$t^h i\eta^{24}$	$t^h i\eta^{213}$	$ti\eta^{53}$
肇州	$p^h i\eta^{24}$	$ti\eta^{33}$	$ti\eta^{213}$	$t^h i\eta^{33}$	$t^h i\eta^{33}$	$t^h i\eta^{24}$	$t^h i\eta^{213}$	$ti\eta^{53}$
东宁	$p^h i\eta^{24}$	$ti\eta^{33}$	$ti\eta^{213}$	$t^h i\eta^{33}$	$t^h i\eta^{33}$	$t^h i\eta^{24}$	$t^h i\eta^{213}$	$ti\eta^{53}$
鸡西	$p^h i\eta^{24}$	$ti\eta^{44}$	$ti\eta^{213}$	$t^h i\eta^{44}$	$t^h i\eta^{44}$	$t^h i\eta^{24}$	$t^h i\eta^{213}$	$ti\eta^{53}$
密山	$p^h i\eta^{24}$	$ti\eta^{44}$	$ti\eta^{213}$	$t^h i\eta^{44}$	$t^h i\eta^{44}$	$t^h i\eta^{24}$	$t^h i\eta^{213}$	$ti\eta^{52}$
穆棱	$p^h i\eta^{35}$	$ti\eta^{33}$	$ti\eta^{213}$	$t^h i\eta^{33}$	$t^h i\eta^{33}$	$t^h i\eta^{35}$	$t^h i\eta^{213}$	$ti\eta^{53}$
宁安	$p^h i\eta^{35}$	$ti\eta^{44}$	$ti\eta^{213}$	$t^h i\eta^{44}$	$t^h i\eta^{44}$	$t^h i\eta^{35}$	$t^h i\eta^{213}$	$ti\eta^{51}$
尚志	$p^h i\eta^{24}$	$ti\eta^{44}$	$ti\eta^{213}$	$t^h i\eta^{44}$	$t^h i\eta^{44}$	$t^h i\eta^{24}$	$t^h i\eta^{213}$	$ti\eta^{53}$

113. 单字 0897—0904

调查点	0897 零 梗开四 平青来	0898 青 梗开四 平青清	0899 星 梗开四 平青心	0900 经 梗开四 平青见	0901 形 梗开四 平青匣	0902 壁 梗开四 入锡帮	0903 劈 梗开四 入锡滂	0904 踢 梗开四 入锡透
勃利	$li\eta^{24}$	$t\varsigma^h i\eta^{44}$	$\varsigma i\eta^{44}$	$t\varsigma i\eta^{213}_{正~}$ / $t\varsigma i\eta^{44}_{~济}$	$\varsigma i\eta^{24}$	pi^{53}	$p^h i^{·213}_{又}$ / $p^h i^{·44}_{又}$	$t^h i^{·44}$

续表

调查点	0897 零 梗开四平青来	0898 青 梗开四平青清	0899 星 梗开四平青心	0900 经 梗开四平青见	0901 形 梗开四平青匣	0902 壁 梗开四入锡帮	0903 劈 梗开四入锡滂	0904 踢 梗开四入锡透
集贤	liŋ³⁵	tɕʰiŋ⁴⁴	ɕiŋ⁴⁴	tɕiŋ²¹³正~ / tɕiŋ⁴⁴过	ɕiŋ³⁵	pi⁵³	pʰi·²¹³白 / pʰi·⁴⁴文	tʰi·⁴⁴
佳木斯	liŋ²⁴	tɕʰiŋ³³	ɕiŋ³³	tɕiŋ³³	ɕiŋ²⁴	pi⁵³	pʰi·³³	tʰi·³³
林口	liŋ²⁴	tɕʰiŋ³³	ɕiŋ³³	tɕiŋ³³	ɕiŋ²⁴	pi⁵³	pʰi·²¹³白 / pʰi·³³文	tʰi·³³
同江	liŋ²⁴	tɕʰiŋ⁴⁴	ɕiŋ⁴⁴	tɕiŋ²¹³正~ / tɕiŋ⁴⁴过	ɕiŋ²⁴	pi⁵³	pʰi·²¹³白 / pʰi·⁴⁴文	tʰi·⁴⁴
黑河	liŋ²⁴	tɕʰiŋ⁴⁴	ɕiŋ⁴⁴	tɕiŋ⁴⁴~过 / tɕiŋ²¹³~理	ɕiŋ²⁴	pi⁵²	pʰi·⁴⁴	tʰi·⁴⁴
嘉荫	liŋ³⁵	tɕʰiŋ³³	ɕiŋ³³	tɕiŋ³³~过 / tɕiŋ²¹³正~	ɕiŋ³⁵	pi⁵¹	pʰi·²¹³白 / pʰi·³³文	tʰi·³³
兰西	liŋ²⁴	tɕʰiŋ³³	ɕiŋ³³	tɕiŋ³³~过 / tɕiŋ²¹³正~	ɕiŋ²⁴	pi⁵³	pʰi·²¹³白 / pʰi·³³文	tʰi·³³
漠河	liŋ³⁵	tɕʰiŋ⁵⁵	ɕiŋ⁵⁵	tɕiŋ⁵⁵~过 / tɕiŋ²¹³一本正~	ɕiŋ³⁵	pi⁵²	pʰi·²¹³白 / pʰi·⁵⁵文	tʰi·⁵⁵
嫩江	liŋ²⁴	tɕʰiŋ⁴⁴	ɕiŋ⁴⁴	tɕiŋ⁴⁴ / tɕiŋ²¹³	ɕiŋ²⁴	pi²¹³ / pi⁵³	pʰi·²¹³白 / pʰi·⁴⁴文	tʰi·⁴⁴
泰来	liŋ²⁴	tɕʰiŋ⁴⁴	ɕiŋ⁴⁴	tɕiŋ⁴⁴~过 / tɕiŋ²¹³一本正~	ɕiŋ²⁴	pi⁵³	pʰi·²¹³白 / pʰi·⁴⁴文	tʰi·⁴⁴
哈尔滨	liŋ²⁴	tɕʰiŋ⁴⁴	ɕiŋ⁴⁴	tɕiŋ²⁴~过 / tɕiŋ²¹³正~	ɕiŋ²⁴	pi⁵¹	pʰi·²¹³白 / pʰi·⁴⁴文	tʰi·⁴⁴
肇东	liŋ²⁴	tɕʰiŋ⁴⁴	ɕiŋ⁴⁴	tɕiŋ²¹³ / tɕiŋ⁴⁴	ɕiŋ²⁴	pi⁵³	pʰi·²¹³白 / pʰi·⁴⁴文	tʰi·⁴⁴
肇州	liŋ²⁴	tɕʰiŋ³³	ɕiŋ³³	tɕiŋ²¹³正~ / tɕiŋ³³念~	ɕiŋ²⁴	pi⁵³	pʰi·²¹³白 / pʰi·³³文	tʰi·³³
东宁	liŋ²⁴	tɕʰiŋ³³	ɕiŋ³³	tɕiŋ³³	ɕiŋ²⁴	pi⁵³	pʰi·³³	tʰi·³³
鸡西	liŋ²⁴	tɕʰiŋ⁴⁴	ɕiŋ⁴⁴	tɕiŋ²¹³正~ / tɕiŋ⁴⁴~过	ɕiŋ²⁴	pi⁵³	pʰi·²¹³白 / pʰi·⁴⁴文	tʰi·⁴⁴

续表

调查点	0897 零 梗开四 平青来	0898 青 梗开四 平青清	0899 星 梗开四 平青心	0900 经 梗开四 平青见	0901 形 梗开四 平青匣	0902 壁 梗开四 入锡帮	0903 劈 梗开四 入锡滂	0904 踢 梗开四 入锡透
密山	liŋ²⁴	tɕʰiŋ⁴⁴	ɕiŋ⁴⁴	tɕiŋ⁴⁴	ɕiŋ²⁴	pi⁵²	pʰi˞²¹³白 pʰi˞⁴⁴文	tʰi˞⁴⁴
穆棱	liŋ³⁵	tɕʰiŋ³³	ɕiŋ³³	tɕiŋ²¹³正~ tɕiŋ³³~过	ɕiŋ³⁵	pi⁵³	pʰi˞²¹³白 pʰi˞³³文	tʰi˞³³
宁安	liŋ³⁵	tɕʰiŋ⁴⁴	ɕiŋ⁴⁴	tɕiŋ⁴⁴	ɕiŋ³⁵	pi⁵¹	pʰi˞²¹³白 pʰi˞⁴⁴文	tʰi˞⁴⁴
尚志	liŋ²⁴	tɕʰiŋ⁴⁴	ɕiŋ⁴⁴	tɕiŋ⁴⁴	ɕiŋ²⁴	pi⁵³	pʰi˞²¹³白 pʰi˞⁴⁴文	tʰi˞⁴⁴

114. 单字 0905—0912

调查点	0905 笛 梗开四 入锡定	0906 历农~ 梗开四 入锡来	0907 锡 梗开四 入锡心	0908 击 梗开四 入锡见	0909 吃 梗开四 入锡溪	0910 横~竖 梗合二 平庚匣	0911 划计~ 梗合二 入麦匣	0912 兄 梗合三 平庚晓
勃利	ti²⁴	li⁵³	ɕi⁴⁴	tɕi⁴⁴	tsʰʅ⁴⁴	xəŋ²⁴	xua⁵³	ɕyŋ⁴⁴
集贤	ti³⁵	li⁵³	ɕi⁴⁴	tɕi⁴⁴	tsʰʅ⁴⁴	xəŋ³⁵	xua⁵³	ɕyŋ⁴⁴
佳木斯	ti²⁴	li⁵³	ɕi³³	tɕi³³	tʂʅ³³	xəŋ²⁴	xua⁵³	ɕyŋ³³
林口	ti²⁴	li⁵³	ɕi³³	tɕi³³	tsʰʅ³³	xəŋ²⁴	xua⁵³	ɕyŋ³³
同江	ti²⁴	li⁵³	ɕi⁴⁴	tɕi⁴⁴	tsʅ⁴⁴	xəŋ²⁴	xua⁵³	ɕyŋ⁴⁴
黑河	ti²⁴	li⁵²	ɕi⁴⁴	tɕi⁴⁴	tʂʰʅ⁴⁴	xəŋ²⁴	xua⁵²	ɕyŋ⁴⁴
嘉荫	ti³⁵	li⁵¹	ɕi³³	tɕi³³	tʂʰʅ³³	xəŋ³⁵	xua⁵¹	ɕyŋ³³
兰西	ti²⁴	li⁵³	ɕi³³	tɕi³³	tsʰʅ³³	xəŋ²⁴	xua⁵³	ɕyŋ³³
漠河	ti³⁵	li⁵²	ɕi⁵⁵	tɕi⁵⁵	tʂʰʅ⁵⁵	xəŋ³⁵	xua⁵²	ɕyŋ⁵⁵
嫩江	ti²⁴	li⁵³	ɕi⁴⁴	tɕi⁴⁴	tsʰʅ⁴⁴	xəŋ²⁴	xua⁵³	ɕyŋ⁴⁴
泰来	ti²⁴	li⁵³	ɕi⁴⁴	tɕi⁴⁴	tʂʰʅ⁴⁴	xəŋ²⁴	xua⁵³	ɕyŋ⁴⁴
哈尔滨	ti²⁴	li⁵¹	ɕi⁴⁴	tɕi⁴⁴	tʂʰʅ⁴⁴	xəŋ²⁴	xua⁵¹	ɕyŋ⁴⁴
肇东	ti²⁴	li⁵³	ɕi⁴⁴	tɕi⁴⁴	tʂʰʅ⁴⁴	xəŋ²⁴	xua⁵³	ɕyŋ⁴⁴
肇州	ti²⁴	li⁵³	ɕi³³	tɕi³³	tʂʰʅ³³	xəŋ²⁴	xua⁵³	ɕyŋ³³

续表

调查点	0905 笛 梗开四 入锡定	0906 历农~ 梗开四 入锡来	0907 锡 梗开四 入锡心	0908 击 梗开四 入锡见	0909 吃 梗开四 入锡溪	0910 横~竖 梗合二 平庚匣	0911 划计~ 梗合二 入麦匣	0912 兄 梗合三 平庚晓
东宁	ti²⁴	li⁵³	ɕi³³	tɕi³³	tsʰɿ³³	xəŋ²⁴	xua⁵³	ɕyŋ³³
鸡西	ti²⁴	li⁵³	ɕi⁴⁴	tɕi⁴⁴	tsʰɿ⁴⁴	xəŋ²⁴	xua⁵³	ɕyŋ⁴⁴
密山	ti²⁴	li⁵²	ɕi⁴⁴	tɕi⁴⁴	tsʰɿ⁴⁴	xəŋ²⁴	xua⁵²	ɕyŋ⁴⁴
穆棱	ti³⁵	li⁵³	ɕi³³	tɕi³³	tsʰɿ³³	xəŋ³⁵	xua⁵³	ɕyŋ³³
宁安	ti³⁵	li⁵¹	ɕi⁴⁴	tɕi⁴⁴	tʂʰɿ⁴⁴	xəŋ³⁵	xua⁵¹	ɕyŋ⁴⁴
尚志	ti²⁴	li⁵³	ɕi⁴⁴	tɕi⁴⁴	tsʰɿ⁴⁴	xəŋ²⁴	xua⁵³	ɕyŋ⁴⁴

115. 单字 0913—0920

调查点	0913 荣 梗合三 平庚云	0914 永 梗合三 上庚云	0915 营 梗合三 平清以	0916 蓬~松 通合一 平东并	0917 东 通合一 平东端	0918 懂 通合一 上东端	0919 冻 通合一 去东端	0920 通 通合一 平东透
勃利	yŋ²⁴	yŋ²¹³	iŋ²⁴	pʰəŋ²⁴	tuŋ⁴⁴	tuŋ²¹³	tuŋ⁵³	tʰuŋ⁴⁴~过 tʰuŋ⁵³被说了一~
集贤	yŋ³⁵	yŋ²¹³	iŋ³⁵	pʰəŋ³⁵	tuŋ⁴⁴	tuŋ²¹³	tuŋ⁵³	tʰuŋ⁴⁴
佳木斯	yŋ²⁴	yŋ²¹²	iŋ²⁴	pʰəŋ²⁴	tuŋ³³	tuŋ²¹²	tuŋ⁵³	tʰuŋ³³
林口	ʐuŋ²⁴	yŋ²¹³	iŋ²⁴	pʰəŋ²⁴	tuŋ³³	tuŋ²¹³	tuŋ⁵³	tʰuŋ³³
同江	yŋ²⁴	yŋ²¹³	iŋ²⁴	pʰəŋ²⁴	tuŋ⁴⁴	tuŋ²¹³	tuŋ⁵³	tʰuŋ⁴⁴~过 tʰuŋ⁵³打了一~
黑河	ʐuŋ²⁴	yŋ²¹³	iŋ²⁴	pʰəŋ²⁴	tuŋ⁴⁴	tuŋ²¹³	tuŋ⁵²	tʰuŋ⁴⁴
嘉荫	yŋ³⁵白 ʐuŋ³⁵文	yŋ²¹³	iŋ³⁵	pʰəŋ³⁵	tuŋ³³	tuŋ²¹³	tuŋ⁵¹	tʰuŋ³³
兰西	yŋ²⁴白 ʐuŋ²⁴文	yŋ²¹³	iŋ²⁴	pʰəŋ²⁴	tuŋ³³	tuŋ²¹³	tuŋ⁵³	tʰuŋ³³~过 tʰuŋ⁵³~红
漠河	ʐuŋ³⁵	yŋ²¹³	iŋ³⁵	pʰəŋ³⁵	tuŋ⁵⁵	tuŋ²¹³	tuŋ⁵²	tʰuŋ⁵⁵
嫩江	yŋ²⁴ ʐuŋ²⁴	yŋ²¹³	iŋ²⁴	pʰəŋ²⁴	tuŋ⁴⁴	tuŋ²¹³	tuŋ⁵³	tʰuŋ⁴⁴

续表

调查点	0913 荣 梗合三 平庚云	0914 永 梗合三 上庚云	0915 营 梗合三 平清以	0916 蓬~松 通合一 平东并	0917 东 通合一 平东端	0918 懂 通合一 上东端	0919 冻 通合一 去东端	0920 通 通合一 平东透
泰来	ʐuŋ²⁴	yŋ²¹³	iŋ²⁴	pʰəŋ²⁴	tuŋ⁴⁴	tuŋ²¹³	tuŋ⁵³	tʰuŋ⁴⁴~过 tʰuŋ⁵³~红
哈尔滨	ʐuŋ²⁴	yŋ²¹³	iŋ²⁴	pʰəŋ²⁴	tuŋ⁴⁴	tuŋ²¹³	tuŋ⁵¹	tʰuŋ⁴⁴~过 tʰuŋ⁵¹~红
肇东	yŋ²⁴	yŋ²¹³	yŋ²⁴~养 iŋ²⁴经~	pʰəŋ²⁴	tuŋ⁴⁴	tuŋ²¹³	tuŋ⁵³	tʰuŋ⁴⁴
肇州	yŋ²⁴	yŋ²¹³	yŋ²⁴~养 iŋ²⁴经~	pʰəŋ²⁴	tuŋ³³	tuŋ²¹³	tuŋ⁵³	tʰuŋ⁵³~红 tʰuŋ³³~过
东宁	ʐuŋ²⁴	yŋ²¹³	iŋ²⁴	pʰəŋ²⁴	tuŋ³³	tuŋ²¹³	tuŋ⁵³	tʰuŋ³³
鸡西	yŋ²⁴	yŋ²¹³	iŋ²⁴	pʰəŋ²⁴	tuŋ⁴⁴	tuŋ²¹³	tuŋ⁵³	tʰuŋ⁴⁴~过 tʰuŋ⁵³说了一~
密山	yŋ²⁴	yŋ²¹³	iŋ²⁴	pʰəŋ²⁴	tuŋ⁴⁴	tuŋ²¹³	tuŋ⁵²	tʰuŋ⁴⁴~知 tʰuŋ⁵²二~
穆棱	ʐuŋ³⁵	yŋ²¹³又 yŋ³⁵又	iŋ³⁵	pʰəŋ³⁵	tuŋ³³	tuŋ²¹³	tuŋ⁵³	tʰuŋ³³~过 tʰuŋ⁵³打了一~
宁安	ʐuŋ³⁵	yŋ²¹³	iŋ³⁵	pʰəŋ³⁵	tuŋ⁴⁴	tuŋ²¹³	tuŋ⁵¹	tʰuŋ⁴⁴
尚志	ʐuŋ²⁴	yŋ²¹³	iŋ²⁴	pʰəŋ²⁴	tuŋ⁴⁴	tuŋ²¹³	tuŋ⁵³	tʰuŋ⁴⁴

116. 单字 0921—0928

调查点	0921 桶 通合一 上东透	0922 痛 通合一 去东透	0923 铜 通合一 平东定	0924 动 通合一 上东定	0925 洞 通合一 去东定	0926 聋 通合一 平东来	0927 弄 通合一 去东来	0928 粽 通合一 去东精
勃利	tʰuŋ²¹³	tʰuŋ⁵³	tʰuŋ²⁴	tuŋ⁵³	tuŋ⁵³	luŋ²⁴	nəŋ⁵³白 nuŋ⁵³文	tsəŋ⁵³白 tsuŋ⁵³文
集贤	tʰuŋ²¹³	tʰuŋ⁵³	tʰuŋ³⁵	tuŋ⁵³	tuŋ⁵³	luŋ³⁵	nəŋ⁵³	tsəŋ⁵³
佳木斯	tʰuŋ²¹²	tʰuŋ⁵³	tʰuŋ²⁴	tuŋ⁵³	tuŋ⁵³	luŋ²⁴	nəŋ⁵³白 nuŋ⁵³文	tsəŋ⁵³白 tsuŋ⁵³文

续表

调查点	0921 桶 通合一上东透	0922 痛 通合一去东透	0923 铜 通合一平东定	0924 动 通合一上东定	0925 洞 通合一去东定	0926 聋 通合一平东来	0927 弄 通合一去东来	0928 粽 通合一去东精
林口	tʰuŋ^{213}	tʰuŋ^{53}	tʰuŋ^{24}	tuŋ^{53}	tuŋ^{53}	luŋ^{24}	nəŋ$^{53}_{白}$ nuŋ$^{53}_{文}$	tsuŋ^{53}
同江	tʰuŋ^{213}	tʰuŋ^{52}	tʰuŋ^{24}	tuŋ^{52}	tuŋ^{52}	luŋ^{24}	nuŋ^{52}	tsəŋ$^{52}_{白}$ tsuŋ$^{52}_{文}$
黑河	tʰuŋ^{213}	tʰuŋ^{52}	tʰuŋ^{24}	tuŋ^{52}	tuŋ^{52}	luŋ^{24}	nuŋ^{52}	tsəŋ$^{52}_{白}$ tsuŋ$^{52}_{文}$
嘉荫	tʰuŋ^{213}	tʰuŋ^{51}	tʰuŋ^{35}	tuŋ^{51}	tuŋ^{51}	luŋ^{35}	nəŋ$^{51}_{白}$ nuŋ^{51}	tsuŋ^{51}
兰西	tʰuŋ^{213}	tʰuŋ^{53}	tʰuŋ^{24}	tuŋ^{53}	tuŋ^{53}	luŋ^{24}	ləŋ$^{53}_{白}$ nəŋ$^{53}_{白}$ nuŋ$^{53}_{文}$	tsəŋ$^{53}_{白}$ tsuŋ$^{53}_{文}$
漠河	tʰuŋ^{213}	tʰuŋ^{52}	tʰuŋ^{35}	tuŋ^{52}	tuŋ^{52}	luŋ^{35}	nəŋ$^{52}_{白}$ nuŋ$^{52}_{文}$	tʂəŋ$^{52}_{白}$ tsuŋ$^{52}_{文}$
嫩江	tʰuŋ^{213}	tʰuŋ^{53}	tʰuŋ^{24}	tuŋ^{53}	tuŋ^{53}	luŋ^{24}	nuŋ^{53}	tsuŋ^{53}
泰来	tʰuŋ^{213}	tʰuŋ^{53}	tʰuŋ^{24}	tuŋ^{53}	tuŋ^{53}	luŋ^{24}	nəŋ$^{53}_{又}$ nuŋ$^{53}_{又}$	tʂəŋ^{53}
哈尔滨	tʰuŋ^{213}	tʰuŋ^{51}	tʰuŋ^{24}	tuŋ^{51}	tuŋ^{51}	luŋ^{24}	nəŋ$^{51}_{\sim弄}$ nuŋ$^{51}_{\sim弄}$ ləŋ$^{0}_{摆\sim}$	tsəŋ$^{51}_{白}$ tsuŋ$^{51}_{文}$
肇东	tʰuŋ^{213}	tʰuŋ^{53}	tʰuŋ^{24}	tuŋ^{53}	tuŋ^{53}	luŋ^{24}	nəŋ^{53}	tsəŋ^{53}
肇州	tʰuŋ^{213}	tʰuŋ^{53}	tʰuŋ^{24}	tuŋ^{53}	tuŋ^{53}	luŋ^{24}	nəŋ$^{53}_{又}$ nuŋ$^{53}_{又}$	tsəŋ^{53}
东宁	tʰuŋ^{213}	tʰuŋ^{53}	tʰuŋ^{24}	tuŋ^{53}	tuŋ^{53}	luŋ^{24}	nəŋ$^{53}_{又}$ nuŋ$^{53}_{又}$	tsəŋ^{53}
鸡西	tʰuŋ^{213}	tʰuŋ^{53}	tʰuŋ^{24}	tuŋ^{53}	tuŋ^{53}	luŋ^{24}	nəŋ$^{53}_{白}$ nuŋ$^{53}_{文}$	tsəŋ$^{53}_{白}$ tsuŋ$^{53}_{文}$
密山	tʰuŋ^{213}	tʰuŋ^{52}	tʰuŋ^{24}	tuŋ^{52}	tuŋ^{52}	luŋ^{24}	nəŋ$^{52}_{又}$ nuŋ$^{52}_{又}$	tsəŋ^{52}

续表

调查点	0921 桶 通合一 上东透	0922 痛 通合一 去东透	0923 铜 通合一 平东定	0924 动 通合一 上东定	0925 洞 通合一 去东定	0926 聋 通合一 平东来	0927 弄 通合一 去东来	0928 粽 通合一 去东精
穆棱	$t^huŋ^{213}$	$t^huŋ^{53}$	$t^huŋ^{35}$	$tuŋ^{53}$	$tuŋ^{53}$	$luŋ^{35}$	$nəŋ^{53}_白$ $nuŋ^{53}_文$	$tsəŋ^{53}_白$ $tsuŋ^{53}_文$
宁安	$t^huŋ^{213}$	$t^huŋ^{51}$	$t^huŋ^{35}$	$tuŋ^{51}$	$tuŋ^{51}$	$luŋ^{35}$	$nəŋ^{51}_文$ $nuŋ^{51}_文$	$tsuŋ^{51}$
尚志	$t^huŋ^{213}$	$t^huŋ^{53}$	$t^huŋ^{24}$	$tuŋ^{53}$	$tuŋ^{53}$	$luŋ^{24}$	$nuŋ^{53}$	$tsuŋ^{53}$

117. 单字 0929—0936

调查点	0929 葱 通合一 平东清	0930 送 通合一 去东心	0931 公 通合一 平东见	0932 孔 通合一 上东溪	0933 烘_干 通合一 平东晓	0934 红 通合一 平东匣	0935 翁 通合一 平东影	0936 木 通合一 入屋明
勃利	$ts^huŋ^{44}$	$suŋ^{53}$	$kuŋ^{44}$	$k^huŋ^{213}$	$xuŋ^{44}$	$xuŋ^{24}$	$uŋ^{44}$	mu^{53}
集贤	$ts^huŋ^{44}$	$suŋ^{53}$	$kuŋ^{44}$	$k^huŋ^{213}$	$xuŋ^{44}$	$xuŋ^{35}$	$uŋ^{44}$	mu^{53}
佳木斯	$ts^huŋ^{33}$	$suŋ^{53}$	$kuŋ^{33}$	$k^huŋ^{212}$	$xuŋ^{33}$	$xuŋ^{24}$	$uŋ^{33}$	mu^{53}
林口	$ts^huŋ^{33}$	$suŋ^{53}$	$kuŋ^{33}$	$k^huŋ^{213}$	$xuŋ^{33}$	$xuŋ^{24}$	$uəŋ^{33}$	mu^{53}
同江	$ts^huŋ^{44}$	$suŋ^{53}$	$kuŋ^{44}$	$k^huŋ^{213}$	$xuŋ^{44}$	$xuŋ^{24}$	$uŋ^{44}$	mu^{53}
黑河	$ts^huŋ^{44}$	$suŋ^{52}$	$kuŋ^{44}$	$k^huŋ^{213}$	$xuŋ^{44}$	$xuŋ^{24}$	$uŋ^{44}$	mu^{52}
嘉荫	$ts^huŋ^{33}$	$suŋ^{51}$	$kuŋ^{33}$	$k^huŋ^{213}$	$xuŋ^{33}$	$xuŋ^{35}$	$uəŋ^{33}$	mu^{51}
兰西	$ts^huŋ^{33}$	$suŋ^{53}$	$kuŋ^{33}$	$k^huŋ^{213}$	$xuŋ^{33}$	$xuŋ^{24}$	$vəŋ^{33}$	mu^{53}
漠河	$ts^huŋ^{55}$	$suŋ^{52}$	$kuŋ^{55}$	$k^huŋ^{213}$	$xuŋ^{55}$	$xuŋ^{35}$	$uəŋ^{55}$	mu^{52}
嫩江	$ts^huŋ^{44}$	$suŋ^{53}$	$kuŋ^{44}$	$k^huŋ^{213}$	$xuŋ^{44}$	$xuŋ^{24}$	$uŋ^{44}$	mu^{53}
泰来	$tʂ^huŋ^{44}$	$ʂuŋ^{53}$	$kuŋ^{44}$	$k^huŋ^{213}$	$xuŋ^{44}$	$xuŋ^{24}$	$uəŋ^{44}$	mu^{53}
哈尔滨	$ts^huŋ^{44}$	$suŋ^{51}$	$kuŋ^{44}$	$k^huŋ^{213}$	$xuŋ^{44}$	$xuŋ^{24}$	$uəŋ^{44}$	mu^{51}
肇东	$ts^huŋ^{44}$	$suŋ^{53}$	$kuŋ^{44}$	$k^huŋ^{213}$	$xuŋ^{44}$	$xuŋ^{24}$	$vəŋ^{44}$	mu^{53}
肇州	$ts^huŋ^{33}$	$suŋ^{53}$	$kuŋ^{33}$	$k^huŋ^{213}$	$xuŋ^{33}$	$xuŋ^{24}$	$vəŋ^{33}$	mu^{53}
东宁	$ts^huŋ^{33}$	$suŋ^{53}$	$kuŋ^{33}$	$k^huŋ^{213}$	$xuŋ^{33}$	$xuŋ^{24}$	$uŋ^{33}$	mu^{53}
鸡西	$ts^huŋ^{44}$	$suŋ^{53}$	$kuŋ^{44}$	$k^huŋ^{213}$	$xuŋ^{44}$	$xuŋ^{24}$	$uŋ^{44}$	mu^{53}
密山	$ts^huŋ^{44}$	$suŋ^{52}$	$kuŋ^{44}$	$k^huŋ^{213}$	$xuŋ^{44}$	$xuŋ^{24}$	$uŋ^{44}$	mu^{52}

续表

调查点	0929 葱 通合一平东清	0930 送 通合一去东心	0931 公 通合一平东见	0932 孔 通合一上东溪	0933 烘_干 通合一平东晓	0934 红 通合一平东匣	0935 翁 通合一平东影	0936 木 通合一入屋明
穆棱	tsʰuŋ³³	suŋ⁵³	kuŋ³³	kʰuŋ²¹³	xuŋ³³	xuŋ³⁵	uŋ³³	mu⁵³
宁安	tsʰuŋ⁴⁴	suŋ⁵¹	kuŋ⁴⁴	kʰuŋ²¹³	xuŋ⁴⁴	xuŋ³⁵	uŋ⁴⁴	mu⁵¹
尚志	tsʰuŋ⁴⁴	suŋ⁵³	kuŋ⁴⁴	kʰuŋ²¹³	xuŋ⁴⁴	xuŋ²⁴	uəŋ⁴⁴	mu⁵³

118. 单字 0937—0944

调查点	0937 读 通合一入屋定	0938 鹿 通合一入屋来	0939 族 通合一入屋从	0940 谷_稻~ 通合一入屋见	0941 哭 通合一入屋溪	0942 屋 通合一入屋影	0943 冬_~至 通合一平冬端	0944 统 通合一去冬透
勃利	tu²⁴	lu⁵³	tsu²⁴	ku²¹³	kʰu⁴⁴	u⁴⁴_子 / u²⁴_子	tuŋ⁴⁴	tʰuŋ²¹³
集贤	tu³⁵	lu⁵³	tsu³⁵	ku²¹³	kʰu⁴⁴	u⁴⁴	tuŋ⁴⁴	tʰuŋ²¹³
佳木斯	tu²⁴	lu⁵³	tsu²⁴	ku²¹²	kʰu³³	u³³	tuŋ³³	tʰuŋ²¹²
林口	tu²⁴	lu⁵³	tsu²⁴	ku²¹³	kʰu³³	u³³	tuŋ³³	tʰuŋ²¹³
同江	tu²⁴	lu⁵³	tsu²⁴	ku²¹³	kʰu⁴⁴	u⁴⁴_子 / u²⁴下~	tuŋ⁴⁴	tʰuŋ²¹³
黑河	tu²⁴	lu⁵²	tsu²⁴	ku²¹³	kʰu⁴⁴	u⁴⁴	tuŋ⁴⁴	tʰuŋ²¹³
嘉荫	tu³⁵	lu⁵¹	tʂu³⁵	ku²¹³	kʰu³³	u³³	tuŋ³³	tʰuŋ²¹³
兰西	tu²⁴	lu⁵³	tsu²⁴	ku²¹³	kʰu³³	u³³	tuŋ³³	tʰuŋ²¹³
漠河	tu³⁵	lu⁵²	tsu³⁵	ku²¹³	kʰu⁵⁵	u⁵⁵	tuŋ⁵⁵	tʰuŋ²¹³
嫩江	tu²⁴	lu⁵³	tsu²⁴	ku²¹³	kʰu⁴⁴	u⁴⁴	tuŋ⁴⁴	tʰuŋ²¹³
泰来	tu²⁴	lu⁵³	tʂu²⁴	ku²¹³	kʰu⁴⁴	u⁴⁴	tuŋ⁴⁴	tʰuŋ²¹³
哈尔滨	tu²⁴	lu⁵¹	tsu²⁴	ku²¹³	kʰu⁴⁴	u⁴⁴	tuŋ⁴⁴	tʰuŋ²¹³
肇东	tu²⁴	lu⁵³	tsu²⁴	ku²¹³	kʰu⁴⁴	u⁴⁴	tuŋ⁴⁴	tʰuŋ²¹³
肇州	tu²⁴	lu⁵³	tsu²⁴	ku²¹³	kʰu³³	u³³	tuŋ³³	tʰuŋ²¹³
东宁	tu²⁴	lu⁵³	tsu²⁴	ku²¹³	kʰu³³	u³³	tuŋ³³	tʰuŋ²¹³
鸡西	tu²⁴	lu⁵³	tsu²⁴	ku²¹³	kʰu⁴⁴	u⁴⁴_子 / u²⁴下~	tuŋ⁴⁴	tʰuŋ²¹³

续表

调查点	0937 读	0938 鹿	0939 族	0940 谷稻~	0941 哭	0942 屋	0943 冬~至	0944 统
	通合一 入屋定	通合一 入屋来	通合一 入屋从	通合一 入屋见	通合一 入屋溪	通合一 入屋影	通合一 平冬端	通合一 去冬透
密山	tu³⁵	lu⁵³	tsu³⁵	ku²¹³	kʰu³³	u³³ ~子 u³⁵ 下~	tuŋ³³	tʰuŋ²¹³
穆棱	tu³⁵	lu⁵³	tsu³⁵	ku²¹³	kʰu³³	u³³ ~子 u³⁵ 下~	tuŋ³³	tʰuŋ²¹³
宁安	tu³⁵	lu⁵¹	tʂu³⁵	ku²¹³	kʰu⁴⁴	u⁴⁴	tuŋ⁴⁴	tʰuŋ²¹³
尚志	tu²⁴	lu⁵³	tsu²⁴	ku²¹³	kʰu⁴⁴	u⁴⁴	tuŋ⁴⁴	tʰuŋ²¹³

119. 单字 0945—0952

调查点	0945 脓	0946 松~紧	0947 宋	0948 毒	0949 风	0950 丰	0951 凤	0952 梦
	通合一 平冬泥	通合一 平冬心	通合一 去冬心	通合一 入沃定	通合三 平东非	通合三 平东敷	通合三 去东奉	通合三 去东明
勃利	nəŋ²⁴ 白 nuŋ²⁴ 文	suŋ⁴⁴	suŋ⁵³	tu²⁴	fəŋ⁴⁴	fəŋ⁴⁴	fəŋ⁵³	məŋ⁵³
集贤	nəŋ³⁵ 白 nuŋ³⁵ 文	suŋ⁴⁴	suŋ⁵³	tu³⁵	fəŋ⁴⁴	fəŋ⁴⁴	fəŋ⁵³	məŋ⁵³
佳木斯	nəŋ²⁴ 白 nuŋ²⁴ 文	suŋ³³	suŋ⁵³	tu²⁴	fəŋ³³	fəŋ³³	fəŋ⁵³	məŋ⁵³
林口	nəŋ²⁴	suŋ³³	suŋ⁵³	tu²⁴	fəŋ³³	fəŋ³³	fəŋ⁵³	məŋ⁵³
同江	nəŋ²⁴ 白 nuŋ²⁴ 文	suŋ⁴⁴	suŋ⁵³	tu²⁴	fəŋ⁴⁴	fəŋ⁴⁴	fəŋ⁵³	məŋ⁵³
黑河	nəŋ²⁴	suŋ⁴⁴	suŋ⁵²	tu²⁴	fəŋ⁴⁴	fəŋ⁴⁴	fəŋ⁵²	məŋ⁵²
嘉荫	nəŋ³⁵ 白 nuŋ³⁵ 文	suŋ³³	suŋ⁵¹	tu³⁵	fəŋ³³	fəŋ³³	fəŋ⁵¹	məŋ⁵¹
兰西	nəŋ²⁴ 白 nuŋ²⁴ 文	suŋ³³	suŋ⁵³	tu²⁴	fəŋ³³	fəŋ³³	fəŋ⁵³	məŋ⁵³
漠河	nəŋ³⁵ 白 nuŋ³⁵ 文	suŋ⁵⁵	suŋ⁵²	tu³⁵	fəŋ⁵⁵	fəŋ⁵⁵	fəŋ⁵²	məŋ⁵²

续表

调查点	0945 脓	0946 松~紧	0947 宋	0948 毒	0949 风	0950 丰	0951 凤	0952 梦
	通合一 平冬泥	通合一 平冬心	通合一 去冬心	通合一 入沃定	通合三 平东非	通合三 平东敷	通合三 去东奉	通合三 去东明
嫩江	nuŋ²⁴	suŋ⁴⁴	suŋ⁵³	tu²⁴	fəŋ⁴⁴	fəŋ⁴⁴	fəŋ⁵³	məŋ⁵³
泰来	nəŋ²⁴	ʂuŋ⁴⁴	ʂuŋ⁵³	tu²⁴	fəŋ⁴⁴	fəŋ⁴⁴	fəŋ⁵³	məŋ⁵³
哈尔滨	nəŋ²⁴ nuŋ²⁴	suŋ⁴⁴	suŋ⁵¹	tu²⁴	fəŋ⁴⁴	fəŋ⁴⁴	fəŋ⁵¹	məŋ⁵¹
肇东	nəŋ²⁴	suŋ⁴⁴	suŋ⁵³	tu²⁴	fəŋ⁴⁴	fəŋ⁴⁴	fəŋ⁵³	məŋ⁵³
肇州	nəŋ²⁴又 nuŋ²⁴又	suŋ³³	suŋ⁵³	tu²⁴	fəŋ³³	fəŋ³³	fəŋ⁵³	məŋ⁵³
东宁	nəŋ²⁴	suŋ³³	suŋ⁵³	tu²⁴	fəŋ³³	fəŋ³³	fəŋ⁵³	məŋ⁵³
鸡西	nəŋ²⁴白 nuŋ²⁴文	suŋ⁴⁴	suŋ⁵³	tu²⁴	fəŋ⁴⁴	fəŋ⁴⁴	fəŋ⁵³	məŋ⁵³
密山	nəŋ²⁴	suŋ⁴⁴	suŋ⁵²	tu²⁴	fəŋ⁴⁴	fəŋ⁴⁴	fəŋ⁵²	məŋ⁵²
穆棱	nəŋ³⁵白 nuŋ³⁵文	suŋ³³	suŋ⁵³	tu³⁵	fəŋ³³	fəŋ³³	fəŋ⁵³	məŋ⁵³
宁安	nəŋ³⁵又 nuŋ³⁵又	suŋ⁴⁴	suŋ⁵¹	tu³⁵	fəŋ⁴⁴	fəŋ⁴⁴	fəŋ⁵¹	məŋ⁵¹
尚志	nəŋ²⁴	suŋ⁴⁴	suŋ⁵³	tu²⁴	fəŋ⁴⁴	fəŋ⁴⁴	fəŋ⁵³	məŋ⁵³

120. 单字 0953—0960

调查点	0953 中当~	0954 虫	0955 终	0956 充	0957 宫	0958 穷	0959 熊	0960 雄
	通合三 平东知	通合三 平东澄	通合三 平东章	通合三 平东昌	通合三 平东见	通合三 平东群	通合三 平东云	通合三 平东云
勃利	tsuŋ⁴⁴	tsʰuŋ²⁴	tsuŋ⁴⁴	tsʰuŋ⁴⁴	kuŋ⁴⁴	tɕʰyŋ²⁴	ɕyŋ²⁴	ɕyŋ²⁴
集贤	tsuŋ⁴⁴	tsʰuŋ³⁵	tsuŋ⁴⁴	tsʰuŋ⁴⁴	kuŋ⁴⁴	tɕʰyŋ³⁵	ɕyŋ³⁵	ɕyŋ³⁵
佳木斯	tsuŋ³³	tsʰuŋ²⁴	tsuŋ³³	tsʰuŋ³³	kuŋ³³	tɕʰyŋ²⁴	ɕyŋ²⁴	ɕyŋ²⁴
林口	tsuŋ³³	tsʰuŋ²⁴	tsuŋ³³	tsʰuŋ³³	kuŋ³³	tɕʰyŋ²⁴	ɕyŋ²⁴	ɕyŋ²⁴
同江	tsuŋ⁴⁴	tsʰuŋ²⁴	tsuŋ⁴⁴	tsʰuŋ⁴⁴	kuŋ⁴⁴	tɕʰyŋ²⁴	ɕyŋ²⁴	ɕyŋ²⁴
黑河	tʂuŋ⁴⁴	tʂʰuŋ²⁴	tʂuŋ⁴⁴	tʂʰuŋ⁴⁴	kuŋ⁴⁴	tɕʰyŋ²⁴	ɕyŋ²⁴	ɕyŋ²⁴

续表

调查点	0953 中_{当~} 通合三 平东知	0954 虫 通合三 平东澄	0955 终 通合三 平东章	0956 充 通合三 平东昌	0957 宫 通合三 平东见	0958 穷 通合三 平东群	0959 熊 通合三 平东云	0960 雄 通合三 平东云
嘉荫	tʂuŋ^{33}	tʂʰuŋ^{35}	tʂuŋ^{33}	tʂʰuŋ^{33}	kuŋ^{33}	tɕʰyŋ^{35}	ɕyŋ^{35}	ɕyŋ^{35}
兰西	tʂuŋ^{33}	tʂʰuŋ^{24}	tʂuŋ^{33}	tʂʰuŋ^{33}	kuŋ^{33}	tɕʰyŋ^{24}	ɕyŋ^{24}	ɕyŋ^{24}
漠河	tʂuŋ^{55}	tʂʰuŋ^{35}	tʂuŋ^{55}	tsʰuŋ^{55}_文 tʂʰuŋ^{55}_文	kuŋ^{55}	tɕʰyŋ^{35}	ɕyŋ^{35}	ɕyŋ^{35}
嫩江	tsuŋ^{44}	tʂʰuŋ^{24}	tsuŋ^{44}	tʂʰuŋ^{44}	kuŋ^{44}	tɕʰyŋ^{24}	ɕyŋ^{24}	ɕyŋ^{24}
泰来	tʂuŋ^{44}	tʂʰuŋ^{24}	tsuŋ^{44}	tʂʰuŋ^{44}	kuŋ^{44}	tɕʰyŋ^{24}	ɕyŋ^{24}	ɕyŋ^{24}
哈尔滨	tʂuŋ^{44}	tʂʰuŋ^{24}	tʂuŋ^{44}	tʂʰuŋ^{44}	kuŋ^{44}	tɕʰyŋ^{24}	ɕyŋ^{24}	ɕyŋ^{24}
肇东	tʂuŋ^{44}	tʂʰuŋ^{24}	tʂuŋ^{44}	tʂʰuŋ^{44}	kuŋ^{44}	tɕʰyŋ^{24}	ɕyŋ^{24}	ɕyŋ^{24}
肇州	tsuŋ^{33}	tʂʰuŋ^{24}	tsuŋ^{33}	tʂʰuŋ^{33}	kuŋ^{33}	tɕʰyŋ^{24}	ɕyŋ^{24}	ɕyŋ^{24}
东宁	tsuŋ^{33}	tʂʰuŋ^{24}	tsuŋ^{33}	tʂʰuŋ^{33}	kuŋ^{33}	tɕʰyŋ^{24}	ɕyŋ^{24}	ɕyŋ^{24}
鸡西	tsuŋ^{44}	tʂʰuŋ^{24}	tsuŋ^{44}	tʂʰuŋ^{44}	kuŋ^{44}	tɕʰyŋ^{24}	ɕyŋ^{24}	ɕyŋ^{24}
密山	tsuŋ^{44}	tʂʰuŋ^{24}	tsuŋ^{44}	tʂʰuŋ^{44}	kuŋ^{44}	tɕʰyŋ^{24}	ɕyŋ^{24}	ɕyŋ^{24}
穆棱	tsuŋ^{33}	tʂʰuŋ^{35}	tsuŋ^{33}	tʂʰuŋ^{33}	kuŋ^{33}	tɕʰyŋ^{35}	ɕyŋ^{35}	ɕyŋ^{35}
宁安	tsuŋ^{44}	tʂʰuŋ^{35}	tsuŋ^{44}	tʂʰuŋ^{44}	kuŋ^{44}	tɕʰyŋ^{35}	ɕyŋ^{35}	ɕyŋ^{35}
尚志	tsuŋ^{44}	tʂʰuŋ^{24}	tsuŋ^{44}	tʂʰuŋ^{44}	kuŋ^{44}	tɕʰyŋ^{24}	ɕyŋ^{24}	ɕyŋ^{24}

121. 单字 0961—0968

调查点	0961 福 通合三 入屋非	0962 服 通合三 入屋奉	0963 目 通合三 入屋明	0964 六 通合三 入屋来	0965 宿_{住~,~舍} 通合三 入屋心	0966 竹 通合三 入屋知	0967 畜_{~生} 通合三 入屋彻	0968 缩 通合三 入屋生
勃利	fu^{213}	fu^{24}	mu^{53}	liou^{53}	ɕy^{213}_白 su^{53}_文	tsu^{24}	tsʰu^{53}	suɤ^{24}_文 suɤ^{53}_文
集贤	fu^{213}_文 fu^{35}_文	fu^{35}	mu^{53}	liəu^{53}	ɕy^{213}_白 su^{53}_文	tsu^{35}	tsʰu^{53}	suɤ^{44}
佳木斯	fu^{212}	fu^{24}	mu^{53}	liəu^{53}	ɕy^{212}_白 su^{53}_文	tsu^{24}	tsʰu^{53}	suɤ^{33}

续表

调查点	0961 福	0962 服	0963 目	0964 六	0965 宿 住~，~舍	0966 竹	0967 畜 ~生	0968 缩
	通合三 入屋非	通合三 入屋奉	通合三 入屋明	通合三 入屋来	通合三 入屋心	通合三 入屋知	通合三 入屋彻	通合三 入屋生
林口	fu²¹³	fu²⁴	mu⁵³	liou⁵³	ɕy²¹³	tsu²⁴	tsʰu⁵³	suo³³
同江	fu²¹³	fu²⁴	mu⁵³	liou⁵³	ɕy²¹³白 su⁵³文	tsu²⁴	tsʰu⁵³	suɤ²⁴白 suɤ⁴⁴文
黑河	fu²¹³白 fu²⁴文	fu²⁴	mu⁵²	liəu⁵²	ɕy²¹³白 su⁵²文	tsu²⁴	tʂʰu⁵²	suɤ⁵²白 suɤ⁴⁴文
嘉荫	fu²¹³白 fu³⁵文	fu³⁵	mu⁵¹	liou⁵¹	ɕy²¹³白 su⁵¹文	tʂu³⁵	tʂʰu⁵¹	suɤ³³
兰西	fu²¹³	fu²⁴	mu⁵³	liou⁵³	ɕy²¹³白 su⁵³文	tʂu²⁴	tʂʰu⁵³	suɤ⁵³白 suɤ³³文
漠河	fu²¹³白 fu³⁵文	fu³⁵	mu⁵²	liou⁵²	ɕy²¹³白 su⁵²文	tsu³⁵文 tʂu³⁵文	tʂʰu⁵²	suɤ⁵²白 suɤ⁵⁵文
嫩江	fu²¹³	fu²⁴	mu⁵³	liou⁵³	ɕy²¹³白 su⁵³文	tsu²⁴	tsʰu⁵³	suɤ⁵³白 suɤ⁴⁴文
泰来	fu²¹³	fu²⁴	mu⁵³	liou⁵³	ɕy²¹³	tʂu²⁴	tʂʰu⁵³	ʂuo⁵³白 ʂuo⁴⁴文
哈尔滨	fu²¹³白 fu²⁴文	fu²⁴	mu⁵¹	liou⁵¹	ɕy²¹³白 su⁵¹文	tʂu²⁴	tʂʰu⁵¹	suo⁵¹白 suo⁴⁴文
肇东	fu²¹³	fu²⁴	mu⁵³	liou⁵³	ɕy²¹³	tʂu²⁴	tʂʰu⁵³	suo⁵³白 suo⁴⁴文
肇州	fu²¹³	fu²⁴~装 fu⁵³一~药	mu⁵³	liou⁵³	ɕy²¹³	tʂu²⁴	tʂʰu⁵³	suɤ⁵³白 suɤ³³文
东宁	fu²¹³白 fu²⁴文	fu²⁴	mu⁵³	liou⁵³	ɕy²¹³	tsu²⁴	tsʰu²⁴	suɤ⁵³
鸡西	fu²¹³白 fu²⁴文	fu²⁴	mu⁵³	liou⁵³	ɕy²¹³住~ su⁵³~舍	tsu²⁴	tsʰu⁵³	suɤ⁵³白 suɤ⁴⁴文
密山	fu²¹³白 fu²⁴文	fu²⁴	mu⁵²	liou⁵²	ɕy²¹³白 su⁵²文	tsu²⁴	tsʰu⁵²	suɤ⁴⁴

续表

调查点	0961 福	0962 服	0963 目	0964 六	0965 宿 住~、~舍	0966 竹	0967 畜 ~生	0968 缩
	通合三 入屋非	通合三 入屋奉	通合三 入屋明	通合三 入屋来	通合三 入屋心	通合三 入屋知	通合三 入屋彻	通合三 入屋生
穆棱	$fu^{213}_{白}$ $fu^{35}_{文}$	fu^{35}	mu^{53}	$liou^{53}$	$ɕy^{213}_{白}$ $su^{53}_{文}$	tsu^{35}	$ts^hu^{53}_{白}$ $ts^hu^{35}_{文}$	$suɤ^{53}_{白}$ $suɤ^{33}_{文}$
宁安	fu^{213}	fu^{35}	mu^{51}	$liou^{51}$	$ɕy^{213}_{白}$ $su^{51}_{文}$	tsu^{35}	$tʂ^hu^{51}$	$suɤ^{51}$
尚志	fu^{213}	fu^{24}	mu^{53}	$liou^{53}$	$ɕy^{213}$	tsu^{24}	ts^hu^{53}	$suo^{53}_{白}$ $suo^{44}_{文}$

122. 单字 0969—0976

调查点	0969 粥	0970 叔	0971 熟	0972 肉	0973 菊	0974 育	0975 封	0976 蜂
	通合三 入屋章	通合三 入屋书	通合三 入屋禅	通合三 入屋日	通合三 入屋见	通合三 入屋以	通合三 平钟非	通合三 平钟敷
勃利	$tsou^{44}$	$su^{24}_{文}$ $su^{44}_{文}$	$sou^{24}_{白}$ $su^{24}_{文}$	$iou^{53}_{白}$ $ʐou^{53}_{文}$	$tɕy^{24}$	y^{53}	$faŋ^{44}$	$faŋ^{44}$
集贤	$tsəu^{44}$	$su^{35}_{文}$ $su^{44}_{文}$	$səu^{35}_{白}$ $su^{35}_{文}$	$iəu^{53}$	$tɕy^{35}$	y^{53}	$fəŋ^{44}$	$fəŋ^{44}$
佳木斯	$tsəu^{33}$	$su^{24}_{文}$ $su^{33}_{文}$	$səu^{24}_{白}$ $su^{24}_{文}$	$iəu^{53}_{白}$ $ʐəu^{53}_{文}$	$tɕy^{33}$	y^{53}	$fəŋ^{33}$	$fəŋ^{33}$
林口	$tsou^{33}$	su^{24}	sou^{24}	iou^{53}	$tɕy^{24}$	y^{53}	$fəŋ^{33}$	$fəŋ^{33}$
同江	$tsou^{44}$	$su^{24}_{文}$ $su^{44}_{文}$	$sou^{24}_{白}$ $su^{24}_{文}$	iou^{53}	$tɕy^{24}$	y^{53}	$fəŋ^{44}$	$fəŋ^{44}$
黑河	$tʂəu^{44}$	$ʂu^{24}_{文}$ $ʂu^{44}_{文}$	$ʂəu^{24}_{白}$ $ʂu^{24}_{文}$	$ʐəu^{52}$	$tɕy^{24}$	y^{52}	$fəŋ^{44}$	$fəŋ^{44}$
嘉荫	$tʂou^{33}$	$ʂu^{35}_{白}$ $ʂu^{33}_{文}$	$ʂou^{35}_{白}$ $ʂu^{35}_{文}$	$iou^{51}_{白}$ $ʐou^{51}_{文}$	$tɕy^{35}$	y^{51}	$fəŋ^{33}$	$fəŋ^{33}$
兰西	$tʂou^{33}$	$ʂu^{24}_{白}$ $ʂu^{33}_{文}$	$ʂou^{24}_{白}$ $ʂu^{24}_{文}$	iou^{53}	$tɕy^{24}$	y^{53}	$fəŋ^{33}$	$fəŋ^{33}$

续表

调查点	0969 粥 通合三 入屋章	0970 叔 通合三 入屋书	0971 熟 通合三 入屋禅	0972 肉 通合三 入屋日	0973 菊 通合三 入屋见	0974 育 通合三 入屋以	0975 封 通合三 平钟非	0976 蜂 通合三 平钟敷
漠河	$tʂou^{55}$	$ʂu^{35}_{又}$ $ʂu^{55}_{又}$	$ʂou^{35}_{白}$ $ʂu^{35}_{文}$	$ʐou^{52}$	$tɕy^{35}$	y^{52}	$fəŋ^{55}$	$fəŋ^{55}$
嫩江	$tsou^{44}$	$su^{24}_{又}$ $su^{44}_{又}$	$sou^{24}_{白}$ $su^{24}_{文}$	$iou^{53}_{白}$ $ʐou^{53}_{文}$	$tɕy^{24}$	y^{53}	$fəŋ^{44}$	$fəŋ^{44}$
泰来	$tʂou^{44}$	$ʂu^{24}$	$ʂou^{24}$	iou^{53}	$tɕy^{24}$	y^{53}	$fəŋ^{44}$	$fəŋ^{44}$
哈尔滨	$tʂou^{44}$	$ʂu^{24}_{又}$ $ʂu^{44}_{又}$	$ʂou^{24}_{白}$ $ʂu^{24}_{文}$	$ʐou^{51}$	$tɕy^{24}$	y^{51}	$fəŋ^{44}$	$fəŋ^{44}$
肇东	$tʂou^{44}$	$ʂu^{44}$	$ʂou^{24}$	iou^{53}	$tɕy^{24}$	y^{53}	$fəŋ^{44}$	$fəŋ^{44}$
肇州	$tʂou^{33}$	$ʂu^{24}$	$ʂou^{24}_{白}$ $ʂu^{24}_{文}$	iou^{53}	$tɕy^{24}$	y^{53}	$fəŋ^{33}$	$fəŋ^{33}$
东宁	$tsou^{33}$	su^{24}	$sou^{24}_{白}$ $su^{24}_{文}$	iou^{53}	$tɕy^{24}$	y^{53}	$fəŋ^{33}$	$fəŋ^{33}$
鸡西	$tsou^{44}$	$su^{24}_{又}$ $su^{44}_{又}$	$sou^{24}_{白}$ $su^{24}_{文}$	$iou^{53}_{白}$ $ʐou^{53}_{文}$	$tɕy^{24}$	y^{53}	$fəŋ^{44}$	$fəŋ^{44}$
密山	$tsou^{44}$	su^{24}	sou^{24}	iou^{52}	$tɕy^{24}$	y^{52}	$fəŋ^{44}$	$fəŋ^{44}$
穆棱	$tsou^{33}$	$su^{35}_{又}$ $su^{33}_{又}$	$sou^{35}_{白}$ $su^{35}_{文}$	$iou^{53}_{白}$ $ʐou^{53}_{文}$	$tɕy^{35}$	y^{53}	$fəŋ^{33}$	$fəŋ^{33}$
宁安	$tʂou^{44}$	$ʂu^{35}_{又}$ $ʂu^{44}_{又}$	$ʂou^{35}_{白}$ $ʂu^{35}_{文}$	$ʐou^{51}$	$tɕy^{35}$	y^{51}	$fəŋ^{44}$	$fəŋ^{44}$
尚志	$tsou^{44}$	su^{24}	$sou^{24}_{白}$ $ʂu^{24}_{文}$	iou^{53}	$tɕy^{24}$	y^{53}	$fəŋ^{44}$	$fəŋ^{44}$

123. 单字 0977—0984

调查点	0977 缝 ~条~ 通合三 去钟奉	0978 浓 通合三 平钟泥	0979 龙 通合三 平钟来	0980 松 ~树 通合三 平钟邪	0981 重 轻~ 通合三 上钟澄	0982 肿 通合三 上钟章	0983 种 ~树 通合三 去钟章	0984 冲 通合三 平钟昌
勃利	fəŋ⁵³	nəŋ²⁴白 nuŋ²⁴文	luŋ²⁴	suŋ⁴⁴	tsuŋ⁵³	tsuŋ²¹³	tsuŋ⁵³	tsʰuŋ⁴⁴
集贤	fəŋ⁵³	nəŋ³⁵白 nuŋ³⁵文	luŋ³⁵	suŋ⁴⁴	tsuŋ⁵³	tsuŋ²¹³	tsuŋ⁵³	tsʰuŋ⁴⁴
佳木斯	fəŋ⁵³	nəŋ²⁴白 nuŋ²⁴文	luŋ²⁴	suŋ³³	tsuŋ⁵³	tsuŋ²¹²	tsuŋ⁵³	tsʰuŋ³³
林口	fəŋ⁵³	nəŋ²⁴白 nuŋ²⁴文	luŋ²⁴	suŋ³³	tsuŋ⁵³	tsuŋ²¹³	tsuŋ⁵³	tsʰuŋ³³
同江	fəŋ⁵³	nəŋ²⁴白 nuŋ²⁴文	luŋ²⁴	suŋ⁴⁴	tsuŋ⁵³	tsuŋ²¹³	tsuŋ⁵³	tsʰuŋ⁴⁴
黑河	fəŋ⁵²	nuŋ²⁴	luŋ²⁴	suŋ⁴⁴	tʂuŋ⁵²	tʂuŋ²¹³	tʂuŋ⁵²	tʂʰuŋ⁴⁴
嘉荫	fəŋ⁵¹	nuŋ³⁵	luŋ³⁵	suŋ³³	tsuŋ⁵¹	tsuŋ²¹³	tsuŋ⁵¹	tsʰuŋ³³
兰西	fəŋ⁵³	nuŋ²⁴	luŋ²⁴	suŋ³³	tʂuŋ⁵³	tʂuŋ²¹³	tʂuŋ⁵³	tsʰuŋ³³
漠河	fəŋ⁵²	nuŋ³⁵	luŋ³⁵	suŋ⁵⁵	tʂuŋ⁵²	tʂuŋ²¹³	tʂuŋ⁵²	tsʰuŋ⁵⁵
嫩江	fəŋ⁵³	nuŋ²⁴	luŋ²⁴	suŋ⁴⁴	tsuŋ⁵³	tsuŋ²¹³	tsuŋ⁵³	tsʰuŋ⁴⁴
泰来	fəŋ⁵³	nuŋ²⁴	luŋ²⁴	ʂuŋ⁴⁴	tʂuŋ⁵³	tʂuŋ²¹³	tʂuŋ⁵³	tʂʰuŋ⁴⁴
哈尔滨	fəŋ⁵¹	nuŋ²⁴	luŋ²⁴	suŋ⁴⁴	tʂuŋ⁵¹	tʂuŋ²¹³	tʂuŋ⁵¹	tʂʰuŋ⁴⁴

续表

调查点	0977 缝_一条~	0978 浓	0979 龙	0980 松_树	0981 重_轻~	0982 肿	0983 种_树	0984 冲
	通合三去钟奉	通合三平钟泥	通合三平钟来	通合三平钟邪	通合三上钟澄	通合三上钟章	通合三去钟章	通合三平钟昌
肇东	fəŋ⁵³	nəŋ²⁴	luŋ²⁴	suŋ⁴⁴	tʂuŋ⁵³	tʂuŋ²¹³	tʂuŋ⁵³	tʂʰuŋ⁴⁴
肇州	fəŋ⁵³	nuŋ²⁴	luŋ²⁴	suŋ³³	tsuŋ⁵³	tsuŋ²¹³	tsuŋ⁵³	tsʰuŋ³³
东宁	fəŋ⁵³	nuŋ²⁴	luŋ²⁴	suŋ³³	tsuŋ⁵³	tsuŋ²¹³	tsuŋ⁵³	tsʰuŋ³³
鸡西	fəŋ⁵³	nəŋ²⁴白 nuŋ²⁴文	luŋ²⁴	suŋ⁴⁴	tsuŋ⁵³	tsuŋ²¹³	tsuŋ⁵³	tsʰuŋ⁴⁴
密山	fəŋ⁵²	nuŋ²⁴	luŋ²⁴	suŋ⁴⁴	tsuŋ⁵²	tsuŋ²¹³	tsuŋ⁵²	tsʰuŋ⁴⁴
穆棱	fəŋ⁵³	nəŋ³⁵白 nuŋ³⁵文	luŋ³⁵	suŋ³³	tsuŋ⁵³	tsuŋ²¹³	tsuŋ⁵³	tsʰuŋ³³
宁安	fəŋ⁵¹	nuŋ³⁵	luŋ³⁵	suŋ⁴⁴	tsuŋ⁵¹	tsuŋ²¹³	tsuŋ⁵¹	tsʰuŋ⁴⁴
尚志	fəŋ⁵³	nuŋ²⁴	luŋ²⁴	suŋ⁴⁴	tsuŋ⁵³	tsuŋ²¹³	tsuŋ⁵³	tsʰuŋ⁴⁴

124. 单字 0985—0992

调查点	0985 恭	0986 共	0987 凶_吉~	0988 拥	0989 容	0990 用	0991 绿	0992 足
	通合三平钟见	通合三去钟群	通合三平钟晓	通合三上钟影	通合三平钟以	通合三去钟以	通合三入烛来	通合三入烛精
勃利	kuŋ⁴⁴	kuŋ⁵³	ɕyŋ⁴⁴	yŋ⁴⁴	yŋ²⁴白 ʐuŋ²⁴文	yŋ⁵³	ly⁵³~色 lu⁵³鸭~江	tsu²⁴
集贤	kuŋ⁴⁴	kuŋ⁵³	ɕyŋ⁴⁴	yŋ⁴⁴	yŋ³⁵	yŋ⁵³	ly⁵³~色 lu⁵³鸭~江	tsu³⁵
佳木斯	kuŋ³³	kuŋ⁵³	ɕyŋ³³	yŋ³³	yŋ²⁴白 ʐuŋ²⁴文	yŋ⁵³	ly⁵³	tsu²⁴
林口	kuŋ³³	kuŋ⁵³	ɕyŋ³³	yŋ³³	yŋ²⁴	yŋ⁵³	ly⁵³	tsu²⁴

续表

调查点	0985 恭 通合三 平钟见	0986 共 通合三 去钟群	0987 凶吉~ 通合三 平钟晓	0988 拥 通合三 上钟影	0989 容 通合三 平钟以	0990 用 通合三 去钟以	0991 绿 通合三 入烛来	0992 足 通合三 入烛精
同江	kuŋ⁴⁴	kuŋ⁵³	ɕyŋ⁴⁴	yŋ⁴⁴	yŋ²⁴	yŋ⁵³	ly⁵³~色 lu⁵³鸭~江	tsu²⁴
黑河	kuŋ⁴⁴	kuŋ⁵²	ɕyŋ⁴⁴	yŋ⁴⁴	ʐuŋ²⁴	yŋ⁵²	ly⁵²	tsu²⁴
嘉荫	kuŋ³³	kuŋ⁵¹	ɕyŋ³³	yŋ³³	yŋ³⁵白 ʐuŋ³⁵文	yŋ⁵¹	ly⁵¹	tsu³⁵
兰西	kuŋ³³	kuŋ⁵³	ɕyŋ³³	yŋ³³	yŋ²⁴	yŋ⁵³	ly⁵³~色 lu⁵³鸭~江	tsu²⁴
漠河	kuŋ⁵⁵	kuŋ⁵²	ɕyŋ⁵⁵	yŋ⁵⁵	ʐuŋ³⁵	yŋ⁵²	ly⁵²	tsu³⁵又 tʂu³⁵又
嫩江	kuŋ⁴⁴	kuŋ⁵³	ɕyŋ⁴⁴	yŋ⁴⁴	yŋ²⁴白 ʐuŋ²⁴文	yŋ⁵³	ly⁵³	tsu²⁴
泰来	kuŋ⁴⁴	kuŋ⁵³	ɕyŋ⁴⁴	yŋ⁴⁴	yŋ²⁴白 ʐuŋ²⁴文	yŋ⁵³	ly⁵³	tʂu²⁴
哈尔滨	kuŋ⁴⁴	kuŋ⁵¹	ɕyŋ⁴⁴	yŋ⁴⁴	ʐuŋ²⁴	yŋ⁵¹	ly⁵¹	tsu²⁴
肇东	kuŋ⁴⁴	kuŋ⁵³	ɕyŋ⁴⁴	yŋ⁴⁴	yŋ²⁴	yŋ⁵³	ly⁵³	tsu²⁴
肇州	kuŋ³³	kuŋ⁵³	ɕyŋ³³	yŋ³³	yŋ²⁴	yŋ⁵³	lu⁵³鸭~江 ly⁵³~色	tʂu²⁴
东宁	kuŋ³³	kuŋ⁵³	ɕyŋ³³	yŋ³³	ʐuŋ²⁴	yŋ⁵³	ly⁵³	tsu²⁴
鸡西	kuŋ⁴⁴	kuŋ⁵³	ɕyŋ⁴⁴	yŋ⁴⁴	yŋ²⁴	yŋ⁵³	ly⁵³~色 lu⁵³鸭~江	tsu²⁴
密山	kuŋ⁴⁴	kuŋ⁵²	ɕyŋ⁴⁴	yŋ⁴⁴	yŋ²⁴	yŋ⁵²	ly⁵²	tsu²⁴
穆棱	kuŋ³³	kuŋ⁵³	ɕyŋ³³	yŋ³³	yŋ³⁵	yŋ⁵³	ly⁵³~色 lu⁵³鸭~江	tsu³⁵
宁安	kuŋ⁴⁴	kuŋ⁵¹	ɕyŋ⁴⁴	yŋ⁴⁴	ʐuŋ³⁵	yŋ⁵¹	ly⁵¹	tsu³⁵
尚志	kuŋ⁴⁴	kuŋ⁵³	ɕyŋ⁴⁴	yŋ⁴⁴	yŋ²⁴	yŋ⁵³	ly⁵³	tsu²⁴

125. 单字 0993—1000

调查点	0993 烛	0994 赎	0995 属	0996 褥	0997 曲 ~折,歌~	0998 局	0999 玉	1000 浴
	通合三入烛章	通合三入烛船	通合三入烛禅	通合三入烛日	通合三入烛溪	通合三入烛群	通合三入烛疑	通合三入烛以
勃利	tsu²⁴	su²⁴	su²¹³	y⁵³白 ʐu⁵³文	tɕʰy²¹³	tɕy²⁴	y⁵³	y⁵³
集贤	tsu³⁵	su³⁵	su²¹³	y⁵³白 lu⁵³文	tɕʰy²¹³	tɕy³⁵	y⁵³	y⁵³
佳木斯	tsu²⁴	su²⁴	su²¹²	y⁵³白 ʐu⁵³文	tɕʰy²¹²	tɕy²⁴	y⁵³	y⁵³
林口	tsu²⁴	su²⁴	su²¹³	y⁵³白 ʐu⁵³文	tɕʰy²¹³	tɕy²⁴	y⁵³	y⁵³
同江	tsu²⁴	su²⁴	su²¹³	y⁵³	tɕʰy²¹³	tɕy²⁴	y⁵³	y⁵³
黑河	tʂu²⁴	ʂu²⁴	ʂu²¹³	ʐu⁵²	tɕʰy²¹³	tɕy²⁴	y⁵²	y⁵²
嘉荫	tʂu³⁵	ʂu³⁵	ʂu²¹³	ʐu⁵¹	tɕʰy²¹³	tɕy³⁵	y⁵¹	y⁵¹
兰西	tʂu²⁴	ʂu²⁴	ʂu²¹³	y⁵³白 ʐu⁵³文	tɕʰy²¹³	tɕy²⁴	y⁵³	y⁵³
漠河	tʂu³⁵	ʂu³⁵	ʂu²¹³	ʐu⁵²	tɕʰy⁵⁵弯~ tɕʰy²¹³歌~	tɕy³⁵	y⁵²	y⁵²
嫩江	tsu²⁴	su²⁴	su²¹³	ʐu⁵³	tɕʰy²¹³	tɕy²⁴	y⁵³	y⁵³
泰来	tʂu²⁴	ʂu²⁴	ʂu²¹³	y⁵³白 ʐu⁵³文	tɕʰy²¹³	tɕy²⁴	y⁵³	y⁵³
哈尔滨	tʂu²⁴	ʂu²⁴	ʂu²¹³	ʐu⁵¹	tɕʰy²¹³	tɕy²⁴	y⁵¹	y⁵¹
肇东	tʂu²⁴	ʂu²⁴	ʂu²¹³	y⁵³白 ʐu⁵³文	tɕʰy²¹³	tɕy²⁴	y⁵³	y⁵³
肇州	tʂu²⁴	ʂu²⁴	ʂu²¹³	ʐu⁵³	tɕʰy²¹³	tɕy²⁴	y⁵³	y⁵³
东宁	tsu²⁴	su²⁴	su²¹³	ʐu⁵³	tɕʰy²¹³	tɕy²⁴	y⁵³	y⁵³
鸡西	tsu²⁴	su²⁴	su²¹³	y⁵³白 ʐu⁵³文	tɕʰy²¹³	tɕy²⁴	y⁵³	y⁵³
密山	tsu²⁴	su²⁴	su²¹³	y⁵³白 ʐu⁵²文	tɕʰy²¹³	tɕy²⁴	y⁵²	y⁵²

续表

调查点	0993 烛	0994 赎	0995 属	0996 褥	0997 曲 ~折, 歌~	0998 局	0999 玉	1000 浴
	通合三入烛章	通合三入烛船	通合三入烛禅	通合三入烛日	通合三入烛溪	通合三入烛群	通合三入烛疑	通合三入烛以
穆棱	tsu^{35}	su^{35}	su^{213}	y$^{53}_{白}$ ʐu$^{53}_{文}$	tɕʰy^{213}	tɕy^{35}	y^{53}	y^{53}
宁安	tʂu^{35}	ʂu^{35}	ʂu^{213}	ʐu^{51}	tɕʰy^{213}	tɕy^{35}	y^{51}	y^{51}
尚志	tsu^{24}	su^{24}	su^{213}	ʐu^{53}	tɕʰy^{213}	tɕy^{24}	y^{53}	y^{53}

参考文献

［1］张世方.北京官话语音研究［M］.北京:北京语言大学出版社,2010.

［2］曹志耘.汉语方言地图集 语音卷［M］.北京:商务印书馆,2008.

［3］钱曾怡.汉语官话方言研究［M］.济南:齐鲁书社,2010.

［4］郭正彦.黑龙江方言分区略说［J］.方言,1986(3).

［5］贺巍.东北官话的分区(稿)［J］.方言,1986(3).

［6］侯精一.现代汉语方言概论［M］.上海:上海教育出版社,2002.

［7］李荣.官话方言的分区［J］.方言,1985(1).

［8］林焘.北京官话溯源［J］.中国语文,1987(3).

［9］聂志平.黑龙江方言概说［J］.哈尔滨学院学报,2005,26(6).

［10］熊正辉,张振兴.汉语方言的分区［J］.方言,2008(2).

［11］游汝杰.汉语方言学导论(修订本)［M］.上海:上海教育出版社,2000.

［12］曹志耘.汉语方言的地理分布类型［J］.语言教学与研究,2011(5).

［13］丁声树,李荣.汉语音韵讲义［J］.方言,1981(4).

［14］陈立中.黑龙江站话研究［M］.北京:中国社会科学出版社,2005.

［15］李蓝.文白异读的形成模式与北京话的文白异读［J］.中国社会科学,2013(9).

［16］刘勋宁.中原官话与北方官话的区别及《中原音韵》的语言基础［J］.中国语文,
1998(6).

［17］刘小南,姜文振.黑龙江方言词典［M］.哈尔滨:黑龙江教育出版社,1991.

［18］李荣.哈尔滨方言词典［M］.南京:江苏教育出版社,1997.

［19］尹世超,陈淑敏.哈尔滨市志·方言志［M］.哈尔滨:黑龙江人民出版社,1998.

［20］侯精一.哈尔滨话音档［M］.上海:上海教育出版社,1998.

［21］聂志平.黑龙江方言词汇研究［M］.长春:吉林人民出版社,2005.

［22］尹世超.东北方言概念词典［M］.哈尔滨:黑龙江大学出版社,2010.

［23］马彪.汉语语用词缀系统研究——兼与其他语言比较［M］.北京:中国社会科学
出版社,2010.

［24］杨松柠.黑龙江站话中程度副词"诚"的语义考察及用法探源［J］.学术交流,2011

（9）.

［25］刘丽丽.黑龙江虎林方言岛音系研究［J］.现代语文,2013(10).

［26］杨松柠.站话对黑龙江方言及其格局形成的作用［J］.黑龙江民族丛刊,2014(6).

［27］邢军.佳木斯方言纪要［J］.佳木斯教育学院学报,1993(4).

［28］王磊.牡丹江方言词汇［J］.牡丹江师范学院学报,1995(4).

［29］尹世超.《哈尔滨方言词典》引论［J］.方言,1995(1).

［30］尹世超.汉语语法修辞论集［M］.北京:中国社会科学出版社,2002.

［31］聂志平.从封闭形式类角度看黑龙江方言与北京话的一致性［J］.汉语学报,2006
（2）.

［32］李英姿.东北方言研究综述［J］.现代语文,2008(10).

［33］靳开宇.黑龙江方言概况及其研究述评［J］.边疆经济与文化,2009(4).

［34］李淑芝,邱博.北海道与黑龙江方言向标准话变迁的相似性［J］.齐齐哈尔大学学
报,2009(4).

［35］杨松柠,徐晶,刘爱玲.移民背景下黑龙江方言的形成与发展［J］.大庆师范学院
学报,2014,34(5).

［36］孙梦.黑龙江方言与少数民族风俗研究［J］.边疆经济与文化,2012(10).

［37］刘丽丽.方言:不可忽视的语文教学资源［J］.语文建设,2014(4).

［38］孟宪,梁晓玲.流民文化与宁古塔方言［J］.边疆经济与文化,2014(4).

［39］周晓燕,张宇.黑龙江方言的多元文化内涵探析［J］.哈尔滨学院学报,2015,36
（10）.

［40］梁晓玲,刘宇.编写词典时如何处理状态形容词与其后的“的”［J］.辞书研究,
2015(1).

［41］梁晓玲,王双宁.关于在高校开展方言文化保护工作的设想［J］.语文教学通讯,
2016(1).

［42］聂志平,李雪.黑龙江方言带后缀“巴”“唬”“咕”的双音谓词［J］.哈尔滨师专学
报,1994(4).

［43］汪国胜.汉语方言语法研究［M］.武汉:华中师范大学出版社,2007.

［44］尹世超.东北官话的介词［J］.方言,2004(2).

［45］尹世超.东北官话的副词［J］.中国方言学报,2010(2).

［46］尹世超.东北官话的“咋”及相关词语与格式［J］.语文研究,2008(1).

［47］陈一,梁晓玲.东北官话主观性复述标记“说的”的语用功能［J］.语文研究,2018
（4）.

［48］王磊,张颖.黑龙江中介语不同等级的语言表征探析［J］.牡丹江师范学院学报,

2006(2).

[49]王亚凤.试析黑龙江方言中后附多音节词缀的四音节词语[J].牡丹江师范学院学报,2007(6).

[50]聂志平.黑龙江方言带后缀"乎""拉"的双音谓词[J].佳木斯师专学报,1994(4).

[51]聂志平,焦继顺.东北方言中的熟语[J].绥化师专学报,1997(2).

[52]梁晓玲.黑龙江方言的量词[J].方言,2010(3).

[53]杨松柠,王静敏.浅析黑龙江方言词语的色彩意义[J].大庆社会科学,2010(3).

[54]印文霞,梁晓玲.试论北方口语中"等"类话语标记[J].学术交流,2012(5).

[55]梁晓玲.东北、华北方言中后置原因标记"的事儿"[J].语文教学通讯,2013(9).

[56]张洪杰,梁晓玲.东北方言语法研究的新进展[J].语文教学通讯,2013(4).

[57]赵丽娟.论黑龙江方言附加式形容词演变的理据[J].学术交流,2013(6).

[58]闫晶淼,才娟.东北方言附加式空间词的不对称性分析[J].哈尔滨学院学报,2014,35(10).

[59]郭凤岚.文化缺失与语言的濒危——以站人、站话为例[J].中国文化研究,2007(2).

[60]苏春梅,胡明志.从哈尔滨方言中的俄语借词看俄语与汉语的相互影响[J].黑龙江社会科学,2007(1).

[61]郭凤岚.黑龙江科洛站话记略[J].文化学刊,2008(3).

[62]吴昊.黑龙江嫩江方言的形成及其多元特色[J].哈尔滨学院学报,2009,30(5).

[63]马彪.哈尔滨方言状态词缀的类型学特征——兼与周边的满语等语言对比[J].满语研究,2009(1).

[64]亓海峰.虎林方言濒危趋势的个案研究[J].南开语言学刊,2011(1).

[65]陈亚喃.哈尔滨方言概况及其研究综述[J].现代语文,2014(10).

[66]杨松柠,金颖男.站话"子"缀词语的构成及特征[J].大庆师范学院学报,2015,35(4).

[67]梁晓玲,张树青,丛丽华.拉林阿勒楚喀京旗所保留的北京话方言岛[J].语文教学通讯,2015(1).

[68]姜文振.试谈黑龙江方言中的合音现象[J].求是学刊,1997(6).

[69]姜文振.试谈黑龙江方言中的一种音变现象——脱落[J].学术交流,2002(6).

[70]刘彤.黑龙江方言中舌面音发音问题调查研究[J].中国科教创新导刊,2008(2).

[71]梁晓玲.黑龙江方言声调与北京话声调的比较研究[J].北方论丛,2018(4).

[72]吴媛媛."趣舍"中"趣"的读音[J].语文建设,2011(1).

［73］冯华,王晶.漫谈黑龙江人声调与普通话声调的差异［J］.科教文汇,2012(8).

［74］邹德文.近百年来汉语东北方言语音研究述论［J］.哈尔滨师范大学社会科学学报,2012(4).

［75］刘砾泽.浅谈黑龙江方言的语音特点［J］.黑龙江教育学院学报,2013,32(10).

［76］梁晓玲,陈一.东北官话中申明话语非现实性、非行事性的"说的话儿"［J］.中国语文,2018(3).

［77］吴媛媛,刘哲.试析东北官话中的后缀"咕"［J］.牡丹江师范学院学报,2019(5).

［78］刘丽丽.大连方言语音的过渡性特征［J］.语言研究,2020,40(3).

附 录

附录1 单字音序索引

C

单字	序号	页码
擦	0477	266
财	0124	217
菜	0123	217
蚕	0377	251
仓	0711	303
糙	0289	239
草	0288	238
侧	0822	323
测	0823	323
策	0855	330
层	0799	320
插	0401	255
茶	0032	204
拆	0844	329
柴	0143	219
缠	0508	271
产~妇	0484	267
铲	0482	267
长~短	0732	308
尝	0742	309
厂	0739	309
唱	0740	309
抄	0305	242
朝~代	0316	243
车~辆	0046	206
撤	0517	272
辰	0638	293
沉	0444	260
陈	0634	293

续表

单字	序号	页码
城	0880	333
程	0876	333
秤	0812	323
吃	0909	338
池	0203	228
迟	0221	230
尺	0886	334
冲	0984	350
充	0956	345
虫	0954	345
抽	0354	248
绸	0355	248
愁	0356	248
臭香~	0359	248
出	0690	301
初	0086	211
除	0085	211
锄	0087	211
畜~生	0967	346
传~下来	0591	285
船	0594	287
疮	0735	308
窗	0780	317
床	0736	308
吹	0252	233
垂	0253	233
锤	0261	234
春	0682	300
纯	0685	300
唇	0683	300

续表

单字	序号	页码
祠	0232	230
刺	0201	228
葱	0929	342
凑	0338	246
村	0667	297
寸	0668	297
错对~	0070	209

D

单字	序号	页码
搭	0381	251
达	0475	266
打	0832	325
大~小	0003	201
带~动	0131	218
袋	0121	217
单简~	0461	263
胆	0387	253
淡	0389	253
党	0707	303
刀	0280	237
道	0283	238
得	0804	321
地	0216	228
灯	0794	320
等	0795	320
凳	0796	320
低	0156	222
笛	0905	338

续表

单字	序号	页码
弟	0159	222
递	0160	222
典	0530	275
点	0427	258
店	0428	258
垫	0533	275
钓	0326	244
跌	0433	259
碟	0435	259
钉 名	0890	336
顶	0891	336
定	0896	336
丢	0372	250
东	0917	339
冬 ~至	0943	343
懂	0918	339
动	0924	340
冻	0919	339
洞	0925	340
抖	0332	245
豆	0335	245
毒	0948	344
读	0937	343
赌	0062	208
杜	0065	209
端 ~午	0557	279
短	0558	279
断 绳~了	0559	279
对	0175	223
墩	0665	297

续表

单字	序号	页码
蹲	0669	297
多	0001	201
夺	0574	282
躲	0017	204

E

单字	序号	页码
鹅	0009	202
额	0849	330
恶 形,入声	0722	307
饿	0010	202
恩	0626	292
儿	0205	228
耳	0241	232
二	0224	230

F

单字	序号	页码
发 头~	0614	289
罚	0615	289
法	0438	259
翻	0605	289
反	0604	289
犯	0437	259
饭	0606	289
方	0764	314
防	0768	314
房	0767	314

续表

单字	序号	页码
纺	0766	314
放	0765	314
飞	0267	235
肥	0269	235
肺	0195	226
费	0268	235
分 动	0692	301
坟	0695	301
粉	0693	301
粪	0694	301
丰	0950	344
风	0949	344
封	0975	348
蜂	0976	348
凤	0951	344
缝 一条~	0977	350
佛 ~像	0703	303
服	0962	346
浮	0348	247
福	0961	346
府	0099	213
父	0101	213
付	0100	213
妇	0349	247
副	0347	247
富	0346	247
缚	0774	316

G

单字	序号	页码
该	0125	217
改	0126	217
盖动	0132	218
甘	0392	253
肝	0469	265
敢	0393	254
感	0378	251
钢名	0712	303
高	0292	239
鸽	0385	253
割	0478	266
歌	0006	201
格	0847	329
隔	0856	330
个	0007	201
各	0720	304
根	0624	290
耕	0852	330
梗	0837	327
更三~,打~	0836	327
公	0931	342
宫	0957	345
恭	0985	351
共	0986	351
钩	0339	246
狗	0340	246
够	0341	246
箍~桶	0071	209
古	0072	209

续表

单字	序号	页码
谷稻~	0940	343
骨	0677	299
瓜	0052	207
刮	0587	285
挂	0188	225
拐	0187	225
怪	0183	224
关~门	0581	284
官	0564	281
惯	0582	284
光~线	0759	312
龟	0263	234
规	0254	233
鬼	0272	235
柜	0265	235
贵	0273	237
桂	0196	226
跪	0256	233
滚	0671	297
郭	0762	314
国	0829	325
果	0021	204
过~来	0022	204

H

单字	序号	页码
还副	0584	284
海	0128	217
害	0133	218

续表

单字	序号	页码
含~一口水	0379	251
喊	0394	254
汉	0472	265
汗	0473	266
好~坏	0295	239
号名	0296	239
河	0011	202
盒	0386	253
鹤	0721	307
黑	0809	323
恨	0625	292
横~竖	0910	338
烘~干	0933	342
红	0934	342
后前~	0344	246
厚	0345	247
壶	0078	210
虎	0077	210
户	0079	210
花	0054	207
华中~	0056	207
滑	0578	284
化	0055	207
划计~	0911	338
画	0190	225
话	0192	225
怀	0185	225
坏	0186	225
欢	0566	281

续表

单字	序号	页码
还动	0583	284
换	0568	281
慌	0760	312
黄	0761	314
灰	0179	224
回	0180	224
会开~	0182	224
婚	0673	299
魂	0674	299
活	0576	282
火	0024	204
或	0830	325
货	0025	204
祸	0026	204
霍	0763	314

J

单字	序号	页码
击	0908	338
饥~饿	0225	230
鸡	0165	222
积	0883	334
及	0459	263
吉	0655	296
极	0828	325
急	0458	263
集	0453	262
几~个	0246	232

续表

单字	序号	页码
记	0242	232
季	0264	234
寄	0206	228
夹~子	0403	255
甲	0407	255
假真~	0034	205
嫁	0035	205
尖	0410	256
奸	0494	268
间房~,一~房	0485	267
肩	0538	276
监	0405	255
减	0399	254
剪	0503	270
见	0539	276
件	0512	271
建	0523	274
剑	0423	257
健	0524	274
江	0782	317
姜~生	0745	311
浆	0726	307
讲	0783	317
匠	0728	307
交	0306	242
焦	0313	243
角	0789	318
脚	0756	312
叫	0330	245
轿	0321	244

续表

单字	序号	页码
接	0420	257
街	0145	220
节	0548	277
杰	0521	274
结	0551	277
截	0550	277
姐	0041	206
解~开	0146	220
戒	0137	219
借	0042	206
金	0449	262
筋	0657	297
紧	0641	294
进	0630	292
近	0660	297
劲有~	0658	297
浸	0441	260
经	0900	336
井	0871	332
静	0873	333
镜	0863	332
九	0362	249
酒	0351	247
旧	0365	249
舅	0364	249
局	0998	353
菊	0973	348
橘	0691	301
举	0092	212
句	0113	216

续表

单字	序号	页码
剧 戏~	0867	332
锯 名	0093	212
卷 ~起	0596	287
决	0620	290
绝	0602	289
军	0698	303
均	0687	300
俊	0679	299

K

单字	序号	页码
开	0127	217
看 ~见	0470	265
糠	0713	304
靠	0293	239
壳	0790	318
可	0008	201
渴	0479	266
刻	0808	321
客	0848	329
课	0023	204
肯	0801	321
坑	0838	327
孔	0932	342
口	0342	246
哭	0941	343
苦	0073	210

续表

单字	序号	页码
裤	0074	210
块	0184	224
快	0191	225
宽	0565	281
筐	0770	316
狂	0771	316
亏	0255	233
困	0672	297
阔	0575	282

L

单字	序号	页码
拉	0383	251
蜡	0396	254
辣	0476	266
来	0122	217
兰	0465	265
蓝	0390	253
懒	0466	265
烂	0467	265
浪	0710	303
老	0285	238
雷	0176	223
类	0258	234
冷	0833	327
梨	0217	230
犁	0162	222
李	0228	230

续表

单字	序号	页码
力	0819	323
历 农~	0906	338
立	0452	262
栗	0648	294
连	0502	270
莲	0535	275
两 斤~	0724	307
亮	0725	307
料	0328	244
列	0516	272
邻	0629	292
林	0440	259
零	0897	336
领	0870	332
流	0350	247
六	0964	346
龙	0979	350
聋	0926	340
楼	0336	245
鹿	0938	343
路	0067	209
乱	0561	281
轮	0678	299
锣	0004	201
螺	0018	204
落	0717	304
吕	0082	211
律	0689	301
绿	0991	351

M

单字	序号	页码
马	0030	204
骂	0031	204
埋	0136	218
买	0141	219
麦	0853	330
卖	0142	219
满	0556	279
慢	0493	268
忙	0706	303
猫	0300	241
毛	0278	237
帽	0279	237
眉	0215	228
煤	0173	223
妹	0174	223
门	0664	297
猛	0831	325
梦	0952	344
米	0155	222
密	0647	294
棉	0500	270
面~孔	0501	270
面~条	0529	275
庙	0312	242
灭	0515	272
篾	0545	277
民	0628	292
名	0869	332
明	0861	332

续表

单字	序号	页码
命	0862	332
摸	0715	304
磨动	0015	202
磨名	0016	202
末	0572	282
墨	0803	321
母丈~,舅~	0331	245
木	0936	342
目	0963	346

N

单字	序号	页码
南	0376	250
难~易	0464	263
脑	0284	238
闹	0301	241
嫩	0666	297
能	0798	320
泥	0161	222
年	0534	275
黏~液	0409	256
念	0431	258
娘	0723	307
鸟	0325	244
捏	0547	277
孽	0522	274
牛	0366	249
浓	0978	350
脓	0945	344

续表

单字	序号	页码
弄	0927	340
奴	0066	209
暖	0560	279
女	0081	211

O

单字	序号	页码
藕	0343	246

P

单字	序号	页码
爬	0029	204
拍	0842	329
排	0135	218
牌	0140	219
派	0139	219
盘	0555	279
判	0554	279
胖	0776	316
炮	0299	241
赔	0171	223
配	0170	223
盆	0663	297
朋	0793	320
棚	0850	330
蓬~松	0916	339
劈	0903	336
皮	0198	226

续表

单字	序号	页码
匹	0646	294
屁	0213	228
片	0528	274
骗欺~	0498	270
票	0311	242
贫	0627	292
品	0439	259
平	0859	332
瓶	0889	336
泼	0571	282
婆	0014	202
破	0013	202
铺动	0059	208
谱家~	0057	208

Q

单字	序号	页码
七	0649	296
骑	0207	228
棋	0243	232
气	0247	232
契	0167	222
器	0226	230
牵	0540	276
铅~笔	0601	289
签~名	0411	256
前	0536	275
钱	0505	271

续表

单字	序号	页码
钳	0414	256
浅	0504	270
欠	0424	257
抢	0727	307
敲	0307	242
桥	0320	243
切动	0549	277
茄	0012	202
亲~人	0631	292
琴	0450	262
勤	0659	297
青	0898	336
轻	0881	334
清	0872	332
庆	0864	332
穷	0958	345
球	0363	249
区地~	0114	216
渠~道	0095	212
曲~折,歌~	0997	353
取	0104	213
去	0094	212
圈圆~	0597	287
权	0598	287
全	0588	285
劝	0609	289
缺	0621	290
雀	0751	311

续表

单字	序号	页码
裙	0699	303

R

单字	序号	页码
染	0413	256
让	0744	309
绕~线	0319	243
热	0520	272
人	0639	293
认	0640	293
任责~	0448	260
日	0654	296
荣	0913	339
容	0989	351
肉	0972	348
如	0091	212
入	0457	263
褥	0996	353
软	0595	287
闰	0686	300
弱	0755	312

S

单字	序号	页码
塞	0807	321
三	0391	253
伞	0468	265
嫂	0291	239

续表

单字	序号	页码
色	0824	323
僧	0800	320
杀	0490	268
沙	0033	205
晒	0144	219
山	0483	267
杉~木	0398	254
衫	0404	255
扇名	0510	271
善	0511	271
伤	0741	309
上~去	0743	309
烧	0318	243
勺	0754	312
舌	0518	272
蛇	0047	206
设	0519	272
射	0048	206
身	0637	293
深	0447	260
参人~	0445	260
神	0636	293
升	0815	323
生	0834	327
声	0879	333
绳	0813	323
省~长	0835	327
剩	0814	323
失	0653	296
师	0222	230

续表

单字	序号	页码
虱	0651	296
十	0456	262
石	0887	334
时	0239	231
实	0652	296
食	0826	325
使	0237	231
世	0153	222
市	0240	231
式	0827	325
事	0236	231
试	0238	231
柿	0235	231
手	0360	248
寿	0361	249
瘦	0357	248
书	0089	212
叔	0970	348
输	0110	215
赎	0994	353
熟	0971	348
属	0995	353
鼠	0090	212
数动	0107	215
树	0112	215
竖	0111	215
数名	0108	215
刷	0586	285
闩	0580	284
双	0781	317

续表

单字	序号	页码
霜	0737	309
水	0262	234
顺	0684	300
丝	0231	230
死	0219	230
四	0220	230
寺	0233	231
松~紧	0946	344
松~树	0980	350
宋	0947	344
送	0930	342
宿住~,~舍	0965	346
酸	0562	281
算	0563	281
随	0251	233
岁	0193	226
碎	0178	224
孙~子	0670	297
笋	0680	299
缩	0968	346
所	0088	211
索	0719	304
锁	0020	204

T

单字	序号	页码
塔	0395	254
踏	0382	251
胎	0119	216

续表

单字	序号	页码
台戏~	0120	216
贪	0374	250
潭	0375	250
弹~琴	0463	263
毯	0388	253
炭	0462	263
汤	0708	303
糖	0709	303
桃	0282	238
讨	0281	238
特	0805	321
藤	0797	320
梯	0157	222
踢	0904	336
剃	0158	222
天	0531	275
添	0429	258
田	0532	275
甜	0430	258
条	0327	244
贴	0434	259
铁	0546	277
厅	0892	336
听~见	0893	336
停	0894	336
挺	0895	336
通	0920	339
铜	0923	340
统	0944	343
桶	0921	340

续表

单字	序号	页码
痛	0922	340
偷	0333	245
头	0334	245
图	0064	208
土	0063	208
吞	0623	290
托	0716	304
拖	0002	201
脱	0573	282

W

单字	序号	页码
挖	0579	284
瓦名	0053	207
袜	0616	289
歪	0189	225
外	0181	224
弯	0585	285
完	0567	281
顽~皮,~固	0577	284
晚	0607	289
碗	0569	282
万麻将牌	0608	289
王	0772	316
网	0769	316
旺	0773	316
危	0257	234
围	0274	237
尾	0270	235

续表

单字	序号	页码
卫	0194	226
位	0266	235
味	0271	235
胃	0275	237
温	0675	299
蚊	0696	301
问	0697	303
翁	0935	342
握	0792	318
乌	0080	210
屋	0942	343
吴	0075	210
五	0076	210
武	0102	213
物	0704	303
雾	0103	213

X

单字	序号	页码
西	0163	222
吸	0460	263
希	0248	232
息	0820	323
惜	0884	334
锡	0907	338
溪	0166	222
习	0454	262
席	0885	334
洗	0164	222

续表

单字	序号	页码
喜	0244	232
戏	0210	228
系联~	0168	222
虾	0037	205
瞎	0496	268
下方位	0038	205
夏春~	0039	205
先	0537	276
鲜	0506	271
咸~淡	0400	254
嫌	0432	258
显	0541	276
险	0416	256
县	0619	290
现	0542	276
限	0487	267
线	0507	271
降投~	0784	317
响	0746	311
想	0729	308
向	0747	311
项	0785	318
像	0730	308
箫	0329	245
小	0314	243
孝	0308	242
校学~	0309	242
笑	0315	243
歇	0526	274
协	0436	259

续表

单字	序号	页码
斜	0044	206
鞋	0147	220
写	0043	206
谢	0045	206
蟹	0148	220
心	0442	260
新	0632	292
星	0899	336
行~为,~走	0840	327
形	0901	336
兴高~	0816	323
姓	0874	333
凶吉~	0987	351
兄	0912	338
雄	0960	345
熊	0959	345
休	0367	249
修	0352	247
袖	0353	248
徐	0083	211
许	0097	213
选	0589	285
削	0752	311
靴	0027	204
学	0791	318
雪	0603	289
血	0622	290
熏	0700	303
寻	0443	260

Y

单字	序号	页码
鸭	0408	255
牙	0036	205
哑	0040	205
烟	0543	276
延	0513	272
严	0425	258
言	0525	274
岩	0406	255
炎	0418	257
盐	0419	257
颜	0495	268
眼	0486	267
厌	0417	257
验	0415	256
秧	0748	311
痒	0749	311
样	0750	311
腰	0322	244
摇	0324	244
药	0758	312
要重~	0323	244
爷	0049	207
野	0050	207
业	0426	258
叶树~	0422	257
夜	0051	207
一	0656	296
衣	0249	233
姨	0227	230

续表

单字	序号	页码
移	0211	228
蚁	0208	228
义	0209	228
艺	0154	222
益	0888	334
意	0245	232
音	0451	262
银	0642	294
引	0644	294
隐	0661	297
印	0643	294
迎	0865	332
营	0915	339
蝇	0817	323
赢	0882	334
影	0866	332
硬	0839	327
拥	0988	351
永	0914	339
用	0990	351
优	0368	249
油	0371	250
有	0369	250
右	0370	250
幼	0373	250
余 剩~,多~	0098	213
鱼	0096	212
雨	0116	216
玉	0999	353
芋	0117	216

续表

单字	序号	页码
育	0974	348
浴	1000	353
遇	0115	216
裕	0118	216
冤	0611	289
园	0612	289
原	0610	289
圆	0599	287
远	0613	289
院	0600	287
约	0757	312
月	0617	290
越	0618	290
云 ~彩	0701	303
匀	0688	300
运	0702	303

Z

单字	序号	页码
杂	0384	251
早	0286	238
灶	0287	238
造	0290	239
择	0845	329
贼	0806	321
扎	0489	268
闸	0402	255
摘	0854	330
窄	0846	329

续表

单字	序号	页码
占 ~领	0412	256
战	0509	271
张 量	0731	308
章	0738	309
找 ~零钱	0304	241
照	0317	243
罩	0302	241
折 ~叠	0421	257
贞	0875	333
针	0446	260
震	0635	293
镇	0633	293
争	0851	330
整	0877	333
正 ~反	0878	333
证	0811	323
汁	0455	262
知	0202	228
织	0825	325
直	0821	323
侄	0650	296
纸	0204	228
指	0223	230
制 ~造	0152	220
治	0234	231
中 当~	0953	345
终	0955	345
肿	0982	350
种 ~树	0983	350
重 轻~	0981	350

续表

单字	序号	页码
州	0358	248
粥	0969	348
猪	0084	211
竹	0966	346
烛	0993	353
主	0109	215
住	0106	215
柱	0105	215
抓 用手~牌	0303	241
砖	0593	287
转 ~眼，~送	0590	285
传 ~记	0592	285
赚	0397	254

续表

单字	序号	页码
桩	0778	317
装	0733	308
壮	0734	308
撞	0779	317
追	0260	234
准	0681	300
桌	0787	318
着 火~了	0753	312
镯	0788	318
资	0218	230
子	0229	230
紫	0200	226
字	0230	230

续表

单字	序号	页码
粽	0928	340
走	0337	246
租	0068	209
足	0992	351
卒 棋子	0676	299
族	0939	343
嘴	0250	233
罪	0177	224
醉	0259	234
左	0005	201
作	0718	304
坐	0019	204
做	0069	209

附录 2 《中国语言地图集》黑龙江方言

方言片	方言小片	方言点
黑松片	佳富小片(22)	伊春、鹤岗、汤原、佳木斯、依兰、萝北、绥滨、同江、抚远、富锦、饶河、宝清、集贤、双鸭山、桦川、桦南、勃利、七台河、密山、林口、牡丹江、友谊
	嫩克小片(32)	漠河、塔河、呼玛、黑河、嫩江、讷河、甘南、龙江、泰来、杜尔伯特、齐齐哈尔、富裕、依安、孙吴、逊克、五大连池、北安、克东、克山、海伦、拜泉、明水、林甸、大庆、青冈、望奎、绥棱、兰西、绥化、通河、铁力、嘉荫
哈阜片	肇扶小片(15)	安达、肇东、肇州、肇源、哈尔滨、阿城、庆安、木兰、方正、延寿、宾县、巴彦、呼兰、五常、双城
吉沈片	蛟宁小片(8)	宁安、东宁、穆棱、绥芬河、海林、尚志、鸡东、鸡西

附录3 中国语言资源保护工程·黑龙江汉语方言调查任务分工表

调查地点	申请时间	完成时间	课题负责人	所属单位	验收结果
林口	2016 年	2017 年	吴媛媛	牡丹江师范学院文学院	合格
肇东	2016 年	2017 年	梁晓玲	哈尔滨师范大学文学院	合格
哈尔滨	2016 年	2017 年	吴立红	黑龙江大学文学院	合格
泰来	2016 年	2017 年	赵丽娟	齐齐哈尔大学文学与历史文化学院	合格
尚志	2016 年	2017 年	周晓燕	哈尔滨学院文法学院	合格
同江	2017 年	2018 年	孙英杰	牡丹江师范学院文学院	合格
佳木斯	2017 年	2018 年	陈大志	牡丹江师范学院文学院	合格
密山	2017 年	2018 年	王 崇	黑龙江大学国际文化教育学院	优秀
宁安	2017 年	2018 年	张 颖	牡丹江师范学院文学院	合格
黑河	2017 年	2018 年	闫晶淼	绥化学院文学与传媒学院	合格
漠河	2017 年	2018 年	苏天运	齐齐哈尔大学文学与历史文化学院	合格
嫩江	2017 年	2018 年	梁晓玲	哈尔滨师范大学文学院	合格
集贤	2018 年	2019 年	吴媛媛	牡丹江师范学院文学院	优秀
嘉荫	2018 年	2019 年	刘 宇	黑龙江大学文学院	优秀
勃利	2018 年	2019 年	金洪臣	牡丹江师范学院文学院	合格
兰西	2018 年	2019 年	方 悦	黑河学院科研处	合格
肇州	2018 年	2019 年	赵丽娟	齐齐哈尔大学文学与历史文化学院	合格
东宁	2018 年	2019 年	张 颖	牡丹江师范学院文学院	合格
穆棱	2018 年	2019 年	程亚恒	牡丹江师范学院文学院	合格
鸡西	2018 年	2019 年	孙英杰	牡丹江师范学院文学院	合格

附录 4 中国语言资源保护工程·黑龙江汉语方言调查管理、摄录任务情况表

任务	申请时间	完成时间	负责人	所属单位	验收结果
管理	2016 年	2017 年	金　阳	黑龙江省教育厅	合格
管理	2017 年	2018 年	刘　涛	黑龙江省语言文字应用研究中心	合格
管理	2018 年	2019 年	齐天华	黑龙江省教育厅	合格
摄录	2018 年	2019 年	潘宇莹	牡丹江师范学院文学院	合格

附录5　调查点发音人信息表

地点	姓名	性别	出生年月	出生地	文化程度	职业	备注
勃利	潘书文	男	1956.06	勃利县勃利镇全胜村	初中	农民	方言老男
	刘子玉	男	1987.04	勃利县勃利镇城西村	初中	农民	方言青男
	姜春玲	女	1964.06	勃利县勃利镇东岗村	大专	教师	方言老女
	殷秀玲	女	1989.04	勃利县勃利镇元明村	初中	农民	方言青女口头文化
	曲占奎	男	1965.06	勃利县勃利镇全胜村	初中	农民	口头文化
	杨义	男	1961.09	勃利县勃利镇星华村	大专	教师	地普
	徐文财	男	1956.12	勃利县勃利镇全胜村	初中	农民	地普
	高峰	男	1986.10	勃利县勃利镇元明村	初中	农民	地普
集贤	张春祥	男	1963.08	集贤县集贤镇	初中	工人	方言老男
	孙吉龙	男	1990.10	集贤县集贤镇德胜村	初中	农民	方言青男地普
	管金玲	女	1963.07	集贤县集贤镇保安村	高中	教师	方言老女
	王圆圆	女	1991.05	集贤县集贤镇城新村	初中	婚庆歌手	方言青女口头文化地普
	陈海	男	1948.07	集贤县集贤镇城新村	专科	教师	口头文化
	洪花	女	1983.10	集贤县集贤镇城新村	初中	婚庆主持	口头文化

续表

地点	姓名	性别	出生年月	出生地	文化程度	职业	备注
集贤	石继廷	男	1961.02	集贤县集贤镇双胜村	初中	教师	口头文化地普
佳木斯	张亚忠	男	1951.06	佳木斯市前进区	初中	工人	方言老男
	马群	男	1982.08	佳木斯市前进区	本科	工程师	方言青男口头文化地普
	闫敏霞	女	1954.06	佳木斯市前进区	中专	教师	方言老女
	许佳燕	女	1985.10	佳木斯市前进区	中专	职员	方言青女
	王爽	女	1994.02	佳木斯市郊区	研究生	学生	口头文化
	陈继春	女	1975.03	佳木斯市前进区	大专	职员	口头文化地普
	刘春玲	女	1982.05	佳木斯市前进区	研究生	学生	地普
林口	吴永清	男	1954.11	林口县林口镇团结村	初中	工人	方言老男
	于海洋	男	1983.08	林口县林口镇东街办事处	本科	公务员	方言青男
	王艳琴	女	1956.07	林口县林口镇七星村	初中肄业	农民	方言老女口头文化
	王海娟	女	1982.11	林口县林口镇新发村	初中肄业	农民	方言青女口头文化地普
	赵常福	男	1958.08	林口县林口镇	中专	教师	口头文化地普
	李道华	女	1982.11	林口县五林镇	中专	教师	口头文化
	武孟超	女	1990.02	林口县林口镇	本科	学生	口头文化地普

续表

地点	姓名	性别	出生年月	出生地	文化程度	职业	备注
同江	汪文春	男	1962.10	同江市向阳镇红旗村	大专	教师	方言老男口头文化
	吴广辉	男	1986.09	同江市同江镇	大专	公务员	方言青男
	丁凤琴	女	1956.12	同江市同江镇	大专	公务员	方言老女地普
	王东平	女	1986.08	同江市同江镇	高中	个体	方言青女口头文化
	邱德勇	男	1976.03	同江市同江镇	大专	教师	口头文化
	宗桂秋	女	1955.03	同江市同江镇	高中	工人	地普
	李国财	男	1956.11	同江市同江镇	初中	工人	地普
黑河	张　杰	男	1957.08	黑河市爱辉区瑷珲镇	初中	个体	方言老男口头文化
	罗松松	男	1992.09	黑河市爱辉区瑷珲镇腰屯村	本科	公务员	方言青男
	刘玉霞	女	1953.04	黑河市爱辉区瑷珲镇	中专	职工	方言老女
	刘艳梅	女	1981.07	黑河市爱辉区四嘉子满族乡大乌斯力村	高中	自由职业	方言青女地普
	肖　琦	男	1954.10	黑河市爱辉区瑷珲镇外三道沟村	中专	职员	口头文化
	于　洋	女	1978.11	黑河市爱辉区瑷珲镇	本科	职员	口头文化地普
	张　祥	男	1984.03	黑河市爱辉区西岗子镇杨树村	初中	农民	地普

续表

地点	姓名	性别	出生年月	出生地	文化程度	职业	备注
嘉荫	王世海	男	1954.03	嘉荫县朝阳镇	初中	司机	方言老男 口头文化 地普
	宋云涛	男	1993.08	嘉荫县朝阳镇	大专	职员	方言青男 地普
	王亚军	女	1956.11	嘉荫县朝阳镇	初中	职员	方言老女 口头文化 地普
	李可心	女	1990.08	嘉荫县朝阳镇	高中	个体	方言青女
	代宇涵	女	1999.07	嘉荫县朝阳镇	本科	学生	口头文化 地普
	孙洪丽	女	1981.10	嘉荫县朝阳镇	本科	教师	地普
兰西	徐孝文	男	1959.03	兰西县兰西镇	高中	教师	方言老男
	吕俊达	男	1992.10	兰西县兰西镇	本科（函授）	职员	方言青男
	于德云	女	1955.03	兰西县兰西镇	初中	工人	方言老女
	常海珍	女	1986.11	兰西县兰西镇	中专	职工	方言青女
	杨显凤	女	1970.10	兰西县兰西镇	中专	职员	口头文化 地普
	孙淑兰	女	1974.10	兰西县兰西镇	中专	演员	口头文化
	于德玲	女	1964.07	兰西县兰西镇	高中	退休	口头文化
	王晨旭	女	1977.11	兰西县兰西镇	大专	职员	口头文化 地普
	杨 泽	男	1999.01	兰西县兰西镇	大专	待业	口头文化 地普
	李宝军	男	1969.03	兰西县兰西镇	中专	演员	口头文化

续表

地点	姓名	性别	出生年月	出生地	文化程度	职业	备注
漠河	刘景福	男	1959.05	漠河市北极镇北极村	高中	工程师	方言老男口头文化地普
	刘智冰	男	1984.08	漠河市北极镇北极村	专科	职员	方言青男地普
	李淑梅	女	1957.06	漠河市北极镇北极村	高中	播音员	方言老女口头文化地普
	吕朝	女	1990.05	漠河市北极镇北极村	本科	职员	方言青女
嫩江	方儒成	男	1957.06	嫩江市嫩江镇	高中	职员	方言老男
	邵春生	男	1983.02	嫩江市嫩江镇	高中	工人	方言青男
	梁杰	女	1960.01	嫩江市嫩江镇	高中	工人	方言老女
	康丽丽	女	1985.08	嫩江市嫩江镇	高中	自由职业	方言青女
	李军	男	1972.12	嫩江市嫩江镇	大专	教师	口头文化地普
	何学言	女	1951.10	嫩江市嫩江镇	小学	自由职业	口头文化
	刘桂春	女	1950.09	嫩江市嫩江镇	小学	自由职业	口头文化
	王彬	男	1996.02	嫩江市嫩江镇	本科	学生	地普
	曹兴臣	男	1962.10	嫩江市嫩江镇	大专	教师	地普

续表

地点	姓名	性别	出生年月	出生地	文化程度	职业	备注
泰来	房玉军	男	1956.02	泰来县泰来镇	初中	职工	方言老男地普
	张祥亮	男	1987.08	泰来县泰来镇宏程村	初中	农民	方言青男
	杨凤芹	女	1951.03	泰来县泰来镇宏程村	小学	农民	方言老女口头文化地普
	张　阳	女	1987.07	泰来县泰来镇宏程村	小学	农民	方言青女
	张淑清	女	1953.03	泰来县泰来镇宏程村	初中	农民	口头文化
	胡艳伟	女	1975.03	泰来县泰来镇	初中	业余演员	口头文化
	李　晶	女	2003.01	泰来县泰来镇	高中	学生	口头文化
	王凯锋	男	1996.11	泰来县泰来镇	高中	学生	地普
哈尔滨	段智华	男	1961.12	哈尔滨市道外区	初中	工人（退休）	方言老男
	孙中恺	男	1987.06	哈尔滨市道外区	本科	职员	方言青男口头文化
	苏丽梅	女	1958.08	哈尔滨市道外区	初中	工人	方言老女口头文化地普
	王欣悦	女	1984.03	哈尔滨市道外区	大专	教师	方言青女
	王作俭	男	1984.03	哈尔滨市道外区	初中	司机	口头文化
	谭慧琳	女	1980.04	哈尔滨市道外区	专科	教师	地普
	周红梅	女	1968.01	哈尔滨市道外区	专科	公务员	地普

续表

地点	姓名	性别	出生年月	出生地	文化程度	职业	备注
肇东	马景才	男	1957.02	肇东市	中专	教师	方言老男地普
	史佳楠	男	1992.08	肇东市	本科	自由职业	方言青男地普
	王淑敏	女	1961.03	肇东市	高中	自由职业	方言老女
	胡樱繁	女	1990.01	肇东市	高中	自由职业	方言青女
	梁晓丽	女	1997.12	肇东市德昌乡	初中	农民	口头文化地普
	王小刚	男	1973.07	肇东市四站镇	小学	自由职业	口头文化
	张丽敏	女	1983.10	肇东市四站镇	小学	农民	口头文化
肇州	刘凯	男	1956.08	肇州县肇州镇	初中	工人	方言老男
	宋占领	男	1984.03	肇州县肇州镇	初中	个体	方言青男
	闫莉	女	1954.12	肇州县肇州镇	高中	公务员（退休）	方言老女
	赵雪君	女	1988.06	肇州县肇州镇	本科	教师	方言青女地普
	刘音	男	1983.03	肇州县肇州镇	初中	演员	口头文化
	刘律	女	1994.10	肇州县肇州镇	本科	待业	口头文化
	刘海凤	女	1993.04	肇州县肇州镇	初中	演员	口头文化
	刘春风	女	1978.10	肇州县肇州镇	大专	教师	口头文化地普
	赵中义	男	1953.07	肇州县肇州镇	初中	工人	地普
东宁	牛国春	男	1954.04	东宁市东宁镇	高中	职工（退休）	方言老男
	张超	男	1984.03	东宁市东宁镇	大专	职工	方言青男
	张雅慧	女	1959.03	东宁市东宁镇	高中	工人（退休）	方言老女地普
	唐雪琳	女	1987.11	东宁市东宁镇	本科	教师	方言青女
	周雅君	女	1962.07	东宁市三岔口镇新立村	初中	农民	口头文化

续表

地点	姓名	性别	出生年月	出生地	文化程度	职业	备注
东宁	邴国华	男	1962.09	东宁市东宁镇	高中	农民	口头文化
	宋吉富	男	1970.02	东宁市东宁镇	本科	职员	口头文化
	李红霞	女	1975.09	东宁市东宁镇	本科	教师	地普
	宋克民	男	1956.09	东宁市东宁镇	高中	工人	地普
鸡西	王做国	男	1957.04	鸡西市鸡冠区红星乡红星村	初中	农民	方言老男
	林宝亮	男	1984.11	鸡西市鸡冠区红星乡红星村	初中	个体	方言青男
	孔祥芝	女	1953.08	鸡西市鸡冠区红星乡红星村	小学	农民	方言老女
	王玉娟	女	1988.04	鸡西市鸡冠区红星乡红星村	初中	工人	方言青女
	杨宝刚	男	1983.03	鸡西市鸡冠区红星乡红星村	初中	农民	口头文化 地普
	杨亚丽	女	1956.02	鸡西市鸡冠区红星乡红星村	小学	工人	口头文化
	杜辉	女	1968.05	鸡西市鸡冠区	本科	职员	地普
	李亚杰	女	1978.02	鸡西市鸡冠区红星乡鸡兴村	初中	农民	地普
密山	马永禄	男	1962.05	密山市当壁镇	中专	教师	方言老男
	杨奇	男	1987.04	密山市当壁镇	初中	农民	方言青男
	郭丛霞	女	1962.11	密山市当壁镇	文盲	农民	方言老女
	孙玉鑫	女	1990.05	密山市当壁镇	初中	农民	方言青女
	于桂秋	女	1964.08	密山市当壁镇	中专	医生	口头文化
	杨喜秋	女	1963.11	密山市当壁镇	专科	教师	口头文化 地普
	张微	女	1987.11	密山市当壁镇	本科	教师	口头文化 地普
	姜福文	男	1965.06	密山市当壁镇	本科	教师	地普
穆棱	范云德	男	1955.10	穆棱市八面通镇中山村	高中	农民	方言老男
	陶琳明	男	1993.10	穆棱市八面通镇中山村	中专	职工	方言青男
	王玉华	女	1958.08	穆棱市八面通镇四合村	高中	农民	方言老女
	林新茹	女	1988.05	穆棱市八面通镇	本科	教师	方言青女 地普
	王玉娥	女	1953.06	穆棱市八面通镇四合村	本科	教师	口头文化

续表

地点	姓名	性别	出生年月	出生地	文化程度	职业	备注
穆棱	王健航	男	1990.07	穆棱市八面通镇	中专	自由职业	口头文化地普
	李志强	男	1991.07	穆棱市八面通镇	初中	自由职业	口头文化地普
	林玉菁	女	2003.06	穆棱市八面通镇	高中	学生	口头文化
	范云德	男	1955.10	穆棱市八面通镇中山村	高中	农民	口头文化
宁安	王莹	男	1952.04	宁安市宁安镇	初中	职工（退休）	方言老男口头文化地普
	宋振宇	男	1984.01	宁安市宁安镇	本科	教师	方言青男
	王杰	女	1960.10	宁安市宁安镇	高中	工人（退休）	方言老女口头文化
	郭雪丹	女	1985.03	宁安市宁安镇	本科	教师	方言青女口头文化地普
	白金翯	男	1951.01	宁安市宁安镇	高中	演员	口头文化
	李云艳	女	1986.10	宁安市宁安镇	初中	教师	地普
尚志	胡友庆	男	1960.01	尚志市尚志镇南平村	初中	农民	方言老男地普
	宋文江	男	1988.01	尚志市乌吉密乡和平村	中专	教师	方言青男地普
	李桂珍	女	1951.12	尚志市乌吉密乡红联村农场屯	小学肄业	农民	方言老女
	汉志玉	女	1988.12	尚志市乌吉密乡三股流村三合屯	初中	销售	方言青女口头文化地普
	李国昌	男	1951.03	尚志市尚志镇胜利村	小学	演员	口头文化
	刘淑芬	女	1951.09	尚志市尚志镇胜利村	小学	演员	口头文化
	周建秋	女	1971.06	尚志市尚志镇向阳村	中专	演员	口头文化
	张琪	女	2004.09	尚志市尚志镇	高中	学生	口头文化

附录6 方言点调查情况表

方言点	调查人	调查时间	调查地点	当地协助调查人员
勃利	负责人:金洪臣 其他:孙英杰、刘丽丽、程亚恒、金丽娜、郑皓心、刘金达、樊杰、李久晶	2018年7月—2018年8月	勃利县勃利镇	王瑞莹、鄂智慧
集贤	负责人:吴媛媛 其他:朱华、孙鸿达、魏国岩、曲竟玮	2018年7月—2019年1月	集贤县集贤镇	赵金凤、赵丽丽
佳木斯	负责人:陈大志 其他:李红、潘宇莹、王领、舒耘华	2017年1月—2017年11月	佳木斯市前进区	李魏、赵宝江、曲迎仁
林口	负责人:吴媛媛 其他:金洪臣、潘宇莹、陈大志、方悦	2016年6月—2016年9月	林口县林口镇	祖若曦、谢在清、蒋雪林、王丽娟
同江	负责人:孙英杰 其他:金洪臣、梁世磊、张悦、葛丽媛	2016年12月—2017年11月	同江市	滕晓霞、姜天翔、薛成义
黑河	负责人:闫晶森 其他:刘春梅、刘娟、李莉莉、高铭	2017年4月—2017年9月	黑河市爱辉区	郝玉春、曹福泉
嘉荫	负责人:刘宇 其他:王文婷、刘哲、薛启航、侣宏钢	2018年7月—2018年8月	嘉荫县朝阳镇	梁玉霞、佟云霞
兰西	负责人:方悦 其他:王磊、张悦、闫月明	2018年7月—2018年8月	兰西县兰西镇	董野、朱建飞、赵庆
漠河	负责人:苏天运 其他:寇占民、焦继顺、唐秀伟、赵丽娟	2017年1月—2017年8月	漠河市北极镇	蒋春凯、毛凯、潘景志
嫩江	负责人:梁晓玲 其他:张树青、王彬、孙馥秀、徐珊珊	2017年2月—2017年8月	嫩江市嫩江镇	蔡永杰、邵国锋、邵靖涵、曹兴臣

续表

方言点	调查人	调查时间	调查地点	当地协助调查人员
泰来	负责人:赵丽娟 其他:邬文清、吴晓旭、王井辉	2016 年 5 月—2016 年 8 月	泰来县泰来镇	齐斌斌、胡亚范、张秋华
哈尔滨	负责人:吴立红 其他:殷树林、董爱丽、郭莹、张天	2016 年 6 月—2016 年 12 月	哈尔滨市道外区	安红岩、吴媛媛、尚鲁冰
肇东	负责人:梁晓玲 其他:张树青、李梦迪、张权、李冰	2016 年 6 月—2016 年 8 月	肇东市	周树志
肇州	负责人:赵丽娟 其他:邬文清、吴晓旭、王井辉、邓树强、陈宁来	2018 年 6 月—2018 年 8 月	肇州县肇州镇	刘彦书、王长亮、张立国、李文双、陶晓颖
东宁	负责人:张颖 其他:魏巍巍、刘丽丽、王文婷、盖莹	2018 年 1 月—2018 年 12 月	东宁市东宁镇	王春玲、李红霞、张静茹、宋吉富、崔云准、栾海涛
鸡西	负责人:孙英杰 其他:金洪臣、张悦、于跃、朱曼玉	2018 年 7 月—2018 年 8 月	鸡西市鸡冠区红星乡	无
密山	负责人:王崇 其他:殷树林、杨微、尹若男、张震	2017 年 7 月—2017 年 11 月	密山市当壁镇	刘秀娟
穆棱	负责人:程亚恒 其他:王磊、关乐、黄昱	2018 年 7 月—2018 年 8 月	穆棱市八面通镇	马宁、金雁
宁安	负责人:张颖 其他:王磊、肖庆峰、王文婷、刘金达	2017 年 7 月—2017 年 12 月	宁安市宁安镇	高杨、李忠贤
尚志	负责人:周晓燕 其他:金铭霞、毕丹丹、李成彬、陆雁云	2016 年 7 月—2016 年 8 月	尚志市	刘秀杨、矫升才

后　　记

在《中国语言资源集·黑龙江》即将付梓之际,受黑龙江省汉语方言调查团队委托,怀着敬畏与惶恐之心续以后记。

此项工作始于 2016 年之春,如今历时八年交上这份答卷,内心有感激,有忐忑,更有期待。团队成员一致的想法是:这是新的开始!

2016 年 3 月,黑龙江汉语方言调查秘书处设在了牡丹江师范学院,吴媛媛担任秘书处负责人。自此,中国语言资源保护工程(以下简称"语保工程")在黑龙江省正式启动,在金阳、刘涛和齐天华三位年度管理项目负责人的指导下,代表省教育厅、省语委组织专家团队在三年内完成黑龙江省各调查点的调查任务,以及摄录语料的采集和整理任务,完成项目的方案制定和实施、人员培训、结项管理任务,同时做好专家团队、管理团队和地方语言文字工作者三方面的协调工作,按时保质保量完成"中国语言资源保护工程·黑龙江汉语方言调查"系列项目的全部任务。

在全省八所高校(哈尔滨工程大学、黑龙江大学、哈尔滨师范大学、齐齐哈尔大学、哈尔滨学院、绥化学院、黑河学院、牡丹江师范学院)的支持下,在时任省语委副主任孟广智教授,黑龙江大学戴昭铭教授、马彪教授、殷树林教授,哈尔滨师范大学刘小南教授、陈一教授,牡丹江师范学院王磊教授的指导和帮助下,我们组建了一支 40 余人的专家团队。我们于 2016 年 4 月提交了"黑龙江省语言资源保护工程立项申请书",5 月在哈尔滨市召开了"黑龙江省汉语方言调查项目"启动会,曹志耘教授现场致辞,刘晓海研究员组织了摄录培训,王磊教授、吴媛媛教授分别组织了关于记音与调研方式的培训。

2016 年 7 月至 2019 年 3 月,黑龙江省八所高校的专家、学者、研究生克服了洪涝灾害、施工影响、交通不便、极寒天气等困难,共完成了 4 个方言小片合计 20 个调查点的汉语方言调查任务,连续三年获得国家语保中心专家的一致好评。在此期间,黑龙江汉语方言调查秘书处于 2017 年 4 月协助国家语保中心召开了"中国语言资源保护工程汉语方言调查第三期培训会",来自黑、吉、辽、内蒙古调查点的 54 位负责人参加了培训。2017 年 11 月,我们承办了"第二届东北汉语方言学术研讨会暨语保工程预验收工作会",共有 98 位专家学者参加了研讨会议。

为促进黑龙江省语保工程成果的整理、开发和应用,按照教育部语信司工作部署,黑龙江汉语方言调查秘书处于 2019 年年初根据《中国语言资源集(分省)编写规范

(2018 年修订)》的要求制定了《中国语言资源集·黑龙江省编写要求》,于 5 月开始申报"中国语言资源集·黑龙江"项目,6 月立项获批(项目编号:YB19ZYA012)。之后,黑龙江省成立了"《中国语言资源集·黑龙江》编委会",刘涛主任提出要严格按照编写规范要求整理单字音、词汇、语法条目及口头文化语料,吴媛媛教授就连读变调、异读做出了详细要求,王磊教授提出了音系整理的整体要求。

黑龙江方言各调查点的材料整理和书稿编写分工如下:

方言调查点	负责人	方言调查点	负责人
集贤、林口	吴媛媛	肇东、嫩江	梁晓玲
肇州、泰来	赵丽娟	宁安、东宁	张　颖
同江	孙英杰	鸡西	王　磊
勃利	金洪臣	佳木斯	陈大志
漠河	苏天运	哈尔滨	吴立红
密山	王　崇	穆棱	程亚恒
尚志	周晓燕	黑河	闫晶淼
嘉荫	刘　宇	兰西	方　悦

从 2020 年年初开始,吴媛媛、王磊、胡宗华、安红岩对各调查点负责人提交的全部音系整理材料进行了整体检查。在确保上交材料符合编写要求、不缺项的基础上,对连读变调进行了详细打磨。之后,刘涛、郭孝宇、陈大志带领研究生归纳、整理、校对了单字音、词汇和语法语料,牡丹江师范学院中国语言文学研究生黄昱、毛佳丽、蒋文琪、杨福兵、郜志枭、李烨、刘蓉、田博文、任佩、罗玉清、郭怡鑫等分工合作,最终高质高效地完成了规定任务。为了充实口头文化卷,国家语保中心下达了将全部口头文化语料转写为国际音标的任务,赵丽娟、方悦、吴媛媛带领研究生李思敏、樊继敏、邓锦怡、王添巍、张婧涵(江苏师范大学)、刘格雨(俄罗斯国立师范大学)、陈沐梓(东北师范大学)完成了此项转写与核对任务。至同年 5 月初,黑龙江各调查点材料汇总工作全部完成。按照教育部语信司关于项目中期检查工作的通知要求,编委会认真检查已经完成的全部材料,形成书面意见,并填报系统,于 6 月初报送国家语保中心。

在线上举办的主要编审人员会议上,按照专家意见建议开展工作,编委会两次审阅、校对文稿后,吴媛媛重新分析、总结了 20 个调查点的"文白异读""新老异读"现象。2022 年 7 月,黑龙江中国语言资源保护工程秘书处邀请张世方、黄晓东、张树铮、邹德文、秦曰龙等专家审校了书稿,完成验收工作。编委会按照专家意见再次修改书稿。

在此期间,编委会与专业出版实力雄厚的黑龙江大学出版社沟通协商出版事宜。

在论证了我们提交的出版说明及目录后,黑龙江大学出版社认为本套丛书的出版将是对黑龙江省近年来语言资源保护调查成果的全面总结和展示,是对黑龙江省语言资源实态面貌的全面呈现,这些成果对于黑龙江方言内部各方言小片之间的比较研究具有重要的学术价值和应用价值,能为龙江语言文化在新时代更好地发扬光大提供理论支撑。基于此,黑龙江大学出版社决定推荐本套丛书申报国家出版基金资助项目。同时,黑龙江大学出版社从出版专业角度提出了多个方面的修改意见,编委会按照这些修改意见,历时数月,再次对书稿做了全方位调整。2023 年,本套丛书被列为国家出版基金资助项目。

能够参与中国语保工程的建设,见证这一浩大伟业,是黑龙江语言学人的一件幸事! 感谢在方言调查、资源集编撰过程中张振兴、曹志耘、沈明、赵日新、王莉宁、张世方、黄晓东、高晓虹、孙林嘉、贾坤、刘晓海、辛永芬、桑宇红、张树铮、岳立静、王红娟、涂良军、邹德文、秦曰龙、张薇、聂志平等专家学者的指导和帮助!

感谢黑龙江省教育厅金阳、齐天华、宗希云等领导和各市县语委负责人的支持!

感谢黑龙江大学出版社张永超社长、刘剑刚总编辑的鼎力支持! 感谢编辑魏玲和编校团队严谨、认真、专业的加工!

感谢所有参与黑龙江省语保工作的专家学者、研究生、合作发音人!

《中国语言资源集·黑龙江》既是对八年语保成果的凝结,又是黑龙江汉语方言调查研究的新起点。传承好、保护好地方语言文化,将是我们语言文字工作者美好的追求、永恒的工作主题。